中国认知语言学研究论文集系列

总主编 束定芳

构式语法研究

刘正光 主编

上海外语教育出版社
外教社 SHANGHAI FOREIGN LANGUAGE EDUCATION PRESS

图书在版编目（CIP）数据

构式语法研究 / 刘正光主编.
—上海：上海外语教育出版社，2011（2013重印）
（中国认知语言学研究论文集系列）
ISBN 978-7-5446-2339-1

Ⅰ. ①构… Ⅱ. ①刘… Ⅲ. ①认知科学：语法学－文集
Ⅳ. ①H04-53

中国版本图书馆CIP数据核字（2011）第118622号

出版发行：上海外语教育出版社
（上海外国语大学内） 邮编：200083
电　　话：021-65425300（总机）
电子邮箱：bookinfo@sflep.com.cn
网　　址：http://www.sflep.com.cn http://www.sflep.com
责任编辑：张亚东

印　　刷：上海叶大印务发展有限公司
开　　本：890×1240 1/32 印张 18.25 字数 560 千字
版　　次：2011 年 6 月第 1 版 2013 年 3月第 3次印刷
印　　数：1 100 册

书　　号：ISBN 978-7-5446-2339-1 / H・1075
定　　价：56.00 元

中国认知语言学20年(代序)

认知语言学理论的发展始于20世纪70年代末,是继结构主义语言学和转换生成语言学只重抽象语言系统研究的语境消解(Decontextualization)潮流之后,在世界语言学发展出现语境重置(Recontextualization)趋势的过程中,与将意义融入语法研究的系统功能语法(Halliday,1994)和将词汇融入语法研究的词项语法理论(Word Grammar Theory)(Hudson,1984,1990等)等一起出现的语言学理论。认知语言学在中国的传播始于20世纪80年代末。在过去的20年里,从最初的引进、介绍到迅速发展、多方位应用,及至近几年语言学界开始的理论反思,中国认知语言学在各个方面都取得了很大的成绩,在国内语言学界形成了一个引人注目的研究领域,并成为国际认知语言学研究的一个重要组成部分。

本文在回顾中国认知语言学过去20年发展历程的基础上,对取得的成绩、主要特点、存在的问题以及未来发展的趋势等进行简要分析和勾勒,旨在对中国认知语言学的发展进行反思,并总结经验、教训,为今后的发展提出一些建议。

一、中国认知语言学发展的三个主要阶段

如果把James H.Y. Tai(戴浩一)1988年由黄河翻译并发表于《国外语言学》上的《时间顺序和汉语的语序》[①]一文作为认知语言学在中国传播和应用的开端的话,中国认知语言学的发展已经历了整整20个年头。为呈现这期间的总体发展轮廓和趋势,我们对1988年至2008年在国内有重要影响的语言类刊物上发表的认知语言学方向的论文和引进、出版的主要著作做了统计(见图1和表1)。

---

① 该文章的英文原文"Temporal Sequence and Word Order in Chinese"于1985年载于Haiman主编的*Iconicity in Syntax*,由John Benjamins出版公司出版。

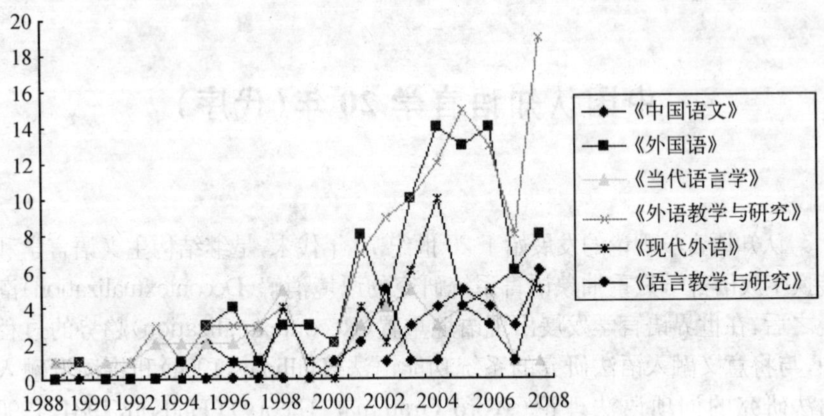

图 1　六种主要语言学刊物认知语言学相关论文的发表情况统计(1988—2008)

表 1　国内认知语言学专著出版、引进情况(1988—2008)

	时　　间	1988—1998	1999—2003	2004—2008
国内专著	总　　量	2	16	108
	认知语法	0	7	13
	概　　述	0	2	32
	认知语用	0	1	12
	认知语义	0	1	38
	应　　用	2(1998 年)	3	13
引进著作	总　　量	0	9	6
	认知语法	0	3	2
	概　　述	0	1	2
	认知语用	0	0	0
	隐　　喻	0	2	1
	认知语义	0	1	1
	类 型 学	0	1	0
	应　　用	0	1	1

其中论文来源于六种语言学类主要期刊:《中国语文》、《语言教学与研究》、《外国语》、《外语教学与研究》、《现代外语》和《当代语言学》。前五种是我国汉语和外语界引用、转载率较高的刊物,《当代语言学》则是侧重国外语言学成果引进以及与汉语研究结合的代表。

从图 1 可以看出,20 年来我国认知语言学研究论文的数量、范围、水平都在大幅提高,其主要发展趋势在各刊物呈现出高度一致性,即最初约 10 年的稳步增长和 21 世纪以来的全方位迅速发展。

对认知语言学相关著作的检索主要通过北京图书馆馆藏书目中含"认知"或"语言"的书目查找,人工缩小范围后,再利用上海外语教育出版社、北京外语教学与研究出版社、北京大学出版社、中国社会科学出版社等出版社网站进行搜索和补充,统计结果见表 1。

依据这 20 年间的论文、专著的数量及其涉及的主题范围和研究方法,我们将中国认知语言学的发展粗略分为三个主要阶段:(1) 初步引进与应用阶段(1988—1998),(2) 多方位介绍与发展阶段(1999—2003),(3) 发展、反思与国际化阶段(2004—2008)。需要说明的是,这几个阶段并非界限分明、相互独立,而是一个彼此交错、渗透的过程。

1.1 初步引进与应用阶段

国外认知语言学诞生的重要标志之一是 1975 年美国加州大学 Berkeley 分校举办的语言学暑期班上宣读的四篇论文,分别是 Paul Kay 有关颜色词的研究,Eleanor Rosch 对基本层次范畴的研究,Leonard Talmy 对多种语言中空间关系表达方式的讨论和 Charles Fillmore 关于"框架语义学"(Frame semantics)的论述。

我国语言学界从认知视角对汉语语法的研究,始于 20 世纪 80 年代中后期。最早进行尝试的是旅美台湾学者 James H. Y. Tai(戴浩一)(陆俭明、郭锐,1998)。他的《以认知为基础的汉语功能语法刍议》(1990,1991)一文,从非客观主义的立场出发,指出语法结构始于对现实的符号化,力图建立以认知为基础的汉语功能语法系统,从而揭示中文独有的潜在概念原则,如时间顺序原则、整体部分关系原则、凸显原则以及信息中心原则等。文章由北京大学中文系教授叶蜚声译介到国内。叶蜚声曾向国内学界译介了很多卓有影响的国外语言学家及其理论,如索绪尔、雷柯夫、菲尔墨、韩礼德等。翻译介绍戴浩一的文章,是他连续两期发表在《国外语言学》上的访谈文章《雷柯夫、菲尔摩教授谈美国语言学问题》(1982)介绍国外最新语言学动态的延续,是他对国际语言学发展动向的敏锐观察和把握,也是他试图通过介绍国外语言学理论为国内语言学研究学者解决汉语言研究问题提供新的理论视角的一个尝试。

戴浩一以汉语为研究对象,从一个完全不同于结构主义和形式主义的角度解释汉语语法现象,这一新动向引起了国内语言学界的极大兴趣,也对认知语言学理论在汉语研究中的传播与发展产生了积极的影响②。从某种意义上,可以说《国外语言学》发表的三篇译介戴浩一研究成果的文章(1988,1990,1991)标志着认知语言学理论在中国的正式传播。自此,国内语言学界开始了对认知语言学理论的持续关注,早期主要体现在以下几个方面。

(1) 对国外认知语言学奠基之作的评介和相关理论综述。对重要著作和文章的评介是研究成果和理论推广的重要组成部分,早期的期刊论文中,这类文章占了相当的比重,也为我国认知语言学的发展起了重要的推动作用(见表 2)。

表 2　早期评介的主要认知语言学著作

年　份	著作、作者及译/评介者	发表刊物
1994(1)	*Foundations of Cognitive Grammar*(Langacker, 1987),(沈家煊评介)	《国外语言学》
1995(2)	*Women, Fire, and Dangerous Things: What Categories Reveal about the Mind*(Lakoff, 1987),(石毓智评介)	《国外语言学》
1995(3)	*Metaphor and Iconicity*(Hiraga & Radwanska-Williams, 1992),(林书武评介)	《国外语言学》
1996(1)	*The Metaphorical Basis of Language — A Study of Cross-cultural Linguistics or the Left Handed Hummingbird*(Kelley, 1992),(王勤学评介)	《国外语言学》

② 根据中国社会科学论文引用索引统计,关于《以认知为基础的汉语功能语法刍议》的论文自 1998 年以来引用率达 68 次。

（续表）

年　份	著作、作者及译/评介者	发表刊物
1996(2)	*Patterns in the Mind: Language and Human Nature* (Jackendoff, 1993),(程琪龙评介)	《国外语言学》
1997(3)	*Languages of the Mind* (Jackendoff, 1995),(董燕萍评介)	《国外语言学》

除了书评，综述类文章也为中国认知语言学的发展起到了铺垫和导航作用，如《试论现代隐喻学的研究目标、方法和任务》(束定芳，1996)、《国外隐喻研究综述》(林书武，1997)、《国外认知语言学综观》(文旭，1999)、《“认知语法”的概括性》(沈家煊，2000a)、《认知语言学的理论基础及形成过程》(赵艳芳，2000)等。

由此可见，《国外语言学》、《外国语》及《外语教学与研究》等语言学刊物为认知语言学在中国的起步提供了一个平台。沈家煊、石毓智等一批学者自 20 年前就开始关注认知语言学，为认知语言学在中国的传播和发展起到了积极的推动作用。

(2) 汉语语法研究中认知语言学理论的直接应用。认知语言学相关理论对汉语的语序、词类等问题的研究都有所启发，能解释一些结构主义、形式主义不好解释或不能解释的问题。陆俭明(1988)针对类似“‘盛碗里两条鱼’成立，‘＊盛碗里鱼’不成立”的语言现象，指出“一定的语法范畴(数量范畴就是其中的一个)对一定的句法结构都会起一定的制约作用”。沈家煊(1995)则用“有界”和“无界”的概念解释了数量范畴为什么会对这类双宾结构起制约作用，并引入“有界”和“无界”的概念来划分词类，对名词分为可数名词和不可数名词、动词分为持续动词和非持续动词、形容词分为性质形容词和状态形容词这三者加以概括，说明词类划分背后的认知理据。另外，刘宁生(1994)对汉语空间关系表达的研究，袁毓林(1994)对一价名词的认知研究等都是直接应用认知语言学理论试图解决汉语语法研究中一些有争议的问题。这期间的专著——《认知语言学与汉语名词短语》(张敏，1998)和《语言的认知研究与计算分析》(袁毓林，1998)也主要是引介认知语言学的基本概念并用以解释一些具体的汉语语法现象。

(3) 隐喻、原型理论的介绍与应用。原型理论和概念隐喻理论颠覆了传统的亚里士多德范畴观和隐喻观，对于认知语言学核心主张的确立起到了奠基作用。在我国认知语言学发展初期隐喻和范畴观相关研究也占了相对较大的比例，如袁毓林（1995）应用“家族相似性”概念对汉语词类的划分，束定芳（1996，1998）对隐喻的本质、工作机制的探讨等。

另外，对语言、认知和世界三者关系的探讨也是当时语言学界关注的一个重要方面，如桂诗春（1991）对“语言与认知的关系”的探讨，熊学亮（1993）对“认知科学和语言学”关系的讨论等。

1.2 多方位介绍与发展阶段

20世纪90年代末至本世纪初（约1999年—2003年），随着研究成果数量和涉及的主题范围的大幅增长，中国认知语言学研究进入了多方位介绍与发展阶段。论文、专著的数量大幅增长，涉及的主题范围迅速扩大，各类学术会议相继召开。

（1）论文专著数量大幅增长。

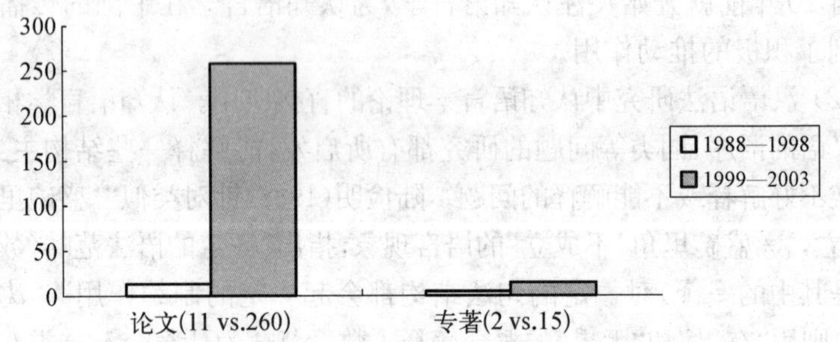

图2 第二阶段（1999—2003）与第一阶段论文、专著数量（1988—1998）对比

从图2看出，在第二阶段短短五年时间里，论文和专著的数量（论文260，专著15）远远超过了第一阶段11年（1988—1998）的总数（论文11，专著2）。

正是在这期间，沈家煊（1999a）、石毓智（2000，2001）、束定芳（2000）、熊学亮（1999）、张辉（2003）等相继出版了十几本专著，极大地推动了认知语言学理论及应用的发展。外语教学与研究出版社和北京大学出版社也通过引进版权出版了一些重要的认知语言学原著，如Langacker（1987）

的《认知语法基础》(*Foundations of Cognitive Grammar*)、Ungerer 和 Schmid 合著的《认知语言学入门》(*An Introduction to Cognitive Linguistics*)等,为中国研究者和学习者直接研读原著提供了极大方便。

(2) 主题范围迅速扩大。相比第一阶段主题集中于隐喻、原型理论及对认知与语言关系的探讨,第二阶段涉及主题的数量大幅增长(见图 3)。

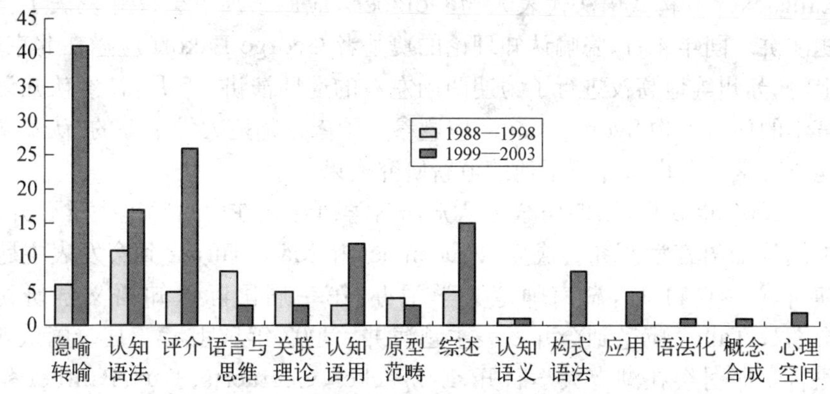

图 3　第二阶段与第一阶段主题统计对比

从图 3 看出,国内认知语言学研究第一阶段的主题较为集中,主要探究了汉语语法认知、语言与认知的关系、隐喻和转喻等方面。相比之下,在第二阶段,一方面在原有的基础上有关隐喻和转喻的探讨激增,评介类文章、认知语用、认知语义方面的研究也显著增加;另一方面,语法化、概念合成、心理空间、认知语言学在翻译、文学、教学、词典学等领域的应用等方面的研究也开始大幅增加。

(3) 各类学术会议与学术讲座相继举行

认知语言学在中国的迅速发展也体现在各类全国性学术会议和学术讲座的召开。认知语言学研讨会自 2001 年开始在全国范围内召开,迄今为止已达五届。

2001 年,首届认知语言学研讨会在上海外国语大学召开,与会代表 70 余人。2003 年,第二届认知语言学研讨会在苏州大学召开,与会代表 100 余人,心理空间理论创始人 Fauconnier 应邀到会发表主题演讲。

1.3 发展、反思与国际化阶段

2004 年以后，一方面，中国认知语言学研究保持持续增长的势头，论文、专著的数量稳步上升，涉及范围日益扩展，同时各类研讨会和主题学术会议也频繁召开。2004 年，第三届认知语言学研讨会在西南师范大学召开，与会代表 200 余人，认知语言学创始人、《认知语法基础》作者 Langacker 和构式语法代表人物 Goldberg 应邀参加了会议并发表了主题演讲。同年 4 月，隐喻认知理论的奠基者 George Lakoff 应邀在北京、上海、苏州等地高校进行了为期两周左右的巡回演讲。5 月，神经认知语言学的代表人物 Sydney Lamb 应邀参加了南京师范大学举办的"认知功能语言学讲习班"，介绍了他的最新研究成果。

2006 年 5 月，第四届全国认知语言学研讨会在南京师范大学召开，中国认知语言学研究会成立，Fauconnier 和 Mark Turner 到会发表主题演讲。同年 11 月，湖南师范大学举办"第一届国际认知语义学研讨会"，L. Talmy 应邀到会并发表主题演讲。2007 年 5 月，第五届全国认知语言学研讨会在湖南大学召开，Langacker、Geeraerts、Tsur、Panther 等到会并发表主题演讲。7 月，中国认知语言学研究会被正式接纳为国际认知语言学的成员。2008 年 7 月，首届中德认知语言学研讨会在德国召开。

另一方面，在对国外理论介绍应用的同时，国内一部分学者也对相关理论的问题和缺陷进行了反思（如刘正光，2001）。2004 年以后，中国学界客观思考认知语言学的基本假设及对汉语研究适用性的研究明显增长。如石毓智（2004a，2008）、邓云华，石毓智（2007）等指出了认知语言学的"功"与"过"以及构式语法理论的进步与局限，还对语言规律的多样性及其研究方法进行了思考。陆俭明（2004）提出"词语句法、语义的多功能性"来解释构式语法尚未解释清楚的问题："为什么相同的词类序列、相同的词语、相同的构造层次，而且相同的内部语法结构关系，甚至用传统的眼光来看还是相同的语义结构关系却会造成不同的句式，表示不同的句式意义"。沈家煊（2008）也指出语言学家的任务不是研究语言学理论而是语言，强调基于语言事实而非基于语言流派的研究。

二、中国认知语言学研究的主要特点

2.1 研究涉及的范围广，参与的人数众多

中国认知语言学研究的一个重要特点是研究范围广，参与人数众多。这在专著、期刊论文数量、博士、硕士学位论文中都有体现（见表3）。

表3 中国认知语言学研究分布及主题(1988—2008)

研究主题	期刊论文	博士学位论文	硕士学位论文
认知语法	49	48	560
认知语义	30	50	14
隐喻、转喻	79	20	1 615
认知语用	34	10	153
概　　述	38	3	0
构式语法	23	6	28
语法化	5	4	20
心理空间、概念合成	7	0	183
对比研究	16	14	174
语言类型学	5	2	15
书　　评	53	0	0
应　　用	14	14	1 000
总　　计	331	157	1 892

注：以上期刊论文统计来源于前文提到的六种语言类核心期刊，专著统计中“对比研究”与其他主题的数量重叠，论文集都并入“概述”，这里的硕士、博士论文是以中国期刊网为基础的不完全统计。

从表3看出，中国认知语言学研究几乎涉及认知语言学所有相关领域，参与人数众多并逐年增长。究其原因，主要有以下四个方面。首先，中国从事语言学研究的高校教师、博士、硕士研究生总人数大幅增长。以

博士论文为例,2004 年至 2008 年收录于中国期刊网“中国语言文字”和“外国语言文字”方向的博士学位论文呈逐年上升的趋势,相应也带来了认知语言学相关论文的增长(见图 4)。

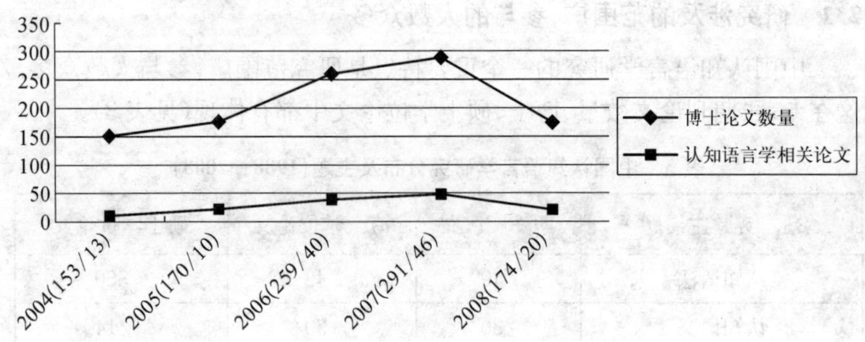

图 4　语言文字方向博士论文及认知语言学相关博士论文数量与趋势(2002—2008)

其次,认知语言学的迅速发展也与汉语界和外语界学者不同的学术背景和研究传统有密切的关系。中国语言学研究可粗略分为外语界的研究和汉语界的研究,语言学在学科分类中被分为“外国语言学与应用语言学”和“语言学与应用语言学”。前者关注语言的普遍理论,特别关心国外新的语言学理论,能够迅速将国外新成果介绍到国内,并力图应用到具体语言材料的分析以及外语教学过程中去。后者主要关注汉语语言事实的描写和解释,更关注如何发掘和解释汉语现象,服务于汉语教学和其他信息时代的其他需求。近年来越来越多的中青年语言学家关注国外语言学新理论,并应用于汉语语法研究,以解决具体的汉语语法问题。总之,前者侧重理论的介绍,关注理论的系统性和准确性,后者更关注的是理论的实用性。这两种背景的语言学家所从事的语言研究的不同侧重点也导致了中国认知语言学的发展出现研究范围广、人数众多的特点。

此外,我国学者对隐喻和转喻的特殊兴趣也对国内语言学的发展起到了积极的推动作用。“没有隐喻研究,很难想象当今认知语言学的发展。没有对隐喻的探索,这个语言学分支的发展历程也许要缓慢很多。”(Hamilton,2004: 104)这一点在中国认知语言学的发展过程中得到了同样的体现。两个发展阶段的主题统计结果都呈现出一个共同的显著特征，即关于隐喻、转喻的研究数量处于遥遥领先的位置——其比例远远超出其他主题，达总数的20%。隐喻、转喻不仅成为中国认知语言学研究的核心话题，也一度成为中国认知语言学的驱动力。束定芳的《隐喻学研究》(2000)是最早从认知语言学角度系统、全面地介绍隐喻研究的著作，在对西方隐喻理论进行吸收和整理的基础上，对隐喻的产生原因、工作机制和本质特征以及隐喻的功能等进行全面的讨论和分析。该著作对国内认知语言学研究，特别是隐喻学研究产生了积极的推动作用。

"从认知角度出发对汉语中比喻的研究，也为我们对概念化的文化特异性以及普遍性结构的认识做出了很大的贡献。"(Schmidt，2008)相关研究涉及其运作机制、分类、区分等理论层面，也涉及在翻译、语篇分析、外语习得等方面的应用等。例如，沈家煊(1999b)提出了转喻/转指的认知模型，结合"认知框架"和"显著度"两个重要概念，论证汉语"的"字结构转指中心语的现象本质上是一种"语法转喻"，比以往的论述具有更强的概括力和解释力。陈家旭(2000)指出隐喻转喻是主要的造词方式。刘正光(2000)揭示了名词动用过程中的隐喻思维等等。

最后不能不提的一点是认知语言学理论本身所特有的吸引力。与形式语言学相比，认知语言学关注的语言现象丰富多彩，使语言研究变得饶有趣味；同时认知语言学关注不同语言之间，以及同一语言中相似形式之间的差异，其解释性对于外语教学和对外汉语教学都有很大的借鉴意义(沈家煊，2008)。

2.2 针对汉语研究问题的借鉴与应用而非对乔姆斯基理论的反动

Sampson(1980：130)曾经指出："任何语言学家都要通过与乔姆斯基理论的联系来确立自己的学术地位。"国外认知语言学的发展也正是在对乔姆斯基理论的直接批判和反动的过程中产生并发展起来的。认知语言学的主要假设——语言能力不是自主的认知能力、语法就是概念化形成过程、语言源于语言使用(Croft & Cruse，2004：1)，本身都代表了认知语言学开拓者们对当时主流语言学方法——生成语法和真值条件语义学的反动。正因为认知语言学关注的知识类型与生成语法的不同，更因为其经验主义的本质，人们常把它称为"第二次认知革命"，而把生成语法称作

“第一次认知革命”。(Geeraerts & Cuyckens,2007：7)

中国认知语言学发展完全出自不同的背景和传统。尽管乔姆斯基的《句法结构》早在 1979 年就被译介到中国,但生成语法理论并未被广大的汉语研究者所接受,没有在汉语语法研究中系统应用,也并未如在美国那样成为语言学研究的主流。实际上,认知语言学的基本概念和基本理论最初的引进与借用是部分语言学家为了走出汉语语法研究的结构主义方法困境的一种尝试,有着中国的汉语语法研究特有的学术背景以及亟待解决的问题。

自《马氏文通》(1898)问世到 20 世纪初,我国汉语语法主要是参照印欧语系建立。40 年代出现了 20 世纪前半叶现代汉语语法研究的鼎盛时期,王力、吕叔湘、高名凯等老一辈语言学家以普通语言学理论为指导,以挖掘汉语语法特点为宗旨,发现并解释了不少汉语语法的自身规律。新中国成立后,吕叔湘、朱德熙合著的《语法修辞讲话》大大普及了语法知识,也促进了现代汉语语法的教学和研究工作。同时,随着布龙菲尔德《语言论》(袁家骅、赵世开、甘世福译)和赵元任《北京口语语法》(李荣译)等的翻译出版,美国描写语言学的理论方法开始影响现代汉语语法研究。尤其是在 80 年代,受结构主义和描写主义语言学影响的学者成为中国语法研究的中坚力量,使汉语语法研究有了极大的发展和突破。一方面,层次分析已成为共识,变换分析、语义特征分析、“格”语法分析、配价分析等也被广泛应用;另一方面,学者们具备了立体研究观念,确立了“三个平面”(句法、语义、语用)的研究思路(见陆俭明、沈阳,2003)。其中“语用”平面的引入反映出汉语界试图从形式之外来寻求观察和解释语言现象的方法。

受结构主义理论影响,我国的语言学研究在很长一段时间内以描写为目标。80 年代后期陈平(1987)《描写与解释》一文发表后,对现代汉语语法现象、语法规则的解释开始引起汉语语法学界的普遍关注。学者们陆续发表论著,力图寻求观察、描写和解释的充分性与合理性。沈家煊(2000b：19)指出语法研究所追求的目标,高一点的是要对哪些合乎语法、哪些不合语法作出预测(predication),低一点的是要对合乎和不合语法的现象作出解释(explanation)。陆俭明、郭锐(1998)对于汉语界进行认知研究的目的和作用进行了解释。他们指出,汉语语法认知研究的目的是试图从人的认知角度对种种语法现象作出合理的解释，而且要求自己所作的解释在语法形式上能找到系统的而不是孤立的证据。如从“临摹性”、“典型范畴”、“常规关系”、“隐喻”等角度，对汉语的词序、词的重叠、词类的本质特点、肯定与否定既对称又不对称的特点等现象与问题所作的解释。同时，认知语法学还能挖掘出一些用以往的研究理论和方法所不易发现的语法现象，比如张敏(1998)从认知角度解释偏正结构中“的”字隐现问题时挖掘出来的关于“我儿子”、“我的儿子”等结构的区别与联系。

在某种意义上来说，由于认知语言学理论在本质上是一种解释性的语言理论，较强的解释力是它在国内语言学界迅速传播和应用的重要原因。在从认知角度对于汉语语法现象进行解释方面，沈家煊所做的工作引人注目。他的研究以解释和预测为目的，将国外的语言学理论和汉语语言事实结合，从认知视角很好地解决了汉语语法中的一些有争议的问题。他利用转喻认知模型对“的”字结构的研究就是一个例子。

“的”字结构是汉语中的热点问题之一。朱德熙(1983)指出，“的”字结构有两方面的问题需要解决：一是“的”字结构为什么转指时意义范围广泛；二是“的”字结构转指时的限制条件是什么。对此沈家煊(1999)运用认知语言学的“认知框架”和“显著度”两个重要概念，解释了“NP的”、“VP的”、“AP的”这类结构转指的条件和限制原则，认为“的”字结构转指中心语是语法转喻作用的结果，转喻是人们基于日常体验建立的同一个认知框架中要素之间参照和激活的结果。沈家煊通过对转指的转喻阐释，不仅解释了语言表达合乎语法和不合乎语法的认知理据，还对语法现象作部分的预测，说明它们是受倾向性原则支配的。

2.3 外语学者和汉语学者的互动与互补

科学研究不光涉及概念、模型、方法，同时也涉及人物、活动及其交流方式(Geeraerts & Cuyckens，2007)。在中国，具有不同学术背景的学者在各自的领域做了积极的探索，从而推动了中国认知语言学的发展。

如2.1所述，汉外语界的学者共同推动了中国认知语言学的发展。近些年来，外语背景的学者也开始逐渐将目光投向自己的母语，试图通过语料对比研究或者母语语料驱动的研究来验证、修正国外学者的理论，提出自己的语言理论设想，或者力图寻求认知语言学研究视角与其他语言学视角结合的可能性来描述和解释汉语的语言事实。

徐盛桓将认知与语用研究结合起来，找到了很好的切入点。他从认知视角出发，关注的对象是话语生成和理解的认知基础，即话语生成遵循什么认知规律？话语如何被理解？主要围绕基于心理模型的语用推理这个问题展开。徐盛桓(2008)的核心思想是，"语用推理依赖于心理模型，是创建和操作模型的认知过程，心理建模是推理的基本形式，心理模型是人们心智中知识结构的组织形式，心智中的知识是人们对事物间的常规关系的认识，体现为以相邻/相似关系的抽象知识为维度组织起来的类知识。"依据"语用推理同日常话语的理解并没有本质区别这一'认知连续统'"的观点，心理模型能从语用推理推及普遍的语言理解。徐盛桓建立的应用于语用推理的心理模型经历了一个发展过程，从对语用推理的本质、对相邻和相似等常规关系的探讨、话语生成涉及的自主—依存关系等子问题的讨论，到建立话语生成和理解的心理模型，发展为心理模型在解释成语、转喻等语言现象中的应用。

很多其他的研究者也探讨了认知语言学视角与其他视角结合的可能性，如认知语言学与关联理论的互补性(何奕娇，2007；张辉、蔡辉，2005)，认知语言学与生态语言学(Eco-linguistics)的结合等。

与外语界学者不同的是，中文背景的学者具有扎实的汉语功底，了解我国汉语研究中存在的问题。近年来，汉语界对国外语言学的兴趣大大提高，与外语界的交流也大大增加。在这方面陆俭明(2004，2007)对构式语法的批判性接受与应用就是一个代表。

存在句式"NP1 + V + 着 + NP2"(如 A. 台上坐着主席团　B. 墙上挂着一幅画)一直都是汉语语法解释的难点。原因有三：1. 主语和宾语的位置难以确定；2. B 类句式的施事者是隐藏的；3. 按说句法成分的语义角色不同，所造成的语法意义有差异。但 A 类句式的宾语角色是施事，而 B 类句式的宾语角色是受事，但是两种句式的语法意义一致，应该怎么解释？针对这三个问题，生成语法学采用了"句式变异说"、"动词变异说"和"轻动词说"进行解释。其中以第三种理论的解释力最强，然而该理论陷入了由假设所造成的理论循环论证，并没有从实质上解决问题。就此问题，朱德熙(1981)在论述"台上坐着主席团/主席团坐在台上"等存在句时就提出了构式具有独立的语义的看法，但并没有明确提出“构式”的概念。在构式语法理论的启发下，陆俭明(2004)认为，采用该理论可以对存在句式进行合理的解释。首先，这样的句式可以称作“存在构式”，该构式有三个构成要素：存在物、存在处所、存在方式。这三个要素在词汇层面上投射为NP1、NP2和V着，在认知层面上则投射为一个存在的场景，按照“整体大于部分之和”的原则，该场景的意义并不能由词或词素的结构组合来推知，而是该构式本身就具有这样一种意义，是独立存在的。

陆俭明在应用构式语法理论解决汉语问题的同时也对理论本身进行了思考。对于Goldberg等学者没有解释的构式来源问题，陆俭明认为构式生成的过程为：客观存在的事件通过感官感知而形成认知图式→认知图式投射到人类语言层面形成意义框架→意义框架投射到一个具体语言→根据构式意义的需要在词库中物色具体词语来构成具体的句子。

汉语界一批有海外留学背景的学者的研究也非常引人注目。他们在西方接受过语言学训练与熏陶。在研究过程中，他们结合自己的中文背景，中西结合，为我国汉语研究的发展做出了积极贡献。石毓智就是其中的一个代表。一方面，他扎实的汉语功底有利于他对语言学历史发展事实的把握；另一方面，西方语言学理论的积累又帮助他在采用类型学视野的视角将汉语同其他语言进行深入对比，从而使汉语与其他语言的共性和汉语的个性得到凸显。

以石毓智的概念化研究为例。石毓智(2001，2006)从历时角度出发，对古今汉语动词概念化方式的系统差别进行了分析，说明一种语言的概念化的历史变迁是如何影响其句子结构的变化的。他指出，古今汉语动词概念化的差别主要体现在动作和结果的由合到分。在现代汉语中，动作与结果分别是用动词和动补结构来表示的。比如，“看”是一种动作行为，“看见”是该动作行为的结果。然而在古代汉语中，动作和动作结果通常是用两个不同的动词分别对其进行概念化的。例如：1）食：吃—餍：吃饱；2）视：看—见：看见；3）听：“听”的行为—闻：听见；4）逐：追赶—及：追赶上；5）寝：睡—寐：睡着、寤：睡醒、觉：睡醒。这种概念化的变化对语法的最直接的影响是，以前是一个单纯动词表示的概念，现在则需要一个动补结构来表示。此外，石毓智对汉英词语概念化方式的差异对句法的影响也进行了分析。他认为，汉英民族概念化的差异可能造成不同语言对应词语的表意范围的不同，从而影响到有关词语的句法行为。以汉英动词概念化特点与双宾结构差别的关系为例。英语的双宾结构只能表示右向，要表达左向的转移则需要选择不同的句式，例如：

I lent him a book.　　（右向，双宾结构）

I borrowed a book from him.　　（左向，单宾结构）

而汉语的双宾结构是左右向的，可用同一动词来表示方向义相反的同一动作行为。如上述两句英文例句都可对应中文句子“我借了他一本书”。由此可见，英汉动词包含“方向”的概念化差异导致了不同的句法结构的运用。

2.4　研究会、国际会议、学术讲座、学术专著系列出版的推动作用

2006 年 5 月，中国认知语言学研究会（见 http://www.ccla2006.com/index.asp）成立。研究会集中了中国外语界一大批年富力强的中青年语言学者，他们是中国认知语言学研究的生力军。自成立以来，研究会组织了系列学术会议和交流活动，为广大认知语言学研究者提供了一个互动的平台，极大地推动了中国汉、外语界学者以及中外学者之间的交流与合作。目前，中国认知语言学研究会已被接纳为国际认知语言学研究会的成员。

迄今为止，研究会已经成功举办了五届认知语言学年会以及各种主题会议，如“认知语义学国际会议”（2006，长沙；2008，苏州），“认知语言学与修辞学国际会议”（2008，上海）和“认知语言学与外语教学国际会议”（2008，杭州）；“认知语言学与二语习得国际会议”（2008，安徽蚌埠）等。

同时，研究会组织的“认知语言学暑期班”、“认知语言学十讲”等短期培训对推动中国认知语言学的发展作出了一定的贡献。福建师范大学、上海外国语大学举办了三届认知语言学暑期班（2006，2007，2008）；北京航空航天大学举办了多期的认知语言学系列讲座。概念隐喻理论创始人 Lakoff、认知语法理论创始人 Langacker，认知语义理论创始人 Talmy，心理空间理论创始人 Fauconnier 等都曾受邀在这些暑期班和系列讲座中做主题演讲和系列讲座。

三、中国认知语言学研究存在的问题与发展方向

3.1 存在的问题

(1) 低层次的重复介绍多，具体语言现象研究少

在各类期刊发表的论文中，书评与概述占了很大的比例。很多文章只是在理论问题上打转，局限于对基本概念的阐述。一些研究停留于低层次的重复介绍，缺乏结合我国语言实际和语料的系统、创新的研究。

(2) 邀请来讲座的多，参与国际学术交流的少，在国外产生影响的研究少

国际认知语言学界的许多著名学者，如 Langacker，Lakoff，Talmy，Croft，Kemmer 等都来过中国，与中国学者进行过面对面的交流。这对我国认知语言学的发展起到了巨大的推动作用。而国际交流应该是一个双向互动的过程，而我国认知语言学学者走出国门参与国际学术交流的很少。我们的学者只有走出去才能发出自己的声音，才能将自己的研究成果推向国际，为国际语言学的发展做出贡献。目前我国学者的研究在国外产生影响的为数不多，需要进一步加强交流，提高交流的层次，同时通过在国外杂志或会议上发表论文，展示自己的研究成果。

(3) 研究的话题多，方法论研究少

认知语言学基于使用的理论主张(usage-based thesis)与占主导地位的内省法(introspection)之间的矛盾已经引起学界的关注和争议。近年来，心理实验研究、基于语料库的研究等明显增加，研究者也逐渐意识到了研究方法之间的互补性。

我国认知语言学的发展因中国不断深化的改革开放而迅速与国际接轨。但是总体来说，我们的认知语言学研究话题多，但是方法论研究少。多数研究着眼于将国际认知语言学的最新成果应用于汉语研究、外语教学和翻译理论研究，很少有研究从我国语言实际出发进行理论创新。

3.2 中国认知语言学发展展望

(1) 加强基于汉语语料的对比或类型学研究

外语界的研究者能够较快地接受和理解国外语言学成果和理论，对所掌握的外语语言也有一定的直觉。他们了解国外语言学发展的最新动态，致力于寻找人类语言的共性与特性，并使之服务于外语教学与研究。沈家煊(2007)建议外语界的人多做汉语和外语的比较研究，一方面为语言教学服务，另一方面通过比较探求语言的普遍规律，透过语言之间表面上的差异找出人类语言的共性。

认知语言学采取非客观主义的立场，充分考虑文化、语言特性及其使用者的经验、背景，能够为对比研究、类型学研究、跨文化研究提供独特的视角。未来，基于我国语言事实的研究和基于汉外对比的研究都将会持续增长。

(2) 研究方法多元化

研究方法的多元化，一方面是指认知语言学视角与其他语言学研究视角的结合，呈现出视角多元化以及研究跨领域的特点。认知语言学与语用学、系统功能语法的互补研究，以及它在外语教学、文化、翻译等领域的应用都会不断增加。多元化另一方面指认知语言学具体研究方法的多样性。认知语言学研究不再主要地依赖内省法，而是依据不同的研究目的采纳不同的实证方法，如心理实验法、视听语料法、语料库法或调查法等。杨亦鸣、张辉等利用神经语言学和认知语言学研究中新兴的技术手段如 ERP、fMRI 等进行了系列研究(张辉、宋伟，2004；梁丹丹、杨亦鸣等，2006)；戴浩一(2006)也采用视听语料法对台湾手语进行了研究。

目前我国已有若干所大学成立了认知实验室或研究中心，如北京大学的“脑科学与认知科学中心”，浙江大学的“语言与认知研究中心”，华中师范大学的“心灵与认知研究中心”，徐州师范大学、湖南大学等的“认知语言学实验室”等。

(3) 进一步加强基于语料库(Corpus-based)的研究

认知语言学的一个基本假设就是其基于用途的语言观，认为语言知识源起于语言的使用(Langacker，1987；Croft and Cruse，2004)。在基于用途的模型中（如 Langacker，1987，1988，1999；Barlow & Kemmer，2000；Tomasello，2000；Croft & Cruse，2004），备受关注的是语言系统的实际使用。该观点的重要影响在于它考虑到了低层图式在与高层图式竞争过程中的优先性、使用背景和具体使用事件对意义建构的作用、标记/类型频率以及实际语言使用语料比如语料库的重要性等。

近年来，作为对传统内省法进行补充或反对的语料库研究法的应用呈上升趋势。在国际学术期刊《认知语言学》（*Cognitive Linguistics*）中搜索到使用语料库方法的论文 26 篇中，有 21 篇是 2004 年以后发表的。此外由 Mouton de Gruyter 出版的论文集 *Corpus-Based Approaches to Metaphor and Metonymy*（2006）就是对隐喻、转喻基于语料库的系列研究，其中 12 篇论文利用语料库的方法来验证、修订甚至推翻了传统内省法提出的假设或理论。其他基于语料库的研究还有基于语料库的构式研究（Gries，Hampe & Schönefeld，2005），基于语料库的象似性研究（Diessel，2008）等。我国基于语料库的研究也呈增长趋势，如蓝纯（1999）对汉语空间隐喻的分析，贺文照（2008）对英译汉中"心"的隐喻重构的调查等等。

(4) 将认知语言学理论应用于更多的相关领域

认知语言学理论对语言本质的看法将为更多相关领域的研究提供有益启示。如认知语言学可为翻译研究提供新的视角（邵志洪，2006；王寅，2008 等），同时也可以为词典编撰等工作提供新思路（赵彦春，2004）。认知语言学理论应该也更可能被广泛应用于外语教学。

(5) 加强与国际认知语言学界的互动

中国认知语言学研究会今后不仅将更多具有国际影响的语言学家请进来，也应该积极地走出去参与国际交流，2008 年 7 月在德国举行的"2008 Manheim Workshop on Chinese Cognitive Linguistics"和 2011 年将在西安举行的国际认知语言学大会就是往这一方向努力的很好的尝试。

四、结 束 语

20 年来，中国认知语言学研究经历了一个迅速发展和壮大的过程。

它始于对国外语言学发展的关注，为汉语研究中结构主义研究方法无法解决的问题提供了描写和解释的新视角。它的魅力在于对语言事实及规律有较强的解释力和一定的预测性，以及它对语言使用者心理现实性和相关文化、语言特性的充分考虑。

认知语言学在中国的语言研究有着良好的发展前景。认知语言学强调语义和广义的语境(resemantization & recontextualization)，更符合汉语的语言特点。中国语言学家可以也必将对认知语言学发展做出自己应有的贡献。

束定芳、唐树华

参考文献

Croft, W. & Alan D. Cruse. 2004. *Cognitive Linguistics*. New York: Cambridge University Press.

Diessel Holger. 2008. Iconicity of sequence: A corpus-based analysis of the positioning of temporal adverbial clauses in English. *Cognitive Linguistics*.

Geeraerts, Dirk & Hubert Cuyckens (eds.). 2007. *The Oxford Handbook of Cognitive Linguistics*. Oxford: Oxford University Press.

Gries, Stefan Th., Beate Hampe & Doris Schönefeld. 2005. Converging evidence: Bringing together experimental and corpus data on the association of verbs and constructions. *Cognitive Linguistics*, 16.4.

Craig A., Hamilton. 2004. Review on *Metaphor in Cognitive Linguistics*. *Cognitive Linguistics*, 15.1.

Geoffrey, Sampson. 1980. *Schools of Linguistics: Competition and Evolution*. Stanford: Stanford UP.

Zhuojing, Schmidt. 2008. Much mouth much tongue: Chinese metonymies and metaphors of verbal behaviour. *Cognitive Linguistics*, 19.12.

Anatol, Stefanowitsch & Gries Stefan Th. (eds.). 2006. *Corpus-Based Approaches to Metaphor and Metonymy*. Berlin; New York: Mouton de Gruyter.

陈家旭，2007，英汉语“喜悦”情感隐喻认知对比分析，《外语与外语教学》(7)。

陈　平，1987，描写与解释：论西方现代语言学研究的目的和方法，《外语教学与研究》(1)。

戴浩一著、黄河译,1988,时间顺序和汉语的语序,《国外语言学》(1)。
戴浩一著、叶蜚声译,1990,以认知为基础的汉语功能语法刍议(上),《国外语言学》(4)。
戴浩一著、叶蜚声译,1991,以认知为基础的汉语功能语法刍议(下),《国外语言学》(1)。
戴浩一、苏秀芬,2006,台湾手语的呼应方式,《百川汇海:李壬葵先生七秩寿庆论文集》。
邓云华、石毓智,2007,论构式语法理论的进步与局限,《外语教学与研究》(5)。
何奕娇,2007,试论认知语言学与关联理论的互补性,《外语学刊》(5)。
贺文照,2008,英译汉中"心"的隐喻重构——基于汉英平行语料库的考察,《四川外语学院学报》(2)。
桂诗春,1991,认知与语言,《外语教学与研究》(3)。
梁丹丹、杨亦鸣、封世文、李建策,2006,汉语名、动、形充当名词修饰语的 fMRI 研究,《语言文字应用》(4)。
蓝　纯,1999,从认知角度看汉语的空间隐喻,《外语教学与研究》(4)。
林书武,1997,国外隐喻研究综述,《外语教学与研究》(1)。
刘宁生,1994,汉语怎样表达物体的空间关系,《中国语文》(3)。
刘宇红,2006,认知语言学的理论缺陷,《山东外语教学》(5)。
刘正光,2000,名词动用过程中的隐喻思维,《外语教学与研究》(5)。
刘正光,2001,莱柯芙隐喻理论中的缺陷,《外语与外语教学》(1)。
陆俭明,1988,现代汉语中数量词的作用,《语法研究和探索》(4)。
陆俭明,2004,词语句法、语义的多功能性:对"构式语法"理论的解释,《外国语》(2)。
陆俭明,2007,构式语法理论的贡献与局限,香港:首届现代汉语句法语义小型研讨会发言稿。
陆俭明、郭　锐,1998,汉语语法研究所面临的挑战,《世界汉语教学》(4)。
陆俭明、沈　阳,2003,《汉语和汉语研究十五讲》。北京:北京大学出版社。
邵志洪,2006,英汉运动事件框架表达对比与应用,《外国语》(2)。
沈家煊,1995,"有界"与"无界"。《中国语文》(5)。
沈家煊,1999a,《不对称和标记论》。南昌:江西教育出版社。
沈家煊,1999b,转指和转喻,《当代语言学》(1)。
沈家煊,2000a,"认知语法"的概括性,《外语教学与研究》(1)。
沈家煊,2000b,说"偷"和"抢",《语言教学与研究》(1)。
沈家煊,2004,语法研究的目标——预测还是解释?《中国语文》(6)。
沈家煊,2008,认知语言学系列丛书序。上海:上海外语教育出版社。

石毓智，2000，《语法的认知语义基础》。南昌：江西教育出版社。
石毓智，2001，《语法的形式和理据》。南昌：江西教育出版社。
石毓智，2004a，认知语言学的"功"与"过"，《外国语》(2)。
石毓智，2004b，《汉语研究的类型学视野》。南昌：江西教育出版社。
石毓智，2006，《语法化的动因与机制》。北京：北京大学出版社。
石毓智，2008，自然科学方法与语言学理论建设，《四川外语学院学报》(1)。
束定芳，1996，试论现代隐喻学的研究目标、方法和任务，《外国语》(1)。
束定芳，2000，《隐喻学研究》。上海：上海外语教育出版社。
束定芳，1998，论隐喻的本质及语义特征，《外国语》(6)。
王　寅，2008，认知语言学的"体验性概念化"对翻译主客观性的解释力——一项基于古诗《枫桥夜泊》40 篇英语译文的研究，《外语教学与研究》(3)。
文　旭，1999，国外认知语言学研究综观，《外国语》(1)。
熊学亮，1993，认知科学与语言学，《外语教学与研究》(3)。
徐盛桓，2002，常规关系与认知化——再论常规关系，《外国语》(1)。
徐盛桓，2003，常规关系与语句解读研究——语用推理形式化的初步探索，《现代外语》(2)。
徐盛桓，2006，相邻与补足——成语形成的认知研究之一，《四川外语学院学报》(2)。
徐盛桓，2007，基于模型的语用推理，《外国语》(3)。
徐盛桓，2008，转喻与分类逻辑，《外语教学与研究》(2)。
袁毓林，1994，一价名词的认知研究，《中国语文》(4)。
袁毓林，1995，词类范畴的家族相似性，《中国社会科学》(1)。
袁毓林，1998，《语言的认知研究和计算分析》。北京：北京大学出版社。
叶蜚声，1982，雷柯夫、菲尔摩教授谈美国语言学问题，《当代语言学》(2)。
叶蜚声，1982，雷柯夫、菲尔摩教授谈美国语言学问题，《当代语言学》(3)。
张　辉，2003，《熟语及其理解的认知语义学研究》。北京：军事谊文出版社。
张　辉、蔡　辉，2005，认知语言学与关联理论的互补性，《外国语》(3)。
张　辉、宋　伟，2004，ERP 与语言研究，《外语电化教学》(6)。
张　敏，1998，《认知语言学与汉语名词短语》。北京：北京社会科学出版社。
赵彦春，2004，《认知词典学探索》。上海：上海外语教育出版社。
赵艳芳，2000，认知语言学的理论基础及形成过程，《外国语》(1)。
朱德熙，1978，"的"字结构和判断句，《中国语文》(1)、(2)。
朱德熙，1981，《语法讲义》。北京：商务印书馆。
朱德熙，1983，自指和转指——汉语名词化标记"的、者、所、之"的语法功能和语义功能，《方言》(1)。

目　　录

第四部分 双及物构式研究

第五部分 “把”字句研究

第六部分 致使构式研究

第七部分　构式与论元结构研究

第八部分　动结式结构研究

前　言

构式语法，更广义地说，语言研究的构式途径，从提出到成为一种研究语言的新的理论与方法，也就不到20年的时间。然而，在语言学研究领域却产生了非常广泛的影响。在国内的语言学研究中，说它受到了热捧也不为过。国内学者们除了运用构式语法的基本原理与方法来研究语言问题以外，有的还对构式语法理论本身的理论优势与不足进行了有益的思考。在此，我们并不想对其进行评说，只是想把我们自己的认识与理解表达出来。

关于“构式”的定义是学者们批评得比较多的一个问题。也许这些批评都有各自的道理。但似乎忽略了定义中一个重要的概念：构式本身的意义只是独立于某个具体的词，尤其是动词。这是针对动词中心观提出来的(Goldberg，1995：1)。在Goldberg的理论体系里，“构式”的本质特征与地位是语言习得与语言分析的基本单位。

关于“构式”的确定标准。虽然Goldberg说了构式是形式与意义(功能)的对应或匹配，但她同时也强调了这样一个前提条件：如果构式的一个或多个特征不能从其组成要素或已有的关于语言中的其他构式的知识预测出来时，该构式才是一个独立的构式。这实际上同时也强调了不同构式之间的相互联系与系统关系。其基本内涵是，对语言型式(patterns)的语义与形式的复杂限制条件的解释可以与更一般的、简单的或常规的型式联系起来，从而发现语言的普遍规律(Goldberg，1995：45;2003)。

关于“构式意义”。有人认为，语言形式一旦加入了主观因素，一切都会变得不确定。其实，这恰好忽略了构式意义的本质特征：构式意义是高度抽象的、规约化的。而临时的语境意义根本不是构式意义的一部分。

关于“组合性”问题。其实构式语法根本没有否认语言的组合性特征。相反，构式语法同样认为组合性特征是语言系统运行的基本规律。差异在于，构式语法通过对语言事实中生成语法难以解释的现象的解释，来进一步解释语言组合性的层次与方式问题。

关于“生成性”问题。生成性(能产性)是语言的本质特征之一,不能因为生成语言学承认了“生成性”,构式语法就不能承认这一点。因为,解释为什么无数的句子合法,为什么无数的不合法是语言学理论必须要做的工作。

关于语言的“单层性”。Goldberg 提出语言是单层的,主要是针对生成语言学的转换、基础生成与推导提出来的。因为,无数的语言事实表明,许多句子转换以后并不能被接受或不符合语法;许多被认为是基础生成的句子比推导生成的句子使用频率还低。因此,构式语法认为,通过形式多样的表层句子形式抽象出来的规律更具有普遍意义。

本书共分为八个部分,收文 37 篇,分为八个专题:基础理论研究、词义与构式互动关系研究、中动构式研究、双及物构式研究、“把”字句研究、致使构式研究、构式与论元结构研究、动结式结构。

需要特别说明的是,本书收文的标准是构式语法理论或是认知语言学理论框架下的语言研究,而其他理论框架下的研究虽然很有意义,但不收入。另外,论文的取舍只代表编者个人的认识,与论文水平没有直接关系。

在介绍各部分论文的主要观点之前,先做几点说明:1)应出版社要求,统一了各篇文章参考文献的格式。原来有的参考文献有页码,许多参考文献没有页码,统一后,页码都没有给出。2)改正了原论文中的一些错别字。3)各篇文章对有些术语的翻译不尽相同,我们基本保持原貌。

第一部分“基础理论研究”收录了五篇文章。Goldberg 的 *Constructions: A new theoretical approach to language* 重新阐述了构式语法作为一种新的理论方法的基本内涵及其理论价值,尤其强调了构式语法对所有语言事实的研究与解释,而不是像生成语言学那样将语言事实区分为“核心”和“边沿”事实,忽略对“边沿”事实的研究。相反,她认为,对“边沿”事实的研究更能揭示普遍问题的本质。陆俭明先生的《“构式语法”理论与汉语研究》指明了句式语法理论对汉语研究五个方面的意义:1)可以帮助解释一些先前不好解释或先前想不到去解释的语法现象;2)有助于进一步探索影响句子意思的因素,去进一步探索句子意思的组成;3)有助于说明各种不同句式产生的原因与理据;4)可以避免将句式的语法意义误归到句中某个虚词头上；5）扩大语法研究的视野，引起我们对以往语言理论的新的反思和思考，开拓“句式”研究的新领域，把语言研究引向深入。熊学亮的《增效构式与非增效构式》认为 Goldberg（1995）的构式定义过于宽泛，应区分增效构式与非增效构式。这样有助于更好地理解 Goldberg 在 2006 年关于构式的定义中删除“不可预测”的含义，有利于在理论与实践中保持平衡。作者认为构式增效分析能凸显构式的典型特点，揭示汉语“吃＋NP”的语义解释更加依赖动词内涵的特点，对其它相关的语言现象研究也有启发。张韧《转喻的构式化表征》提出，转喻也是一种构式。但转喻受句法环境的约束，这种约束是心理语法的一部分。按照以构式为基础的语言理论，这些约束本身可以处理为广义的构式，成为构式网络的有机部分。文章通过讨论向心与离心语义压制这两种转喻现象，证明了转喻引申往往是受句法组合或者特定的构式环境制约的。他的这一分析方法有可能把名词和动词的多义性问题作出统一的分析。这一观点与方法也有别于以往将转喻的讨论与研究放在纯概念系统中来处理的方法。邓云华和石毓智的《论构式语法理论的进步与局限》深入思考了构式语法的优点与不足，并做了比较简明的概括与总结。其进步表现在：进一步印证了认知语言学关于语法和语义关系的基本原则，其分析具有建立在经验事实之上的直观性，不同使用频率的结构得到了同样的重视，对人类语言的一些语法共性做了成功的解释，研究对象明确而具体，也符合儿童语言的习得过程，同时也可应用于历史语言学研究中，比如可以把共时语法系统看作一个动态的变化过程，可以成功地解释一个词汇语法化的诱因。其局限性表现在：对构式概念的不合理扩大掩盖了两类性质不同的语言单位之间的差异，从而也造成了句子分析的繁琐，尚未解决语法结构的多义性问题，无法解释一个构式的结构意义形成的原因，适用的结构类型也很有限，缺乏语法的系统观念，确立语法结构的标准不明确，而且其语言哲学观模糊不清、摇摆不定。

第二部分“词义与构式互动关系研究”收录了五篇论文。陆俭明先生的《词语句法、语义的多功能性——对“构式语法”理论的解释》主要探讨了为什么相同的词类序列、相同的词语、相同的构造层次，而且相同的内部语法结构关系，甚至用传统的眼光来看还是相同的语义结构关系，却还会造成不同的句式、表示不同的句式意义这样一些根本性的问题。陆先生认为，应该用“词语句法、语义的多功能性”理论来加以解释。刘正光的《“非理想”的语言事实在理论建设中的地位与作用》具有两个方面的意义。一是说明构式义怎样使句子表面上看来属于“同义反复”的句子，为什么又是合格的句子，合格的理据来自哪里。由于整个构式表达一种态度意义，该构式中的 NP_1 和 NP_2 分别激活不同的概念意义。NP_1 激活的是名词短语的指称意义。NP_2 激活的是名词的特征意义。在名词的概念结构中，名词的指称意义和特征意义是二元同体的。该文的另一个理论目的是强调语言学理论研究中，非理想的语言事实具有十分重要的理论价值。它们对深化和扩展语言学理论具有不可估量的作用，说明语言事实的理想与否取决于理论研究的取向和理论的背景假设。毕永娥在《不定量词词义与构式的互动》一文中，从频率入手考察了当代台湾口语，探讨了现代汉语中不定量词的词义与构式互动的方式以及不定量词所参与的构式在口语中呈现的分布与演变。文章认为词汇的语义延伸常常导因于与其他词汇的共现并形成构式。不同的语体也会对不同的构式有所偏好与选择。李晋霞的《论格式义对“$V_{双}+N_{双}$”定中结构的制约》研究发现，“动作分类标准 + 事物”这种格式义对于定中“$V_{双}+N_{双}$”的构成成分来说在语义内容上大致呈现出“趋反”的倾向，表现为“具体概念 + 抽象概念”。这种概念组配模式符合人们对事物的认知习惯：当对一个抽象度较高的事物进行感知时，人们往往需要一个比较具体的标准进行参照，以达到明确概念所指的目的。张建理的《英语形—名结构的动态识解研究》讨论了形名构式的语义生成问题。其概念联结的演进过程分为三个阶段：原义—初义—洽义。在原义阶段个别词项的述义是静态默认的，在初义阶段述义组合产生局域激活，并在洽义阶段联结形成合成义。名词是自主体，内含各种概念实在体和概念抽象体，可具有形式和功能两个侧面的内容。形容词是依存体，内含各种与名词有关的特性。在两者的组合中，形容词的特性激活名词中的某个概念局域，并使这两部分及这种关联得以彰显。在具体组合过程中，形容词的语义往往不变，名词的语义则细化为侧义。

第三部分“中动构式研究”有三篇文章。徐盛桓先生的《语义数量特征与英语中动结构》以事物的数量特征和有界化来解释中动构式的句法特征。徐先生的观点是，在主语受事的 NP + V + ADV 句法框架里，表状

态的状语使动词的语义数量特征失去时间性，蜕变为非动作化(deactivization)，同时又使谓语动词有界化(boundedness)，从而保证了句子结构的合语法性。中动句谓语部分“V+ADV”的构成既是谓语动词有界化选择的结果，也是有关概念语义数量特征相互选择的结果。刘正光运用认知功能理论对中动构式的几个根本问题进行了全面的理论解释。关于及物动词与非感知、怀疑、情感动词的限制问题，文章指出中动构式作为一个构式，其构式意义表示说话人对话题的主观评价，整个构式说明句子主语的一般特征，具有“类指”的属性。虽然中动构式有典型与非典型之分，但不同的次类都遵循整个构式意义。由此观之，无论是及物动词还是表示感知、怀疑、情感意义的动词，如果它们是对主语的特征做出主观判断，都可以进入中动构式。关于句子主语的语义角色，即主语的受事性或受影响问题，作者的结论是只要述谓部分和主语能够表达一个说话人对事物状态的主观评价，充当主语的成分只要具有“促进”的特征并和述谓部分存在“让”和“阻碍”的力动态关系，就可以构成合格的中动句。这一解释不但否定了生成语言学关于只有内论元可以出现在主语位置的观点，同时也给许多边缘现象的存在提供了理据。因此，主语除了典型的受事主语以外，还可以是表示工具、手段和场景的主语。过去认为中动构式的情态意义是表示“能力”、“可能性”和“意愿”。这样的概括一是琐碎，二是不能说明中动构式的全貌，事实上，中动构式的情态意义是“让”和“阻碍”。这样能解释各种非受事充当主语的情形。中动构式中的受事等成分能够前移，是因为中动构式中的力动态型式是具有“促进”意义的主语与“让”的关系。表示情态意义时，无生主语作为情态力动态的动力源是反施力者，那么作为施力者的施事处于次要地位，被降格、隐形。当受事或工具、手段以及场景等成分能够发挥促进作用并和述谓部分形成“让”的关系时，便获得了前移做主语的资格和条件。余光武、司惠文主要讨论了汉语中动构式的界定问题。他们根据句中各成分间的语义层次关系，将“NP+V-起来+AP”进一步区分为A(NP主+|V-起来状+AP谓)、B(NP话题+|V-起来主+AP谓)、C(NP主+|V-起来谓+AP补)三种句式。其中，只有句式C才可能是汉语的中间结构，句式C中的“起来”的功能其实就是中间化。

第四部分“双及物构式研究”收录六篇文章。张伯江先生的《现代汉语的双及物结构式》一文重点探讨了现代汉语中双及物构式的引申与扩展机制。该文认为，构式的引申与扩展主要是隐喻和转喻起作用，而句式义的引申，无论是在话语空间中还是在物理空间中都是转喻作用的结果。现代汉语双及物构式的引申过程展示的是，那些看似找不到语义共性的双宾语结构实例实际上不过都是语言中人类经验的认知现实的系统性反映。徐盛桓先生在《相邻关系视角下的双及物句再研究》一文中提出，在相邻关系视角下对英语双及物句，特别是对不表示“给予”义的双及物句进行再研究，对构式意义的生成有更为深刻的认识。文章提出，双及物构式的生成过程与机理包括以下三个过程：要素的筛选、要素的分化和要素的整合。其研究发现，$SV_{(NON\text{-}GIVE)}\ O_{(HUMAN)}\ O_{(THING)}$ 所具有的“给予”构式义并非无源之水，不能绝对地说“给予”构式义“不能归因于所涉及的词项”。程琪龙在《双宾结构及其相关概念网络》一文中通过研究双宾结构的相关概念网络倡导用概念框架来研究语言事实，因为它能够解释语法性，能够揭示和预示许多语言现象的操作过程。他认为，双宾结构的认知语符关系研究涉及该结构和相关结构之间概念内容的异同。各语法结构之间内容的相同之处表征于概念框架的共享概念特征中，相异之处主要表征于不同的语义结构。其研究强调动词概念框架和小句概念框架之间的吻合关系，强调系统和操作的对立统一关系。陆俭明先生的《再谈“他吃了三个苹果”一类结构的性质》运用“语法动态性理论”和“广义配价模式”解决了把“吃了他三个苹果”这一类结构分析为双宾结构的可取性问题，并对这类双宾语结构内部的动词和语义关系作了十分细致的描写，同时说明这类双宾语结构在本质上不同于“给了他三个苹果”。石毓智的《汉英双宾结构差别的概念化原因》讨论了汉语和英语双宾句式不同的结构意义并指出：汉语是双向的，客体既可由主语向间接宾语转移，也可朝相反的方向转移；英语则是单向的，客体只能由主语向间接宾语转移，不能相反。同时，两种语言对物体传递动作行为的概念化过程也存在着平行的差别。这种结构意义和动词概念化方式的一致性反映了语法结构意义的形成与词语的概念化之间的密切联系，揭示了不同民族对动作和事件的认知方式的系统差别。熊学亮的《英汉语双宾构式探析》发现，低原型性双宾句式内，尤其是汉语低原型双宾语句式内，某些形式与内容的配对的异常性可导致语句的高构式效果，即句式对句中主要动词的意义、使用和论元结构具有临时调整作用。

第五部分"把字句"研究共收录四篇文章。沈家煊先生在《如何处置"处置式"?》一文中通过对把字句和一般动宾句的比较,论证了"把"字句的语法意义是表示"主观处置",即说话人主观认定主语甲对宾语乙做了某种处置。"把"字句的主观性跟一般语言的主观性一样,表示说话人的情感、说话人的视角和说话人的认识。沈先生指出,只有从整体上把握把字句的这种语法意义,才能对过去分别列举的把字句的种种语义特点作出统一的解释。沈先生的发现解决了过去各种从句法和纯语义角度的研究遗留下来的诸种问题,给"把"字句提供了一个统一连贯的解释。张伯江先生在《论"把"字句的句式语义》一文中指出了结构主义分析方法存在的困难,解释了构式义在赋予句子中成分的角色上所起的重要作用。他运用原型施事和原型受事的主要特征测试出"把"字句中宾语的自立性、位移性和主语的使因性特征,并根据对说话人视点的区分解释了"责任者"语义的来历。文章认为,句式是一个完整的认知图式,其间各个组成成分的次序、远近、多寡都是造成句式整体意义的重要因素,文中借助认知心理学的"顺序原则"、"相邻原则"和"数量原则"说明把字句个别特点之间的逻辑联系。该研究充分显示了构式语法的思想在解决句法问题时更强的统一的解释力。牛保义的《"把"字句语义建构的动因研究》探讨了"把"字句的生成过程与"把"对构式意义的贡献。该文认为,"把"是个表示比较虚泛的"掌控"义的动词,这样可以对"把"字句中的 NP_2 的有定性做出解释;"把"字句的语义是"NP_2 在 NP_1 的掌控下,接受或执行了 VP 所表示的动作或处于 VP 所述的状态",因为 NP_2 只有在 NP_1 的掌控之下,才能接受或执行 VP 所表示的动作或处于 VP 所述的状态。"把"字句的语义建构折射出人们的认识原则"将欲处之,必先控之"。张黎的《汉语"把"字句的认知类型学解释》认为"把"字句的语义结构是一个有层次的复合命题体,其最外层是对"缘由—事象界变"的主观认定性命题,其中间层是表"事象界变"的复合命题,其底层是表达客观事象的单纯命题。其主观性主要体现在被铸合于陈述句式中的说话人对事象界变缘由的认定。从句式义上看,"把"字句是一种"事象界变"的解析性陈述句,而这种表达解析性的事象界变的句式在英语、日语、俄语这样的语言中是没有的,是汉语所特有的句式,因而"把"字句的研究具有重要的语言类型学价值。

第六部分“致使构式研究”的五篇文章从不同途径和角度探讨“致使”问题。程琪龙将致使结构看成是概念语义结构，重视可操作系统的研究，认为致使结构是一种复合结构，它可以内含三种关系：动作关系、致使关系、空间关系。将致使结构分解为三种关系，保证了结构参与事实推理、问答等信息内容认知操作的可行性。周红的《客体致使句的认知语义分析》用认知上的主观化解释了客体致使句的形成机制。她认为，客体致使句是为了凸显外在致使力，凸显的是客体致使者的作用，表现为客体致使者的动作、行为及特征。客体致使句表现的是较主观的认识层面上的致使关系，说话人对造成这种结果的原因的认定反映了说话人的主观认识，或者说，说话人所认定的致使事件和被使事件之间的致使关系是说话人的主观推断。牛顺心运用类型学中的语义参项仔细考察了三种不同类型的致使构式的语义与句法差别，将致动式和隔开式看成是纯致使式而与允许式（使令式）区分开来。在使令式中，使事 MS 具有阻止结果实现的能力；在纯致使式中，MS 具有导致结果实现的能力。致动式与隔开式之间的区别首先在于 MS 的区别，致动式的 MS 只能是小句形式或者名词性短语，而隔开式的 MS 则可以省略，仅用 MV 的存在来强调动作造成的结果；其次，两者的区别在于 EVP 的不同，致动式中的 EVP 只能是非自主性的，而隔开式的 EVP 则没有自主与非自主的区别。杨子和熊学亮的《对汉语中“我等得你心急”类“V 得”句的认知识解》对“V 得”致使结构做了更精细的考察。他们发现了一种很少引起注意的“V 得”句（“我等得你心急”）。他们认为，这种“V 得”句深层体现了一种隐含三动核结构的致使语义串，句中的 N_1、N_2 具有双施为的特点。熊学亮和梁晓波的《论典型致使结构的英汉表达异同》从英汉对比的角度出发，发现它们在致使结构的典型句式上与客观致使现象有着较高的相似性，从而说明人类认识世界时具有的共性特征，但英汉两种语言在致使对象的具体表达句式上却存在许多细小而重要的差别，如英汉语中都有一些迂回形式和兼语形式，但英汉语中这类句式并不对应，一方甚至能够表达出另一方难以表达的语义。如“使”字句和“把”字句的致使表达能表示英语中不存在的语义。

第七部分“构式与论元结构研究”收录的五篇文章主要研究了论元的地位与赋格的问题。沈家煊先生的《句式和配价》提出了语言学理论研究中的关键性问题：语言理论的解释怎样避免循环论证。沈先生指出，理论评价的三条标准是：总括性、简洁性和一致性。沈先生以动词的配价为例证说明，配价语法存在着循环论证的问题，用句式语法理论来解释动词的价的问题，既能实现理论系统评价的三条标准，又能避免循环论证。以“予取”和“得失”两个句式为例，动词除了必须满足动词义是句式义的一个实例这样的一般条件外，还必须满足动词义和句式义之间有一种“使成”这样的条件。沈家煊先生的第二篇文章《“王冕死了父亲”的生成方式》用“糅合”（概念合成）解决“王冕死了父亲”中“王冕”、“父亲”的赋格问题。该问题生成语法无论怎样解释都无法说明它们是怎样被赋格的，无论是移位说还是基础生成说。沈先生认为，“王冕死了父亲”是“王冕的父亲死了”（因）+“王冕丢了某物”（果）糅合生成的。徐盛桓、刘正光与刘润清从不同的角度探讨了汉语中不及物动词带宾语的问题。徐盛桓先生认为不及物动词能带宾语，因为SVN的N所表示的事物的“受动性”或受到有关动作的影响，可看作是在一个梯度区间里变化的变量，是一个成员具有不同受动性的语法范畴，在具体句子中N所受到的“作用”大小是不同的，甚至可能趋于零，或者说获得“零受动性”。反过来说，V也就是具有不同程度的及物性的动词了：动词作为一个大家族，一方面，它是一个由强及物性动词为一端和弱及物性动词为另一端组成的连续体；另一方面，同一动词在不同的语境中也可能表现出不同的及物性。这也许可以由所谓的汉语“不及物”动词带宾语现象来作出解释。徐先生进而指出，语言中的显性表述必须由隐性表述来补充和阐释，这其中起作用的是常规关系。刘正光和刘润清提出了非范畴化理论，并以此为理论框架给不及物动词带宾语构式所涉及的种种句法与语义问题作出了统一的解释。文章认为，非范畴化在及物句式与不及物句式之间创造的中间状态，使Vi+NP成为可能。从认知上看，及物句式的原型特征和认知显性度所具有的认知经济性使及物句式侵蚀到不及物句式，或者说不及物句式向及物句式发展。用非范畴化来解释Vi+NP，能更好地说明它为什么会受到更多的句法限制。由于非范畴化的作用，Vi+NP具有双重范畴的特征，即它在享有更多自由的同时也受到更多的限制。如它所缺少的及物句式的特征限制它不能随意地像典型及物动词一样带修饰或补充成分等，而作为不及物动词所受到的限制又仍然起作用，如不能随意带宾语。熊学亮与王志军合著的《被动句认知解读一二》采用“人类经验→概念化→图式化→语言形式”的分析方法和认知语言学的相关理论来分析汉语“被”字句的若干特点，帮助我们发现英汉两种语言中被动句式的次范畴化在结果与性质方面的不同，如英语被动句可次范畴化成核心被动句(core passive，即真被动句)、准被动句(semi-passive)、状态性被动句(pseudo-passive，即假被动句)、词汇性被动句(lexical passive)等；而汉语的被动句型可以进一步被分析成“被”字句、概念性被动句(即不含“被”字的无标记被动句)等。

第八部分的文章研究动结式的相关问题，共收文四篇。沈家煊先生以 Talmy (2000)的认知语义学理论框架为基础来分析动结式的生成问题。沈先生的《现代汉语“动补结构”的类型学考察》按照 Talmy(2000)“核心语构架语言”和“附加语构架语言”的类型区分，论证汉语的动补结构基本上属于“附加语构架语言”类型，且在某些方面较强地表现出这种类型特征。但是汉语核心语和附加语的区分不明显，因此汉语不是典型的“附加语构架语言”。所收的沈先生的另一篇文章《动结式“追累”的语法和语义》依据 Talmy (2000) 提出的概念结构模式指出，动结式的语法和语义是许许多多因素综合的结果，这些因素包括动词词项的特征、补词词项的特征、主语词项的特征、宾语词项的特征以及它们之间的互相联系和互相限制。这些特征和联系限制的综合就是关于各种事件的“理想认知模型”，其具体内容只用句法上的论元结构和语义上的题元结构是无法涵盖的。从概念结构出发虽然可以对动结式的语法和语义作出充分的解释，但是仍然无法作出完全的预测，原因在于，各种事件的概念结构，虽然有的已经“语法化”，但是有的还没有。对语法化的一般倾向我们可以作出预测，越是接近“理想认知模型”的具体事件，其概念结构越容易语法化，但是具体哪些概念结构会语法化，哪些概念结构不会，对此我们无法作出预测。宋文辉的《动结式在几个句式中的分布》通过对动结式在核心句、重动句、把字句、被字句、话题句中的分布限制的分析，说明其分布规律是动结式的概念结构的差别所驱动的。这与沈先生的观点是一致的。赵琪的《英汉动结式的共性与个性》尝试使用构式语法，对英、汉这一同类现象进行比较分析，以期发现它们的共性和个性。共性有四点：1）不同类型的具体构式能够抽象出相同的构式义——某一实体由于某个动作的作用，经历了状态的改变；2）都是动补结构，拥有相似的句法结构[V Comp];3) 描述客观世界都遵循一定的象似性原则;4) 实体方面一致,动作发生在过去,变化结果已完成,动作先于变化发生。差异也有四点:1) 英语动结式描述的因果致使关系单一而明确;汉语动结式描述的因果致使关系多样,存在一定程度的不确定性;2) 英语动结式的动词与宾语紧邻并置[V Obj Comp],汉语动结式的动词与宾语有距离间隔[V Comp Obj];3) 英语动结构式严格遵守语义统一原则,构式受事论元只能和动词受事语义角色融合,对象跟受事的分离使汉语动结构式单独提供受事论元时比英语动结构式享受更大的自由度。汉语动结构式中受事论元原则上可以由任何在动作影响辐射范围内的实体充当;4) 英语动结构式两个次事件没有时间间隔,汉语动结构式允许两个次事件之间存在时间间隔的可能。英、汉动结构式的根本差别是汉语动结构式中对象和受事的分离,而体现在语言形式上就是汉语构式中动词与宾语之间有距离间隔,而在英语中两者紧邻并置。这一差别决定了汉语动结式远高于英语的能产性、多样性和复杂性。

刘正光

参考文献

Goldberg, A. E. 1995. *Constructions: A Construction Grammar Approach to Argument Structure*. Chicago, IL: The University of Chicago Press.

Goldberg, A. E. 2003. Constructions: A new theoretical approach to language.《外国语》(3).

Talmy, L. 2000. *Toward a Cognitive Semantics*. Cambridge, Mass.: MIT Press.

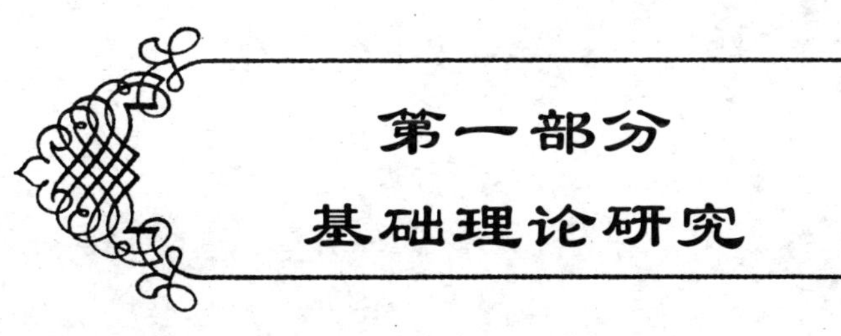

第一部分
基础理论研究

Constructions: A new theoretical approach to language

Adele E. Goldberg

Constructions — form and meaning pairings — have been the basis of many major advances in the study of grammar since the days of Aristotle. Observations about particular linguistic constructions have shaped our understanding of both particular languages and the nature of Language itself. But only recently has a new theoretical approach emerged that allows observations about constructions to be stated directly, providing long-standing traditions with a framework that allows both broad generalizations and more limited patterns to be analyzed and accounted for fully. Many linguists with varying backgrounds have converged on several key insights that have given rise to a family of approaches, here referred to as *constructionist* approaches.

Constructionist approaches share certain foundational ideas with the mainstream "generative" approach that has held sway for the past several decades. Both approaches agree that it is essential to consider language as a cognitive (mental) system; both approaches acknowledge that there must be a way to combine structures to create novel utterances, and both approaches recognize that a non-trivial theory of language learning is needed.

In other ways, constructionist approaches contrast sharply with the mainstream generative approach. The latter has held that the nature of language can best be revealed by studying formal structures independently of their semantic or discourse functions. Ever increasing layers of abstractness have characterized the formal representations. Meaning is claimed to derive from the mental dictionary of words, with functional differences between formal patterns being largely ignored. Semi-regular patterns and cross-linguistically unusual patterns are viewed as "peripheral," with a narrowing band of data seen as relevant to the "core" of language. Mainstream generative theory argues further that the complexity of core language cannot be learned inductively by general cognitive mechanisms and therefore learners must be hard-wired with principles that are specific to language ("universal grammar").

Each basic tenet outlined below is shared by most constructionist approaches. Each represents a major divergence from the mainstream generative approach, and a return in many ways to a more traditional view of language.

1) All levels of description are understood to involve pairings of form with semantic or discourse function, including morphemes or words, idioms, partially lexically filled and fully abstract phrasal patterns. (See Box 1)
2) An emphasis is placed on subtle aspects of the way we conceive of events and states of affairs.
3) A "what you see is what you get" approach to syntactic form is adopted: no underlying levels of syntax, nor any phonologically empty elements are posited.
4) Constructions are understood to be learned on the basis of the input and general cognitive mechanisms (they are *constructed*), and are expected to vary cross linguistically.
5) Cross-linguistic generalizations are explained by appealing to general cognitive constraints together with the functions of the constructions involved.
6) Language-specific generalizations across constructions are captured via inheritance networks much like those that have

long been posited to capture our non-linguistic knowledge.

7) The totality of our knowledge of language is captured by a network of constructions: a "construct-i-con."

Each of these tenets is explained in a subsequent section below.

Constructions: What they are

Constructions are stored pairings of form and function, including morphemes, words, idioms, partially lexically filled and fully general linguistic patterns. Examples are given in Box 1.

Box 1. Examples of constructions, varying in size and complexity; form and function are specified if not readily transparent.

Morpheme	e.g., *anti-*, *pre-*, *-ing*	
Word	e.g., *Avocado*, *anaconda*, *and*	
Complex word	e.g., *Daredevil*, *shoo-in*	
Idiom (filled)	e.g., *Going great guns*	
Idiom (partially filled)	e.g., *Jog* ⟨someone's⟩ *memory*	
Covariational Conditional construction [10]	Form: The Xer the Yer (e.g., *The more you think about it, the less you understand*)	Meaning: linked independent and dependent variables; see text.
Ditransitive (double object) construction	Form: Subj [V Obj 1 Obj 2] (e.g., *He gave her a Coke*; *He baked her a muffin*.)	Meaning: transfer (intended or actual); see text.
Passive	Form: Subj aux VP_{pp} (PP_{by}) (e.g., *The armadillo was hit by a car*)	Discourse function: to make undergoer topical and/or actor non-topical

Any linguistic pattern is recognized as a construction as long as some aspect of its form or function is not strictly predictable from its component parts or from other constructions recognized to exist. In addition, many constructionist approaches argue that patterns are stored even if they are fully predictable as long as they occur with sufficient frequency.

Unlike mainstream generative grammar, the framework emphasizes the semantics and distribution of particular words, grammatical morphemes, and cross-linguistically unusual phrasal patterns; the hypothesis behind this methodology is that an account of the rich semantic/pragmatic and complex formal constraints on these patterns readily extends to more general, simple or regular patterns.

As an example of an unusual pattern, consider the Covariational Conditional construction in Box 1 (e. g., *The more you think about it, the less you understand*). The construction is interpreted as involving an independent variable (identified by the first phrase) and a dependent variable (identified by the second phrase). The word *the* normally occurs at the beginning of a phrase headed by a noun. But in this construction it requires a comparative phrase. The two major phrases of the construction resist classification as either noun phrases or clauses. The requirement that two phrases of this type be juxtaposed without conjunction is another non-predictable aspect of the pattern. Because the pattern is not strictly predictable, a construction is posited that specifies the particular form and semantic function involved.

Other unusual constructions, with example instances to the right, include those in Box 2. While each pattern may be primarily colloquial, it is part of every native-speaker's repertoire of English. (The stranded preposition construction is unusual not in that it is prescriptively dispreferred, but that it is only found in a few Germanic languages).

Box 2. Productive or semi-productive constructions that are unusual cross-linguistically and must be learned on the basis of the input.

time *away* construction	*Twistin the night away*
What's X doing Y?	*What's that fly doing in my soup?*
Nominal Extraposition construction	*It's amazing the difference!*
Mad Magazine construction	*Him, a doctor?!*
N P N construction	*house by house; day after day*
Stranded preposition construction	*Who did he give that to?*

More common patterns such as passive, topicalization and relative clauses are understood to be learned pairings of form and (semantic or discourse) function — *constructions*, as well. Each pairs certain formal properties with a certain communicative function.

Even basic sentence patterns of a language can be understood to involve constructions. That is, the main verb can be understood to combine with an argument structure construction (e.g., transitive, intransitive, ditransitive constructions etc.). The alternative is to assume that the form and general interpretation of basic sentence patterns of a language are determined by semantic and/or syntactic information specified by the main verb. The sentence patterns given in (1) and (2) indeed appear to be determined by the specifications of *give* and *put* respectively:

(1) Chris gave Pat a ball.

(2) Pat put the ball on the table.

Give is a three argument verb. An act of giving requires three characters: a giver (or agent), a recipient, and something given (or "theme"). It is therefore expected to appear with three phrases corresponding to these three roles. In (1), for instances, Chris is agent, Pat is recipient, and a ball is theme. *Put*, another three argument verb, requires an agent, a theme (object that undergoes the change of location) and a final location of the theme's motion. It appears with the corresponding three arguments in (2). However, while (1) and (2) represent perhaps the prototypical case, in general the interpretation and form of sentence patterns of a language are not reliably determined by independent specifications of the main verb. For example, it is implausible to claim that *sneeze* has a three argument sense, and yet it can appear in (3). The patterns in (4)-(6) are likewise not naturally attributed to the main verbs:

(3) "He sneezed his tooth right across town." (*Andrew's Loose Tooth*, Robert Munsch)

(4) "She smiled herself an upgrade." (A. Douglas, *Hitchhiker's guide to the Galaxy* Harmony Books)

(5) "We laughed our conversation to an end." (J. Hart. 1992, *Sin* NY: Ivy Books)

(6) "They could easily co-pay a family to death." (NYT, 1/14/02)

Examples need not be particularly novel to make the point. Verbs typically appear with a wide array of complement configurations. Consider the verb *slice* and the various constructions in which it can appear (labeled in parentheses):

(7) a. He sliced the bread. (transitive)

b. Pat sliced the carrots into the salad. (caused motion)

c. Pat sliced Chris a piece of pie. (ditransitive)

d. Emeril sliced and diced his way to stardom. (*way* construction)

e. Pat sliced the box open. (resultative)

In all of these expressions *slice* means to cut with a sharp instrument. It is the argument structure constructions that provide the direct link between surface form and general aspects of the interpretation such as something acting on something else (7a), something causing something else to move (7b), someone intending to cause someone to receive something (7c), someone moving somewhere (7d), someone causing something to change state (7e).

Thus constructions can be seen to be essential to an effective account of both unusual or especially complex patterns and for the basic, regular patterns of language.

The functions of constructions

Different surface forms are typically associated with slightly different semantic or discourse functions. Take for example, the *ditransitive* construction, which involves the form, Subj V Obj1 Obj2 [e.g., (1), (8b), (9b)]. The ditransitive form evokes the notion of transfer or "giving." This is in contrast to possible paraphrases. For example, while (8a) can be used to mean that Liza bought a book for a third party because Zach was too busy to buy it himself, (8b) can only mean that Liza intended to give Zach the book. Similarly while (9a) can be used to entail caused motion to a location(the book is caused to go to storage), the ditransitive pattern requires that the goal argument be an animate being, capable of receiving the transferred item (cf.9b, 9c). As is clear from considering the paraphrases, the implication of transfer is not an independent fact about the words involved. Rather the implication of transfer comes from the ditransitive construction itself.

(8) a. Liza bought a book for Zach.

b. Liza bought Zach a book.

(9) a. Liza sent a book to storage.

b. Liza sent Stan a book.

c. ?? Liza sent storage a book.

Other interpretations for the ditransitive can also be systematically related to the notion of transfer, in that they may imply that the transfer will occur if certain satisfaction conditions evoked by the main verb occur (10a), that transfer will *not* occur (10b), or that the antonymic relation of giving, that of taking away occurs (10c). Even examples such as *Cry me a river* can be related to the notion of giving via a metaphorical extension.

(10) a. Liza guaranteed Zach a book.
(If the guarantee is satisfied, Z. will receive a book)
b. Liza refused Zach a book.
(Liza caused Zach not to receive a book)
c. Liza cost Zach his job.
(Liza causes Zach to lose his job).

In addition to semantic generalizations there also exist generalizations about *information structure* properties of the construction, or the way in which a speaker's assumptions about the hearer's state of knowledge and consciousness at the time of speaking is reflected in surface form. In particular, there is a statistically reliable tendency for the recipient argument to have already been mentioned in the discourse (often encoded by a pronoun) as compared to prepositional paraphrases. Facts about the use of entire constructions, including register (e. g. formal or informal), dialect variation, etc. are stated as part of the construction as well. Constructionist approaches provide a direct way of accounting for these facts, since constructions specify a surface form and a corresponding function.

The form of constructions

In order to capture differences in meaning or discourse properties between surface forms, constructionist theories do not derive one construction from another, as is typically done in mainstream generative theory. An actual expression or *construct* typically involves the combination of at least half a dozen different constructions. For example, the construct in (11) involves the list of constructions given in (12a - f):

(11) [What did Liza buy the child?]

(12) a. *Liza*, *buy*, *the*, *child*, *what*, *did* constructions (i. e. words)

b. Ditransitive construction (See box 1 for general description; instantiated by the combination of *what* and *Liza buy the child*)

c. Question construction (formed by combining initial *wh-word* with the Subject-Auxiliary construction and clause with a "missing" argument)

d. Subject-Auxiliary inversion construction (instantiated by *did Liza*)

e. VP construction [instantiated by (*buy the child*)]

f. NP construction (instantiated by *What*, *Liza*, and *the child*)

Note that "surface form" need not specify a particular word order, nor even particular grammatical categories, although there are constructions that do specify these features. For example, the ditransitive construction in (11) and discussed above is characterized in terms of a set of argument types. The overt order of arguments in (11) is determined by a combination of a verb phrase construction with the Question construction, the latter of which allows for the "theme" argument (represented by *What*) to appear sentence initially.

Constructions are combined freely to form actual expressions as long as they are not in conflict. For example, the specification of the ditransitive construction that requires an animate recipient argument conflicts with the meaning of *storage* in (9c) resulting in unacceptability. The observation that language has an infinitely creative potential is accounted for, then, by the free combination of constructions.

Learning constructions

The fourth tenet states that constructions are understood to be learned on the basis of positive input and to vary cross linguistically. This idea highlights a major difference between most constructional approaches and most mainstream generative approaches, since the latter have argued that learners must be hard-wired with principles specific to a language faculty or "universal grammar".

Crucially, all linguists recognize that a wide range of semi-idiosyncratic constructions exist in every language, constructions that cannot be accounted for by general, universal or innate principles or constraints (e.g., examples in Box 2). Mainstream generative theory has taken the position that these constructions exist only on the "periphery" of language — that they need not be the focus of linguistic or learning theorists. Constructionist approaches on the other hand have zeroed in on these constructions, arguing that whatever means we use to learn these patterns can easily be extended to account for so-called "core" phenomena. In fact, by definition, the core phenomena are more regular, and tend to occur more frequently within a given language as well. Therefore if anything, they are likely to be easier to learn. Since every linguist would presumably agree that the "peripheral," difficult cases must be learned inductively on the basis of the input, constructionist theories propose that there is no reason to assume that the more general, regular, frequent cases cannot possibly be.

In fact, constructionist theories argue that language *must* be learnable from positive input together with fairly general cognitive abilities, since the diversity and complexity witnessed does not yield to accounts that assume that cross-linguistic variation can be characterized in terms of a finite set of parameters. Research in this area is quickly gaining momentum. A number of constructionists have made good on the promise to explain how particular constructions are learned. It turns out that the input may not be nearly as impoverished as is sometimes assumed [39]; analogical processes can be seen to be viable once function as well as form is taken into account; there is good reason to think that children's early grammar is quite conservative, with generalizations emerging only slowly; and the ability to record transitional probabilities and statistical generalizations in the input has proven a powerful means by which to learn certain types of generalizations.

This approach takes a somewhat different view of what is universal about language than mainstream generative theory. Linguists generally talk of certain constructions as existing in many languages, e.g., the passive construction, relative clause construction, question construction, etc. However, two constructions in different languages can be identified as instances of the same construction if and only if their form and function is *identical* once other constructions in the language that may differ are factored out. In point of fact, this rarely occurs except in cases of shared diachronic history or language contact. What is truly remarkable is the degree to which human languages differ from one another, given that all languages need to express roughly the same types of messages. Constructionist approaches anticipate such fairly wide variability across languages.

Reference to the "same" construction in unrelated languages can be made sense of by understanding that what is intended by such references are actually *types* of constructions. Two constructions may be, for example, of thc passive type in that they share certain functional and formal characteristics even if they are not identical. That is, two constructions in different languages can be identified as instances of the same type of construction if and only if they serve a closely related function and form.

Cross-linguistic generalizations

A driving question behind much of linguistic research is, what is the typology of possible constructions and what constrains it? Constructionist approaches often turn to grammar-external explanations such as universal functional pressures, iconic principles, and processing and learning constraints to explain such empirically observable cross-linguistic generalizations. For example, certain generalizations about how form and meaning tend to be linked cross-linguistically can be explained by appeal to iconic and analogical processes. Constraints on long-distance dependency constructions (traditional "island constraints") appear to yield to processing explanations that take into account the function of the constructions involved. Processing accounts have also been suggested to account for certain alternative word order options.

Even among generative linguists there has been a trend toward the view that many constraints on language that have traditionally been seen as requiring recourse to innate stipulations that are specific to language can actually be explained by general cognitive mechanisms. For example, the fact that all languages seem to have noun and verb (and possibly adjective) categories may be explained by the existence of corresponding basic semantic categories. Hauser, Chomsky and Fitch go so far as to suggest that the only language-specific innate ability that may be required is recursion, and they raise the point that even that may turn out not to be specific to language.

Intra-language generalizations

Inheritance hierarchies have long been found useful for representing all types of knowledge, e.g., our knowledge of concepts.

The construction-based framework captures linguistic generalizations within a particular language via the same type of inheritance hierarchies. Broad generalizations are captured by constructions that are inherited by many other constructions; more limited patterns are captured by positing constructions that are at various midpoints of the hierarchical network. Exceptional patterns are captured by low level constructions. For example, the "What's 〈X〉 doing 〈Y〉?" construction, which has a fixed form and connotes some sort of unexpectedness, captures a pattern in the grammar of English. It inherits properties from several other more general constructions, including the Left Isolation, the Subject Auxiliary Inversion, the Subject-Predicate and the Verb-Phrase constructions.

Constructions all the way down

What makes a theory that allows for constructions a "construction-based" theory is tenet 7: the idea that the network of constructions captures our knowledge of language *in toto* i. e., it's constructions all the way down.

Conclusion

Constructionist theories set out to account for all of our knowledge of language as patterns of form and function. That is, the constructionist approach does not assume that language should be divided up into "core" grammar and the to-be-ignored "periphery." In identifying constructions, an emphasis is placed on subtle aspcets of construal and on surface form. Cross-linguistic generalizations are explained by appealing to general cognitive constraints together with the functions of the constructions involved. Language-specific generalizations across constructions are captured via inheritance networks. The inventory of constructions, which includes morphemes or words, idioms, partially lexically filled and fully abstract phrasal patterns, is understood to be learned on the basis of the input together with general cognitive mechanisms.

Major questions

Do there exist generalizations about form that do not have even an abstract, family-resemblance or radial category type generalization about function associated with them?

How does the full range of phenomena considered by mainstream generative grammarians translate into a constructional approach?

References

Baker, M. (in press) *Verbs, Nouns, and Adjectives: Their Universal Grammar*. Cambridge: Cambridge University Press.

Barlow, M. & S. Kemmer. 2000. *Usage Based Models of Grammar*. Stanford. CSLI Publications.

Bimer, B. & G. Ward. 1998. *Information Status and Noncanonical Word Order in English*. Philadelphia: John Benjamins.

Booij, G. 2002. Constructional idioms, morphology, and the Dutch lexicon. *Journal of Germanic Linguistics* 144.

Bybee, J. 2001. Main clauses are innovative, subordinate clauses are conservative: Consequences for the nature of constructions. In Bybee & Noonan (eds.), *Complex Sentences in Grammar and Discourse: Essays in Honor of Sandra A. Thompson*. Amsterdam: John Benjamins.

Chomsky, N. 1957. *Syntactic Structures*. The Hague: Mouton.

Chomsky, N. 1965. *Aspects of the Theory of Syntax*. Cambridge/Mass: MIT Press.

Chomsky, N. 1981. *Lectures on Government and Binding*. Foris: Dordrecht.

Croft. W. 2001. *Radical Construction Grammar*. Oxford: Oxford University Press.

Culicover, P. W. 1999. *Syntactic Nuts: Hard Cases in Syntax*. Oxford: Oxford University Press.

Culicover, P. W & R. Jackendoff. 1999. The view from the periphery: The English comparative correlative. *Linguistic Inquiry* 30(4).

Diessel, H. & M. Tomasello. 2001. The acquisition of finite complement clauses in English: A usage based approach to the development of grammatical constructions. *Cognitive Linguistics* 12.

Elman, J. et al. 1996. *Rethinking Innateness: Connectionist Perspective on Development*. Cambridge/Mass: MIT Press.

Erteschik-Shir, N. 1979. Discourse constraints on dative movement. In Laberge and Sankoff(eds.), *Syntax and Semantics*. New York: Academic Press.

Erteschik-Shir, N. 1998. The syntax-focus structure interface. In P. Culicover and L. McNally(eds.), *Syntax and Semantics 29: The Limits of Syntax*.

Fillmore, C. J. et al. 1988. Regularity and idiomaticity in grammatical constructions: The case of *let alone*. *Language*(64).

Foley, W. A. & Robert Van Valin Jr. 1984. *Functional Syntax and Universal Grammar*. Cambridge: Cambridge University Press.

Gert Webelhuth & F. Ackerman. 1998. *A Theory of Predicates*. Stanford: CSLI Publications. Distributed by Cambridge University Press.

Garry, J. & C. Rubino. 2001. *Facts about the World's Languages: An Encyclopedia of the World Major Languages Past and Present*. New York: H. W. Wilson.

Givòn, T. 1991. Isomorphism in the grammatical code: Cognitive and biological considerations. *Studies in Language* 1(15).

Gleitman, L. et al. 1996. "Similar" and similar concept. *Cognition* 58.

Goldberg, A. E. 1995. *Constructions: A Construction Grammar Approach to Argument Structure*. Chicago: Chicago University Press.

Goldberg, A. E. 1999. The emergence of argument structure semantics. In B. MacWhinney (ed.), *The Emergence of Language*. Lawrence Erlbaum Publications.

Goldberg, A. E. (in press) Words by default: Inheritance and the Persian complex predicate construction. In Francis and Michaelis (eds.), *Mismatch: Form-Function Incongruity and the Architecture of Grammar*. Stanford. CSLI Publications.

Goldberg, A. E. (in press) Argument realization: The role of constructions, lexical semantics and discourse factors. In Miriam Fried and Jan-Ola Ostman (eds.), *Construction Grammar(s): Cognitive and Cross-Language Dimensions*. Philadelphia: John Benjamins.

Haiman, J. 1985. *Iconicity in Syntax*. Cambridge: Cambridge University Press.

Hauser, M. D. et al. 2002. The faculty of language: What is it, who has it, and how did it evolve? *Science* 298 (5598).

Hawkins, J. 1994. *A Performance Theory of Order and Constituency*. Cambridge: Cambridge University Press.

Israel, M. 2002. Consistency and creativity in first language acquisition. *Proceedings of the Berkeley Linguistic Society* 29.

Jackendoff, R. 1997. Twistin' the night away. *Language* 73 (3).

Jackendoff, R. 2002. *Foundations of Language*. Oxford: Oxford University Press.

Kay, P. & J. Charles Fillmore. 1999. Grammatical constructions and linguistic generalizations: The what's X doing Y construction. *Language* 75 (1).

Kemmer, S. & A. Verhagen. 2002. The grammar of causatives and the conceptual structure of events. In Mouton Classics(ed.), *From Syntax to Cognition*, *from Phonology to Text*. Berlin: Mouton de Gmyter.

Kluender, R. 1998. On the distinction between strong and weak islands: A processing perspective. In P. Culicover and L. McNally (eds.), *Syntax and Semantics 29: The Limits of Syntax*.

Kluender, R. & M. Kutas. 1993. Subjacency as a processing phenomenon. *Language and Cognitive Processes* 8(4).

Lakoff, G. 1987. *Women, Fire, and Dangerous Things: What Categories Reveal about the Mind*. Chicago: University of Chicago Press.

Lambrecht, K. 1990. "What, me worry?" Mad Magazine sentences revisited. *Proceedings of the 16th Annual Meeting of the Berkeley Linguistics Society*.

Lambrecht, K. 1994. *Information Structure and Sentence Form*. Cambridge: Cambridge University Press.

Langacker, R. W. 1987. *Foundations of Cognitive Grammar* (Volume I). Stanford, Calif.: Stanford University Press.

Langacker, R. W. 1988. A usage-based model. In B. Rudzka-Ostyn(ed.), *Topics in Cognitive Linguistics*. Philadelphia: John Benjamins.

Langacker, R. W. 1991. *Foundations of Cognitive Grammar* (Volume II). Stanford, Calif.: Stanford University Press.

Lieven, E. V. M. et al. 1997. Lexically-based learning and early grammatical development. *Journal of Child Language* 24 (1).

Michael Israel et al. 2000. From states to events: The acquisition of English passive participles. *Cognitive Linguistics* 11(1).

Michaelis, L. A. & K. Lambrecht. 1996. Toward a construction-based model of language function: The case of nominal extraposition. *Language* 72.

Ning Z. 1998. The interactions between construction meaning and lexical meaning. *Linguistics* 36(5).

Pollard, C. J. & I. Sag. 1994. *Head-Driven Phrase Structure Grammar*. Stanford: CSLI Publications.

Pullum, G, K. & B. C. Scholz. 2002. Empirical assessment of stimulus poverty arguments. *The Linguistic Review* 19 (1 - 2).

Sag, I. A. 1997. English relative clause constructions. *Journal of Linguistics* 33 (2).

Satfran, J. R. 2001. The use of predictive dependencies in language learning. *Journal of Memory and Language* 44.

Seizi1wata. 1998. *Lexical Network Approach to Verbal Semantics*. Tokyo: Kaitakusha.

Shibatani, M. 1999. Dative subject constructions 22 years later. *Studies in the Linguistic Sciences* 29(2).

Thompson, S. A. 1990. Information flow and dative shift in English discourse. In Summer Institute of Linguistics(ed.), *Development and Diversity: Linguistic Variation across Time and Space*. Tomasello, M. (in press) *Constructing a Language: A Usage-Based Theory of Language Acquisition*. Harvard University Press.

Tomasello, M. 2000. Do young children have adult syntactic competence? *Cognition* 74(3).

Valin, R. V. J. 1998. The acquisition of WH-questions and the mechanisms of language acquisition. In M. Tomasello(ed.), *The New Psychology of Language: Cognitive and Functional Approaches to Language Structure*. Hillsdale. N. J: LEA.

Verhagen, A. 2002. From parts to wholes and back Again. *Cognitive Linguistics* 13 - 14.

Wasow, T. 2002. *Postverbal Behavior*. Stanford: CSLI Publications.

Wierzbicka, A. 1988. *The Semantics of Grammar*. Amsterdam: John Benjamins.

Williams, E. 1994. Remark on lexical knowledge. *Lingua* 92.

Yamashita, H. & F. Chang. 2001. "Long before short" preference in the production of a head-final language. *Cognition* 81(2).

Zwicky, A. 1994. Dealing out meaning: Fundamentals of syntactic constructions. *Berkeley Linguistics Society* 20.

（原载《外国语》2003 年第 3 期）

“构式语法”理论与汉语研究①

陆俭明

一

construction grammar 大多译为“句式语法”，也有人译为“架构语法”、“框架语法”、“构块式语法”等。如果只根据 Adele E. Goldberg(1995)，用“句式语法”还是比较合适的；但考虑到 Goldberg(2003)新的论述——construction 所指不限于跟基本论元结构式相关的那些句式，甚至可以推广到短语、复合词等，那么用“句式语法”就有点不合适了。有人建议用“构式语法”，有人建议用“结构语法”②。到底汉语用什么样的说法来翻译 construction Grammar 这个术语，大家还可以讨论。本文采用“构式语法”的说法。“构式语法”理论的主要观点是：

C is a CONSTRUCTION iff_{def} C is a form-meaning pair $\langle F_i, S_i \rangle$ such that some aspect of F_i or some aspect S_i is not strictly predictable from C's component parts or from other previously established constructions.(Goldberg,1995: 4)

［假如说 C 是一个独立的句式，当且仅当 C 是一个形式(F_i)和意义(S_i)的对应体时，而无论是形式或意义的某些特征，都不能完全从 C 这个

---

① 本文根据在“中国第九届当代语言学研讨会”(2002 年 10 月 19 日—21 日，北京)大会上所作的发言修改而成。沈家煊、詹卫东、石毓智、束定芳四位先生以及司富珍、吴云芳博士都曾对本文提供宝贵意见，谨在此深表谢意。本文得到教育部国家人文社会科学重点研究基地、北京大学汉语语言学研究中心 2000 年重大项目“现代汉语语义知识的形式化模型及语义分类系统研究”和国务院科技部国家“973”重点基础科学研究项目子课题“面向中文信息处理的现代汉语动词论旨结构系统和汉语词语语义分类层级系统研究”(项目编号：G1998030507－1)的经费资助。

② “构式语法”是北京语言大学司富珍博士建议的，“结构语法”是上海外国语大学束定芳博士建议的。

构式的组成成分或另外的先前已有的句式推知。]

这种语法理论源于 C. J. Fillmore（1982）的框架语义学（Frame Semantics）。Fillmore 用“框架”这个词涵盖了诸如“图式”（schema）、“脚本”（script）、“情景”（scenario）、“观念框架”（ideational scaffolding）、“认知模式”（cognitive model）、“民俗理论”（folk theory）等概念。关于“句式语法”，Fillmore（1990）已有一定的论述；Goldberg（1995，2003）则作了更深入的论述。显然，“构式语法”是以认知语法为理论背景的。

当年法国语言学家、从属语法的创始人特思尼耶尔（Lucien Tesnière）注意到，句子的构成成分不只是表面所看到的一个个词，更重要的是词与词之间的“关联”（connexion），即我们现在所说的组合关系。现在 Goldberg 则进一步要我们看到，句式本身还有独立的形式和语义，因此一个句子的意义，并不能只根据组成句子的词语的意义、词语之间的结构关系赋予的意义所能推知，也不能从其他已有的结构所推知，句式本身也表示一定的意义，并将影响句子的意思。

Goldberg（1995）在书中只集中讨论了跟基本论元结构式相关的那些句式，因为这些句式“跟反映人类经验基本图景的语义结构的关系更为直接”。至于像分裂句式、疑问句式、话题句式和被动句式，她申明在书中暂不讨论。但我们不能以此认为 Goldberg 的“构式语法理论”里的“构式”只是跟基本论元结构式相关的那些构式。她在书中也明确讲道，“论元结构构式”只是“诸多构式中的一个特殊的子类”（... argument structure constructions are a special subclass of constructions，1995：3），这些构式问题解释清楚了，其他构式也就容易说清楚了。Goldberg（2003）更明白地说明了这一点。她说：“语言中任何‘形式—功能’结合体（pairings of form and function），只要它的形式或功能的某些方面无法从其组成成分或已有的其他构式直接推出，就都可以看作是一个构式。”

Goldberg 的理论观点在国内已有回音，张伯江（1999，2000）、沈家煊（2000）等已运用这种理论观点来分析汉语的基本句式双宾句和特殊句式“把”字句等一些语法现象，获得一定成功，给人以新的启发。③

---

③ 从沈家煊(2000)可以了解到，沈家煊先生也并不认为“句式”只限于动词的基本论元结构式。

二

Goldberg的看法无疑是正确的，因为构式，或者具体到句式确实有独立的意义。不过，句式有独立的语法意义，这并非由她和Fillmore等首先发现的。在语法研究中早就有人注意到了。单就中国来说，王力先生早在20世纪40年代将“把”字句称为“处置式”，认为该句式“表示处置”，这实际说的就是“$NP_{[施事]}$ + 把 + $NP_{[受事]}$ + VP”这一“把”字句式的语法意义。（当然，王力先生对汉语“把”字句式的语法意义的概括是否准确，可以讨论，实际大家也一直在讨论。）朱德熙先生（1981）认为“NP_L + V + 着 + NP”是个歧义句式，可以分化为C_1和C_2两式：C_1式（如“墙上贴着标语”）表示存在，表静态，着眼于空间；C_2式（如“台上唱着戏”）表示活动，表动态，着眼于时间。这实际也就指出了“NP_L + V + 着 + NP”是代表不同句式，而各个句式各自表示不同的语法意义。朱先生将这种语法意义称为“高层次的语法意义”。遗憾的是，王力先生和朱德熙先生并没有对自己所观察到的现象做理论上的思考，最后升华为理论。而Fillmore、Goldberg和Paul Kay等人在前人研究的基础上，将此总结为“构式语法”理论。这无疑是一种贡献。

说“构式语法”理论有贡献，我想这可以从以下五个方面来看：

第一，这种理论可以帮助我们来解释一些先前不好解释或先前想不到去解释的语法现象。譬如说，汉语里不能说“饭吃人”，只能说“人吃饭”，那是因为汉语里只有[施事—动作—受事]格式，没有[受事—动作—施事]格式。可是事实上就有“这锅饭吃了十个人”这样的说法，这该怎么解释？上面举到的朱德熙先生所说的例子，其中表示存在的C_1式“NP_L + V + 着 + NP”，其NP既可以是受事（台上摆着鲜花），也可以是施事（台上坐着来宾），这为什么？这些问题过去都不去深究的，甚至是想不到的。有了这种“构式语法”理论就可以回答这些问题。

第二，有助于我们去进一步探索影响句子意思的因素，去进一步探索句子意思的组成。原先我们认为，整个句子意思的组成可以描写如下（陆俭明，1987）：

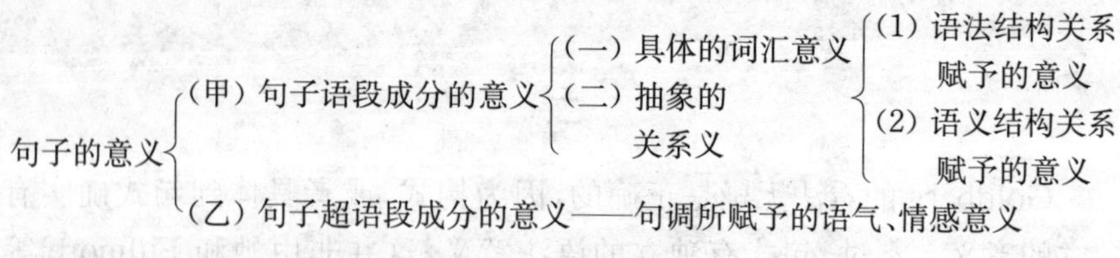

现在看来,上述描写显然不全面。似拟修改为:

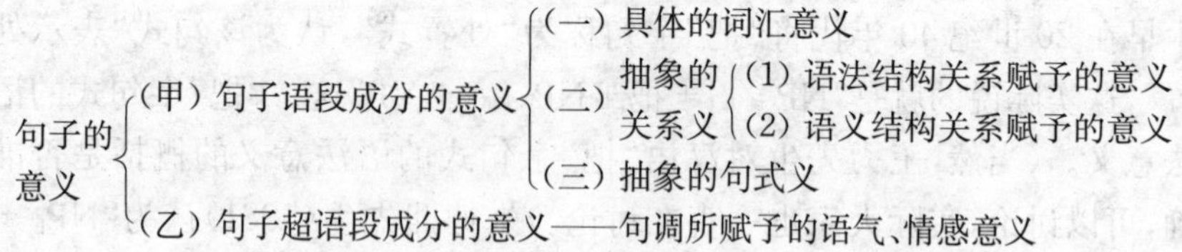

第三,有助于我们说明各种不同句式产生的原因与理据——由于各个句式本身能表示一定的语法意义,所以为了表达的细腻,人们在交际过程中就不断创造新的表达格式,也即句式,来满足表达的需要。

第四,可以避免将句式的语法意义误归到句中某个虚词头上。如胡裕树、范晓(1995:387)误将"SVOV 得 R"句子(如"小张吃饭吃得饱极了")表示的肯定语法意义归到"得"头上④;再如不少人将复句所表示的并列关系、递进关系、让步转折关系或条件关系等语法意义归到复句中的"也"的头上。⑤

第五,更重要的一个方面,那就是将扩大我们语法研究的视野,引起我们对以往语言理论的新的反思和思考,开拓"句式"研究的新领域,从而将有助于人们把语言研究引向深入。

三

"构式语法"理论的提出,确实可以促使我们去进一步思考一些问题。上一小节说了,汉语里不能说"饭吃人",只能说"人吃饭",可是事实上就

④ 该书说,"SVOV 得 R"中的"得"的语法意义有三:一是表示"连接"意义,二是显示动作或行为的"已然",三是表示"肯定"的意义。(386-387 页)

⑤ 具体参看马真《说"也"》一文对这种说法的评论(《中国语文》1982 年第 2 期,又见陆俭明、马真《现代汉语虚词散论》,语文出版社,1999 年)。

有“这锅饭吃了十个人”这样的说法，这该怎么解释？不妨再看些汉语的实例：

(1) a. 十个人吃了/能吃一锅饭。

b. 一锅饭吃了/能吃十个人。

c. 十个人(能)坐一条板凳。

d. 一条板凳(能)坐十个人。

e. 一天写了/能写 50 个字。

f. 50 个字写了/要写一天。

g. 一天走了/能走五个村。

h. 五个村走了/要走一天。

如果按照传统的观念，例(1)各例的语义关系将会分别被分析为：

(2) a. 施事——动作——受事

b. 受事——动作——施事

c. 施事——动作——处所[存在的处所]

d. 处所[存在的处所]——动作——施事

e. 时间——动作——受事

f. 受事——动作——时间

g. 时间——动作——处所

h. 处所——动作——时间

其实，例(1)是一种表示容纳性的数量结构对应式，不管各句按传统的观念怎么看待动词前后的这些名词语的语义角色性质，都可以统一为：

(3) 容纳量——容纳方式——被容纳量

很显然，这种特殊的句式虽句中包含有动词，但具有“非动态性”的特点(张旺熹，1999)，因此句子所凸显的不是一般表示事件结构的句式里所理解的语义关系。如果从表示事件的结构这个角度说，例(1b)根本就不能说；而例(1a)也得说成例(4)：

(4) 这十个人吃了一锅饭。

例(4)是表示事件结构的句式，上面的例(1a)是表示容纳性的数量结构对应句式。二者表示的句式意义完全不同。正是因为二者所特有的句式意义的不同，因此句中动词的语义角色的性质也就不同了。这一点只要对比一下例(4)和例(1a)，就能很清楚地感觉到。

上一小节也说到，表示存在的“NP_L + V + 着 + NP”结构，其中的 NP 既可以是受事（台上摆着鲜花），也可以是施事（台上坐着主席团），这为什么？其实，表示存在的“NP_L + V + 着 + NP”结构式是不同于一般事件结构的句式，这种句式所关注的语义角色并不是什么施事、受事，而是“存在的处所”和“存在物”，句式里的 NP 都以存在物的角色出现的，而不是以结构中动词的施事、受事的角色出现的。再说，表示存在的结构中，“V 着”只是表示“存在物”存在的方式。如果无须考虑“存在物”的存在方式，我们可以径直用专门表示存在意义的“有”来替换“V 着”。例如：

(5) 台上摆着鲜花→台上有鲜花

(6) 台上坐着来宾→台上有来宾

再举个实例：

(7) a. 村民们修了个观景亭。

b. 男劳力修观景亭，女劳力植树。[=用男劳力修观景亭，用女劳力植树。]

c. 山顶上修着观景亭。[=山顶上有观景亭。]

d. 山顶上修着观景亭。[=山顶上正在修观景亭。]

e. 五里地修一个观景亭。[=每五里地修一个观景亭。]

f. 五个月修了一个观景亭。| 一个观景亭修了五个月。[容纳量与被容纳量关系]

g. 工人们修观景亭修了一身汗。[重动句]

例(7)a—g 的谓语动词都是“修”。应该看到 a—g 各句所表示的语法意义是各不相同的，我们有理由认为 a—g 不能看作是一个句式，得看作七个各不相同的句式。现在的问题是：（一）我们应该怎样描写说明谓语动词都是“修”的这七个不同的句式？（二）能否认为这七个不同的句式是由统一的动词“修”的论元结构由于所受到的制约条件不同而采用不同的配位方式所形成的不同句子格式？如果答案是肯定的，那么 a 和 b，c 和 d 里动词“修”前论元的语义角色是否相同？如果说是相同的，那么怎么解释它们各自所表示的不同的语法意义？如果说是不同的，这是否就违反了论旨准则（H-criterion）？（三）能否认为 a—g 各句虽然动词都是“修”，但由于表达功能性质不同，因而实际是论元结构性质各异的不同句子格式？

单就上面所举的例子，就值得我们进一步思考这样的问题：一个动词（指某个义项的动词）可以不可以形成不同的论元结构？

总之，“构式语法”理论的提出，促使我们对论元结构理论作进一步的思考。

四

就汉语研究来说，按照构式语法理论，我们需要重视对一个个具体句式的研究，而且要从具体句式所表示的语法意义来考察分析句式内部词语之间的语法关系与语义关系。而具体的句式不能只限于跟基本论元结构相关的那些句式，应该包括所谓的“变式”，甚至可能包括由于语用因素所造成的句式。从句子的平面说，现代汉语里到底有多少种句式？哪些句式只需运用以 Chomsky 为代表的形式学派的理论方法就可以作出较好的解释？哪些句式难以用形式学派的理论方法作出解释，而得用“构式语法”的理论方法来加以解释？这都有待探究。而这些问题的解决，将进一步推动汉语语法研究的深入发展。

必须指出，上述现象不只是汉语中有，其他语言里也存在。Goldberg（1995）就说到英语里的 sneeze（打喷嚏）是明显的不及物动词，但在下列句子里却带上了宾语：

（8） He sneezed the napkin off the table.

他　打喷嚏　餐巾　-下来　桌子

他打的喷嚏都把餐巾弄到桌子下了。

例（8）含有明显的使动意义，而这种使动意义很难说是由动词 sneeze 表示的。这种使动意义就是由这种特殊的句式所表示的。例（8）这种句子的存在，也让我们去进一步思考：例（8）能从动词 sneeze 的基本论元结构推导出来吗？如果回答是否定的，那么这是不是也说明同一个动词可以形成不同的论元结构？

如果承认“构式”的存在，那么我们也需进一步考虑这样一个问题：从句子平面说，为什么同一个动词可以形成不同的句式？为什么相同的词类序列、相同的词语、相同的构造层次，而且相同的内部语法结构关系，甚至用传统的眼光来看还是相同的语义结构关系却还会造成不同的句式，表示不同的句式意义？这个问题我们将采用基于郭锐(2002a/b)"词语的语法动态性"观念的"词语的语法、语义多功能性"(the dynamics of the syntax and the semantics of words and phrases)来加以解释。关于"词语的语法、语义多功能性"，我们将另文讨论。

上面只是提出一些问题。怎么看待这些问题，我也还需进一步思考。现在把这些问题提出来，只是希望引起大家的关注和讨论。

参考文献

Fillmore, C. J. 1982. Frame semantics. In Linguistic Society of Korea (ed.), *Linguistics in the Morning Calm*. Seoul: Hanshin Publishing Co.

Fillmore, C. J. 1990. Construction Grammar. *Course Reader for Linguistics 120A*. Berkeley: University of California.

Goldberg, A. E. 1995. *Construction: A Construction Grammar Approach to Argument Structure*. Chicago: The University Chicago Press.

Goldberg, A. E. 2002. Construction Grammar. *Encyclopedia of Cognitive Science*. Macmillan Reference Limited Nature Publishing Group.

Goldberg, A. E. 2003. Construction: A new theoretical approach to language. *Journal of Foreign Languages*(3).

Kay, P. & C. J. Fillmore. 1999. Grammatical constructions and linguistic generalizations: The what's X doing Y? construction. *Language* 75 (1).

郭 锐，2002a，语法的动态性和动态语法观，在"商务印书馆语言学出版基金发布会暨青年语言学者论坛——21世纪的中国语言学"(北京)会上发表。

郭 锐，2002b，《现代汉语词类研究》。北京：商务印书馆。

胡裕树、范晓，1995，《动词研究》。开封：河南大学出版社。

陆俭明，1987，试论句子意义的组成，载《语言研究论丛》第四辑，南开大学出版社。

沈家煊，2000，句式和配价，《中国语文》(4)。

王 力，1943—1944，《中国现代语法》(上)、(下)。北京：商务印书馆。

张伯江，1999，现代汉语的双及物结构式，《中国语文》(3)。

张伯江，2000，论"把"字句的句式语义，《语言研究》(1)。

张国宪，2000，现代汉语形容词的典型特征，《中国语文》(5)。

张国宪，2002，三价形容词的配价分析与方法思考，《世界汉语教学》(1)。

张旺熹，1999，《汉语特殊语法的语义研究》。北京：北京语言文化大学出版社。

朱德熙,1978,“的”字结构和判断句,《中国语文》(1～2)。
朱德熙,1981,“在黑板上写字”及相关句式,《语言教学与研究》(1)。
朱德熙,1982,《语法讲义》。北京:商务印书馆。

（原载《中国语文》2004 年第 5 期）

增效构式与非增效构式

——从 Goldberg 的两个定义说起

熊学亮

一、Goldberg 对“构式”的两个定义

Constructions：*A Construction Grammar Approach to Argument Structure* 一书是 Goldberg 的博士论文的改版，1995 年由芝加哥大学出版社出版。在此书中，“构式”(construction)被定义成是“其中一个或一个以上的形式或意义特征不能严格地从本构式的组构成分或语法中的其他构式那里预测出来”的语言单位：

C is a construction iff C is a form-meaning pair 〈F, S〉 such that some aspect of F or some aspect of S is not strictly predictable from C's component parts or from other previously established constructions. (Goldberg, 1995：4)

此定义虽被大量引用，其中“形式和意义配对”(form-meaning pairing)和“不可预测性”却是个悖理。比如下面例(1)中 V + NP 单宾结构肯定是形式和意义的配对，但并不存在该配对的形式和意义的某个方面不能严格地从该结构的组构成分那里推得的情况，Frege(1892)的“组构原则”(principle of compositionality)完全可以用来阐述该句话的形式组构和内容组构状况。

(1) The man hit a woman.

其实很多“构式”不具有“不可预测性”的特点，在 2006 年由牛津大学出版社出版的 *Constructions at Work* 一书中，Goldberg 推出了新定义。在该定义里不见了“不可预测性”的踪影。

All levels of grammatical analysis involve constructions: learned pairings of form with semantic or discourse function, including morphemes or words, idioms, partially lexically filled and fully general phrasal patterns.(Goldberg,2006:5)

本来 Goldberg 想用“不可预测”来限制构式使其有别于其他,现在“不可预测”标准的消失,使得任何形式与内容的两面体都成了构式,形式面包括句法、词汇、语音特征,内容面涉及语义、语用、话语功能特征,所有的语言单位便都成了构式。Fillmore, Kay & O'Connor(1988:501)也曾把不能进一步分解成更小语言单位的简单词汇(如 book)也看成是“构式”,但是他们似乎更小心谨慎一些,说“这些是有限的实例”(limiting case of a construction)。

二、对“构式”(construction)的再思考

以前 Bloomfield(1933)就区分了“结构”(construction)和“成分”(constituent)两大概念,规定 construction 由一个以上的 constituent 构成。Langacker、Croft 等人也认为构式应含有一个以上的成分,Croft(2007)把词汇和结构看成是语义、句法、语音的组合,词汇是原子单位,结构是(部分)图式化了的复杂表达,由一个以上的成分构成,且无法被单一的词汇、句法、语义规则单独解释。而 Goldberg 的两个定义都牵涉“形位”(morpheme)构式,英语的后缀{-s}也是形式和(语法)意义的配对故也满足这一标准,然而把形位也当成构式,引起了学的诸多的争议和误解。

“构式”译自 construction,与结构 structure 不同的地方,可能是从认识的视角更加关注其动感因素,如更注重小单位构成大单位的过程,因此也有人把它译成“构造”、“构块”等。Goldberg 聚焦构式的主要原因,是与生成语言学的组构理论唱对台戏。生成语言学的结构是通过运用数量有限的句法规则生成的,其中语音、句法和语义部分都分别以模块状态出现在理论框架中,语义仅对句法进行解释。生成语言学的句法和语义规则无法解释乖戾语言现象,凡是不能解释的统统扔进词库。由于词库中的词汇每项都含有语音、句法和语义信息,因此词汇是跨模块的复杂单位,生成语言学不能解释词语和句法结构的“乖戾”现象,因此必须回避“构式”问题。

词汇的乖戾以及介于词汇和结构之间的语言单位的乖戾[如习语(idiom)],是构式语法在理论上自立门户的起因。生成语言学的词库部分无法对习语的乖戾进行充分有效的描述,乖戾现象有时呈构块状(即不可剖析),有时又具有超词汇的图式形式,其中可填入实体词。比如在例(2)中:

(2) I think you're pulling my leg.

"pull NP's leg"的意义无法从其中的组构成分那里严格推得,在形式上 leg 不能用于复数形式。由于此例不能被句法或语义单一理论模块单独解释,故是个"超组构"构式,是语言乖戾现象,不能用选择限制规则来描述。其他例子有 pull the strings to get the job, spill the beans 等,这些只能在元语义平面上解释,如把 spill 隐喻解释成 divulge 从而获得特殊的语义解释方案。形式乖戾或语义乖戾涉及 kith and kin、tickle the ivories 等封闭性习语以及 the x-er, the y-er 等半开放的图式化表达(Fillmore, Kay, O'Connor,1988),后者显示出一定的句法规律,但不受一般语义规则的限制。

Goldberg 对构式的定义在词汇和形位平面上引起的批评最多,但是学者们在批评时可能忽视了"规则"和"不规则"的差异。比如英语名词的复数化有规则和不规则两种情况,存在 books→men→sheep→brethren 连续统现象,即"规则"→"内部变化"→"零化"→"不规则"抽象度渐进差异。在组构上,构式可以分成固定、半固定、开放三种。固定构式包括 brother 的复数形式之一 brethren 词语,半固定构式包括 let alone ___、What's X doing (Fillmore C. P. Kay & M. K. O'Connor, 1988)等可在其中填入成分的固定表达,开放构式指的是 X knitted Y Z 等自由填充式复合结构。

由于 brethren 并非是 brother 和-s 的简单相加,而是有了"共同的宗教信仰"的增效义,这种增效义不能直接从 brother 和-s 的简单相加那里直接推导出来。What's X doing 也并非仅仅是"疑问句进行体形式",在形式上改成一般体或过去时,其"与场合不协调"的增效义便会消失。X knitted Y Z 也产生了原先动词 knit 不具有的"意在传递"的增效义。这些都满足了"构式的整体意义或形式不能直接从其中的构件或其他(系统中相邻的)构式那里推导出来"的构式原始标准(Goldberg,1995),因此是否存在“增效”,就成了鉴别构式研究是否有意义的关键标准。

“增效”即“超组构”,但并非抛弃“组构”。其实构式也是组构的产物,如小构式可以构成大构式,一构式与邻近构式有系统关系等,如单宾构式的否定式分别与单宾构式和否定构式发生系统关系。只有当构式产生乖戾语义解读时,才会“超越内部成分的简单相加”。生成语言学的组构理论把句法和语义当成两个不同的模块,此时语义是形式的外部因素,仅对句法的产出行使解释功能(Croft,2007)。而构式理论中的语义却是形式的内部因素,与形式对应形成语言单位。在语法网络中,verb O→kick O →kick the ball/habit/bucket 是图式向实体即抽象向具体演变的连续统,因此构式具有图式(schema)向实体(substance)演变的系统特征。任何构式都来自“语言图式”(language schema),如从 NOUN + S 那里派生出 brethren,从 WHAT'S X DOING 那里派生出 What's that cat doing in here? 从 NP + V + NP + NP 那里派生出 M knitted J a sweater 等。

下图中的上位部分是图式,下位部分分别是中心实体和扩展实体。

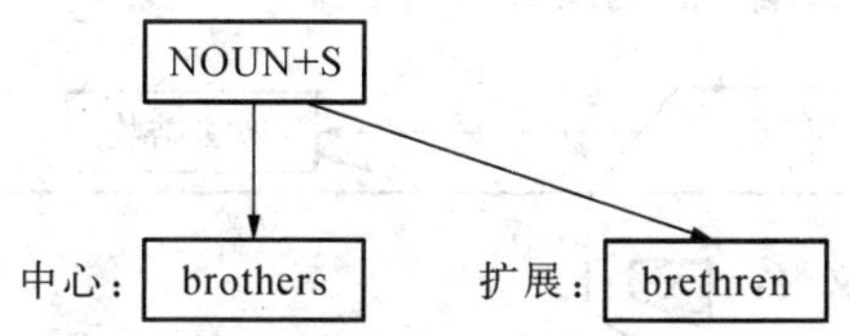

三、增效构式探索

构式的定义涉及面太大,但构式语法的研究对象却通常局限于类似下面例(3)使用频率相对较低的复合结构,因为研究类似的异常组合,可以协助了解语言运作的一般规律(Goldberg, 2006; Croft, 2007)。

(3) Sam sneezed the tissue off the table.

不及物动词 sneeze 与 the tissue 毗邻,合理性归功于整个语链,产生了动词的语义结构原来没有的“致使移动”增效义,这种结构和动词的互动值得研究。

动词的意义内涵远比词典所记载的要丰富得多。与句法结构互动的部分是动词的“语义结构”(semantic structure),犹如浮出水面而可见的

"冰山"(见图一),而其它语义内容(semantic content)则一般被"淹没在水下"处于静态,当动词与复合结构互动时,动词潜没在水下的相关内容部分可能会"见机行事"临时"浮出水面"参与句法语义界面互动。在例(3)中,sneeze与句法互动的语义结构是〈agt V〉义元格式(theta-grid),"打喷嚏会导致气流冲出"(下图用x标出)语义内容即常识从句法语义界面效应的角度考虑,通常处于静止状态。

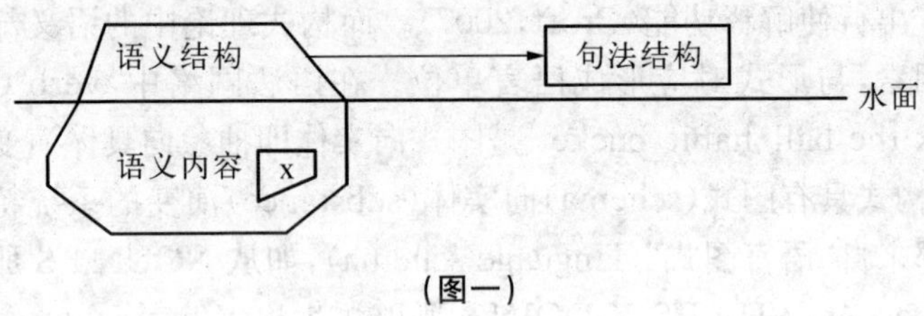

(图一)

当sneeze出现在例(3)的NP V NP PP结构中,原是静态的x语义内容,通过结构词汇的互动,被临时提升到了"水面",其与句法结构互动的效果通过PP得到体现(见图二)。

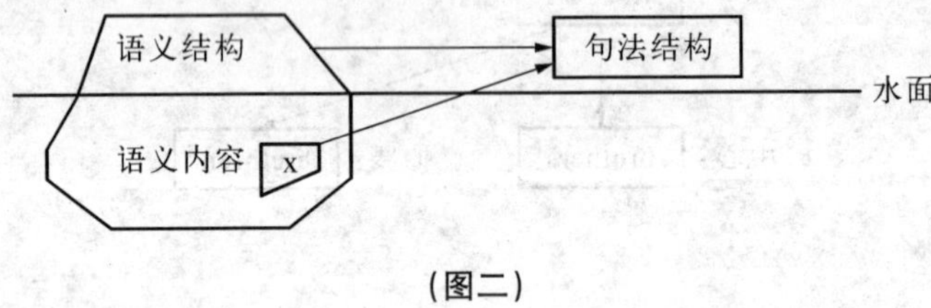

(图二)

假如把句法结构NP V NP PP看成是"上位图式"X,其"下位体现"有"中心"A和"扩展"B等可能:

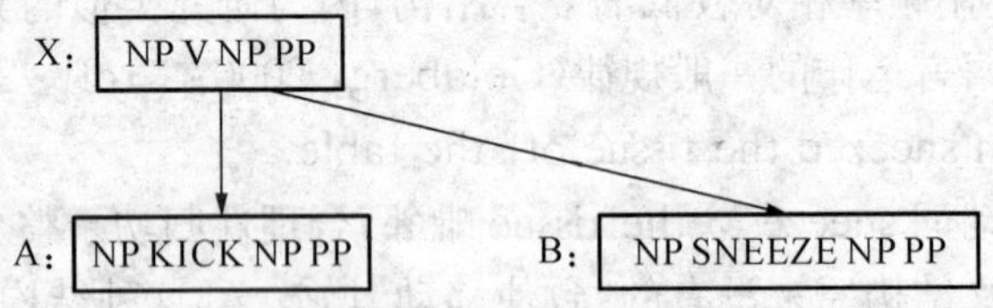

(4A) John kicked the paper cup off the table.

(4B) John sneezed the paper cup off the table.

或者说A是图式X的原型体现,B是图式X的辐射体现。例(4)是动补结构，其义元组合的品种比较贫乏，多用〈LOC〉来标定 PP 那个成分，其前面的义元组合基本雷同，仅有“有意”（如 kick、brush 等）和“无意”（如 sneeze、cough 等）静态语义内容差异。而双宾图式的中心体现和扩展体现种种可以表现出更多的义元组合品种：

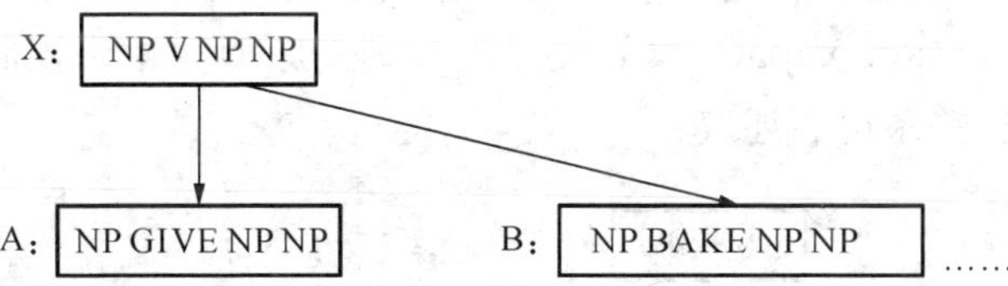

（5A）John gave Mary a cake.

（5B）John baked Mary a cake.

Goldberg（1995）把上面 X、A、B 三块内容都当成构式处理，而我（熊学亮，2008）把上位图式 X 当成（宏）构式，把下位的中心体现 A 和扩展体现 B 看成是句式（pattern），因为（宏）构式 X 有多种义元组合的可能，是“一形多义现象”，而句式 A 或 B 仅是一结构与一义元组合单一配对的语言单位。句式中的动词虽也有“可被同类动词替代”的潜势，如把（5B）中的 bake 换成 knit，把直接宾语 cake 换成 sweater，但是该式的义元组合仍然是〈agt V ben pat〉并未改变。我还指出，bake 类动词的语义结构是〈agt V pat〉只含两个义元，与双宾结构互动时可临时产生〈agt V ben pat〉义元组合，我把这种“整体不能从部分预测出来”的现象界定成“构式增效”（constructional synergy）或“乖戾”（idiosyncrasy）。

四、非增效构式探索

上节提出的“构式→句式”分析模式的依据是 Goldberg 1995 年构式定义中的“不可预测”标准，以此来评判构式是否发生了“增效”。通过这种分析我们发现，复合结构有增效可能，其它结构（如英语单宾结构）一般不具有增效特点。

汉语的“吃 + NP”结构比英语复杂得多，由于这是 V + NP 图式的下位结构，很多学者就在“吃”后面 NP 的不同性质的宾语上做文章，如“吃调羹”含“工具宾语”、“吃馆子”含“处所宾语”，在“吃”后便出现了“工具格”和“处所格”。

原型：吃面包〈V PAT〉
辐射：吃调羹〈V INST〉
吃食堂〈V LOC〉

从上图可以看出，“吃面包”中的“受事格”是“吃 + NP”结构原型性最高的义元配价〈agt V pat〉，其它义元组合则是原型性相对较低的义元配价，其上下位关系可表述成：

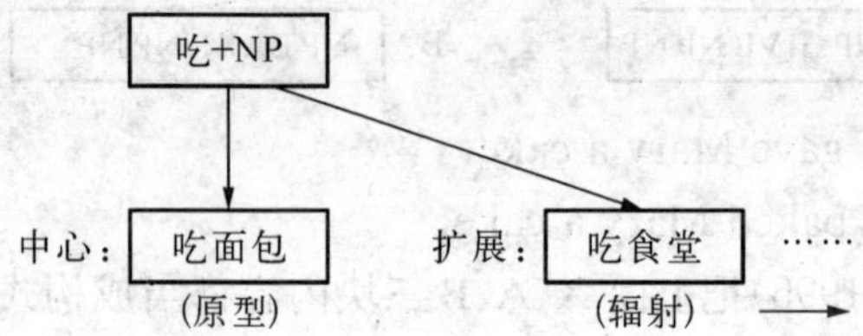

王馥芳、张云秋(2005)认为“吃”动词在动宾论元结构里具有义元多样性的特点，是汉语动宾义元结构的缩影，各类“吃 + NP”结构，是有关限制之间的竞争和冲突得以化解的结果。在言语交际中，最终使用的义元结构，就是最低程度地违反或最高程度地满足限制层级排列式中相关限制的那一形式。

其实这种优选论分析走不了多远，遇到类似“吃父母”(作“依赖父母”解)等表达就会搁浅，因为“吃父母”仍属于〈V PAT/THM〉义元组合类，但其认知原型程度却比语义配价相同的“吃面包”低很多，动宾限制和配价选择无法说明这种原型程度的差异。再则，说“吃食堂”含〈LOC〉宾语，即“在食堂里吃”，那么为什么一般不用“吃厨房”来表达“在厨房里吃”的意思呢？这可能与处所宾语的典型功能和使用习惯有关，因此还要考虑语用因素、习惯因素和百科知识。

在认知层面，双宾图式 NP V NP NP 与 CAUSE-RECEIVE 配对形成宏构式(参看熊学亮，2008)或上位图式，携有〈agt V rec thm〉义元趋势(thematic proclivity)，其下位中心句式 A 也带〈agt V rec thm〉义元组合，其下位扩展句式 B 则可以带其它义元组合。中心句式的义元组合与上位图式的义元趋势一致形成原型句式，扩展句式的义元组合可以是新颖的和临时的(如 NP KNIT NP NP：〈agt KNIT ben pat〉)辐射。更换中心句式或扩展句式中的同类动词(如把 knit a sweater 替换成 sing a song),义元组合不变,扩展句式可以激活动词原来沉寂的语义内容 x(参见图二),因此结构的整体意义不能从其中的构件那里严格地直接地推导出来!双宾构式的这种分析思路可以概括成:

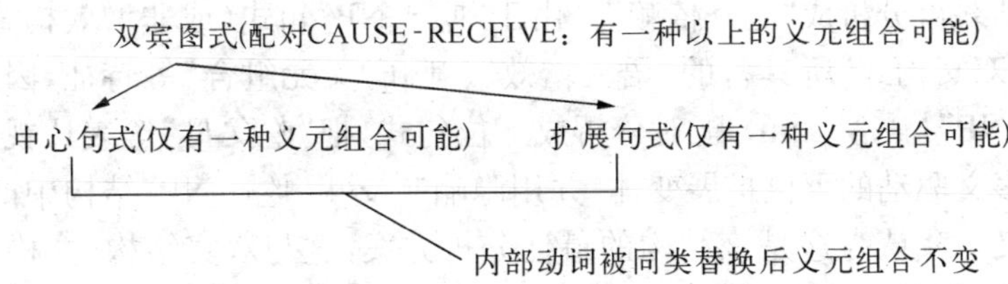

相比之下,"吃+NP"结构图式的下位扩展式隐喻式(如"吃父母")和新颖式[如"吃月亮"(=过度沉溺于对月亮的研究)]两种(另文专述),在一定的程度上显示出动词和后续名词之间的"语义组构乖戾"。学界对此现象的分析有"动词多义"、"名词多义"和"动名互动"三种情况,但是这不是动词和整体结构互动的结果,而是以名词为参照点考虑动词多义的过程,结构的整体意义可以直接或参考语境从动词那里直接推得,因而把这说成是动词"吃"的多义现象更为合理。假如我们把"看"类动词看成是"语义简单动词",把"吃"看成是"语义复杂动词",下面的图示可以协助说明问题:

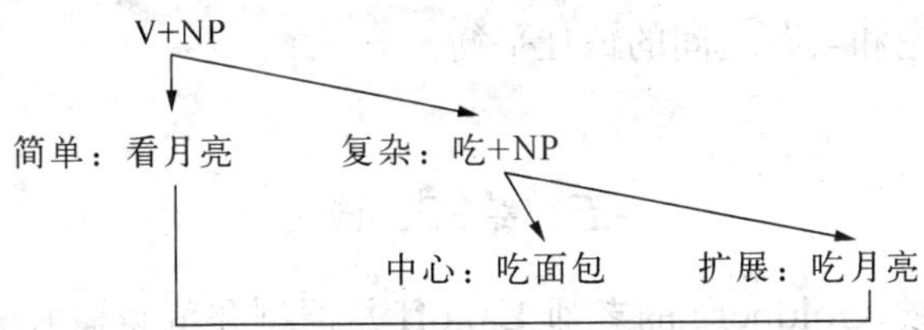

双宾上位图式或宏构式是 NP V NP NP:CAUSE-RECEIVE//〈agt GIVE ben pat〉配对,其下位有中心句式 NP GIVE NP NP:〈agt GIVE rcc thm〉配对和扩展句式 NP KNIT NP NP:〈agt KNIT ben pat〉配对等,扩展句式中的〈ben〉义元是结构和动词互动的产物。然而上位 V+NP 图式的下位扩展句式并不存在互动情况,即结构并未临时改变动词的语义和用法,动词和后续名词组合产生的语义乖戾主要源于汉语"吃"动词的乖戾性,因此我认为 V+NP 结构不具备双宾结构所具备的"构式→

句式"分析可能。由于根据 Goldberg 的新定义又无法证明它不是构式，一种权宜之计就是按照是否有"构式→句式"分析可能这一标准，把 V + NP 结构定格成"非增效构式"。

"吃"的中心义是"食物进嘴"，其扩展义是各种隐喻义，如"吃父母"按隐喻路线可分析成"吃→依赖"。由于"吃 + NP"句式（或非增效构式）不具备"双宾构式"所具备的"语义增效"、"临时义元组合"等特征，因此把"吃 + NP"与〈V thm〉配对分析成上位句式，把"吃父母"等表达视为由动词多义驱动的下位扩展变体，并用隐喻来支撑"吃 + NP"结构中的"动词多义"，我认为这是该结构的最佳分析方案，这与双宾结构的"构式多义"是两码事。

句法结构是概念化的结果，V + NP 标定的结构，一般被看成是动宾结构，V 和 NP 之间具有"动作和受体"的语义限制关系，语义限制越强，动宾原型性就越高，反之亦然。动宾关系原型性的减弱，可通过认知短路和隐喻化来拓展"吃"的内涵和外延，形成新的动宾关系，产生动词多义驱动的句式变体。

根据 Goldberg 2006 年的新定义，所有的语言单位都是构式，我认为维持该定义的办法，就是把构式进一步分析成有增效构式和无增效构式两种，双宾、(部分)动补复合结构具有增效潜能，单宾结构则不具增效潜能。在词汇平面上，brothers 是无增效构式，brethren 是有增效构式。我认为这是理论和实践之间的最佳平衡。

五、结 束 语

早些时候，Goldberg 的老师 Lakoff 从原型和范畴辐射出发，分析了 there 结构的种种用法，后来 Goldberg 继承了 Lakoff 的原型说，更加注重论元结构的配置，运用原型范畴和扩展范畴之间的关系分析构式的多义现象，从理想化和简约论的角度探讨参与角色、论元结构、句法角色之间的关系以及系统中构式之间的"子部分连接"、"示例连接"、"多义连接"等方案。多义连接就是构式多义，即同一构式的多种义元解释，原型性最高的中心构式有向外扩展的可能，扩展构式从中心构式继承的是句法结构，派生出不同的论元解释，以中心意义为基点形成辐射范畴。

语义辐射产生构式多义是隐语扩展的结果，有一个上位图式，下位辐射到中心构式和隐语扩展种种，从原型（即中心构式）向扩展的正常继承（normal inheritance）可能会遇到例外，即并非所有动词都能出现在一个构式中，就像 bird→fly 原型会遇到 penguin 例外一样，Goldberg 认为这种部分继承（partial inheritance）是构式的“部分能产”（partial productivity）特性。

“传统的投射论”（projectionist approach）无法解释句法语义界面的乖戾现象，构式语法应运而生，然而有构式语法研究意义的“乖戾”一般都是“边缘现象”，在语料库中的出现频率估计恐怕不会很高，但我认为有意义的语言学研究与研究对象在语料库中的出现频率之间并无正向关联，研究时要具体情况具体分析，如适合复合结构的“构式→句式”分析并不适合“吃＋NP”的分析。本文提出的“构式增效分析”，能凸显构式的典型特点，揭示汉语“吃＋NP”结构的语义解释更加依赖动词内涵的特点，并可触类旁通到其它相关的语言现象研究中去。

参考文献

Bolinger, D. 1976. Meaning and memory. *Forum Linguisticum* 1.

Croft, W. 2001. *Radical Construction Grammar: Syntactic Theory in Typological Perspective*. Oxford: Oxford University Press.

Croft, W. 2007. Construction grammar. In Geeraerts & Cuyckens(eds.), *Cognitive linguistics*. Oxford University Press.

Fillmore, C. 1976. The need for a frame semantics within linguistics. *Statistical Methods in Linguistics*.

Fillmore, C., Kay, P. & M. K. O'Connor. 1988. Regularity and idiomaticity in grammatical constructions: The case of *let alone*. *Language* 64.

Frege, G. 1892. On sense and reference. In Gearch & Black(eds.), *Translations from the Philosophical Writings of Gottlob Frege*. Oxford: Blackwell.

Geeraerts, D. & H. Cuyckens. 2007. (eds.). *Cognitive Linguistics*. Oxford: Oxford University Press.

Goldberg, A. E. 1995. *Constructions: A Construction Grammar Approach to Argument Structure*. Chicago: The University of Chicago Press.

Goldberg, A. E. 2006. *Constructions at Work*. New York: Oxford University Press.

Kristiansen, G. et al. (eds.). 2006. *Cognitive Linguistics: Current Applications & Future Perspectives*. Berlin/New York: Mouton de Gruyter.

Langacker, R. W. 1987. *Foundations of Cognitive Grammar*, Vol. I, Theoretical Prerequisites. Stanford: Stanford University Press

Quirk, R. et al. 1985. *A Comprehensive Grammar of the English Language*. London: Longman.

王馥芳、张云秋,2005,优选论视角下的"吃+N"结构研究,《外国语言文学研究》(4)。

王望妮、孙志农,2008,试论构式语法中的"构式",《外语教学》(6)。

熊学亮,2008,符合结构增效现象试析,《外语教学与研究》(5)。

（原载《外语教学与研究》2009 年第 5 期）

转喻的构式化表征①

张　韧

一、引　言

一般认为，语言理论的目标是描写具有心智属性的相对稳定的语言系统。另一方面，语言的使用又具有动态开放性，一个词在实际使用时的情况常常超出语言学家对心理词库中相关词目的描写。比如，现今多种句法理论常常争论的一个问题是如何处理同样一个动词用于多种句法格式的情况。下面列出部分有名例句说明这一问题：

(1) a. Frank sneezed.

b. Frank sneezed the napkin off the table.

c. Pat kicked the wall.

d. Pat kicked Bob black and blue.

e. Pat kicked Bob the ball.

这里的问题是，如果说动词 kick 在(1c)中的用法典型地体现了相关的词库信息，如“以腿对外物发出攻击性力量”，那么这一动词在(1d,e)中的用法是否体现了单独的词库信息，如“通过以腿发出攻击性力量使外物进入某种状态”、“通过以腿发出攻击性力量来传输某一外物”。对这样的现象，许多理论往往提出独立的(如句法层次或词汇层次上的)机制来抓住这种灵活现象的一些规律性，避免加重心理词库所含的信息量。

本文的重心并不在于对动词的灵活使用提出新的理论分析，而是讨

---

① 本文的部分思想在南京大学外语学院2005年秋季的博士课程上作过一些讨论，这里感谢当时的听课学生及英语系丁言仁教授、Don Snow 教授与笔者进行的讨论甚至争论。《外国语》匿名审稿人对本文提出了有益建议，使相关问题在修改稿中得到了更清楚的说明，这里一并致谢。文中不妥之处自然当属作者责任。

论名词的灵活使用与句法有什么关系。相关现象可以大致列在下面：

(2) apple tree；oak tree；pine tree；palm tree；family tree

(3) a. John was running in the sports field.

b. The horse ran away.

(4) She is just a pretty face.

(5) Who is the ham sandwich?

(6) The ham sandwich over there wants another coffee.

(7) Mary enjoyed the movie.

(8) I asked my students to read Langacker.

这些现象看起来似乎与句法无关，因此通常不在句法学家们的兴趣之内。然而，似乎还没有人明确提到名词的灵活使用究竟与(1)中的现象有没有本质的不同。另一方面，名词的灵活运用常常是认知语言学的话题，但这些讨论往往脱离语法系统，在纯粹的概念系统中进行，从而忽略了名词的灵活用法在语言系统上可能有的限制，当然也未能顾及这种研究对(1)中动词表现出的相关现象有什么启示。本文认为(2—8)中的大多数现象在本质上与(1)没有什么不同，因此对它们的研究应该属于以心智为取向的语言理论关心的问题。

具体说来，本文关心的名词灵活使用包括(4—8)中的现象，它们一般被称为转喻(metonymy)。本文的观点是转喻受句法环境的约束，而这种约束是心理语法的一部分，可以自然地纳入以构式或符号单位为基础的语法框架内，而这种用法的一些特点也可以在构式视角下得到解释。本文将以认知构式语法为框架来阐述这一问题。另一方面，(2—3)中表现出的名词或动词词义的相互迁就不改变词义的基本类型，同时对句法环境的依赖不大。②

二、语法知识与构式

词汇的灵活使用在现时的几个认知构式句法模式中可以得到自然的处理。以构式为基础的语法理论代表着心理语法知识的一种新的研究思

② 这里不讨论这两类灵活应用情况之间的关系。它们很有可能具有共同的本质，只是词义变化的程度不同。

路。其最基本的信条是语法知识并非由一些抽象先验的宏观原则组成，而是由具有不同抽象度的语法构式以及构式之间的关系构成。需要注意的是，不同的认知句法学家对"构式"概念的使用有些不一致，虽然都同意构式是语言表征的基本单位。如 Goldberg 的构式概念指形式与意义的规约性配对，这相当于认知语法的符号单位概念，但 Goldberg 也明确指出构式之间的关系是心理表征内容的重要成分。把语言表征严格局限于形式—意义的配对难以行得通，认知语法因此不仅承认符号单位的中心地位，也容纳了纯粹的音系单位、意义单位，以及单位之间的范畴化关系。这里的关键是"单位"这一概念，它指对语言使用中表现出的有一定频率的模式的抽象表征（即以使用为基础）。在这一意义上，构式之间的范畴化关系如果具有一定频率，则同构式一样获得了同样的"单位"地位，可以看做一种广义的构式。Langacker 对语言单位与具有单位地位的范畴化关系采用了一致的标示手段（即方框或方括号，见下文）。本文讨论的转喻构式表征，强调的也就是这种广义构式。③

作为一个发展较为完善的认知构式语法框架，认知语法特别强调语义在句法中的重要地位：句法形式的组合"象征"着概念意义的组合。对于语义研究，认知语法提出两条原则：语义的百科性与语义的主观性。前者强调语义知识与百科知识没有分明的界限。因此任何一个语句的意义原则上与一个宏大的知识网络相连，这个知识网络由无数认知域（cognitive domains）构成。另一方面，语义的主观性体现在说话人如何"观照"（construe）知识网络上。比如语义的一个重要方面在于说话人突出某一个或几个认知域中的什么成分，这个被突出的概念成分被称为相关语句意义的"显影"（profile）。当然，显影并非随意进行，而是受符号单位的规约性控制。

此外，构式或符号单位的组合意味着构式所含信息的统合（unification）。按照认知语法的符号性观点，两个单位要组合成大的结构，它们所含的概

---

③ 按照认知语言学观点，转喻同其它比喻性语言现象一样并非语言的边缘成分（见第四节），因此同 Fillmore，Kay，Jackendoff，Culicover 等人从构式角度讨论的句法边缘现象有所差别。另一方面，构式语法讨论边缘现象的目的是对主流句法理论提出挑战，同时指出语言的核心与边缘并无本质界限。

念成分必须要有对应关系。既然一个符号单位所含的语义信息又具有百科性,那么语法结构可能依据多种多样的概念对应关系建立起来,这种关系常涉及边缘性百科知识,这尤其体现在合成词表现出的语义关系上,如alligator shoes的确切理解涉及鞋子制造业的百科知识。下面的讨论也将说明,词汇的灵活使用与符号单位的百科信息密切相关。

认知语法的另一个突出特点是通过范畴化这一普通认知能力来统一处理语法知识的组织方式和运用方式。一方面,范畴化关系把符号单位或构式通过例示/详述(instantiation or elaboration)或引申(extension)关系联系起来,同时上面提到的符号单位的统合也被处理为具有对应关系的信息之间的范畴化关系。此外,符号单位的形式和意义层面都可能是一个复杂范畴,即允许有多个相关联的变体。这样,语法知识就成了按照各种关系组织起来的宏大网络,这正好对应于认知心理学家对一般知识的组织方式的看法。另一方面,语法知识的运用也意味着言语用例被语法知识网络中的相关部分范畴化,同时有可能造成语法网络的变化或扩展。如果把范畴化关系处理为标准(standard)与目标(target)之间的相似性比较,那么一个含有丰富百科信息的符号单位及其使用就有可能和多个标准之间建立相似性关系,从而实现多样性范畴化。就词类范畴化来说,认知语法认为词义的"显影"决定一个词的基本范畴。那么如果一个词缺乏内在的显影,则更容易实现多样性范畴化,如体现名词和动词不同范畴的分布。

三、转喻的语法限制

转喻的理论研究起自Nunberg,近期的认知语言学文献中更有突出的体现。大体上说,认知语言学研究的重点是在转喻现象背后的概念机制,如基于文化和经验的语用涵项(pragmatic function)或连接(connector)、转喻模式(metonymic model)、概念转喻模型(如PLACE FOR INSTITUTION, CAUSE FOR EFFECT等)、概念融合等,而不太关心转喻如何与语法知识系统本身整合。

Lakoff明确把转喻看做一种概念组织方式,而非语言实体。然而,这种纯概念化处理方式不能解释转喻涉及的一些限制(比较Papafrago

对认知语言学相关研究的评论）。比如，英语中确有很多例子说明 PRODUCER FOR HIS WORKS 这样一个转喻模型[比较例(8)]，但概念机制难以预测下面表现出的限制④：

(9) a. ?? When I was young, I enjoyed movie, theater and Langacker a great deal.

b. I enjoyed Shakespeare a great deal.

c. ?? One of my students was selling Langacker on the campus.

d. ?? I asked my students to read Smith.

e. I asked my students to read Smith (2002).

这些例子说明，概念转喻既有词汇限制(cf. 8, 9d, 9e)，又有语法组合上的限制(cf. 9a, 9c)。又如，虽然(4)似乎也体现了概念转喻模型 THE FACE FOR THE PERSON，但如没有特殊语境，一般没人说：

(10) ?? I find her a pretty face.

原则上，转喻的限制需要整合在一个语法知识框架内，才能从根本上说明人的转喻能力，从而也能清楚地指明转喻的习得意味着什么样知识的获取。下面我们试图从认知语法的视角讨论这一问题。

四、转喻的语法认可与表征

与一般认知语言学文献相比较，隐喻与转喻似乎并不是认知语法或构式语法关注的焦点，但认知构式理论的总体思路可以自然地处理比喻性语言现象。Langacker 开宗明义地指出语法理论需要自然地处理比喻性语言，并提出这是语言组织的一个方面，但对相关现象仅偶有触及，未能提出详细的分析。Langacker 全面论述了转喻与语法关系中普遍存在的非定性(indeterminacy)的密切关系，其他认知句法学家也指出转喻参与符号单位之间(如词汇与语法构式)的语义互动关系，但都未直接把转喻现象本身包含的规约性成分纳入语言系统之中。上节阐述的转喻的限

---

④ 需注意的是，这些限制会因语境的影响而显得不是那么一目了然，特别是当语境调节动词的意义，就有可能触发与之搭配的名词成分的转喻解释。

制说明转喻这一认知方式需要受到语法知识系统的限制，也就是具有一定的规约性。从认知句法学的宏观思路来看，规约性的转喻表达方式本身应该成为语法构式系统的一部分。

首先以一典型的名词转喻用例（例8）来说明这一思路。显然，read Langacker 中的专有名词的典型规约性意义并不支持它的这一语法分布。但如假设这一词的意义引申为“Langacker 的语言学著述”，则词义与语法行为的矛盾可以得到化解。常用的多义性测试手段也支持意义的引申：

(11) a. I asked my students to read Langacker, which was important for their research.

b. * I asked my students to read Langacker, who visited China recently.

(11)中的对比说明(11a)中 Langacker 已经经过了转义。按照认知语法的观点，转义是说话人操纵符号、心理与语境资源的结果，即 Langacker 一词产生新的用法，可表示如下：

(12) (WORKS BY LANGACKER)/[langacker]

上面方括号表示具有心理地位的构式或单位，圆括号表示言语使用中的非单位结构（下同）。(12)则表示说话人“创造性”地把一个音系单位（“langacker”）同一个概念结构（表示为大写字母）联系起来。这一使用中的概念结构涉及的认知域是“语言学”与“科学研究”。这里的问题是，(12)表现出的新用法如何被语法知识系统许可？

在(8)这一用例中，上面的问题可以分解为两个方面：首先，(12)这样的用法如何被语法系统中的相关符号单位范畴化从而被许可，即(12)需要被下面(13)范畴化：

(13) [(LANGACKER)/(langacker)]

(13)代表 Langacker 这一专名的音系与意义层面。它规约性地指称独一的个体，这一指称需要放在“人类”这一主要认知域中理解，但按照语义的百科性，语言学与科学研究这样的次要认知域也被触发。其次，(12)也需要被下面的符号单位(14)许可，因为(12)需要被 (14)中的相关成分范畴化从而与之组合：

(14) [READ (tr HUMAN) (lm TEXT)]/[read]

(14)粗略表示 read 这一动词的规约性信息。在语义上，它表示一个含有两个参与者的过程。动词词义仅抽象地说明其中具有认知突出性的一个参与者[即射体 Trajector (tr)]具有"人"的特性,而另一突出的参与者[界标 Landmark (lm)]具有"语篇"的特性(即"可以被阅读的东西")。

比较(12)和(14),可以发现(12)的语义层面(WORKS BY LANGACKER)可以被(14)中的界标(TEXT)范畴化为一个实例,从而具体说明("elaborate")后者。另一方面,比较(12)与(13)也能发现一些相似点。如(13)独指的人物 LANGACKER 对应于(12)中的"作者"角色。此外,支持(12)的认知域即"语言学"与"科学研究"对应于(13)中的次要域。这些概念对应可以作为(12)向(13)引申的基础。因此,这两方面的同时范畴化把(12)这样的转喻用法同语法系统紧密联系起来,这可以表示如下:

(15)

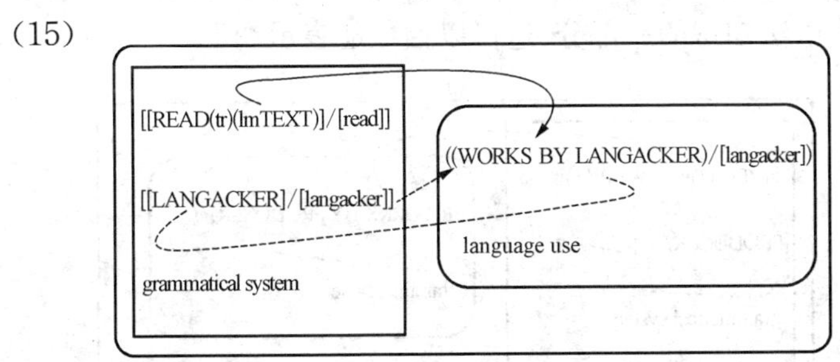

上面以圆框表示非单位结构,方框表示心理单位。虚线表示概念对应,虚线箭头表示引申关系,实线箭头表示实例关系。按照这一分析,转喻引申是被符号单位许可的用法,同时又是为了满足语法组合的需要;也就是说,没有脱离语法组合的引申。从话语理解的角度来说,上面的分析意味着转喻用法(12)总要激活其规约性来源,即(13),这是由网络关系的扩散式激活(spreading activation)特点决定的。这一分析比较自然地解释了转喻(以及一般隐喻)中来源与目标都常常被激活,从而带有较为丰富的意义。⑤

需注意的是,上面两方面的范畴化都放在圆框中,说明 Langacker 这一专名的引申用法尚没有经历心理固化(entrenchment)而成为词汇知识的一部分。可是,同样的引申模式似乎并不少见,比如:

---

⑤ Croft 在认知语法框架内对名词性转喻做了分析,但他的分析未能抓住转喻语句的这一特点,同时对认知语法的"显影"概念做了不必要的扩大。

(16) Proust / Shakespeare / Chomsky is hard to read.

(17) Lakoff is on the top shelf.

(18) He is playing Mozart on the piano.

上面例句似乎都体现 PRODUCER FOR HIS WORKS 这样的概念转喻，同时上面句子中的谓词的意义同 read 一样都明显地包含有(或“显影”)WORKS 作为参与者，如 on the top shelf 这样具体的方位关系词要求其突出的参与者(tr)是“书籍”。也就是说，上面句中的相关名词都经历了类似于(15)的引申。一定数量的例子的存在说明这一引申模式具有一定的类型频率(type frequency)。由于认知句法学把语法知识看作是以言语使用事件为基础(usage-based)(参见第二节)，具有类型频率的模式应该成为语法知识的一部分，这可以抽象地表示如下：

(19)

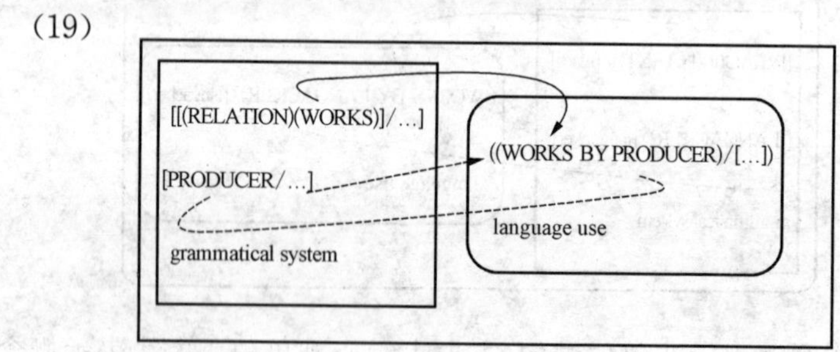

上图中的省略号相当于抽象的音系结构。通俗地说，上面大致说明这样一个模式：“表达‘创作者’这样的概念的符号单位在同一个‘显影’某种作品的关系概念组合时可以引申为表达‘创作者的作品’。”相对于传统对转喻的纯概念化处理，(19)通过范畴化网络把转喻模式处理为语言的使用对语法系统的影响，其结果是语法网络系统中增加了新的范畴化关系。换句话说，(19)本身也是一种广义的构式，可以称为转喻引申构式，用来认可新的转喻用例，从而对用例加以限制。

比如，由于(19)中的关系词需要显影 WORKS，这解释了为什么(9a)(9c)难以被接受，因为 *enjoy*，*sell* 的词义并不一定显影 WORKS，虽然(9c)的语境大致能提供一些推理依据。另一方面，例(8)、(16—18)中的引申用法涉及的“创作者”皆属于有相当社会声望的人物，这样的百科信息依然可以编码在(19)的构式中，成为对其中 PRODUCER 的限制。那么，如果(9d)中的 *Smith* 仅仅是一个普通作者，自然难以被(19)许可。余下的问题是，为什么 *Shakespeare* 可以做动词 *enjoy* 的补语(9b)，而 *Langacker* 不行(9a)？语法知识的使用观似乎可以提供一条线索。如果 *Shakespeare* 一词的引申用法因反复出现而带有较高的用例频率(token frequency)，这一用法本身就有可能固化为这一词的新义，从而脱离语法组合的限制。

(19)这样的转喻构式体现的是语法组合过程中发生的词义引申，尤其是动词对其补足成分的语义范畴化，这属于讨论较多的一种向心式语义压制(endocentric coercion)现象。近期的研究指出语义压制不仅来自词汇，具有内部结构的语法构式也可以对一词目进行重新范畴化，从而产生转义用法，这被称为离心式语义压制(exocentric coercion)。比如(4)中的转喻表达主语(she)的特点，但这与(4)所蕴涵的句法构式是分不开的，也就是说 *a pretty face* 通过引申被构式中的关系成分范畴化为表示“特征”的关系成分，这可简单表示如下：

(20)

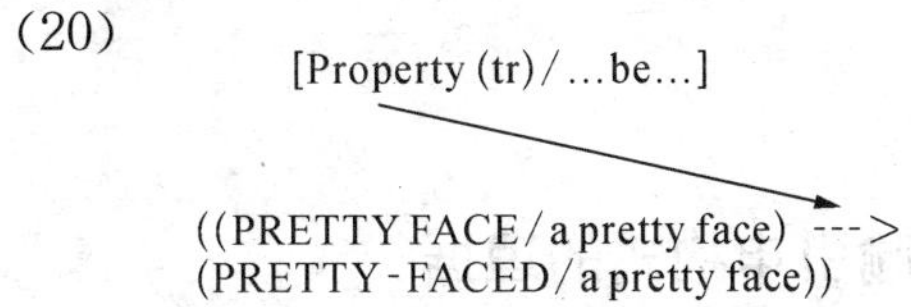

上图顶上方括号中是含有系动词 be 的句法构式，它所含的关系成分赋予射体某种特征，而名词短语 a pretty face 可以被这一构式中的关系成分范畴化，从而充当关系成分的角色。这一范畴化涉及的是整个名词短语，体现的是 ENTTTY FOR ATTRIBUTE 这一转喻模式，而非仅仅是 FACE FOR PERSON。Croft & Cruse 举的类似例子如 He's a size ten 可以作同样分析。按照(20)的分析，(10)的接受性有些困难，在于其中的转喻没有在(20)中这样的句法构式下发生。

离心式语义压制的存在明确地说明了转喻引申与句法构式的紧密联系，这一思想也可以用来讨论像(1)那样的动词引申。Panther & Thornburg 的讨论也支持这里的分析，但他们没有明确强调构式对转喻的限制。按照他们的分析，状态或非行为谓词可以放在行为构式(action construction)中而得到行为义，这样的转喻模式是 RESULT FOR

ACTION。如 live 可以用在如下句式中而得到行为义，试比较：

(21) a. What about moving to New York?

b. What about living in New York?

然而，这一动词似乎在两位作者提到的其它一些行为构式中并不能轻易产生引申：

(22) * Live in New York! (imperatives)

(23) *? How to live in New York? (How to VP)

下面的对比也说明表示状态的 be happy 要表达行为也是具有构式限制的：

(24) a. Be happy for my sake! (imperatives)

b. * What about being happy for my sake? (What about VPing?)

c. * Why not be happy for my sake? (Why not VP?)

按照本文的观点，这些限制都可以照(20)的模式抓住在特定构式环境下的转喻引申。

五、转喻引申构式的理据

上面把向心和离心式语义压制所表现出的语法限制都通过设立转喻引申构式得到解释。

余下的问题是(19)与(20)中的转喻为什么能够产生？转喻为什么显得自然易懂又具有一定能产性？本文采取 Langacker 的观点，认为转喻在聚合(paradigmatic)层面体现了普通的应用参照点的能力，即在心理上通过一个突出的概念实体来获取另一相关实体(即引申的目标)⑥，虽

⑥ 匿名审稿人对转喻的参照点分析提出疑问，认为“参照点是说明句子扩展成语篇的理论工具”，因此建议用“突显”的概念。本文赞同 Langacker 的观点，认为参照点是一普通(即不限于语言领域)认知能力，在语言上可以有不同层面的反映，Langacker, Taylor, van Hoek 等对此有很好的研究，这些反映包括句法(如领属结构、话题结构)、语篇(如回指现象)、词汇(如转喻)等方面。“突显”本身不能说明转喻涉及两个概念之间的非对称关系，而参照点的概念不仅自然解释了这种关系，又抓住了转喻语句的突显性(因为参照点本身须是一突出概念)。

然转喻不把“目标”在语言上表达出来。这一普通认知能力说明了转喻本身的普遍性以及转喻引申构式的可学得性（learnability），同时也赋予转喻引申一般的认知限制⑦。参照点的限制说明了(19)中的引申为什么必须涉及一个“有声望的作者”这样的百科信息(见上节)，同时也说明为什么(20)中转喻的来源是一个具有修饰语的名词短语，因为 *a pretty face/a new face* 经过修饰成分的限制比 *a face* 表达的概念更具有认知突出性，从而能承担参照点的任务。最后，转喻引申构式以认知参照点为理据，也解释了转喻引申的非对称性，如一般不可能从[WORKS BY LANGACKER]引申向[LANGACKER]，虽然以相似点为基础的引申原则上可以是双向的。

六、结　　语

认知语言学普遍认为，转喻与隐喻体现了普遍的认知机制，当然这些机制应该在语言结构中有所反映。另一方面，语言又是一个规约化的符号构式系统，转喻在语言结构上的体现自然会表现出一些规约性限制。按照以构式为基础的语言理论，这些限制本身可以处理为广义的构式，成为构式网络的有机部分。本文在认知构式语法框架下讨论了两类转喻现象，它们分别体现向心与离心式语义压制。这些现象说明了转喻引申往往在句法组合或者特定的构式环境下发生。以构式网络处理这些现象，既抓住了转喻的规约性限制，也可自然地解释转喻引申带来的丰富的语义效果。这样的分析方法，有可能最终把名词与动词的多义性[见例(1)]问题做统一的分析，把词义与句法的关系这样的理论语言学的核心问题化解为一般性认知问题(如范畴化)。

参考文献

Alac, M. & S. Coulson. 2004. The man, the key, or the car: Who or what is parked out back. *Cognitive Science* online 2.

Croft, W. 2002. The role of domains in the interpretation of metaphors and

⑦ 张韧(2006)应用此观点对“很美国”这样的结构作了分析。

metonymies. In R. Dirven, R. Porings (eds.), *Metaphor and Metonymy in Comparison and Contrast*. Berlin: Mouton de Gruyter.

Croft, W. & D. A. Cruse. 2004. *Cognitive Linguistics*. Cambridge/New York: Cambridge University Press.

Cruse, D. A. 2004. *Meaning in Language: An Introduction to Semantics and Pragmatics* (2nd edition). Oxford/New York: Oxford University Press.

Fauconnier, G. 1994. *Mental Spaces: Aspects of Meaning Construction in Natural Language*. Cambridge/New York: Cambridge University Press.

Goldberg, A. E. 1995. *Constructions: A Construction Grammar Approach to Argument Structure*. Chicago, IL: The University of Chicago Press.

Goldberg, A. E. 2006. *Constructions at Work: The Nature of Generalization in Language*. Oxford/New York: Oxford University Press.

Hudson, R. 2000. Language as a cognitive network. In Simonsen & Endersen (eds.), *A Cognitive Approach to the Verb: Morphological and Constructional Perspectives*. Berlin: Mouton de Gruyter.

Jackendoff, R. 2002. *Foundations of Language: Brain, Meaning, Grammar, Evolution*. Oxford/New York: Oxford University Press.

Lakoff, G. 1987. *Women, Fire, and Dangerous Things: What Categories Reveal about the Mind*. Chicago, IL: University of Chicago Press.

Langacker, R. W. 1987. *Foundations of Cognitive Grammar*, Vol. 1. Stanford, CA: Stanford University Press.

Langacker, R. W. 1993. Reference point constructions. *Cognitive Linguistics* 4(1).

Langacker, R. W. 1999. *Grammar and Conceptualization*. Berlin/New York: Mouton de Gruyter.

Langacker, R. W. 2001. Dynamicity in grammar. *Axiomathes*, 12(1).

Langacker, R. W. 2003. Construction Grammars: Cognitive, Radical, and Less So, International Cognitive Linguistics Conference. Universidad de La Rioja.

Langacker, R. W. 2004. Metonymy in grammar. *Journal of Foreign Languages* (4).

Levin, B. 1993. *English Verb Classes and Alternations: A Preliminary Investigation*. Chicago: University of Chicago Press.

Mateu, J. 2000. Paths and telicity in idiomatic constructions: A lexical syntactic approach to the way construction, 2000 ESSLLI Workshop on Paths and Telicity in Event Structure, August. University of Birmingham.

Michaelis，L. A. 2006. Construction grammar. In K. Brown（ed.），*The Encyclopedia of Language and Linguistics*（2nd edition），Vol. 3. Oxford：Elsevier.

Nunberg，G. 1979. The non-uniqueness of semantic solutions：Polysemy. *Linguistics and Philosophy* 3(2).

Nunberg，G. 2004. The pragmatics of deferred interpretation. In Horn & Ward（eds.），*The Handbook of Pragmatics*. Oxford：Blackwell.

Panther，K. U. & L. L. Thornburg. 1999. Coercion and metonymy：The interaction of constructional and lexical meaning. In Dirven & Porings(eds.)，*Cognitive Perspectives on Language*. Frankfurt：Peter Lang.

Panther，K. U. &L. L. Thornburg. 2002. The roles of metaphor and metonymy in English *er* nominals. In Dirven & Porings(eds.)，*Metaphor and Metonymy in Comparison and Contrast*. Berlin：Mouton de Gruyter.

Papafragou，A. 1996. On metonymy. *Lingua* 99(4).

Pustejovsky，J. 1995. *The Generative Lexicon*. Cambridge，MA：MIT Press.

Radden，G. & Z. Kòvecses. 1999. Towards a theory of metonymy. In Panther & Radden（eds）.，*Metonymy in Language and Thought*. Amsterdam/ Philadelphia，PA：John Benjamins.

Taylor，J. R. 1995. *Linguistic Categorization: Prototypes in Linguistic Theory*. London/ New York：Clarendon press.

Taylor，J. R. 2002. *Cognitive Grammar*. Oxford/New York：Oxford University Press.

Hout，V. A. 1998. *Event Semantics of Verb Frame Alternations: A Case Study of Dutch and Its Acquisition*. New York：Garland Pub.

Zhang，R. 2006. Symbolic flexibility and argument structure variation. *Linguistics* 44(4).

张　韧，2005，功能解释与认知句法学的根本目标。《现代外语》(1)。

张　韧，2006，语法系统的认知心理属性。《中国外语》(1)。

（原载《外国语》2007年第2期）

论构式语法理论的进步与局限

邓云华　石毓智

一、引　言

构式语法(Construction Grammar)理论创立至今只有十几年,已经发展成一种比较完善的语言学理论,有自己系统的语言观和一套分析语言现象的程序,在国际语言学界产生了很大影响,也开始引起中国语言学界的高度重视。国际上已成立构式语法学会,召开过四次国际研讨会。本文尝试从与其他语言学流派的对比之中,特别是基于我们对汉语的研究,对这一理论进行全面的评估,检讨其得与失。这一方面可供我们借鉴时参考,另一方面也有助于我们自己的语言学理论建设。

与构式语法创建有关的代表性人物有 Fillmore、Kay、Lakoff、Goldberg、Croft 等,其理论阐释除了见于他们的文章外,还集中反映在 Goldberg (1995),Fillmore *et al*.(2003) 和 Croft(2005)三部著作中,尽管在这一理论框架中工作的不同学者的具体观点不尽相同,但是他们具有共同的学术理念。这是本文的主要讨论对象。此外,构式语法领域最有代表性的学者首推 Goldberg,因此她的观点是本文讨论的重点。

二、构式语法创立的历史背景

构式语法的产生不是偶然的,只有把它放在当代语言学发展这个大背景下才能了解这门学说产生的历史原因,也才能更好地帮助我们理解和应用其理论观点。构式语法创立的历史背景可以从以下三个方面来看。

(一) 构式语法是对乔姆斯基的形式语言学理论反思的结果,因此只有了解乔氏学说,才能懂得构式语法的理论主张。比如形式学派认为语法是多层的，表层结构的背后还有深层结构或者逻辑形式、语音形式等，它们通过各种规则生成表层形式，不同的语法结构之间可以转换等等。而构式语法则认为语法是单层的(mono-stratal)，不同的语法结构具有不同的语义值或语用功能，其间不存在变换关系。在研究对象上，构式语法也与形式语法形成互补，形式语法一般只关注那些最常见、最一般的语法结构，而构式语法则认为语法结构不论常见与否，都有相同的理论价值和研究价值。

（二）构式语法是在认知语言学这一背景下产生的，因此它通常被看做认知语言学的一个分支。但其实构式语法跟典型的认知语法所讨论的语言现象和采用的分析方法差异比较大。两者的共同点主要在于它们具有共同的语言哲学观。认知语言学的一个基本哲学观为：

语法本质上是一种符号，由小的符号单位构成大的符号单位，单个的词和复杂的语法结构本质上都是一种符号，词和语法结构之间没有截然的界限。语法结构是人们长期使用语言而形成的“格式”（pattern)，相对独立地储存于语言使用者的大脑之中(详见 Langacker，1987，1991)。

上述观点可以帮助我们理解构式语法关于构式的定义：语法结构是任何语义和形式的结合体，而且形式和意义的某些方面不能直接从构式的构成部分或者其他业已建立的构式中推出来(Goldberg，1995：4)。该定义实际上把各种大小的语言单位都囊括进来，包括最小的音义结合体——语素和各种复杂的句式。虽然构式语法的学者没有明确指出他们关于构式定义的根据，但是该定义的理论基础是 Langacker 的认知语言学。其实 Goldberg 等人关于构式的定义不仅打破了目前语言学界对该概念的内涵的界定，而且也与 Langacker 对于该概念的理解不一致。后文将讨论构式语法对这一概念的扩大所带来的问题。

（三）构式语法的创立与其创始者的研究背景密切相关。构式语法创建的大本营是加利福尼亚大学伯克莱校区，其中两个创始者 Fillmore 和 Kay 都长期工作于此，另一主要创始者 Goldberg 则是该校毕业的博士。Fillmore 是“格语法”的创始人，后来他和他的同事又提出了“框架语义学”(frame semantics)，它与构式语法的关系十分密切，被认为是当代语言学说中的一对“孪生姐妹”。构式语法秉承了 Fillmore 长期以来“重视语法形式背后的语义问题”的学术思想。构式语法的提出也与他们的具体研究兴趣有关，比如 Fillmore、Kay 和 O'Conner(1988)详细研究了英语惯用语 let alone 的句法和语用特性，探讨其中的规律和系统性；Goldberg(1995)则探讨了英语的几种比较偏僻的结构的表达功能，诸如“动补结构”(resultative construction)等。惯用语和这些低频率的语法结构比较容易确定它们的形式特征和语义值，因此很自然引发出形式和意义之间关系的思考。这是构式语法产生的经验基础。

三、构式语法的进步

(一) Goldberg 对构式语法优越性的评估

首先让我们看一下构式语法的创始人是如何估价自己理论的优越性的。下面是 Goldberg(1995)所指出的构式语法的优越性。

1. 避免动词的不合理的义项。动词的很多用法是由结构赋予的，而不是自身固有的。例如：

(1) He sneezed the napkin off the table.

(2) She baked him a cake.

其中动词 sneeze 是不及物动词，例(1)中的带宾语用法是由整个动补结构决定的。例(2)的 bake 也是一个普通的行为动词，它的“给予”义是由所在的双宾结构赋予的。

2. 避免循环论证。乔姆斯基的“管辖和约束”(GB)理论存在着循环论证问题，比如认为一个句子的论元结构是句中动词可带论元数目的投射，而他们在确定动词的论元数目时，又是根据动词在句子中带论元的多少。例如：

(3) a. The horse kicks.

b. Pat kicked the wall.

c. Pat kicked the football into the stadium.

d. Pat kicked Bob the football.

e. Pat kicked his way out of the operating room.

上述用例的 kick 可以带不同数目的论元，如果单从动词出发，就会得出结论：有多个不同论元结构的 kick，不同的句式是不同 kick 投射的结果。GB 理论的分析既繁琐,不解决问题,又陷入循环论证之中。构式语法则认为,kick 实际上只有一个,它的多种用法是由不同的句式决定的。

3. 保证动词语义的经济简单。例如:

(4) a. She slides the present to Susan/to the door.

b. She slides Susan/ *the door the present.

可能有人认为上述两句话的 slide 并不相同,因为第一句话中 Susan 和 door 都可以用,而第二句话中只有 Susan 可以用。然而从构式语法的角度看,这种差别是由两个不同的句式决定的,动词 slide 则只有一个。

4. 保留语言结构的复合性(compositionality)。如果承认结构独立意义的存在,就可以保留复合性,即一个表达式的意义来自词汇意义和结构意义的总和。这样可以避免形式学派所认为的,句子的句法和语义分别独立地来自主要动词的投射。

5. 具有关于句子理解试验的基础。来自儿童语言的习得的证据显示,构式意义确实是存在的。

(二) 构式语法的进步

我们基本上同意 Goldberg 对构式语法优越性的评估。下面主要根据我们自己的研究经验,从不同的角度谈谈我们所理解的构式语法的进步。

1. 进一步印证了认知语言学的基本原则

认知语言学的一个基本原则为:语法形式和意义之间存在着一一映射关系。认知语言学认为,不同的语法形式一定有不同的语义值。类似地,构式语法认为不同的表层形式之间必然存在着语义或者语篇上的差异。比如下面两个句子的含义并不一样,(5a)可以理解为"因为 Zach 太忙,Liza 帮他买了一本书",(5b)则只能理解为"Liza 有意给 Zach 买了一本书"(Goldberg,2003)。

(5) a. Liza bought a book for Zach.

b. Liza bought Zach a book.

既然不同的结构具有不同的语义值,它们之间就不是一个纯粹的形式推演问题。而从这个角度看转换生成语法，可以发现该理论的两个缺陷：一是无法解释他们认为两种具有派生关系的句式的不同语义值从何而来；二是在确立哪一个是基础形式，哪一个是派生出来的形式上，具有很大的随意性。

2. 具有建立在经验事实上的直观性

构式语法主张从大量的经验事实上归纳结构，概括其语义值。认为语法形式就是表层所看到的，不存在隐含形式（underlying form），也不承认零形式（即没有语音形式的语法标记）的存在。这样可以把分析建立在直观而可靠的经验事实之上，提高了研究的客观性、科学性和准确性。而乔姆斯基学派则认为，表层形式背后还有各种隐含形式，而且还存在着各种零形式，虽然利用这种无法证实的假设和看不见的东西，可以使其理论花样繁富，但是大大增加了分析的随意性，而相应地降低了分析的客观性和准确性。

3. 不同使用频率的结构得到了同样的重视

乔姆斯基学派认为语法是一个演绎系统，可以靠少数几条规则推演出无数合乎语法的句子，他们所感兴趣的一般是各个语言使用频率最高的结构，认为它们是语言的核心（core），而把其他比较少见的结构看作边缘性的（peripheral）而加以忽略。构式语法则认为，结构不分核心和边缘，具有同样的理论价值，都值得认真研究，而且也把研究的重点放在较偏僻的结构上，这在一定程度上弥补了形式学派研究上的空缺。比如Goldberg（1995）详细探讨了以下结构：

（6）a. Pat sliced the carrots into salad.（致使移动）
b. Pat sliced Chris a piece of pie.（双宾结构）
c. Eerily sliced and diced his way to stardom.（路径结构）
d. Pat sliced the box open.（结果结构）

4. 对语言共性的成功解释

乔姆斯基学派承认语言共性的存在，但是采用了一种“先天说”，认为人类具有一种与生俱来的普遍语法（universal grammar），给各种语言先验地设立了原则，但是这种假设迄今既未找到生理基础，又未发现心理现实性，流为一种不可知论。构式语法则认为，语法是一个开放的系统，可以用可观察到的经验事实来说明不同语言的共性，一些语言之外的因素起着重要的作用，诸如交际功能上的要求、临摹性原则、学习和理解的限制等，都是导致语言共性的因素。比如不同的语言都有双宾结构的原因是，物体传递是每个民族经常进行的日常活动之一，这种事件结构反映到语言中就成了双宾结构。

5. 研究的对象明确而具体

这一点比 Langacker 的认知语法有所进步。认知语法认为语义和语法形式密不可分，语义在很大程度上决定了语法结构。但 Langacker 过分强调语义在语法中的作用，使得他的语法学似乎成了语义万花筒，语法和语义杂糅在一起，反而使所研究的语法对象被模糊了。构式语法的研究对象和手段非常明确，先确立一个语法结构，然后归纳分析它的语义值，那么意义只限制在具有稳定形式的语法意义上，从而把语法意义和形式的探讨置于可控制的范围之内。

6. 符合儿童语言习得的过程

构式语法主张语法结构的学习观，不论是高度能产的结构，还是高度限制的结构，人们只有通过模仿和记忆才能掌握其形式和意义之间的关系，而不可能是靠一些规则就可以推出。这一点很符合儿童语言习得的过程（参见石毓智，2005），还可以通过跨语言对比来说明，比如跟下组英文例子中相对应的汉语动词“喷嚏”、“笑”、“共付”没有与英语相应的用法：

(7) a. He sneezed his tooth right across the town.

b. She smiled herself an upgrade.

c. Wc laughed our conversation to an end.

d. They could easily co-pay a family to death.

即使各个语言都有的最常见的动宾结构，小孩也不可能简单通过 V + N 抽象格式而学会，因为它具有很强的约定俗成性，小孩必须通过长期学习才能掌握。以汉语的动词“吃”为例，它的很多动宾搭配是相对应的英语动词 eat 所不允许的。例如：

(8) a. 他喜欢吃食堂。

b. 小的时候吃父母，长大以后就吃自己。

c. 你吃大碗，我吃小碗。

d. 靠山吃山，靠水吃水。

7. 可以把语法看作一个动态变化过程

语法系统始终处于动态变化过程中。构式语法虽然不直接关心语法的发展问题，但是它的基本理论观点与语法的发展特性是相容的，可以用来解释语言的发展史。比如构式语法认为不同语法结构的能产性差别悬殊，有些是高度能产的，有些则只限于个别词汇的搭配。任何一个共时语法系统都是该语言长期发展的结果，既有发展成熟高度能产的语法结构，也有完全失去能产性的历史语法规律的化石，还有刚刚萌芽的语法现象。刚产生的语法形式都毫无例外地具有很强的词汇限制性，而且使用频率也极低。石毓智、李讷(2001)已举了这方面的大量例证。下面以现代汉语的一个例子来说明这一点(详见石毓智，2003)。

动补结构带宾语有一个严格的规律：如果补语是描写主语的属性或者状况，一般不能带宾语，要引入宾语只能用动词拷贝结构，例如：

(9) a. *他吃胖了烤鸭。他吃烤鸭吃胖了。

b. *他做累了功课。他做功课做累了。

c. *他学病了日语。他学日语学病了。

但是现在这条规律出现了两个"例外"："他吃饱了饭"和"他喝醉了酒"，因为其中的补语"饱"和"醉"分别是描写句子主语的状况，然而却带上了宾语。产生例外的原因是"吃"和"饱"与"喝"和"醉"两对词高频率共现，久而久之，人们把它们看作一个复合词一样的东西，结果就在其后加上宾语。这种用法只限于这几个特定词汇，宾语名词也只能是"饭"和"酒"同一类词中意义最一般的名词。虽然目前"吃饱饭"这种用法完全没有能产性，但是随着时间的推移，该类用法的数目可能会逐渐增多，最后变成一个能产的语法结构，从而打破旧有的语法规则，成为一条新的语法规则。

8. 可以成功解释语法化的诱因

构式语法不仅可以解释新结构的产生，而且也可以说明普通词汇向语法标记的发展过程。语法标记一般是来自普通词汇，一个常见的现象是，语法标记与其原来词汇的词性发生了本质的变化。根据我们的考察，词性的变化都与发生语法化的结构密切相关，即一个语法标记的某些属性来自其语法化的结构。下面以汉语判断词“是”的语法化过程来说明（详见石毓智、李讷，2001）。

判断词“是”具有动词性，可以受副词修饰，可以带宾语，然而它是来自名词性的指示代词，相当于“这”。指示代词“是”语法化的环境是，回指前面的复杂结构，同时又做所在句子的主语。例如：

（10）闻义不能徙，不善不能改，是吾忧也。（《论语·述而》）

“是”的这种用法经常出现在前后都是名词短语的结构中，例如：

（11）故善抚民者，是乃善用兵者。（《荀子·议兵》）

例（11）的抽象格式为“NP + 是 + NP”，这正好与动词常出现的格式一样。汉语是 SVO 语言，而做主语和宾语的词类通常是名词，因此动词常出现的句法格式为“NP + V + NP”。在动词最常出现的结构的类推之下，“是”逐渐由名词性成分变成一个动词性成分。由此可见，语法结构是独立存在的，它可以对用于其中或者类似的结构中的词语产生影响，赋予它们新的语法性质。“是”的语法化过程完成于先秦，下面是它早期的判断词用例。

（12）客人不知其是商君也。（《史记·商君列传》）

四、构式语法的局限性

构式语法也存在着不少局限性。下面根据我们的研究经验和对语法性质的理解，讨论这一理论存在的问题。

（一）对“构式”概念定义的不合理扩大所带来的后果

在普通语言学中的标准定义中，构式必须是由两个或者两个以上的元素构成的结构体，即使认知语言学的代表人物 Langacker 也是这样理解的（1987：409）。构式语法理论的学者把这一概念扩展为，语言中任何意义和形式的结合体，即把构式等同于语言单位，结果把复杂的语法结构、词甚至语素一视同仁。比如 Goldberg(2003)认为构式包括以下各种类型：

(a) 语素： anti-，-ing

(b) 词： anaconda，and

(c) 复合词： daredevil，shoo-in

(d) 惯用语： Going great guns.

(e) 语法结构： He gave her a Coke.

这种扩展掩盖了本质上极不相同的两类语言现象，也不利于语言的探讨。下面以词和两个词构成的语法结构之间的差异加以说明。

第一，词的形式是语音，语音跟其所表达的意义之间完全是约定俗成的，没有相互作用的关系；然而语法结构则是有意义的词构成的，词义对整个结构的表达有着重要的作用。而且语法结构往往是有现实理据的，比如双宾结构是物体传递事件在语言中的投影，词的语音形式则一般没有这种理据。

第二，语素和词的语音形式是固定的，不能随便为其他音素所替代；然而语法结构是能产的，允许各种新的组合和搭配，即其中的成分可以为其他合适的词所替换。

第三，一种语言的词的音义结合方式是开放的，然而语法结构的数目则是封闭的。

第四，在语言习得中，词需要一个一个记忆，然而句法结构则不需要，只要掌握搭配规则，就可以造出各种新的表达。

从构式语法的研究实践中也可以看得出来，对构式的概念扩展并没有带来实际的效用。迄今为止，构式语法理论得到成功应用的场合，全部是两个或者更多词构成的语法结构，没有见到任何该理论关于由一个元素构成的语素或者词的合理分析。

(二) 繁琐而不反映语言使用者的理解过程

构式语法对构式概念的不合理扩展，还带来分析上的另一个问题：分析十分繁琐，比如 What did Liza buy the child? 这么简单一句话，就涉及 10 种以上的结构。下面为 Goldberg(2003)的分析：

a. Liza, buy, the, child, what, did constructions (i.e. words);
b. Ditransitive construction;
c. Question construction;
d. Subject-Auxiliary inversion construction;
e. VP construction;
f. NP construction.

构式语法没有解决的一个问题是,上述这众多的“结构”如何相互作用产生整句话的意思。我们也很难想象,人们理解一个句子的过程会如此之复杂,涉及这么多具有独立意义的结构及其关系。

(三) 尚未解决语法结构的多义性问题

构式语法的一个基本观念是,语法结构跟词汇一样具有“本义”,通过引申机制可以表达多种相关的意义,形成一个语法结构的语义网络(Goldberg,1995,2003)。这一观点看起来很有道理,然而实际情况是不是真的如此,或者说多大程度上可信,尚需严格论证。在构式语法理论框架内的研究,尚未见关于某一语法结构历史发展过程的探讨。一些单纯基于共时现象对语法结构意义的推测,也似乎与历史事实不符。如在汉语双宾结构尚未定型的甲骨文时期(参看向熹,1993;张玉金,2001),至少有以下三类动词可用于双宾结构之中:(一)“给予”类:畀等;(二)“取得”类:乞等;(三)其他:作、以等。例如:

(13)(a)贞:丁畀我束?(合集 15940)

(b)甲午卜:惠周乞牛多子。(合集 3240)

可见,很难说汉语的双宾结构的原型义是“施事者有意地把受事转移给接收者,这个过程是在发生的现场成功地完成的”(张伯江,1999)。我们认为,语法的结构的类型是非常有限的,然而表达的语义类型则是多种多样的。那么从一开始就可能是,一个语法结构就应该是多功能的,而不可能早期是语义单一的结构,后来引申出其他用法。

(四) 无法解释一个构式的跨语言的差异

构式语法尚没有解决好的另一个问题是,一个构式的意义是如何来的,因此无法解决两种语言对应的语法结构何以表达功能会有差别。徐盛桓(2003)从常规关系中尝试探讨一个构式意义形成的理据。我们认为,不同语言对应结构之间的差异与该语言的概念化方式也有关系,即结构中的词语对整个结构语法意义的形成有一定的决定作用。比如,石毓智(2004)分析了英汉两种语言的双宾结构,英语的双宾结构是单向的,客体只能从主语向间接宾语移动;然而汉语的双宾结构则是双向的,客体既可以从主语向间接宾语移动,也可以相反。这种差异与两种语言概念化表达物体传递的动作行为有关。英语这类动词的方向很明确,不同的方向用不同的动词来表示,汉语这类动词的方向则是中性的,可以表示两个相反方向的动作行为。比如汉语的“借”对应于英语的一对反义词 borrow 和 lend,汉语的“借”这类动词经常用于双宾结构的结果使得该结构也有了可以表达双向义的功能,英语只有 lend 一类词才能进入双宾结构,结果该结构的意义则只能表示“给予”。

(五)适用的结构类型有限

结构语法强调,结构有独立其构成成分的功能和意义。这个道理虽然明显,但是真正实践起来就会遇到很多困难。只有那些使用范围和用例有限的结构,才比较容易概括出它们的结构意义。比如 Goldberg (1995)只讨论了英语中四种不很常见的结构:

a. The caused-motion construction;

b. The resultative construction;

c. The way construction;

d. The ditransitive construction.

结构越是常见、普遍,就越难概括出它的结构意义。比如汉语和英语的基本句式都是 SVO,怎么样概括它的结构意义?怎么样确定哪是它本来的结构意义,哪是它通过“比喻”或者“隐喻”引申出来的结构意义?这几乎是一件不可能的事情。人们要表达的语义关系是纷纭复杂的,而一个语言的语法结构非常有限,这就决定了一种语言在产生的初期,一个抽象的结构就必须担负起表达多种语义关系的任务。所以我们今天对很多常见的语法结构根本无法明确概括出其“独立的结构意义”。

上述原因也可以解释这种现象,“结构语法”迄今的成功分析多是在比较偏的、少用的语法格式上。

(六) 确立语法结构的标准不明确

以什么样的标准来判断两个语言组织是否属于一个语法结构，构式语法并没有给出明确的标准。构式语法在确立结构时，比较重视线性特征，即各个成分之间的组合关系；然而同样的线性结构而标记不一样时，是否属于一个语法结构，构式语法并没有处理好这个问题。语言中的一个常见现象为，同一类语法结构往往具有不同的语法标记，它们到底属于同一个语法结构呢，还是分别属于不同的结构，这是值得认真对待的问题。拿现代汉语的被动格式来说，就有“被”、“让”、“叫”等标记，它们具有强烈的共性，又有鲜明的个性，在结构、功能和使用频率上都不一样。“被”多用于书面语，可以省略宾语，表示不如意的事情；“让”和“叫”一般见于口语，一般不能省略宾语。例如：

(14) a. 老张被车撞倒了。老张被撞倒了。

b. 他让敌人抓住了。* 他让抓住了。

c. 这事叫你说着了。* 这事叫说着了。

如果把这些都看作一个被动结构，就会掩盖它们结构和表达功能上的差别。由此可见，结构的确立并不是一件轻而易举的事情。

(七) 语言哲学观模糊不清

根据 Goldberg(2003)，构式语法认同乔姆斯基的这一语言哲学观：语言是一个认知系统。这种说法十分笼统，而且可能导致与自己的其他理论主张相矛盾。乔姆斯基认为“语言是一个认知系统”是有特定的含义的，即人具有一个与生俱来的普遍语法，它是一个抽象的、自主的形式系统，为语言先验地设立组织原则，后来代入具体语言的“参数”就转变成具体的语言。如果构式语法的观点也是如此，那么就与它的一个基本观点相矛盾：语法是一个开放的系统，各种结构的形成是有理据可言的，受交际要求、临摹原则等限制。我们觉得，构式语法的创立者与其跟某一大理论一比高低，还不如老老实实地建设好自己的理论，解决好各种具体的问题。

另外，Goldberg (1995: 7; 2003)多次声称，构式语法理论与乔姆斯基的学说一样，也是“生成” (generative)的，即尝试解释为什么语法允许无数合法的句子，而排除无数不合法的句子。这是构式语法理论不成熟的又一表现。“生成”的观念是与乔姆斯基“原子主义”的语言哲学观密切相关的，它借自数学的概念，指一个点如何通过运动生成一条线，一条线又如何生成一个面，如此等等。乔姆斯基学派也是沿着这个分析路线，先把语言切分成最小的特征，然后解释它如何按照一定的规则生成大的结构。然而构式语法则是采取语法“完型”(gestalt)观念，认为整体特性大于部分之和。也就是说，构式语法的哲学观是与乔姆斯基的“生成观”相对立的。

五、结　语

本文讨论了构式语法产生的历史背景，指出构式语法的进步主要表现在：进一步印证了认知语言学关于语法和语义关系的基本原则，其分析具有建立在经验事实之上的直观性，不同使用频率的结构得到了同样的重视，对人类语言的一些语法共性做了成功的解释，研究对象明确而具体，也符合儿童语言的习得过程，同时也可应用于历史语言学研究中，比如可以把共时语法系统看作一个动态的变化过程，可以成功地解释一个词汇语法化的诱因。

构式语法也存在明显的局限性：对构式概念的不合理扩大掩盖了两类性质不同的语言单位之间的差异，从而也造成了句子分析的繁琐，尚未解决语法结构的多义性问题，无法解释一个构式的结构意义形成的原因，适用的结构类型也很有限，缺乏语法的系统观念，确立语法结构的标准不明确，而且其语言哲学观模糊不清、摇摆不定。

参考文献

Croft, W. 2001. *Radical Construction Grammar: Syntactic Theory in Typological Perspective*. Oxford: Oxford University Press.

Fillmore, C. J., Kay, P., Michaelis, L. A. & I. Sag. 2003. *Construction Grammar*. Standford, CA: CSLI.

Fillmore, C. J., Kay, P., & M. C. O' Connor. 1988. Regularity and idiomaticity in grammatical constructions: The case of *let alone*. *Language* 64(3).

Goldberg, A. E. 1995. *Constructions: A Construction Grammar Approach to Argument Structure*. Chicago, IL: The University of Chicago Press.

Goldberg, A. E. 2003. Constructions: A new theoretical approach to language. *Journal of Foreign Languages*(3).

Goldberg, A. E. & R. Jackendoff. 2004. The English resultative as a family of constructions. *Language* 80(3).

Langacker, R. W. 1987a. *Foundations of Cognitive Grammar*, Vol. 1. Stanford, CA: Stanford University Press.

Langacker, R. W. 1987b. Nouns and verbs. *Language* 63(1).

Langacker, R. W. 1988. *Foundations of Cognitive Grammar*, Vol. 2. Stanford, CA: Stanford University Press.

石毓智,2003,《现代汉语语法系统的建立:动补结构的产生及其影响》。北京:北京语言大学出版社。

石毓智,2004,英汉双宾结构差别的概念化原因,《外语教学与研究》(2)。

石毓智,2005,乔姆斯基语言学的哲学基础及其缺陷——兼论语言能力的合成观,《外国语》(3)。

石毓智、李讷,2001,《汉语语法化的历程》。北京:北京大学出版社。

向　熹,1993,《简明汉语史》。北京:高等教育出版社。

徐盛桓,2003,常规关系与句式结构研究。《外国语》(2)。

张玉金,2001,《甲骨文语法学》。上海:学林出版社。

(原载《外语教学与研究》2007年第5期)

第二部分

词义与构式互动关系研究

词语句法、语义的多功能性[①]

——对“构式语法”理论的解释

陆俭明

一、从 Goldberg 等的“构式语法”(construction grammar)说起

根据 C. J. Fillmore(1982)的框架语义学(Frame Semantics),C. J. Fillmore(1990)、Adele E. Goldberg(1995)和 Paul Kay(1995)提出了“构式语法”(Construction Grammar)的理论观点,其基本观点是:“假如说,C 是一个独立的构式,当且仅当 C 是一个形式(Fi)和意义(Si)的对应体,而无论是形式或意义的某些特征,都不能完全从 C 这个构式的组成成分或另外的先前已有的构式推知。”(Goldberg,1995,2003)Goldberg 所说的构式范围比较广,不仅包括一般所说的句式,也包括成语、复合词、语素等。从句式这个平面说,按 Goldberg 的构式语法理论,句式有独立的语义,因此一个句子的意义,并不能只根据组成句子的词语的意义、词语之间的结构关系或另外的先前已有的句式所能推知,句式本身也表示独立的意义,并将影响句子的意思。construction grammar,国内也有人译为“句式语法”、“架构语法”、“框架语法”、“构块式语法”等。“构式语法”是根据北京语言大学司富珍博士的提议而采用的。

上面说了,构式语法理论是根据 Fillmore 的框架语义学的理论思想

---

① 本文写作得到国家社科基金“九五”重点项目“现代汉语句法语义研究”(96AYY005)、教育部国家人文社会科学重点研究基地、北京大学汉语语言学研究中心 2000 年重大项目“现代汉语语义知识的形式化模型及语义分类系统研究”和国务院科技部国家“973”重点基础科学研究项目子课题“面向中文信息处理的现代汉语动词论旨结构系统和汉语词语语义分类层级系统研究”(项目编号:G1998030507-1)的经费资助。

形成的。Fillmore 用“框架”这个词涵盖了诸如“图式”(schema)、“脚本”(script)、“情景”(scenario)、“观念框架”(ideational scaffolding)、“认知模式”(cognitive model)、“民俗理论”(folk theory)等概念。显然,“构式语法”理论是以认知语言学为理论背景的。

构式有独立的语义,虽然前人也早已注意到了——王力先生早在 20 世纪 40 年代就将“把”字句称为“处置式”,认为该句式“表示处置”,这实际说的就是“$NP_{[施事]}$ + 把 + $NP_{[受事]}$ + VP”这种“把”字句式的语法意义。(当然,王力先生对汉语“把”字句式的语法意义的概括是否准确,可以讨论,实际大家也一直在讨论。)朱德熙先生(1981)认为“NP_L + V + 着 + NP”是个歧义句式,可以分化为 C_1 和 C_2 两个句式,C_1 式(如“墙上贴着标语”)表示存在,表静态,C_2 式(如“台上唱着戏”)表示活动,表动态,这实际上也就指出了“NP_L + V + 着 + NP”是代表不同句式,而各个句式各自表示不同的语法意义。遗憾的是,王力先生和朱德熙先生并没有将自己所观察到的现象去作理论上的思考,最后升华为理论。而 C. J. Fillmore、A. E. Goldberg 和 Paul Kay 等人在前人研究的基础上,将此总结为“构式语法”理论。这无疑是建设性的。

有关构式语法理论,特别是关于这种语法理论的贡献与作用,以及这种理论怎么用来思考汉语的问题,我们将另文说明,这里要思考和讨论的问题是,单从句法这个平面说,为什么相同的词类序列、相同的词语、相同的构造层次,而且相同的内部语法结构关系,甚至用传统的眼光来看还是相同的语义结构关系却还会造成不同的句式,表示不同的句式意义?Goldberg(1995)注意到了这个问题,认为“词在入句后论元结构可能会发生某些变化”,并提出了要分别对待词库与句法的看法。但是,她没有深入论述。我们认为,真要为上面所思索的问题找到一个满意的回答,必须考虑“词语的语法、语义多功能性”问题,得从语言所具有的“词语的语法、语义多功能性”这一特性去作出回答。

二、郭锐的“词语的语法动态性”观点

什么叫“词语的语法、语义多功能性”?在回答这个问题之前,有必要先介绍一下郭锐(2002b)提出的“语法的动态性”的观点。

郭锐(2002b)指出:“词在句法层面上会产生词汇层面未规定的性质,我们把这种性质叫语法的动态性。”后来郭锐(2002a)对这一观点作了进一步的具体论述,他说,“词类的本质是表述功能”(2002a,4.3.1),表述功能有四种类型:陈述、指称、修饰、辅助(2002a,4.3.2)。而每种类型的表述功能都具有两个层面——内在表述功能和外在表述功能。“内在表述功能是词语固有的表述功能,外在表述功能是词语在某个语法位置上最终实现的表述功能。两个层面的表述功能一般情况下一致,…有时不一致。”他以“黄头发”为例作了说明,指出,就这个词语固有的内在表述功能看,它属于指称;就它的外在表述功能看,一般也实现为指称。例如:

(1) 她长了一头的黄头发。|她头上有一撮黄头发。

例(1)里“黄头发”作宾语中心(前带定语),实现为指称。有时则会实现为陈述。例如:

(2) 她黄头发。

例(2)的“黄头发”作谓语,实现为陈述。这种外在表述功能“是词语临时体现的表述功能”。为什么这样说呢?我们知道,例(2)的“黄头发”前可以加定语(如“她一头黄头发”),也可以加状语(如“她才黄头发”),但是“如果状语和定语同时出现,总是状语在前,定语在后,即状语在外层,定语在内层。”请看:(2002a,4.3.4)

(3) a. 她一头黄头发。

b. 你才黄头发。

c. 你才一头黄头发。

例(3)a—c 充分说明了表述功能确实有两个层面。“黄头发”前加定语,这是它固有的内在指称表述功能的体现;作谓语、前加状语,这是它外在陈述表述功能的体现。“相应于表述功能的分层,词性也应分成两个层面。”“对应于内在表述功能的词性叫词汇层面的词性”,“对应于外在表述功能的词性叫句法层面的词性”。“词汇层面的词性就是词语固有的词性,需在词典中标明;句法层面的词性需由句法规则控制。”“两个层面的词性一般情况下一致,个别情况下不一致”,如例(1)—(3)。(2002a,4.3.5)再如“出租”是动词,带宾语(如“出租房屋”)是它固有的语法功能,可是它也可以作定语(如“去叫一辆出租汽车”);作定语,这是动词“出租”外在表述功能的体现。

汉语确实存在体现郭锐所指出的“词语的语法动态性”这样的语言现象，这种现象前人也已注意到了，但没有从理论上去认识这个问题。现在郭锐从理论上来认识、解释这一现象，这是很值得肯定的。

“语法动态性”这个说法容易跟国外所说的 emergent grammar（国内一般译为“语法的动态性”）相混淆。国外所说的 emergent grammar，更多的是指“共时语法化”现象，这跟郭锐所说的“语法的动态性”不完全是一回事。为避免混淆或误解，我觉得郭锐的“词语的语法动态性”是否可以改为“词语的语法多功能性”（the dynamics of the syntax of words and phrases）。

三、词语的语法、语义多功能性

其实，语言不只具有“词语的语法多功能性”这一特性，还具有“词的语义多功能性”的特性。什么叫“词的语义多功能性”呢？请先看两个例句：

(4)（专）蛀芯儿的是这种蛀虫。

(5) 芯儿蛀了的是桃儿。

按照论元结构理论或配价语法理论，例(4)、(5)里的“蛀”是个二元动词或者说二价动词，其论元结构或者说配价结构应该是：

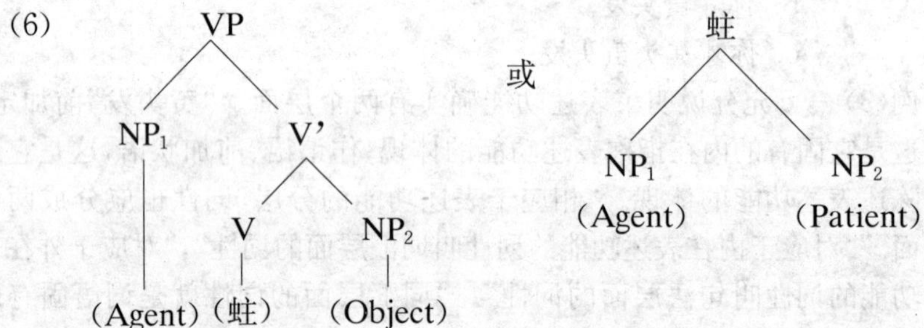

在例(4)、(5)里，作为名词性“的”字结构的“VP 的”“（专）蛀芯儿的”和“芯儿蛀了的”，从表面看，都包含一个动词“蛀”及其受事论元“芯儿”，“蛀”的施事论元都没有出现。按照朱德熙先生(1978)关于汉语里的“VP的”这类“的”字结构的“歧义指数”理论与公式“P = n − m”（P 代表所要求

的歧义指数，n 表示动词 V 的论元数目，m 表示 V 的论元在“VP 的”里实际出现的数目），按说 P = n - m = 2 - 1 = 1，例(4)“(专)蛀芯儿的”和例(5)的“芯儿蛀了的”都该指称动词“蛀”的施事“蛀虫”，可是实际上例(4)“(专)蛀芯儿的”确实是指称动词“蛀”的施事“蛀虫”，而例(5)“芯儿蛀了的”则不是指称施事论元“蛀虫”，而是指称“芯儿”的领有者(或者说“芯儿”的所属物)，如桃儿、李子、棒子什么的。这个现象说明了什么？这说明，虽然是同一个动词、同一个名词，而且虽然它们是出现在同一类型的结构里，但那个名词在语义上，有时可能是作为那个动词的受事论元的身份出现的，如“芯儿”在例(4)里，有时则以另一种性质的论元身份出现的，如“芯儿”在例(5)里。语言里的这种现象就是“词语的语义动态性”，或者说“词语的语义多功能性”。有人可能会解释说，例(5)和例(4)的情况不同——例(4)，“蛀”的受事论元“芯儿”在原位，没有移动；例(5)则“芯儿”由动词后移位至动词前了，所以“芯儿”的语义角色性质变了。这种解释难以说明为什么“芯儿”前移之后，语义角色性质会发生变化，而且语言里还存在着名词位置没有移动而它的语义角色性质发生变化的情况。例如：

(7) 撕了封面的站出来。

(8) 撕了封面的是我的笔记本。

例(7)和例(8)作主语的都是“撕了封面的”。“撕”也是一个二元动词或者说二价动词，按照朱德熙先生(1978)关于“VP 的”这类“的”字结构的“歧义指数”理论与公式，P = n - m = 2 - 1 = 1，“撕了封面的”这个“的”字结构应该指称“撕”的施事，可是实际情况是，例(7)“撕了封面的”是指称动词“撕”的施事论元，而例(8)“撕了封面的”却是指称“封面”的领有者“笔记本”。这清楚地表明，“封面”在例(7)、(8)里虽然都处于动词后面的宾语位置上，但是在例(7)里，它是作为动词“撕”的受事论元身份出现的，而在例(8)里，它不是作为动词“撕”的受事论元身份出现的，而是作为“笔记本”的被领有物的身份出现的。可见，“词的语义多功能性”，是指词在相同的词类序列中，或者跟同一个词语组合，可呈现不同的语义功能，担当不同的语义角色。

把郭锐所说的“词语的语法多功能性”和上面所说的“词的语义多功能性”这两者合在一起，我们可以统称为“词语的语法、语义多功能性”

(the dynamics of the syntax and the semantics of words and phrases)。综合起来看，这种“词语的语法、语义多功能性”主要表现在以下三方面：

1）某一个词类里的词语，在语法功能上发生变化。例如区别词，从词汇层面说，它固有的语法功能是只能作定语或跟助词“的”构成“的”字结构（朱德熙，1982，4.14）；但是，到了句法层面，在一定条件下（含对比意），可以作主语（这种区别词一般是成对的，如“急性”、“慢性”等）。例如：

(9) 肝炎，**急性**好治，**慢性**难治。

(10) 那柜子，我觉得**框式**好看。[意味着**板式**不好看]

2）动词或形容词前后所实际出现的论元数（或说“配价数”）发生变化。例如：

(11) 张三跑了一身汗。

(12) 张三高李四一个头。

例(11)里的“跑”，从词汇层面说，它是一价动词，不能带宾语，但在这里增加了一个论元（或说“配价成分”）——“一身汗”。例(12)里的“高”，从词汇层面说，它是一价形容词，但在比较句里它后面可以带上两个论元——“李四”和“一个头”。这是“词语的语法、语义动态性”或者说“词语的语法、语义多功能性”的表现。再如：

(13) 我总共/一共吃(了)他三个苹果。

有相当多的学者认为并论证说，例(13)里的“吃(了)他三个苹果”是双宾结构。（顾阳，1999；陆俭明，2002；徐杰，2001）可是其中的“吃”，它原先在词汇层面是二元动词或者说二价动词，后面只能带上一个宾语；而在这里“吃”后面带上了两个宾语（一个“他”，一个“三个苹果”）。但它跟“给”还是有本质的不同——“给”，从词汇平面说，本来就是三元动词或者说三价动词，到句法层面也实现为三价动词；而“吃”，从词汇平面说，本来是二价动词，只是到了句法层面才前带由其论元所担任的主语，后带两个宾语，“吃”前后总共出现三个论元。

3）语义角色性质发生变化。上面所举的“撕了封面的”里的“封面”语义角色性质的变化就是一个明显的例子。再如，“大衣扣子”，在语义上我们既可以分析为隶属关系（意思相当于“大衣上的扣子”，扣子是大衣有机的组成部分，个儿有的大，有的小——如袖口上的扣子），也可以分析为类属关系(意思相当于“大衣上专用的扣子”,个儿都是大大的)。

同一个动词之所以会形成不同的句式,就是由语言所具有的这种词语的语法、语义多功能性的特性所决定的。应该承认,语言里这种“词语的语法、语义多功能性”的特性是客观存在的,而且可以想见恐怕是人类语言中所普遍具有的,而非汉语所独有。Goldberg(1995)就说到英语里的 sneeze(打喷嚏)。这是一个大家公认的不及物动词,但在下列句子里却带上了宾语,成了一个前能有主语、后能有宾语的“及物动词”:

(14) He sneezed the napkin off the table.(9页)

他　打喷嚏　餐巾　下来　桌子

他打的喷嚏都把餐巾弄到桌子下了。

这也是词语的语法、语义多功能性的反映。

四、汉语语法研究的进一步思索

按照句式语法理论和词语的语法、语义多功能性的观点,语言研究要重视对一个个具体句式的研究,而且要从具体句式所表示的语法意义来考察分析句式内部词语之间的语法关系与语义关系。而具体的句式可能不只限于跟基本论元结构式相关的那些句式,可能包括所谓的“变式”,可能包括由于语用因素所造成的格式。构式语法理论和词语的语法、语义多功能性的观点也促使我们去进一步思考一些问题。不妨先看些汉语的实例:

(15) a. 村民们修了个观景亭。|村民们正在修观景亭。|村民们修过一个观景亭。

b. 男劳力修观景亭,(女劳力植树。)[=男劳力去修观景亭,女劳力去植树。]

c. 山顶上修着观景亭。[=山顶上有观景亭]

d. 山顶上修着观景亭。[-山顶上正在修观景亭]

e. 五个月修了一个观景亭。|一个观景亭修了五个月。

f. 工人们(修观景亭)修了一身汗。

例(15)a—f 的谓语动词都是“修”。应该看到也应该承认 a—f 各句所表示的语法意义是各不相同的,我们有理由认为 a—f 不能看作是一个句式，得看作六个各不相同的句式。现在需要我们进一步思考的是：

1）我们应该怎样描写说明谓语动词都是“修”的这六个不同句式？

2）能否认为这六个不同句式是由统一的动词“修”的论元结构由于所受到的制约条件不同而采用不同的配位方式所形成的不同句子格式？如果答案是肯定的，那么 a—f 各例动词“修”前论元的语义角色是否相同？如果说是相同的，那么怎么解释它们各自所表示的不同的语法意义？如果说是不同的，这是否就违反了论旨准则(θ-criterion)？

3）能否认为 a—f 各句虽然动词都是“修”，但由于表达要求不同，因而实际是论元结构性质各异的不同句子格式？如果回答是肯定的，也将带来一个新的问题：允许不允许同一个动词可以形成不同的论元结构？

此外，怎么看待和分析例(12)和例(13)？可以有两种解释：一是把例(12)里的“张三”、“李四”、“一个头”分析为“高”的三个论元，把例(13)里的“我”、“他”、“三个苹果”分析为“吃”的三个论元；二是把例(12)里的“张三”、“李四”、“一个头”，把例(13)里的“我”、“他”、“三个苹果”分别看作各自句式的论元。这两种解释，哪一种更合理？哪一种对于事实更有解释力？这也值得我们去进一步思考与研究。

本文的目的只是想引起大家对“构式语法”理论的讨论，对论元结构理论或者说对配价理论的反思，以及对汉语语法研究的新的思考。

参考文献

Fillmore, C. J. 1982. *Frame Semantics*. In Linguistic Society of Korea (ed.), *Linguistics in the Morning Calm*. Seoul: Hanshin Publishing Co.

Fillmore, C. J. 1990. Construction Grammar. *Course Reader for Linguistics* 120A, Berkeley.

Goldberg, A. E. 1995. *Constructions: A Construction Grammar Approach to Argument Structure*. Chicago, IL: The University of Chicago Press.

Goldberg, A. E. 2003. Constructions: A new theoretical approach to language. *Journal of Foreign Languages*(3).

Kay, P. 1995. Construction grammar. In Verschueren et al (eds.), *Handbook of Pragmatics: Manual*. Amsterdam/Philadelphia: John Benjamins.

顾　阳，1999，双宾语结构，载徐烈炯编著，《共性与个性：汉语语言学中的争议》。北京：北京语言文化大学出版社。
郭　锐，2002a，《现代汉语词类研究》。北京：商务印书馆。
郭　锐，2002a，语法的动态性和动态语法观，在"商务印书馆语言学出版基金发布会暨青年语言学者论坛——21世纪的中国语言学"（北京）会上发表。
陆俭明，1987，试论句子意义的组成，载南开大学中文系编辑部编著，《语言研究论丛》（第4辑）。天津：南开大学出版社。
陆俭明，2002，再谈"吃了他三个苹果"一类结构的性质，《中国语文》(4)。
沈家煊，2000，句式和配价，《中国语文》(4)。
王　力，1943—1944，《中国现代语法》(卷12)。北京：商务印书馆。
徐　杰，2001，《普遍语法原则与汉语语法现象》。北京：北京大学出版社。
张伯江，1999，现代汉语的双及物结构式，《中国语文》(3)。
张伯江，2000，论"把"字句的句式语义，《语言研究》(1)。
张国宪，2000，现代汉语形容词的典型特征，《中国语文》(5)。
张国宪，2002，三价形容词的配价分析与方法思考，《世界汉语教学》(1)。
张旺熹，1999，《汉语特殊语法的语义研究》。北京：北京语言文化大学出版社。
朱德熙，1978，"的"字结构和判断句，《中国语文》(12)。
朱德熙，1981，"在黑板上写字"及相关句式。《语言教学与研究》(1)。
朱德熙，1982，《语法讲义》。北京：商务印书馆。

（原载《外国语》2005年第3期）

“非理想”的语言事实在理论建设中的地位与作用[①]

——“同义反复”的非范畴化理论解释

刘正光

一、引　　言

溯因推理(Andreewsky & Bourcier, 2000)认为,思维的本质特征之一是创造性。溯因推理的根本任务是给某个(些)“异常”事实建立合理的假设。在溯因推理中,没有“异常信息或异常事实”。如果有的话,那只能说明理论框架不完善,有必要重新审视。溯因推理的目标是将所有的“异常现象”正常化。因此,“异常现象”具有重要的理论意义和价值。它们是建立新理论或者发展原有理论的起点,具有三个方面的启发意义(ibid.):

1) 如果事实是异常的,有可能为验证某假设的研究得到意外的发现(byproduct),意外地观察到研究开始时与理论不相关的东西。

2) 如果观察的结果是异常的,如与流行的理论或与已经建立的事实不一致,这将激发研究者去发掘事实背后的意义,使其融入更大的知识框架中。

3) 如果发现异常的事实具有战略意义(普遍理论意义),我们实际上关注的是观察人员对事实的理解与分析而不是事实本身了。这就要求观察者具有理论敏感性,能够从单个的事实中发觉普遍原理。

Givón (1999)也有类似的观点:溯因推理的基本原则是假设、类比和解释。从深层次意义上讲,其目标是寻求各种表面上互不相干的

---

① 作者本人十分感谢匿名审稿人提出的非常中肯的修改意见。其他不当之处皆由作者负责。

(incoherent)、没有意义的和不规则的现象之间的内在逻辑性(coherence)。共时的不规则现象都仅仅是从早期的规则现象开始的历时变化留下的印迹。

这表明,在语言学理论建设中,所有的语言事实,无论是理想的还是"非理想的",都具有同样重要的意义。②

二、"非理想"的事实与理论解释的可信度

库恩(Kuhn, 1979)指出,如果我们用批判的眼光来重新审视任何知识领域的背景假设,会找出无数的方法论和社会心理方面的因素来支持这些背景假设。Haiman(1985b: 1)根据罗素对哲学研究中的批评指出,语言学研究中的各种问题都可归咎于方法论中的两个选择:"正如罗素所说的,所有的哲学家都不得不在内在逻辑性和可信度(consistency and credibility)之间做出选择。他还补充道,他们中几乎所有人都选择了内在逻辑性。理论语言学家(指转换生成语言学家)也做出了同样的选择。在疯狂追求严格内在一致的形式系统的过程中,他们抛弃了成千上万的他们自认为不'合适'(fit)的相关语言事实,而生产出几乎同样多的语言学语言。"一个自然的结果是,所有难以解释的、不合适的或者不明确的语言事实都归结到"非常规现象"(irregularities)这个万能箱中,放到词库中处理。事实上,对这些语言事实的态度,以及对其地位的确定反映出理论研究的取向(Hendrikse, 1989)。这表明,语言事实理想与否是一个相对的概念,是为理论假设服务的。

将研究对象理想化的研究方法本身就是一把双刃剑。其好处是,能够确保理论模型的内在逻辑性,其致命弱点是牺牲理论解释的可信度。因为,它将大量真实的、具有挑战意义的事实排除在理论考察的视野之

② 这里使用的"非理想的"语言事实是指乔姆斯基理论所界定的非理想的语言事实。然而不同的理论和研究途径可以持有不同的态度。因此,将研究事实区分为理想与"非理想"只是某种研究途径为了研究的方便以及确保理论的内在逻辑性的需要的结果,而非普遍接受的客观事实与真理。如在认知语言学与语用学研究中,NP+(will)BE+NP 完全是可以得到充分解释的"理想"事实。

外。因此，对语言事实的抛弃是以一定的风险为代价和前提的，优势与劣势同时并存。我们以人类认识的范畴化能力说明这个问题。

转换生成语法认为，语言具有自主性（autonomous），语言是一个知识系统，存在于人的大脑中。大脑由负责不同工作的模块组成。这些模块虽然也相互作用，但各模块分别承担不同的责任，基本上是独立发展、独立运行。其中语言是一个独立的模块，称之为语言器官。这个器官就好像一个计算装置，运用递归原则，用有限的规则生成无限的符合语法的句子。语言器官决定人的语言能力（语法能力）。这一思想将人脑中的其他器官（如负责知识、信仰、感知、范畴化等概念系统的器官，负责语言使用的实用知识的器官等）排除在语言能力之外，并在它们之间划出明确的分界线。语言学的任务就是研究语法能力，即本族语者依靠语言器官所获得的语言知识。语言被当作了一个静态的知识系统。语言使用者和语言知识都被高度理想化以维持语言的自主性。乔姆斯基（1980：28）说，我们日常生活中称之为语言的实际系统就我们理想的语言而言，毫无疑问，不是语言。它们含有杂质，因为它们将语言器官以外的其他器官所产生的成分混合进来了。这些"杂质"就是言语行为，产生于人脑中的语用能力和概念系统。乔氏认为，语用能力指有关恰当使用语言的条件和方式（ibid.：224），概念系统负责知识与信念的事务，如感知、范畴化、符号化和基本的推理等（ibid.：20）。由此我们可以看出，在乔氏理论中，范畴化能力被排除在语言能力之外。

生成语法理论研究语言与认知的观点与方法受到了很多语言学家的批评与质疑。Hawkins（1988：6－8）与 Kay（1997：157－158）指出，生成语言学将其他可能的解释排除在外，想当然地认为，语言中的普遍规则体现了人脑中的普遍语法，但又提供不出强有力的证据，这种方法是不稳妥的（premature）。Leech（1983：3）与 Miller（1985：48－49）对生成语言学将对语言的考察局限在理想化的语料和有限的方面所得出的理论抽象和理想模型顾虑重重，因为其结论往往是牵强附会的。Heine，Claudi & Hünnemeyer（1991：11）更是一针见血地指出，乔氏的转换生成语法无法清楚解释认知域与隐喻等创造性思维之间的关系以及对语言结构的影响。

三、"非理想的"语言事实与理论抽象的层次和高度

认知语言学与语法化的研究成果对语言范畴化理论的本质提出了许多新的见解。对经典的范畴化理论以充分条件和必要条件来判断范畴成员的标准的解释力提出了有力挑战。经典理论只能解释有限的语言事实,对语言中的等级性(gradience)、原型结构、语言歧义、多义现象等力不从心。这说明,分类与解释原则应该更具有弹性。这势必要改变对语言及其语言行为的认识。语言不应该视为一种状态的静止之物,而是一个动态的实体,语言行为应该视为一个过程,而不是产品或历史沿革(historical tradition)。语言不应该当作一个封闭和自在的系统来分析,而应该视为一个受各种外在因素制约的实体,如认知动力、语用操作、历史演变等。这意味着,语言仅仅从语言系统本身是不可能得到充分解释的,而应该考虑到语言外的因素,如我们对世界的看法与观念、利用语言资源来对我们的客观经验进行概括和总结的方式以及交际的需要等。

以上讨论说明,"非理想的"语言事实并非是非理想的,不应因对理论建设作用不大而抛弃到不规则用法之中。恰恰相反,它们对理论建设的深入具有不可估量的意义。下面,我们以 NP+(will)BE+NP(boys will be boys)句式来说明我们的观点。

NP+(will)BE+NP 句式在句法学、语义学和语用学中都是非常棘手的问题。该句式大致可以细分为以下三种形式(Wierzbicka,1987):1) $NP_{abstr}+BE+NP_{abstr}$;2) $NP_{hum\ pl}+BE+NP_{hum\ Pl}$;3) $_{art}NP+BE+{}_{art}NP$,分别如(1—3)所示。

(1) a. War is war.

b. Politics is politics.

c. Business is business.

(2) a. Boys arc boys.

b. Girls are girls.

c. Women are women.

d. Flowers are flowers.

e. Boys will be boys.

f. Women will be women.

(3) a. A rule is a rule.

b. A bet is a bet.

c. A promise is a promise.

d. A deal is a deal.

e. A test is a test.

f. An agreement is an agreement.

g. The law is the law.

生成语法对(1—3)是无能为力的,因而只能把它们归咎为“非理想的”语言运用,或者说是“同义反复”(tautology),因为从逻辑的角度看,它们是 p→p,没有交际内容。但显而易见,这样的“同义反复”是有交际含义的。最先对这种现象试图做出解释的是语用学。Levinson(1983)接受 Cole 的“激进语用学”的思路,认为这种“同义反复”是违反了“量准则”,整个句式的意义是会话含义。他认为(p. 111),“同义反复”获得交际意义,只能以违反“量准则”来解释。因为“量准则”要求说话人说话必须提供足够量的信息,而同义反复不可能提供足够量的信息。根据合作原则,我们必须做出会话含义的推理。那么,(1a)的会话含义是“战争中总是会发生灾难,这是战争的本质决定的,为战争中出现的灾难而悲伤没有意义”。他还指出,会话含义的具体内容取决于具体会话语境。这类话语的作用是结束话题(topic-closing)。将该句式的意义看做是会话含义,存在三点缺陷:1) 会话含义意味着该句式本身没有意义,以至于忽略意义表达或生成方式的研究;2) 会话含义的观点否定了该句式本身能够表达不同意义的可能,即否定了该句式的多义性特征;3) 会话含义的观点还不利于研究该句式的形式变化所产生的意义差别及其性质所产生的影响,如 boys are boys 就比 boys will be boys 更具有同义反复的特征,后者实际上根本就算不上同义反复。

Fraser(1988)基本赞同 Levinson 的观点。他认为这类句式的意义由两部分构成:命题意义(说话人谈论的事物)和会话含义潜势(说话人使用这类句式的交际意图)。他对这类句式的含义的解释是,一个英语的名词性同义反复表明说话人意欲听话人意识到:

(i) 说话人对句式中的 NP 所指称的所有对象持某种态度;

(ii) 说话人相信听话人能够意识到这种态度；

(iii) 该态度与会话是相关的。

Wierzbicka (1987)认为，这类同义反复句式具有重要的理论地位与理论意义。它们反映出我们对语言学的本质、目标与意义的认识，可以归纳为一个基本问题：语法到底是自主性的还是语用性的？她认为，主观性意义是语法核心的一部分。因此，只有能够同时刻画主观和客观意义的"语义元语言"才构成了语言描写的"绝对必要条件"(sine qua non)。她认为问题的关键在于，许多语言学家一方面承认语言使用中主观与客观因素相互作用，另一方面，在实际的研究过程中又将语法与语用割裂开来，以至于产生下面这个悖论：会话英语往往是不符合语法的，因为"自主性"语法无法解释它们，但又是完全可接受的句子。她批评说，用Grice的行为科学理论来解释会话行为，语言学家们实际上在逃避自己的责任。这是因为，Grice的行为科学并不能将语言使用中的结构、语义与含义有机地结合起来，最后可能出现的局面是，越来越多的完全可接受的但"不符合语法的"句子进入"不可使用的箱子里"。

Wierzbicka 从文化语义学的角度出发指出，这类句式具有文化与语言个性，它们不一定在所有语言里都具有同样的表达方式。她认为(1—3)可以分别用三种"语义元语言"来描写：(1) (NP_{abstr} is NP_{abstr})表示一种对复杂的人类行为的理智(sober)态度；(2) ($NP_{hum.\ pl}$ are $NP_{hum.\ pl}$)表示对人类本性的忍让(tolerance)；(3) ($_{(art)}$NP is$_{(art)}$ NP)表示必须履行的义务。诚然，Wierzbicka 的理论概括上升了一个层次，但并没有从根本上解决问题，抽象的层次还可以更进一步。

综观以上三种研究成果，他们都主要关注这类句式的意义特征，而对产生这些意义的内在过程与认知方式却没有触及。因此，本文的讨论主要关注导致NP的语义、句法与功能特征变化的认知过程，并在非范畴化理论的框架下做出理论上的统一解释。

四、非范畴化理论的解释

根据刘正光、刘润清(2003)，刘正光 (2004)，刘润清、刘正光(2004)的论述，非范畴化是范畴化的重要组成部分，是语言与认识创新的重要方式。非范畴化理论不但强调从语义、句法、语用和功能相结合的角度综合考察语言问题,而且同时从语言系统内部和外部寻求解释的途径,因而能够提供更加充分的解释。非范畴化体现出以下特征:语义抽象或泛化,形态分布特征逐渐消失或中性化,功能发生转移。

下面,我们根据非范畴化的基本思想考察这类句式。为了表述方便,我们将主语位置上的 NP 称之为 NP_1,补语位置上的 NP 称之为 NP_2。

(一) NP_1 与 NP_2 的语义差异

Fraser(1988)认为,NP_1 与 NP_2 在意义和形式上是等同的(identical)。我们认为,这个结论是肤浅的,是基于表象的概括。我们的观点是,这两个 NP 在本质上具有很大的差异。即使如 Wierzbicka 所言,(1—3)表达三种不同类型的意义,我们认为,NP_1 与 NP_2 的意义分别都是相对稳定的。(1—3)里的 NP_1 表示类指意义,NP_2 表示特征意义或描述性意义,例外的情况有限[如(25—28)]。如(1)中作为 NP_1 的 war, politics, business 分别表示这三类不同的事物本身(Fraser 所指的说话人谈论的事物),而作为 NP_2 的 war, politics, business 则分别表示它们各自的特征,如战争的特征是伤亡、灾难、残酷、悲惨等;政治的特征是阴谋、残酷、欺骗等;商务的特征是公事公办、赤裸裸的金钱关系、尔虞我诈等。(2—3)可以做出类似的解释。(2)中的 NP_2 的特征意义,如男孩有好动、顽皮、捣蛋等特征,女孩有文静、胆小、乖巧等特征,女人有唠叨、心胸狭窄、少主见、柔弱等特征,花有悦目、生命力不强、中看不中用等特征。(3)中的 rule, bet, promise, deal, test, agreement 有一个共同的语义特征"严肃"。除 test 以外,它们都要求涉及的对象认真对待,严格遵守,即使 test 也有它本身的规则与要求,必须严格遵守。正因为 NP_1 与 NP_2 之间存在如此大的差异,将该句式称为"同义反复"应该是不妥的,因为它只看到了表层的形式特征,而忽略了 NP_1 与 NP_2 之间的内在差异。这正好说明逻辑语义学的困境。正是由于 NP_2 表示特征意义,才可能生成与表达整个句式的"态度"意义,再如:

(4) a. A woman is only a woman.
(女人就那么点能耐。)
b. A shilling is a shilling.

(一先令也是钱。)

c. A kiss is just a kiss.

(不就吻了一下,有什么大不了。)

(4)中各句都是言及事物的价值不大,含有贬低或轻视的意义。这些特征和态度意义是通过 NP_2 的出现表达出来的。(4a)和(4c)中的副词 only 和 just 只是起强化态度意义的作用。

(二) NP_1 与 NP_2 在句中的语义与句法特征

语义是句法的基础(陆丙甫,1998),该句式的句法能力也随之体现出了相应的特征。由于 NP_1 与 NP_2 分别表示类指意义和特征意义,同时整个句式表示对事物的一般规律或特征的概括,因此,它们在句法上自然受到相应的限制。定冠词与不定冠词和名词结合都可以表示类指意义,因此除了冠词(表示义务时,偶尔可以是物主代词)以外,NP_1 与 NP_2 的前面不能加其他限定性修饰成分。道理很简单,NP_1 前面加其他限定性修饰成分可能改变其类指意义,而表示特指或其他意义,导致与句式意义不和谐。NP_2 前面加其他限定性修饰成分会取消它们表示特征意义的可能性,转而表示指称意义等。例如我们很少说(5),这是因为我们难以对商人做出精明与不精明的区分,而且在我们的常规理解(或 ICM)中,商人本身就是与精明联系在一起的:

(5) *精明商人毕竟是精明商人。

然而,如果修饰成分只起描述性的作用,并不改变 NP_1 的类指意义,则句子有可能是可接受的,例如:

(6) 农村孩子毕竟是农村孩子。

该句中的"农村孩子"仍然指某一类人,与城市里的孩子相比,也许具有更能吃苦、朴素等特征。另外,与整个句式意义相协调,句中的谓语动词的时态只限于现在时,体态也没有变化。一般现在时表示事物的规律性。有时候,英语句子中可以使用 will,但这个 will 不是表示时态的助动词,而是情态动词,强化态度意义。因为 will 作情态动词使用时,可以表示人的意志、本性和习惯性行为。这些意义本身就与态度意义紧密联系在一起。在汉语中,动词"是"同样没有形态变化,比如我们不能在句中使用"着"、"了"、"过"等时体助词,也没有发现使用除情态副词以外的其它状语性修饰成分。该句式的形态分布特征的减少说明，语言实体的句法能力受语义特征的制约，语义是基础，语法不是自主的；整个句式的句法特征彼此达到某种和谐，产生句式意义。

(三) NP_1 与 NP_2 的功能特征

根据原型范畴化理论，名词的典型意义是指称“事物”(THING)，典型句法功能是充当论元。在该句式中，NP_1 还基本保持了名词的典型功能，但也有一些细小的变化。它们都表示类指，而不能表示定指(definite)和专指(specific)意义。也就是说，NP_1 的意义产生了一定程度的泛化。NP_2 的功能特征发生了明显的变化。在表意方面，NP_2 已经完全丧失了名词的典型特征，由表示指称转而表示陈述或描写性意义了，简称为“状态”意义；在句法功能方面，相当于形容词或动词的功能，如 boys are boys 可用 boys will act the way boys behave 来解释。在语篇信息的组织方面，整个句式是结束话题。通过比较 NP_1 与 NP_2 的语义与功能特征，我们可以清楚地看出，它们作为名词的范畴地位具有很大的差异，虽然在表面上它们似乎没有体现出来。NP_2 的非范畴化特征非常明显，在语义、句法、功能上都丧失了名词的典型特征，而具有形容词的某些特征，更接近形容词。

五、NP_1 与 NP_2 语义差异的来源

上面的讨论已经证明，该结构并不是真正意义上的同义反复。其本质是，相同的形式表达不同的意义。这种语义变化来源于概念结构自身的二元性。Jackendoff (1983：77－88)指出，一个概念结构可区分为符号概念和类概念，如：

(7) a. 这个班的**男孩**很调皮。

b. **男孩**$_1$ 毕竟是**男孩**$_2$。

符号概念是被范畴化的事物的表征，如(7a)中的“男孩”。类概念指被范畴化的范畴的表征[如(7b)中的“男孩$_1$”]，包括有机体在学习一个范畴时创造和存储的信息[如(7b)中的“男孩$_2$”]。类概念通常是没有指称意义的心理结构体，即所存储的信息并不特指“男孩”这个范畴中某一特

定的男孩。区分符号概念和类概念具有重要意义：1）概念结构本身提供了指称和陈述相互转换的内在基础；2）名词表示不同的意义与名词的范畴属性及其功能紧密联系在一起，如(7a)中表示符号概念的“男孩”是典型的名词的意义和功能，(7b)中表示类概念的“男孩$_1$”虽然还能承担名词的典型句法功能，但形态分布特征受到了更多的限制，如前面不能加限定性的修饰成分，(7b)中包含了学习者存储的信息的“男孩$_2$”已经远离了名词的典型意义和功能了；3）概念结构中存储的信息能够充分有效地说明该句式“态度”意义的来源，因为存储的信息可以各种各样，主观的、客观的、社会的、个人的、具体的、抽象的，这些信息本身就是对概念的描写、说明与评价；4）从根本上说明了英语中该句式中的 NP_1 与 NP_2 不具有同一性，从而揭示出“同义反复”这个逻辑语义学术语的不妥性。

而且，我们也可以从逻辑学的角度来分析 NP_1 与 NP_2 之间的概念差异的来源。概念有外延与内涵之分。根据 *The Concise Oxford Dictionary*(1982)的定义，内涵指概念的内在内容，而外延指某一术语(term)表达的事物。例如：

父亲的外延指与子女相对的男子。

父亲的内涵可包括：慈爱、威严、正统、对子女尽抚养及保护的责任、受到子女的敬重，男子汉气概等。

在我们所讨论的句式里，NP_1 表示的是外延意义，NP_2 表示的是内涵意义，如(7b)中的“男孩$_1$”指由谈话中涉及的男孩再联想到与整个女孩相对应的男性少年，而“男孩$_2$”指男孩活泼、调皮、好动等特性。再如 (8)中的“父亲$_1$”指与母亲相对应的男性，而“父亲$_2$”则指父亲的可能具有的特征：

(8) 父亲$_1$ 毕竟是父亲$_2$。

六、ICM 与该句式意义的普遍性和特殊性

前面提到，NP_1 表示类指意义，NP_2 表示特征意义，整个句式表示态度意义。这些语义特征应该说是该句式的意义的普遍特征。但正如 Levinson 和 Wierzbicka 分别注意到的，它们的具体含义还受具体语境和文化语境的制约。我们认为，这只是该句式的意义的个性特征。共性特

征与个性特征共同构成一个有机的整体，两者并不矛盾。普遍性构成理解的前提与基础，例如：

(9) A husband is a husband.

（丈夫毕竟是丈夫。）

Wierzbicka 指出，(9)的理解多达四种：1）对丈夫的义务；2）内心满足（有丈夫的好处）；3）无所谓的态度（丈夫们无所谓好坏，都一样）；4）绝对概括（丈夫们的共同品质）。Wierzbicka 认为，表示“义务”的“同义反复”自成一类，不能归入到其他类中。即使如此，2)—4)这三种理解也不可能同时表达出来，具体表达哪一种意义还得由具体语境来决定。比如说，在中国的封建社会，这个句子最有可能表达的是，妻子应该尽到对丈夫的义务，甚至还有服从等为妻之道；在妻子与别人争吵时，丈夫出来帮她，为她出了气，这个句子很可能表达的是 2)的意义；在两个女人诉说自己丈夫的不是时，该句子表达的很可能是 3)，丈夫们没有一个是好东西；在当今的中国社会，由于女性地位的提高，有的妻子把丈夫不但只当丈夫，而且还要求他是一个事业上顶天立地、经济上如数上交、生活上无微不至、感情上忠贞不贰、家务上全额承包的全能男人，打抱不平的人说这句话表达的很可能是 4)，丈夫有丈夫的职责，同时也有自己的权利与尊严，而不是一个现代“长工”或“家奴”。

一个句子有这么多可能不同的含义。这是因为人类认识中有一个“理想认知模型”(ICM)。根据 Lakoff (1987)的观点，作为知识的结构与表征模型，ICM 由命题结构、意象—图式结构、隐喻映射和转喻映射组成。命题结构说明成分的内容、特征及其之间的相互关系，这是我们的许多知识结构的存在形式。以“战争”为例，在命题结构中，“战争”必然包括会造成伤亡，悲惨，分出胜负等知识。意象—图式结构说明意象图式的具体内容，如“战争”的意象图式知识包括交战的双方、武器、战场等知识。隐喻映射说明一个领域的命题结构或意象图式结构映射到另一个领域的理据与联系，如“唇枪舌剑”就是将战争的命题结构和意象图式映射到“辩论”的理解之上。转喻映射实际是上面三个模型中的一种，但加上了模型中成员的功能。即用成员的某一显著特征指代该成员或该成员的某部分，如“商人”指代商人的品质特征，如狡诈、唯利是图等。

概念结构中存储的各种不同信息积淀在 ICM 中以后，说话人可以根据自己表达的需要在语境的作用下，赋予话语所意欲表达的意义。同样，听话人也会在具体语境的作用下捕捉说话人的交际意图，而得出恰当的理解。ICM 中命题结构中的内容，既可以说明语义表达的客观性还能说明其主观性，转喻映射可以突显事物不同方面的不同特征，因此产生了该句式在特定环境下的特定意义。另外，ICM 可以随语言与文化的不同而体现出一定的差异和个性特征。正是这其中的差异可以解释下文中所讨论的汉语与英语中该句式在意义上的异同。

七、转喻产生语用含义、建立话语关联

正如 Levinson 指出的，同义反复是没有交际内涵的。然而，该句式却能表达丰富的语用含义。那么，这种含义产生的方式表明了语言运用的认知过程。我们认为，虽然从宏观的角度看，该机制可以概括为隐喻机制：PERSON－TO－QUALITY 或 OBJECT－TO－QUALITY 的映射，但从微观的角度看，转喻映射更能充分说明含义的产生方式。

转喻在交际中的主要功能是增强信息性和关联性（Heine，Claudi & Hünnemeyer，1991；Traugott & Heine，1991）。其实现的方式就是通过视角化来突显要表达的意义（参看刘正光，2000；刘正光、崔刚，2005）。“视角化”指在语义结构复杂的框架知识中，词的不同用法分别突显不同的成分或意义（Taylor，1989/1995）。转喻视角化主要有“成分视角化”和“含义视角化”，例如：

（10）Women are women.

（女人毕竟是女人。）

（11）老师毕竟是老师。

（12）A rule is a rule.

“女人”有很多特征，如唠叨、心胸狭窄、少主见、柔弱、容易喜怒无常等特征。然而，在具体的语用环境下，不是所有特征都能成为意义的焦点。因此，这里就有一个突显与提取的过程。如在干繁重的体力活时，女人无论怎样努力，也干不了男人那么多、那么快、那么好，此时说（10），被提取的意义是“柔弱”。老师的天职是“传道、授业、解惑”，同时还要为人师表。如果你问同学一个问题，同学答不出来，恰好老师来了给你解释清

楚了，说(11)，则表示老师的水平毕竟高多了，提取的是“解惑”的意义。此时，(10)和(11)属于成分视角化。如前所述，转喻的功能在于强化信息性，融入说话人的立场、情感和态度等主观意义。“规则”作为一个中性词，通过转喻的作用，其“约束力”的意义加入其中了。由于有了这种添加，词语的信息性增强了。(12)主要是含义视角化。当然，成分视角化和含义视角化并不是截然不同的，而是相互联系的，只是侧重点不同而已。

Levinson (1983: 111)说，该类句式的具体的含义是怎样预测出来的，还不清楚，也许是关联准则在起主要作用。他看到了关联准则的重要作用，但没有说明建立关联的手段与方式。我们认为，这个手段就是转喻的视角化。语言实体进入语用过程之后，必然产生一定的语义和语用指向。由于转喻映射在同一个概念域内发生，而同一概念域内的实体具有认知上的邻近性 (contiguity)，功能上的指代性，因此它在突显某个语义特征时，实际就包含了语境指向与语义指向的关联性。

从认知过程到语法过程既有离散的特征又有连续性的特征。前者在本质上属于心理过程，可以通过隐喻机制进行分析。而后者基本上属于语用过程，对语境具有高度依赖性，体现出转喻的结构特征。例如：

(13) a. 商人应该回报社会。

b. 商人$_1$ 毕竟是商人$_2$。

在(13a)中，“商人”表示商人这一类人。在(13b)中，“商人$_1$”同样表示类指意义，但“商人$_2$”指商人的某些特征，如唯利是图、金钱至上、奸诈、为富不仁等。这些特征都包含在“商人”这个概念域内，是由相同经验领域或概念结构内的映射构成(Lakoff & Turner, 1989: 103 - 104)，与“商人”构成邻近关系，因此，(13b)中 NP_1 到 NP_2 的映射是转喻映射。假设我们以(13a)作为(13b)的话语环境，则(13b)表达的应该是“为富不仁”的意义。(9—13)的讨论说明，语境对会话含义的理解具有十分重要的制约作用。

八、汉英两种语言中该句式意义的比较

在汉语中该句式主要表示两种意义：1) 强调对立差异，如(14—20)；

2）表示赞扬，如(21—23)③：

(14) 黑子说：谁们呢？她自己过她自己的。我**是**我，她**是**她。我现在就走，我有我的住处。

(肖达《黑鸟》，《中篇小说选刊》2004/2：117)

(15) 派出所所长说：你弟弟**是**你弟弟，你**是**你，别拿你弟弟说事。

(肖达《黑鸟》，《中篇小说选刊》2004/2：127)

(16) 确实什么也没有发生，乔小燕**还是**乔小燕，我**还是**我。

(胡学文《一个谜面有几个谜底》，《小说选刊》2004/5：61)

(17) 刘长恭：功**是**功，过**是**过。(《国家公诉》)

(18) 剑**是**剑，又非剑；君**是**君，臣**是**臣。(《宰相刘罗锅》)

(19) 他再聪明也不可能想到娟子的想法娟子的感受。男人**是**男人，女人**是**女人。

(王海鸰《中国式离婚》，《当代》2004/4：170)

(20) 这时候的周道同志终于明白了，一个人**就是**一个人，一棵树**就是**一棵树，一粒米**就是**一粒米，一碗水**就是**一碗水，"民国"二十四年**就是**"民国"二十四年，公元一九三五年**就是**一九三五年，无期徒刑**就是**无期徒刑，终身监禁**就是**终身监禁，天津码头**就是**天津码头，狗不理包子**就是**狗不理包子，手榴弹**就是**手榴弹，卢大少爷**就是**卢大少爷，卢犯**就是**卢犯。人间万事万物那是根本不能互相比喻的。

(肖克凡《一九三五年的真相》，《小说月报》2004/9：44)

(21) 看人家的条件，**彩电**是**彩电**，**冰箱**是**冰箱**，**洗衣机**是**洗衣机**。

(22) 桃是**桃**，李是**李**，杏是**杏**，果园里什么都有。

(23) 他演得真好，**眼神**是**眼神**，**身段**是**身段**，扮相是扮相。

仔细考察(14—20)，我们会发现它们与(1—13)有所不同。(14—20)才算得上是真正意义上的同义反复，因为其中的 NP_1 和 NP_2 都表示类指

③ 汉语中，该句式主要表示对立差异，而表示赞扬和态度意义的情形少一些，且需要一定的语用手段和环境。如(23—26)所示，表示态度意义时，一般都使用情态副词。这说明，该句式的典型意义是"对立差异"，同时也是基本句式。而在英语中，则刚好相反。这正好说明语言与文化个性对句式意义的影响。

意义[④]。严格说来,(14—20)的句式应该是"NP_1 是 NP_1",强调 NP 的外延,表示不允许/不可能/不愿意发生外延方面的转移。尽管如此,在这类同义反复中,也还是增加了一定的语用含义,虽然这种含义不如(1—13)中那么丰富。不过,仔细考察其语用环境,我们可以发现,NP_1 和 NP_2 都表示概念的外延意义时,主要用于对比性结构中,强调该句式中表达的事物与后面句式中的事物的差异,彼此之间没有联系,不能混为一谈。(20)中最后的一句评论性话语充分说明了这一特征。

(21—23)表示说话人的高度赞扬。但这三个句子有一个明显的不同,每个句子都有一个概括性的评语,引出所隐含的理想认知模型。如果没有这样一个评估性的话语强化语用含义,句式的意义仍然可以归结为"对立差异"。这进一步说明,该句式表达的典型意义是"对立差异"。在人们的理想认知模型中,中国八十年代家庭的优越的物质生活条件的标志性三大件是彩电、冰箱、洗衣机。因此,它们作为 NP_2 时,表示的是"高档"的意义。一个理想的果园里应该有不同品种的优质水果。(22)中的 NP_2 表示的是,果园里的这些桃、李、杏都是真正意义上的好桃子、好李子、好杏子。同样,(23)中的 NP_2"眼神"、"身段"、"扮相"都是指作为演员应该具备的"传神"的眼神,"英俊、威武"的身段、"逼真"的扮相等特征。这些意义表明,当该句式表示赞扬时,NP_2 的意义都增值了,或者说得到了语用强化。

在汉语中,该句式的"态度"意义必须通过情态副词来表达。如在(24—27)中,"是"的前面加上了表示主观性情态意义的副词"毕竟"、"到底"、"终究"等。NP_1 表示 NP 的外延,NP_2 强调 NP 的内涵,没有以上(14—20)中"对比性结构"的语用环境要求。再如:

(24) 但风俗$_1$ **毕竟**是风俗$_2$,任何时代都总有老派人仍在顽强地捍卫着。

(姜利敏《你在英国怎么了》,《中篇小说选刊》2004/2: p152)

(25) 女人$_1$ **毕竟**是女人$_2$。

(26) 祥子$_1$ 到底是祥子$_2$。

---

④ 由于"卢大少爷"和"卢犯"都是某具体人的代名,与(20)中的其他同类 NP 表示的意义有所不同,表示专指意义。

(转引自朱景松,1995)

(27)"商人$_1$ **终是**商人$_2$,他们看咱们方家现在失势了。这种鄙吝势利的暴发户,咱们不稀罕和他们做亲家。"(《围城》p. 116)

(24)中的"风俗$_2$"强调风俗的顽强影响力和制约作用,(25)中的"女人$_2$"强调女人的性格特征,如容易情绪化、意志脆弱、心胸狭窄、身体柔弱等特征;(26)中的"祥子$_2$"强调祥子的性格特征。(27)中的"商人$_2$"表示商人的唯利是图,狡诈等特征。(14—20)与(24—27)之间产生这些差异说明:在汉语的"NP+是+NP"句式中,"态度"意义并不像英语那样包含在句式意义中。

在英语中,该句式主要表示"态度"意义,如(1—3),在少数情况下,也可以表示"对立差异",如(28—31),这与(14—20)表达的意义基本相似:

(28) East is East (and West is West).⑤

(29) White is white (and black is black).

(30) You are you and she is she.

(31) Samantha is Samantha and Serena is Serena.

即使(28—31)表示对立性差异,该句式表达这种意义时,能产性很弱,数量非常有限(Wierzbicka, 2003),而在汉语中,能产性很强。(1—3)和(28—31)表明,在英语中,该句式的意义潜势比汉语中丰富。由于在英语中,"态度"意义"忍让"是句式意义,(32)的可接受性受到怀疑:

(32) a. Sadists are sadists.

b. Rapists are rapists.

c. Nazis are Nazis.

这是因为 $NP_{hum.\ pl}$ are $NP_{hum.\ pl}$ 句式表示对人类本性的忍让,而sadists, rapists, Nazis 的行为已经超越了可以忍让的界限。可是,在汉语中,这样的句子似乎是可接受的句子,因为,在这类句式中,态度意义是通过情态副词来表达的,而(33)中,NP_1 和 NP_2 都表示它们的外延意义:

(33) a. 虐待狂就是虐待狂。

b. 强奸犯就是强奸犯。

---

⑤ (28—32)转引自 Wierzbicka(2003)。其中(30—31)是在特定的语境下出现的。

c. 纳粹分子就是纳粹分子。

汉语中该句式表达“对立差异”的基本意义时，“态度”意义则必须通过形态手段来实现，正好说明该句式具有一定的语言与文化个性。这种个性差异，可能来自于汉语没有形态变化的缘故。相反，在英语中，该句式的典型意义是“态度”意义，而“对立差异”只是边缘意义。这是因为，在英语中，名词前面的修饰成分和名词本身的形态变化能够制约句式意义，而汉语则必须依靠在句中加主观性情态副词的词汇手段才能表达与英语中相似的意义。

九、结　语

本文通过对比考察英语和汉语中的 NP +（will）BE + NP 结构，说明了四个问题：1）“非理想的”语言事实在理论建设中具有非常重要的作用。它促使我们对原有的理论框架做更进一步的深化和扩展，使之具有更强的概括力和解释力。本文中提到的非范畴化理论就是在范畴化理论的基础上进一步完善的结果，与范畴化理论构成一个更加完整的理论体系，对理想和“非理想的”语言事实做出统一合理的解释。2）在语言学理论建设中，将语言事实区分为理想的和“非理想的”是没有意义的，至少是值得商榷的。3）无论是在英语中还是在汉语中，NP +（will）BE + NP 句式表示态度意义时并不是真正意义上的“同义反复”，因为 NP_1 和 NP_2 分别表示完全不同的概念内容。人们之所以将该句式笼统地称之为同义反复，只是因为该句式的简单的形式与逻辑学中的 p→p 在形式上相似。正是这种形式相似造成了长期以来的普遍的误解。事实上，只有当该句式表示对立差异时才能够视为同义反复。4）该句式的基本意义在英汉语中并不相同：在英语中基本意义是“态度”意义，在汉语中是“对立差异”。

参考文献

Andreewsky, E. & D. Bourcier. 2000. Abduction in Language interpretation and law making. *Kybernetes* 29(7～8).

Chomsky, N. 1980. *Rules and Representations*. Oxford: Basil Blackwell.

Fraser, b. 1988. Motor oil is motor oil. *Journal of Pragmatics* 12.

Givón, T. 1999. Internal reconstruction. In Gildea (ed.), *Reconstructing Grammar*. Amsterdam/ Philadelphia: John Benjamins.

Haiman, J. (ed.). 1985. *Iconicity in Syntax*. Amsterdam/ Philadelphia: John Benjamins.

Hawkins, J. A. 1988. Explaining language universal. In Hawkins, J. A. (ed.), *Explaining Language Universals*. Oxford/ New York: Basil Blackwell Ltd.

Heine, B., Claudi, U. & F. Hünnemeyer. 1991. *Grammaticalization: A Conceptual Framework*. Chicago: University of Chicago Press.

Hendrikse, A. P. 1989. Syntactic structures as pragmatic options. *Studies in Language* 13(2).

Kay, P. 1997. *Words and the Grammar of Context*. Leland Stanford Junior University: CSLI Publications.

Kuhn, T. S. 1979. Logic of discovery or psychology of research. In Lakatos & Musgrave (eds.), *Criticism and the Growth of Knowledge*. Cambridge: CUP.

Lakoff, G. & M. Turner. 1989. *More Than Cool Reason: A Field Guide to Poetic Metaphor*. Chicago: Chicago University Press.

Leech, G. 1983. *Principles of Pragmatics*. London & New York: Longman.

Levinson, S. C. 1983. *Pragmatics*. Cambridge: CUP.

Miller, J. 1985. *Semantics and Syntax: Parallels and Connections*. Cambridge: CUP.

Traugott, E. C. & E. König. 1991. The semantics-pragmatics of grammaticalization revisited. In Traugott & Heine, *Approaches to Grammaticalization* 2 Vols. Amsterdan/ Philadelphia: John Benjamins.

Wierzbicka, A. 1987. Boys will be boys: "Radical semantics" vs. "radical pragmatics". *Language* 63(1).

刘润清、刘正光，2004，名词非范畴化的特征，《语言教学与研究》(3)。

刘正光，2000，名词动用过程中的隐喻思维，《外语教学与研究》(5)。

刘正光，2004，语言非范畴化——语言范畴化理论的重要组成部分。北京外国语大学。

刘正光、刘润清，2003，Vi + NP 的非范畴化解释，《外语教学与研究》(4)。

刘正光、崔 刚，2005，非范畴化与“副词 + 名词”结构，《外国语》(3)。

陆丙甫，1998，从语义、语用看语法形式的实质，《中国语文》No. 5：353～367。

朱景松，1995，陈述、指称与汉语词类理论．载《语法研究和探索》之八。北京：商务印书馆。

（原载《现代外语》2005 年第 2 期）

不定量词词义与构式的互动

毕永娥

一、导　　论

近来无论是从语法角度出发的理论研究还是以语料库为本的语言使用研究均指出语义与语法的关系密切、互为表里。构式语法学派提出“构式是有意义的语言单位”的看法（Goldberg，1995，2006）。语料库研究也主张自然语言中词汇与语法无法截然一分为二，对词组和词串应给予对待独立词汇般同样的重视（如 Biber et al.，1999；Sinclair，1991）。另外，语法化研究也凸显了使用频率为语言规范及演化的机制（如 Bybee，2003；Bybee & Hopper，2001；邹韶华，2001）。本文将秉承这些理念，探讨现代汉语中不定量词的语义延伸，以及含不定量词的构式在口语（及书面语）中呈现的分布与演变。本研究的语料主要是当代台湾地区使用的口语（谈话，约 15 小时）。为了比较，也会参考当代台湾地区的书面语。

汉语中标准的（名）量词一般表达说话人对所提及名物在认知上的分类（如：一条线，一条河，一条法律）。不定量词却不具备这个通性。不定量词如“点”和“些”都不涉及所提及名物的属性，而只点出其量方面的特色，即量上的不定性。若名物为可数，则通常是多数；若名物为不可数，则为若干义。不定量词的不定语义，因为其模糊性，使得语义延伸有了发展的可能。我们关注的是，既然都是不定量词，“点”和“些”的语义延伸是否相同？因为自然口语最能反映语言在实际应用中的面貌，本文即就口语中“点”和“些”的使用，探讨这两个不定量词。

1）在构式方面有无不同；

2）构式的分布与“点”和“些”基本词义的互动。

我们的结论是，“点”因其小量的词义，与不同词类构成多样的构式，且发展出表达含蓄甚至倾向负面的主观评价的用法。“些”从表达量的不定，似乎走上了表达质的模糊的路。“点”和“些”构式的意义演变，都能以认知语言学的架构解释。我们认为，考察近义词词汇（如表不定数量的量词）在构式兼容性与构式分布上的异同，是调查词汇语义演变及语言结构演变的手段之一（如 Brems，2003；Scheibman，2002）。当（断）代语言语料库更能帮助我们由构式的分布及使用频率，观察到正在进行中的习语化、词汇化或语法化的进程。

切入正题前需要先说明几个本文所应用的概念。第一，本文所称的构式，亦称为句式或格式，指的是在语言使用中某些语言成分常常与其他一些特定语言成分共同出现，久而久之所形成的固定语型。构式的概念在结构层面较富弹性。例如，构式不一定对应于句法结构上的单位；另外，其构成成分可以是特定的词汇，也可以只是固定的词类而非固定词汇（沈家煊，2005；陶红印，2003）。第二，本文所说的构式固定化是指原先各自独立的语言成分，通过长时间频繁共现，语义产生变化，新义渐渐不再能以字面组合义解，语言结构出现重新分析，最后在语言使用者心理上形成一个独立的词汇单位的现象（Traugott，2003）。固定化有不同阶段，包括习语化、词汇化及语法化几种可能。其中词汇化和语法化的异同与其相互之间复杂的纠结关系目前仍是争议的焦点（如 Brinton & Traugott，2005），本文不涉及。本文探讨的主题基本上是构式习语化或词汇化的现象。最后一个需要说明的概念是主观化。近年的语法化研究指出，许多语法化的案例中，语义演变的方向之一是从客观转为主观，亦即原来用以指称谈话内容的语言成分，转而指称说话人对谈话内容的评价与立场（Traugott，1995；Traugott & Dasher，2002）。本文的主题在固定化的过程中也可见到主题化的推动力。

下面先讨论“点”，再讨论“些”，最后是结论。

二、“点”

关于“点”作为量词与各种词类搭配的用法，过去基于书面语语料或单句无语境语料的描述研究为数不少（程美珍，1989；崔永华，1982；蒋平，1984；李宇明，1995/2000；吕叔湘，1980；马真，1989；杨从洁，1988；周元琳，1999 等）。从构式的角度而言，“点”所参与的构式极为多样。以下是

口语语料中量词"点"所参与的基本构式：①

(1) (V)SV(一)点　　如：便宜一点；那个收音机关小声一点

(2) 有(一)点 X　　如：有点遗憾；有一点甜甜的

(3) V(一)点 N　　如：花一点钱；懂一点日文

(4) 一点(N)都/也没/不 X　如：一点关系都没有；一点也不刺激

这些构式在口语语料中的分布如下：

	(V)SV(一)点	V(一)点 N	有(一)点 X	一点(N)都/也没/不 X
数量	120	91	39	15
百分比	45%	34%	15%	6%

因为已经有了前人的研究，本文重点不在于对"点"所参与的构式做全面的描述。我们着重在从认知的角度观察"点"的各个构式内部的弹性与变异，意即它们与不同词类搭配之可能性，以及与之搭配之词类的语义范围。从而体认"点"经由这些构式而发展出来的语义延伸，以及其中部分构式词汇化的现象。二(一) 先讨论"有(一)点 X"之外的构式。二(二) 专门讨论"有(一)点 X"构式。二(三) 比较口语与书面语。

(一) 综论

如果我们以构式为准，把"(V)SV(一)点"及"有(一)点 X"视为表程度的构式，把"V(一)点 N"视为表数量的构式，则表程度的用法占 79%(45%＋34%)，是绝对多数，表数量的用法只有 15%，是少数。所以从构式搭配而言，"点"在口语已经不只是称量数量的(不定)量词。

再深入观察，则可发现同一构式中也有变异与弹性。以表数量的"V(一)点 N"来说，多数 N 是具体物质(如：花一点钱，炒点青菜，带一点点心来)，也有抽象的概念(如：懂一点日文，懂一点点皮毛)。这说明"点"即使作为表数量的量词也有虚化的现象，不仅称量可数的具体物质，也"称量"抽象概念。也就是说，"V(一)点 N"这个构式，已不全然是用来表达物质界的数量，而是可以延伸出去表达概念上的微量，从认知角度来

① 为节省篇幅及便于阅读，本文所举的口语例子均以汉字转写，并省略大部分口语声调细节之描述。

看，这个语义的延伸现象是很自然的。再者，“V(一)点 N”构式也包括了“ADV+V+一点+N”构式(如：多喝一点汽水)，这种变体其实也是表程度的。

表程度的构式，最重要的是“(V)SV(一)点”，共 120 例，占 45%(如：便宜一点；那个收音机关小声一点)。45%的比例接近一半，所以我们把“(V)SV(一)点”构式视为量词“点”在口语中的核心构式，不过下文将不再详细讨论。

“一点(N)都/也没/不 X”是构式意义稳定的例子，不过一般名量词均适用于这个构式[“连一 M(N) 都/也没/不 X”]。这个构式因含有否定词“不/没”，而数词“一”与否定词结合，再加上副词“都”和“也”表达整体及极端概念，互相拉抬，造成此构式表达主观的强烈否定。这个构式没有语义上的变异，可说是构式形式与语义稳固结合的典型。②

最后要提的是关于这些构式中说不说“一”的问题。以前的研究指出某种特定情况下说“一”和不说“一”的意思不一样，两者也不能互相取代。观察目前的口语语料，凡是构式中加了括号的“一”说不说意思大致都是一样的(即前三个构式)。没加括号的“一”[即第四个构式“一点(N)都/也没/不 X”]则必不能少。第四个构式表达强烈的主张，“一”之必说在于表强调，前人的研究也都已一再指出。前三个构式中，“一”的可不说，反映了语义上的“数量少”以及“程度低”等概念。这种形式(节缩，短小)反映意义(微小)的语言手段，从认知上说是很自然很常见的。前三个构式有“一”无“一”两种形式并存，也是语言演变过程中的正常现象。

(二)“有(一)点 X”

这一节我们先讨论“有(一)点 X”构式中能充当 X 的多种词类，以及这个构式中语义层面涵盖的广度，然后讨论“有(一)点 X”在口语中因主观化而产生评价意义的词汇化现象。

1. 形式放宽与语义延伸

从表数量的“V(一)点 N”构式过渡到表程度的“(V)SV(一)点”构式

② 这个构式进一步说也是“连”字句(构式)的变体之一。

之间,“有(一)点 X”构式自成一格。“有(一)点 X”构式有 91 例,占 34%,使用频率超过三分之一,不算低。形式上,“有(一)点 X”是存现形式,“点”后面的 X 应为名词性成分。若然,则“有(一)点 X”应表微小数量。查看语料,却发现与事实相去甚远,“有(一)点 X”中的 X 可纳入的结构形式繁多,从名词(如:有点天分),形容词(如:有点累),表状态的动词组(如:有点不想赚了),到小句(如:有一点还是会有那种毛毛的感觉吧)都有。

“有(一)点 X”构式中的 X 到底是名词还是别的语法成分有时候并不容易判定。“有点天分”中的“天分”是名词;“有点累”中的“累”是形容词,但是“有点干扰,有点担心,有点遗憾”,这些接在“有点”后面的词算不算名词?很难说。第二种情形是,X 的中心语是一个表状态的名词,如“感觉”,而且这个名词前面有修饰成分表达状态或事件,如下面的例子:

(5) 就是有一点无所事事的感觉吧!

(6) 有一点操纵生杀大权那种感觉。

第三种情形是,X 常常是以“像+……”的形式出现,而“像”后面所接的成分可以但并不一定是名词组。如下面例子:

(7) 有点像女孩子　　(8) 有点像说服或洗脑

其实这个词类成分多样化的现象,是语言结构正在进行演变的标志。“有(一)点 X”构式正在扩大它的应用范围,X 不再限于名词,原来对词类的限制渐渐崩解:从标准的名词,到表分类的“像……”,到有名词组的“外壳”但实际是谓语的成分(如前“感觉”例),到单一的形容词,到直接为复杂的谓语成分;在口语中,更宽松到可以接上小句了!大约估计,在口语及书面语两种语料中,X 为名词成分的例子都在 20%到 25%之间,占少数。而其他成分的例子则为多数。因此,可以确定“有(一)点 X”构式正在脱离纯粹作为“表(存现)名量”的标记。

当然,形式上的宽松式伴随着语义上的变化的。从语义上看,小部分接名词的例子与“V(一)点 N”构式类似,可以认定为表达“事物的微量”,如:有点印象,有点洁癖。其他大部分的例子都是表达程度。如:有点辣,有点吵。程度的微量,是针对状态而言,而从“V(一)点 N”之表具体或抽象个体的微量,到“有(一)点 X”之表状态的微量,再到“(V)SV(一)点”之表动作的微量,是依循从具体到抽象,从事物到状态再到动作的典型语义延伸模式。

2. 构式意义主观化

仔细观察语料，不难发现"有(一)点X"构式的很多例子都带有说话人对所谈论内容的主观评价，而这些评价常常是负面的。首先，构式中的X常是表负面意义的词(如：有点沮丧，有点失常)或是表达惋惜之词(如：有点后悔，有点可惜)。还有一些例子，虽无负面字义之词，但用在说话人给予负面评价的上下文中。下面例子中，"角度"在字面上是中性的，但它出现在说话者对所谈论事物(他自己的手)给予负面评价的上下文中。

(9) A：好丑喔，就是因为不够胖然后骨头就会露出来然后就会整只手就有点角度你知道吗？

B：那男生不是都是这样吗？

A：我觉得不好看。

不过正如前人研究所指出的，"有(一)点X"构式并非处处都表达负面贬义，仍然有许多例子只是表达说话人在做评价时的一种委婉含蓄的态度，如：有一点甜甜的。此时的评价内涵是中性的，甚至在语境中可以解读为正面的。

我们将口语语料中"有(一)点X"构式的例子以表达负面评价与否做一分类，得到下面的结果：

	使用负面意义词	从上下文得知为负面评价	非负面(中性或正面)评价
数量	40	13	38
百分比	44%	14%	42%

以上的统计说明，"有(一)点X"构式已经呈现出倾向与负面意义词结合或出现在表达负面评价语境中的趋势(44%+14%=58%)。我们认为从中性到负面是容易理解的。一般而言，表达负面评价有时需要委婉含蓄，而表达正面评价则否。因此，委婉含蓄的说话方式不可避免地常常用在负面评价的语境，进而更直接与负面意义词共现了。当然，语料中仍然有近一半(42%)的例子不带负面意义的。所以我们要强调，"有(一)点

X”构式表达负面的趋势在目前看来绝对不是压倒性的，而是稍微占上风是事实。

这样的分布，结合上面二(二)1.的讨论，所呈现的是构式所表达的意义正在进行演变的断代剖面。“有(一)点 X”构式从表(客观的)微量事物(如：有一点事情)，到表(客观的或主观的)微量程度的状态(如：眼睛有点发亮)，到表主观而中性的评价(如：有点甜甜的)，到表主观而负面的评价(如：有点太不实际了吧)，是一个典型的语义延伸过程，其所指涉及从数量到程度，从事物到状态，从客观到主观，从(主观)中性到(主观)负面。而语料显示，过程中的各个层面的用法都有，这个过程是正在进行的。前人研究也都指出，许多“有(一)点”的用法已经是副词性质(马真，1989)③。也就是说，这个由不定量词所组成的构式正在朝词汇化的方向迈进，以其独特的构式意义，渐渐地变成了一个心理词汇中的独立单位。

综合看来，“有(一)点 X”构式，在形式上带名词组的比例已经是少数，X 在句法上的限制已经解除；在意义上，大多数的例子表达程度上的微量，程度的判定本身已经反映说话人的主观评价，而其中超过半数的例子更有朝向表达负面评价的趋势。各式形态及语义都存在，只是频率及分布有差别。这种在断代语料中，形式及语义都呈现连续统(continuum)的情形，正是语言演变正在进行中的特征(Hopper，1991；Hopper & Traugott，2003；Partington，2004；Traugott & Dasher，2002)。

(三) 口语与书面语

把口语语料和书面语料相比较，我们发现上述各构式的分布在这两种语言形态中有些出入。在电子版光华杂志(http://db.sinorama.com.tw/ch/search)中随机选取的 200 例带量词“点”的书面语语料中，

---

③ 周元琳(1999)提到口语中“有点儿”的形式并不十分固定，甚至可以是“有那么一点儿”。而提出把“有点儿”处理为离合词的可能(96 页)。我们认为，从语言随时在进行演化的角度来看，这项构式不固定的语言事实是非常自然的。要在语言共时方面层面进行词类分类，当然就必须反映这项语言事实。不过这不妨碍我们从历时角度观察构式正在词汇化的进程。

上述各构式的分布如下：④

	(V) SV (一)点	有(一)点X	V(一)点N	一点(N)都/也没/不X
数量	52	57	63	28
百分比	26%	28.5%	31.5%	14%

与口语比较，书面语中前三项构式的分布较平均；可以说，"V(一)点N"在书面语中比在口语中频繁得多(31.5% vs. 15%)，是书面语中最常见的构式。这可能跟书面语以传达信息为主，因而在宾语位置以名词指称新事物机会较多有关。而"(V)SV(一)点"构式在口语中显著的地位(45%)(相对于书面语中的26%)，可能也跟我们在口语中常谈论(已知)事物的状态有关(Thompson & Hopper, 2001)。不过，各构式的功能及变异在两种语料中都一样，二(二)所述"有(一)点X"构式正在进行的形式与语义演变的特征也都呈现在书面语中。

三、"些"

"些"作为不定量词，指称多于一但不定的数目。当名词指涉对象为不可数时，"些"指称的量不一定是大是小，可说是中性不定量的量词，相对于此，"点"通常是往小量去的。相较于"点"在不同构式可以与不同词类相伴出现，"些"始终保持与名词相伴[即"(一)些N"]的这个(名)量词的本质。在搜集到的口语语料中，看不到"有(一)些+SV"(如：有些不高兴)的用法，也不见"(V)SV(一)些"(如：跑快些)的用法，虽然平日的观察中这些说法偶尔还是会听见。"一些都/也没/不X"构式在台湾口语中则是绝迹的。所以下面的讨论着眼于"(一)些N"构式左边的共现部分及此构式在句中的位置，此构式是否发展出构式意义，口语与书面语的比较，以及"些"与"点"的比较。

④ 因为研究重点是词义及构式与上下文的关系，所有语料均需人工检测，因此即使书面语语料库中有大量语料，也限定在随机取样200例。三(二)节中"此"的书面语语料，只有197例，是剔除有瑕疵的样本的结果。

(一)“(一)些 N”的共现成分与句法位置

在 369 例“些”的口语语料中,“(一)些”前一词出现最多的为定指“这”、“那”和表存现的“有”。“这(一)些”占 17%(61 例)、“那(一)些”占 19%(70 例)、“有(一)些”占 21%(79 例)。不过,从名量结构形式来看,不定指(以下成为“无定”)的“(一)些”为数最多,占 41%(153 例)[⑤]。这几组构式在句法位置上的分布有所不同。“这(一)些”与“那(一)些”的主宾分布都趋于均衡;但是无定的“(一)些”有高达 87%(133 例)是宾语,而存现的“有(一)些”有 81%(64 例)是在动词之前。显然“有(一)些”偏好在主语/话题位置,而无定的“(一)些”偏好在宾语位置。

“有(一)些”所接的名词“有生命的”、“具体而无生命的”及“抽象的”大约各占三分之一。无定“(一)些”所接的名词则“有生命的”只占 9%(14/153),“具体而无生命的”及“抽象的”大约各半。这个事实反映的应该是口语中引介新信息的不同处理方式。无生命或抽象的新指涉对象的引介多半位于宾语位置。但是,一般谈话偏好谈论人(或其他有生命体)的状态或事件,因此,我们以存现形式引介指人(或有生命体)名词,再对其加以论述(如:有些人喜欢抽烟)(Du Bois,1985,1987;Thompson & Hopper,2001)。这就是为什么承载新指涉对象的“有生命名词”常以存现的“有(一)些”引介,而不常与无定的“(一)些”搭配。

(二)从数量的不定性到属性的模糊性

“些”虽然只是表示数量上的不定性,但与其共现的词项却常指向所关涉名物在属性上的模糊性。诚然,“些”所在的名词组内仍常常有修饰语,譬如形容词、领属语或关系子句,对所关涉的名物做出描述、限定或分类,但此种例子在语料中只占 22%(81 例)。多数例子是单纯地以“些”直接加于名词之前(如:一些人,一些东西)。当然,不同于书面语,口语中名词组含有修饰语的情况本来就会因为口语之即时性而不易出现,因此具有修饰语的例子为少数的事实并不一定是所指名物属性模糊的最佳证据。

---

⑤ 369 例中还有 6 例(2%)为其他组合,如“某一些”。因数据偏小,此处不讨论。

不过，“些”还有一项特点，就是常常与某些概述名词（如：东西）共现。概述名词（general nouns）语义相对于其他实词而言显得空泛，但它们在语言使用中，特别是口语中，出现的频率不低（Halliday & Hasan，1976）。以“人，东西，事（情）”等三组概述名词而言，口语语料中“人”的使用频率远超过“东西”及“事情”，后两者则频率差不多。既然是概述名词，则它们与表概括分类的量词如“种”或表不定数量的“些”应该有某种程度的共现相关性。我们的口语语料显示，这三个概述名词与量词的搭配不尽相同：“人”仍然与“个”共现最多，远超过第二、第三名的“些”与“种”；“事（情）”与“件”共现最多，“种”与“些”紧追在后；“东西”也与“个”共现最多，但“些”和“种”也紧随其后（Biq，2004）。回到以“些”为出发点，则指称事物的概述名词与其有较显著的相关性。下面是语料中“些”与指称事物的概述名词［包括：东西，事（情），或俚语“有的没的”］共现的例子：

（10）我通常都会参加一个旅行团，尤其是国外的旅行团，它会带你走遍真的乡间，它们的乡间道路，产业道路，然后去看它们比较深入的东西，风土民情啊，古迹啊，城堡啊教堂之类的。

（11）有些事是眼睛看，看不到的。

（12）现在睡得比较少一点，以前大概都睡一个小时吧，现在，再弄一些有的没的再睡，大概只剩半个小时了。

相较于“个”或“件”，“些”与“种”都传达了不特定（under-specific）的语义：“种”表分类，而“些”表不定数量。但是在与指称事物的概述名词连用时，“些”与“种”又呈现了更耐人寻味的分布。无论与“东西”还是“事情”相连用，“种”的构式绝大多数是定指（如：那种事，这种东西），而“些”的构式则大多数是带出新信息的无定形式或存现形式［如：（一）些东西，有（一）些事］，比率约在70%—80%之间。

在口语语料中，凡有泛指名词的，经过统计占全部“些”例的27%（98例）。其中指事物的［即：“东西”或“事（情）”或俚语如“有的没的”］有68例，占泛指名词的三分之二以上（69%，68/98）。又其中42例是与无定“（一）些”共现［如（10）、（12）例］，占指事物泛指名词的62%（42/68）。这42例又占全部无定“（一）些”例（共153例）的27%（42/153）。这个数目虽然不是多数，但可显示在口语中，“（一）些＋指事物泛指名词”似乎正在开始形成说话人用以表达所指名物的模糊性的一种手段。

从认知的角度看，“些”的语义从指称“数量的不定性”发展到常常因与指事物泛指名词共现而暗指所指涉名物的“属性的模糊性”，是非常自然的。更进一步，这个语义延伸的案例也可视为主观化的结果，也就是，原来指涉（客观）数量上的不确定性的语言成分（“些”），现在用来指称说话人对所谈事物属性不确定的（主观）立场。当然，在目前这个萌芽的阶段，我们只能说“些”因为共现而可暗指名物属性的模糊性。它还需要依靠构式中泛指名词的“帮衬”，故为暗指。

（三）口语与书面语

在书面语语料库中随机选取的197例量词用法的“些”例中，“这（一）些”占45%（89例），“那（一）些”占3%（5例），“有（一）些”占15%（29例），无定的“（一）些”占28%（56例）[6]。书面语中以回指用法为主的“这（一）些”占多数（45%，口语占17%），与口语中无定的“（一）些”占多数（41%，书面语占28%），形成明显对比。“些”所在的名词组内带有修饰语的，在书面语中占30%（59例），也比口语中的比例（22%）稍高。最大的差别，是书面语中使用泛指事物的名词的情形非常稀少，197例语料中只有2例名词是“东西”（1%）[没有“事（情）”或其他指事物泛指名词]。这个现象应该导因于书面语是经过规划编辑的文本，使用语义空泛之词是这类文体要避免的。当然，既然书面语中泛指事物的名词很少见，上面所说口语中“（一）些＋指事物泛指名词”暗指名物属性模糊性的构式意义，在书面语中也看不到了。

（四）“些”与“点”

拿“些”与“点”来比较语义含混的现象对“点”来说似乎不明显，在“点”后接名词的构式“V（一）点N”的39例口语例子中，只有1例的后接名词是“东西”（3%，1/39）。在书面语中，也只有3例（5%，3/63）（东西，事，或事情）。如前所述，“有（一）点X”构式中X也可以为名词，口语语料中只有1例“事情”（有点事情）（1%，1/91），书面语语料则完全没有。所以我们可归结，口语中“些”开始倾向暗指名物属性模糊的特质并非与

---

⑥ 另有其他组合共18例（9%），如“哪一些”、“某一些”等。

"点"共有。

我们的结论是,"些"有趋向暗示名物属性模糊的现象,而这个现象在口语中得以发展,因为口语的即时性常常导致说话人有一时语义模糊的情况发生。在"些"用于引介无定的新指涉对象时,这个特质最为明显。无定的"(一)些"有 27%用于这种构式[讨论见三(二)节],数量虽然远不过半,但是跟同样表不定量的"点"做比较,可证实这种暗示名物属性模糊的手段只见于"些"而不见于"点",因而"暗示名物属性模糊"是"些"(在口语中刚开始发展但)独有的特质。

四、结　　论

我们在当代台湾口语及书面语语料中考察了不定量词"点"和"些"的使用频率及分布。两者的共同点是都有语义延伸的现象,但是程度不一。相较之下,含"点"的构式繁多,语义延伸的脉络也清晰整齐。"点"作为量词的原意为名物的微量,经过词类转换(即与名词之外的词搭配),延伸为状态或动作的微量(即程度的微量)。再者,在"有(一)点 X"构式中,原来表客观上的微量现在也演变成表达主观评价时的含蓄态度。因为含蓄态度多用于表达负面评价,因此"有(一)点 X"构式与负面评价也因为经常共现而产生联想。因为这种共现在口语语料中已是多数(过半)但不是全部,所以可以说是一个正在进行中的演变过程。相较之下,"一点(N)都/也 没/不 X"则是一个形意稳固结合的构式,不但表达否定,也表达主观的强烈情绪。相较于"点"可以与多种词类搭配,"些"固守后接名词的(名)量词本质。"些"的原意为中性不定量,在口语,特别是无定的用法中,"些"常与泛指名词相伴出现,表达所指名物的模糊属性。因为这种共性在口语中虽已成形但仍非多数,目前只能算是一种语用上因共现和联想和产生的暗示,可说是还处于构式固定化进程的萌发期。不过,"些"的语义延伸,从数(量)的不定到质(属性)的模糊,跟"点"的语义延伸,从数的小量到程度的微量,可说是异曲同工。都符合认知上范畴相互映照的原则。

经由这项比较近义量词"点"和"些"的传统定义与其在日常口语(与书面语)中的实际使用的研究,我们希望阐明以下几点:

1）频率方面，许多词的词频高，是因为这个词是一（或数）个使用频率很高的构式的组成分子之一的关系。

2）语义上，许多词汇若孤立来看，词义似乎很单纯，但是在实际使用中，由于与其他词汇结合，形成大大小小、稳定度有高有低的构式，因而使得这个词汇的意义产生多重延伸。

3）语用上，词汇在自然语料中的共现伴侣能给我们提供词义考察的线索。词汇的语义延伸常常是因为与其他词汇共现，产生联想而萌芽。

4）认知上，语义联想的先决条件是认知基础。在这个研究中我们再次见证从具体到抽象，从数量到属性，从数量到程度，从物体到状态到事件，从客观到主观等基本认知范畴映照关系的重要性。

5）构式方面，语言成分相互结伴出现，久而久之，形成构式。构式使用越频繁，越会加速构式的形式和语义的结合。在本文中，我们看到构式形意结合不同进程的几个例子："一点（N）都／也 没／不 X"构式形意结合完整，"有（一）点 X"是正在进行中的词汇化，"（一）些＋指事物泛指名词"则是在发展其构式（独特）意义的萌芽阶段。

6）语体方面，书面语和口语会对不同的构式有不同程度的偏好和选择，这是由于各有问题特色，书面书之事先规划和口语之即时性，以及由于各负不同的沟通任务，如书面语之传达信息为主和口语之表现人际互动为主。

综合起来，结论是：要推敲词汇语义，得掌握与此词汇共现的其他语言成分。

参考文献

Biber, D., et al. 1999. *Longman Grammar of Spoken and Written English*. London: Longman.

Biq, Yung-O. 2004. People, things, and stuff: General nouns in spoken Mandarin. *Concentric* 30(1).

Brems, L. 2003 Measure noun constructions: An instance of semantically-driven grammaticalization. *International Journal of Corpus Linguistics* 8(2).

Briton, L. J, & E. C. Traugott. 2005. *Lexicalization and Language Change*.

Cambridge: Cambridge University Press.

Bybee, J. 2003. Mechanism of change in grammaticization: The role of frequency. In Joseph & Janda (eds.), *The Handbook of Historical Linguistics*. Oxford: Blackwell.

Bybee, J. & P. Hopper (eds.). 2001. *Frequency and the Emergence of Linguistic Structure*. Amsterdam: John Benjamins.

Du Bios, J. 1985. Competing motivations. In Haiman(ed.), *Iconicity in Syntax*. Amsterdam: John Benjamins.

Du Bios, J. 1987. The discourse basis of ergativity. *Language* 63.

Goldberg, A. E. 1995. *Constructions: A Construction Grammar Approach to Argument Structure*. Chicago: Chicago University Press.

Goldberg, A. E. 2006. *Constructions at Work*. Oxford: Oxford University Press.

Hopper, P. 1991. On some principles of grammaticization. In Traugott & Heine (eds.), *Approaches to Grammaticization* Vol. 1. Amsterdam: John Benjamins.

Hopper, P. & E. Traugott. 1993/2003. *Grammaticization*. Cambridge: Cambridge University Press.

Partington, A. 2004. "Utterly content in each other's company": Semantic prosody and semantic preference. *International Journal of Corpus Linguistics* 9(1).

Scheibman, J. 2002. *Point of View and Grammar: Structure Patterns of Subjectivity in American English Conversation*. Amsterdam: John Benjamins.

Sinclair, J. 1991. *Corpus, Concordance and Collocation*. Oxford: Oxford University Press.

Thompson, S. A. & P. Hopper. 2001. Transitivity, clause structure, and argument structure: Evidence from conversation. In Bybee & Hopper(eds), *Frequency and the Emergence of Linguistic Structure*. Amsterdam: John Benjamins.

Traugott, E. C. 1995 Subjectification in grammaticalisation. In Wright & Stein (eds,), *Subjectivity and Subjectification*. Cambridge: Cambridge University Press.

Traugott, E. C. 2003. Constructions in grammaticalization. In Joseph & Janda (eds.), *The Handbook of Historical Linguistics*. Oxford: Blackwell.

Traugott, E. C. & R. Dasher. 2002. *Regularity in Semantic Change*. Cambridge: Cambridge University Press.

程美珍,1989,受"有点儿"修饰的词语的褒贬义,《世界汉语教学》(3)。

崔永华，1982，与褒贬义形容词相关的句法和词义问题，《语言学论丛》(9)。北京：商务印书馆。
蒋 平，1984，形容词谓语祈使句，《中国语文通讯》(5)。
李宇明，2000，《汉语量范畴研究》。武汉：华中师范大学出版社。
吕叔湘，1980，《现代汉语八百词》。北京：商务印书馆。
马 真，1989，《说副词"有一点儿"》，《世界汉语教学》(4)。
沈家煊，2005，认知语言学与汉语研究，载刘丹青主编《语言学前沿和汉语研究》。上海：上海教育出版社。
陶红印，2003，从语音、语法、话语特征看"知道"格式在谈话中的演化，《中国语文》(4)。
杨从洁，1988，不定量词"点"以及"一点"、"有点"的用法，《语言教学与研究》(3)。
邹韶华，2001，《语用频率效应研究》。北京：商务印书馆。

（原载《中国语文》2007 年第 6 期）

论格式义对“$V_{双}+N_{双}$”定中结构的制约[①]

李晋霞

一、格式义

与无标记定中结构(不带“的”的定中结构)自然关联的语义功能是分类,与有标记定中结构(带“的”的定中结构)自然关联的语义功能是描写。“$V_{双}+N_{双}$”(“双”指双音节)定中结构是无标记的定中结构,表示分类,其格式义是:从动作行为的角度对事物进行下位分类,可表示为:动作分类标准+事物。定中“$V_{双}+N_{双}$”所表示的事物范畴是“$N_{双}$”这种事物范畴的次范畴(subcategory)。

“动作分类标准+事物”这种格式义对定中“$V_{双}+N_{双}$”构成的制约表现在静态和动态两个方面。首先,静态地看,这种格式义对充当分类标准的动词的语义内容在客观性和具体性上有一定的要求;同时,这种格式义要求被分类的名词在语义内容上要比较抽象:语义内容抽象才有较大的可能被下位分类,语义内容具体,下位分类的可能性就会减小。其次,动态地看,动词与名词能否最终构成定中“$V_{双}+N_{双}$”,还取决于动词所表示的动作行为对名词所表示的事物概念是否具有分类性。没有这种分类功能,即使符合静态标准的动词、名词也无法相互组配构成定中“$V_{双}+N_{双}$”。下面分别进行论述。

---

① 本文是笔者博士学位论文的一部分,在写作过程中始终得到导师张国宪先生的悉心指导。并得到答辩会主席与委员李宇明、徐枢、沈家煊、袁毓林、张伯江等先生的启发和指点,这里一并致谢。

二、格式义对动词的制约

(一) 客观性

在定中“$V_{双}+N_{双}$”的构成上，表示人物的客观行为的动词比表示人物的主观心理的动词更易于构成定中“$V_{双}+N_{双}$”，可表示为：

非心理动词＞心理动词

形式上，非心理动词通常不能接受表示主观量的程度词（如“十分”、“非常”）的修饰（张国宪，1993：6），心理动词则可以，如：

十分讨厌——* 十分指导　　　　　非常佩服——* 非常学习

具有主观色彩的心理动词在构成定中“$V_{双}+N_{双}$”上是受限制的。这种情况不难理解，因为主观行为通常带有较强的个人色彩，不是一种具有普遍性的大众行为，因此作为对事物的公认的分类标准存在着较大困难；表现在语言形式上，即心理动词通常只与表示人物的主观心理的二价名词（袁毓林，1992）构成具有同指语义关系的定中“$V_{双}+N_{双}$”，如：讨厌情绪、佩服心理、赞成态度。而非心理动词直接做定语则自由得多，具体表现出在以下三个方面：

首先，部分非心理动词也可与表示主观心理的二价名词构成具有同指语义关系的定中“$V_{双}+N_{双}$”，如：

* 十分保护——保护意识　　　　　* 非常报复——报复心理

“保护”、“报复”是非心理动词，不能接受主观程度词的修饰，但它们可与表示主观心理的二价名词，如“意识”、“心理”，构成具有同指语义关系的定中“$V_{双}+N_{双}$”，如：保护意识、报复心理。可见非心理动词具有与心理动词相同的构成定中“$V_{双}+N_{双}$”的能力。

其次，非心理动词还可与其他概念类型的二价名词自由地构成同指关系的定中“$V_{双}+N_{双}$”，如保护作用、帮助作用、报复行为、破坏行为。而心理动词虽然不是绝对不能与这些概念类型的二价名词构成同指关系的定中“$V_{双}+N_{双}$”，但是它们在组配时受到的限制较大，如：* 佩服作用、* 羡慕作用、* 赞成行为、* 讨厌行为。可见心理动词在构成定中“$V_{双}+N_{双}$”上对与之组配的名词的概念类型有着更为严格的要求。

第三，非心理动词在构成非同指语义关系的定中“$V_{双}+N_{双}$”上比较自由，心理动词则受到极大限制。试比较：

保护动物——*爱护动物　　　　保护范围——*爱护范围

保护方法——*爱护方法　　　　保护措施——*爱护措施

“保护”是非心理动词，不能说“很保护”；“爱护”是心理动，可以说“很爱护”。“爱护”的释义是：爱惜并保护(《现代汉语词典》：5，以下简称《现汉》)，可见“爱护”的语义内容中包含有“保护”的意思，即“爱护”与“保护”所表示的基本动作行为义是一致的。但是，“爱护”不能直接做“动物”、“方法”、“范围”、“措施”等的定语，“保护”则可以。“爱护”与“保护”的基本行为义一致，因此二者直接做定语的能力差异不是由动词的基本行为义引起的，而主要是由二者所具有的不同的主、客观色彩造成的：语义客观的“保护”具有较强的构成定中“$V_{双}+N_{双}$”的能力，语义主观的“爱护”则受到较大的限制。

从是否具有同指语义关系出发，可将定中“$V_{双}+N_{双}$”分为[+同指]、[-同指]两大类，前者如“牺牲精神”，后者如“学习时间”。由上述讨论可以看出，非心理动词在构成[+同指]、[-同指]这两种语义类型中的定中“$V_{双}+N_{双}$”上都比较自由，而心理动词则通常只与表示主观心理的二价名词构成同指关系的定中“$V_{双}+N_{双}$”。可见非心理动词直接做定语构成定中“$V_{双}+N_{双}$”的能力强于心理动词，动词语义内容的客观性是制约其构成定中“$V_{双}+N_{双}$”的一个重要指标。

非心理动词直接做定语的能力强于心理动词，还可以通过由非心理动词构成的定中“$V_{双}+N_{双}$”的潜在歧义的可能性更大这一点得到证明。如：

学习精神——怀疑精神　　　　服务观念——依赖观念

相对而言，“学习精神”、“服务观念”等由非心理动词构成的定中“$V_{双}+N_{双}$”存在着较大的潜在歧义的可能性。如“学习精神”、“服务观念”既可以理解为非同指关系：用于学习的精神、用于服务的观念，又可以理解为同指关系：(激发出)学习这种精神、(树立起)服务这种观念。而心理动词构成的定中“$V_{双}+N_{双}$”，潜在歧义的可能性小。如“怀疑精神”、“依赖观念”通常只理解为同指关系：(具有)怀疑这种精神、(克服)依赖这种观念。潜在歧义大，说明其构成定中“$V_{双}+N_{双}$”的能力强，潜在歧义小，说明其构成定中“$V_{双}+N_{双}$”有较高的受限性。非心理动词与表示主观心理的二价名词构成的定中“$V_{双}+N_{双}$”具有较大的潜在歧义的可能性，说明非心理动词具有更强的构成定中“$V_{双}+N_{双}$”的能力。

（二）具体性

具体性对动词构成定中“$V_{双}+N_{双}$”的制约具体表现为以下两个等级序列：

（1）行为动词>非行为动词

（2）非特征动词>特征动词

下面分别论述。

1. 行为动词>非行为动词

尹世超(1991)指出，动词多表示具体实在的动作行为，少数表示联系、异同、配合、存在或影响等抽象关系，动词的黏着性与其语义的抽象性具有典型的对应关系。本文从语义出发，把表示具体实在的动作行为的动词称为行为动词，如：出租、调查；把表示抽象的关系的动词称为非行为动词，如：作为、等于。行为动词与非行为动词的对立，与非黏着动词与黏着动词的对立大致相当。

在定中“$V_{双}+N_{双}$”的构成上，行为动词比非行为动词自由得多，非行为动词直接做定语构成定中“$V_{双}+N_{双}$”的能力极差，即：行为动词>非行为动词。这种情况不难理解，因为充当事物下位分类的标准理应具有一定的实在的语义内容，表示抽象关系的非行为动词通常难以成为对事物进行下位分类的行为标准，如：*作为对象、*等于方式。

2. 非特征动词>特征动词

特征动词指语义内容中包含有某些修饰性特征而并非纯粹动作义的动词，非特征动词指语义内容只包含动作义而不包含修饰性特征的动词。由于特征动词的语义内容具有一定的描写性，与定中“$V_{双}+N_{双}$”表示分类的格式义不符，因此在构成定中“$V_{双}+N_{双}$”上受到的限制也较大，即：非特征动词>特征动词。

特征动词的特征义体现在很多方面，下面以几种常见的情况为例对比非特征动词与特征动词在构成定中“$V_{双}+N_{双}$”上的能力差异。

(1) 状态义

穿梭：像织布的梭子一样来回活动。(《现汉》：192)如：活动方式——*穿梭方式。

(2) 时间义

后怕：事后感到害怕。(《现汉》：527)如：害怕心理——*后怕心理。

(3) 工具义

谗害：用谗言陷害。(《现汉》：135)如：陷害手段——*谗害手段。

(4) 处所义

腹议：嘴里没说出，心里有看法。(《现汉》：399)如：议论对象——*腹议对象。

(5) 空间义

下问：向地位比自己低、知识比自己少的人请教。(《现汉》：1359)如：请教对象——*下问对象

(6) 形象义

拆台：用破坏手段使人或集体倒台或使事情不能顺利进行。(《现汉》：134)如：破坏手段——*拆台手段

可以看出，非特征动词“活动”、“害怕”等光杆做定语构成定中“$V_{双}+N_{双}$”的能力强于特征动词“穿梭”、“后怕”等。从概念层级系统看，非特征动词大都是基本层次范畴(basic-level category)的动词，如活动、害怕、陷害、议论、请教、破坏；特征动词大都是低于基本层次范畴的动词，如穿梭、后怕、谗害、腹议、下问、拆台。因此可以说，能够构成定中“$V_{双}+N_{双}$”的动词大都是在概念层次系统中处于中间层次、在人的认知系统中比较凸显的动词，即基本层次范畴的双音节动词更易于直接做定语构成定中“$V_{双}+N_{双}$”。② 或许也可以说，语义上具有无标记性的双音节动词更易于直接做定语构成定中“$V_{双}+N_{双}$”。

---

② 基本层次范畴的动词更易于直接作定语，这是沈家煊先生指出的。

三、格式义对名词的制约

格式义对名词构成定中“$V_{双}+N_{双}$”的制约表现在：名词概念义的抽象程度与其构成定中“$V_{双}+N_{双}$”的能力成正比，即抽象名词构成定中“$V_{双}+N_{双}$”的能力强于具体名词，可表示为：抽象名词>具体名词。下面从语义场、非语义场两个角度对这一序列进行阐释。

(一) 语义场

根据名词所处语义场的类型的不同，“抽象名词>具体名词”这一序列又具体表现为以下两个等级序列：

(1) 上位概念名词>下位概念名词

(2) 非限定名词>限定名词

序列(1)是对分类义场而言，序列(2)是对家族相似性义场而言。

1. 分类义场

分类义场中表示上位概念的名词比表示下位概念的名词更易于构成定中“$V_{双}+N_{双}$”(分类义场，贾彦德，1999：153)，即：上位概念名词>下位概念名词。试比较：

掩护部队>掩护陆军　生产工具>生产农具　调整速度>调整车速

“部队”、“工具”、“速度”分别是“陆军”、“农具”、“车速”的上位概念名词，它们分别处于不同概念类型的分类义场中，通过比较可以看出，上位概念名词构成的“$V_{双}+N_{双}$”优先激活定中关系的倾向更显著，即上位概念名词更易于直接做定语构成定中“$V_{双}+N_{双}$”。

2. 家族相似性义场

有些名词在语义上具有某种内在联系，如：“窍门”、“诀窍”、“绝招”、“阴谋”、“手段”、“计策”、“花招”、“战略”、“诡计”、“策略”、“办法”、“方法”，这些名词在意义上具有一定的内部关联性，是系在一个语义链条上的一组词。运用“家族相似性”理论，可对这组词语义上的内部关联作出比较清楚的理论描述。据廖秋忠(1992：439)：家庭成员相似性可以用语义链表示，语义链是根据各个语义核心之间关系的亲疏所连接起来的一条链。它以家族成员相似范畴的一个意义核心或典型为出发点，透过语义扩展而形成。链上相邻的两个核心有一个是由另一个扩展出来的，但链上各个核心并不一定有共同的意义特征。家族相似性理论对上述这组词应该属于同一个语义范畴的朴素语感作出了比较清楚的理论描述，因此本文把上述这组词归入同属于一个语义链条的家族相似性义场中的一组词。

家族相似性义场中，弱限定名词构成定中“$V_{双}+N_{双}$”的能力大于强限定名词，即弱限定名词＞强限定名词。弱限定名词，指语义内容中限定性成分较少的名词；强限定名词，指语义内容中限定性成分较多的名词。二者的区别可以通过释义看出，以“办法”、“手段”为例：

办法：处理事情或解决问题的方法。（《现汉》：35）

手段：指待人处世所用的不正当的方法。（《现汉》：1163）

可见，“手段”不是一般的“办法”。相对而言，“手段”是强限定名词，“办法”是弱限定名词。强限定名词由于语义上有较多的限定成分，概念内涵相对丰富，内涵丰富的概念要想进行下位分类比较困难；弱限定名词由于语义上限定成分较少，概念内涵相对空虚，内涵空虚的概念进行下位分类比较容易。弱限定名词构成的“$V_{双}+N_{双}$”首先激活定中关系的倾向大于强限定名词，试比较：

使用方法＞使用手段　研究团体＞研究团伙　调查小组＞调查班组

“方法”与“手段”、“团体”与“团伙”、“小组”与“班组”，分属不同概念类型的家族相似性义场。通过对比可以看出，弱限定名词“方法”、“团体”、“小组”构成的“$V_{双}+N_{双}$”更易首先激活定中关系，强限定名词“手段”、“团伙”、“班组”构成的“$V_{双}+N_{双}$”更易首先激活动宾关系。可见，弱限定名词构成定中“$V_{双}+N_{双}$”的能力大于强限定名词。

总之，同一语义场的名词在构成定中“$V_{双}+N_{双}$”的能力上呈现出较强的规律性，分类义场中的上位概念名词、家族相似性义场中的非限定名词，这些语义内容抽象的名词具有较强的构成定中“$V_{双}+N_{双}$”的能力。在名词语义场的网络系统中，名词的语义内容越抽象，名词的概念层级地位就越高。因此，名词在概念层级系统中所处地位的高低与其构成定中“$V_{双}+N_{双}$”的能力成反比。同时，名词的概念层级越高，名词的实际数量就越少，因此，能受双音节动词直接修饰构成定中“$V_{双}+N_{双}$”的常见名词是一个数量有限的封闭类。

（二）非语义场

从非语义场的角度看，格式义对名词构成定中“$V_{双}+N_{双}$”的制约还有许多其他表现，这些表现也都遵循“抽象名词＞具体名词”这一原则。下面分别进行讨论。

1. 专有名词

定中“$V_{双}+N_{双}$”具有分类功能。凡分类必蕴涵着对立面。专有名词表示独一无二的事物，一般不存在概念上的对立面，不能再分，因此通常不能构成定中“$V_{双}+N_{双}$”。表现在语法上，就是专有名词只能构成描写性的带标记的定中结构，不能构成分类性的无标记的定中结构。张国宪(1997)已经指出：现代汉语中不存在无标记的“$V+N_{专有名词}$”的偏正结构，因此即使是不及物动词也无法与专有名词构成定中“$V_{双}+N_{双}$”，如：

*工作老王——工作的老王

2. 唯一性名词

有些名词所表示的概念在所论说的范围内具有较强的唯一性特征，如“总统”，“总统”通常是就一个国家而言，而一个国家通常只有一个“总统”，因此“总统”所表示的概念在“一个国家”这个论说范围内具有唯一性。常见的唯一性名词有：总统、总理、总编、主谋、主犯等，这些名词所具有的唯一性特征有时可以从构词成分“总”、“主”上看出。唯一性名词所表示的事物概念在所论说的范围内通常较少存在对立面，因此这类名词在构成定中“$V_{双}+N_{双}$”上受到的限制也较大，通常只能与有限的几个动词组配，如：代理（总统）、执行（总编）。这类名词与其他动词构成定中“$V_{双}+N_{双}$”的能力很弱，如：

教育官员——*教育总统　　　　管理官员——*管理总统

非唯一性名词“官员”的构成的“教育官员”、“管理官员”有理解为定中关系的可能，唯一性名词“总统”构成的“教育总统”、“管理总统”一般不能这样理解。[3]

3. "v + n"式名词

从内部构造看,有数量较多的"v + n"式名词较难构成定中"$V_{双}$ + $N_{双}$",如:观众、听众、患者、画家、产妇、助手、选民、盲人。这些名词的"v + n"式内部构造从格式义上看,也是"动作分类标准 + 事物",由于"n"所表示的事物概念已被分类过一次,因此"v + n"这种事物概念被再度分类的可能性降低。所以,虽然不是所有的"v + n"式名词都不能构成定中"$V_{双}$ + $N_{双}$",但从概率上看,这类名词构成定中"$V_{双}$ + $N_{双}$"的机会相对较小。

4. "a + n"式名词

有数量较多的"a + n"式名词也较难构成定中"$V_{双}$ + $N_{双}$",如:猛士、高手、胖子、呆子、古人、红人、老人、伟人、常客、贵宾、清官、健将。从格式义上看,这些名词的"a + n"式内部构造是"性质分类标准 + 事物",由于"n"所表示的事物概念已被分类过一次,因此"a + n"这种事物概念被再度分类的可能性减小。同理,虽然不是所有的"a + n"式名词都不能构成定中"$V_{双}$ + $N_{双}$",但是从概率上看,这类名词构成定中"$V_{双}$ + $N_{双}$"的机会相对较小。

5. 通称名词>非通称名词

通称名词比非通称名词构成定中"$V_{双}$ + $N_{双}$"的能力强,以"部队"、"军队"为例:

部队:(1) 军队的通称。(2) 指军队的一部分,如驻京部队。(《现汉》:112)

军队:为政治目的服务的武装组织。(《现汉》:692)

"部队"、"军队"的概念义差别不大,但二者构成定中"$V_{双}$ + $N_{双}$"的能力相

---

③ "教育总统"有时也能说,如称一个非常重视教育的总统为"教育总统"。这时"教育总统"已不再表示分类,而是表示描写。这是李宇明先生指出的。下文将对这种现象予以说明。

差较大,“部队”能力强,“军队”能力弱,试比较:

攻击部队——攻击军队　　　　掩护部队——掩护军队

通称名词构成的“攻击部队”、“掩护部队”首先激活定中关系的倾向相对明显,非通称名词构成的“攻击军队”、“掩护军队”首先激活动宾关系的倾向相对明显。可见,通称名词构成定中“$V_{双}+N_{双}$”的能力强于非通称名词。

6. 泛指名词>非泛指名词

泛指名词比非泛指名词构成定中“$V_{双}+N_{双}$”的能力强,以“群众”、“人民”为例:

群众:泛指人民大众。(《现汉》:1054)

人民:以劳动群众为主体的社会基本成员。(《现汉》:1063)

“群众”、“人民”的概念义基本一致,但是泛指名词“群众”构成定中“$V_{双}+N_{双}$”的能力大于非泛指名词“人民”。表现为:由“人民”构成的定中“$V_{双}+N_{双}$”中“人民”通常可以替换为“群众”,如:劳动人民——劳动群众,被压迫人民——被压迫群众。但是由“群众”构成的定中“$V_{双}+N_{双}$”中“群众”未必都能替换为“人民”,如:受教育群众——*受教育人民,游行群众——*游行人民。可见,泛指名词构成定中“$V_{双}+N_{双}$”的能力强于非泛指名词。

7. 语义非自足名词

语义非自足名词,指语义结构中含有缺位的名词。由于语义上的非自足性,这类名词的抽象程度也相对较高。表现在形式上,即语义非自足名词独立指称事物的能力较差,往往需要有补足成分与之共现以明确所指概念。语义非自足名词并非具有均等的构成定中“$V_{双}+N_{双}$”的能力,这种差别可以表述作:

缺乏动性义素的语义非自足名词>缺乏非动性义素的语义非自足名词

缺乏动性义素的语义非自足名词可以通过名词的释义看出,例如:

专家:对某一门学问有专项研究的人,擅长某项技术的人。(《现汉》:1649)

根据释义，可将“专家”的语义结构简化为：（擅长 x）。“x”代表释义中的“某一门学问、某项技术”，“x”是“专家”语义结构中没有明确所指的语义缺位，并且这个缺位通常可由动性成分填充，如：擅长游泳、擅长翻译、擅长教育、擅长保护植物。缺乏动性义素的语义非自足名词相对而言具有较强的构成定中“$V_{双}+N_{双}$”的能力，如：游泳专家、翻译专家、教育专家、植物保护专家。缺乏动性义素的语义非自足名词还有：人才、天才、选手、冠军、队员等，这些名词构成的定中“$V_{双}+N_{双}$”如：表演人才、游泳天才、射击选手、跳水冠军、防守队员等。

缺乏非动性义素的语义非自足名词，如亲属名词，是一价名词（袁毓林，1994），其语义结构中也含有缺位，但这种缺位通常不由动性成分填充。因此，亲属名词通常不能构成定中“$V_{双}+N_{双}$”。缺乏非动性义素的语义非自足名词在构成定中“$V_{双}+N_{双}$”上受到的限制较大。

名词分类，由于分类标准的不同，分类结果也多种多样。上述只就格式义对名词构成定中“$V_{双}+N_{双}$”有较强制约力的几种名词类型进行了论述。其中，专有名词、唯一性名词、“v+n”式名词、“a+n”式名词、非通称名词、非泛指名词是语义具体度相对较高的名词：专有名词、唯一性名词语义的具体性可由这些名词的概念义直接看出，“v+n”式名词、“a+n”式名词语义的具体性本文侧重从构词上分析，非通称名词、非泛指名词语义的具体性着重表现在名词的语用色彩上。这些名词在构成定中“$V_{双}+N_{双}$”上受到的限制都较大。此外，语义非自足名词由于其语义结构中的缺位可否由动性成分填充而在构成定中“$V_{双}+N_{双}$”的能力上呈现出差异。

有些多义名词的不同义项在充当动词定语的中心语方面呈现出较为显著的差异，这时，可以充当动词定语的中心语的义项往往比较抽象，不能充当动词定语的中心语的义项往往比较具体。如“队伍”，有三个义项：(1) 军队；(2) 有组织的集体；(3) 有组织的群众行列（《现代汉语》：317）。义项(1)比义项(2)、(3)具体，义项(1)在构成定中“$V_{双}+N_{双}$”上受到的限制较大，义项(2)、(3)则自由得多，如：参观队伍、保卫队伍、测量队伍、表演队伍、出版队伍、服务队伍、翻译队伍、欢迎队伍。

四、分类性

以上是从静态角度谈格式义对定中“$V_{双}+N_{双}$”构成的制约，分类性标准与之不同，是从动态角度看格式义对该结构构成的制约。动词所表示的动作行为对名词所表示的事物概念是否具有分类性，是决定定中“$V_{双}+N_{双}$”能否最终构成的关键，否则，即使符合上述静态标准的动词与名词也无法相互组配构成定中“$V_{双}+N_{双}$”，如：

开幕时间——* 开幕人员

“开幕”是非心理动词、行为动词、非特征动词，“时间”、“人员”都是抽象度较高的名词，但是“开幕时间”可以说，而“开幕人员”可接受性差。这种差异是由分类性动态标准造成的：“开幕”这一动作行为对于“时间”这一概念具有分类性，而对于“人员”这一概念缺乏分类性。即没有某一类人是专门从事开幕工作的，因此“开幕时间”可说，“开幕人员”则不大说。根据动词所表示的动作行为对名词所表示的事物概念是否具有分类性，可将动词分为“分类动词”与“非分类动词”，二者在构成定中“$V_{双}+N_{双}$”的能力上有如下等级序列：

分类动词＞非分类动词

由于分类性动态标准的存在，特征动词在定中“$V_{双}+N_{双}$”的构成上呈现出两面性，表现在积极与消极两个方面。当特征动词所包含的特征义对“$V_{双}+N_{双}$”中“$N_{双}$”所表示的事物概念具有区别作用时，这种特征义有助于动词构成定中“$V_{双}+N_{双}$”，如“拟订方案”；当动词所包含的特征义对“$V_{双}+N_{双}$”中“$N_{双}$”所表示的事物概念不具有区别作用时，这种特征义阻止动词构成定中“$V_{双}+N_{双}$”，这时特征动词与该名词通常只能构成有标记的定中结构。如：* 翱翔高度——翱翔的高度。可见，由于分类性动态标准的存在，特征动词在构成定中“$V_{双}+N_{双}$”的能力上呈现出一定的弹性特征。

五、结　　论

综上所述，“动作分类标准＋事物”这种格式义对定中“$V_{双}+N_{双}$”构成的制约，就动词而言，主要表现为以下四个能力等级序列：

(1) 非心理动词>心理动词

(2) 行为动词>非行为动词

(3) 非特征动词>特征动词

(4) 分类动词>非分类动词

简言之，语义客观、实在的基本层次范畴的双音节动词更易于直接做定语构成定中"$V_{双}+N_{双}$"。就名词而言，这种格式义的制约总的表现为"抽象名词>具体名词"这一序列，该序列又具体表现为以下几个子序列：

(1) 上位概念名词>下位概念名词

(2) 非限定名词>限定名词

(3) 通称名词>非通称名词

(4) 泛指名词>非泛指名词

(5) 缺乏动性义素的语义非自足名词>缺乏非动性义素的语义非自足名词

此外，受格式义的制约，专有名词、唯一性名词、"v + n"式名词、"a + n"式名词在构成定中"$V_{双}+N_{双}$"上也很受限制。简言之，意义抽象、在语义层级系统中地位较高的名词更易于接受双音节动词的直接修饰，从而构成定中"$V_{双}+N_{双}$"。

总之，"动作分类标准+事物"这种格式义对定中"$V_{双}+N_{双}$"的构成成分在语义内容上的要求大致呈现出"趋反"倾向，大致表现为"具体概念+抽象概念"这种组配模式。这种概念组配模式符合人们对事物的认知习惯：当对一个抽象度较高的事物进行感知时，人们往往需要一个比较具体的标准进行参照，从而明确所指概念。这是格式义对定中"$V_{双}+N_{双}$"的构成的制约的更深层次的认知原因。④

定中"$V_{双}+N_{双}$"表示分类，但是有些定中"$V_{双}+N_{双}$"却不表示分类而表示描写，如：教育总统、穿梭外交。⑤ 这是定中"$V_{双}+N_{双}$"在构成上的标记颠倒现象，即描写性定中结构采用了分类性定中结构的常规表现

④ 格式义所反应的这种深层次的认知动因是袁毓林先生指出的。

⑤ 李宇明、沈家煊两位先生都分别指出了这种具有描写性的定中"$V_{双}+N_{双}$"现象。

形式。这种标记颠倒现象不限于动词与名词的定中组配，此外还有：阿信宰相、铁腕总裁等。这并不是对本文所论定中“$V_{双}$ + $N_{双}$”的分类性格式义的违背，而是另有原因。造成上述标记颠倒现象的语用动因是，这些描写性定中结构为了“称呼”某一事物概念所具备的“称名性”。这一点可在这些描写性定中结构的使用上明显看出，如“阿信宰相”：

接替中曾根担任首相的竹下登因富有善忍耐的性格而被称为“阿信宰相”。(《人民日报》1994 年 6 月 18 日)

其中，“被称为‘阿信宰相’”中的“被称为”已经明确显示了“阿信宰相”的称名性，而这种称名性是造成具有描写性语义功能的定中结构采用非自然关联的无标记的表达形式的原因之所在。

参考文献

贾彦德，1999，《汉语语义学》。北京：北京大学出版社。

李宇明，1986，所谓的“名物化”现象新解，《华中师范大学学报(哲社版)》(3)。

李宇明，2000，《汉语量范畴研究》。武汉：华中师范大学出版社。

廖秋忠，1992，《廖秋忠文集》。北京：北京语言学院出版社。

陆俭明，1994，关于词的兼类问题，《中国语文》(1)。

邵敬敏，1995，双音节 v+n 结构的配价分析，载《现代汉语配价语法研究》。北京：北京大学出版社。

沈家煊，1995，“有界”与“无界”，《中国语文》(5)。

沈家煊，1999，《不对称和标记论》。南昌：江西教育出版社。

王光全，1993，动词直接做定语时的位置，《中国语文》(1)。

邢福义，1997，《汉语语法学》。哈尔滨：东北师范大学出版社。

尹世超，1991，试论黏着动词，《中国语文》(6)。

尹世超，2002，动词直接作定语与动词的类，载中国语文杂志社编著，《语法研究和探索》(第 11 辑)。北京：商务印书馆。

袁毓林，1992，现代汉语二价名词研究，《中国社会科学》(3)。

袁毓林，1994，一价名词的认知研究，《中国语文》(4)。

张伯江，2000，名物化结构的篇章属性，《第八届国外语言学研讨会，广州》。

张伯江、方梅，1996，《汉语功能语法研究》。南昌：江西教育出版社。

张国宪，1993，《现代汉语形容词的选择性研究》。未出版之博士论文。上海师范大学，上海。

张国宪，1997，“V双＋n短”短语的理解因素，《中国语文》（3）。

中国社科院语言研究所词典编辑室，1996，《现代汉语词典（修订本）》（第三版）。北京：商务印书馆。

（原载《中国语文》2003年第2期）

英语形—名结构的动态识解研究①

张建理

一、语言的动态识解理论

词、词组、句子和意义的关系是语言研究的中心话题。通常认为，由Frege提出的经典组合原则（principle of compositionality）持如下论点：一个复杂语法形式的意义是其组成成分意义的组合函数。这就是说，一个短语的意义是其组成成分的总和，其意义是可以预测的（Cruse，2000：67）。但是词一方面在词库中与其他词保持着稳定的意义结构关系，一方面又在语境中表现出很大的柔韧性，这使得上述原则很难自圆其说。这一原则的缺点是其不能对词汇组合所产生的种种复杂情况做出概括和预测。一般认为，词在语境中的柔韧性可以用语用规则加语境因素来解释。但这种说法又比较粗糙笼统而无操作性，因为它走到了另一极端，忽视了既富又实、种类繁多的词汇语义，以及它们组合时的相互作用。

比较圆满的解决方案是Croft & Cruse（2004：92）提出的动态识解法（Dynamic Construal Approach）。其基本要点为：意义不是在词库中已经细化好了的，而是在实际使用中在线即时识解时产生的。上述作者综合前期研究，尤其是Smith & Samuelson（1997）认为，概念的形成有三个先后发生的阶段：A）过去史：涉及认知个体记忆中的相关经验；B）近期史：涉及相关经验/概念现时将出现前对相关语境的认知；及C）当前输入：现时对此概念的识解。借用Croft & Cruse（2004）的“原义”（purport）（对识解作贡献的词汇原材料），“初义”（pre-meaning）（在线识解中的语义）及“洽义”（interpretation）（在线识解后的语义）术语，我们认

① 本研究为国家社科基金项目（06B，YY005）的阶段性成果。本文稿受益于匿名审稿专家的指点，特此致谢。

为：词项在A阶段有其原义，在向B、C阶段过渡时演变为初义，在C阶段形成洽义。这一动态识解分析区分词项的静态义和动态义，较好地解决了词汇的两面性，而且解释也比较符合人们的直觉。

本研究将以上述动态识解法为指导原则来研究一种典型的英语句法结构：定语—中心语结构。这种句法描述表示前置定语修饰其后名词这一结构。为了不使研究过分复杂化，本研究所涉及的定语只限于形容词，这一结构因此可具体表述为形容词—名词结构（简作"形—名结构"），如，"a red pen"。我们先模拟词汇原义组合产生的初义，然后追溯性地分析词项原义中所蕴涵的各种概念内容本体，以演示初义存在的理论可能性，最后展示合成的洽义所反映的各种认知操作和讨论其他相关问题。行文中有必要时，用双引号表示（形式）引述，单引号表示（内容）指称，斜杠表示可替换。

二、局域激活分析

认知语言学认为，概念实体可区分为关联体（relational entity）和非关联体。前者预设另外物体[②]的存在，因此为依存体；而后者为不依存他物的自主体。在形—名结构中形容词为依存体，名词为自主体（Langacker，1987：214；Croft & Cruse，2004：67）。上述两物体在组合过程中会产生局域激活（zone activation）。对这一现象可作如下描述：自主体通常具有多个亚概念实体/结构或特质，在与某一依存体组合时，往往只有其中的某个亚概念实体/结构或特质有反应，起直接作用。组合中的这些有反应，起直接作用的成分称作激活局域（Langacker，1987：272）。例如，在(1)(a)中"听"与"小号"接触形成听与听源关系，即在听源上产生"声音"这一激活局域，因此(1)(a)与(b)是同义的。

(1) (a) We all heard the trumpet.

(b) We all heard the sound of the trumpet.

---

② "物体"、"实体"在英语认知语言学文献中相当于thing，entity，可以泛指概念空间中对世间任何具体物或抽象物的认知。有时"本体"(ontology)、"结构"(structure)也用于此义。本文不作具体区别。

概念实体相处产生激活局域有时可作特殊的词汇处理而突显出来，如(1)(b)所示。但无特殊情况一般不需要，因此虽然(2)(a)与(b)同义，后句却有点语义怪异。

(2) (a) Your dog bit my cat.

(b) Your dog's teeth (and jaws, etc.) bit my dog's tail.

另外，在自主体接触中产生的激活局域可能不止一个。如(3)中有两个，分别为笔的外形颜色和书写颜色，两个"red"不同指一个对象，因此产生歧义，需更大语境才可解歧。

(3) This red pen isn't red.

最后，一个自主体先后有几个不同的局域被激活也是十分正常的，如(4)所示。

(4) this big blue plastic cup

局域激活分析表明自主体接触中往往只涉及局部，但认知上默认彰显(profile)的却往往是自主体的全部而非其局部[例如，严格地说，(1) (a)、(b)中的"we"应该为"our ears"]。换言之，只要明示实体之间有接触关系，就表示会产生局域激活，且这种激活有时是强制性的。上述分析可归结表示为改编自 Langacker (2000: 66)的图 1。图 1 中横箭头表示实体接触关系。太阳体表示默认彰显物。就本个案而言，图中左边大椭圆表示形容词依存体，右边方框表示名词自主体。横箭头表示实体接触关系。太阳体表示激活的彰显物，相邻的小圆圈表示未被激活的其他亚概念实体/结构。

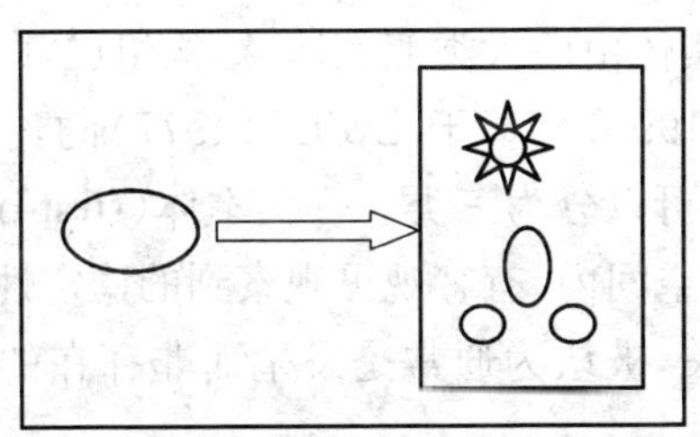

图 1　接触关系中局域激活图示

Langacker (ibid)认为转喻虽通常认为是一种语义现象，但对句法分析至关重要，在此方面大有可为，而局域激活是一种特殊的转喻现象。我们进一步认为，局域激活是一种实时动态性彰显，而且有时也涉及隐喻认知。

作为自主体的名词性述义[③]中的局域之所以会被激活可以作进一步的解释。根据 Langacker(1987：214－217)的论述，名词性述义彰显的是某个概念领域(domain)中的某个区域(region)。这一区域中集存着一群相互关联的概念实体/结构，这些实体/结构作为一个整体是受彰显的，但相互关联的某一或某几个实体并不受到特别的彰显。在另一方面，作为依存体的形容词性述义有着和名词性述义中某个实体相关联的特性，且这一特性是形容词性述义所彰显的。因此当两者组合共现时，依存体的特性便依附在自主体中的特定概念实体上，其结果是相关联的双方及这种关系本身都得到彰显。以(4)为例，"cup"这一区域所处的领域为"容器"。"杯子"有很多实体和功能上的特质，此即上述的亚概念"实体/结构"。这些实体/结构中的某几个，包括"体积"、"颜色"、"质地"为形容词所激活并彰显，同时这种关联本身也得到彰显。归结起来，这儿从大到小有三个范畴：1) 表示容器的概念领域，在图 1 中用大横框表示；2) 表示杯子这一"概念区域"，在图 1 中用小竖框表示；3) 表示杯子中的"概念局域"，在图 1 中用小竖框中的实体表示。下面我们将分别讨论名词和形容词中的这些潜在概念本体/结构。

三、对名词原义的研究

普通名词的原意是一个概念空间[④]，里面包含着一些相互关联的概念实体。这些概念实体由两大类亚实体/结构组成，即内容实体和图式结构(Cruse & Togia，1996)。基于 Lyons (1977)的论述，Paradis (2004；2005)认为内容实体可以分为三类。一类本体(first-order entity)为有形物，通常存在于三维空间内，有客观可观察到的稳定性，不受时间的限制。二类本体与时间有关，被认为通常是发生而非存在的。三类本体是一些

---

③ "述义"(predication)即语言单位的语义，为认知语言学文献中的常用术语。本文用其来泛指意义。

④ 名词可能涉及同形异义和一词多义。但为了集中注意力，本文只专注于名词的一个原义。

抽象体。具体分类如下所示：

一类本体：动物，人类，植物，人造物，自然物体/现象，地点，物质；

二类本体：事件，过程/活动，状态；

三类本体：事实，信息，想法/情态，知识，情势，度量衡，时间

显然，一类本体中的绝大部分指称实在的、有界的个体，其中有自然形成和人工制作的，有整体—部分、成品—原料之分。二类本体中的事件蕴含状态改变，过程/活动蕴含改变着的态势，而状态是恒定不变的。二类本体与时间和动作、活动有关，因此每个个体起码隐含着一个事件参与者（例如，"parental agreement"中的"家长"是参与者），它们的特征如对动词的描述（如，Saeed，1997：109－114）那样，可抽象为动态/静态和有界/无界。三类本体为抽象概念或内容，因此被Schmid（2000：14－20）称为贝壳，以喻指其通常为具体信息提供外壳（例如，"The problem is that I could not afford it."中的从句信息就是"problem"的具体内容）。总的来说，上述分类有如下特点：这三类本体由具体向抽象形成连续统，并因此形成由客观到主观（即随编码者的语用目的而有可变性）的连续统。必须指出，尤其是一类本体名词隐含多类概念本体，有跨类性质，它们在不同语境的调控下可以激活和彰显其不同的本体。例如，"report"可以为实在物（"printed report"）、过程（"on-the-spot report"）及想法（"pessimistic report"）；而且如后面第五节中要讨论的那样，在某些语境中名词述义可以指称某一类本体，同时隐含另一类本体，有兼类性质。

与上述内容结构密切相关的另一类亚概念结构是图式结构。不同的图式结构是不同的配置模板（configurational template），依附在不同的内容实体/结构上彰显它们（Paradis，2005）。就本研究而言，由于概念结构彰显名词述义，附在其上的便是物体（THING）图式，因此产生完型识解和总括性扫描。另一类更为重要的配置模板是如下所述的特质角色。

名词所指称的物体有多种特性，这最早可以追溯到亚里士多德的言论。近期循这一想法并更有操作性的理论是Pustejovsky（1991；1995）提出的特质角色（qualia roles）分析。此理论认为名词有四种区别性特质：1）与原料、重量、部件、成分等有关的"组构角色"，2）与方位、形状、体积

等相关因而区别于他物的“外形角色”,3）与目的、功能等有关的“功能角色”以及与出生、来源有关的“来源角色”。Cruse（2000）和 Croft & Cruse（2004）认为,上述理论实际上反映的是对一物体的不同观察方式,因此将上述四特性分别重新命名为：1）部分—全体观,2）类别观,3）功能观,及 4）出生观。Paradis（2004,2005）进一步认为,这一理论描述的是部分—整体图式,为简洁起见,可将上述 1)、2)合并为“形式侧面”,3)、4)合并为“功能侧面”。我们认为,这一分析是对名词本体的有益概括,视角独到,是对前述名词本体分类的重要补充,会有力地推进和深化我们的研究。

四、对形容词原义的研究

如上述第二节所述,Langacker（1987：215）认为,依存性述义彰显自主体中的某（几）个相关联的概念局域,而不只是预设它们自己在概念基底中的存在。形容词、名词述义的根本区别不在于它们的内容结构上的种类差异,而在于它们的相对彰显程度。形容词性述义在概念上有依存性和选择性彰显能力,这与名词性述义形成反差;但其扫描方式又与后者相一致,也是总计性的。根据 Paradis（2005）的论述,形容词性述义在内容实体/结构方面彰显的是概念空间中某个领域里的某个区域,这个区域表示某种特性（property）。这种特性有些与第一类本体有关,如,plastic bottle（人造物）,male nurse（人类）;有些与二类本体有关,如 growing rifts（过程）,dead horse（改变了的状态）;另一些与三类本体有关,如 problematic situation（想法）,main reason（度量衡）。与名词性述义相类似,这种特性有些是具体的或抽象的,如,wooden, linguistic;有些是客观的或主观的,如,rural, good;有些有恒常性或暂时性,如,heavy, screaming。很多形容词在形态上就与名词有派生关系。我们进一步认为,整体上说,名词和形容词的概念本体是相互观照的,形成一种名形互含态势。既然名词可以具有上述的 Pustejovsky 的四类特质角色,那么形容词肯定具有彰显这些特质的特性。这些语例很容易分别列举出来,如 raw、mental;big、smooth;fierce、good;original、fake。

形容词性述义根据其特性可分为两个亚类：1）偏向内容实体型,及

2）偏向图式实体型。这两亚类又可根据内在性和外附性再作分类。偏向内容实体的内在性形容词述义又与有界/无界，层级性/非层级性有关，而偏向图式实体的述义由内在性向外附性延展，其中包括如下特性：程度、频度、焦点、顺序及情态。由于篇幅限制这里不详述，参见 Paradis (2001,2004)。

五、对初义和洽义的研究

如第二节所述，关系依存体/形容词与自主体/名词组合会产生局域激活和实时动态性彰显，而且形容词是局域激活的引导(primer)，导火索。激活首先涉及双方共有的内容实体，因为这是语义中最主要的受彰显部分。紧接其后激活的是图式结构，尤其特质角色分析能提高组合概念形成的效率。本节将结合一些实例对此展开讨论。

较容易理解的组合涉及一类本体的"外形角色"，属"形式侧面"，尽管具体的局域还是需要激活的。在(5)的第一例中，"ink"是一种供使用的液体物质，组合后其通体色彩得到彰显。第二例中，组合后"apple"的表皮(而非果肉)色彩得到彰显，第三例中，"pen"的墨水或外形可以得到彰显。在(6)中，"eye"由于不同形容词组合其不同部位被激活，分别为"虹膜"、"眼白"和"眼圈"。

(5) red ink/apple/pen

(6) blue/red/black eyes

不同组合的激活难度是不同的，有些组合中包含较复杂的局域激活。(7)中的名词都既隐含一类本体也隐含二类本体，但"fast"与动作行为有关，从而与时间相关，因此二类本体被激活而彰显，即其"功能侧面"：位移能力、工作能力被激活而彰显，而其"形式侧面"：人的外形、车的组构则被处置为背景，不太引人注意。

(7) a fast runner/car/driver/typist

但是下面(8)中的情况比较复杂。这些语例中的名词本体均通常默认为一类本体，但由于形容词的作用，其相关的二类本体被引出并激活。其中第一例中，"fast"与"food"的制备活动有关，这一局域被激活而彰显。第二例中，书的基本功能：可读性被激活，并与"活动"相联系并彰显。第三例中，车道是行车用的，在车道上车可被高速驾驶，而“fast”激活的正是“lane”的这种功能，其中与交通器移动有关的“活动”和“度量衡”被彰显。

(8) (a) fast food/book/lane

(9)中的情况更为复杂。在“偶尔的阵雨”中，名词的相关二类本体“过程”被激活。在“为庆典写的诗歌”中，名词的相关二类本体“活动”以及“目的”被激活。“偶尔会嚼到的果核”是对吃食葡萄的警示。这儿形容词激活的是吃食葡萄的认知框架，涉及一类本体的成分(果核)和功能(食用性)，以及二类本体的“活动”⑤(吃食)，一环紧扣一环。

(9) an occasional shower/poem/pit

(10)是在认知语言学文献中受到特别关注的语例(如：Lakoff & Johnson，1980；Taylor，1995)。依我们的思路，这儿“fake”的原意为“欺骗性地仿真”，其激活并随后由于内容实体间的冲突而呈消解的是“gun”的使用功能“杀伤力”。合成义为“形式上合格，功能上不合格的枪”，此义的后半部分得到彰显。

(10) a fake gun

(11)中的情况与前几例有些差别。此两例分别彰显与比较虚空的地点和时间相关联的内容和功能，即“免税(区)”、“狩猎(期)”，这儿显然还隐含着一些信息：“免除的物项”和“允许的活动”。这些例子可以认为已经规约化或凝固化，但它们的认知理据还是清晰可见的⑥。

(11) a free zone；an open season

如上述语例所示，在原义的局域激活中与原义相关的来自基底/框架的百科知识通常起重要的规约作用，在包含转喻、隐喻概念的理解中情况尤其如此。在(12)中，属知识本体的“linguistic”要求激活与其相关的局域，因此由椅子到椅子的使用者到他的职位要进行转喻推理。第二例中，“naked”触发“truth”先产生隐喻：“Truth is (like) a human body”，然后以隐喻为桥梁(激活点是隐喻中的源域)成功地合成洽义。第三例显示在

---

⑤ “过程”和“活动”的主要区别是前者为非人控制的，后者是人为的，有目的性的。

⑥ 某些语串甚至还显示出认知理据由明到隐的过程：mental patient/doctor/hospital；topless dress/dancer/show/photo/bar/beach/district/watchdog committee/judge。

"hard"的作用下,"person"要先转喻为他的情感、同情心,再隐喻为相关的另一物,如坚硬的石头、钢铁等。

(12) the linguistic chair; naked truth; a hard person

制约词组理解的另一重要因素是广义的语境。这包括 a) 语言语境:前文,现文,体裁,文体,语域;b) 物理语境;c) 社交语境;d) 个人已有的相关知识、经验(Croft & Cruse,2004: 102)。语境对解除歧义起决定作用。前面的例(3)说明了这一点。另一语例为在谈论足球赛时,"a bad ball"很可能包含转喻而指"(某球员)对球的不恰当处理"这一事件,而不一定指"一只损坏的皮球"。在这种情况下,转喻的触发源于更大语境,并先于相关的局域激活⑦。

局域激活过程由于涉及不同的内容实体组合而复杂程度不同,并因此会产生不同的理解难度。下列(13)中的三例分别代表难度连续统上的三个点⑧。

(13) a sweet face; a social climber; a legal jungle

其中,第一例最容易理解,因为所激发的局域是较明显的,是现存的,是意料之中的。第二例较难理解,因为这儿的局域激活过程涉及隐喻("Society is a mountain"),最终激活的局域不明显,是现寻的,是意料之外、情理之中的。第三例最难理解,因为这儿的隐喻("Things involved in the legal procedure are plants in a jungle")需调用较多的专业知识,最终的激活局域需在线推理,是现创的,是情理之外的。

词组的洽义除了与内容实体/结构有关外,还受各种认知加工方式,即识解的调控,表现出不同的概念化方式。这些识解方式是认知语言学的重要内容,在 Lakoff & Johnson (1980), Langacker (1987,2000)和 Talmy(2000)的著作中均有详细论述。Cruse (2000)和 Croft & Cruse (2004)将稍显零乱的这些识解方式归入心理学的四大类,分别对照排列如下:A. 关注/突显,B. 判断/比较,C. 视角/立场,D. 组合/完型。这

---

⑦ 本文不讨论词组的整体转喻或隐喻。如:red carpet(热烈欢迎),white elephant(大而无当之物),其中有些语义已经固化。

⑧ 这儿的语例难度排列只是基于我们的个人经验,因此这一排列会因人而异,但人人都有他的难度连续统。

些方式是相互关联的，一词组上可同时反映多种方式。有些识解方式我们已在前文中涉及，包括转喻、总计性扫描、彰显、隐喻、自主体/依存体、结构性图式，等等。例如，转喻和隐喻涉及两个领域或局域，此两域间有互动关系，并非只涉及靶域一方(ibid：203)。靶域之所以为人们所关注是因为受到了彰显，但正是源域与靶域的共同存在才形成完型效果。值得补充的是上述C类识解方式在组合中的参与和反映，如观察点和指向(如 the left-hand column、the Far East)及主观性(如 cold facts、possible solutions)等等。通过识解这些方式可以了解编码者的主观立场和态度。

归结起来，本研究的动态识解过程可划分为依次推进的三个阶段。在原义阶段词语有其在心理词库中的默认义，包括潜存的概念本体。在初义阶段两原义同现合并，在语境、常识、认知方式的调控下(其中语境、常识与原义的内容本体较为相关，认知方式与原义图式本体较为相关)，产生局域激活(这一过程有时有胁迫性)，因而催生初义。在其后阶段初义合成形成洽义。洽义表达完整正确的组合义，并往往提示其内部的实时受彰显部分。此模型图示为图2，其中粗箭头指示推进目标，细箭头指示调控目标。

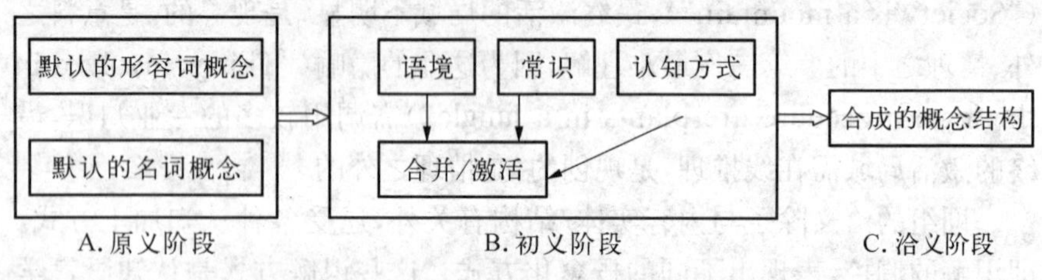

图2　定语—中心语结构的动态识解模型

关于语义在整个动态识解过程中的演化，我们有如下发现：1) 很多名词述义拥有多类多个潜在的亚概念本体/结构；2) 形容词述义拥有特性，这种特性引发局域激活，激活的局域处在名词述义范围内；3) 形容词的特性附在名词的概念本体上而使双方得以彰显。

就相关词汇的多义性我们提出如下假设：名词是自主体，其概念实体在使用过程中可能会分化重组而产生几个相对独立的原意，但在初义阶段只有一个原义被选中(语用上的刻意双关修辞除外)，然后与之相关的概念本体得以彰显。这些被彰显的概念本体我们认为就是名词的侧义。侧义(facet)是"有很大独立性,但可纳入完型整体的概念成分"(Croft & Cruse,2004: 116)。在另一方面,形容词是依存体,表示一种笼统的述义。其原义在组合中演变为初义并得以确定。例如,在"long fingernail/pole/ river"中,"long"的实际长度在具体组合中得以相对确定。对涉及隐喻认知的情况我们作如下解释。例如,"green hands"(新/生手)中,我们认为"green"在组合的初义阶段,原义没有改变,但激发产生隐喻认知。其根据是认知的体验性:人们看到自然界中的植物果实在未成熟时往往呈青绿色,并将此色比作某人的缺乏经验。"green"所表示的"inexperienced"义只是一种元语言释义,可认为属洽义的一部分。

我们在第二节中曾引用 Langacker (2000)关于局域激活是一种转喻的论述。这一论述运用在本研究中可以作如下解读:形容词引发名词产生转喻,然后依附在转喻中的靶域上并彰显这一连接。我们的研究显示隐喻的认知操作也类似于此。从范畴化角度来说,形—名组合中的名词本身是一个范畴,而在其组合时则在其内划分出次范畴(如,working/genetic mother; mechanical/digital watch; the First/Second World War)。从交际角度来说,编码者通过形—名组合对解码者明示下列这一信息:相关名词拥有相关形容词的特性,此特性很值得注意。从语用简约来说,这种组合只标示作为推理引导的必要信息,不含冗余信息。

六、结　　语

受已有研究的启发,本研究尝试建立一个含三阶段的形—名组合动态识解模型。在原义阶段各别词项的述义是静态默认的,在初义阶段述义组合产生局域激活,并在洽义阶段联结形成合成义。除了语境和常识外,本文着重讨论了概念组合的两个关键:词汇所含的概念内容和认知方式,亦即概念本体和概念化方式,以尽量使本模型全面而细致。此外,我们对内容实体的讨论关注人们的一般常识而不局限于语言知识。本文涉及典型依存体—自主体联结组合,希望对其他相关研究起抛砖引玉作用。

参考文献

Croft，W. & A. Cruse. 2004. *Cognitive Linguistics*. Cambridge：Cambridge University Press.

Cruse，A. 2000. *Meaning in Language*. Oxford：Oxford University Press.

Cruse，A. & P. Togia. 1996. Toward a cognitive model of antonomy. *Journal of Lexicology*(1).

Lakoff，G. & M. Johnson. 1980. *Metaphors We Live by*. Chicago：University of Chicago Press.

Langacker，R. W. 1987. *Foundations of Cognitive Grammar* Vol. 1. Stanford：Stanford University Press.

Langacker，R. W. 2000. *Grammar and Conceptualization*. Berlin：Mouton de Gruyter.

Lyons，J. 1977. *Semantics*. Cambridge：Cambridge University Press.

Paradis，C. 2001. Adjectives and boundedness. *Cognitive Linguistics* (1).

Paradis，C. 2004. Where does metonymy stop? Senses，facets and active zones. *Metaphor and Symbol*(4).

Paradis，C. 2005. Ontologies and construals in lexical semantics. *Axiomathes*(4).

Pustejovsky，J. 1991. The generative lexicon. *Computational Linguistics*.

Pustejovsky，J. 1995. *The Generative Lexicon*. Cambridge，Mass.：The MIT Press.

Saeed，J. 1997. *Semantics*. London：Blackwell Publishers Ltd.

Schmid，H. 2000. *English Abstract Nouns as Conceptual Shells: From Corpus to Cognition*. Berlin：Mouton de Gruyter.

Smith，L. & L. Samuelson. 1997. Perceiving and Remembering：Category，stability，variability and development. In Koen & Shanks(eds.)，*Knowledge，Concepts and Categories*. Hove：Psychology Press.

Talmy，L. 2000. *Toward a Cognitive Semantics*. Cambridge，Mass.：The MIT Press.

Taylor，J. 1995. *Linguistic Categorization: Prototypes in Linguistic Theory*. London：Oxford University Press.

（原载《外语教学与研究》2007 年第 2 期）

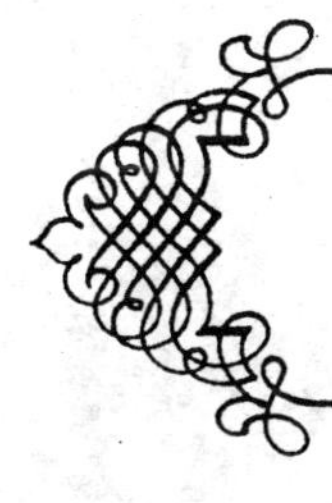

第三部分

中动构式研究

语义数量特征与英语中动结构[①]

徐盛桓

一、导言：走向解释性研究

本文以认知语言学的视点研究英语中动结构(middle construction)，从它的语义数量特征和有界化来考察其语义同语法的关系，从而探究中动结构语法化的过程及其理据。认知语言学认为，“语法和语义密不可分，语法规则和语义结构之间存在着对应关系”(石毓智，2000：17)。寻找这样的对应关系，进而寻求对语法程式和语法标记的理据作出解释，这是认知语言学的一个重要理论目标。

英语有主动语态、被动语态、中动语态(middle voice)；相应地有主动句、被动句、中动句(1)：

(1) The floor waxes easily. (Keyser & Roeper，1984)/ The steaks you bought cut like butter. (Fellbaum，1986) / The book sells well. (ibid.)

近些年来，语言学家对中动句作了相当多的研究。主要集中在下述两个方面：1) 中动结构同作格结构(ergative construction)的异同。(Plank，1979：381－416；Keyser & Roeper，1984：4－6)；2) 中动句的语法、语义限制以及其他一些特征(Iwata，1999；Keyser & Roeper，1984；Fellbaum，1986；Massam，1992；Fagan，1992；Stroik，1992：127－137；Hoekstra & Robert，1993)。这些研究发掘了许多重要现象，丰富和深化了我们对中动句“是什么”的认识，为我们现在进入解释性研究提供了很好的参照和基础。本项研究希望在解释性方面作些探讨，试

---

① 本文为河南省社会科学规划项目(2001DYY001)“英汉语构块式语法化比较研究”阶段性成果之一。

图找出制约中动句复杂纷纭的语法现象背后的深层机理。

我们的理论基础是认知语言学，其中最密切相关的是石毓智的认知语言学视点：事物的数量特征对语法系统的影响（石毓智，2000：17；2001：iii）。任何事物无不表现出其“质”和“量”两个方面，就“量”的特征来说，主要的表现有：量是大（多）是小（少）、是连续还是离散、是定量还是非定量等。当对事物的认识被抽象为概念时，它的数量特征也反映到概念中来，从而成为有关词语的语义数量特征。事物的“有界”或“无界”是事物数量特征的一种表现形式，指某一事物在一定的视野中是否有一定的边界，反映事物是连续的还是离散的；句法结构中某一部分要求一个“量性成分”使之有界化，就是人类认识中“有界”、“无界”对立在句法结构中的反映。我们之所以注意到事物的数量特征，是因为“句法规则是现实对象的规律在语言中的投影”（石毓智，2000：2；2001：6），而现实对象最普遍而又最易于为人们感受到的特征之一是其数量特征。这一认知语言学的视点所展开的研究程序是：（一）将语言同现实对象联系最紧密的层面即语义层面中的有关现象归结为抽象的量；（二）根据这些量的特征同有关句法功能之间的对应关系总结出带普遍性的规律；（三）用这样的规律来分析各种复杂纷纭的语法现象，总结出背后的深层机理（见石毓智，2001：16）。

二、中动句的特征

根据我们的观察，在中动句 NP + V + ADV 的句式结构中，主语受事是构成中动句的必要条件，即 NP 必须充当主语而不是宾语，V 是不及物动词。但 Keyser & Roeper（1984）认为这种句子的动词是及物动词，其中一个重要理由是：如果这些动词作为不及物动词出现在句子里，则应该允许运用多种时态，而中动句的时态是受限制的。我们认为这一理由说服力不强，因为时态的运用同动词的及物不及物没有必然联系。时态涉及的是动作发生、发展的时间，及物不及物涉及的是动作是否对某事物有直接影响，两者没有可通约性。再者，英语的及物动词也可用于各种时态，按照上述逻辑，中动句的动词也不应是及物动词。这样，这个动词同不及物和及物都处于不相容状态，那么它是什么动词呢？

我们认为，将中动句的动词归入不及物范畴比较合理。在英语语法系统中，及物动词的语法特征是其后要带名词性补足语；如果这个名词性成分前置并当了主语，则动词要有明显的"被动"标记(be V-en)，并且在句法上允许将施动者补出。被动句具备这样的语法特征，人们的共识是将它的动词归入及物；中动句、作格句不具备这些语法特征，它们的动词就归入不及物范畴。

那么，既然是不及物动词，又何来"主语受事"呢？我们知道，非宾格假说(unaccusative hypothesis)认为，不及物动词包括了两种不同性质的动词，即动词的主语其深层是宾格的动词和动词的主语其深层仍是主格的动词(Permultter，1978)。这一假说是从动作是否自主、是否可通过意愿作出控制来区分的。有些不及物动词的动作在一定语境下只涉及一个直接参与者，该参与者可自主地控制这一动作，如 run、walk、stand 等在分别表示"跑"、"走"、"站"时，其主语深层仍是主格；有些不及物动词的动作其实涉及两个直接参与者，但在表述时在句子中只出现所涉及的客体(有时还可能出现充当"工具"、"地点"之类的事物)，而将施动者作为隐含的谓元(implicit argument)，不在句中出现，如 wash、break、change 等动词，其主语在深层其实是宾格。中动句的不及物动词属后一类。这一类动词其实也可用作及物动词；在词典上，许多动词都是如此"两栖"的。

除上述的必要条件外，中动句在语法、语义上还有其他一些重要的特征，现参考上引一些文献的论述，综述如下。

(一) 从句子构成来说

(Ⅰ) 不及物动词后面需要一个表状态的状语。

(1) i. This salami slices easily. / ii. Chickens kill easily. (Fellbaum，1986)

(2) i. *Chickens are killing. / ii. *This salami slices. (Iwata，1999)

下文将说明，这个状语是为了将句子对事件的动态性陈述弱化为状态。有时，也可以用对动词的否定来表述状态：

(3) i. *This meat cuts. / ii. This meat doesn't cut.

(4) i. The house does not let. / ii. The horse does not sell.

(Nesfield，1939)

这是因为一个事件预想动作没有发生，就成为一种状态。

(5) (I thought we were out of gas, but) the car drives. (Fellbaum, 1986)

这是一个没有状语的“光杆”中动句，但在这里仍然可以成立，因为它处于特殊语境之中：本来以为没有汽油了(可能出于估量错误)，这时汽车本应处于开不动的状态，现在竟然还处于能开动的状态！下面的句子已是否定句，但没有状语不成立，原因是表述不合理：

(6) i. * Washington's letters don't read. / ii. Washington's letters don't read easily. (Fellbaum, 1986)

Washington 写信总是要让人们阅读的，不会成为“天书”无人读懂，只是“不容易”读懂罢了。

Hale & Keyser(1986：13)进一步指出，中动句状态状语的位置是固定的，应紧跟在动词之后，如(6,ii)、(6′)和(7)所示：

(6′) * Easily, Washington's letters don't read.

(7) i. Limestone crushes easily. / ii. * Limestone easily crushes. / iii. * Easily, limestone crushes.

状语的这一固定位置使状语总是充当谓体状语，不会成为句子状语。

(Ⅱ) 句子表层不能出现施动者。

(8) i. Bureaucrats bride easily * by managers. / ii. Limestone crushes easily * by children.

这一句法特征是中动句同被动句和 TOUGH 句的重要区别：

(9) i. The floor was waxed by her yesterday. (被动句)/ ii. It is good *for John* to drive the car. (TOUGH 句)/iii. * The book reads *by John* easily. (中动句)

(二) 从语义上说

1. 中动句的动词表示的动作要有一定的强度，具体来说是动作含义对受事有大的影响，或使受事发生了变化(Plank, 1979)。

(10) i. The manager visited/deceived/bribed/killed that bureaucrat.

ii. That bureaucrat was visited/ deceived/ bribed/ killed (by the manager).

iii. Bureaucrats * visit/ * deceive/ bribe/ kill easily.

(11) i. He touched/painted/closed the door.

ii. The door was touched /painted/closed (by him).

iii. The door * touches/ paints/ closes easily.

2. 虽然动词表示的动作强度较大,但中动句的基本语义特征却是表述事件的状态。这表现在:

a) 如果受事主语是泛指的复数客体,句子总是用现在时,表示针对这一客体所发生的事件,是一种普遍的现象、常态,或是其特征,Iwata (1999)称之为"类事件"(generic event),而非单一事件(non-event):

(12) Bureaucrats bribe easily.

(13) Chickens kill easily. (Keyser et al. 1984)

(14) Letters to oneself compose quickly.

(15) Books about oneself never read poorly. (Stroik, 1992)

这样的中动句不用其他时态:

(12′) * Bureaucrats are bribing easily.

(13′) * Chickens are killing easily. (Iwata, 1999)

b) 如果表述的是定指的客体,也是表述这一客体在这一事件中处的状态,因为这时动词后的状语已将事件"状态化"(stativization)了:

(16) i. The book sells well. / ii. The book sold well. / iii. The book is selling well. (Ernst)

(17) You think you understand the differences between the three voices in Greek and how to translate each one but then once in a while you come across a verb that won't translate well. (van Oosten)

(18) The clothes hang nicely on the line. (Hoekstra & Roberts, 1993)

(19) This blouse washes like a dream. (Massam, 1992)

这些中动句都是表示所提及的客体在某一特定情境下所处的状态。

c) 有些中动句表示的是"可能性"(Fellbaum, 1986; Massam,

1992)。“可能性”也是一种状态。Keyser & Roeper（1984)认为，下面两句中 i 与 ii 的意义相当：

（20）i. The meat cuts easily. / ii. The meat can be cut easily.

（21）i. This wall paints easily. / ii. This wall, one can paint easily.

(20. ii)是被动句，(21. ii)是宾语前移的主题句，都是表“可以”。

d）中动句同 TOUGH 句有相似之处(Massam，1992)，而 TOUGH 句的陈述正是围绕事件的状态而不是动作展开的，这也可作为中动句是表状态的一个佐证。例如：

（22）i. Macadamia nuts are tough（hard / difficult）to crack open. / ii. Tatum's approval is easy（possible）to get.

在这一结构中，主语是不定式及物动词的受事，例如(22，i)表示做 crack open Macadamia nuts 这件事是 tough 的，所以可以转换为(22′，i)。

（22′）i. It is tough（hard/difficult）to crack open Macadamia nuts. / To crack open Macadamia nuts is tough（hard/difficult）.

ii. It is easy to get Tatum's approval. / To get Tatum's approval is easy（possible）.

TOUGH 句可以同中动句发生转换而不改变其基本意思：

（23）i. The car is good to drive. →The car drives well.（Massam，1992）

ii. The blouse is like a dream to wash. →The blouse washes like a dream.（Massam，1992）

从 TOUGH 句表状态的特征可以反证中动句表示的是状态。

3. 施事是一个隐含谓元，它是一个任指的人(you，one 等)。

（24）i. The door closes easily（中动句）；you just have to press down.

ii. The door closes easily(作格句)；it only takes a gust of air.（Fellbaum，1986）

(24,i)隐含着"关门"的可以是任何人,这门本身就有这种特征,谁做都一样,都会有这种轻而易举(easily)的感觉。(24,ii)"关门"的是 the gust of air。试将句子分别作如下转换。

(24′) i. The door can be closed easily. / You can close the door easily; you just have to press down.

ii. The door can be closed easily. / * You can close the door easily; it only takes a gust of air.

另外,中动句还可以插入泛指反身代词:

(25) i. Books about oneself never read poorly. / ii. Letters to oneself compose quickly. (Stroik, 1992)

该句可以转换为:

(25′) i. One never reads books about himself poorly. /ii. One composes letters to himself quickly.

从这里可以看出,中动句的确存在一个隐含的任指的人充当施事。中动句隐含任指施事表明:中动句所陈述的事件是一种常规,一种普遍特征,是一种反复如此的状态,不管谁做都会有这种感受。这不是描述一次特定的行为动作,所以不要求某一特指的施事。

三、关于中动句的一个假说

上面综述的特征不是离散的,而是相互关联的,制约着中动句的构成和运用。具体来说是:语法上,以"受事主语 + 不及物动词 + 表状态的状语"构成句法结构基本框架;语义上,弱化为表述事件的经常状态、一般特征。现在我们要研究的是:中动句这样的基本语义特征同中动句这样的句法结构有什么对应关系。换句话说,我们要研究表述这样的语义内容的中动句的句法结构是怎样形成的,这当中有什么理据。作为一种解释,我们提出"中动假说"如下:

在主语受事的 NP + V + ADV 句法框架里,表状态的状语使动词的语义数量特征失去时间性,蜕变为非动作化(deactivization),同时又使谓语动词有界化(boundedness),从而保证了句子结构的合语法性。

下面对这一假说作些说明。为方便起见，先从有界化说起。

四、中动句谓语动词的有界化

中动句的谓语动词必须有界化。中动句谓语部分"V + ADV"的构成，是谓语动词有界化选择的结果。一个语言单位的有界化是人们对客观事物的"界"的认识在语言上的投影，造成语言单位普遍要求有界化。据石毓智、李讷(2001：94 - 99，160 - 161)的研究，现代汉语谓语结构普遍要求一个"量性成分"，使谓语动词有界化，"从结果、程度、状态、时间、空间、次数等方面对谓语中心词进行限制"，"以便从整体上来观察一个事物"。所谓"从'整体上'是指一个事件在时间、空间或概念上被有界化"。如果不实现有界化，"句子就会听起来不完整，甚至不合乎语法"。

英语句子的谓语结构同样也需要一定的手段为动词所表示的事件的存在和发展设立边界，即使之有界化。同现代汉语相仿，对英语谓语结构进行有界化限制的手段大体也是一些"量性成分"。包括：

1）表状态的状语，从动作的状态对谓语动词进行限制：

(1) i. He painted the wall with difficulty.（? He painted the wall.）

ii. He waxed the floor reluctantly.（? He waxed the floor.）

iii. He cut the meat rapidly.（? He cut the meat.）

2）表时间的词语，从发生、延续的时间对谓语动词进行限制：

(2) i. He runs for an hour every morning.（* He runs.）

ii. He was reading a book when I came in.（* He was reading a book.）

iii. He has been working since then.（? He has been working.）

iv. He was born in 1928.（* He was born.）

3）表动量的词语，从事件发生的频率对谓语动词进行限制：

(3) He read the letter twice.（? He read the letter.）

4）表地点的词语，从事件发生的地点对谓语动词进行限制：

(4) i. He lived in London.（* He lived.）

ii. He cut the meat in the kitchen.（? He cut the meat)

5）用限定性的词语将事件所涉及的事物进行限定，进而对谓语动词进行限制：

(5) i. He bought this book yesterday.（* He bought book yesterday.）

ii. He wrote only one letter yesterday.（* He wrote letter yesterday.）

iii. He is a student.（* He is student.）

应该说明的是，有界无界可能随设定条件的变化而转化，它们其实并不总是只处于二极对立之中，而是可能在两者之间存在一些模糊变量，所以上文引石毓智、李讷的话是说：如果不实行有界化，有些句子只是"听起来不完整"，但有些则会"甚至不合乎语法"。例如 He read the letter/He cut the meat 作为两个抽象的句子是合语法的，但在运用中听起来总是感觉未说完全。加上一定的上下文（即设定一定的条件），"界"比较确定，意思也许就会较为完整了：

(4′) iii. He cut the meat and I fried it.

各种有界化手段不但其具体的词汇意义、语法意义各异，而且会具有不同的语义意图，例如可通过量性成分的限制体现句子所表述的事件处于不同的动态性。一般趋势是：

(6) i. 对名词性成分的限定＞对动词性成分的限定

ii. 在对动词性成分的限定中：地点性的限定/时间性的限定＞状态性的限定/否定性的限定

(6)表示，通过这些手段的限制所体现出事件的动态性从左至右由动态趋向于静态。

中动句的基本语义特征是表述状态，是趋向于静态，所以选择状态性状语的限定手段以实施有界化。在少数情况下，中动句用于否定时可不带状语，这是用否定的手段将动作限制在未（不）发生的边界之内。动作未（不）发生也是一种状态。

五、中动句的语义数量特征

中动句谓语部分"V + ADV"的构成，也是有关概念语义数量特征相互选择的结果。词语的语义数量特征是“影响语法的最深刻的语义特征之一”（石毓智，2000：11）。在一个句子里，词语的语义数量特征会相互作用、相互制约，对句子的构成和表述产生影响。在这些数量特征当中，同本研究关系较为密切的是如下四项：(i) 离散量/连续量，(ii) 确定量/非确定量，(iii) 时间量/空间量，(iv) 维度量；其中时间量/空间量至为关键。

语义数量特征是这样赋值的：动作在一定的时间流逝中发生和展开，具有时间量；动作可能稍纵即逝，也可能延续一段时间，所以动作可以有瞬时量和非瞬时量。物体在三维空间中存在，具有空间量。(事物的)性质和(行为动作的)状态要分别依附于一定的事物或动作上才能呈现，是人们观念上的东西，没有实体的存在；在这个意义上说，“性质”和“状态”自身既没有时间量，也没有空间量。从维度看，动作是一维的；性质、状态是零维的；任何物体都是三维的，只不过为了处理和称量的方便。我们按照直觉感受将有些物体处理成三维的，有些物体处理成二维的，甚至处理成一维的。这样就用数量特征作为参照，将动作、物体、性质/状态区分开来了。本研究只涉及动作和状态，从理论上讲，典型的动作无论长短，总是有始有终，其延续时间是可以计量的，同另一次动作总是相分离的，其频率也是可以计量的。这就是说，动作的数量特征表现为时间性、离散性、确定性。有时，表述时段和频率可能会用诸如 for several years、several times 之类，看起来似乎是非确定量，但这只是为表达上的需要而设计的；就动作本身来说，无论用什么样的说法来表述，其延续的时间和发生的频率总是确定的。状态的情况比较微妙。状态不是自主的；状态的展现必须依附于特定的动作。此外，一方面，从某种状态本身的情况来说，它表现为连续量和非确定量，这是因为状态是观念上的东西，对状态的估量有很强的主观色彩，例如“十分容易”、“非常容易”、“很容易”、“相当容易”、“还算容易”，不同的人有不同的标准，就算同一个人也无法在相邻的两种状态之间划一条明确的分界线；另一方面，当我们要对几种不同的状态作出区分时，情况又会有变化。

事物的数量特征会通过我们的认知投影为相关词类的语义特征。我们将典型表动作的动词和典型表状态的副词的主要语义数量特征表示如下：

典型动词、典型表状态副词的主要语义数量特征

	时间性	瞬时性	离散性	确定性	维　度
动词	+	±	+	+	+（1维）
副词	−	−	±	±	−（0维）

现尝试用这些特征来说明中动句构成的理据。典型的动作和状态的数量特征在时间性方面表现出最为明显的差异；相应地，典型的行为动词和典型的状态副词的语义数量特征也是在时间性方面表现出最为明显的差异，二者处于有和无的二极对立分布。时间性体现了动作性，无时间性（和无空间性）体现了状态性。当动词与做指动状语的副词共现时，状语的指动性使副词的语义数量特征对动词的语义数量特征施加影响，状态副词的非时间性就会中和甚至抵消动词的时间性，从而中和甚至抵消动词所表现的动作性，使"动词＋副词"的结构不同程度地弱化为对状态的表述。

(1) i. He works diligently every day.

ii. He worked diligently when he was young.

（i、ii）的表状态状语将动作（to work）弱化为状态（diligent in working）的表述。应用这一分析程序就可以对中动句谓语部分的构成作出一定程度的合理解释，说明"动词＋状态状语"这样的句式结构为什么会同弱化为表状态的这一语义内容相适应。

上文说过，状态的数量特征是连续性的、非确定性的；那么为什么中动句已经弱化为表状态的谓语部分又可以有界化，即成为一个离散的单位呢？从一种状态同另一种状态的关系来考察，它们之间又是离散的，可以分界而且应该分界的，可以一种一种地确定计量的。"那个小朋友跑得又快又稳"，就可确定有两种分离的状态。

但状态的存在是不自足的，必须依附于一定的动作。那个小朋友跑的状态"快"和"稳"，必须依附于动作"跑"。"跑"完了，"快"同"稳"也就无法显现。所以状态的离散性和确定性的数量特征又是暂时的、有条件的；条件就是同动作结合。

综上所述，在中动句的谓语部分，一方面指动的状态状语使谓语动词有界化，并将对动作的表述弱化为对状态的表述；另一方面被表述的状态依附于动作之上，又反过来被动作离散化、确定化。这些因素共同形成了中动句句式结构。

语法化理论告诉我们，一种句式结构的确定离不开语义表述的需要（参见石毓智、李讷，2001：250）。就中动句来说，它要表述如下语义内容：同某一动作相关的某种状态；而要表述这一语义内容，就要将动作弱化为状态。在自然语言中选择一种句式来表述这样的语义内容并不难。Dik(1978：33 - 34)认为，对句子所表述的语义内容可作四大类区分，由两个参数确定："±Dynamic"(动态性)和"±Controlled"(控制性)，由此可建立句子语义内容分类矩阵：

(2) +D、+C：Action（动作）(Mary cooked the potatoes.)
+D、-C：Process（过程）(The potatoes are cooking.)[1]
-D、+C：Position（位置）(John stood in the corner.)
-D、-C：State（性状）(The roses are red.)

"±Dynamic"指动词表现的动作是否有"动态性"；"±Controlled"指该动作是否能为主语所指称的事物所控制，Dik规定，只有具有"+Animate"(生命性)语义特征的事物(如人、动物等)才具有这种控制能力。

中动句的动词是典型的表动作的动词，当然是"+Dynamic"；值得注意的是它的主语受事的句子形式。主语作为受事，它就不能对动词所表示的动作作出控制(-controlled)。这就使中动句所表述的语义内容归入Dik所划分的Process("过程")类。Dik所说的"过程"类的句子，包括从表非自主、非意愿行为的句子(如John fell down)到被动句、作格句1及中动句等一大类句子，牵涉到事件的过程、状态等。此外，及物性理论(Hopper & Thompson，1980)认为，在一个句子里，只有一个直接参与者(participant)；同有一个以上直接参与者相比，在其它情况相同的条件下，前者表述的语句动态性比后者小。主语受事句将施事"省"去了(即作为隐含谓元)，只剩下一个以上直接参与者(受事)，这就有助于实现将动态性弱化这一语义意图。由此可见，中动句所形成的主语受事的句式结构正是同它所表述的语义内容相适应的。

六、结 束 语

1）中动句结构的形成是一定的语义内容表达需要对句法结构和语法标记选择的结果。中动句的句法结构同它所表述的语义内容存在对应关系。

2）中动句语法化过程是多种因素先后协同、相互配合又相互制约的结果：主语受事句语序的选择有利于动态的弱化，而状态状语的非时间性将动词表示的动作弱化为状态；这两方面相互配合，二者相互加强。状语又使谓语动词有界化，保证了句子结构的完整性、合语法性。

3）事物的有界化和事物的数量特征经过认知中介投影到语言中，是中动句句法结构形成的重要理据。虽然我们无法对句子结构的构成作出预测，但句子结构是有理据存在的，是可以解释的。认知语言学的一个重要理论目标就是寻找这些理据，加深我们对语言深层机制的认识。

参考文献

Dik, S. C. 1978. *Functional Grammar*. Amsterdam: North Holland Publishing House.

Fagan, S. M. B. 1992. *The Syntax and Semantics of Middle Constructions: A Study with Special Reference to German*. Cambridge/ New York: Cambridge University Press.

Fellbaum, C. 1986. *On the Middle Construction in English*. Bloomington: Indiana University Linguistics Club.

Hale, K. & S. J. Keyser. 1986. *Some Transitivity Alternations in English*. Cambridge/Mass.: MIT Center for Cognitive Science.

Hoekstra, T. & I. Roberts. 1993. Middle constructions in Dutch and English. In Reuland & Abraham (eds.), *Knowledge and Language: Lexical and Conceptual Structure*, Vol. 2.

Hopper, P. J. & S. A. Thompson. 1980. Transitivity in grammar and discourse. *Language* 56 (2).

Iwata, S. 1999. On the status of implicit arguments in middles. *Journal of*

Linguistics 35(3).

Keyser, S. J. & T. Roeper. 1984. On the middle and ergative constructions in English. *Linguistic Inquiry* 15(3).

Massam, D. 1992. Null objects and non-thematic subjects. *Journal of Linguistics* 28 (1).

Nesfield, J. C. 1939. *Manual of English Grammar and Composition*. London: Macmillan & Co. Ltd.

Perlmutter, D. 1978. Impersonal passives and the unaccusative hypothesis. On the 4th Annual Meeting of the Berkeley Linguistics Society, UC Berkeley.

Plank, F. 197. *Ergativity: Towards a Theory of Grammatical Relations*. London: Academic Press.

Stroik, T. 1992. Middles and movement. *Linguistic Inquiry* 23(1).

石毓智,2000,《语法的认知语义基础》。南昌：江西教育出版社。

石毓智,2001,《肯定和否定的对称与不对称》。北京：北京语言文化大学出版社。

石毓智、李讷,2001,《汉语语法化的历程——形态句法发展的动因和机制》。北京：北京大学出版社。

（原载《外语教学与研究》2002 年第 6 期）

语言解释的维度[①]

——以中动构式为例

刘正光

一、关于语言解释

在语言学研究中，自乔姆斯基(1962)提出解释的充分性以来，解释成为语言学，尤其是理论语言学研究中的一个共同追求。然而，什么样的解释才能算得上充分？

More 和 Polinsky(2003：1－2)认为，解释包含以下四个步骤：界定研究对象的范围，充分描写研究对象，将研究对象与独立的理论抽象原则联系起来，对相关的其他现象作出可以证明的预测。由此看来，解释的本质其实是科学方法论的，对实际现象的理论阐述以可以证伪的假设为基础，而且可证伪的假设在形成时应该尽可能的不依赖附加假设。

在寻求解释的探索中，有三种主要的对立(More & Polinsky，2003：3－22)：语言个别性与语言普遍性、语言系统内与语言系统外的解释、共时解释与历时解释。解释的普遍性以生成语法为代表，认为在千奇百态的语言表象下，有一个人类语言的普遍原则性，即普遍语法。语言间的差异只是词汇与语法中参数的差异。解释的个别性以 Joos 为代表，认为语言间的差异是无止境的，且是无法预测的。More 和 Polinsky 认为，现代语言学，尤其是理论语言学的根本目标是在同一性与差异性这两级间找出一个共享地带，在这个地带上，能够说明语言趋同和趋异。语言系统内的解释以生成语言学为代表。所谓内在解释指根据某种语言理论的原则作出的解释。在内在解释途径中，语言事实根据两个原则解释：1) 理论

---

① 本研究得到国家社科基金项目“语言非范畴化研究”的资助，项目编号为07BYY002。

内部的原则（理论内在性）；2）语言现象的表征层次的内在性，即通常所说的“句法自主性”。语言系统内的解释途径的基本方法是演绎推理。演绎推理虽然有其严密性，但也常常招致批评，因为它损害了描写的充分性。语言系统外的解释的本质是将语言的和超语言的现象都看成是相同原则作用的结果。它也根据两个原则来进行解释，语言现象与某一现象和原则相联系，1）要么不仅局限于某一特定语言；2）要么在语言现象表征的层次范围之外。语言系统外在解释有两个主要代表，一个是以Langacker等人为代表的认知语言学，另一个是以功能语言学。认知语言学认为，语言是人类认知能力的一部分，语言结构产生的理据的许多普遍原则是人类认知和注意力结构的副产品。然而，认知语言学的解释途径要成为一种令人信服的外在解释途径，还必须有相关的试验研究以认知语言学的基本理论为理论工具证明其解释力，否则也只能是一种内在解释。功能语言学将语言看成是交际的工具，语言形式与表达需求之间存在某种因果联系。功能语言学的不足之处在于，要么将外在解释取代内在解释，要么将功能的描写既等同于对语言现象的描写又等同于对语言现象的理据的解释。More和Polinsky认为，内在解释与外在解释没有内在的矛盾，具有互补性，而且通过整合能够相得益彰。因为，语言现象的成因或产生的理据是多种多样的。

解释的目的是为了清楚地了解人类语言具有哪些特征，缺乏哪些特征，同时也是为了认清解释的局限性，比如说，所有的句法现象都能用句法的特征来解释吗？或者说有些可以通过句法与语义、句法与音系、句法与语用之间的映射得到解释吗？事实上，在试图确定某种解释的地位时，许多其他因素会同时出现在某个语料中，对于这类现象应该考虑用其他机制来解释。那么，解释有可能来源于语言系统内，也有可能来源于语言使用的社会网络（Culicover, etc. 2003：83-84）。

本文赞同More和Polinsky的观点，以中动构式为例，重点介绍Davidse和Heyvaert（2007）将系统功能语法与认知语言学的基本原理相结合的研究方法所取得的最新研究成果，以说明语言作为一个十分复杂的系统，任何一种途径的解释都只能实现有限的解释，都只能在有限的范围内实现解释的充分性。因此，不同理论之间、不同方法之间的相互借鉴、相互补充是十分必要的，能够提供多维度的观察问题的视角。

二、关于中动构式的几个根本问题的不同解决方法

中动构式涉及几个根本问题：1）述谓部分的构成，分解为两个问题：及物动词与非感知、怀疑、情感动词限制；2）句子主语的语义角色问题，即主语的受事性或受影响；3）情态意义问题；4）受事等成分的前移问题。下面的讨论以此为出发点，简述传统语法理论、生成语法理论、系统功能语法和认知语言学领域的有关学者的研究成果。

（一）关于动词必须是及物动词与非感知、怀疑、情感动词的限制

生成语法学者，如 Keyser 和 Roeper（1984：382），Fellbaum（1986），Fellbaum 和 Zribi-Hertz（1989）指出，中动构式中的动词必须是及物的，不能出现不及物动词。系统功能语法学者，如 Halliday（1967），Fawcett（1980），Davidse（1992）也提出了类似的观点。但是，根据 Davidse 和 Heyvaert（2007）的研究，存在着相当数量的不及物动词出现在中动构式的情况，如：

(1) a. The top quality rods from Montague, H & I, South Bend etc. are good rods, *fish well* and look good.

b. That brush *paints well*.

c. *Narrow tyres manoeuvre more easily*.

d. A middle for diddle draw on Yarmouth's straight course means a fancied runner can switch to either rail depending on which *side is riding faster*.

e. You wouldn't give my tip a chance of landing Aintree's Martell Red Rum Chase [...] *but with the ground riding slower*, he should improve dramatically.

在（1a—e）中，动词都是不及物动词。值得注意的是，在这些句子中，主语都不是典型构式要求的具有受事意义的主语，而是表示工具或手段（1a—c）或场景（1d—e）。

Davidse 和 Heyvaert（2007）还列举了一类似乎是具有及物或不及物歧义的情况：

(2) a. (about a tennis court) It is slightly coarser, so it *plays a bit slower*.

b. The top loch is fishing well.

他们解释说,(2a)里的 play the court 确实可以作为及物性的动补结构出现,如:

(3) Adams played the court with an impressive show of footwork during the first half of the game, dribbling circles around the members of the Kinfolk.

但是(2a)和(3)是有区别的。如他们所言,这种区别就是(3)中的 court 识解为宾语是考虑到其整体效果(holistic effect),即 Adams 充分利用了场地的空间。而(2a)则没有这样的意思。

与 Levin 的观点不同,Davidse 和 Heyvaert(2007)认为,下面这类句子也完全符合中动构式的标准:

(4) a. That whole wheat flour bakes wonderful bread.

b. This wood carves beautiful toys.

c. Professional bakers have understood for years that better flour bakes better bread.

Fellbaum(1986: 15)还提出了谓语动词的另一个限制:表示感知、怀疑、情感的动词不能出现在中动构式中。但 Davidse 和 Heyvaert(2007)也提出了一些反例(a 和 b):

(5) a. You will not have to worry about drifting of TX or RX signal, it hears well.

b. It "hears" well and this well-played and inexpensive CD should win the work (and the composer) new friends.

c. In order to feel well and look our best and most beautiful, all the chapters in this section need to be considered as part of a whole. (引自 BNC)

d. and he got it see well we thought if we could get that done. (引自 BNC)

Davidse 和 Heyvaert(2007)指出的这几类中动现象,具有十分重要理论意义,即对语言事实观察与描写的充分性问题。以上事实表明,中动构式涉及几个次类，它们之间构成一个连续体：

(6) a. Ps + VP（Ps：patient subject）

b. Is + VP（Is：instrument subject，including subject of means）

c. Ls + VP（Ls：locational subject）

d. Ps/Is + V + DO（DO：direct object）

生成语法只研究了最典型的中动构式(Ps + VP)。他们提出的动词谓语的限制因将大量的非典型中动构式排除在外，无法做出全面、准确的理论抽象。

我们认为，生成语法的缺陷在于，从认识论上，没有考虑中动构式的构式意义，因而在方法论上走的是从下到上的局部到整体的解决途径。中动构式作为一个构式，其构式意义是表示说话人对话题的主观评价，整个构式说明句子主语的一般特征，具有“类指”的属性(Lekakou，2002)。虽然中动构式有典型与非典型之分，但不同的次类都遵循整个构式意义。由此观之，无论是及物动词还是表示感知、怀疑、情感意义的动词，如果它们是对主语的特征做出主观判断，都可以进入中动构式。

Davidse 和 Heyvaert(2007)做出了更精密的分析与区分。他们指出，(6b—c)这两类中动构式中，只出现不及物动词。这一结论无疑是正确的，因为场景—主语构式本质上是非及物的(Langacker，2003)。

(二) 关于情态意义

对中动构式情态意义的认识关涉到对整个构式的句法与语义分析的根本问题。学者们都注意到了该构式的情态意义。但认识的内容有较大的差异。Fagan(1992：54)，Massam(1992：122)等认为，中动构式的情态意义等同于表达能力和可能性的 can。其标志之一是，动词后的附加语大多是表示“难度”与“效果”之类的词语，如：

(7) a. These glasses clean easily.

b. This judge bribes easily.

c. The book sells well.

还有许多学者，如 Halliday(1967)，Quirk(1985：229)注意到了，中动构式的另一个情态意义是表示“意愿”，可以由语法手段(7a—b)也可以

由词汇手段(7c)来表达,如(转引自 Davidse & Heyvaert,2007):

(8) a. I tried to open the door, but *the key wouldn't turn*.

b. These lines *just won't read*.

c. These lines *just refuse to read*.

显而易见,上面这样对不同情态意义的概括方法无法用简单的原则对所有四类中动构式的情态意义做出统一解释。

Davidse 和 Heyvaert(2007)认为相关的研究存在两个问题。一是,并不是所有的中动构式都能够用 can 转换成被动语态,即使能够转换成被动语态,句法与语义也产生了一定变化,如:

(9) a. This wood carves beautiful toys:: *This wood can be carved beautiful toys.

b. Sheila seduces willingly:: *Sheila can be seduced willingly.

c. The top quality rods from Montague, H & I, South Bend etc. fish well and look good:: *The top quality rods from Montague, H & I, South Bend can be fished well and look good.

二是,情态意义"意愿"从严格意义上讲,做主语的必须是表示人,而中动构式中的主语一般是无生主语。因此,Quirk 等人只能用拟人法来做附加解释。

Davidse 和 Heyvaert(2007)在指出这两个问题以后,采用功能与认知相结合的方法,运用 Talmy(2000)的力动态学原理中的"让"(letting)及其反义"阻碍"(hindering)对所有中动构式中的情态意义做出了统一解释,并抽象出主语具有"促进"(conducive)的特征。关于主语的"促进"或"阻碍"意义,刘正光、崔刚(2005)也有同样的论述。

在力动态学中(Talmy, 2000: 413-414),施力者(agonist)和反施力者(antagonist)构成对立关系,具有不同的作用和力度,施力者能够显示出实行某种行为的倾向性,反施力者对施力者行为的倾向施加某种影响,二者共同作用产生某种合力(resultant)。在中动构式中,主语是反施力者。Davidse 和 Heyvaert(2007)据此对不同的情态意义做了如下解释,如:

(10) a. Theses engines remove from a boat with relative ease.

b. I tried to open the door, but the key wouldn't turn.

c. Although the key turns, the door will refuse to lock.

d. His earlier short stories don't read so well.

在(10a)中,主语 these engines 作为反施力者没有对施力者(隐含的施事)的行为"拆卸"(removing)施加反作用力,即反施力者"让"施力者实施了意欲的行为,中间没有设置任何障碍。与(10a)相反,在(10b—c)中,主语作为反施力者都对施力者实施的行为设置了阻力。在(10d)中,主语的阻碍性行为虽然没有明确表达出来,但由于整个中动构式表达的情态意义("让","阻碍")赋予了动词短语情态意义,即产生了主观化。这个主观化过程将动词短语由表示事件的状态转而表示说话人的主观评价或判断,即他的早期的小说质量平平,让人难以获得阅读的快感或者说阻碍了人们获得阅读的快感。

力动态学强调力的来源,克服了以往研究中过分关注以人为施事来讨论致使力和情态意义的不足,很好地解决了中动构式中为什么会同时具有主动和被动意义的问题。施力者与反施力者之间的"让"的语义关系具有被动意义,因为作为反施力者的主语在语义等级上低于施力者的施事。反施力者可以是施事的对象受事,也可以是施事所居的位置或场景,也可以是施事所使用的工具。施力者与反施力者之间的"让"的语义关系同时也具有主动的意义,因为一定语境所激活的作为反施力者的主语的某些特征会积极地促进或阻碍施力者的行为。

中动构式表达情态意义能够很好地解释为什么述谓部分需要使用句末附加语的问题。句末附加语用在句末说明整个句子,表达说话人的主观评价;相反用在动词前,只能修饰动词本身,故不可接受。但在下面的句子中没有出现句末附加语(11c—d 转引自 Lekakou, 2002):

(11) a. Prayer books do not sell in casinos.

b. This engine docs not lift out.

c. This silk washes.

d. This dress buttons.

在(11a—b)中,否定成分本身就具有情态意义,表示可能性,取代状语表达了主观评价意义。根据 Lekakou 引用的解释,(11c—d)能够出现,必须依赖语境信息。语境必须隐含不同行为方式的对比,如真丝制品应该手洗不能机洗,或者说这件真丝衣服可以机洗,这件衣服是扣子扣的而不是拉链拉的。这样的对比信息实际上传达了一种认识情态意义。下文中的(13d)附加语 quickly 移至动词前,是因为有另一个表达新信息的状语占据了其位置。(11c—d)和(13d)说明了句法限制往往会因为语用条件的变化而具有可变性。

(三) 关于主语的受事性问题

无论是生成语法学者(Keyser 和 Roeper(1984: 382)、Fellbaum(1986)、Fellbaum 和 Zribi-Hertz(1989)、Lekakou(2002)),系统功能语法学者[Halliday(1967)],还是传统语法学家[Jespersen(1914 - 1929, Vol.3)、Sweet(1891)]都认为,中动构式中的主语总是具有受事性和受影响(affected)。但(1—6)清楚地表明,这样的论断具有片面性。主语除了典型的受事主语以外,还可以是表示工具、手段和场景的主语。

至于为什么主语的语义角色有这么大的变化范围,取决于对整个构式意义的认识。Jespersen 说,中动构式是主动形式被动意义(active-passive)。这也许是产生对主语的受事性论断的基础。事实上,这一概括是片面的。不但是(1)、(2)和(4)中的主语没有受事性,没有受影响,(12)中的主语也无法看到其受影响(a—c 引自 BNC, d—e 转引自 Davidse & Heyvaert, 2007):

(12) a. Despite worries to the contrary, *pressed flowers photograph well* and make a refreshing change from more conventional forms of artwork.

b. Owing to poor light conditions, *these particular marks did not photograph well*.

c. I think *Cilla doesn't photograph well*.

d. That is okay, because I am a Di Sarli fan. *His music dances well*.

e. *Sheila seduces willingly*.

如前面的分析所示,这些句子中的主语的某些特征促进或阻碍了行为的发生。以上研究缺陷的主要原因有两个:一是,它们主要以动词为中心考察主语与谓词的关系；二是，它们只考察了典型的中动构式。第二个原因显而易见，主要是观察与描写的充分性不够。第一个原因产生于理论观点与理论体系，同时也涉及方法论。动词表达过程，决定了它所有的"价"(valents)，施事和受事(主语和宾语)都是过程的参与者，是动词的补语成分。工具、场景等只是过程—参与者关系中的修饰成分，在概念上没有完成过程的功能(Langacker, 1987：308)。以动词为中心的研究把考察的范围局限在短语层次，仍然具有词汇层次的特征。显而易见，这样的考察忽略了述谓部分的限定内容(finite)这个十分重要的方面。限定内容属于小句层次，具有人际意义(interpersonal)(Davidse & Heyvaert, 2007)。而且，这样的考察还忽略了中动构式的整体构式意义对进入构式中的成分的信息增值和制约作用。

Davidse & Heyvaert(2007)从小句层次出发，强调中动构式的人际意义，用力动态学中的"让"关系和主语的"促进"特征，有利于解释为什么主语的变化范围问题。如果将中动构式的构式意义"对事物状态的主观评价"结合起来，能够比较好地解释主语的语义角色和动词进入中动构式的允准条件，即只要述谓部分和主语能够表达一个说话人对事物状态的主观评价，且主语具有"促进"的特征并和述谓部分存在"让"和"阻碍"的力动态关系，就能够成为合格的中动句。也正因为中动构式的主观评价意义，广告和体育语篇中大量出现中动句，如(转引自 Davidse & Heyvaert, 2007)：

(13) a. Tube tent. Sets up in minutes!

b. Compact lipstick size design, slips easily into your handbag or pocket.

c. Playset folds up into a storage case with handle for easy carrying.

d. [about a cosy car seat protector:] Quickly attaches/removes with elastic straps and Velcro tabs.

(四) 关于受事等成分前移做主语的问题

在中动构式中，受事等成分是怎样前移到主语位置的，以及为什么要前移，都是有意义的问题。

关于这个问题，生成语法学家早期和后来的解决办法并不一样。早期有词汇冗余规则和左向移动两种处理方式。

词汇冗余规则（Wasow, 1977）认为，中动构式属于基础生成（base-generated）的结构。它与及物结构的关系应该在词库中由词汇规则来描写。以 *cotton cleans easily* 为例，对于动词 clean，在词库中规定［*NP cleans Adv*］中的 NP 与［Δ *cleans NP*］具有相同的语义关系。我们认为，这一处理方式的缺陷在于：1）将中动构式作为个案处理，没有规律可言，而事实上，从语义上考察，它具有很大的规则性，表示主语的内在特征对事件的发生具有促进或抑制作用。这一处理方式只是纯粹的描写，没有解释中动构式产生的原因，语义差别与特征，这与转换生成语法自己所追求的理论目标相悖。

根据左向移动规则（或 NP 前置）（Emonds, 1976），（14）由一个深层结构转换而来，即（14）由（14′）转换而来：

（14）Cotton garments iron well.

（14′）（Somebody）irons cotton garments well.

左向移位的观点有以下几个问题。首先，语义差别很大。（14′）表达的命题意义应该是"某人擅长熨棉质衣服"，而（14）表达的命题意义应该是"棉制衣服容易熨好"。命题意义的差别说明，左向移位规则将移位前的主语视为完全意义上的施事而移位后的主语视为完全意义上的受事不准确，也没有令人信服地说明，受事为什么能占据施事的句法位置。

其次，左向移位规则如果不加限制的话，可能生成不可接受的句子：

（15）a. *The clothes ironed yesterday.

b. *The sink will clean tomorrow.

c. *The cotton washed.

显而易见，左向移位必须受到语义限制。而形式化处理框架中，语义和语用限制是不重要的。

面临着许多没有解决的问题，后来的学者如 Ackema 和 Schoorlemmer（1994，1995）以题元等级理论来解释受事、工具以及场景等语义成分为什么能居句首作主语的问题。他们认为，由于中动构式中的施事是任意的（arbitrary），在句法上被抑制了，即词汇概念结构的论元（如施事和受事）在向 D-结构投射时，原则上不是必要成分，但可以由可补出条件制约。

这个补出条件是，非投射性论元要么与语篇相联系，要么是任意的。由于中动构式表达的是通指意义（generic）因而主语具有任指性（arbitrary），中动构式中的施事由于是任意的，因而只在语义上出现而在句法上不出现（没有投射到 D-结构）。而且由于动词不表示事件意义了，施事才被抑制没有在句法上表现出来。他们还认为，没有论元被指派为外论元，相反，哪个论元被指派为外论元由题元结构来决定。既然最有资格获得主语位置的施事被抑制了，下一个最高等级的可以占据主语位置的就是受事了。那么，意义上的宾语（受事）投射到句法上就成为语法上的主语。

他们的解释，虽然能够说明受事被实现为语法主语的这样一个事实，但存在两个方面的问题。第一，这样的解释有循环论证之嫌；第二，不能解释工具、场景等语义成分实现为语法主语的问题。

Davidse & Heyvaert（2007）主要接受 Halliday（1985）关于主语的人际功能和 Halliday（1970）的情态力指向的理论来解释问题。在英语中，主语被说话人当作在修辞上负责命题的真值或说服力的成分，动词的限定形式有三种情态力指向：施事、主语和说话人。其实 Davidse & Heyvaert 还是比较清楚，Halliday 的功能语法理论是不能独立解释受事等成分前移做主语的问题。但由于他们是功能语法学家，用 Halliday 的理论作为解释工具是可以理解的。所以，他们在论述的过程中，又主要依靠 Langacker 的主观识解和 Talmy 的力动态学作为具体的解释原则。

我们认为，Langacker 的识解理论和 Talmy 的施力者降格理论更具有操作性。根据 Langacker 的论述，识解能将某一领域的内容用其他方式表现出来或者说将概念内容以不同的结构或途径组织起来，包含 5 个方面的认知能力：详略度、背景化、视角化、认知域和显性度。Langacker（1991：306 - 307）指出，主语一方面要证实命题的真值，另一方面要对充当主语的实体赋予焦点显性度。显性度涉及注意力的分配及分配的方式，如“凸现”（profile）和“背景”（base）的转换。这样更能反映出主观化过程中，说话人评价的参与方式。

但 Langacker 的理论无法说明为什么施事必须隐形的前提条件。这个问题，生成语法学者做出了回答。中动构式中的施事，即逻辑主语是任指的（arbitrary）（Ackema & Schoorlemmer，1994，1995；Lekakou，2002），这是施事能够隐形或者说成为背景的基础。

力动态学也能弥补 Langacker 的这个不足。根据力动态学(Talmy, 2000：422)，一个力动态型式中，语言构式的所有相关成分都会被同时激活，但构式具有选择功能，选择某些成分进入明确的识解，将其余的成分隐形。力动态学在不同语言层次都有结构性作用。在力的相互作用过程中，有一个施力者(Agonist)和一个反施力者(Antagonist)。虽然情态词都以施力者作主语，但由于人类认知过程中施力者降格(Agonist demotion)的影响，会出现两种后果，一是情态词可以和无生主语共现，二是出现受事前景化，施事背景化的转换过程，即受事充当主语。其转化过程如下(Talmy, 2000：442)：

(15) Agonist demotion

a. Agonist (Agent) MODAL make/let/have Patient VP ⇒

b. Patient MODAL VP

中动构式中的力动态型式是具有“促进”意义的主语与“让”的关系。表示情态意义时，无生主语作为情态力动态的动力源是反施力者，那么作为施力者的施事处于了次要地位，被降格隐形。工具格成分为什么能作主语呢？它与施事有一点是很接近的，人类语言的一个普遍特征是，工具往往产生积极的冲击作用(positive impingement)(Talmy, 2000：425)。应该说，手段、场景等也有与工具类似的作用。但在中动构式中，工具格作主语往往与不及物动词共同出现，如(1)所示。而受事作主语时，动词往往是及物动词。当受事或工具、手段以及场景等成分能够发挥促进作用并和述谓部分形成“让”的关系时，便获得了前移做主语的资格和条件。

但 Talmy 的力动态学型式(pattern)没有说明构式为什么具有选择功能的问题。相反，Langacker 的识解理论弥补这一不足。另外，Langacker 和 Talmy 的理论有一个共同的问题，即无法说明中动构式的句法特征和句法限制，虽然这不是他们追求的理论目标。

三、Davidse 和 Heyvaert 研究的启示

本文重点介绍了 Davidse 和 Heyvaert(2007)的研究，旨在说明我们的一个基本观点，语言作为一个高度复杂的系统，对语言事实的解释涉及诸多因素，因此，研究方法、理论原则等的相互借鉴和融合是理论解释的

必由之路。他们的研究给予我们许多有意义的启示。

语言解释的充分性首先必须建立在对语言事实的观察与描写的充分性之上,没有观察和描写的充分性,解释的充分性都是局部的、有限的。正如Langacker(2003)指出的那样,描写的高度充分性是解释充分性的一个层次,认知语言学以此作为最基本的目标之一。这就要求我们在研究方法上,从语言事实出发,不要人为地将语言事实区分为理想的和非理想的。这样做只会丧失发现重要理论原则的许多机会(刘正光,2006)。

当代科学发展的一个基本倾向是跨学科性。面对复杂的语言系统,研究方法、理论模型的相互交叉、融合与互补是揭示复杂现象背后的简单原则的必然要求。这一点,著名生成语法学家 Newmeyer(1999)做了明确的论述。他在讨论认知语言学与生成语言学的融合的可能时指出,一种理论方法走到极致时,实际上是在增加二者的融合。生成语言学走到最简方案,实际是在淡化原则的作用,并开始注重语法原则直接在表层与语义的相互作用问题,强调词库的功能实际是承认语用等因素的作用。

互补是分层次的,如方法论的互补,理论原则的互补,研究内容的互补,研究目标的互补。不同层次的互补能够解决不同层次的问题,实现不同的理论目标。功能主义与形式主义开始彼此关注对方的研究,求同存异,不断吸收对方的理论思想和原则,这是高层次的互补。Langacker(1991: 532)早在 1991 年就发出了这样呼吁,Newmeyer(2003)认为这是促进学术大联合的倡议。

参考文献

Ackema, P. & M. Schoorlemmer. 1994. The middle construction and the syntax-semantics interface. *Lingua* 93.

Ackema, P. & M. Schoorlemmer. 1995. Middles and nonmovement. *Linguistic Inquiry* 26(2).

Chomsky, N. 1962. Explanatory models in linguistics. In Nagel et al. (eds.), *Logic, Methodology, and Philosophy of Science*. Stanford: Stanford University Press.

Davidse, K. 1992. Transitivity/ergative: The Janus-headed grammar of actions and events. In Davies&Ravelli (eds.), *Advances in Systemic Linguistics: Recent Theory and Practice*. London: Pinter.

Davidse, K. & L. Heyvaert. 2007. On the middle voice: An interpersonal analysis of the English middle. *Linguistics* 45(1).

Emonds, J. 1976. *A Transformational Approach to English Syntax*. New York: Academic Press.

Fagan, S. 1992. *The Syntax and Semantics of Middle Constructions*. Cambridge: CUP.

Fawcett, R. P. 1980. *Cognitive Linguistics and Social Interaction: Towards an Integrated Model of a Systemic Functional Grammar and Other Components of a Communicating Mind*. Exeter and Hedelberg: Julius Croos Verlag and Exeter University Press.

Fellbaum, C. 1986. *On the Middle Construction in English*. Bloomington, IN: Indiana University Linguistic Club.

Fellbaum, C. & A. Zribi-Hertz. 1989. *The Middle Construction in French and English: A Comparative Study of Its Syntax and Semantics*. Bloomington, IN: Indiana University Linguistic Club.

Halliday, M.A. K. 1967. Notes on transitivity and theme in English. *Journal of Linguistics* 3(1).

Halliday, M. A. K. 1970. Functional diversity in language as seen from a consideration of modality and mood in English. *Foundations of Language* 6(3).

Halliday, M. A. K. 1985. *An Introduction to Functional Grammar*. London: Arnold.

Jespersen, O. 1914－1929. *A Modern English Grammar on Historical Principles*, 7 Vols. London: George Allen and Unwin.

Kemmer, Suzanne. 1992. Grammatical prototypes and competing motivations in a theory of linguistic change. In Davis & Iverson(eds.), *Explanation in Historical Linguistics*. Amsterdam / Philadelphia: John Benjamins.

Keyser, S. J. & T. Roeper. 1984. On the middle and ergative constructions in English. *Linguistic Inquiry* 15.

Langacker, R. W. 1987. *Foundations of Cognitive Grammar* Vol I. Stanford: Stanford University Press.

Langacker, R. W. 1991. *Foundations of Cognitive Grammar* Vol II. Stanford: Stanford University Press.

Langacker, R. W. 2003. Explanation in cognitive linguistics and cognitive grammar. In Moore & Polinsky(eds.), *The Nature of Explanation in Linguistic Theory*. California: CSLI Publications.

Lekakou, M. 2002. Middle semantics and its realization in English and Greek. In *UCL Working Papers in Linguistics* 14.

Levin, B. 1993. *English Verb Classes and Alternations*. Chicago: University of Chicago Press.

Massam, D. 1992. Null objects and non-thematic subjects. *Journal of Linguistics* 28 (1).

Moore, J. & M. Polinsky. 2003. Explanations in linguistics. In Moore & Polinsky (eds.), *The Nature of Explanation in Linguistic Theory*. California: CSLI Publications.

Newmeyer, F. J. 1999. Bridges between generative and cognitive linguistics. In Stadler & Eyrich(eds.), *Issues in Cognitive Linguistics: 1993 Proceedings of the International Cognitive Linguistics Conference*. Berlin/New York: Mouton de Gruyter.

Quirk, R. etc. 1985. *A Comprehensive Grammar of the English Language*. London: Longman.

Sweet, H. 1891. *A New English Grammar: Logical and Historical*. Oxford: Clarendon Press.

Talmy, L. 2000. *Toward a Cognitive Semantics*, 2 Vols. Cambridge, MA: MIT Press.

Wasow, T. 1977. Transformation and lexicon. In Culivover & Wasow (eds.), *Formal Syntax*. New York: Academic Press.

刘正光，2006，《语言非范畴化——语言范畴化理论的重要组成部分》。上海：上海外语教育出版社。

刘正光、崔刚，2005，语法原型与及物性，《外语与外语教学》(1)。

（原载《中国外语》2008 第 4 期）

汉语中间结构的界定
——兼论"NP+V-起来+AP"句式的分化①

余光武　司惠文

一、引　言

中间结构(middle construction)是近年来语法研究的热点之一。学者们对中间结构之所以感兴趣,主要原因有二:其一,是因为其概念本身。"中间结构"术语的提出,无疑是对先前语言研究中只区分主动结构和被动结构这种几成公理的认识构成挑战。自然语言中真的存在中间结构吗?这是语言学家必须回答的一个问题。其二,是因为其特有的句法语义特征。中间结构只允许动词的内论元出现在主语位置,同时又没有执行被动化操作,而且这类动词也非作格动词,所以它的生成过程一直是句法学家争论的焦点。当然,功能语法学家也试图对中间结构的语义特征和句法表现间的因果关系做出解释。可以说,中间结构已经成为检验各种语法理论的试金石。

大约是受国外中间结构研究的影响,近年来有越来越多的学者开始关注汉语中与此相似的结构,其中讨论最多的是"V-起来"句(以下简称"起来"句)②。例如:

1) 这本书卖起来很容易。　　2) 这种地板漆起来很容易。

3) 这个程序使用起来很方便。　4) 这辆卡车装起来很难。

纵观现有的研究,可以发现,一些研究者对于汉语中间结构的概念尚

---

① 江苏省高校哲学社会科学研究基金项目(05SJB740009);徐州师范大学科研基金项目(04XWA17、05XWB09)。

② 需要说明的是,本文讨论的"起来"句主要是指"NP+V-起来+AP"这种句型,其中的NP不是V的施事。也就是说,类似以下句子的句型不在我们的讨论范围:a. 他跑起来很快。b. 他做起这种事来很轻松。

无明确、全面的认识。汉语语法研究的中间结构概念主要借自国外相关研究成果。这种做法本身无可厚非，因为如果借用这个新概念来观照汉语语法能有一些新的发现，就说明借鉴是有益的。但另一方面，既然我们的研究主要是参照国外的相关理论，就有理由要求在研究中，对汉语中间结构的界定应该参照一些公认的中间结构特征，也就是说，汉语中间结构应该具有同英语等西语中间结构类同的句法和语义特征。但根据已发表的一些研究文献，学界对汉语中间结构的界定显然尚存在一些误区。我们主要根据已有对于中间结构的句法语义特征的认识，尝试对汉语中间结构及其范围做出新的界定。

二、已有相关研究述评

因为目前较为通行的看法就是汉语中间结构以“起来”句为典型，其句法构造是“NP + V -起来 + AP”。所以，回顾汉语中间结构研究史应从汉语“起来”句研究开始。

(一) “V -起来”句的研究

吕叔湘指出，“起来”有一种用法，可以“做插入语或句子前一部分，有估计或着眼于某一方面的意思。”(吕叔湘，1999，442)例如：

5) 这种收音机携带起来很方便。

关于“NP + V -起来 + AP”中“起来”的性质，高照明等曾指出，“NP + V -起来 + AP”结构与英语中间结构十分类似(Gao，Huang，Tang，1993)。

(二) 把“V -起来”句作为汉语中间结构的研究

宋国明指出：“汉语里有一种跟中间结构相仿的结构，包含了一个词素‘起来’，这种‘起来’句也展现了与英语中间结构相同的性质”(宋国明，1997，277)。宋国明还特别指出，“起来”有许多不同的用法，如只考虑它的中动用法，可将其称为“中间结构的‘起来’”(middle qilai)(宋国明，1997，277)。可以说，以后的汉语中间结构研究基本上都是围绕着“起来”句进行的。

白瑞雪指出，汉语的中间结构就是汉语的受事主语句，如例 6)，而典型的中间结构是“起来句”和“难易句”，如例 7)、8)(Bai,2003)：

6)《诗经》念过了。

7) 这种车开起来很容易。

8) 小孩子好蒙。

何文忠不同意汉语中间结构就是受事主语句的看法，他通过与德语的对比研究，认为汉语中受事论元及工具、处所甚至对象、系事都可以做中间结构的主语(何文忠，2004)。曹宏对她所谓的汉语中动句对动词和形容词的选择限制、句法构造特点、层次结构和语法关系以及语义表达特点等方面做了较为深入的讨论(曹宏，2004a，2004b，2004c，2005)。可以说，曹宏的系列论文代表了汉语中间结构研究的最新进展。

回顾以往汉语中间结构的研究，发现主要存在以下三方面的问题：

(1) 不同类型的“起来”句之间明显存在差异，而以往研究者们或没有论及(如白瑞雪、宋国明等)，或有意忽略(如曹宏的系列论文)。这种状况导致汉语中间结构的研究极为芜杂，中间结构几乎成了各种性质的不含有被动标志的受事主语类“起来”句的代名词(Ting, 2003)。

(2) 对中间结构的界定不清楚。目前为止，我们还不清楚汉语里究竟何种句式算是真正的中间结构，界定中间结构的标准是什么。学者们大都是自已拿来一种或两种句式认定为中间结构进行研究，而没有明确给出构建中间结构的充要条件，从而导致研究对象的异质状况，影响了结论的可靠性。

(3) 因为没有明确或可靠的定义标准，所以对中间结构与其他类似结构(如“起来”句式 A、B 等)的区分问题一般都有意无意地忽略了，没有细究。

研究对象的准确界定是进行汉语中间结构其他相关研究的基础。本文的工作重点即在于此。

三、中间结构的句法语义特征

国外语言学界关于中间结构的讨论的焦点主要是中间结构的生成推导过程，对于中间结构的句法和语义特征大都已经达成共识。概括起来，中间结构的句法和语义特征主要有下面几方面。

(一) 施事的任指性

很多学者都指出,构成中间结构的动词(以下简称"中间动词")必须要有一个可以被理解但是没有语音形式的施事,其作用主要在于表述动词所述动作能够按照它所能控制的形式来完成,它是构成中间结构的一个必要条件。

由于中间动词所述动作并不是由某个特定的执行者来完成的,所以这个施事指称任何人,即具有任指性。Philippaki-Warburton et al. 指出,任指性是指名词的一种普遍属性,指不含有特定的所指。具有任指性的名词因此就可以有两个基本的特征:完全的非人称解读(a pure impersonal reading)和通指性解读(a generic reading)(Philippaki-Warburton, Irene and Vassilios Spyropoulos, 2004)。当它表示通指性解读时,表达一种普遍的性质。

指出动词的施事具有任指性的学者还有很多,如 Maria Lakakou (2002)、Levin(1982)、Fellbaum(1985)、Fiengo(1980)等。

(二) 中间结构的基本语义特征是表述状态性

A & S(2006)、Iwata(1999)等都一致认为中间结构在语义上主要是表示句法主语的一种类属特性。因而,中间结构的表述只能是状态性的而非事件性的。按照陈平的研究,中间结构的情状类型应属于状态体(陈平,1988)。

中间结构的这种类属性和表状态的语义特征决定了其在句法表现上的特异性。如文献上经常提到的时体限制,即中间结构只用(一般)现在时,而不像与其类似的意念被动句、其他各类受事主语句可以有各种时态变化。同样也是为这种特殊的语义表达,中间结构一般都需要出现一个起着状态化作用的动词修饰语。

(三) 必需的动词修饰语

由于中间结构表达的是状态而非事件,因而中间结构要有一个副词性修饰语来表达这个物体的某种特性存在的方式,这时修饰语可以把事件性谓词转变为状态性的谓词，从而使中间结构表示状态而非事件。Roberts 指出，Class I 副词（如 carefully，deliberately，voluntarily……）和目的小句（rationale clauses）不能构成合法的中间结构（Roberts，1987）。这也说明中间结构中的副词在语义上不能指向动词施事。

正如 A&S(2006)所指出的，既然中间结构表达的是一种表泛指的情态性，它也就有了两个必然的特性：表状态性和带有表示情态意义的某些修饰语。Zwart 观点更为极端，他指出中间结构有两个区别性特征：副词必须出现和动词的补足语(complement)必须不出现，这说明这个副词其实就是动词的补足语，是其姐妹节(Zwart，1997)。例如：

9) This song sings easily.

由于 sing 的补足语不能出现，其空虚的位置正好成为 easily 的落脚点，所以说 easily 占据的是 VP 内部的补足语位置（complement position)，从而构成了中心语和补足语的结构关系。

概括上述关于中间结构中的副词使用就是，中间结构中的副词是修饰句子中的动作的，说明该动作按照修饰语所描述的方式进行，因此多为性状副词。在不使用其他的方式来说明动作进行的方式时，这个修饰语多以副词的形式存在而且是必需的。

和英语等语言不同的是，汉语的形容词可以修饰动词(位于动词的前后皆可)。所以，在汉语中间结构里，中间动词的修饰语是形容词词组 AP，它负担了在英语中需要副词负担的句法、语义功能。因而，我们就没有必要再为 AP 是形容词性还是副词性的再做讨论。下文为讨论方便，对 AP 一概称动词修饰语或补语。

(四) 小结

据上，我们可以确定构建中间结构的充要条件主要有：

(1) 动词表示的不是语法主语所实施的行为，而是其没有语音形式的施事的行为；

(2) 主语具有对谓语所述事件的负责性，即主语致使了谓语所述事件的发生；

(3) 整个句子是对语法主语本身具有的某种属性的描述，因而在句法上需要一个状态化谓语事件的附加语成分。

A & S 认为，对中间结构的描述是部分句法的和部分语义的，认为它是句法的，因为它涉及动词外论元（即隐含施事）的句法投射和内论元（即句首主语，一般是受事）的语法功能的变化；认为这一过程是语义的，是因为它关系到中间动词的状态特征和整个句子表达的通指（generic）特性（Ackema，Schoorlemmer，2006）。所以在界定中间结构时，要综合考虑句法和语义两个方面的特征，忽略了其中一个方面，就有可能将中间结构扩大化，从而使得界定及研究变得毫无意义。

四、汉语中间结构的重新界定

如前所述，汉语最接近或者说最有可能是中间结构的句型是“起来”句。然而，在研究中我们发现，以往学者作为中间结构所讨论的“起来”句，其实是几种不同结构层次的句式。仔细考察这些“起来”句，可以发现汉语真正的中间结构。

（一）三种性质不同的“NP＋V-起来＋AP”句式

一般认为，汉语中间结构以“起来”句为代表，但并非所有带有“起来”的句子都是中间句。先看几个“NP＋V-起来＋AP”构造的句子：

10）这本书看起来很不错。　　11）这个活算起来很挣钱。

12）这本书读起来很动人。　　13）这个活干起来很脏。

14）这本书读起来很轻松。　　15）这个活干起来很吃力。

16）这本书读起来很容易。　　17）这个活干起来很难。

如果按照其中 AP 的语义指向，以上句子可以再分为三类：句式 A，句中 AP 指向句子主语 NP，如例 10）—13）；句式 B，AP 指向句中没有语音形式但可以从语义上推导出的动词 V 的施事，如例 14）、15）；句式 C，AP 指向动词 V，如例 16）、17）。

三种句式，表面上的句法构造相似，仔细分析后却发现，它们内部成分之间的关系并不相同。下面可以通过几种句法测试来比较它们之间的差别。

（1）删去“V-起来”，句式 A 仍然可以接受，句式 B 和 C 却不可以：

10）a. 这本书很不错。　　11）a. 这个活很挣钱。

12) a. 这本书很动人。　13) a. 这个活很脏。

14) a. * 这本书很轻松。　15) a. * 这个活很吃力。

16) a. ？这本书很容易。　17) a. * 这个活很难。

(2) 将"V-起来"移动至句首NP前,只有属于句式A的例10)、11)可以成立:

10) b. 看起来,这本书很不错。　11) b. 算起来,这个活很挣钱。

12) b. ？读起来,这本书很动人。13) b. ？干起来,这个活很脏。

14) b. * 读起来,这本书很轻松。15) b. * 干起来,这个活很吃力。

16) b. * 读起来,这本书很容易。17) b. * 干起来,这个活很难。

(3) 变为"NP+AP+V"时,句式A和B不可以,句式C可以:

10) c. * 这本书很不错看。　11) c. * 这个活很挣钱算。

12) c. * 这本书很动人读。　13) c. * 这个活很脏干。

14) c. * 这本书很轻松读。　15) c. * 这个活很吃力干。

16) c. 这本书很容易读。　17) c. 这个活很难干。

(4) 从语义上推导,"起来"句中的动词V都存在一个隐含的施事。如果补上这个施事,句式A不能接受,B却很自然,C接受起来则较为困难:

10) d. * 这本书张三看起来很不错。

11) d. * 这个活张三算起来很挣钱。

12) d. * 这本书张三读起来很动人。

13) d. * 这个活张三干起来很脏。

14) d. 这本书张三读起来很轻松。

15) d. 这个活张三干起来很吃力。

16) d. ？这本书张三读起来很容易。

17) d. ？这个活张三干起来很难。

(5) 为了进一步说明句式B和C的差别,我们再作一次较大的转换:

14) e. 张三读这本书显得很轻松。　——张三显得很轻松。

15) e. 张三干这个活显得很吃力。　——张三显得很吃力。

16) e. ？张三读这本书显得很容易。——* 张三显得很容易。

17) e. ？张三干这个活显得很难。　——* 张三显得很难。

现在来对以上测试过程中三个句式所表现出的不对称性做初步的

讨论。

测试(1)和测试(2)的目的是要考察"V-起来"的性质。在测试(1)中,句式A中的"V-起来"可以删去,说明它不是句子的必有成分。句式B、句式C中的"V-起来"不能删去,说明它是这两种句式的必要成分。这个测试将三个句式分为两组:句式A和句式B、C。曹宏也注意到这两组句式的差别,分别称为可删除型中动句和不可删除型中动句(曹宏,2004)。曹宏还提到汉语中动句存在内部差异,可以再分为两类(曹宏,2004a)。一类中动短语(即"V-起来")可以移动到句首NP之前,例如:

18) a. 他看起来很有文化修养。→看起来他很有文化修养。

b. 这话听起来有点不对味。→听起来这话有点不对味。

另一类中动短语不能移动到句首NP之前,例如:

19) a. 这蛋糕吃起来很松软。→* 吃起来这种蛋糕很松软。

b. 那种脚手架安装起来很麻烦。→* 安装起来那种脚手架很麻烦。

虽有此划分,但曹宏还是坚持将两类"V-起来"句都看做是汉语中动句,理由有二:一是因为汉语中动短语后面的成分都是形容词性的;二是这两类中动短语(即"V-起来")可以对举使用,说明在语言使用者的心理上,这两种中动短语没有差别(曹宏,2004a,2004c)。例如:

20) 这个箱子看起来不大,搬起来可费劲啦。

21) 百合花儿闻起来特香,卖起来也特别快。(曹宏例句,原例编号24)、25)(曹宏,2004c)

这两个理由都很牵强。首先,既然已经证明两类句式有差异,也认为汉语具有跟英语两种不同句式(中动句和系表句)相对应的句子,为什么还要强行将其归为同质的结构呢?如果说从语义出发,AP的句法地位的不同所产生的语义差异如何解释?其次,可以对举使用的结构不一定就是同质的,例如:

22) 百合花儿闻起来很香,卖得也特别快。

似乎不能因此就说"闻起来很香"和"卖得也特别快"就是同一类结构。

在测试(2)中,句式A中的"V-起来"可以移动至句首NP前,句式B和句式C都不能移动。高照明等认为句式A的这个位置较为灵活的

“V-起来”其实是一个词汇化的句子副词(lexicalized sentential adverb)(Gao, Huang, Tang, 1993),如:

23) a. 这个主意听起来不错。

b. 听起来这个主意不错。

c. * pro/* 我听起这个主意来不错。

24) a. 闻起来这朵花很香。

b. 这朵花闻起来很香。

c. * pro/ * 我闻起这朵花来很香。

当然,同属于句式A的例10)、11)与例12)、13)之间也出现了小小的差异。后面我们将论证,这种差异其实是由于“V-起来”的词汇化程度不同造成的。

与在测试(1)里相似,句式B和句式C都不允许“V-起来”的移动。至此我们也可以看出,句式A和句式B、句式C的对立的确存在。

测试(3)的目的是想考察AP的性质。在测试(3)里,句式B和句式C的不同得到凸显。结果表明,句式B的AP不能用来修饰V,句式C却可以。这也是我们确定AP的语义指向的一个主要标准。只有AP指向动词时,它才能位于动词的前面,构成可以接受的状中结构。句式A和句式B里的AP或指向句首NP,或指向V的隐含施事,所以不能放在V的前面。

测试(4)的目的是想检验三种句式对V隐含施事的容许度。结果表明,句式A排斥此施事的出现,原因可能就是“V-起来”既然已经具有(副词)状语性质,所以它的施事在句法中也就没有位置了。

从测试(4)已经可以看出句式B和句式C对这个“施事”的容许度也存在差异。测试(5)进一步证明这种差异的存在。那为什么两种句式对V的隐含“施事”态度会有如此差别呢?其实,例14)e、15)e的“张三”不是施事,而是感事,例16)e、17)e里的“张三”才是施事。

归根结底,二者差异可以从AP的语义指向上来解释。由于句式B的AP指向V隐含的施事,所以AP和V都需要这个施事,所以它的出现也就很自然了。而句式C的AP指向V,对此施事的容许度相对要弱。为什么会如此?我们将在下文展开论述。

经过以上测试,可以证明我们“NP + V-起来 + AP”句式内部的确存在差异。需要说明的是，虽然区分三类句式时我们采用的标准是 AP 的语义指向，但这不等于我们认同 AP 就是所有“NP + V -起来 + AP”句谓语的说法（曹宏，2004c）。按照以上分析，三种句式的层次结构关系及各成分的性质可以概括为：

句式 A：NP主 + | V -起来状 + AP谓

句式 B：NP话题 + | V -起来主 + AP谓（?）

句式 C：NP主 | + V -起来谓 + AP补

对于句式 B 的层次关系及各成分性质现在还无法完全确定。但根据以上测试，可以确定它同句式 A、句式 C 都不一样。我们的研究兴趣主要在属于汉语中间结构的句式 C，所以对句式 B 暂不做进一步的探讨。这样做也不会影响我们研究汉语中间结构时所得出的一些结论。

（二）句式 C 是汉语的典型中间结构

根据上面的测试可以发现，句式 A 的“V -起来”的句法性质非常接近状语。在这一点上我们和高照明等和曹宏的看法基本相同（Gao，Huang，Tang，1993；曹宏，2004c）。只是，句式 A 的内部因为“V -起来”词汇化程度的差异，对测试（2）的敏感度存在差异。高照明等指出，只有有限的几对“V -起来/ V -来”可以互换，如“说起来”/“说来”，“看起来”/“看来”，“听起来”/“听来”（Gao，Huang，Tang，1993）。我们认为，这几个“V -起来”的词汇化程度之所以都比较高，主要是因为这几个动词表达的都是人类最重要也是最普通的感官动作（所以有人称其为“感官动词”），因为重要而普通，所以这几个动词也成为汉语中的高频动词，而语言中的高频词意义也最容易泛化，一旦其意义泛化，与其有关的高频词汇组合也就连带走向泛化，从而发生词汇组合词汇化现象。类似的“V 起来”还有“闻起来”、“摸起来”等，它们虽不能减缩为“V -来”，但其在句式 A 的位置也较为灵活，呈现出词汇化的倾向。而且它们的词汇化方向并非是动词（因为它们不能单独作谓语），更像是副词（因为它们在句中位置灵活）。

中间结构是表达中间语态的句法形式。语态主要跟动词相关，表达句子改变动词的主语和宾语之间的关系又不改变句子意义的方式。将句式 A 里的“V -起来”定性为状语后，该句式的谓语只能由 AP 承担了。由于形容词谓语句不可能进行语态转换或语态选择，所以也不会有语态之争。至此，我们已经可以将句式 A 排除于中间结构之外了。

认为汉语中间结构是形容词作谓语是曹宏（曹宏，2004c）[戴曼纯也持类似观点（戴曼纯，2003）]的一个很大的误解。因为按照经典的中间结构的定义，中间结构必定是以动词做谓语。西方语言学界最早提出"middle"是用来指称处于主动态和被动态之间的一种语态类，可以称为中间态。后来，它"主要用来表示一种与其主要用来指称古希腊语动词的一种屈折范畴的原始用法一致的形式范畴"（Kemmer，1993，1）。Lyons 单纯从语义上来概括中间语态的特征是表述影响动词主语或其兴趣的"活动（action）"或"状态（state）"（Lyons，1969）。如果真如曹宏所说的汉语中间结构是动词短语做状语、形容词做谓语的话，那只能证明汉语里根本没有中间结构，或者说即使有我们也还没有发现。理论上说，汉语既然同英语等语言一样具有主动语态和被动语态，就没有理 由缺少中间语态。

应该承认，不同语言对于语态的表达手段是不一样的，但无疑都需要运用一定的形式手段来区分不同的语态，如德语中间结构一般都含有反身代词"sich"（王蓓蓓，2002），法语中间结构一般也要求有反身代词"se"出现，英语中间结构虽没有特殊标记，但其没有时态变化也是其区别于主、被动语态的主要特征。相比较而言，汉语倒有一个较为"专门"的中间结构标志"起来"。不过，现代汉语里的"起来"用法很多，并非所有的"起来"句都是中间句，只是一般的中间句都要求"起来"出现（其中原因我们下文再详加论证）。但有一点对所有语言来说应该是共同的，就是中间结构都应该是动词核心结构，这就从理论上决定了汉语中间结构不可能是形容词做谓语。

参照中间结构对动词修饰语的以上要求，我们可以进一步将句式 B 排除于中间结构范围之外。因为测试（3）和测试（4）的结果综合表明，句式 B 中的 AP 表达的是动词 V 隐含的其实不是施事，而是感事。Fellbaum 认为，表达如感知、理解、怀疑和情感等个人感受的动词不能构成中间结构（Fellbaum，1985，15）。何文忠则认为，这些动词的逻辑主语都不是施事，而是感事（何文忠，2005）。Roberts 也强调，中间动词隐含的只能是施事（Roberts，1987）。不同于句式 B，句式 C 中的 AP 不仅完全通过状语测试，而且如测试(4)所示，它对隐含施事的排斥倾向更符合中间结构的经典定义。

另外，一般而言，充当 AP 中心词的多是语义上不能与中间句中的受事以及隐含施事有直接关联的副词或形容词。英语中如前面所提到 carefully、deliberately、voluntarily 这类副词不能出现于中间句中，因为它们都是描述施事的心理状态的，而出现在典型的中间句的则多是表性状、方式的副词(manner adverbial)，如 well、easily、fine 等。相比较，汉语中能符合这一要求的形容词就更少了。我们现在常举出来的只有"容易、难、方便"等少数几个。那么，是不是 C 句式的 AP 中心词都是难易类形容词呢?[③] 我们的回答是否定的。事实上，不论什么形容词，只要其在语义上不指向动词的隐含施事和居于主语位置的受事，而是在语义上指向动词，主要用来表述动作状态，就都可以进入中间结构。之所以常以难易类形容词(如"容易、难")为例，的确是因为含有这类形容词的中间句更为典型。其他的例句如下文的例 27)以及类似"这种笔写起来很流利"之类的句子。

根据以上分析，我们有理由认为句式 C 是汉语中间结构的当然构型。理由有三：

其一，结构上，句式 C 完全符合中间结构的典型构式：NP + VP + AP。由于 VP 隐含施事具有任指性，所以其在句法上一般不投射。这也解释了测试(4)中句式 A、B 和句式 C 的差异。句式 A、B 不是中间结构，所以欢迎隐含施事的显化；句式 C 是中间结构，施事只是一个抽象的意念，并不需要其具体形象的出现。

其二，之所以在形式上不需要施事显化，主要是因为句式 C 在语义上表示句式主语 NP 的一种类属特性。如"这本书读起来很容易"不会被理解为"无论何时有'读这本书'的事件，这一过程就会进行得容易"，而是应该被理解为"'这本书'是这样的一本书，任何人读起来都很容易"。

其三，中间结构动词后面的修饰语主要起着状态化中间谓词的作用。也就是说，这个修饰语应该作用于句中 VP，而非其他。如前所述，句式 A 和句式 B 中的 AP 并非 VP 的修饰语，而是充当句子的谓语。

---

③ 感谢审稿专家提出这个问题。

问题到这里似乎得到了解决。“NP + V -起来 + AP”可以分为 A、B、C 三种句式，其中只有句式 C 与“middle construction”相对应，所以说是汉语的中间结构。但若从探讨汉语中间结构的目的出发，还需要进一步考虑的问题是，汉语的中间结构只有“起来”句式 C 这一种构型吗？要给出这个问题的答案，我们有必要搞清楚中间结构里的“起来”在句法和语义上到底有何作用。

（三）“起来”的中间化作用

A & S 认为，中间结构表达的是一种表泛指的情态性，其特征主要有表物体属性的意义（the property reading）、表潜能性（potentiality）和状态性（stativity），中间结构能够解读为“任何人都能（…地）做…[anyone could (Adv) V]”。例如 this meat cuts easily（这块肉切起来很容易）可以解读为 anyone could cut this meat with ease（任何人切这块肉都很容易）（Ackema，Schoorlemmer，2006）。由于这个具有泛指意义的情态性——隐含的 can，中间结构也就有了两个必然的特性：表状态性和带有表示情态意义的某些修饰语。

汉语中间结构是如何来表达这些特性的呢？我们认为，汉语中间结构中的“起来”很好地起到了这些作用。“起来”在不同的句子里有不同的意义。

刘月华对“起来”的用法进行了概括和总结，有如下几类：a. 趋向意义：表示由低处向高处移动；b. 结果意义：表示接合以至固定；表示突出、隆起；c. 状态意义：用在动词或形容词后表示进入一个新的状态；d. 特殊用法：① 用于从某方面说明、评论人或事物。动词或形容词前一般要出现表示评论说明的人或事物的名词，② “想起来”、“看起来”引进说话人的一种看法（刘月华，1995，341 - 373）。特殊用法①的例句如：

25) “饺子嘛，”朱盛笑道，“吃起来很好，包起来就麻烦了。”

该句是评论饺子的：从“吃”的方面说很“好”，从“包”的方面说，“就麻烦了”。“起来”这样用的时候，说话人表达的重点不是在“起来”前的动词或形容词所表示的动作或状态上，不是在叙述某一具体动作或状态，而是从动作或状态表示的那个方面去揣摩、说明、评论人或事物。

我们认为，就汉语中间结构来说，“起来”的存在是表达中间语义特征的一种句法手段。它既满足了中间结构表达状态性的要求，也符合中间结构所表示的情态可能性。“起来”在中间结构中的作用，有以下几点：(1) 刘月华所给出的“起来”的特殊用法①，表示对事物某一方面的评论、说明；(2) “起来”和“得”都是附着于动词后面，之后紧跟的也都是动词的补语，但它们对于最终生成句子的语态所起作用却截然不同。“得”字只起着补语标记的作用，“起来”不仅有补语标记的作用，而且还有前述(1)的作用，更主要的是它使句子隐含有一种表示可能的情态性。因为“起来”本身具有的趋向意义，赋予了某种情状出现的可能性或潜势(potentiality)。

从句法方面来说，我们设想汉语中间句里的动词其实就是及物动词，其后之所以不再允许内论元出现，原因就在于“起来”附于其后。“起来”在此的作用类似作格化，也许可以称为“中间化”。具体的句法生成问题，已超出本文研究范围，容另文以详。

(四) 进一步的讨论

司惠文、余光武在研究英语中间结构的生成时认为，典型的中间结构不只是受事主语类中间结构，还应包括工具主语类和处所主语类中间结构等(司惠文，刘光武，2005)④。对中间结构的范围考虑不周，会直接影响研究结论的可靠性。

Massam 指出，现在很多文献中的“middle”其实就是 IASC(Internal Argument as Subject Construction)的简称，即其只用来指受事主语类中间结构而不包括其他类型(Massam, 1992)。我们认为，研究中间结构不应忽略另外两类典型结构(即工具主语类和处所主语类)。对中间结构进行分类的目的在于避免一些不必要的争论。比如，Roberts、Hoekstra & Roberts 曾指出只有带有客体论元的动词才能形成中间结构(Roberts, 1987; Hoestra & Roberts, 1993)。显然，这种观点只适用于主语是受影

---

④ 该文所划分出的三类中间结构为：(1) 结构为 $N_{受事}+V+ADV$ 的受事主语类。例如：The bureaucrats bribe easily (这些政府官员贿赂起来很容易)。(2) 结构为 $N_{工具}+V+ADV$ 的工具主语类。例如：The pen writes smoothly (这个钢笔写起来很流利)。(3) 结构为 $N_{处所}+V+ADV$ 的处所主语类。例如：The truck loads easily (这辆卡车装起来很容易)。

响者的情况，像工具性主语和处所性主语的情况就不适合。又如，徐盛桓对于英语中动结构的特征做了以下总结：在句法上其基本框架为“受事主语＋不及物动词＋表状态的状语”，在语义上弱化为表述事件的经常状态或一般特征（徐盛桓，2002）。可以看出，徐盛桓描述的也只是结构为“$N_{受事}$ + V + ADV”的受事主语类典型中间结构，不能涵盖其他种类型中间结构的特征。

我们在以上的研究中所用例句都是受事主语类中间结构，原因在于方便对已有研究进行有针对的批评。但有一点可以肯定的是，以上得出的一些结论对其他两类中间结构同样适合，所以也就没必要再对它们展开另外的讨论。

五、中间结构与几类结构的区分

我们已经知道，一种结构只有同时满足句法和语义两方面的特征要求时，才能被看做是中间结构。据此，我们可以来判断和区别一些与中间结构相“类似”的结构。由于目前对于英语中间结构和其他结构的区分已经很明确，而对于汉语中间结构的研究较少，而且对这一问题的认识相对比较薄弱，现有文献中有许多不一致的观点，本部分重点讲述汉语中的情况。

（一）受事主语句不等同于受事主语类中间结构

詹人凤指出，受事主语句中的主语是受事，而且句中没有使用被动标志（詹人凤，1991）。受事主语句的特征之一也是谓语动词不表示动作而是具有表态性。那么是否说受事主语句就是中间结构呢？本文认为这两者并不存在对应关系。典型的受事主语类中间结构与受事主语句有以下区别：句法结构上，典型中间结构含有中间标志“起来”，而且不能含有“着、了、过”等体貌标志词。语义上，中间结构表示的是主语的内在属性，而且主语要对谓语描述的事件具有致使性。而这些特征并不是一般的受事主语句所具有的。试比较：

一般受事主语句：a. 米饭已经吃完了。 b. 那辆卡车已经开走了。

中间句： a. 米饭做起来并不难。b. 卡车装起来很方便。

(二)“V+得+补语”结构不能等同于中间结构

“V + 得 + 补语”结构也可以用来表示评议。那么它是否也应该看做是中间结构？我们先看一下表示评论的“得”的用法。

“得”字的作用主要是补语标志。例如：

26）他那篇文章写得很好。

“很好”修饰“写”，表示写的“结果”，可称为“结果补语”。同时，它也有评论的意味，表示说话人对“他那篇文章”的评价。

一般而言，中间结构的“起来”句大多都可以转变成“得”字句。例如：

27）a. 这件事做起来很容易。→b. 这件事做得很容易。

Maria Lekakou 在分析中间结构和泛指性被动句(generic passive)的情态时指出：中间结构表示的是语法主语具有的某种可能性(possibility)，而泛指性被动句表示的则是任指施事具有的能力性(ability)(Lekakou, 2002)。所以本文认为“V-得”句与英语中的泛指性被动句相对应。例如：

28）a. 这节课讲起来很容易。　　b. This lesson teaches easily.

29）a. 这节课讲得很容易。　　b. This lesson is taught easily.

例 28)说的是这节课具有容易讲的特征，如内容简单等，而例 29)则是讲课的人讲这节课讲得很容易，强调的是讲课人的能力。

另一方面，就两者表示的动词的体态来说，“V-起来”句表示的是一般现在时，因为这一时态通常被用来表述客观情况，而“V-得”句多表示对过去的动作的评论。例 29)a 合法的前提就是这节课已经被上过了。而例 28)a 表示的可以是一种潜在的可能性，可以发生也可以没有发生。

六、结　　语

研究汉语中间结构，必须对汉语中间结构进行一个明晰的界定。审视以往中间结构研究成果，我们概括出了构建中间结构的三个充要条件。对照这些条件，可以对汉语中间结构有一个较为明晰的界定。

首先，经过测试确定“NP + V-起来 + AP”结构并非一个同质的集合，按照句法和语义两方面的特征，该结构可以进一步分化为三个句式：句式 A、B 和 C。通过分析三种句式的内部结构和语义表达特点，最终得出，只有句式 C 才符合构造中间结构的三个充要条件，所以也只有句式 C 是汉语的中间结构。

在汉语中间结构中，“起来”扮演了一个极其重要的角色。“起来”除了可以后接动词补语外，还具有表示状态性和情态性的先天优势，所以我们称其为“中间标志”，并认为它具有“中间化”的作用。

其次，中间结构不止受事主语类，还应包括工具主语类和处所主语类。

最后，对两个容易与“V-起来”结构混淆的结构类型与汉语中间结构做了比较，结果证明汉语中间结构的确特立独行，自具特点。这也说明划分中间结构并非无中生有，而是确有必要。

参考文献

Ackema, P. & M. Schoorlemmer. 2006. Middles. In Everaert & Riemsdijk (eds.), *The Blackwell Companion to Syntax*. Malden, MA: Blackwell Publishing.

Fellbaum, C. 1986. *On the Middle Construction in English*. Bloomington: Indiana University Linguistics Club.

Fiengo, R. 1980. *Surface Structure: The Interface of Autonomous Components*. Cambridge, MA: Harvard University Press.

Gao, Z. M., Huang, C. R. & C. C. J. Tang. 1993. On the syntactic construction of evaluative *v qilai* construction. In The Pacific Asia Conference on Formal and Computational Linguistics, Taipei.

Hoestra, T. & I. Roberts. 1993. Middle constructions in Dutch and English. In Reuland & Abraham (eds.), *Knowledge and Language*, Vol. 2. Dordrecht: Kluwer Academic Publishers.

Iwata, S. 1999. On the status of an implicit arguments in middles. *Journal of Linguistics* 35(3).

Kemmer, S. 1993. *The Middle Voice*. Amsterdam/ Philadelphia: John Benjamins.

Lekakou, M. 2002. Middle semantics and its realization in English and Greek, *UCLA Working Papers in Linguistics* (Vol.14).

Levin, L. S. 1982. Sluicing: A lexical interpretation procedure. In J. Bresnan (ed.), *The Mental Representation of Grammatical Relations*. Cambridge/ MASS: Cambridge University Press.

Lyons, J. 1969. *Introduction to Theoretical Linguistics*. Cambridge: Cambridge

University Press.

Massam, D. 1992. Null objects and non-thematic subjects. *Journal of linguistics* 28(1).

Philippaki, W, I. & V. Spyropoulos. 2004. A change of mood: The development of the Greek mood system. *Linguistics* 42(4).

Roberts, I. G. 1987. *The Representation of Implicit and Dethematized Subjects*. Dordrecht: Foris Publications.

Ting, J. 2003. The middle construction in Mandarin Chinese and the presyntactic approach. At the 15th North American Conference on Chinese Linguistics. Michigan State University.

Zwart, J. W. 1997. On the generic character of middle constructions. Groningen University.

Bai, R. 2003. 英汉"中动词"的一些特征。检自 http://www.lforums.com/html/11/1103/551.htm.

曹　宏,2004a,论中动句的层次结构和语法关系,《语言教学与研究》(5)。

曹　宏,2004b,论中动句的句法构造特点,《世界汉语教学》(3)。

曹　宏,2004c,中动句对动词形容词的选择限制及其理据,《语言科学》(1)。

曹　宏,2005,论中动句的语义表达特点,《中国语文》(3)。

陈　平,1988,论现代汉语时间系统的三元结构,《中国语文》(6)。

戴曼纯,2003,《最简方案下的广义左向合并理论研究》。北京:外语教学与研究出版社。

何文忠,2004,汉语和西日耳曼语中的附加语中间结构,《解放军外国语学院学报》(1)。

何文忠,2005,中动结构的界定,《外语教学》(4)。

刘月华,1995,《趋向补语通释》。北京:北京语言文化大学出版社。

吕叔湘,1999,《现代汉语八百词》。北京:商务印书馆。

司惠文、余光武,2005,英语中间结构句法致使生成研究,《现代外语》(1)。

宋国明,1997,《句法理论概要》。北京:中国社会科学出版社。

王蓓蓓,2002,关于德语中间结构的基本特征,《四川外语学院学报》(2)。

徐盛桓,2003,常规关系与句式结构研究,《外国语》(2)。

詹人凤,1991,受事主语句(名动式)的识别,载中国语文杂志社编著,《语法研究和探索》(第6册)。北京:语文出版社。

(原载《语言研究》2008年第1期)

第四部分

双及物构式研究

现代汉语的双及物结构式[1]

张伯江

一、从句式特征看"双宾语"问题

(一) 观察"双宾语"问题的角度

过去的语法研究相信每个动词有固有的"配价"能力,它们在句子里带多少宾语以及带什么样的宾语是这种配价能力的反映;同时相信通过对词汇语义和句法规则的描写可以概括所有语法现象。但当我们把观察的视野放到实际运用中的语言的时候,就会发现,这些规则并不能够穷尽地描述动词运用的所有细节。更为重要的是,语言中大量使用的句式(construction),其句法—语义特征往往不是能够由词汇语义规则自然推导出来的,这些句式的语义构成是人类认知对现实的反映,它们所体现出的句法—语义的一致关系无疑应该是语法研究的核心内容。这就是近年兴起的句式语法(Construction Grammar)所要解决的课题。

就"双宾语结构"来说,以往的研究多是从"位置"角度定义的,如马庆株(1983)定义为"述宾结构带宾语";李临定(1984)定义为"谓语动词后边有两个独立的名词性成分的句式"。马文把动词后面出现的名词性成分都看作宾语,这样他的宾语类型就既包括一般承认的受事等成分,同时也包括处所、时间、工具、数量等外围语义成分。他所描述的双宾语结构有如下类型:1)给予类(送你一支笔);2)取得类(买小王一只鸡);3)准予取类(我问你一道题);4)表称类(人家称他呆霸王);5)结果类(开水烫了他好几个泡);6)原因类(喜欢那个人大眼睛);7)时机类(考你个没准

---

① 本文初稿是在与 Sandra A. Thompson 教授的反复讨论中写成的,后又经沈家煊先生和陶红印先生指正多处,谨致谢意。文中错谬由作者个人负责。

备);8) 交换类(换它两本书);9) 使动类(急了我一身汗);10) 处所类(挂墙上一幅画);11) 度量类(他们抬了伤员好几里路);12) 动量类(给他一巴掌);13) 时量类(吃饭半天了); 14) O_1 为虚指宾语的(逛他两天北京城)。李文着眼于动词的语义类型,分为"给"类、"送"类、"拿"类、"吐""吓"类、"问"类、"托"类、"叫"类、"欠""限""瞒"类等。这些描写所覆盖的事实,为我们进而研究双宾语结构的内在机制提供了很好的基础。但这样为双宾语式界定和分类,在我们看来,有三个关乎句式性质的大的问题还没有得到解决。首先,我们几乎找不到适合于所有类型的一条或几条句法特征。马文和李文都曾指出了一些具体类别中的句法变换特征,例如,变换为带"给"的句式、带"从……"的句式、带"向……"的句式、带"对……"的句式等。但没有一条是适用于所有双宾语结构的,这样,双宾语式除了"VNN"这个词序特点以外,几乎是个毫无内在联系的类别了,这对于以寻找充分必要条件为目的的结构追求来说,不能不说是一个失败。第二,在这样的范围内,似乎也无法看出能够进入这一格式的动词有什么可以概括的特点。一个常见的说法是这些动词主要是三价动词。可是这里有两个问题:一、有相当数量的动词并不是所谓的三价动词(详见§4),二、语法学界习惯用双宾语式和什么是"三价"动词相互界定,不免有循环论证的嫌疑。最后,我们还没看到对双宾语句式的概括的语义描述,动词小类的语义类型本身不等于这个格式的总体语义概述。在结构主义的语法观念中,格式的整体语义一般不成为一个研究问题,这不能不说是前人研究的一个不足。本文尝试对上述三个问题做一些探讨。

我们认为,对上述问题的完满解决取决于研究思路的转变,因而本文尝试用"句式语法"的观念探讨结构主义方法所不能完满解决的双宾句式的问题。在各类结构主义的语法观点中,句子的意义是由其组成成分的语义(尤其是动词语义)决定的,句式类别也是要靠按语义特征给动词分小类确定的。"句式语法"则认为,语法结构式②是独立于词汇语义规则之外的语法事实,有独立的语义。Goldberg(1995)对"句式"的定义为:

(1) 如果用C代表独立句式,把C看成是一个形式(F_i)和意义(S_i)

② 即construction,本文多数情况下依黄居仁等1996译为"句式",偶尔称作"语法结构式"。

的对应体，C 所能够成立的充分必要条件是：F_i 或 S_i 的某些特征不能从 C 自身的组成成分或者从其他已有的句式预测出来。

从这样的观点看，汉语可以说存在着一个叫做双及物的语法结构式，其形式表现为：$V - N_1 - N_2$，其语义核心为"有意的给予性转移"。以"张三卖邻居一套旧家具"为例，什么是它的格式语义呢？从分解的角度看，其语义未必不能说成是"邻居希望张三卖掉他的旧家具"或"张三在那里卖旧家具恰巧让邻居碰上给买走了"，可是这些解释都需要大量的补充信息才能成立。在我们看来，这个格式的一个最自然的解释是，"张三有意把自己的家具通过出售的方式转让给邻居"，这就是我们前面所说的格式语义："有意的给予性转移"。这种格式语义是独立于能进入这个格式的具体成分，尤其是动词性成分的。例如，动词"分"并不具有"转移"的意义，可是在"单位分了我一套房子"这个双及物（$V - N_1 - N_2$）语法格式中，格式语义"有意的给予性转移"仍然成立，或者说，格式的意义"上加"在（superimpose on）动词和其他成分的意义上了。

本文还提出，汉语双及物句式还表现为几个细类，因此我们将重点论证双及物句式的典型语法语义特征以及句式引申的问题。为了突出这个句式整体的语法语义独立性，我们打算放弃带有强烈结构分解色彩的"双宾语"的说法，而使用"双及物式"（ditransitive construction）这个术语来指称讨论的对象。虽然这两种说法都涉及动词和动词后两个独立名词成分的问题，但一个用的是分解的视点，另一个体现的是整体的视点，它们有实质的区别。这个区别可以用下图表示：

（二）从"给予"意义说起

从现实语料统计中的优势分布，到儿童语言的优先习得，乃至历史语法的报告，都表明"给予"意义是双及物式的基本语义。[③] 朱德熙（1979）

③ 根据我们对老舍小说《骆驼祥子》和王朔小说《我是你爸爸》的统计，在公认的"双宾语"结构中，表示给予的占半数以上；据周国光 1997 对 3 岁以前儿童习得双宾语结构的考察，最早并且最大量出现的也是表示给予的；历史语法的证据，可以参看贝罗贝 1986 等文献。

对"给予"意义的概括为：

(2)"给予"意义：

1) 存在着"与者"和"受者"双方。

2) 存在着与者所与亦即受者所受的事物。

3) 与者主动地使事物由与者转移至受者。

汉语语法系统里除双及物式以外，其他表示给予行为的表达式都要借助于词汇形式"给"。包含"给"的形式至少可以概括为以下三种（其中A(agent)表示施事；R(recipient)表示接受者；P(patient)表示受事)：

a. A 给 R V P　　　　他给我寄了一个包裹。

b. A V 给 R P　　　　他寄给我一个包裹。

c. A V P 给 R　　　　他寄了一个包裹给我。

沈家煊(1999)这样描述三种句式的不同意义：

a 式表示对某受惠目标发生某动作；

b 式表示惠予事物转移并达到某终点，转移和达到是一个统一的过程；

c 式表示惠予事物转移并达到某终点，转移和达到是两个分离的过程。

我们注意到，b 式在语序形式和语义内容方面都与本文所关注的双及物式完全吻合。显然，当动词可以不借助"给"字表达一个完整的给予过程的时候就形成了双及物式。

(三) 双及物式的原型特征

我们把典型双及物式的特征概括为：在形式为"A + V + R + P"的句式里，施事者有意地把受事转移给接受者，这个过程是在发生的现场成功地完成的。如：

(3) 刚才老李送我一本书。　　(4) 昨天邻居卖我一把旧椅子。

它们具有这样一些句法特点：

1) 一般可以在受事之前加上施事的领格形式：

(5) 刚才老李送我一本他的书。

(6) 昨天邻居卖我一把他的旧椅子。

这个特点反映的是，该过程是一个领属关系转移的过程：给予之前，受事为施事所领有；给予之后，受事为接受者所领有。

2）一般不能用“给”把接受者提到动词之前：

（7）* 刚才老李给我送了一本书。

（8）* 昨天邻居给我卖了一把旧椅子。

这个特点表明，“卖”和“送”这样的动词本身带有明确的现场交予意义，所以不必特别指明该行为的目标。

3）可以用“把”把受事提到动词之前：

（9）刚才老李把一本书送我了。

（10）昨天邻居把一把旧椅子卖我了。

这个特点表明受事的可处置性。

出于句式的典型范畴观，（Taylor，1989）我们并不把狭义的“给予”义和上述三个句法特点当作界定双及物式的充分—必要条件，相反，只是把它们看作双及物式的原型特征。我们认为，汉语里存在若干不同类型的双及物式，它们构成一个放射性的范畴（radial category，参看 Lakoff，1987，王伟，1998），不同方向的引申式有不同的语义和句法表现。我们在下面讨论的重点是通过逐一考察各种引申途径来揭示所有双及物式类型的产生机制。

二、汉语双及物式的引申机制

句式和词汇成分有多方面的相似性。正如词和意义的关系一样，语言系统里句式的数量是有限的，但可以表达的意义却远远多于句式的数目。正如词汇成分代表人们对现实事物的总结一样，基本句式也可以看做是人类一般认知经验的反映，多样的表达式也反映了基本范畴的引申和扩展。引申的途径不外两种：一是隐喻（metaphor）机制，二是转喻（metonymy）机制。隐喻就是把一个认知域里的结构或关系映射到另一个认知域里去的过程，一般是从现实的、具体的、人们熟悉的领域向抽象的、不易掌握的领域引申；转喻则是用人们认知上两种东西之间的关联，使一物转指另一物成为可能，常见的有用来源指称结果事物、用局部指称整体等方式。以下的讨论中我们将说明：汉语的语法结构式的产生和引申就是这些隐喻和转喻方式作用的结果。

(一) 施者和受者的引申

典型的施事是有意志力的、自主的指人名词，但根据神会原则(empathy principle，看 Kuno，1976)，我们可以认定某些机构设置名称同样可以作为施事理解，如：

(11) 单位分了我一套房子。 (12) 晚会供应我们晚餐。

尽管"单位"、"晚会"是无生命名词，但由于这些组织都是人为设置的，人们很自然地把属于人类的某些性质延伸到它们身上。这就是"神会"现象。一般来说，较易神会的名词主要包括：处所词、机构名称等；不易神会的有时间词、自然界的实体(如石头、星星等)、抽象名词(如精神、状态、气势)等。

与典型指人名词不同之处在于，这种神会的施事无法作人格化的领格回指：

(11′) *单位分了我一套他们的房子。

(12′) *晚会供应我们他们的晚餐。

相应地，接受者也有同样的延伸现象：

(13) 他捐图书馆一套善本书。 (14) 我交画廊一幅画。

与施事相比，接受者的位置上出现无生命物受的限制更少。

(二) 给予物的引申

给予物可以是空间领域的实体，也可以是非空间领域的实体，还可以是话语领域的实体。请看下面三个例子：

(15) a. 递他一块砖。 b. 递他个眼神儿。 c. 递他一个口信儿。

(15)三例中的受事分别是空间领域实体、非空间领域实体和话语领域实体，(15)a. 可以实现现场指示，而(15)b. c. 则不能：

(15′) a. 递他这块砖。

b. *递他这个眼神儿。

c. *递他这个口信儿。

b. 和 c. 的区别在于 c. 可以在反指(cataphoric reference)的情况下成立：

(16) 递他这个口信儿：让他明天打两斤酒来见我。

同样，在话题化方面的表现也是 a. 成立而 b. c. 不成立：

(15″) a. 这块砖递他。

b. * 这个眼神儿递他。

c. * 这个口信儿递他。

这个例子的分析说明了有些句法条件适用于隐喻的源领域而不适用于目标领域；同时，在不同的目标领域里也有不同的句法表现。

从更广的角度看受事的引申，我们可以观察到一个重要的现象：公认的典型受事标记“把”字变换也不适用于所有的例子。

(17) 老王送徒弟一把钳子→老王把一把钳子送了徒弟
?老王拿一把钳子送徒弟
*老王把徒弟送一把钳子

(18) 老王托徒弟一件事→*老王把一件事托了徒弟
老王拿一件事托徒弟
*老王把徒弟托一件事

(19) 老王问徒弟一个问题→*老王把一个问题问徒弟
老王拿一个问题问徒弟
*老王把徒弟问一个问题

(20) 老王骂徒弟“懒骨头”→*老王把“懒骨头”骂徒弟
老王拿“懒骨头”骂徒弟
*老王把徒弟骂“懒骨头”

(21) 老王叫徒弟“小三儿”→*老王把“小三儿”叫徒弟
老王拿“小三儿”叫徒弟
老王把徒弟叫“小三儿”

空间领域的实体受事“钳子”可以加“把”字标记；交际领域的非空间实体“事”只能加弱受事标记“拿”；交际/话语领域的受事“问题”和语语/命名领域的受事“懒骨头”也只能加弱受事标记“拿”；命名领域的受事“小三儿”也不能加典型受事标记“把”却可以让接受者“徒弟”加上“把”，表明接受者也在一定程度上具有受事性质。这一系列的句法差异再次说明了隐喻源领域里的一些句法限制在不同的目标域里有不同的表现。这同时又是一个说明句法范畴家族成员相似性(family resemblance)的很好例证：没有一项句法特征足以作为所有五个例子的充分必要条件，但人们却有足够的理由把相邻的两例认为是具有近密的引申关系的，尽管第一例和最后一例相比几乎是对立的，我们仍然可以根据家族成员相似性的原则认定它们共属于一个范畴。

(三) 给予方式的隐喻

正如我们前面曾经指出的,“给予”意义是由句式带来的,未必来自每一个个别的动词。观察出现在句式中的动词,可以发现既有自身表示给予意义的,也有从给予的方式角度体现给予意义的,更多的则是本身并没有狭义的给予意义而借助于句式表示给予的。句式中体现的隐喻方式主要有以下几类:

A 现场给予类。这一类动词有:给、借、租、让、奖、送、赔、还、帮、赏、退、优待、援助、招待、支援等,它们都符合双及物式的原型特征,尤其值得注意的一点是,由于这些动词都在语义上要求有明确的方向和目的,所以不需要特意事先规定其目的物,因此都不能变换成“A 给 RVP”式,如:

(22) ?他给老师交了一份作业。

(23) *老王给我卖了一套旧书。

(24) ?小刘给我递了一块橡皮。

B 瞬时抛物类。这一类动词有:扔、抛、丢、甩、拽、塞、捅、射、吐、喂等。它们本身语义上并不要求一定要有一个接受者,但用在双及物式里的时候,由于固有的方向性特点,所以目的性十分明确;又由于固有的短时特点,所以现场性也是必然的。使用上的句法特点与上一类相近,往往不必事先规定目的物,如:

(25) ?他给我扔了一个纸团儿。　(26) ?柱子给媳妇拽了一个包袱。

C 远程给予类。这类动词包括:寄、邮、汇、传等。这一类动词由于语义上涉及远距离间接交予,目标性有所弱化,句法上可以加上前置的“给”短语:

(27) 爸爸给我寄了一封信。　(28) 我给家里汇了二百块钱。

与此接近的另一类动词是几个持续性的有向伴随性行为动词,如:带、捎等。

D 传达信息类。这一类就是把物质空间的给予过程投射到话语空间的现象,可以分为两小类。第一小类是明显的“给予”类引申,这些动词有:报告、答复、奉承、告诉、回答、交代、教、提醒、通知、托、委托、责怪等。他们虽然一般也具有现场性和目标性,但由于给予物不是具体的物质,所以人们一般不把这种给予看得很实，故而一般不说：

(29) *侦察员给团长报告一件事/*侦察员报告一件事给团长

(30) *老师给我回答一个问题/*老师回答一个问题给我

但汉语中同时存在的另外一些说法，如“老师给了我一个答复/秘书给了他几句奉承/老人临终给了我们一个交代/到时候给我提个醒儿”，从侧面证明了这类句式中“给予”意义的存在。第二小类的情况留待下一节讨论。

E 允诺、指派类。这一类动词包括：答应、许；拨、发、安排、补、补充、补助、分、分配、批、贴、准等。它们的特点是其交予的现实要在不远的未来实现，反映在句法上，可以观察到它们变换为结果目标式要受一定的限制：

(31) 老王答应我两张电影票→*老王答应两张电影票给我

(32) 班长安排我们两间营房→? 班长安排两间营房给我们

(33) 老师准我两天假→*老师准了两天假给我

F 命名类。包括称、称呼、叫、骂等。这一类的给予物是一个名称，但动词本身没有明确的给予意义，给予意义是由句式带来的，所以动词不能以任何形式与“给”相伴：

(34) *爸爸给他叫小三儿/*爸爸叫给他小三儿/*爸爸叫小三儿给他

这是一种对惯常行为的描述，既非瞬时行为，也不必然在现场完成，把它们认作双及物式的依据，在于给予物(名称)有较为显著的受事属性，同时它在施事和接受者之间的转移过程是一个完整的交予过程，句式语义和结构跟典型的双及物式有清楚的平行关系。另外，像“我给他起了个小名/外号”这样说法的存在，虽然不能说是双及物式的句法变换式，但也可以帮助我们理解“名称”这类受事的“给予化”过程。

综观上面描述的 B–F 五种引申方式，可以说都是从 A 类呈放射状引申出来的。其中最为主要的是两点：一是从现场给予到非现场给予的隐喻，二是从物质空间到话语空间的隐喻。这两种方式共同作用导致上述种种引申途径。我们可以用一个简单的图来概括这个语义网络。

这个语义认知模式不仅概括了各种双及物式实例的引申途径，而且可以帮助我们进一步理解一(二)所讨论过的三种与“给予”有关的表达式。我们看到，只有非现时域的例子可以变换为“给 RVP”，现时域的往

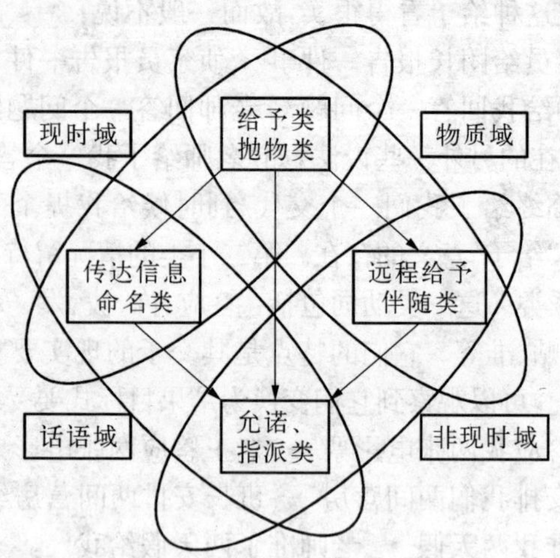

往不行；只有物质域的例子可以变换为"VP 给 R"，话语域的往往不行。可见，"给 RVP"式主要是为无法当时交付的情况指明目标；"VP 给 R"式主要是交代实实在在的交付行为的终点。

三、句式语义的引申

如同词可以有多义词一样，句式也可以有多义句式。多义句式新的语义的产生也跟多义词里新义项的产生一样，往往是从基本语义引申而来，哪怕偏离原义很远，也还能寻觅到它对原义的继承（inherit）关系，这里的引申机制就是转喻。下面我们讨论几种主要情况。

（一）话语空间的转喻

这里我们要解决的是二（三）里 D 类遗留的那部分动词的问题。这些动词有：问、盘问、请教、请示、求、审问、考、测验等。我们拿"问"和"回答"为例作一个对比，可以看到有以下两个形式相同的说法：

（35）a. 老师问学生一个问题。　b. 老师回答学生一个问题。

语义方向好像是相反的。句 b 很容易理解为"给予"意义的直接引申——给予物是"答案"。但句 a 则应把给予物理解为一个更为抽象的东西——老师的"请求"。这里的引申机制就是转喻：

句式	喻体	转指物
(35) 老师问学生一个问题	问题	关于回答这个问题的请求
(36) 王老师考我们数学	数学	关于数学能力的测验
(37) 弟弟求我一件事	事	关于办这件事的请求

这两种句子在句法表现上也因而很不一样,突出的一点是,借助直接隐喻机制的动词可以比较自由地加“给”,而借助转喻机制的动词则不能加“给”:

(38) 老师答复[给]学生一个问题　　* 老师问给学生一个问题

(39) 王老师教[给]我们一个方法　　* 王老师考给我们两道题

(40) 弟弟托[给]我一件事　　* 弟弟求给我一件事

这样,我们就寻绎到了“答”、“问”这两种看似相反的句式之间的语义联系。

(二) 物质空间的转喻

汉语里“买”、“拿”、“偷”、“借”等动词,有不少学者把它们当作双宾语的一种主要类型,理由是“送”、“卖”等和“拿”、“买”等是“相对应的反义词,它们构成的句式也应作同样的分析”(见李临定,1984);同时也有一些学者不承认它们的双宾语资格,依据是后两个宾语之间无例外地具有领属关系,整个结构可以看作领属结构作宾语的单宾语格式(见沈阳,1994,杨成凯,1996, 李宇明,1996)。Niina Zhang 提出了五个方面的句法证据,否定了“领属说”,仍然认同为双宾语句。④ 我们认为她的论证是成功的,问题是,这种语义是如何与句式相容的?

---

④ 她在“现代汉语论坛”(http://forum.sina.com.cn/richtalk/arts/chinese/forum)1999 年 1 月的一次讨论中提出:一,汉语中非转让性领有关系(inalienable possessive)的领属结构在一定条件下“的”可以省略,可转让性领有关系(alienable possessive)“的”不能省略。如果认为“买/偷”类句里有省略“的”的现象,那么我们必须解释为什么“他姐姐”可以相当自由地出现在各种语境中,而“我 一支笔”只能出现在“买/偷”类句子里;二,汉语里“我的一支笔”和“一支我的笔”可以交替使用,但“他拿了一支我笔”却不能说;三,“老李偷了我一本书”里的“我”可以提升为被动句主语“我被老李偷了一本书”,而“老李偷了我的一本书”则不能变成“我被老李偷了的一本书”;四,不能在高一层次并列“* 他偷了那辆汽车和我一头牛”;五,不能进行并列成分的同一形式删除:“* 他偷了老王一头牛之后又偷了老李”。

如果我们只着眼于动词语义，必然像前人一样得出“买—卖”、“给—取”相对的概念。但句式语法认为，句式语义跟词汇语义之间是一种“互动”(interaction)的关系，即认为，典型的词汇语义（如“给”、“送”等）为句式语义的形成有过贡献，但句式语义又可以反过来赋予一些原没有给予意义的动词以给予义。因为句式是一个“完形”(gestalt)，进入一个句式的任何实例都例示(instantiate)了句式的整体意义，“买”、“拿”等动词也不例外。

首先，“我买他一本书”跟“他卖我一本书”并不是语义完全相反的两个句式，因为第一，句中的主语都是主动者（换句话说，前一句并不是后一句的被动形式）；第二，句中动词后的第一个名词都是被动作影响的有生的对象，影响的结果都是他对受事的领有状况发生了变化。这两点就是对双及物式基本语义的继承。换句话说，就是双及物句式给“买”、“拿”等动词带来了主动的意义，同时也使这样的动词进入句式以后具有与一般双宾语句平行的句法特点。

这个过程中的引申机制是转喻。如同“我问他一个问题”就是给予了“他”一个“请求”一样，“我买了他一本书”则是给予了“他”一个“损失”。其他例子的情况分析如下：

	句式	喻体	转指物
(41)	老王买了我一把旧椅子	一把旧椅子	一把旧椅子的损失
(42)	李师傅拿了我两把钳子	两把钳子	两把钳子的损失
(43)	他偷了东家一头牛	一头牛	一头牛的损失

同时，动词本身也包含着一个转喻过程：

	句式	喻体	转指物
(41′)	老王买了我一把旧椅子	买	买+使损失
(42′)	李师傅拿了我两把钳子	拿	拿+使损失
(43′)	他偷了东家一头牛	偷	偷+使损失

因此我们认为，仅仅观察到“给予”类句式跟“取得”类句式语义相反是不够的，还要进一步注意到“取得”句的特殊语义：一方面，他的A和R跟“给予”句性质相同；另一方面，它的P的性质却跟“给予”句里的P不尽相同。有一个有趣的句法现象可以证明我们的观点，那就是，“取得”句里P前可以加上动量词，而“给予”句则不行：

(41″) 老王买过我一次旧椅子　　*老王卖过我一次旧椅子

(42″) 李师傅拿了我两次钳子　　　　?李师傅给了我两次钳子

(43″) 他偷了东家一回牛　　　　　　* 他送了东家一回牛

这说明,"取得"类句式里的 P 更偏重于表达数量意义。汉语的量词有分类(classify)和计量(measure)两种功能,我们是不是可以说,在"他送了我一头牛"和"他偷了我一头牛"里,前者的"头"偏重于分类作用,后者的"头"偏重于数量意义?

这个现象所反映的事实是,"取得"句里 P 的个体性(individuation)程度远远低于"给予"句里的 P。事实上,当句式着重于表达交易行为时,"数·量·名"短语就只有计量意义而没有实体意义了。在以下例子里,名词往往可以省掉不说,就是一个证明:

(44) 罚了他两百块[钱]　　　　(47) 他该我一顿[饭]

(45) 赢了他们两个[球]　　　　(48) 我欠他两笔[债]

(46) 赢了我两盘[棋]　　　　　(49) 赚了三毛[钱]

从这个角度看,表示价值量的名量词的作用跟动量词有近似之处,就是说,"赚了三毛钱"跟"跑了两趟"一样是从数量上表示动作实现的程度的。(参看 Li & Thompson,1981)

句式的基本语义是人类经验现实的反映,常用句式引申为多义句式,不同的民族又有不同的处理方式。汉语里表"给予"的双及物式可以引申出表示"取得"的语义,而英语则不行(英语的"I bought her a book."不等于汉语的"我买她一本书");英语里可以引申出表示制作并给予的意义(Sally baked her sister a cake.)而汉语里则不说"* 我编你一只花篮/* 主人倒我一杯茶。"这是语言共性基础上的类型差异。(参看 Zhang, 1998)

四、从论元结构论句式语义与动词语义的关系

以上考察系统描述了汉语双及物式的引申机制。这个过程展示的是,那些看似找不到语义共性的双宾语结构实例不过都是语言中人类经验的认知现实的系统性反映。

在关于动词配价问题的讨论中,争论的焦点之一就是应取语义配价观还是句法配价观的问题。其实这二者之间恐怕很难划出截然的界线。拿"递"这样的动词来说,不论从句法而论还是从语义而论似乎都很容易

认定它是三价的，因为说话人说“递他”的时候必然要涉及一物；说“递钱”的时候必然要涉及一人。但这只是双及物式里最典型的一种情况。上文我们已经多处涉及了各种引申状况，本文开头也提到，能进入 VNN 格式的动词并不限于所谓的三价动词。如果我们按语义配价的标准来看的话，就会发现很多语义上是“二价”的（乃至“一价”的⑤）动词也常常出现在“三价”的句法框架里：

一种情况是，动词和接受者单独组合时，语义上并不必然涉及另一个受事，如“帮：我帮你”；“骂：大家骂他”；“优待：班长优待你”；“照顾：单位照顾我”；“赢：他赢了我”等。它们用于双及物式的情况例如：

(50) 帮：我帮你一千块钱。　(53) 照顾：单位照顾我一套房子。

(51) 骂：大家骂他“癞皮狗”。　(54) 赢：他赢了我二百块钱。

(52) 优待：班长优待你一张电影票。

另一种情况是，动词和受事单独组合时，语义上并不必然涉及另一个接受者，如“吐：那老头吐唾沫”；“放：学校放假”；“扔：队长扔木头”；“进：韩国队进球”等。它们用于双及物式的情况例如：

(55) 放：学校放我们两天假。　(57) 吐：那老头吐他一口唾沫。

(56) 进：韩国队进我们两个球。(58) 扔：队长扔我一块木头。

如何看待这种现象呢？多数人倾向于接受的一种说法是：动词在不同的句式里会产生不同的语义（如“巩固”在“巩固政权”里产生出“使动”意义；“扔”在双及物式里在自身语义之外产生了“以某人或物为对象的抛掷动作”的意义）。问题是，我们是否需要就此为动词归纳出这么多不同的语义呢？显然那将造成过多不必要的繁琐。我们主张把那些语义归因于句式。这种选择不仅是考虑到便利，更有其方法论上的优越性：避免循环论证。当我们说一个动词具有 n 种论元意义是基于它与 n 种成分共现的事实；那么也就同时断言它能与 n 种成分共现是因为它具有 n 种论元意义。这就产生了循环论证。而论元结构的“句式观”将使我们避免关于动词具有 n 个支配成分故而有 n 种谓语形式的循环论证。以三价关系来说，我们认为动词的支配能力是直接与双及物式的框架相关联的。换

---

⑤ 一价的情况如“急了我一身汗”里的“急”；再如“进”在这样的语境里就应当认为是一价的：“今儿下午球赛里咱们队进了吗？”“进了。”

句话说，动词是与必能融入句式义的一两种基本语义相关（如本文论述的“给予”义及各种引申途径）。这样就不必每当遇到一个新的句法形式就给一个新的动词意义，然后用这个意义去解释该句法形式的存在，句式语法方法关注的是动词意义和结构意义之间的交互作用问题。

我们相信，“句式（construction）”是语法中一种自足的存在。这样，我们就可以把“组成（compositionality）”问题压缩到最小的程度：一个表达式的意义是把词汇项意义整合（integrate）进句式意义的结果。于是，我们也就不再需要称句子的句法和语义是从主要动词的配价要求中内在地产生的。相反我们看到，句式的配价要求远远强于动词的配价要求，这不仅表现在上述二价动词进入双及物式的情况中，更值得注意的是以下这些熟语性的说法，如“围了我个水泄不通”、“饶他个初次”、“打他一个冷不防”、“玩它个痛快”等（见马庆株，1983），说话人是出于表达“给予”意义的需要而选择了双及物式，而一旦选择了这个句式，就要符合句式的形式要求，所以出现了在非名词性成分前加名量词的现象，以及虚设接受者的现象。

参考文献

Fillmore, C. J. 1989. Grammatical construction theory and the familiar dichotomies. In Dietrich & Graumann (ed.), *Language Processing in Social Context*. North Holland: Elsevier Science Publishers B. V.

Goldberg, A. E. 1995. *Constructions: A Construction Grammar Approach to Argument Structure*. Chicago, IL: The University of Chicago Press.

Huang, C. R. & R. P. Mo. 1992. Mandarin ditransitive constructions and the category of *gei*. The 18th Berkeley Linguistics Society Annual Meeting, UC Berkeley.

Kuno, S. 1976. Subject, theme and the speaker's empathy: A reexamination of relativization phenomena. In C. N. Li (ed.), *Subject and Topic*. New York: Academic Press.

Lakoff, G. 1987. *Women, Fire, and Dangerous Things: What Categories Reveal about the Mind*. Chicago, IL: University of Chicago Press.

Levin, B. 1993. *English Verb Classes and Alternations: A Preliminary Investigation*.

Chicago: University of Chicago Press.

Li, C. N. & S. A. Thompson. 1981. *Mandarin Chinese: A Functional Reference Grammar*. Berkeley, CA: University of California Press.

Taylor, J. R. 1989. *Linguistic Categorization: Prototypes in Linguistic Theory*. Oxford/New York: Clarendon Press; Oxford University Press.

Zhang, N. N. 1998. Argument interpretations in the ditransitive construction. *Nordic Journal of Linguistics* 2(12).

贝罗贝,1986,双宾语结构从汉代至唐代的历史发展,《中国语文》(3)。

黄居仁、张莉萍、安可思、陈超然,1996,词汇语意和句式语意的互动关系,LSCLLII, "National" Chengchi University, Taipei。

李临定,1984,双宾句类型分析,载中国语文杂志社编著,《语法研究和探索》(第2册)。北京:北京大学出版社。

李宇明,1996,领属关系与双宾句分析,《语言教学与研究》(3)。

吕叔湘,1965,被字句、把字句动词带宾语,《中国语文》(4)。

马庆株,1983,现代汉语的双宾语构造,载北京大学汉语语言学研究中心《语言学论丛》编委会编著,《语言学论丛》(第10册)。北京:商务印书馆。

孟琮、郑怀德、孟庆海、蔡文兰,1987,《动词用法词典》。上海:上海辞书出版社。

沈家煊,1999,"在"字句和"给"字句,《中国语文》(2)。

沈　阳,1994,《现代汉语空语类研究》。济南:山东教育出版社。

宋玉柱,1980,论"准双宾语句",南开大学中文系语言学教研室编著,《语言研究论丛》(第1册)。天津:天津人民出版社。

汤廷池,1979,直接宾语与间接宾语,载汤廷池编著,《国语语法研究论集》。台北:台湾学生书局。

王　伟,1998,《"能"的个案——现代汉语情态研究的认知维度》。未出版之硕士论文,中国社会科学院研究生院语言系,北京。

杨成凯,1996,《汉语语法理论研究》。长春:辽宁教育出版社。

袁明军,1997,与"给"字句相关的句法语义问题,载南开大学中文系编辑部编著,《语言研究论丛》(第7册)。北京:语文出版社。

张国宪、周国光,1997,索取动词的配价研究,《汉语学习》(2)。

周国光,1997,《汉语句法结构习得研究》。合肥:安徽大学出版社。

朱德熙,1979,与动词"给"相关的句法问题,《方言》(2)。

(原载《中国语文》1999年第3期)

相邻关系视角下的双及物句再研究

徐盛桓

一、前　　言

“构式语法”(construction grammar approach) 认为，人们的语言知识是关于构式的知识。所谓构式，包括了从抽象的谓元结构到各种词素的结构；构式有构式意义，构式意义独立于填充在构式里的词项的意义 (Goldberg, 1995: 1-5)。

双及物构式(ditransitive construction)是一个受到广泛注意的构式。典型的英语双及物构式指的是 $S_{(HUMAN)}$ $VO_{(HUMAN)}$ $O_{(THING)}$ 这样的结构[①] (下文或简化为 SVOO)，其构式意义是“某物(或其所有权)的临时性或永久性的给予某人”。国内外用构式语法理论研究英汉语双及物构式的学者所持的基本观点是：这一意义的获得“不能归因于所涉及的词项”，而是“部分地由句子的谓元结构自身提供的”(Goldberg, 1995: 141-149; 另参看张伯江，1999，张宁，1999，徐盛桓，2001)。Goldberg 举出的例子包括：Sally *baked* her sister a cake. /Joe *painted* Sally a picture. /Bob *told* Joe a story. / His company *promised* him a raise. / The orchestra *played* us the symphony. / She *wired* Jo a message. / She *quoted* Jo a passage. / He *owes* you many favors. / She *blew* him a kiss. /She *shot* him a keep-quiet look。这些句中动词的词典义都没有“给予”义，却可以进入表“给予”义的双及物构式。Goldberg 据此认为，这些句子的句义不能由句内个别词项的词义得到解释(Goldberg, 1995)。这里的“句内个别词项”主要指的就是这里加斜体的动词。

---

① 非典型的双及物句(如 John gave the door a kick)在 Goldberg(1995)、徐盛桓(2001)等有涉及。

构式语法的提出，在一定程度上体现了认知语言学研究方法论从构成论向生成论、从原子论向整体论的转换，有较大理论意义和语言分析的实在价值。但进一步的观察表明，说构式意义是“由句子的谓元结构自身提供的”，不能由句内个别词项的词义得到解释的说法，不宜过于绝对化，应该有较为辩证的说明。本文拟以认知科学的动力系统理论中的生成整体论为导向，在相邻关系视角下对英语双及物句，特别是像上述其动词之词典义不表“给予”义的双及物句进行再研究，希望能对构式意义的生成有更为深刻的认识。

二、研究的工作假设

对于构式的定义，Goldberg（1995：4）是这样说的：“C是构式，当且仅当C是一个形式—意义配对，但其形式或意义的某些方面均无法从C的组成部分或其他已有结构作出严格的 预测”（Goldberg，1995：4）②。认知语言学关于“构式”的这一认识是有见地的，它在一定程度上体现了整体大于部分之和的整体论思想。但这里还有一些问题，主要表现为怎样看待所谓 “组成部分”。

从Goldberg认为双及物构式的构式意义“不能归因于”所涉及的像bake、paint、wire、 quote、promise、play等动词这样的“组成部分”来看，她是将动词看作一个简单的“部分”进入构式的。例如bake就是表示“烤（饼）”的动作、play就是表示“演奏（乐器）”的动作等，而构式意义“给予”溢出了这些动词的词义，是“独立于”这样的意义的，因而也就无法“归因于”这些动词的意义。这样的看法表明，在一定程度上说，构式语法的方法论基础还没有完全摆脱构成论的影响，它是在构成论的基础上增加了部分与部分相互作用的辅助性假设，即认为构式意义产生于“谓元结构”的各组成部分之间的相互作用，使得“谓元结构自身”提供了构式意义。

在我们看来，这一解释还需要解释：某些看来似乎没有“给予”义的

② 在Goldberg（2006），这一看法已有发展，认为就是完全能预测的固定的句式表达也称为“构式”。

动词一进入双及物构式后就有了“给予”义，它真的“不能归因于”这一词项吗？若果真如此，是不是任何及物动词都可以进入这一构式，而有关的“谓元结构自身”都可以为这样的句子提供“给予”义呢？“谓元结构自身”所提供的“给予”的构式意义是怎样产生的？这些问题表明 Goldberg 上述的解释没有将构式“获得”构式意义与构式能“提供”构式意义的关系说清楚。

我们知道，现代英语双及物句可能体现为两类句子：现实发生了“给予”动作的句子和表面上看不到“给予”动作的句子。前者所用的是诸如 give、offer、send 等少数几个动词，下文称为 $SV_{(GIVE)}OO$ 句；后者所用的是诸如 bake、paint、wire、quote、promise、play 等目前看到有用例的约二三十个动词，下文称为 $SV_{(NON-GIVE)}OO$ 句。实际情况可能是，表示现实发生“给予”动作的动词同其他一些相应的名词构成了一个句子用以表示一个“给予”事件，并固化成为 SVOO 构式，这就“生成”了具有“给予”义的双及物构式。为什么 $V_{(GIVE)}$ 能同其他一些相应的名词构成具有“给予”义的 SVOO 构式？这是因为“给予”作为一个事件，它是一个运动事件③。一个事件要作为一个运动事件，需满足一些必要条件；参考 Talmy(1985)对“运动事件框架”中心成分是图形、背景、路径和运动的说明，这些必要条件是：(1) 存在作为图形的给予物 O(THING)；(2) 存在作为背景的“给予”动作实施者 S 和给予物接受者 O(HUMAN)；(3) 发生 O(THING)从 S 到 O(HUMAN)的转移运动；(4) 存在作为路径的 O(THING)从 S 到 O(HUMAN)的移动轨迹。现实发生了“给予”动作的事件全面涉及这四个方面，满足这些必要条件④，因而表示现实发生的“给予”动作的动词进入句子能将“给予”作为一个运动事件表示出来；而且，也必须是满足了这些条件的句子才是正确的，试比较，在没有表示省略的语境下，作为语法句，只有 John gave Jack a book 是对的，而 * John gave Jack/ * John gave a book 是不可接受的。将 John gave Jack

---

③ 有学者认为“给予”事件是“致使”事件。

④ 这里包括了一些象征性、转喻性的说法。例如，身在北京的张三可以把坐落在广州的房子给了身在西安的儿子，这时可能是委托律师将他签署过的法律文件交给儿子。给予物“房子”当然没有移动，但象征房子的法律文件有一个从他作为房子给予者转移到作为接受者儿子的过程。

a book加以抽象，就成为 SVOO 构式，这一构式就具有“给予”的构式义。

但是，上述那些 $V_{(NON\text{-}GIVE)}$ 动词，就其通常用法来说，本不是用以表示这样的运动事件的，大多数的词典都标示它们所表达的只是 SVO 事件，即 V 对对象 O 实施影响，因而无法满足这些必要条件，具体来说，是在 SVO 事件里缺了一个能将 V 的对象承受下来的角色。但是，语言运用的事实告诉我们，上述的 $SV_{(NON\text{-}GIVE)}OO$ 句的确可表示“给予”的运动事件。这就给我们的研究提出了问题：这些表面上没有“给予”义的动词进入 $SV_{(NON\text{-}GIVE)}OO$ 构式后就体现出“给予”义，这“给予”义是怎样产生的？

对于这个问题，我们的假设是：首先，这些所谓 $V_{(NON\text{-}GIVE)}$ 动词，不是指随便的任何一个及物动词，它们所表示的动作应该是蕴含了“给予”过程的，常用的大概二三十个；其次，由 $V_{(GIVE)}$ 这样的动词固化下来的构式 $SV_{(GIVE)}OO$ 的谓元结构，为蕴含“给予”过程的这些动词进入这一构式提供可能，即这一构式所形成的“给予”事件的特定的语境使进入这一构式的上述动词能将原来已经蕴含的“给予”过程释放出来。这就是 $V_{(NON\text{-}GIVE)}$ 进入 SVOO 构式也可以表示“给予”义的实质。因此，上述“这‘给予’义是怎样产生的”问题又可以分解为两个问题：这类动词所表示的动作为什么蕴含了“给予”过程？而“给予”的过程又是如何释放的？正是这两个问题使 $SV_{(NON\text{-}GIVE)}OO$ 的形成过程及背后机理值得专门研究。

三、认知语言学的生成整体论研究范式

认知语言学的发展与认知科学的发展有着深刻的联系。近些年来，作为第二代认知科学研究的创新，联结主义工作范式受到普遍关注，其中的复杂动力系统理论有广泛影响(Thelen & Bates, 2003)。动力系统理论根据“复杂性”思想，认为人类的认知过程是人类的复杂适应系统的一个子系统，而这个子系统本身就是一个复杂的动力系统(Jackson, 1991; Holland, 1995: 27 - 28)。复杂动力系统理论的一个重要思想是生成整体论。“生成整体论的世界图景只有整体没有部分，只有过程没有静止”；

"只有大整体与小整体、大世界与小世界的区别","不存在静止不变的、孤立的事物,不存在既成的、先定的部分"(李曙华,2006)。根据这样的认识,正如一个构式应看作是一个整体,其各"组成成分"分别也应看成是一个整体;当动词作为"组成成分"进入到一个句子的构式时,它其实是以一个未分化的整体在起作用的,这正如生成整体论所认为的,"生成过程是从整体到整体,而不是从部分到整体"(ibid.)。这一点其实并不难理解,认知语言学的一些理论也有类似的看法:Croft 和 Cruse 在说明什么是动态识解(dynamic construal approach)时强调,词汇的意义不是在词库中分化定型的,而是在使用中在线(on-line)识解时生成的(Croft & Cruse, 2004: 92)。这就是说,词汇在进入使用状态时,词汇意义是一个尚待分化的整体,有待"动态识解"。这样的看法正是一种生成整体论的观点。一旦这样来看进入构式里的动词,如 give,它就不只是一个表示 give 的语义符号来充当构式的"部分",而且本身也是一个"整体"。作为一个整体,它蕴含了若干环节,并在进入句子时"在线"地展开。这些环节至少涉及:动作实施者(S)的各种思想准备[确定什么作为给予物($O_{(THING)}$)、谁是给予对象($O_{(HUMAN)}$)等]和 物质的准备[(准备好给予物)、"给"本身的动作 ($V_{(GIVE)}$)、给予物的"给予"过程等]。反映在 give 所表示的事件,就必定涉及 $SVO_{(HUMAN)}O_{(THING)}$ 这些环节,这是小整体进入句子结构大整体的效应,是小整体与小整体之间以及小整体与大整体之间的相互作用,从而促成了句义的复杂网络的生成。这就是在使用中的在线识解。再以表面上完全看不出"给予"义的动词 bake 为例:"烤"也是一个包括了全过程的"整体",它所蕴含的环节至少包括:动作实施者或动作策划者的各种思想和物质的准备、"烤"本身的动作、"烤"出来的成果的处理;这里的最后一个环节表明,"烤饼"必定蕴含了烤饼的接受者,例如是烤给自己、烤给家人或某朋友、烤好拿给"烤饼比赛"的评委品尝或烤好拿去卖给顾客等等。一个精神状态正常的人无缘无故地去烤饼,烤完以后又无缘无故地扔掉,这不是正常语句所要表达的。其他一些能进入双及物构式的动词如 play(演奏意)、paint、wire(发电报意)、quote 等,都可作如是观。能进入双及物构式的动词有不同的情况,我们将在下文再涉及。除动词外,其他词类其实也是这样;篇幅所限,这里不冗叙,在下面需要的地方会略加提及。总之,"生成过程是从整体到整体，而不是从部分到整体”，“较高层次的现象亦只与较低层次的整体结构和功能有关”（李曙华，2006）。

用这样的生成整体观来观察，我们就会发现，双及物构式的“给予”构式义是小整体之间相互作用，通过信息选择、匹配、组织、创生从而生成相对完整的大整体即构式的过程中获得的；在这个意义上说，构式义也应“归因于”填充在构式里的词项的意义。这是从生成整体论出发作出历史与逻辑相统一的说明。首先是小整体规定整体（这里所说的“整体”是指由各小整体生成的“大整体”，下同）。这一点表明，双及物构式的形成及其“给予”的构式义必定要归因于各小整体，是这里的各小整体规定了整体会具有什么样的整体意义。并不是任何及物动词都可以进入或生成双及物构式，只有其动作蕴含了动作结果会有显性的或隐性的、预设的或临时的接受者的动词同其他相关词一起，才能生成具有“给予”义的构式，“句子的谓元结构自身”才能“提供”构式意义。其次，构式整体一旦生成，能进入构式的小整体又会合乎逻辑地体现整体，把整体的存在体现在自身的信息选择、匹配之中，作为整体的有机组成成分，以整体为依归体现其自身的意义。最后，构式的整体不再是作为各组成成分的小整体的简单相加，而是整合为一个整体，其结构可以抽象为一个构式系统，各小整体围绕动词词义或其蕴含的相关内容，在系统内相互作用，进行信息选择、匹配、创生，从而生成整体的新信息即其构式意义，使构式获得整体大于小整体之和的效应。具体来说就是：构式意义大于构式中各词项意义之和。例如，在 The orchestra played us the symphony 一句中，对于还没有掌握其构式意义的人来说，的确无法从“乐队 + 演奏 + 我们 + 交响曲”的词义相加领会到“给予”义，这要从构式意义大于构式各词项意义之和作出解释。

四、双及物构式的生成过程和机理

下面试以生成整体论为理论导向，分析双及物构式的生成过程和机理。上文说过，我们将以其动词之词典义不表“给予”义的双及物句作为研究对象，这是因为，“给予”义的动词能生成“给予”构式义的双及物构式，这似是题中之意，而其动词之词典义不表“给予”义才是双及物构式研究之难点所在。

我们所运用的研究方法是反溯法(abduction approach),即根据我们现在已经知道的某一构式的显性表述,推测形成这样的构式可能的过程及其机理。之所以用反溯法,是因为我们相信,尽管语言运用有一定的偶然性,因而无法对形成怎么样的表达式作出准确的预测,但表达式一经形成,原则上却是可以根据人们的认知特点对表达式的形成过程及其形成机理作出解释。我们现在已知道某一表达者大脑中想要表述"某甲要将某物本体性地或转喻性地、临时性地或永久性地、实质性地或象征性地给予某乙"的意向内容,可用英语的双及物构式 SVOO 进行表达,我们的研究就是要反溯最早这一意向内容(即隐性表述)是如何推衍(derive)为一个能表达这一内容的语言表达式 SVOO(即显性表述)的,这一表达式的固化,就成为其构式意义是"某物临时性或永久性的给予"的双及物构式。这一推衍过程的实质,是在某一语言的规则系统之内,生成一个最小化的、最经济的句法表达系统(即表达式),使能体现上述意向内容的要素在这个句法表达系统内得以进行信息的分化、选择、匹配、创生,实施最合理的功能耦合,将该意向内容表述出来。

为了研究某意向内容是如何通过推衍成为一个表达式并最后固化为一个构式的,我们设想,推衍过程可归纳为说话人的三个认知步骤:筛选、分化、整合。

(一) 要素的筛选

要把这一意向内容编码为语言表达式,先要将意向内容进行筛选,抽象为几个要素,以便编成语码。筛选抽象的过程,就是范畴化的过程。被筛选出来的要素,可抽象为一个谓词要素和若干谓元要素,分别对应用语码的谓词性成分和名词性成分来表达,构成谓元结构。上述的这一意向内容可抽象为四个要素;这四个要素同上文所说的四项必要条件密切相关,即一、给予物;二、"给予"动作实施者;三、给予物接受者;四、促使给予物从动作实施者到给予物接受者转移的动作。其中,动作除用直接表"给予"义的动词 give 等表示外,还可用蕴含了"给予"义的动词。借用 Talmy (1985)的术语,我们将蕴含了"给予"义的动词称为"方式动词"

(manner verb)[5]。所谓方式动词，是该动词所表示的动作一方面将"给予"动作蕴含在内，另一方面该动作又可看成是促使发生"给予"行为的方式。例如，Sally *baked* her sister a cake（通过把饼烤出来的方式将饼给予她姐妹），His company *promised* him a raise（以作出承诺的方式把提升的机会给了他），She *wired* Jo a message（通过打电报的方式把信息给予了 Jo），She *blew* him a kiss（通过吹的方式把一个飞吻给予了他），The orchestra played us the symphony（通过演奏的方式把交响曲的旋律给予了我们[的耳朵]），以至可以把"给予"方式和"给予"动作合并为同一个要素"'给予'动作及其方式"（V_M）[6]。一般说来，V_M 所表达的"给予"的过程或行为越清晰，它所包含或蕴含"给予"的特殊方式就越不清晰，反之亦然；所表达的"给予"的过程或行为的清晰程度，可以用在多大程度满足了上面所说的"给予"作为一个运动事件的四项必要条件来判定。我们根据这一连续统对能进入双及物构式的动词作出分类（在 V 后加"+/-"表示"给予"意清晰与否；在 M 后加"+/-"表示"给予"方式明显与否）。

第一类：表示清晰的"给予"的动作，如 give、offer、pass；不体现"给予"的特殊方式（V++ $_M$ -）。

第二类：表示一种"给予"的动作，同时又显示出"给予"的方式，如 send、hand、award、post、allocate 等；"给予"的动作和"给予"的方式同显（V+ $_M$ +）。

第三类：所表示的动作表面上不是"给予"的动作，如 bake、sing、play、wire、quote、paint、buy、knit、pour 等，但动作的生成物必定成为给予物，因而只是蕴含"给予"意但显示出是通过该动作生成该物来实施"给予"的特殊方式（V-- $_M$ +）。这就是上文所说的 $V_{(NON\text{-}GIVE)}$ 动词。根据

---

⑤ "方式动词"（manner verb）是借用 Talmy（1985）的术语。Talmy 定义的 manner verb 指的是像 The rock rolled down the hill/John rolled the keg into the storeroom 里的动词。我们没有看到 Talmy 谈及这里所说的动词。之所以借用这一术语，是因为像 bake 这样的动词的确在动作中体现了"给予"的方式。

⑥ 尽管 Talmy 将英语和汉语归入同一类型，但汉语同英语对这一内容的表达似有差异。例如英语可说 Mary *knitted* him a sweater/The orchestra *played* us the symphony 等，但汉语似乎更通常是说成"玛莉编了一件毛衣给他/玛莉编给他一件毛衣"，说成"？玛莉编他一件毛衣"似乎很别扭，而说"＊乐队奏我们一曲交响乐"似乎是不可接受的。

上文所说的设定，我们的研究只涉及这一类。

(二) 要素的分化

体现某一要素的词语进入编码程序时，这些词语的词义是以未经分化的小整体进入的。这一点可从语句的表达式看出来，例如说“张三烤给李四大饼，烤给王五蛋糕”，其中名词性成分的“张三”、“李四/王五”、“大饼/蛋糕”和谓词性成分“烤(给)”分别都是一个个的(小)整体。但是，这些小整体是可以分化的，而且在形成事件的过程中必定分化。例如，当张三要烤饼的时候，其实是他的手在动作，不作出这样的分解，“张三”作为整体是烤不出饼或蛋糕来的；李四/王五接受大饼/蛋糕，也许是他们的手，也许是他们身旁的桌子代他们“接受”了，总之，不可能是李四/王五的整体来接受；大饼/蛋糕至少要从大饼/蛋糕这一类物件中分解为张三所烤出来的、已分解为一个个的、可以被端起来移动的那些个大饼/蛋糕，而不可能是被称为大饼/蛋糕的物件的整体。谓词成分的“烤”(bake)上面已经提过，下面再看 bake、sing、play(演奏)、wire、quote、paint、buy、knit、pour 等动词，我们会发现它们有一个共同的特点，即表示有意识的动作，并且动作都有生成物，这就会牵涉一连串的环节，如：动作前的思想准备(如所成物如何处理)和必要的物质准备、动作的自身、生成物的出现、按照动作前的思想准备处理生成物等。一旦这样来分解这个动作的整体，就必然蕴含了生成物的有意识的处理这一环节，即要将生成物给予或留给某个事前考虑好的或目前或将来临时认定的接受者。这就意味着这些动词所表示的动作，都蕴含了“给予”的过程，使动词蕴含“给予”义。

但是，作为语句的表达，一般不将这些语义整体内容作出分解，都是以一个整体入句。认知语言学也注意到这种现象，其对这种现象的一种较有影响的说明是：一个概念实体通常可以分解为若干个亚概念实体，当该概念实体进入到一个具体事件的认知域时，激活的往往只是其中的某个亚概念实体；但表达时，认知上默认突显(profile)的往往是概念的实体(Langacker，1987/2005：272)。所谓概念实体就是我们所说的未经分化的词义整体，亚概念实体就是所分化出来的各环节。表达时是以词义的整体入句，或曰所突显的是概念的实体，这是语言运用的通常情况，我们已经习以为常，习焉不察，以至只注意被默认突显的概念实体，没有注意到其实激活的往往只是其中的某个亚概念实体。把这种错觉带到对双及物构式生成的观察，就可能带来误解。在表达式所突显的表动作的概念实体表面上看不出“给予”义，就认为这些句子的构式义“给予”不能归因于这一词项，可能就是这样的一种误解。

分化就是将整体分化为若干环节，这些环节彼此相邻，这就涉及“相邻关系”。相邻关系有多种情况：任何相邻都可从时空两个维度来看：时间相邻和空间相邻；所谓时间相邻，是指在非同一时点的观察中存在的相连接的环节；空间相邻则是指在同一时点的观察中存在的相连接的环节。有些事物事件既可在同一时点也可在非同一时点观察。这两大类下可再细分为诸如因果相邻、性状相邻、反向相邻、领—属相邻、属—属相邻等，例如一个“烤饼”事件所分出的若干环节是时间相邻，而一辆车、一个乐队、“张三”等，如果从同一时点进行观察可以分化为若干领—属相邻及属—属相邻的环节。再如上述三类动词所构成的“给予”事件，从空间来说，它们都有至少包括 S、$O_{(HUMAN)}$、$O_{(THING)}$之间的属—属相邻的环节；从时间来说，第一和第二、第三类的主要区别在于前者缺少一个能体现“给予”方式的环节；第二、第三类的主要区别在于前者在动作发生前 $O_{(THING)}$ 这一环节已存在。

我们都知道，一个事物或事件的整体可以用其某组成成分的环节来指称，或者反过来，用整体体现其环节，这是转喻研究经常讨论的。对于这种认知现象，我们还可以从“基于模型的常规推理”理论中的“相邻律”做出解释。人们感知外界事物，总是以过往的经验为参照，将当前所感知的事物尽可能识解为该事物的一个完整的典型或从一个完整的典型辨识其中的组成成分，所以就有了我们据此提出的相邻/相似律（徐盛桓，2006）。本文只涉及相邻律，现将符号说明如下：

U　话语整体，如 U ＝话语 There is a red Mercedes in front of the girl's dorm.

α,β　话语内的表达式，如 α＝以上话语内的表达式 a red Mercedes

$\in_F$　出现于，如 $\alpha \in_F U$ 表示：α(a red Mercedes)出现于话语 U

$\cong_{c',\leqslant c}$　相对于先前语境 c'存在相邻/相似关系，例如“$\cong_{c',\leqslant c}\beta$”表示“α、β 曾在语境 c 中相邻/相似”

/　替代关系，例如“α/β”表示“用 β 替代 α”

∩　合并，例如，“($\alpha \in_F U \cap \alpha \cong_C \beta$”表示“在语境 c 中合并话语 u 和表达式 $\alpha \cong_C \beta$”

→　可以衍推出，例如“$U \rightarrow i$”表示“从话语 U 可衍推出解释 i”

◇　可能

∧，∨ 合取，析取，例如“$\alpha \wedge \beta$”表示“α 并且 β”，“$\alpha \vee \beta$”表示“α 要么 β”

现将相邻律表示如下：

$$\alpha \in_F U \cap \alpha \cong_{c' \leqslant c} \beta \rightarrow \Diamond i(\alpha/\beta)$$

公式的意思是：如果表达式以拼写/声音的形式出现在话语 U 中，并且曾经在语境 c'中 α 和另一表达式 β 有过相邻关系，那么以 β 替代 α 后，得到的关于话语 U 的解释 i 在正常情况下是可能的。

在这条总原则之下，我们还可以有若干引理(corollary)，这里只列出同本文有关的两条：

(i) 相邻逆向作用律：$\alpha\beta\gamma \in_F u \rightarrow \Diamond i(\alpha \vee \beta \vee \gamma \vee \alpha\beta \vee \beta\gamma \vee \alpha\gamma)$

公式的意思是：如果表达式 α、β 和 γ 都出现于话语 U 中，那么三者中任意的一个表达式或者两个表达式所得到的关于话语 U 的解释 i 在正常情况下是可能的。

(ii) 集约律：$\alpha \in_F U \vee \alpha \supseteq_{c' \leqslant c} \{a, b, c, \ldots\} \rightarrow \Diamond i(\alpha/a, b, c, \ldots)$

公式的意思是：如果表达式 α 以拼写/声音的形式出现在话语 U 中，并且 α 曾经在语境中包含 a，b，c，...，那么用 a，b，c，... 替换 α 所得到的关于话语 U 的解释 i 在正常情况下是可能的。

在人们的经验中，“张三”(作为“领”)总是同他的手、脚或大脑等(作为“属”)相邻在一起的，因此提到“张三”就可能蕴含他的手、脚或大脑等(相邻逆向作用律)，或者反过来(相邻律)；“烤饼”包括了烤前的准备 a、烤的动作 b、烤后处理 c 等环节，那么，提到“烤饼”就可能意味着烤饼的某一环节 a 和/或 b 和/或 c(集约律)。

(三) 要素的整合

既然在表达式中入句的是词义的整体，而真正形成事件的是整体中的某环节，这就有了有关环节的整合问题。作为对 $SV_{(NON\text{-}GIVE)}OO$ 构式的生成过程及机理的研究，上面已经说明这些 $V_{(NON-GIVE)}$ 动词为什么蕴含了"给予"义，这里就要注重说明这些动词进入 $SV_{(NON-GIVE)}OO$ 构式后所蕴含的"给予"义是如何得以释放的。

上面说过，当说 John baked a cake（SVO）的时候，就已蕴含了烤好的饼最终总是可能"给予"某个事前已经考虑好或事后临时认定的接受者的。不过在 SVO 构式里只有三个要素，没有提供"给予"的环境，因而这个构式无法把"给予"过程释放出来。我们知道，英语已经存在一个能将"给予"过程释放出来的 $SV_{(GIVE)}O_{(HUMAN)}O_{(THING)}$ 构式，它的特点是提供了 $O_{(HUMAN)}$ 这样的一个要素，即 S 以外还有另一个"人"，这个"人"可以表示接受者，这就使得"给予"意得到释放。我们设想，当想要表达将烤出来的饼"给予"所认定的某人时，说话人可以将 $SV_{(GIVE)}O_{(HUMAN)}O_{(THING)}$ 类推为 $SV_{(NON-GIVE)}O_{(HUMAN)}O_{(THING)}$，这就使 SVO 的 John baked a cake 获得了能将"给予"过程释放出来的环境，$SV_{(NON-GIVE)}O_{(HUMAN)}O_{(THING)}$ 的构式就生成了，"给予"义就不会无法从这样的过程得到解释了。这个构式生成的过程，是通过类推，将 SVO 事件的要素同 SVOO 事件中的要素按表达的需要加以整合的过程。

以上我们以反溯法从三个认知步骤对 $SV_{(NON-GIVE)}O_{(HUMAN)}O_{(THING)}$ 生成可能的过程和机理做出了解释，从中得到的认识是：$SV_{(NON-GIVE)}O_{(HUMAN)}O_{(THING)}$ 所具有的"给予"构式意不是无源之水、无本之木，不能绝对地说"给予"构式意"不能归因于所涉及的词项"。

五、结 束 语

构式语法的研究拓展和深化了人们的语言知识，而把构式语法的研究置于生成整体论的理论环境又可能使研究获得进一步的拓展和深化。认知语言学的研究在认知科学形成和发展的学科环境中获得了重要的学术养分。当前认知科学联结主义作为其中一种新的工作范式受到普遍关注，其中的复杂动力系统理论产生了广泛的影响，这也为认知语言学研究的新发展提供了很好的契机。可以预期，在认知语言学的研究中，新的研究范式将会带来新的开拓和进展。

参考文献

Croft, W. & D. A. Cruse. 2004. *Cognitive Linguistics*. Cambridge/New York: Cambridge University Press.

Goldberg, A. E. 1995. *Constructions: A Construction Grammar Approach to Argument Structure*. Chicago, IL: The University of Chicago Press.

Goldberg, A. E. 2006. *Constructions at Work: The Nature of Generalization in Language*. Oxford/ New York: Oxford University Press.

Holland, J. H. 1995. *Hidden order: How Adaptation Builds Complexity*. Reading/ Mass.: Addison Wesley.

Jackson, A. E. 1991. On the control of complex dynamic systems. *Physica D: Nonlinear Phenomena* 50(3).

Langacker, R. W. 1987/2005. *Foundations of Cognitive Grammar: Theoretical Presuppositions*. Beijing: Peking University Press.

Talmy, L. 1985. Lexicalization patterns: Semantic structure in lexical forms. In T. Shopen (ed.), *Language Typology and Syntactic Description* Vol. 3. Cambridge: Cambridge University Press.

Thelen, E. & E. Bates. 2003. Connectionism and dynamic systems: Are they really different? *Developmental Science* 6(4).

李曙华,2006,当代科学的规范转换——从还原论到生成整体论,《哲学研究》(11)。

徐盛桓,2001,试论英语双及物构块式,《外语教学与研究》(2)。

徐盛桓,2006,相邻和相似,《暨南大学华文学院学报》(3)。

张伯江,1999,现代汉语的双及物结构式,《中国语文》(3)。

张　宁,1999,汉语双宾语句结构分析,载陆俭明编著,《面临新世纪挑战的现代汉语语法研究》。济南:山东教育出版社。

(原载《外语教学与研究》2007 年第 4 期)

双宾结构及其相关概念网络[①]

程琪龙

一、研究对象和框架

语言是动态的，它涉及操作、发展、基因和进化四大过程（Lamb，1999；程琪龙，2001），其中操作过程是最基本的。过程本身预设系统，语言的认知操作（即生成和理解）是语言系统和概念系统的激活延伸，它涉及外部世界相关信息和内部系统信息的相互作用的过程。内部系统中，概念内容和语言表达之间的关系我们称作语符关系。

在如此框架中，双宾结构是语符关系中的语法表达，它的动词后面跟两个名词短语，故下文称其为双名结构。和语法结构关联的是一个语义结构，相当于 Fillmore（1968）早期的格框架（caseframe），而和语义结构关联含若干个概念结构的概念框架，近似于 Fillmore（1982）的语义框架（semantic frame）。一个语法结构的概念内容可以解读为一个概念框架，而一个概念框架可以根据不同的语义功能，体现为不同的语法结构。我们观察到以下各句的概念框架有相同之处：

The waiter served his customer tea. （双名结构）

The waiter served tea to his customer. （名介 to 结构）

The waiter served his customer with tea. （名介 with 结构）

The waiter made tea for his customer. （名介 for 结构）

它们都涉及“服务员”向“顾客”提供“茶”这一事件。该事件有必要在概念框架中表征。如此事件的语言表达可以是不同的，即相同或相似的外部事件可以用不同的语言表达来表示，它们可视为通过不同语言表达来认

① 本文得到国家 2001 年社科基金（项目 01BYY001）的资助。

识外部世界的不同方式。不同语言表达的语义功能有必要在语义结构中表征。上述各语法结构之间的语义结构差异主要是：

双名：　　……受事[tea]＋终属[customer]

名介 to：　……受事[tea]＋终向[customer]

名介 with：……对象[customer]＋工具/材料[tea]

名介 for：　……终体[tea]＋受益[customer]

本文的双名结构研究，旨在表述上述语法结构之间概念语义的异同，并在相关结构之间给双名结构定位。下文通过对英语双名结构和不同的名介结构的一一比较，来论证双名概念框架的主要特征，揭示各结构之间概念内容的异同。

二、语法体现的条件

一个表征领属转移的概念结构，可以根据不同的语义功能体现为不同的语法结构。对概念语义结构的研究，已经有三种理论观点：动词中心论(Gruber，1965)、名词中心论(C. J. Fillmore，1968)和构架中心论(Goldberg，1995)。这三种观点表明各自研究的不同侧重点，但仅用单一的角度来进行研究似乎都有不足之处。

从动词的角度出发，有些动词类只能出现在一种语法结构中。例如，双名结构的 tip，名介 to 结构的 donate，名介 with 结构的 bribe。这些动词单独可以决定语法结构的选择。但是，有些动词可以出现在两个或多个语法结构中，形成语法结构的交替，例如：

双名和名介 to：　　　give、lend、sell、rent、hire、owe 等递送类动词；

双名、名介 to 和名介 with：feed、serve、supply 等动词；

双名和名介 for：　　　bake、cook、make 等动词(结构含受益者)。

在这些交替现象中，仅用动词是无法区分不同语法结构的。

从结构的谓元角度出发，各语义结构有各自主要特色的成分，它们分别是：

双名：含终属；　　　　名介 to：含终向；

名介 with： 含工具/材料； 名介 for： 含受益。

这些成分可以出现在相应的语义结构中，和一定的动词类型匹配，或通过隐喻过程出现在相应的语义结构中。下文通过结构的交替，探讨交替结构之间概念内容的异同，揭示各概念结构的主要语义功能成分。

(1) 双名结构和名介 to 结构，两者相应的概念框架中都可以有一个领属变化的概念结构；递送类动词允许出现在如此概念框架中。Langacker(1987：40)认为，双名结构强调结果，名介 to 结构强调过程。在我们形式化表述模式中，激活终属时，概念框架体现为双名结构；激活终向时，概念结构体现为名介 to 结构。例如：

John gave her a car. / John gave a car to her.

前句表示“她”已经拿到了“车”；后句表示送的方向是“她”，但结果如何不得而知。当然，这样的验证必须依靠语感。更有力的证据是，交替双方可以有一个小句是不成立的，原因是终属和终向的不同。例如：

John threw the ball to the door. / *John threw the door the ball.

John threw the ball to Mary. / John threw Mary the ball.

并非所有的语言学家都同意这种观点。Levin(1985)就认为，类似的区别表明第一名词短语必须是有生命的。但笔者可以举反证如下：

She gave **the door** a white coat.

其中第一名词短语“门”不是有生命的，但小句却成立。如果我们关注第一名词短语和第二名词短语之间的关系，就能看出“门”和“白色”之间有整体—局部关系，因此“门”可以解读为“白色”的终属，“门”和“球”没有如此的整体—局部领属关系，“门”也就没有终属功能，因此相应的小句是不成立的。

在有些隐喻小句中，双名结构可能没有相应的名介 to 结构，理由也和终属和终向的区别特征有关。例如：

Mary gave him a kick.

They gave the truck a strong push.

从概念出发，kick 和 push 都表示动作，而且是表示影响由第一名词短语所表达实体的动作。如此动作可以通过隐喻连通关系实体化，因此影响动作可以视为实物被送至终属。[②] 有些双名结构还涉及转喻，例如：

The boss gave her a big cup (of coffee).

但是，汉语的下列小句：

大侠狠狠地给了他一脚。

这里的“一脚”说它是转喻，它却不是名词短语。如果我们回到概念框架中去，回到系统连通关系的角度中去，那么“一脚”表示“踢……一脚”。这个动作通过实体化隐喻过程变成了一个可以传递的实物。虽然“踢一脚”和“一杯茶”的语法结构不同，但是它们的概念结构的外部连接关系相似，它们是：

数 + 量 + (外形 + 质地 + ……)实物

数 + 量/工具 + (方式 + 频率 + 结果……)动作

如果不看括号里的概念内容，并去掉实物和动作之间的差异，那么两者的连接关系是相同的。这种相同关系无法用转喻来表述，却能在关系网络中抽象出来。在语符关系网络中，它们都是用没有中心词的短语来激活整个短语结构的概念内容，它们和相应的概念内容之间有比较大的连通权值。概念连通权值的存在，同样可以解释以下两组例子：

打他一拳 / 打他一回。

我有好几拳打在他头上 / 我有好几回打在他头上。

给他一拳 / * 给他一回。

前两组的动量词和动词都出现，自然可以激活动作概念框架。第三组“拳”和“打”之间的连通权值高(或搭配值高)，所以动作概念框架仍然可以激活；但是，“回”和“打”之间的连通权值不高，“回”可以和许多动作连通，因此处理时无法确切延伸激活，所以后句不成立。

(2) 再比较双名结构和名介 with 结构。一般认为名介 with 结构含工具格，但并非所有的名介 with 结构都有相应的双名结构，双名结构必须满足其概念语义条件。可以出现在该两类结构中的动词包括 feed、

---

② 在此终属解读为动作延及的对象。当然，并不是所有的动作都可以隐喻化为实物，并出现在双名结构中。说明隐喻化的存在是无法解释为什么有些动词可以隐喻化，有些则不能。由于篇幅有限，这一复杂问题不在此展开讨论。

serve、supply 等。以 feed 为例。它的概念框架涉及“喂者将食物送入被喂者口中”。如此概念框架可以体现为两种不同的语义结构。双名结构中，食物视为受事，被喂者视为终属；名介 with 结构中，食物视为材料，被喂者视为动作喂的对象，例如：

They fed the students lots of vitamins.

They fed the students with junk food.

根据 Dixon(1991)的解释，双名结构和名介 with 结构的差异在于，前者表示“学生”已经吃了“维生素”，后者表示“学生”是否吃可以由他们自己来决定。他的理解和我们的形式表述吻合。

那么为什么在概念框架中有些工具概念不可以和受事概念重合？首先，工具概念可以有工具和材料两个语义次类。从概念连通关系看，只有材料次类才有可能解读为受事。请看以下证据：

They fed the kid **with a small spoon**. / * They fed the kid a small spoon.

They fed the kid **with noodles**. / They fed the kid noodles.

两组成立和不成立小句的比较，同时也证明了双名结构概念特征的存在。

(3) 最后和名介 for 结构对比。英语中 for 介词短语一般表达受益者，在小句中常常作为可有成分。受益者也可以细分为两个次类，一个是服务受益者，另一个是实物受益者。例如：

Sam baked a cake for mother and gave it to Jane.

Sam baked Jane a cake. / * Sam baked mother a cake.

其中“母亲”是服务受益者，Jane 是实物受益者。双名结构只允许实物受益者，因为实物受益者最容易和终属在概念框架中连通。名介 for 结构中两者皆可。

但是，受益者并非是受事的具体获得者(Goldberg，1995：32)。虽然受益者不是具体动作的结果终属，但它却是施事意向中的终属。在如此意向概念框架中，实物受益者就是终属。含实物受益者终属的双名结构并不只限于创造类动词，确定结构成立与否的因素主要是作终属的实物受益者，例如：

Ale bought Mary a camera.

其中 Mary 可以解读为实物受益者，不悖于双名结构的概念语义特征，所以小句成立。

三、跨域或隐喻延伸

双名结构主要表达物质领属关系，但并非只能表达该关系。Goldberg(1995：38)归纳了自领属关系隐喻延伸而得的五类小句。笔者认为，它们的领属变化以及终属的理解，也必须在动词概念框架中进行。请比较以下例子：

	动词	致使范围	受事	领属关系	例　　句
1	give	物质	实物	获	Tim gave him a box.
2	teach	知识	信息	获	Tim taught her Chinese.
3	elect	信念	身份	获	We elected him President.
4	allow	意向	实物	将获	Mum allowed the kid an ice-cream.

动词具体表示致使方式，同时也划定了范围。终属的解读就在相应的致使范围中进行。第1例是基本结构，表示物质世界中“实物的转移”；第2例是心理知识世界中“信息的转移”；第3例是心理信念范围中“身份的转移”；第4例是心理意向范围中“实物的转移”。

概念系统存在许多不同的互相连通的概念语义网络，如上述的各种致使范围。它们是整体系统中的局部，这些局部网络称作概念域。③ 双名概念结构表征一种领属变化。这种领属变化可以显现在物质域，表示物质实体领属关系的变化；也可以显现在心理域和抽象关系域。第2小节还引用了隐喻延伸到方位域的例子。

除了Goldberg的五个隐喻延伸类和上文引用的方位隐喻类，徐盛桓(2001)根据Quirk等人的研究成果，将fine、charge、ask解释为“负给予”类。这类Goldberg和许多其他认知语言学论著中都没有详细讨论。虽然徐教授在论文中只给了一个称谓标签，但是难题终究还是提出来了。笔者认为，ask和其他两个动词的概念框架不同，它可以理解为“给某人

③ 相当于以前笔者称作的“语义域”，近期研究成果表明，这个区域应该在概念系统中，而不是在语法意义的范围中。

一个问题”，而且可以显性体现为一个小句，例如：

You can give him a simple question. / Ask him a simple question.

因此，它没有违背英语双名结构的共享概念结构。但是，fine 和 charge 作动词的小句，从语义结构看，似乎更像索取类结构。当我们将注意目标推到小句的概念框架，我们仍可发现英语双名结构的概念区别特征。以动词 fine 为例。它的概念框架至少包括以下概念结构：

罚者 + 通知 + 被罚者 + {金额 + 原由}

被罚者 + 交 + 钱 + 终属

其中第一个概念结构和双名概念结构是一致的。

除了徐教授的例子，表示价值的英语动词 cost 也可以出现在双名结构，例如：

The car cost him $5,000.

如果从语义结构的角度看，该双名结构没有“给予”的意思，因此它相应的概念框架中，him 和 $5,000 之间的关系是原属和实体的关系。但是，该小句和交易类小句共享同一个概念框架(程琪龙，2003)。由此可见，英语的这一双宾小句，除了概念框架和其他交易类双宾小句有关联外，语义结构则和其他双宾小句的都不同。

四、其他体现条件

除了概念语义条件外，交替结构的激活选择还可以有其他方面的条件。有时句尾负重原则可以在终属和终向差异无关紧要的上下文中盖过概念语义条件。

另一个语法体现条件是语体信息。请看以下例子：

We bought him a car. / * we purchased him a car.

We told Tom a story. / * we reported Tom a story.

无论是从动词的概念框架出发，还是从小句的概念框架出发，各组两个小句成句与否应该是相同的。由此可见，各对小句的差异是概念框架以外的因素造成的。笔者认为，它们和连通关系有关。首先，我们可以观察到第一句的动词都是常用动词，而第二句的动词相对而言比较正式；两者的语体信息有所不同。从连通关系的角度出发，常用动词的概念和许多其他语词概念之间（搭配）连通权值高，因为它们常用；正式动词没有如此连通权值。以下句对可作良证：

They bought up the referee / * They purchased up the referee.

英语的动词习语告诉我们，常用动词运用最活。这些常用词的活用，可以让人们在即兴口语中，用有限信息去表达许多概念内容。久而久之，高权值的连通关系便形成。这种高权值连通关系不仅影响了动词习语，而且还影响到双名结构的运用。

五、理论意义及小结

根据以上研究结果，我们看到英语语法结构的变体除了和语法结构本身有关外，还和概念框架、语体关联。它们之间有时互相支持，有时互相制约。因此，决定英语双名结构的因素是其亲属相似性关系特征，这些关系特征可以用连通权值进一步量化。另外，研究语法结构有必要涉及概念内容；语符关系为中心的研究有其理论意义，它能够解释语法性，能够揭示和预示许多语言现象的操作过程。根据相关文献和本文语符关系的研究成果，具有揭示性、预示性科学意义的（皮尔士所定义的）象似（iconic）性语符关系没有出现。尽管如此，语法结构之间的关系有一定概念内容的相关性。

上述的研究成果还表明，各语法结构之间的内容相同之处，表征于概念框架的共享概念特征中，相异之处主要表征于不同的语义结构。根据这一结果，语言系统也许有必要区分概念框架和语义结构，前者为概念语义学范畴，后者为语法语义学范畴。

双名结构相关概念系统的构建，表明动词中心论和名词中心论都是不足的，同时也表明 Goldberg 的构架中心论有可取之处。但是，笔者强调框架结构的可分解性，强调动词概念框架和小句概念框架之间的吻合关系，强调系统和操作的对立统一关系。认知语言学常用以下例子来反对动词中心论，来支持构架中心论。

John sneezed the paper off the table.

笔者认为，sneeze 能出现在致使结构中，其原因不仅仅是结构的概念框架，而应该是动词概念框架和小句概念框架之间的吻合关系。根据相应的外部事件，“喷嚏”本身具备喷气的致使力，它可以和致使小句的概念框架吻合，所以可以体现为致使结构。那么为什么 sneeze 的不及物特征是常用特征，及物致使特征却是临时特征？构架中心论很难回答这样的问题。我们认为，外部世界的活动中“喷嚏”吹动实物的事件虽然有可能出现，但却极少发生，其中一个重要原因是“喷嚏”常常是难以预先设定的，而且为了礼貌起见人们总设法遮挡自己的“喷嚏”。常发生的事件在概念网络构成了高权值的连通路径，而不常发生的事件自然只能作为临时用法。由此可见，构架中心论的典型例子对本文的观点不构成反证。

根据以上的论证，有两点必须引起我们的重视：(1) 概念结构应该是可分解结构，完形应该是有一定分解可能的整体；(2) 系统和操作之间存在一定的认知功能关系。我们不妨将此观点称为认知功能观。认知应该包括了系统和操作之间的对立统一的认知关系，功能主要指整体和部分之间以及整体中各成分之间的功能关系。

我们还在双名结构的隐喻化延伸次类中发现，领属关系可以隐喻延伸到方位关系。而根据隐喻理论，方位关系应该是领属关系的基础。笔者以前也接受隐喻理论的这一观点，而双名结构的研究成果却向我们提出了一个研究的新课题。

最后，整个研究论证的总体过程是假设验证的。它既涉及理性推导，又借助可观察现象的验证。如果承认语言研究者揭示语言、概念系统的模式构建是一种寻求真理的过程，那么理性哲学和经验实证哲学对我们的研究仍然是有一定的指导意义。当然，在认知系统的发展起始阶段，许多在大脑中已经存在的信息很可能包括各种身体部位的感知信息和运动信息，在生理上可能表现为一定权值的连通关系，并有显性可观察的行为。这些信息，这些连通关系都将参与以后连通关系的发展和信息的获得。因此，人认识外部世界(另一种寻求真理)的操作，是在已知信息(包括但不局限于身体感念信息)的基础上进行的。由此可见，感知—动念哲学思想有其一定的合理性和解释力。但是，能感知手、脚、眼等处所并能司其动作者，未必也能揭示和预示双名结构和其他语言结构的认知系统、语言系统及其操作(前一种寻求科学真理)。

参考文献

Dixon, R. M. W. 1991. *A New Approach to English Grammar, on Semantic Principles*. Oxford: Clarendon Press.

Fillmore, C. J. 1968. The case for case. In Bach & Harms(eds.), *Universals in Linguistic Theory*. New York: Holt, Rinehart and Winston.

Fillmore, C. J. 1982. Frame semantics. In Linguistics Society of Korea(ed.), *Linguistics in the Morning Calm: Selected Papers from Sicol 1981*. Seoul, Korea: Hanshin Publishing Co.

Goldberg, A. E. 1995. *Constructions: A Construction Grammar Approach to Argument Structure*. Chicago, IL: The University of Chicago Press.

Gruber, J. S. 1965. Studies in lexical relation. Unpublished Ph. d dissertation, Massachusetts Institute of Technology, Cambridge, MA.

Lamb, S. M. 1999. *Pathways of the Brain: The Neurocognitive Basis of Language*. Amsterdam/ Philadelphia: John Benjamins.

Langacker, R. W. 1987. *Foundations of Cognitive Grammar* Vol. 1. Stanford, CA: Stanford University Press.

Levin, B. 1985. Lexical semantics in review: An introduction. In B. Levin(ed.), *Lexical Semantics in Review*. Cambridge, MA: MIT Center for Cognitive Science.

程琪龙,2001,《认知语言学概论：语言的神经认知基础》。北京：外语教学与研究出版社。

程琪龙,2003,领属框架及其语法体现,《外国语》(4)。

徐盛桓,2001,试论英语双及物构块式,《外语教学与研究》(2)。

(原载《外国语》2004 年第 3 期)

再谈“他吃了三个苹果”一类结构的性质

陆俭明

一、先前的论证所遇到的挑战

“吃(了)他三个苹果”,这是一个单宾结构还是一个双宾结构?语法界意见不一。按“单宾结构”说,认为“他三个苹果”只能被分析为表示领属关系的偏正结构,作“吃(了)”的宾语;按“双宾结构”说,认为“他三个苹果”可以不分析为偏正结构,而将“他”分析为“吃”的与事宾语,“三个苹果”分析为“吃”的受事宾语。①

我在《关于语义指向分析》(陆俭明, 1997)一文中指出,语义指向分析可以为“双宾”说提供一种新的分析角度——利用“总共”、“一共”一类副词在语义指向上的特点,说明把“吃了他三个苹果”分析为双宾结构也是可取的。具体论证过程是:

1. “总共”、“一共”在语义指向上有一个特点,那就是它作状语时所指向的成分一定是个数量成分,而在这个数量成分之前,不能带有限定性定语成分,包括表示领属关系的定语。例如:

(1) 总共/一共三个苹果。

(*总共/一共红的三个苹果)

(总共/一共三个红的苹果)

(2) 墙上总共/一共贴了三幅画。

[*墙上总共/一共贴了齐白石(的)三幅画]

① 持“双宾”说的学者并不认为“吃了他三个苹果”只能分析为双宾结构,而认为既可以分析为单宾结构,也可以分析为双宾结构,两者含义不一样。我要补充的是,如果在它前面加上“总共/一共”,那么“总共/一共吃(了)他三个苹果”里的“吃(了)他三个苹果”就只能分析为双宾结构。这是由“总共/一共”的语义指向特点所决定的。

（墙上总共/一共贴了三幅齐白石的画）

2．“给了他三个苹果”这是大家公认的、最典型的双宾语结构，而“总共/一共”可以修饰这种双宾语结构。例如：

(3) 总共/一共给了他三个苹果。

这是因为其中的“他”跟“三个苹果”没有直接的句法关系，换句话说，“他”并不是“三个苹果”的定语成分，而是一个独立的宾语成分。

3．“总共/一共”同样能修饰有争议的“吃了他三个苹果”。例如：

(4) 总共/一共吃了他三个苹果。

这说明，“吃了他三个苹果”里的“他”和“三个苹果”，虽然从语义上看彼此有领属关系，但从句法上看彼此没有直接的句法关系。因此，“他三个苹果”可以不看作偏正结构，“吃了他三个苹果”有理由分析为双宾结构。

以上论证，一般认为是很有说服力的。但是去年十月我在教学过程中有位学生举出了下面一个实例，向上面我们所作的论证提出了挑战：

(5) 总共/一共修了王家三扇门。

例(5)，当然更顺畅的说法应该是“总共/一共为王家修了三扇门”，或者说“总共/一共帮王家修了三扇门”，但经调查例(5)的说法也还是可以接受的。按前面讲的论证思路，例(5)里的“修了王家三扇门”也该看做双宾结构，因为它可以受“总共/一共”的修饰；但就一般人的感觉，似不会把它分析为双宾结构。这样就提出了一个问题：是前面的论证有问题，还是说前面的论证没有问题，“修了王家三扇门”也可以分析为双宾语结构？如果“修了王家三扇门”可以分析为双宾结构，那么怎么解决一般人的“感觉”问题？

二、用“语法的动态性”理论解释“修了王家三扇门”

“语法的动态性”理论是郭锐(2002)提出来的，这个理论对解决上面所提出的问题很有帮助。什么叫“语法的动态性”呢？郭锐指出，词在句法层面上会产生词汇层面未规定的语法性质，这种语言现象称为“语法的动态性”。② 先前郭锐(1999)就认为，词语的语法性质应区分为“词汇层

② 这不是郭锐(2002)的原话，他的原话是：“词在句法层面上会产生词汇层面未规定的性质，我们把这种性质叫语法的动态法。”

面的语法性质”和“句法层面的语法性质”。词语在词汇层面的语法性质，是词语固有的词性，可以在词典中标明；而词语在句法层面的语法性质，是词语在具体使用中产生的，由句法规则控制。词语在上述两个层面的语法性质一般情况下是一致的，例如：

(6) 小王有一撮黄头发。

例(6)里的“小王”、“黄头发”在词汇层面是名词性的，在句法层面，即具体在上面这个句子里呈现的也是名词的语法性质。但有时会不一致，例如：

(7) 小王黄头发

例(7)里的“黄头发”就跟词汇层面的词性不一致，他在上面这个句子里，即在句法层面呈现的是谓词性质。

归纳郭锐(2002)所说的语法动态性的种种表现，我们把“语法的动态性”主要概括为以下两方面的表现：

1. 某词类里的词在语法功能上发生变化。例如区别词，从词汇层面说，他固有的语法功能是只能作定语或跟助词“的”构成“的”字结构(朱德熙，1982)；但是，有些成对的区别词，如“急性”、“慢性”等，到了句法层面，在一定条件下(含对比意)，可以作主语。例如：

(8) 肝炎，急性好治，慢性不好治。

(9) 那柜子，我觉得框式好看。[意味着板式不好看]

2. 动词或形容词的论元数(或说“配价数”)发生变化。例如：

(10) 张三跑了一身汗。

(11) 张三高李四一个头。

例(10)里的“跑”，从词汇层面说，他是一价动词，不能带宾语，但在这里增加了一个论元(或说“配价成分”)——“一身汗”。例(11)里的“高”，从词汇层面说，它固有的语法功能是一价形容词，但在比较句里它后面可以带上两个论元——“李四”和“一个头”。换句话说，“跑”由一价动词变成了二价动词；“高”由一价形容词变成了三价形容词。

现在回过头来看例(5)“总共/一共修了王家三扇门”里的“修”和例(4)“总共/一共吃(了)他三个苹果”里的“吃”。这里的“修”、“吃”就表现出了语法的动态性，它们原先在词汇层面都是二价动词，后面只能带上一个宾语；而这里则表现为三价动词，后面带上了两个宾语。但它们跟“给”还是有本质的不同，“给”，从词汇平面说，本来就是三价动词，到句法层面也实现为三价动词；而“修”和“吃”，从词汇平面说，本来是二价动词，只是到了句法层面才表现为三价动词。这样看来，依据郭锐的“语法的动态性”理论，不仅将“吃了他三个苹果”分析为双宾结构是可取的，而且将“修了王家三扇门”分析为双宾语结构，也是可取的。事实上我们注意到，“修”和“吃”所形成的“动词 + 名$_1$ + 名$_2$”双宾句式，有共同的特点：第一，“名$_1$”和“名$_2$”之间一定有领属关系；第二，“名$_2$”一定是个数量(名)结构。请看：

(12) 修了王家三扇门。

(13) 吃了他三个苹果。

例(12)三扇门是王家的门，例(13)三个苹果是他的苹果。正由于“名$_1$”和“名$_2$”之间有领属关系，所以一般人认为“名$_1$ + 名$_2$”只能是偏正结构。殊不知由于存在着词语“语法的动态性”，所以例(12)、(13)里的“王家”、“他”，在这里具有双重语义身份——从某个角度说，它是“名$_2$”的领有者，从某个角度说，它又可以成为动词的一个论元(与事)；作为双宾结构时，“王家”、“他”都是以动词的与事身份出现的。

朱德熙先生(1982)在谈到“表示取得”双宾结构时，所举的实例是：

(14) 买了他一所房子。

(15) 偷了我一张邮票。

(16) 娶他家一个闺女。

(17) 收了你两百块钱。

朱先生认为，如果中间有“的”，或者虽然没有“的”但最后的名词之前是指量词“那所”、“那张”或者“那个”等，那么分析为单宾结构；如果中间没有“的”，最后的名词之前是数量词(如例 14 - 17)，则分析为双宾语。朱先生没有说明理由，没有解释为什么没有“的”且最后的名词之前是数量词时可以分析为双宾结构。郭锐的“语法的动态性”观念实际上也为朱先生的说法作出了明确的解释。

三、关于非“给予”意双宾结构

上面所讨论的例(12)、(13)跟朱先生所说的“表示取得”的双宾结构显然属于同一个大类，因为彼此在语义上、句法上存在着一系列的平行现象：

第一，“名$_1$”和“名$_2$”之间一定有领属关系；

第二，“名$_1$”在语义上为动词的与事(dative)；

第三，“名$_2$”得是个数量名结构，在语义上为动词的受事；

第四，它们都能受“总共/一共”的修饰。请看：

(18) 总共/一共吃了他三个苹果。

(19) 总共/一共修了王家三扇门。

(20) 总共/一共买了他一所房子。

(21) 总共/一共偷了我一张邮票。

(22) 总共/一共娶他家一个闺女。

(23) 总共/一共收了你两百块钱。

我们不妨把符合上述四点的双宾结构称之为“名$_1$”和“名$_2$”有领属关系、“名$_1$”为与事的非“给予”意双宾结构(简称“非‘给予’意双宾结构”)。其格式为：

(总共/一共)动词 + 名$_1$(指人与事) + 名$_2$(数量名结构)

注意：我们所以要在“动词 + 名$_1$(指人与事) + 名$_2$(数量名结构)”前加上“总共/一共”，目的是为了确保“动词 + 名$_1$(指人与事) + 名$_2$(数量名结构)”只能理解为双宾结构，因为正如前面已经指出，在受“总共/一共”修饰的情况下，“动词 + 名$_1$(指人与事) + 名$_2$(数量名结构)”只能分析为双宾结构。

朱德熙(1979，1982)先后谈到过表示“取得”义的双宾结构。朱德熙先生(1979)曾把“拿”归入“表示取得”意动词。“吃了他三个苹果”，按广义的理解，其实也可以看作表示“取得”意一类的双宾结构；“吃”可以跟“拿”看作一类。朱先生(1979)曾把“表示给予”意的动词分为“显性的”(如“给”、“送”、“卖”等)和“隐性的”(如“写”、“搛”、“留”等)两小类；其实“表示取得”意的动词，也可以分为“显性的”和“隐形的”两小类。就“买”、“偷”、“抢”、“娶”等动词来说，“取得”意是显性的，固有的；就“吃”、“拿”、“喝”等动词来说，“取得”意是隐性的，非固有的。“修了王家三扇门”跟“吃了他三个苹果”还有些不同，并不表示“取得”意，应看作另一种非“给予”意双宾结构，这种双宾结构前人还没有注意到，有必要加以考察研究。

现代汉语里的双宾语结构有多种多样。这里只考察、分析上文已加以限定的非“给予”义双宾结构。对于这类双宾结构，着重研究两个问题：(一)上面说了，“名$_1$(指人与事)”与“名$_2$(数量名结构)”一定有领属关系，可是领属关系也有多种多样，那么什么样的领属关系才能使“（总共/一共）动词 + 名$_1$（指人与事）+ 名$_2$（数量名结构）”构成双宾结构？（二）能在“动词”位置上出现的，具体是哪些动词？

四、非“给予”意双宾结构“名$_1$”和“名$_2$”之间的领属关系

现代汉语里的领属关系多种多样，归纳起来大概有以下 16 小类：[3]

（24）a. 称谓领属

我的父亲　他的老师　小王的朋友　老张的徒弟　我们的邻居

b. 占有领属

他的房子　小李的笔　我的自行车　爸爸的计算机　姐姐的手表

c. 器官领属

他的眼睛　弟弟的手　猴子的尾巴　大象的耳朵　松树的叶子

d. 构件领属

书的封面　房间的门　衣服的领子　桌子的腿儿　饺子的馅儿

e. 材料领属

桌子的木头　衣服的布料　画报的纸　啤酒瓶的玻璃

f. 属性领属

他的脾气　小王的性格　糖的价格　烤鸭的味道　桌子的长度

g. 特征领属

弟弟的个儿　妹妹的穿着　孩子的长相　箱子的形状　衣服的颜色

h. 观念领属

他的观点　我的看法　校长的意见　朋友的劝告　佐藤君的见解

i. 成员领属

北大的学生　清华的校长　美国的总统　夏普公司的职员

j. 变形领属

土豆丝儿　黄瓜丝儿　萝卜块儿　羊肉片儿

---

③ 关于怎么确定一个“名$_1$（的）名$_2$”是或不是领属性偏正结构，我们将在《确定领属关系之我见》一文中详细讨论。

k. 成果领属

他的文章　李白的诗　齐白石的画　王羲之的字　茅盾的小说

l. 产品领属

东芝公司的计算机　中国的人造卫星　浙江的茶叶　新潟的大米

m. 状况领属

北大的现状　他的前途　张教授的水平　我们的条件　李老师的病情

n. 创伤领属

张三的伤口　他的口子　老张的胃炎　小李的包

o. 事业领属

我们的事业　小王的工作　郭老的研究　他们的调查　他的考察

p. 景观领属

苏州园林　九寨沟风光　桂林山水　西湖景色

q. 处所领属

张三的面前　小王的身后　王大爷的房后　北京大学的隔壁

经考察，"(总共/一共)动词＋名$_1$(指人与事)＋名$_2$(数量名结构)"双宾格式里"名$_1$"和"名$_2$"之间的领属关系似只限于占有领属、成员领属、产品领属和部分器官领属。④ 例如：

(25) 占有领属：总共/一共买了张三五亩地。

成员领属：总共/一共录取了北大附中164个毕业生。

产品领属：总共/一共采购了东芝公司50台计算机。

器官领属：总共/一共剁了那家伙三个手指头。

值得注意的是："(总共/一共)动词＋名$_1$(指人与事)＋名$_2$(数量名结构)"双宾语式里"名$_1$"和"名$_2$"之间似乎可以是成果领属关系，例如：

---

④ 拙稿送给《中国语文》编辑部后，编辑部针对我这里的说法，提出来这样的意见：文章中发现的这个现象，其实大致与领属关系当中的"可让渡/不可让渡"关系相对应：占有领属、成员领属和产品领属关系属于一般语言学领属关系研究当中的可让渡关系，器官领属类属于不可让渡关系。文中归纳的现象似可概括为：

名$_1$和名$_2$之间为可让渡性领属关系时，进入双宾结构比较自由；名$_1$和名$_2$之间为不可让渡性领属关系时，进入双宾结构有一定限制。

《中国语文》编辑部的这个意见很好，特在此转引说明，并表示感谢。

(26)（那小偷）总共/一共偷了齐白石三幅画。

其实，例(27)里的“齐白石”和“画”只能理解为占有领属关系，不能理解为成果领属关系。我们不妨把例(26)跟下面的例(27)对比一下：

(27)（那小偷）总共/一共偷了三幅齐白石的画。

例(27)“偷了三幅齐白石的画”是一个单宾结构。我们曾做过粗略的调查，一般人听到例(27)，都认为句中所说的画是齐白石先生所画的画；而听到例(26)，都首先认为齐白石先生家遭偷了，而被偷走的画，可能不是齐白石所画的画，也可能是齐白石所画的画。当我们问被调查人，“你为什么会认为例(26)句中那被偷的画也可能是齐白石所画的”，回答说：“齐白石不是大画家吗？”可见，大家所以会想到被偷的画可能是齐白石所画的画，这想法不是来于例(26)句子本身，而是因为大家都知道齐白石是大画家。而像下面那个跟例(26)结构相同的例(28)：

(28)（那小偷）总共/一共偷了王老师三幅画。

被调查人听到这个句子，只会想到王老师有三幅画被偷了，而没有一个人认为被偷的画是王老师所画的画。

五、非“给予”意双宾结构里的动词

为了客观起见，我们以孟琮等编著的《汉字动词用法词典》(1999年版)里所收的动词为考察对象。该词典共收动词1 223个。我们按“（总共/一共）动词 + 名$_1$（指人与事）+ 名$_2$（数量名结构）”双宾语式的要求，逐一进行考察（只按词项，不按义项），能进入“（总共/一共）动词 + 名$_1$（指人与事）+ 名$_2$（数量名结构）”双宾语式的动词共98个。现举例如下（按音序排列，为节省篇幅，例句里的“总共/一共”以“一共”为代表）：

(29) 安插（一共～了王家五个人） 安排（一共～了王家五个人）
安置（一共～了王家五个人） 霸占（一共～了王家五亩地）
拔（一共～了王家五个白薯） 罢（一共～了他们五个人）
搬（一共～了王家五张床） 表扬（一共～了一班五个人）
采购（一共～了方正五台计算机） 采用（一共～他五个建议）
踩（一共～了王家五亩地） 查（一共～了王家五个房间）

拆(一共～了王家五垛墙)　拆除(一共～了王家五间屋)
铲除(一共～了敌人五个据点)　承担(一共～了国家五个项目)
盛(一共～了她两条鱼)　吃(一共～了她三个苹果)
抽查(一共～了一班五份试卷)　出版(一共～了王教授五本书)
处罚(一共～了一班五个人)　处分(一共～了一班五个人)
穿(一共～过他三件衣服)　打(一共～了王家五个碗)
打破(一共～了他五个碗)　逮(一共～了他们五个人)
逮捕(一共～了王家五个人)　耽误(一共～了他五年时间)
得(一共～了他五百万元)　调(一共～了北大五个人)
斗(一共～了王家五个人)　读(一共～过鲁迅五篇杂文)
端(一共～了王家五把椅子)　夺(一共～了齐国三座城)
剁(一共～了那家伙三个指头)
发现(一共～了王家五个密室)⑤
罚(一共～了她五块钱)　分(一共～了王家五亩地)
俘虏(一共～了敌人五个连)　抚养(一共～了王家五个孩子)
改(一共～了他五个句子)　改正(一共～了她五个病句)
勾引(一共～了王家五个姑娘)　雇(一共～了王家五个人)
拐(一共～了王家五个孩子)　花(一共～了她五百块钱)
夹(一共～了她家三个煤饼)　捡(一共～了王家五块砖)
剪(一共～了她十公尺布)　接(一共～了他三个球)
接受(一共～了他三笔捐款)　借(一共～了她九本书)
纠正(一共～了他五个错误)　砍(一共～了王家三棵树)
扛(一共～了国家五根木头)　扣(一共～了他们三条船)
扣留(一共～了他们三个人)　捆(一共～了他们五个人)
买(一共～了农民四只鸡)　没收(一共～了他们五辆车)
拿(一共～了小王五个苹果)　挪(一共～了公司十万元现款)
挪用(一共～了公司十万元现款)
骗(一共～了他三十万元现款)

---

⑤ “发现”有点例外,行为动作的进行,有时会使与事受损,有时并不会使与事受损,如“我一共发现她三个优点”。

欠(一共～了她一百块钱)	抢(一共～了王家三头牛)
敲(一共～了他三十万块钱)	敲诈(一共～了她八万块钱)
撬(一共～了北大五个房间)	请(一共～了清华十位专家)
驱逐(一共～了美国三个记者)	杀(一共～了齐国十万人)
烧(一共～了他们三间瓦房)	少(一共～了你8块9毛钱)
赊(一共～了公司三万元货)	收(一共～了他三笔赠款)
撕(一共～了她九本书)	算计(一共～了王家三亩地)
抬(一共～了王家四张桌子)	贪污(一共～了公家九十万块钱)
提拔(一共～了附中三个干部)	挑(一共～了北大十个学生)
挑选(一共～了北大十个学生)	偷(一共～了王家三辆车)
吞(一共～了公家三十万块钱)	挖(一共～了王家十公斤山药)
修(一共～了王家五扇门)	选(一共～了他们三个人)
修改(一共～了他五个病句)	修理(一共～了王家五扇门)
邀请(一共～了北大八位教授)	咬(那狗一共～了王家三个人)
要(一共～了他三件衣服)	赢(一共～了她七千块钱)
用(一共～了他三百块钱)	运(一共～了煤矿十万吨煤)
砸(一共～了她四个杯子)	糟蹋(一共～了公家三万斤粮食)
摘(一共～了他五嘟噜葡萄)	占领(一共～了敌人三个据点)
抓(一共～了王家三个人)	赚(一共～了他五万块钱)
捉(一共～了丐帮十二个人)	租(一共～了王朝饭店三个房间)

可能有遗漏,也可能判断有误,把不该列入的列入了,但无碍大局。这104个动词,有其共同性,那就是它们在句法层面都可以有三个论旨角色——施事、受事、与事。但就它们的语义性质看,又不完全一样,像"买"、"出版"、"糟蹋"显然不能一视同仁,所以这104个动词有必要再分分小类。该怎么分?自朱德熙先生(1979)运用语义特征分析后,说到给某类词分小类,往往从词的语义特征角度给词分小类。这在多数情况下是可行的,但也不是哪儿都适用。上面这104个动词就很难根据它们的语义特征来给它们分小类。最近詹卫东(1999)为研究中文信息处理中的短语结构规则问题,在前人研究的基础上,提出了"广义配价模式"这样一种语义知识表达框架。作为广义配价模式的内容之一,就是充分注意词语配价成分在行为动作进行或完成之后的变化情况,譬如动词"洗"和

“晾”都是二价动词，都有一个受事角色，但是这两个受事角色在受到动作支配后所发生的变化是不同的——“洗”的受事，其变化只是性状的变化，而“晾”的受事，其变化除了性状的变化外，还有位置的变化；两者都有性状的变化，但还有区别，“洗”的受事性状的变化通常是从不干净到干净，而“晾”的受事的性状变化通常是从湿到干。上述不同，在语法研究中不能忽视。詹卫东的“广义配价模式”跟前面介绍的郭锐的“语法的动态性”，从某个角度说，有相同之处，那就是都需考虑词语在动态运用中的变化与影响。这里我们想吸取他们二位语法思想里的某种精神，来考虑那104个动词的分类问题。

上面说了，这104个动词，有其共同性，那就是它们在句法层面都可以有三个论旨角色，在句法上表现为一个主语和两个宾语；但从动态的角度看，即从行为动作的进行、发生对各个论旨角色的影响看，则并不一样。例如“吃”这一行为动作的进行、发生，将使施事有所获取；“糟蹋”这一行为动作的进行、发生，则使与事有所损伤；而“出版”这一行为动作的进行、发生，使施事、受事均有所得。据此我们可以将那104个动词分为以下六小类：

Va类　行为动作的进行、发生，将侧重使施事有所获取。最典型的是动词“吃”。例如：

(30) 我吃了小王三个苹果。

例(30)其意只在说明“我”有所获取。这小类包括“吃”在内有24个动词，现列举如下：

(31) 搬、盛、吃、穿、得、调、读、端、夹、捡、剪、接、接受、借、砍、扛、拿、赊、收、抬、要、用、运、摘

Vb类　行为动作的进行、发生，使与事、受事有所获取。最典型的是“表扬”，例如：

(32) 林校长表扬了一班五个人。

例(32)那“五个人”受表扬，当然光荣，他们所在的班也光荣，所以说这小类动词的行为动作的进行、发生，将使与事、受事有所获取。这小类包括“表扬”在内有六个动词，具体如下：

(33) 安插、安排、安置、表扬、抚养、提拔

Vc类　行为动作的进行、发生，使与事受益。这类有六个动词，具体

如下：

(34) 改、改正、纠正、修、修改、修理

Vd 类　行为动作的进行、发生，则使与事有所损伤。最典型的是“打/打破”，例如：

(35) 打/打破了两个碗。

例(35)意在说明“她”受损。连“打”、“打破”在内，这小类有 16 个动词，具体如下：

(36) 罢、踩、拆、拆除、处罚、处分、打、打破、耽误、花、烧、少、撕、咬、砸、糟蹋

Ve 类　行为动作的进行、发生，使施事、与事均有所得。这小类动词所表示的意思比较明显，不需要再举例说明。这类有 12 个动词，具体如下：

(37) 采购、采用、承担、出版、雇、买、请、挑、挑选、选、邀请、租

Vf 类　行为动作的进行、发生，使施事有所得，使与事有所损伤。这小类动词所表示的意思也比较明显，也不需要再举例说明。这类有 40 个动词，具体如下：

(38) 霸占、拔、铲除、抽查、查、逮、逮捕、斗、夺、剁、发现、罚、分、俘虏、勾引、拐、扣、扣留、捆、没收、挪、挪用、骗、欠、抢、敲、敲诈、撬、驱逐、杀、算计、贪污、吞、偷、挖、赢、占领、抓、赚、捉

六、余　　论

本文只讨论“名$_1$”和“名$_2$”有领属关系、“名$_1$”为与事的非“给予”意双宾结构。其实，“名$_1$” 和“名$_2$”有领属关系的非“给予”义双宾结构，不限于上述那一种。譬如说例(39—41)就是另外一种“名$_1$” 和“名$_2$”有领属关系的非“给予”意双宾结构：

(39) (总共/一共)拉了我五个口子。

(40) (总共/一共)烫了我三个大燎泡。

(41) (那蚊子总共/一共)叮了我五个包。

这种双宾结构里动词的三个论旨角色分别是施事、受事和结果；“名$_1$” 和“名$_2$”之间是创伤领属关系。这种双宾结构，都是使受事受

损的双宾结构。

参考文献

顾　阳，1999，双宾语结构，载徐烈炯编著，《共性与个性：汉语语言学中的争议》。北京：北京语言文化大学出版社。

郭　锐，1999，《现代汉语词类研究》。未出版的博士论文。北京大学中国语言文学系，北京。

郭　锐，2002，语法的动态性和动态语法观，商务印书馆语言学出版基金发布会暨青年语言学者论坛——21世纪的中国语言学，北京。

陆俭明，1997，关于语义指向分析，载黄正德编著，《中国语言学论丛》（第1卷）。北京：北京语言文化大学出版社。

陆俭明，2001，领属关系确定之我见，中国语言学会第11届年会，扬州。

马庆株，1983，现代汉语的双宾语构造，载北京大学汉语语言学研究中心《语言学论丛》编委会编著，《语言学论丛》（第10辑）。北京：商务印书馆。

沈　阳，1995，领属范畴及领属性名词短语的句法作用，《北京大学学报（哲学社会科学版）》（5）。

徐建华，1999，领属性与非领属性结构语义类型，《汉语学习》（3）。

詹卫东，1999，一个汉语语义知识表达框架：广义配价模式，载黄昌宁、董振东编著，《计算语言学文集》。北京：清华大学出版社。

张伯江，1994，领属结构的语义分析，《语言教学与研究》（3）。

张伯江，1999，现代汉语的双及物结构式，《中国语文》（3）。

张　宁，1999，汉语双宾语句结构分析，载陆俭明编著，《面临新世纪挑战的现代汉语语法研究》。济南：山东教育出版社。

朱德熙，1979，与动词“给”相关的句法问题，《方言》（2）。

朱德熙，1980，《现代汉语语法研究》。北京：商务印书馆。

朱德熙，1982，《语法讲义》。北京：商务印书馆。

（原载《中国语文》2002年第4期）

汉英双宾结构差别的概念化原因

石毓智

一、引　言

不同语言语法结构的类型和数目会有程度不同的差别，同时两种语言表面上看起来相同的结构，可能具有不同的语法意义。对造成这种差别背后原因的探讨，有助于我们对语法结构意义产生过程的认识。本文以汉语和英语的双宾结构为例，探讨它们差别的原因。分析表明，这种差别不是偶然的，而是反映了两个民族在认识外在世界时的系统差别，这种差别既表现在结构意义上，也表现在词汇意义上。这说明语法结构意义的产生过程跟概念化过程具有相同之处。

汉语和英语句子的基本语序都为SVO，它们的双宾结构的抽象格式也相同：

$$S + V + N_1 + N_2$$

N_1 代表间接宾语，N_2 代表直接宾语。注意，我们所讨论的双宾结构都是指宾语为普通名词，而不包括介词短语。因此，下列两组的a例是我们所说的双宾结构，b例则不是。

(1) a. Bill sent Joyce a walrus[①].

　　b. Bill sent a walrus to Joyce.

(2) a. 我送了小王一件礼物。

　　b. 我送给了小王一件礼物。

例(1)b有介词“to”，且接受者(recipient)置于直接宾语之后；例(2)b的动词之后多了一个引进接受者的“给”，加上介词之后也可以把接收者移

① 本文的英文例子主要来自Quirk等(1985)、Langacker(1987,1991,2002)等。

到直接宾语之后，即“我送了一件礼物给小王”。这些都不属本文讨论范围。

二、英汉双宾结构的功能差别

(一) 从物体移动方向看双宾结构的语法意义

双宾结构是一种常用格式，自然受到学者们的重视。汉语学界多从动词的类别来描写这一结构。比如，赵元任(1968)将双宾动词分为给予类、取得类、教类和借类；朱德熙(1979)做出了类似的分类：给予类、取得类和制作类。还有的分类标准更多，比如马庆株(1992)分出了十三类双宾结构，有的是根据动词的语义特征分类的，如交换类(“换他两本书”)；有的根据直接宾语的语义特征分类，如动量类(“给他一巴掌”)；有的则是根据间接宾语的语义特征分类的，如处所类(“挂墙上一幅画”)。从逻辑角度讲，一次分类只能依据一个统一的标准，因为不同的标准会带来分类结果的交叉现象。那么依据什么标准最好呢？

我们认为这个标准应该具有高度的概括性和简洁性，不仅能准确描写汉语双宾结构的实质，还要便于揭示跨语言的共性和个性。双宾句式必然涉及两个参与者、一个客体和引起客体移动的动作。“客体”可以是具体的物体，也可以是抽象的事物。我们认为客体的移动方向这一标准不仅可以对汉语的双宾结构做出准确的概括，而且可以揭示英汉语之间的本质差别。客体的移动方向可图示如下：

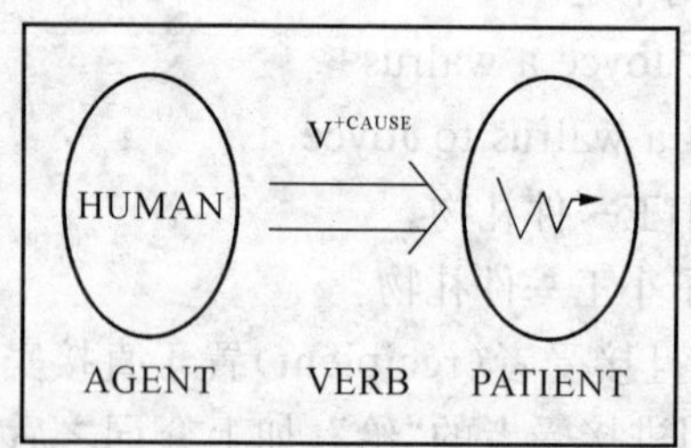

根据动作导致客体移动的方向，可把动词分为三类：(一) 右向动词，如例(3)；(二) 左向动词，如例(4)；(三) 左右向动词，如例(5)。

(3) 我给了她一支笔。

(4) 他拿了我一本书。

(5) 我借了小王两本小说。

例(5)有两种相反的意思：一是“我借给了小王两本小说”；二是“我从小王那儿借了两本小说”。“借”就是所谓的左右向动词，即用一个动词来表示方向相反的同一种动作行为，这正是汉语对物体传递动作行为的概念化特点。

这种按照客体移动方向的分类法，跟按照动词语义特征的划分方法，表面上看起来相似，实际上有本质差别。比如上面提到，赵元任(1968)按照动词的语义特征，将双宾动词分为给予类、取得类、教类和借类。然而，根据我们的划分方法，赵的四类可以归入三类：(一) 右向：给予类和教类；(二) 左向：取得类；(三) 左右向：借类。更重要的差别是，物体运动方向的类是一个有限的封闭类，只有三种可能；而动词语义特征的类是一个开放的类，所以才有朱德熙的“制作类”、马庆株的“交换类”等多种分类现象。

对双宾结构范围的看法也不一致。比如杨成凯(1996)、李宇明(1996)等依据动词后面 NP1 和 NP2 之间大都存在领属关系的事实，将整个结构处理为领属性结构做宾语的单宾句，只承认“给予”义动词才能构成双宾句。其实，NP1 和 NP2 具有领属关系是“取得”和“给予”两类动词的共同特点，差别只在于“给予”类动词所涉及的领属关系是在事件发生之后，“取得”类的则在事件发生之前。间接宾语和直接宾语之间存在领属关系也是英语双宾结构的特征，Langacker(2002：13)指出，如果两个名词成分没有明确的领属关系，就很难进入双宾结构。请看下面的对比：

(6) a. I cleared Bill a place to sleep on the floor.

b. ? I cleared Bill the floor.

(7) a. Bill sent Joyce a walrus.

b. ? I sent Antarctica a walrus.

一般情况下，Bill 不会拥有 the floor，Antarctica(南极洲的地方)不会领有 walrus，因此它们不适用于双宾结构。Quirk 等(1985：726 - 728)从宾格标记方式、句法位置、功能和语义特征等方面论证了间接宾语和直接宾语都具有平等的性质，都是宾语。因此，不能根据“取得”类动词的间接宾语和直接宾语之间存在领属关系，就把它们看作其他类型的结构。更重要的是，双宾结构跟普通的动宾结构不一样，这类动词之后的两个名词之间如果为单纯的领属关系，则不需要数量词，而双宾关系则必须有数量词。例如：

(8) a. 我拿了汪老师一本书。
　　*我拿了汪老师书。
b. 我拿了汪老师的一本书。
　　我拿了汪老师的书。

由此可见，双宾结构的两个宾语之间的关系与一般的领属短语并不一样。

(二) 汉英双宾结构的意义差别

汉英双宾结构语法意义的本质差别是客体转移的方向：

汉语：(a) 右向 $S \rightarrow N_1$；
(b) 左向 $S \leftarrow N_1$；
(c) 左右向 $S \leftrightarrow N_1$。

英语：右向 $S \rightarrow N_1$。

Langacker(1991：327－329)概括英语双宾结构的语法意义为："来源→目标"(source-target path)，即物体只能从主语向间接宾语方向转移。英语双宾结构的主语等同于"来源"，间接宾语等同于"目标"。然而汉语的主语既可以是来源又可以是目标，间接宾语亦如此。下面分别举例说明两种语言的差别。

1. 汉英的"取得"类动词都可用于双宾结构，但意义恰好相反。林纾平(2000)已注意到这种对立。例如：

(9) a. John bought Mary a dress.
　　汉译：约翰给玛丽买了一件衣服。
b. John stole Mary a bicycle.
　　汉译：约翰偷了一辆自行车给玛丽。
c. John took Mary a book.
　　汉译：约翰给玛丽拿了一本书。

(10) a. 他买了王教授一本书。

英译：He bought a book from Prof. Wang.

b. 他偷了小王一辆自行车。

英译：He stole a bicycle from Xiao Wang.

c. 他拿了我一本书。

英译：He took a book from me.

上述英、汉语例子的句式相同而语意恰好相反，即使对于这类"取得"动词，英语仍然是表示客体由主语向间接宾语转移，这是来自其双宾结构的句式意义。汉语的双宾结构允许客体左右移动，因此用自身意义为左向的动词时，客体的移动方向也是左向的。

2. 汉英双宾结构一致的地方是，部分给予类动词句法行为完全一样，整个结构的意义也一样，因此可以相互直译。例如：

(11) a. Bill sent Joyce a present.

比尔送了乔伊丝一件礼物。

b. He gave Mary a book.

他给玛丽一本书。

c. He's teaching us chemistry.

他教我们化学。

d. He paid us 100 dollars.

他付了我们100块钱。

e. He told me his story.

他告诉了我他的故事。

但是这种完全对应的用例是少数，很多英语中可用于双宾结构的动词，汉语则不能，需用其他结构来表示。

3. 英汉双宾结构的第二个共同点是，直接宾语都可以是一个从句形式。英语中的现象已经有学者详细讨论(如Quirk等，1985：1214)，但就我们所看到的文献，汉语学界还没有人把这种现象归入双宾结构。

(12) a. John asked me *what time the meeting would end*.

b. George didn't tell them *that the train was late*.

c. The instructor taught us *how to land safely*.

d. They advised him *what to wear in the tropics*.

e. Please remind me *where to meet you after lunch*.

(13) a. 他问我会议什么时候结束。

b. 他没有告诉我火车晚点了。

c. 老师教我们怎么做这道题。

d. 他建议我晚会穿什么衣服。

e. 请提醒我午饭后在什么地方见你。

上述例句的斜体/画线部分都是直接宾语。这些句式中的动词一般都与传递信息有关,英、汉语都如此。

4. 在双宾结构中,英语的右向动词比汉语的丰富,这与英语双宾结构的单一右向意义不无关系。例如:

(14) a. I cleared Bill a place to sleep.

b. I baked her a cake.

c. She left Jim a card.

d. She cooked me a dinner.

e. She made her daughter a beautiful doll.

f. She showed me her essay.

g. Pour me a drink.

h. I've found you a place.

i. They offered her some food.

j. They wished him good luck.

上述例子中的动词很多自身并无方向义,只有进入了双宾结构之后才被赋予结构义中的方向含义,使得整个句式带上客体由左向右转移的意义。然而与英语这些动词相对应的汉语动词则受到很大限制,一般不能直接用于双宾结构,而往往用介词"给"在谓语之前引出接受者或受益者,诸如"我给他打扫了一个地方睡觉"、"给我唱一首歌"、"我给他画了一张画"等等。

5. 英语的双宾结构是右向的,其典型的右向动词可引申为表示事件,直接宾语是事件性的动名词。下面是 Quirk 等(1985: 753)的例句。

(15) a. I gave Helen a nudge.

"I nudged Helen."

b. We gave the baby a bath.

"We bathed the baby."

c. I should give the car a wash.

"I should wash the car."

d. Give the car a push.

"Push the car."

e. Judith paid me a visit.

"Judith visited me."

上述用法，除了与其双宾结构的语法意义有关外，还可能与其动词的名词化(nominalization)方式有关。汉语的"给"一般不能这么用。

6. 我们说英语的双宾结构只能表示客体的右向转移，有人可能认为下述现象是此一论断的反例：

(16) a. I asked you a question.

b. The policeman fined him 50 dollars.

c. The salesman charged me 30 dollars.

然而，实际上这类句子中的客体移动仍然是右向的。"我"先拥有一个"问题"，然后通过"问"的动作传递给对方。"警察"根据对方的错误行为，先确定一个罚款数额"50 元"，也就是说警察首先拥有这个"罚款额"，然后施加给间接宾语"他"。同样，当"我"买了某件商品时，"售货员"就拥有相应的钱数，就通过某种行为把这个欠的钱施加给"我"。也就是说，例(16) b、c 的"他(him)"和"我(me)"分别得到的是"罚款数额"和"欠款数额"，即客体的转移仍是右向。

(三) 汉语双宾结构的动词特点

由于汉语的双宾结构可表示客体的左右向转移，因此可用于其中的动词特点和类型也明显不一样。上面比较了右向动词在两种语言双宾结构中的共性与个性，本节则考察左向动词和左右向动词在两种语言双宾结构中的使用特点。

1. 汉语的双宾结构是左右向的，于是具体句子的意义主要是由动词自身的方向义决定。比如汉语"给类"动词是右向的，那么句子的意义就表示可以由主语向间接宾语转移；"取类"动词是左向的，句子就表示客体向左转移。汉语有一类典型的表示物体传递的动词，其方向义是中性的，既可以是左向又可以是右向，其结构就造成了歧义现象。例如[②]：

(17) a. 我借了他一本书。

b. 我租了他一间房子。

c. 我赁了他一个柜台。

d. 我贷了他一万块钱。

e. 我上了他一门课。

f. 我换了他五十斤大米。

g. 我分了他一碗汤。

上述句子都有两个完全相反的意义：1）客体左向转移和2）客体右向转移。要消除歧义必须加上适当的介词或者改变句子结构，比如例(17)a的右向义可表达为"我借给了他一本书"；左向义可为"我从他那儿借了一本书"。

对于汉语这类方向义中性的动词，英语往往用不同的动词表示(后文还将详细讨论这一点)，但只有右向义的动词才能用于双宾结构。例如：

(18) a. He lent me a book.

He borrowed a book from me.

b. He taught me a course.

He conducted a course for us.

即表示左向义时英语需要选用其他句式。

2. 因为汉语的双宾结构可以是双向的，所以各种"取类"动词可以自由地用于其中，表示客体左向转移。下面是朱德熙(1979)举的例子。

(19) a. 我买了他家一所房子。

b. 他抢了我一张邮票。

c. 他偷了人家一所房子。

d. 他收了我五毛钱。

e. 他拿了我一本书。

f. 小王娶了他们家一个女儿。

英语的相应动词，要么不能用于双宾结构中，比如* He received me 50 cents；要么意义正好与汉语相反，比如 I bought his family a house，意思

---

② 本组例子主要是根据朱德熙(1979)和赵元任(1968)。

为“我给他们家买了一所房子”。

3. 汉语方向义相反的一对反义动词，都可以用于双宾结构。英语中则只有右向一方才有可能进入双宾结构，左向的则不能。例如：

（20）a. 我买了他一本书。

b. 我卖了他一本书。

（21）a. 老王嫁了他一个女儿。

b. 我娶了他一个女儿。

（22）a. 我籴了他50斤大米。

b. 我粜了他50斤大米。

（23）a. 我送了他一本书。

b. 我拿了他一本书。

4. 因为汉语的双宾结构可以表示左向义，一些本来没有方向义的普通动词，进入双宾结构后则获得了左向义。例如：

（24）a. 我吃了他一个苹果。

b. 我听了他一段相声。

c. 我读了他一本书。

d. 我赢了他一盘棋。

e. 我用了他一个本子。

f. 我打了他一个杯子。

跟汉语这类动词对应的英语动词，都不能进入双宾结构。有些例子的方向性不是很明确，比如例(24)f的“杯子”是碎了，而不是转移到主语“我”这里。这句话也可以这样理解，由于“我”的行为使他失去了一个杯子，也使得我与这个被打碎的杯子发生了联系，即“我”成了杯子的“目标”。

三、汉英对物体传递性动作的概念化差异

（一）汉英对物体传递动作行为的概念化区别

上文分析说明，英语双宾结构是右向的，汉语则是左右向的，或者说汉语双宾结构的方向本来是中性的。跟这个语法结构意义的对立相平行，汉英在对物体传递动作行为的概念化上也是不同的。对于同样的动

作行为，不同的民族有不同的概念化方式，表现为用不同数目的词语来表示，相对应的词语的内涵和句法行为也不一样。而且两种语言之间这种概念化方式的差别往往是成系统、有规律的。

汉语有关物体传递动作行为的概念化过程，有自己鲜明的个性。物体传递必然涉及两个参与者，用“甲”和“乙”代表。汉语在将之概念化时，把物体“从甲到乙的转移”和“从乙到甲的转移”看作同一种行为，概念化为一个动词，结果这类动词的方向是左右向的。跟汉语不同，英语则设置不同的动词来表示方向相反的动作行为。这就产生了汉语的一个动词对应于英语的一对反义动词的现象。下面是现代汉语的部分用例及其英语的对应。

汉语	英语
借	(a) borrow；(b) lend，loan.
租	(a) rent，hire；(b) let，rent out.
赁	(a) rent，hire；(b) let，rent out.
贷	(a) borrow (money)；(b) lend (money).
赊	(a) buy on credit；(b) sell on credit.
上(课)	(a) attend(a class)；(b) conduct (class).
分	(a) get (one's share)；(b) distribute.

上面说的动词只涉及一个物体的传递，如果涉及两个物体传递的动作，汉语和英语的概念化方式则一致，都用同一个动词来表示。比如表示“以物易物”的动作，汉语用“换”，英语则用 exchange，trade 或 charter。这类动词可看作是方向性对称的，跟“借”等不属同一类概念。

并不是所有汉语涉及物体传递的动词都是左右向的，比如“给”、“送”等一般是表示右向的，因此“我给他一本书”和“我送他一件礼物”是无歧义的。但它们在其它一些语境或句式中也可表示左向。例如：

(25) a. 小王已经给了。　书已经给了。

　　b. 老张已经送了。　礼物已经送了。

例(25)左边的两个例子都有两种意思，主语既可以是物体的来源又可以是接收者。右边的则是两个无标记的被动式，其方向都是左向的。主动句和被动句的变换涉及动作方向的改变，而汉语被动句中的动词不需要改变形态，我们推测这与汉民族对于动作行为概念化的方向中性特点有关。这值得进一步研究。

(二) 古代汉语对物体传递动作的概念化方式

汉语对客体转移动作的概念化方式是成系统的、有规律的，古今汉语都如此。除了跟客体转移有关的动作行为外，很多动词都涉及能量转换的方向，古代汉语这类动词的方向也都为中性。下面是一部分这方面的例子。

1. 假：(a) 借入(borrow)；(b) 借出(lend)

(26) 久假不归。(孟子·尽心下)

(27) 唯器与名不可以假人。(左传·成公二年)

2. 丐：(a) 求也(beg)；(b) 受也(give)

(28) 不强丐。(左传·昭公六年)

(29) 我丐若马。(汉书·西域传下)

3. 贷：(a) 借出(lend)；(b) 借入(borrow)

(30) 宋饥，竭其粟而贷之。(左传·文公十六年)

(31) 凡民之贷者，与其有司辨而授之。(周礼·泉府)

4. 受：(a) 接受(receive)；(b) 给予(give)③

(32) 权辞让不受。(三国志·吴主传)

(33) 因能而受官。(韩非子·外储说左上)

5. 售：(a) 卖(sell)；(b) 买(buy)

(34) 卖之不可偻售也。(荀子·儒效)

(35) 文肃之子适相国寺，偶售得之。(邱珂《桯史》)

6. 致：(a) 送达(send)；(b) 得到(get)

(36) 远方莫不致其珍。(荀子·解蔽)

(37) 忠言拂于耳，而明主听之，知其可以致功也。(韩非子·外储说上)

7. 乞：(a) 向人乞求(beg)；(b) 与人财物(bestow)

(38) 凡乞假于人，为人从事者亦然。(礼记·少仪)

---

③ 第二个义项后来写作“授”。授给，给予。例：“书已封……未授使者”(史记·秦始皇本纪)。

(39) 居一月，妻自经死，买臣乞其夫钱，令葬。(汉书·朱买臣传)

8. 沽：(a) 买(buy)；(b) 卖(sell)

(40) 当为子沽酒。(墨子·公孟)

(41) 当垆自沽酒。(陆龟蒙·酒垆)

9. 请：(a) 邀请(invite)；(b) 拜见(visit)

(42) 乃置酒请之。(汉书·孝宣许皇后传)

(43) 其造请诸公，不避寒暑。(汉书·张汤传)

10. 食：(a) 吃(eat)；(b) 给……吃(feed)

(44) 食而不知其味。(礼记·大学)

(45) 先实公仓，收余以食亲。(商君书·农战)

11. 视：(a) 看(look)；(b) 向……表示(show)④

(46) 目不能两视而明。(荀子·劝学)

(47) 亦视项羽无东意。(史记·高帝纪)

上述概念有的后来在读音或书写上产生了分化。比如"受"的"给予"义后来则写为"授"，"视"的"让……看"则写为"示"，"食"的"给……吃"则写为"饲"，读为 si[51]。从这些词的历史渊源关系上也可以看出历史上汉语概念化的特点。

上文谈到，对这些方向义中性的动词，现代汉语可用不同的介词来消除其歧义。古代汉语则可用变调来区别动作的方向，例如：

1. 见：(a) 看见(look at)；(b) 使……显现(display)。变调，现代汉语读为"xian[51]"。

(48) 见贤思齐焉，见不贤而内自省也。(论语·里仁)

(49) 图穷而匕首见。(战国策·燕策)

2. 饮：(a) 喝(drink)；(b) 让……喝(make somebody drink)，现代汉语读为 yin[51]。

(50) 王将饮酒。(左传·昭公七年)

(51) 饮余马于咸池兮。(屈原·离骚)

汉语方向义相反的一对动词，往往具有同源关系，后来由于语音和书

---

④ 该义项后来写作"示"，表示"给人看"。例："传以示美人及左右"。(史记·廉颇蔺相如列传)

写的分化，一般人不大会留意其间的关系。但是这样一对词的语音往往相近，字体密切相关，仍可以看出它们的共同历史来源。然而跟汉语相对应的英语词则没有共同的来源，词汇化是相互独立的。由此也可看出两个民族在对物体传递动作概念化过程中的系统差别。

四、结　语

本文以双宾结构和传递动词为例，考察了汉英语言之间存在的平行对立，这反映了两个民族对物体传递类动作和事件的认知方式的系统差异。下一步工作应是考察更多的语言和更多的结构，从而进一步揭示一个民族的概念化方式对其语法和词汇的影响。

语法和语义之间存在着密切的关系。一方面，它们的形成都受认知的影响；另一方面，词义的内涵一定程度上决定了它们的句法行为，一个语法结构的意义也决定了哪些词汇可以进入该结构。结构的语法义和词汇的概念义具有共同的形成过程。

参考文献

Goldberg，A. E. 1995. *Constructions*：*A Construction Grammar Approach to Argument Structure*. Chicago，IL：The University of Chicago Press.

Langacker，R. W. 1987. *Foundations of Cognitive Grammar* Vol. Ⅰ. Stanford，CA：Stanford University Press.

Langacker，R. W. 1991. *Foundations of Cognitive Grammar* Vol. Ⅱ. Stanford，CA：Stanford University Press.

Langacker，R. W. 2002. *Concept*，*Image*，*and Symbol: The Cognitive Basis of Grammar*(2nd edition). Berlin/New York：Mouton de Gruyter.

Quirk，R.，Greenbaum，S.，Leech，G. & J. Svartvik. 1985. *A Comprehensive Grammar of the English Language*. London/New York：Longman.

李宇明，1996，领属关系与双宾句分析，《语言教学与研究》(3)。

林纾平，2000，英汉双宾结构对比，《福州师范专科学校学报》(2)。

马庆株，1992，《汉语动词和动词性结构》。北京：北京语言学院出版社。

杨成凯，1996，《汉语语法理论研究》。长春：辽宁教育出版社。

赵元任，1968/1979，《汉语口语语法》(吕叔湘译)。北京：商务印书馆。
朱德熙，1979，与动词“给”相关的句法问题，《方言》(2)。

(原载《外语教学与研究》2004 年第 2 期)

英汉语双宾构式探析

熊学亮

一、双宾句式的基本特点

双宾句式的中心语义是“给”或“物件或效果传递”,在英语里通过 NP V NPi NPd 或 NP V NPd P NPi 进行结构表述,在汉语中有“把”字句等相应形式。这种句式中的动词和两个宾语发生关系,典型的双宾句式具有下列特点(Goldberg,1995):

(i)“施事”(主语 S)一般是具有主观意愿的人;

(ii)“接受者”(间接宾语 NPi)一般有生命;

(iii)句式本身有“给予”的基本语义。

下面的例(1)中给出的两个实例,都具备这些特点,因此是典型的双宾结构。

(1) a. B gave S an apple.

B 给了 S 一个苹果。

b. B gave an apple to S.

B 把一个苹果给了 S。

二、动词使用时中心语义的认知框架释解

除了“给”以外,双宾句式的子类还有“寄”、“递”等与三个 NP 发生语义关系三价动词,涉及“被传递的物”(如下例中的“letter”)和“接受物的人”(如下例中的“Sam”)两种认知参与角色,把这两种成分用语言表达出来,就产生了下列语句。

(2) a. John mailed Sam a letter.

b. John handed Sam a letter.

Goldberg (1995)认为,一旦隐匿掉"接收物的人",(3b)句听起来就不顺耳。

(3) a. John mailed a letter.

? b. John handed a letter.

传统语法对类似现象很难做出有深度的解释,当代认知语言学认为,虽然这两个动词所激活的认知框架都含有"行为者"、"接收者"和"传递物"三个项目,在论元结构上分别被规定成"施事"(主语)、"接受者"(间接宾语)和"受事"(直接宾语),但两个动词所激活的参与者在认知框架中的常规聚焦状况是不同的,下面的[X]表示认知焦点所在点。

hand:〈行为者 [接收者] 传递物〉

mail:〈行为者 接收者 [传递物]〉

类似聚焦状况有其概念化的解释基础。一般说来,在所激活的事件框架中,"行为者"、"接收者"和"传递物"这三个参与角色,在语义平面上分别被表现成"施事"、"接受者"和"受事"三个相应的义元,在句法平面上分别被兑现成"主语"、"间接宾语"和"直接宾语",但是 hand 预设面对面的行为,而 mail 却预设有一定距离的间接传递,这种参与角色的不同认知显突,导致对句法成分的兑现状况的不同限制,结果是"寄"允许"间接宾语"(即"接收者")隐匿,而"递"却规定"间接宾语"(即"接收者")必须兑现,即在语言中要表达出来。

而 give 这个动词在使用的认知显突上比较偏向 hand,但它的使用域却远远大于上面讨论过的两个动词,give 的对象可以是抽象的和遥远的实体,比如我们可以说:

(4) a. John gave a letter, not a book.

b. John gave Sam lots of moral support.

c. John gave his house in Shanghai to his uncle in America.

对典型的双宾句式中的主要动词的认知框架解释,涉及对动词所激活的百科知识的识解(construal)。双宾结构中认知框架中的参与者与相应的语义格匹配,遵守的是语义连贯原则;义元(语义格)与相应的句法成分(NP)融合,遵守的是联系原则(Goldberg, 1995)。尽管上面讨论的三个动词都是很典型的双宾(三价)动词,但它们各自所预设的认知聚集点倾向，可导致句法成分选用的局部变化。

三、句式的原型性分析

麻雀、鸽子等是“鸟”的原型性最高的种类，鸵鸟、企鹅等则是“鸟”的原型性很低的种类，企鹅与“海洋动物”有更多的相似性但与“鸟”的相似性其实很低，但“企鹅”可能因有翅膀这一关键属性的缘由，仍然可以归入鸟类。

同样，NP V NP NP 结构中出现“给”类动词产生的是高原型性双宾句式，出现“非给”类和“非三价”动词则产生低原型性的双宾句式。

在语言使用的长河中，“给者”、“接收者”和“被给物”的连接产生了NP V NP NP 双宾结构，Goldberg(1995)的测试表明，60%的受试者认为其中的 V 是 give 类动词，由于在所测试的 10 个英语常用词中，give 在语料库中的使用频率仅排在倒数第三位，因此该句式的与 give 动词的共现联想，不是该动词在语言中使用频率高的结果，而是该结构的双宾性倾向于“给”义解释。也就是说，在概念化和语言使用的过程中，“给”的概念受“语言和世界同构”的影响，规定动词与两个宾语发生句法关系而产生双宾结构，通过“给”类动词在该结构中的反复使用，“给”义便认知固化(entrench)到“V + NP + NP”结构上，从而使得该句式本身获得了“给”的读义。

在进一步的使用时，假如 NP V NP NP 双宾句式中出现非“给”类(如 knit)和非“三价”动词(如 bake)时，且可以给这些动词“给”类和“三价”解释，该句式便具有“构式”效果，原来动词核心部分并不具有“给”的意义，但在双宾句式中可产生“给”的读义，在下例汉译中体现出来：

knit her a sweater(给她打一件毛线衣)

pour me a drink(给我倒一杯饮料)

sing us a song(给我们唱一首歌)

bake him a cake(给他烤一块饼)

用传统语法习惯来分析，knit a sweater(打一件毛线衣)、pour a drink(倒一杯饮料)、sing a song(唱一首歌)、bake a cake (烤一块饼)等表达中的动词，一般是分开处理，看不到它们之间的系统联系。但是如果把这些动词放在双宾构式中考察，所用的非“给”类和非三价动词所表达的动作，原先蕴含意图和可能的结果，在双宾构式中便体现成能够象征“转移给”的过程或事件的句法表征。在英语中，双宾结构中的非“给”类动词在双宾句式中产生“传递”或“给”的意义在理解上是隐匿、默认或潜藏的，即通过动作在双宾结构中的实施，把结果隐含地“给”了接受者或间接宾语。但在相应的汉语译文中，在构式中衍生的“给”的概念，多半用加“给”字的方法显性地表现出来，因为汉语没有说“打她一件毛线衣”的习惯。

由于双宾结构的基本认知是“物件转移”，“给予”是该结构最典型的语义，一旦其中出现其他非“给”动词，该结构也会向“非给”动词分派“给”的意义或投射“给”的用法，这是句法结构暂时改变动词本意和用法的结果。句式向动词分配“给”义，便改变了动词的意义；非三价动词在双宾句式中产生三价效果，便改变了动词的用法；结果都是产生原型性相对较低的句式。

比如，“bake him”中的动词“bake”与其后续 NP（即通过名代化压缩成的）“him”之间原无语义支配关系，“him”并非是动词“bake”的受事，但在双宾句式中，“him”却成为该句式的必要组成部分，它的功能由句式分派，与 V 互动，产生所要表达的构式意义。也就是说，NPi 并非一定要直接与动词有支配与被支配的语义关系，如不必考虑“bake”和“him”在双宾句式的“V + NPi”那部分中彼此之间是否具有语义支配或限制关系，动词和后续 NP 出现在一起，其实是双宾句式激活的认知框架中参与角色再分派或补充的结果。上例中的动词（如 bake）原先都是二价动词，进入双宾结构便产生了三价解释。

双宾结构提供三个论元，“非给”类不及物动词（如“笑”）仅有一个论元（主语 NP），然而一旦这个动词进入双宾结构，所欠缺的论元便由结构本身提供。在“笑她一身汗”类句式中，原是一价不及物动词的“笑”，与“她”和“一身汗”组合，便可以在具有“使动”、“受动”和“结果”这三个参与者的认知框架内解释，产生了原型效果较低的双宾句式。

其他方法很难对无彼此语义限制的动词和其后续 NP 之间的关系进行深刻的描写，而构式语法作为一种认知分析，可以把含有非三价以及非“给”类动词且后面出现两个 NP 的句式当成双宾句式的子类来处理，句式可用来维护动词和其后续 NP 之间的语法关系和语义解释关系，非“给”类动词可以从句式中获得“给予”的读义。非“给”类动词的介入，形成了原型性较低的双宾结构。

“物件转移”受“致使”（causation）的驱动，双宾句式的原型含有“给”动词以及“X 促使 Y 接受 Z”的致使动因，因此把双宾句式在语义平面上的“给”义通过双宾结构本身强加到其中出现的非“给”类动词上去的现象，还可以产生“非致使”→“致使”的语义投射效果，从而进一步在认知平面上改变了非“给”类动词在该句式中的意义和用法，双宾结构通过“给”义的干预，系统地把“致使”义投射到非致使动词上去。

当然这种解释关系是在更为抽象或更高的认知层次上得到保障的，比如与“张想笑她一身汗”相应的致使框架是 X CAUSES Y TO SWEAT ALL OVER BY LAUGHING，因此构式义是“认知→语言”顶向下和“语言→认知”底朝上两种信息认知处理方式结合的产物，具有非单调、多束视觉处理、联通等特点，所涉及的语义学与传统语义学的相异之处在于：构式分析能直接与反映人类经验场景和语义结构的联系。

运用构式分析，就可以不必把动词分散对待，而可以把若干貌似不相干的结构统一在同一句式中处理，如把它们放在双宾结构中分析，自原型性较高的双宾结构那里通过扩展（expansion 如 give→bake）和系统传承（system inheritance 如“高原型结构→低原型结构”）而派生出子类。传统语言学理论不能解释语句的动因和相关句式彼此之间的类似认知促动关系，构式语法能够做到这一点，因为其中的句式传承，不是生成语法倡导的那种同义和异形表达之间的句法转换或结构映射关系，而是形式之间或形义共识之间的认知连接或促动关系。双宾原型性高低句式之间的传承具体表现在：含有三个论元的论元结构为双宾结构的典型用法，“给”类动词出现时便为双宾结构的原型，其它动词出现时，则形成双宾结构的子类，原型与子类之间不是递减关系，而是辐射性质的系统传承。下例中的(5)句为原型句式，(6—9)句多少对原型有所背离，(6—9)句式彼此之间的原型性高低不易判断，仅与原型(5)句形成辐射性状的系统关系。

原型：(5) J 给 S 一个球(give)。

子类：(6) J 赐给 B 一笔遗产(bequeath)。

(7) J 踢给 B 一个球(kick)。

(8) J 答应给 B 一辆车(promise)。

(9) J 拒绝 B 这份情意(refuse)。

四、双宾句式的单平面假设

崇尚句法转换基本思想的人一般都会把下面的(10a)句当成基础句而把(10b)句当成派生句处理(Dryer, 1986)。

(10) a. B gave S an apple.

b. B gave an apple to S.

一般的理解是：基础句在语言发生方面更为“基础”或“较浅”,“派生句”则更为复杂或“较深”。然而对儿童语言习得的观察研究却不支持这种“基础句假设”(Gropen, Pinker, Hollander, Goldberg & Wilson, 1989),因为所谓“较基础”的例(10a) 句式即 NP V NPi NPd (NPi = 间接宾语;NPd = 直接宾语)形式,在语言习得的过程中的习得的难度可能更高。原因是:

1. NP V NPi NPd 结构在 V 的词选上受到更多的限制,如不能说
   B took Chicago Interstate 94(NP V NPi NPd 句式)
   但可以说
   B took Interstate 94 to Chicago (NP V NPd P NPi 句式)
2. NP V NPi NPd 句式可以更多地用于隐喻,如可以说
   B gave S a kiss (NP V NPi NPd 句式)
   但不能说
   B gave a **kiss** to S (NP V NPd P NPi 句式)
3. NP V NPi NPd 句式不具备“行为顺序相似性”
   B gave S a book (“行为顺序相似性”低)
   而与其相应的 NP V NPd P NPi 句式的“行为顺序相似性”就显得更高
   B gave a book to S (即语句顺序和世界事件发生的顺序的同构性更强)

因而所谓的基础句式 NP V NPi NPd 与所谓的派生句式 NP V NPd

P NPi 相比，反而具有词选上受到更多的限制、可以更多地用于隐喻以及不具备“行为顺序相似性”这三大特点，这些特点在语言习得的过程中，一般是后于 NP V NPd P NPi 句式发生的。不过 Gropen et al.（1989）的研究还表明，（10a）和（10b）两种表达的习得时间和习得速度几乎相等。

由于在形式和语义上都有差异，故找不到充分的论据来证明（10a）句和（10b）句之间有转换存在，无法证明两种表达之间具有从“基础”到“派生”的非对称关联，因此 NP V NPi NPd 形式和 NP V NPd P NPi 形式之间只有认知平行关系，所以还不如把这两种结构分开处理，直接讨论语句的句法结构与相应的语义的配价关系，从而产生了“不同的句法形式与不同的语义解释配对”的形式和语义配对的思路，这就是构式语法（construction grammar）的初衷（e. g. 董燕萍、梁君英，2002；梁君英，2007；陆俭明，2004；石毓智，2004；张建理，2006）。

语言的形式和语言的功能（意义）之间的配对或相互制约，可以体现在形位（morpheme）、词语、固定表达（习语）、短语、从句、语句或更大的语言层面上，不同的形式行使不同的交际功能或传递不同意义。构式语法的精彩之处，在于发现了语言表达的形式和意义之间在一定程度上具有“不可预测”的特点，构式的量与这种不可预测性成正比关系。虽然所有的句式都有构式义（Lakoff，2004），但是语言结构和其中词汇某些方面的不可预测性越高，构式性就越强。

五、汉语双宾句式的构式分析

有些汉语句随着双宾原型性的下降，语句某些方面的不可预测性可能会增加到“不可思议”的程度，下列语句中的不可预测性按（11）→（13）的顺序渐升，而动词与其后续成分“他”之间的语义限制程度，却按（11）→（13）顺序渐降。

（11）X 给了他很多好处。

（12）X 想用他几千块钱。

（13）X 想逛他（它）一天南京路。

例（11）类句式英汉语中都有，但例（12—13）现象却为汉语独有。例（11）是原型性很高的双宾句式，其中“他”是“直接接受者”即“给”动作对象的具体接受者。例(12)是三重歧义句,解释一是“他”是“他的”减缩表达故仅是单宾句式,解释二把“他”当成间接宾语处理,解释三中的“他”与例(13)中的“他”同作“宣泄标志语”解,因为类似(13)句中的“他”不是“逛”动作的直接接受者,“他”的原意在该句式中也消失殆尽,“他”既不能成为前面动词V所指的行为的实施结果的直接受者对象,也与动词V在语义上不形成关联或无语义限制,即“逛”、“他”、“一天”、“南京路”成分之间没有任何语义兼容关系。这种异常组合的结果,是句式对动词的主目词语在数量上和排列上的规定、限制和调整的结果,也是句式对动词所激活的论元结构的重新分配现象,因此必须启动构式语法的解释机制,以对其做出更为深入的分析。

汉语语法界对在(13)类结构中出现的“他”的解释可以代表性地概括成下面三类。

解释一:把“他”看成是汉语特有的“准双宾结构”,把其中的“他”当成虚指宾语处理(马庆株,1983),因为该句中与“逛”发生语义关系的仅是“南京路”,而“他”的指称在该句式中不是很清楚,且主语多半是第一人称,如例(14)就比例(13)听起来更自然些:

(14) 我想逛他一天南京路。

解释二:把类似句式中无指的“他”的存在看成是韵律的需要,与动词“逛”共同构成一个音步。

解释三:与普通的双宾句式不同的是,此式中的“物件转移”的对象不是实体,而是一个可在行为上被勾勒出来的抽象事件,此外,“他”用来标记整个述宾结构,直接宾语必须是数量宾语,为了显示其后宾语的“有界性”,从而表明该结构表示的是“事件”。且其主要的语义特征是计划性,因此主要出现在表主观愿望的意愿句与祈使句中,因此“他”并不是真的无指,而是指向整个谓词结构。因此,(14)句式含有“抽象给”的意思,即“他”在“逛”和“南京路”之间起着某种联系“有界事件”(逛一天)和“无界活动”(逛南京路)的抽象认知投射作用。

我们还发现,“他”后面紧跟的都是“数量词加名词”形式,且数量短语不可或缺,而名词则是可有可无。比如我们可以说“逛他一天”,但不可以说“逛他南京路”。此外,在对“他会来的”和“逛他一天”的对比中发现,“他”的发音在“逛他一天”中其实已被虚化,即由第一声变为轻声。也正是因为“逛他一天”中的“他”的指称抽象或虚无，在许多场合中“他”也常常被写成虚指特征更为明显的“它”，与之搭配的数量短语，也倾向于类似“两”或“几”的虚数，如“喝他两斤”、“吃他几个”等，而不是更为具体的“用它 888 元钱”，更常说的应该是“用它八百元钱”，且多半是向偏多的方向考虑，如不说“用它两块钱”，而通常说“用它几千块”。

“他”加“数量词”，一是在感觉上可以把无界的活动（如“逛南京路”）转变成有界的事件（如“逛他一天”），二是能对仅在考虑之中的、只有通过想象才能感知的事件，进行“非现实”性的描写，因此“他”不能和完成体标记“了”字合用，如不能说“我逛了他一天南京路”（王晓凌，2006）。但这种说法在上海话里的可接受程度似乎更高些，如可用上海话说“我已经逛了他（伊）一天南京路了，你还要我叫我再去啊！？”。

例（14）中“V”、“他/它”、“数量词”和“宾语 NP”彼此之间，不存在直接成分式的语义限制，然而它们加在一起，便产生了超越了简单的词语意义相加的构式义。我们发现，（14）类句式中虚指的“他”是突出施事（多半是“我”）的意愿的指示词语，“他”的存在凸显了施事对所指事件“有意”的特征，故用来表示意愿的“要”、“想”、“希望”、“会”等情态标记词语，通常可以出现在带虚指“他”的双宾句式中，我们的感觉是“他”在这里主要隐含宣泄或夸张的意思。因此，硬把这种句式分析成双宾结构的子类，可能有些问题，因为这样的分析无法对“他/它”的所谓的“间接宾语性”做出到位或合理的解释。而假如把“他/它”根据汉语独有的特点分析成语用调焦词，考虑“他”的存在压制了其后“数量词＋名词”的宾语性和提升了其后“数量词＋名词”的补语性，似乎更加合乎情理和更能反映汉语的意合现状。

六、结束语

在英汉语中，双宾句式激活的场景是动态的或以经验为基础的格式塔，以物件转移、致使移动或改变、经历某事、某物移动、感情投射等框架语义学、体验哲学等认知语言学的基本概念为操作基础，对语义的考虑被体现成“以说者为主的对场景的识解”（Langacker，1987，1991），因而文化和习惯的差异在所难免。对例（14）句中“他”的解释和语义分析，涉及某种身体经验动态过程，从而产生了汉语独有的语言提示现象。在“逛他一天南京路”类语句中，“逛”和“他”组合的异常性，可促使分析者把“他”当成“计划勾勒”的标志，亦可通过构式义投射使“他”起到语用调焦的作用。

上面对有限的语言实例的扼要分析表明，框架信息和动词中心义之间的互动，可产生构式效果，动词与句式互动产生的构式义，与支撑语句基本意义的动词的意义和用法可能会有不一致的地方，从而导致构式性的增加，引起对动词的宽泛解释，同时激活相应的世界知识。句式所触发的概念结构，随之对动词的论元结构进行调整，这种调整受到运动、致使、接触、状态改变等数量有限的认知识解成分的促动。

构式效果和句式中某些组合的不可预测性，一般在词语的新颖组合中比较明显地体现出来。用致使的移动、有意的改变、致使的结果等有限的概念，与句式中的“义元”结合来代替具体的动词义，能产生经济的效果。比如把双宾结构的原型与其多种形式的子类联系，并在意义上配对分析，比把这些句式按动词分类而分开处理要经济实惠得多，还可以避免在理论上的循环定义。考虑句式义传承，还可以避免动词语义解释的无限扩大。以前把语言使用中词语产生的众多语义解释现象，都归咎于语境，用构式语法来解释，就是用句式来形成微观控制语境，避免语义的无序增加。比如认为“笑”类动词的致使用法或解释，不是该动词在某个特殊的语境下的特殊用法，而是它在相应的三价句式中与其它成分以及与结构本身互动时产生新颖解读的结果。当然，句式之间的传承是以句式的(部分)能产性为依据的，异常的或构式性较高的形式和内容的组合，在语言系统中可出现一次以上。而假如把构式性高的句式当成单一句式处理，就会使其成为语法“句式清单”中与其他句式或词语组合无任何关联的孤独一员。

传统语法把动词进行分类处理，探讨不同动词的不同句法和语义特征，以及由这些特征所限制的动词的正确用法。现在我们纳入“构式”这种整体性的语法表征结构，使得进入双宾构式的动词的数量大为增加，动词在该句式中使用的合理程度也随之大为提高，从而产生了经济效果。原因是，在预设三个论元的双宾论元结构或句式中，如出现了非三价或非“给”类动词，我们不必再分别对待或对它们进行“具体情况具体分析”的语义或用法变异性阐述，而是考虑它们与双宾句式原型之间以及它们和“给”类动词以及三价动词之间的系统性联系以及彼此之间的认知触动关系。换句话说，运用构式语法的解释方案对双宾构式进行了开放性分析，语句的意义由词汇意义和句式相互作用可以生成“1+1≠2”的非组构结果。如果句式义和词汇义一致，语义合格；如果句式义和词汇义冲突，则通过构式调整仍能生成合格的语句，但是V和NP之间的矛盾是在构式中得以调解的，在汉语中尤为如此。

必须说明的是，NP V NP NP句式中的V范畴并非能被所有的动词替代或兑现，如love、like、kill等动词就进入不了这个句式，尽管这些动词也预设意图和结果。本文所讨论的原型说不能解决这些意念和结构上都不可能的残余问题，因此还有待进一步的研究。

参考文献

Dryer, M. S. 1986. Primary objects, secondary objects, and antidative. *Language* 62(4).

Goldberg, A. E. 1995. *Constructions: A Construction Grammar Approach to Argument Structure*. Chicago, IL: The University of Chicago Press.

Gropen, J., Pinker, S., Hollander, M., Goldberg, R. & R. Wilson. 1989. The learnability and acquisition of the dative alternation in English. *Language* 65(2).

Lakoff, G. 2004. China International Forum on Cognitive linguistics. Beihang University.

Langacker, R. W. 1987. *Foundations of Cognitive Grammar* Vol. Ⅰ. Stanford, CA: Stanford University Press.

Langacker, R. W. 1991. *Foundations of Cognitive Grammar* Vol. Ⅱ. Stanford, CA: Stanford University Press.

董燕萍、梁君英，2002，走进构式语法，《现代外语》(2)。

梁君英，2007，构式语法的新发展：语言的概括特性，《外语教学与研究》(1)。

刘丹青，2001，汉语给予类双及物结构的类型学考察，《中国语文》(5)。

陆俭明，2004，词语句法和语义的多功能性：对“构式语法”的理论解释，《外国语》(2)。

马庆株，1983，现代汉语的双宾语构造，载北京大学汉语语言学研究中心《语言学论丛》编委会编著，《语言学论丛》（第10辑）。北京：商务印书馆。
石毓智，2004，英汉双宾结构差别的概念化原因，《外语教学与研究》（2）。
王晓凌，2006，《对双及物句式中虚指"他"的研究》。未出版之手稿。
张伯江，1999，现代汉语的双及物结构式，《中国语文》（3）。
张建理，2006，英汉双宾语句认知对比研究，《外国语》（6）。

（原载《外语教学与研究》2007年第4期）

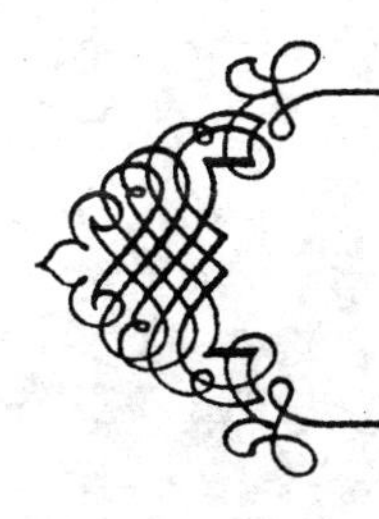

第五部分

“把”字句研究

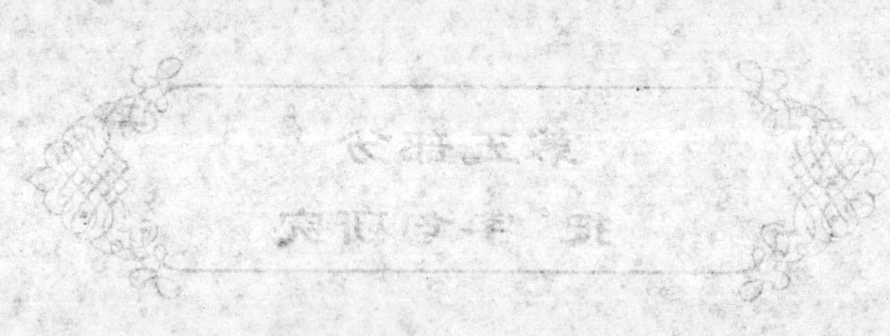

如何处置"处置式"?

——论"把"字句的主观性

沈家煊

一、"把"字句的语法意义

把字句的语法意义是表示"处置","把"字句可以称为"处置式",这最早是王力(1943)提出来的。"处置式"的名称虽然已经叫开,但是一直有人对把字句的语法意义是表示"处置"提出质疑。吕叔湘(1948)认为把字句并不是都表示处置,例如"把日子误了"、"把机会错过"、"你把这句话再想想看"等。梅广(1978)认为,处置是动词的性质,不是把字句的功能。"我把他打了一顿"与"我打了他一顿"两句,不仅把字句有处置意味,而且动宾句也具有处置意味,因为"打"这一动词具有处置意味;"我把大门的钥匙丢了"与"我丢了大门的钥匙"两句都没有处置意味,因为"丢"这一动词没有处置意味。这就从根本上否定了把字句的语法意义是处置。现在许多人认为把字句是对处置义加以强调,但是什么算强调,哪些情形需要强调,不明确也不好掌握,对学汉语的外国学生来说更是这样。

薛凤生(1989)和戴浩一(1989)等将把字句的语法意义重新归纳为"致使",然而这一论断也只适用于一部分把字句,例如"你把这句话再想想看"就不能用"致使"来解释。蒋绍愚(1997,1999)表达了跟梅广类似的观点:致使是动结式的性质,不是把字句的功能。因为"把花姑娘急疯了"和"急疯了花姑娘"都表示致使。这也就从根本上否定了把字句的语法意义是致使。

宋玉柱(1981)和马真(1981)等人认为不能狭隘地理解"处置","他把东西丢了"也是施事"他"对受事"东西"的一种处置。但是这样一来,"处置"的含义过于宽泛,成了一个空洞的名称。

另一种观点不是放宽而是缩小"处置"的含义。戴浩一(Tai,1984)

和孙朝奋(Sun, 1996)认为,跟相应的动宾句比较,把字句的语法意义是表示“高及物性”(high transitivity),也就是受事“完全受影响”(total affectedness),例如:

(1) 他喝了汤了,可是没喝完。

*他把汤喝了,可是没喝完。

“他喝了汤了”,汤不一定已经喝完,“他把汤喝了”要理解为汤已经喝完。张伯江(2000)进一步论证了这一看法的合理性。但是有一些把字句动词后可以带吕叔湘(1948)所说的“偏称宾语”,如“把一盏酒淹一半在阶基上”,“怎肯把军情泄露了一些儿”,淹的显然不是全部的酒,泄漏的也不是全部军情。吕先生还指出,有些带偏称宾语的把字句换成动宾句反而不自然,如“砍了你的一根竹子”就不如“把你的竹子砍了一根”自然。因此把字句的语法意义究竟是什么,这还是一个有待解决的问题。

二、“客观处置”和“主观处置”

虽然一直有人想取消“处置式”这个名称,但始终没有能取消得了。这说明把字句有“处置”意味的判断还是基本符合我们的直觉。问题的关键在于,要区分两种互有联系又性质不同的“处置”,一种是“客观处置”,一种是“主观处置”:

客观处置:甲(施事)有意识地对乙(受事)作某种实在的处置。

主观处置:说话人认定甲(不一定是施事)对乙(不一定是受事)作某种处置(不一定是有意识的和实在的)。

本文要论证的就是,把字句的语法意义是表达“主观处置”。客观地叙述甲对乙进行了处置是一回事,主观上认定甲对乙进行了处置又是另一回事,虽然两者之间不是没有联系。主观与客观之间可能一致也可能不一致,就把字句而言一共有四种情形:

a. 客观上甲处置乙,说话人只是客观地报道这一处置。

例如:他喝了一碗酒。他打了她一顿。

b. 客观上甲处置乙,说话人主观上也认定甲处置乙。

例如:他把那碗酒喝了。他把她打了一顿。

c. 客观上甲未处置乙,而说话人主观上认定甲处置乙。

例如：他把大门的钥匙丢了。他把这句话又想了想。这可把花姑娘急疯了。

d. 客观上甲未处置乙，说话人主观上也未认定甲处置乙。

例如：他丢了大门的钥匙。他又想了想这句话。这可急疯了花姑娘。

b和d是主客观一致的情形，a和c是主客观不一致或不完全一致的情形。不管客观上甲是否处置乙，只要说话人是这么认定的，就用把字句（b和c），说话人不这么认定，就用动宾句（a和d）。“主观处置”的概念不同于“宽泛意义上的处置”，“主观处置”的核心是“说话人认定”，即便是“狭义的处置”，说话人仍然可以不认定有处置（如a）。也可以认为主观性是个程度问题，不可能有不带任何主观性的语句。不过可以肯定的是，动宾句a和d的主观性弱于对应的把字句b和c。

按照Lyons（1977：739），“主观性”（subjectivity）是指语言的这样一种特性，即在话语中多多少少总是带有说话人“自我”的表现成分，也就是说话人在说出一段话的同时还表明自己对这段话的立场、态度和感情，从而在话语中留下自我的印记。已有的研究表明，语言的“主观性”主要表现在三个方面：说话人的情感，说话人的视角，说话人的认识。这三个方面互相联系，经常交织在一起。（参看Finegan，1995）把字句的主观性在这三个方面都有体现，下面主要通过把字句与动宾句的比较来加以说明。①

三、“把”字句如何表达说话人的情感？

“把”字句的“主观性”首先体现在说话人的“情感”上，这就是所谓的“移情”（empathy）现象。Kuno（1987：26）对“移情”的定义是“说话人将自己认同于……他用句子所描写的事件或状态中的一个参与者”。汤廷池（Tang，1986）按照这一思路，曾用一系列句子说明汉语中存在的“移情等级”（speaker's empathy hierarchy），张洪明（Zhang，1994）则从历时的角度证明汉语的“被”字句是“移情”过程的产物。

① 特别是动宾句和把字句并用的例子，这类例子蒋绍愚（1997，1999）两文列举最多。

就“把”字句而言，说话人移情于一个处置事件的参与者，常见的结果是，在说话人的心目中，施事成了责任者，受事成了受损者。先看下面一个例子：

(2) 秦亦不以城予赵，赵亦终不予秦璧。

这是《史记·廉颇蔺相如列传》中“完璧归赵”这一段故事的结束语。先秦的“以”字句是汉语处置式的滥觞，陈初生(1983)认为，这里前一句用以字句后一句用动宾句，可能是为了避免句式重复。他又说“处置式的产生是汉语施受关系表达方式多样化的结果，是修辞的因素刺激了这一句法的发展”。究竟是什么“修辞因素”在起作用？如果只是为了避免句式重复，为什么不反过来说成(2′)：

(2′) 秦亦不予赵城，赵亦终不以璧予秦。

有一种可能的解释是“篇章衔接”。吕叔湘(1983)和金立鑫(1997)都认为篇章衔接是选用把字句的一个因素。像“从前有座山，山上有座庙，庙里有个和尚……”这种名词首尾相接的表达方式是“篇章衔接”的最佳方式之一(参看陈平，1987)，因此(2)的表达顺序“秦……赵，赵……”显然比(2′)衔接得好。但是篇章衔接并不能解释为什么不说成(2″)，尽管(2″)的篇章衔接跟(2)同样的好：

(2″) 秦亦不以城予赵，赵亦终不以璧予秦。

写史要客观，但实际上不可能不带有写史人的主观立场和态度。(2)前后句式的变换用主观“移情”的概念就很好解释：在司马迁看来，秦不以城予赵，责任在秦，所以用以字句为宜；赵终不予秦璧，责任不在赵，所以用动宾句为宜。再看以下例子：

(3) 这是书误了他，可惜他也把书糟蹋了。

这是《红楼梦》42回宝钗在婉言劝诫黛玉，说起男人读了书反倒变得更坏。前半句是动宾句，后半句是把字句。问题还是为什么(3)没有反过来说成(3′)：

(3′) 这是书把他误了，可惜他也糟蹋了书。

在上述语境里(3′)听上去很别扭，因为说话人(宝钗)“可惜”的是“书”，“书”在说话人的心目中是受损者，“他”是使“书”受损的责任者。有的本子(3)作“这并不是书误了他，可惜他把书糟蹋了”，说话人同情于“书”的意味就更加明显。

(4) 你拆了我们楼也罢了，怎么将这御书牌额也打碎了？（《元曲选》）

这一句如果说成(4′)听上去也很别扭：

(4′) 你将我们楼拆了也罢了，怎么也打碎了这御书牌额？

“也罢了”（表示无所谓）和“怎么”（表示责怪）这样的词语明显地表现出说话人对事件参与者的情感，在“楼”和“御书牌额”两者之间，说话人更同情于后者。

(5) 我的（行李）烧去也还罢了，总是你瞎捣乱，平白的把翠环的一卷行李也烧在里头，你说冤不冤呢？（《老残游记》）

这个例子开头用的虽然不是动宾句而是受事主语句，但是和后面的把字句相比，说话人移情于两件行李的差别是十分明显的。

(6) 割了你穷耳朵，剜了你穷眼睛，把你皮也剥了。（《元曲选》）

第三分句不顺着前面的动宾句式而独用把字句，显然是因为(6)是个语义上递进的句子，处置对象“你皮”成了说话人的移情重点，第三分句相当于“连你皮也把它剥了”（“连……也”是焦点标记）。②

报载一劳改释放人员恶习不改，因为在路上被人看了一眼就上去大打出手。记者报道这个事件用的是(7)，如果改用(7′)就很别扭：

(7) 她看了他一眼，他居然就上去打她。

(7′) ？她把他看了一眼，他居然就上去打她。

客观上看人一眼，被看的人并没有受任何损害，但主观上就不一定。用了把字句“她把他看了一眼”就有了“他”是受损者的意味，与后面的“居然”不匹配。

(8) 意大利队把德国队赢了。

此例是报载体育新闻的标题，用的是把字句，而标题一般都用动宾句“意大利队赢（了）德国队”。看了详细报道才知道，原来意大利队本来想踢假球，跟德国队踢平，或输给德国队，结果不小心却赢了德国队。于是在这位记者的眼中意大利队成了责任者，德国队成了受损者，因此用了把字

---

② 吕叔湘(1948)认为原因在于第三分句有个“也”字，“也”字跟“都”字一样只能放在意义上受它管辖的名词或代词之后。我们认为“也”在句中的位置固定，这是“移情”这一动因最终“语法化”的结果。见下文关于“都”字的说明。

句。把字句有“追究责任”的意味，张伯江(2000)也有说明。

正因为有一个参与者(受事)在说话人心目中是受损者，所以把字句常常有不如意的含义。但是必须明确，所谓“不如意”是对说话人来说不如意。汉语中的被字句有较强的不如意含义，王力(1950)认为被字句表达的不如意是“对主语而言”的，但是李临定(1980)指出，“不是针对主语的，也不是针对句子里其他成分的，而是对说话人(未进入句子)说来是这样的”，例如：

(9) 好的(姑娘)都叫人家挑完了。(赵树理)

你进去，把小缸儿藏起来，省得(小缸儿)叫四嫂看见又得哭一场。(老舍)

客观上“被人挑完”对“好姑娘”来说是好事，“被人看见”对“小缸儿”来说无所谓如意不如意，不如意都是对说话人而言的。第二个例句“小缸儿”同时是把字的宾语，正好说明把字宾语也是说话人的移情对象。

吴葆棠(1987)收集“把 NV 了”(V 为光杆单纯动词)句式的例句 62 个，其中 61 个的动词是表示违愿或丧失义的，例如：把首饰当了/＊把首饰赎了，把书还了/＊把书借了，把钢笔丢了/＊把钢笔拾了。对把字句的这种语义倾向性必须作出解释。合理的解释仍然是说话人把受事看作同情的对象：人一般寄情于想得到而没有得到、得到了而又失去的东西。完全失去的东西又比部分失去的东西更容易获得同情，因此有“他把汤喝了”和“他喝了汤了”语义上的差别。可见，把字宾语“完全受影响”并不是使用把字句的根本动因，根本动因是受事成为说话人的移情对象。受事完全受影响比部分受影响更容易成为移情对象，但是部分受影响的受事如果是移情对象也可以用把字句。意义上受“都”字管辖的受事必须作把字句的宾语(他把汤都喝了/＊他都喝了汤了)，这应看做是主观移情这个动因最终“语法化”的结果。“移情”还能解释吴葆棠(1987)指出的如下现象：

(10) 扔了手榴弹了

把手榴弹扔了

“扔了手榴弹了”中的“扔”主要作抛掷解，而“把手榴弹扔了”中的“扔”主要作抛弃解。这种语义差别显然也在于把字句的主观性：“抛弃”的对象容易被视为受损者，“抛掷”的对象不容易被视为受损者。

移情对象主要是说话人“同情”的对象，此外，还可以是“钟情”的对象，例如：

(11) 先把这个派了我罢，果然这个办得好，再派我那个。

这是《红楼梦》24 回中贾芸对凤姐说的话。贾芸想方设法求凤姐，想得到在园子里种花种树的“这个”差事，凤姐却拿明年还有烟火灯烛的“那个”差事来搪塞他。贾芸知道那个烟火灯烛虽是个大宗，却可望而不可即，因此一心想得到的还是眼前“这个”差使。“这个”是说话人贾芸钟情的对象，因此用作把字句的宾语，“那个”不是钟情的对象，因此用作动宾句的宾语。如果把这样的配置掉个个儿，情形就大不一样：

(11′) 先派我这个罢，果然这个办得好，再把那个派我。

这种说法的意味是，贾芸好像是无可奈何接受“这个”，一心想得到的是“那个”。

刘一之(2000)比较“你去遛遛马”和“你去把马遛遛”两句的语义，认为前一句的含义是“你的精神就好了”，后一句的含义是“马的精神就好了”，十分正确，把字句里的“马”显然是说话人钟情的对象。“别把书乱扔”可以说，因为说话人钟情于书；不说“别把书乱看”，因为乱看书的结果是看书人会受影响，书不受影响。③

(12) 你把火盆里多添点炭。(《老残游记》)

这地方人起乳名，常把前边加个“小”字，像小顺、小保……等。(《李有才板话》)

这两句里的“把”字都可以换用“在”字，但是换用“在”字后“火盆里”和“(乳名)前边”就只是表示处所，而用“把”字时它们不仅是处所，还是说话人钟情的对象。

最后，处置对象还可以成为说话人“厌恶”的对象，但多见于祈使句。例如：“把他杀了！”“把这些旧衣服赶快卖了吧！”同情、钟情、厌恶这三种情感都跟主观认定的“受损”有关：同情于 X 是说话人认为 X 已经受损，

③ 戴浩一(1989)有类似的看法，他认为动宾句“张三卖了车子”是中性句，没有施事也没有受事，只有参与者，句子的中心意思是表达“What has happened”，把字句“张三把车子卖了”和被字句“车子被张三卖了”才是回答“who did what to whom”，有施事和受事。从主观性的角度讲，所谓“没有施事和受事”就是客观叙述发生了什么事情，有了施事和受事才有了说话人主观移情的对象。

钟情于X是说话人不愿意X受损，厌恶X是说话人愿意X受损。情感上的爱和恨是很容易转换的，爱恨交集的情形也不少见。（参看孙德宣，1983关于“美恶同辞”的语言现象）

四、“把”字句如何表达说话人的视角？

说话人对客观事件和状态的观察角度或是加以叙说的出发点叫做“视角”(perspective)。“横看成岭侧成峰”，对同一事物由于视角的变化就会形成不同的心理意象。同样是半瓶酒，乐观者说还有半瓶，悲观者说少了半瓶，这是对同一客观“量”由于不同的视角形成不同的主观体验。把字句经常体现说话人对受事量的主观判断：

(13) 将些衣服金珠首饰一掳精空。（《儒林外史》）

把几个零钱使完了。（《儿女英雄传》）

后来他丈人家没了人啦，把几块地也归他种啦。（《白话聊斋》）

吕叔湘(1948)指出，这几句中把字宾语里的“些”和“几”不是偏称性的，而是描写性的，可以说是跟英语 the little 和 the few 相当。同样是“一些”或“几个”，在英语里说话人主观上觉得少就用 little 或 few，主观上觉得量还不少就用 a little 或 a few。可见(13)中的把字宾语都表示一种主观上的小量。下例不说“拉长一句话”而说“把一句话拉长”，也是说话人主观上觉得“一句话”量小：

(14) 我就怕和别人说话：他们必定把一句话拉长了，作两三截儿，咬文嚼字，拿着腔儿，哼哼唧唧的，急得我冒火……（《红楼梦》）

“一”是个特殊的数词，主要表示小量，但也能表示大量。“这个星期他一天活没干”中的“一天”是小量；“他从早睡到晚，一天没干活”中的“一天”是大量（一整天），差别显然也是因为视角的不同。带“一”的把字宾语表示主观大量的例子如下：

(15) 知道了她的情况，就把一群马扔在草场上，挨家挨户地为她寻找出路。（《灵与肉》）

有一个四川同学家里寄来一件棉袍子，……然后，几个馋人，一顿就把一件新棉袍吃掉了。（汪曾祺《落魄》）

口语中还经常有如下的表达，把字宾语前的“大”和“小”显然是主观认定的：

(16) 看把个大小伙子伤心得！

看把个大礼拜天搅得！

把个小处长乐得屁颠屁颠的。

主观量经常跟移情交织在一起，因为一般的心理是同情弱小的，钟情强大的：

(17) 把我搞成这样，可我总想，共产党不可能总把一个老老实实的人这么搞。(《一百个人的十年》)

到七日上，把个白白胖胖的孩子跑掉了。(《儒林外史》)

把字句对量的主观判断还可以是针对动作或性状的。朱德熙(1956)指出，状态形容词"表示的属性都跟一种量的观念或是说话的人对于这种属性的主观估价作用发生联系"。比较状态形容词和性质形容词用在把字句的情形：

(18) 把嘴张得大大的。　　把嘴张大

把东西抢得精光。　　把东西抢光

把马路照得又光又亮。　　把马路照亮

把那件东西抱得紧紧的　　把那件东西抱紧

尽管谓语动词都是复杂形式，但左列的句子是自由的，右列的句子是黏着的，不能独立使用。这显然是因为状态形容词的主观性比性质形容词强。右列的句子如用作祈使句就没有问题，这是为什么？祈使句主语施事要做的事正是说话人想要他做的事，或者是说话人自己也想做的事，因此祈使句表现出说话人和主语施事之间的某种"认同"，祈使句的主语也常叫做"言者主语"(speaker subject)。④因为祈使句跟陈述句相比带有较强的主观性，下面两例中把字句都是祈使句，而对应的动宾句都是陈述句：

(19) 麝月笑道："……你把那穿衣镜的套子放下来，上头的划子划上。"……(宝玉)便自己起身出去，放下镜套，划上消息。(《红楼梦》)

他说："你就把它给我吧！"……我给他折扇时，他握了握我的

④ "言者主语"也叫"言说主语"(utterance subject)，区别于"语法主语"(syntactic subject)或"句子主语"(sentence subject)。

手，握得好使劲。（《一百个人的十年》）

除了主观量，把字句的视角主观性还表现在动词的“体”（aspect）上。过去说把字句的动词须是复杂形式的，这并没有触及问题的实质，（18）和（19）的例子已经说明这一点。同样，“了”和“过”都是体标记，单纯的动词能加“了”构成把字句，但不能加“过”构成把字句，尽管“V了”和“V过”都是复杂形式。（参看马真，1985）相反，动宾句用“V过”能独立成句，用“V了”不能独立成句，形成“互补分布”：⑤

（20）＊我吃了野菜。　　　　我吃过野菜。

　　　我把野菜吃了。　　　＊我把野菜吃过。

我们的解释是，用“V了”比“V过”的主观性强。《现代汉语八百词》在比较“过”和“了”时指出，“V了”总是和“现在”相联系，“V过”不一定和“现在”相联系：

（21）这本书我只看过一半。（现在不在看）

　　　这本书我看了一半了。（现在还在看）

（22）他学过英语。（现在不一定会英语）

　　　他学了英语。（含有现在会英语的意思）

因此“V过”只是客观地报道曾经发生一个事件（我吃野菜），用了完成体的“了”，在叙述一个过去事件的同时还表示出说话人的视角：说话人从“现在”（即说这句话的时刻）出发来看待这个事件，把它跟“现在”联系起来，比如说，因为吃了野菜，现在肚子不舒服。正因为如此，“我吃了野菜”给人以话还没有说完的感觉。“V了”后面可以用状态形容词作补语（加“个”），“V过”不行，这也证明“V了”的主观性比“V过”强：

（23）输了个精光　　　　＊输过个精光

　　　打了个落花流水　　＊打过个落花流水

王军虎（1988）指出，不能用“过”的把字句，如果动词后加上结果补语，或“过”后加上动量词语，或前面有全称量词语，就可以用把字句，例如：

（24）＊他没把饭做过　　　他没把饭做糊过

⑤ Liu (1997)用动作的“有界性”来概括把字句的语义特点也不能解决这一问题，“V了”和“V过”都是有界动作。

*我把这种菜吃过　　我把这种菜吃过多少次

*又把两件东西试过　又把两件东西一一试过

这是因为这些手段都能起增强动量的作用，从而增强说话人对动量的主观感受。

五、“把”字句如何表达说话人的认识？

语言的“主观性”还表现在说话人对客观事件的“认识”上。这种“认识”主要跟语言中的情态范畴有关，所以叫“认识情态”（epistemic modality）。例如：

（25）a. 小王应该回家。

b. 小王该到家了吧。

虽然都用了情态动词“（应）该”，a 叙述的是客观上“小王”有采取某项行动（回家）的必要，“应该”表示的是一种“义务情态”（deontic modality），而 b 中的“该”表示的是“认识情态”，是说话人根据自己的知识对命题“他到家了”为真的可能性所作出的推测。

和对应的动宾句比较，把字句往往有动作或事件出乎意料的含义。所谓“出乎意料”，是说话人觉得出乎意料，或是说话人认为听话人会觉得出乎意料，从认识上讲就是说话人认为句子表达的命题为真的可能性很小。

马真（1985）和王还（1985）都指出，把字宾语为无定名词的句子“都含有出乎意外的意思”，表示一种“意外的行动”，尤其当把字宾语前只带量词“个”而“一”不出现时（杉村博文，2002；王惠，1997），例如：

（26）我要向他借支钢笔，他却把一支铅笔递给了我。

忽然，哐当一声，不知是谁把个凳子给撞翻了。

倒把个亲女儿叫弟夫人拐了去了。（《儿女英雄传》）

怎么公公乐的把个烟袋递给婆婆了？（同上）

谁听说过把个抱来的闺女娇惯得像个娘娘似的。（《四世同堂》）

“忽然”“倒”“却”“怎么”“谁听说过”等字眼都带有出乎意料的意思。动作前不存在、通过动作而后存在的所指对象不能成为把字宾语，如“生了个孩子”、“盖了一间屋”、“织了件毛衣”等，因为从客观上讲，我们不可能对还不存在的事物进行某种处置。但是如果动词带上后附成分，使动作成为一种“意外的行动”，客观处置因而变为主观处置，那就可以用把字句了，如：

(27) 小张把个孩子生在火车上了。
你总不能把房子盖到别人家去吧。
小林把一件毛背心织得又肥又长。
不想把话又说造次了。

“总不能”、“不想”等字眼也带有出乎意料的意思。如果说定指的把字宾语主要体现说话人的情感，那么不定指的把字宾语主要体现说话人的认识。

(28) 至其时，西门豹往会之河上。……有顷，曰：“巫妪何久也？弟子趣之！”复以弟子一人投河。有顷，曰：“弟子何久也？复使一人趣之！”复投一弟子河中。凡投三弟子。(《史记·滑稽列传》)

第一次投弟子入水一定比第二次投弟子入水更出乎意料，所以第一次用处置式、第二次用动宾句是正常的。如果把两个句式换个个儿，读上去就十分别扭。“凡投三弟子”纯粹是对量的客观陈述，因此决不能说成“凡以三弟子投”。

当把字宾语是专名(明显是定指成分)时，前面却经常加上“(一)个”(不定指的标记)，这跟把字宾语应该是定指成分的说法是矛盾的：

(29) 偏偏又把个老王病倒了。
怎么忽然把个晴雯姐姐也没了。

朱德熙(1982：187)的解释是：老王虽然是一个确定的人，可是说话人没有想到生病的会是老王，而不是别人。从这一点说，老王又不是已知的，所以前面要加“一个”。可见关键在于“说话人没有想到”，是主观性决定了“(一)个”的增添。

“出乎意料”和“不如意”经常是联系在一起的：按照人的正常期待心理，应该发生的事情是如意的事情，出乎意料的是不该发生的事情发生了。(沈家煊，1999：185)下面这样的例子(詹开第，1983)中，把字宾语“腿”和“嘴”都是泛指的，而动宾句的宾语“你的腿”和“她的嘴”倒是定指的，也只有从“移情”的角度才能解释：

(30) 再闹，看不把腿打断了你的！(比较：看不打断了你的腿！)

再撒谎，看不把嘴撕烂了她的！(比较：看不撕烂了她的嘴！)

显然是把字句表达的威胁和警告的语气更重，对处置对象的移情程度也更高，因此是说话人的移情程度决定了句式的选择。

总之，说把字宾语一般是定指的，这并没有触及问题的实质。实质是，定指成分代表说话人认定听话人可以识别的事物，也就是说，“定指”跟“指示”(deixis)有关。而“指示”本质上具有主观性，跟说话人的视角有关。

不少人指出把字句的宾语具有话题性，曹逢甫(Tsao，1987)称之为“次要话题”。话题应该是定指的，但是经常遇到把字宾语不定指的情形，遇到专名前加“一个”的情形。前文也说明，用篇章衔接(主要是话题的转换和接续)不能完全解释把字句和动宾句的选择。问题的实质是，话题代表说话人要对其作出说明的那个事物，是说话人叙说的出发点，同时话题也容易成为说话人移情的对象。一个事物因为是叙说的出发点和移情的对象所以才成为话题。不定指成分虽然不像话题，但只要是移情的对象就也可以充当把字宾语。叙述文中的“主角”是叙述者移情的对象，“主角”因而在语篇中最容易成为主要的话题，而且是经常被跟踪的话题，跟踪的常见手段就是用第三人称来回指。已有人指出，第三人称代词很少做动词宾语，但是却适宜做把字宾语，例如：

(31) 造出原子弹来，并不像有些人想象得那么神秘。……但要把它从无到有，实实在在制造出来，需要许许多多人的献身拼搏。(《一百个人的十年》)

鲁侍萍接过支票，把它撕了。(《雷雨》)

这二例中的“它”分别回指“原子弹”和“支票”，如果将把字句换说成动宾句“制造它出来”和“撕了它”就很不自然。

就论述文而言，论述的“主题”是论述者移情的对象。王还(1985)指出，虽然把字宾语通常是定指的，但是泛指成分也可以充当把字宾语。王文中列出这样的例子共五个，其中四个都是文章的主题(另一个表示全称量，与“都”有关)：

(32) 我们平常把大豆拿去榨油，主要目的是为了提取它所含的脂

肪……(《大豆是个宝》)

那么,应该怎样努力才能把字写好呢?(《大胆练写字》)

他们正好可以把自学与家传相结合。(《自学与家传》)

最近苏联也有人把意义看做是语言以外的范畴。(《语言理论》)

把字句的认识主观性还表现在说话人对目的或因果关系的认定。当我们说主语为某一目的而处置某一宾语时,除非主语就是“我”,实际上都是说话人推断主语为某一目的而处置宾语。例如:

(33) 现在,他把眼瞪圆了,自己摸着算盘子儿,没用。(《牛天赐传》)

他把汗湿的手掌紧紧捏成拳头,仍然克制不住周身簌簌地颤抖。(《人到中年》)

詹开第(1983)说,第一例是“眼”自己“瞪圆了”还是被他“瞪圆了”,说不清,如是前者,就没有处置义。我们说,正是因为说话人认为是后者(瞪圆的目的是摸算盘子儿)所以才用的把字句;如果去掉把字说成“他眼睛瞪圆了”就没有主观处置义了。同样,第二例客观上他紧捏拳头是无意识无目的的,是说话人眼中他紧捏拳头的目的是想克制颤抖。张旺熹(1991)在比较“我开汽车到语言学院”和“我把汽车开到语言学院”两句意义上的差别时认为,当人们“强调”目的关系时,便使用把字句,把字句最自然的使用环境是带一个目的状语,如“我把汽车开到语言学院门口等朋友”。“解这崔宁到临安府”和“把崔宁解去临安府断治”(《京本通俗小说》)是同样的例子。按本文的观点,所谓“强调”,确切地说应该是“说话人主观上认定”。孙朝奋(Sun, 1996: 75)认为,历史上连动式向处置式转化,目的构式的出现是个关键阶段,他说目的构式是“突出事件施事的意图”。与其说是“突出事件施事的意图”,不如说是“说话人推断施事有这样的意图”。

对因果关系的判定也具有主观性,例如“他吃了这种药以后死了”,听话人一般会推断他吃了这种药是导致他死亡的原因,虽然客观上不一定如此。要表现这种主观的推断,把字句是适宜的表达方式,如“这种药把他吃死了”。说话人的主观判断如果与一般人的判断相同,也就带有了客观性。以动补结构表达的因果关系为例,郭继懋、王红旗(2001)将这种因果关系分为“规约性的”和“偶发性的”两类,前者如“睡着”“杀死”,“睡”和

"着"、"杀"和"死"之间的因果关系已成为一种固定的认知模式,因此客观性较强;后者如"老王在公园里睡得不会说话了","在公园睡觉"和"不会说话"之间的因果关系是偶发的,是说话人根据经验推断的,带有较强的主观性。有意思的是,前者可以用动宾句也可以用把字句,而后者只能用把字句:

(34) 吓破胆子　　　　　把胆子吓破

　　*吓回去胆子　　　把胆子吓回去

(35) 说急了宝玉　　　　把宝玉说急了

　　*说没了话贾琏　　把贾琏说没了话

前者用在动宾句和把字句在结构上仍然有差别,例如"说急",用在动宾句像个动宾复合词,中间不能插入"得",不能说"*说得急了宝玉",用在把字句则像个动宾词组,中间能插入"得",能说"把宝玉说得急了"。这种结构上的差别也体现意义上的差别,例如:

(36) 这才提醒大家

　　这才把大家提醒

动宾句的"提醒"接近于一个词,句子的意思是"提醒的动作晚了";把字句的"提醒"接近于一个词组,句子的意思是"大家醒悟得晚了"("大家"是受损者)。

还有一个过去注意不够的现象,单独成句倾向于用把字句,充当句子成分倾向于用动宾句,例如:(下划线的是句子成分,充当主语、宾语、状语等)

(37) 把他杀了!<u>不杀他</u>不足以平民愤。

史湘云笑道:"……明儿倘或把印也丢了,难道也罢了不成?"宝玉笑道:"倒是<u>丢了印</u>平常……"(《红楼梦》)

不知那里来的一个庄家老子,把那先生放的去了。我问<u>是谁放了这先生来</u>?(《元曲选》)

(刘二公云)他做了官呵,来把你怎的?(张云)他敢<u>怎的你</u>?(同上)

(公子云)先把这厮刖了双足。……(孙膑云)将铜铡来<u>先刖了这厮双足者</u>。(同上)

(搽旦云)今日务要把家私分另了罢。(正抹云)<u>不争分另了这</u>

家私，不违背了父母的遗言。（同上）

这样的现象也只有用把字句的“主观处置”义才能解释：一个独立的句子能充分表达说话人的主观感受，句子嵌入句子充当句子成分后主观性就大为减弱。

(38) 他把信看完了。　　　　他把信销毁了。

　　?这是他把信看完的地方。　这是他把信销毁的地方。

“他把信看完”作定语不合适，“他把信销毁”作定语没有问题，原因显然是“信”被销毁而受损的程度比较高，说话人对它的移情程度也高一些。

总之，说明把字句表示“主观处置”的语法意义，这可以将把字句种种看上去互不关联的句法语义特征联系起来，这些句法语义特征包括：(1) 把字宾语通常是有定的，(2) 动词须是复杂形式的，(3) 把字宾语具有话题性，(4) 把字宾语受动作的完全影响，(5) 有不如意的含义，(6) 有出乎意料的含义，(7) 和因果关系和目的相联系，(8) 意义上受“都”字管辖的宾语要作把字的宾语，(9) 充当句子成分受限制。违背这些特征的一些“反例”也因此得到合理的解释。在对外汉语教学中，把字句至今是一个难点，这跟学生只知孤立地记取上述一个个特征而缺乏对把字句语法意义的整体把握不无关系。

六、关于处置介词的兴替

从历史上看，语词或结构式的主观义都是从客观义虚化而来的，这是语言演变或语义引申的一个共性。例如，情态动词表示主观认识的意思都是从表示客观义务的意思虚化而来的（参看 Bybee, Perkins & Pagliuca, 1994），完成体标记和构式大多是从表示动作“完结”的语词和构式虚化而来的（参看 Carey, 1995）。这种虚化过程因此是一种“主观化”(subjectivisation)的过程。同样，“把”字由动词虚化为介词，连动式演变为处置式，这个过程也是一种“主观化”的过程。

除了方言之间的相互影响（魏培泉，1997），处置式的主观性和主观化也许是汉语史上“捉、取、将、把”等处置介词兴替的原因之一。首先要把处置式的产生和发展区分开来。处置式产生时，动词多为简单形式，多表示不如意，大都能和动宾句转换。这一点是多人的研究结果。（见曹广顺、遇笑容，2000；蒋绍愚，1997，1999；钱学烈，1992；王力，1958；祝敏彻，1957等)⑥既然处置式产生之初都是简单形式，这说明处置式的产生不是由于动词复杂化而造成的。可以推测，处置式产生的动因是说话人在表述客观处置事件的同时还要表达自己对事件的主观情感和态度，不然无法解释为什么处置式产生之初多表示不如意的事情。

处置式的发展与动词的复杂化有关。动词复杂化后，由于结构或韵律的原因，有些动宾句不得不用处置介词将宾语提前(Feng，2001；董秀芳，1998)，处置句变得多样化，结果是有的处置句不再能还原到动宾句。失去了对应的动宾句，处置式表达的主观性因此而减弱，具体情形如下：

(39) 把饭菜吃净　　　　　吃净饭菜
　　把饭菜吃干净　　　　?吃干净饭菜
　　把饭菜吃得干干净净　　*吃得干干净净饭菜

“把饭菜吃干净”和“把饭菜吃得干干净净”已失去对应的动宾句，但是由于还有表示客观处置的“吃净饭菜”存在，因此仍然带有一定的主观性。不过这种主观性是由“把”字和动词的复杂形式共同表达的，“把”字表达主观性的作用还是相对降低了。

“都”管辖宾语时近代汉语用把字句和动宾句都可以，而现代汉语只能用把字句(吕叔湘，1948)：

(40) 近代：把渔船都赶散了　　　都赶散了渔船(《水浒》)
　　现代：把渔船都赶散了　　　*都赶散了渔船

近代“把”字句和动宾句并存时，显然是把字句的主观性强于动宾句；现代只能用把字句，说明原来作客观叙述的现在也要用把字句来表达，因此说把字句的主观性减弱了。如果说“把酒都喝了”还是比“喝了酒了”的主观性强，那么这种主观性是由“把”字和“都”字共同表达的，“把”字表达的主观性相对还是减弱了。这也说明从近代汉语到现代汉语，把字表示处置的主观性已有所减弱。

以上论述可以归纳为：表达主观处置是把字句产生的动因，而把字

⑥ 关于上古的“以”字处置式(或叫“广义处置式”)，一般接受梅祖麟(1990)的见解，当时未见有简单形式的。陈初生(1983)举出的几个简单形式的例子未被普遍接受，见叶友文(1988)和魏培泉(1997)。

句的发展一方面适应了主观表达的需要，一方面又会导致主观性的减弱。这跟被字句的发展情形相似。被字句最初也都是表示不如意的，后来中性义甚至如意义也能表达，其主观性大为削弱。然而主观性的表达仍然是说话的需要，某一个处置介词的主观性减弱后，新的处置介词的产生正好能适应这种需要，这也许是历史上处置介词不断消长兴替的原因。⑦这就像表示程度高的副词用多了会逐渐减弱甚至失去程度高的意义，由此造成历史上程度副词的不断兴替。这一设想也意味着，如果在一种语言的共时平面上有数个处置介词并存，它们的使用频率和主观性程度肯定是不一样的。我们统计了《老残游记》中的处置句，用介词“将”的 152 句，用“把”字的 214 句，后者是前者的 1.4 倍。而这些处置句中的祈使句，用“将”字的仅三句，用“把”字的高达 21 句，是一比七。下面是“把”和“将”共现的例子，祈使句都用“把”字，陈述句都用“将”字：

(41) 只听堂上惊堂一拍，大嚷道：“人赃现获，还喊冤枉！把他站起来！去!”……众人没法，只好将于家父子站起，……（第四、第五回）

玉大人凝了一凝神，说道：“……你们去把大前天站的四个放下，拉来我看。”差人去将那四人放下，拉上堂来。（第五回）

玉大人说：“……你还想狡强吗？拉下去站起来！——把布匹交还金四完案。”……话说店伙说到将他妹夫扯去站了站笼，布匹交金四完案。（第五、第六回）

黄人瑞站在院心里，大叫道：“赶先把那帐箱搬出，别的却还在后!”说时，黄升已将帐箱搬出。（第十五回）

祈使句的主观性比陈述句强，这在前面已经说明，可见在《老残游记》中“将”字的主观处置义已经比“把”字弱得多。现代汉语“将”字的使用范围进一步缩小，菜谱的操作说明多用将字句（如“将盐一勺放入锅内”），主观性的程度已经变得十分微弱。可以推想，处置介词“把”也会面临同样的命运。

⑦ 这种兴替不是简单的“词汇替代”，由实变虚，每个处置介词可以有自己的形成过程，参看马贝加（2000）。

参考文献

Bybee, J. L., Perkins, R. D. & W. Pagliuca. 1994. *The Evolution of Grammar: Tense, Aspect, and Modality in the Languages of the World*. Chicago: University of Chicago Press.

Carey, K. 1995. Subjectification and the development of the English perfect. In Stein & Wright (eds.), *Subjectivity and Subjectivisation: Linguistic Perspectives*. Cambridge: Cambridge University Press.

Feng, S. 2001. Prosodically constrained bare verb in *ba* constructions. *Journal of Chinese Linguistics* 29(2).

Finegan, E. 1995. Subjectivity and subjectivisation: An introduction. In Stein & Wright (eds.), *Subjectivity and Subjectivisation: Linguistic Perspectives* (pp.115). Cambridge, UK: Cambridge University Press.

Kuno, S. 1987. *Functional Syntax: Anaphora, Discourse, and Empathy*. Chicago, IL: University of Chicago Press.

Liu, F. H. 1997. An aspectual analysis of *ba*. *Journal of East Asian Linguistics* 6(1).

Lyons, J. 1977. *Semantics*. Cambridge/New York: Cambridge University Press.

Sun, C. 1996. *Word Order Change and Grammaticalization in the History of Chinese*. Stanford, Calif.: Stanford University Press.

Tai, James H.-Y. 1984, Verbs and times in Chinese: Vendler's four categories. In David Testen *et al*. (eds.), *Lexical Semantics*. Chicago: Chicago Linguistic Society.

Tai, James H.-Y. 1989. Toward a cognition-based functional grammar of Chinese. In J. Tai and F. Hsueh (eds), *Functionalism and Chinese Grammar*.

Tang, Ting-chi, 1986. Chinese grammar and functional explanation. *Chinese World* 39－41.

Tsao, Feng-fu, 1987. A topic-comment approach to the *ba* construction. *Journal of Chinese Linguistics* 15(1).

Zhang, Hongming, 1994. The grammaticalization of *bei* in Chinese. In P. Jen-kuei Li, *et al*. (eds.), *Chinese Languages and Linguistics*, II, Taipei, Academia Sinica.

曹广顺、遇笑容,2000,中古译经中的处置式,《中国语文》(6)。

陈初生,1983,早期处置式略论,《中国语文》(3)。

陈　平,1987,汉语零形回指的话语分析,《中国语文》(5)。

戴浩一，1994，以认知为基础的汉语功能语法刍议，载戴浩一、薛凤生编，《功能主义与汉语语法》。北京语言学院出版社。

董秀芳，1998，述补带宾句式中的韵律制约，《语言研究》(1)。

郭继懋、王红旗，2001，黏合补语与组合补语表达差异的认知分析，《世界汉语教学》(2)。

蒋绍愚，1997，"把"字句略论，《中国语文》(4)。

蒋绍愚，1999，《元曲选》中的把字句，《语言研究》(1)。

金立鑫，1997，"把"字句的句法、语义、语境特征，《中国语文》(6)。

李临定，1980，"被"字句，《中国语文》(6)。

刘一之，2000，"把"字句的语用、语法限制及语义解释，《语法研究和探索》(10)。

吕叔湘，1948，"把"字用法研究，载《汉语语法论集》增订本。商务印书馆。

吕叔湘，1983，怎样跟中学生讲语法，《吕叔湘语文论集》。商务印书馆。

马贝加，2000，对象介词"将"的产生，《语言研究》(4)。

马　真，1981，《简明实用汉语语法》。北京大学出版社。

马　真，1985，"把"字句补议，载陆俭明、马真著，《现代汉语虚词散论》。北京：北京大学出版社。

梅　广，1978，"把"字句，《台湾大学文史哲学报》(12)。

钱学烈，1992，试论全唐诗中的"把"字句，载《纪念王力先生九十诞辰文集》。济南：山东教育出版社。

杉村博文，2002，论现代汉语"把"字句"把"的宾语带量词"个"，《世界汉语教学》(1)。

沈家煊，1999，《不对称和标记论》。南昌：江西教育出版社。

孙德宣，1983，美恶同辞例释，《中国语文》(2)。

王　惠，1997，从及物性系统看现代汉语的句式，《语言学论丛》第19辑。商务印书馆。

王军虎，1988，动词带"过"的"把"字句，《中国语文》(5)。

王　力，1943，《中国现代语法》。商务印书馆(1985年新一版)。

王　力，1958，《汉语史稿》。中华书局(1980)。

魏培泉，1997，论古代汉语中几种处置式在发展中的分与合，《中国境内语言暨语言学》(4)。

吴葆棠，1997，一种有表失义倾向的"把"字句，载《句型和动词》。语文出版社。

薛凤生，1994，"把"字句和"被"字句的结构意义，载戴浩一、薛凤生编，《功能主义与汉语语法》。北京：北京语言学院出版社。

叶友文，1988，隋唐处置式内在渊源分析，《中国语言学报》16(1)。

詹开第，1983，"把"字句谓语中动作的方向，《中国语文》(2)。

张伯江，2000，论“把”字句的句式语义，《语言研究》(1)。
张旺熹，1991，“把字结构”的语义及其语用分析，〈语言教学与研究〉(3)。
朱德熙，1956，现代汉语形容词研究，《语言研究》(1)。
祝敏彻，1957，论初期处置式，《语言学论丛》(1)。

（原载《中国语文》2002 年第 5 期）

论“把”字句的句式语义

张伯江

一、“把”字句的句式观

以往关于现代汉语“把”字句的研究，多是着眼于它跟其他句式之间是否存在句法变换关系的。所关心的主要是跟一般“主动宾”句（王力，1943、吕叔湘，1948）和受事主语句（朱德熙，1982）的关系。在这些方面已经揭示出的制约因素主要有：“把”字句谓语不能是表示心理、感受、存在、领有等意义的动词性成分（王力，1943），谓语部分不能是简单形式（吕叔湘，1948），以及宾语的有定性（王力，1943、王还，1985）等特征。沈阳（1997）更是最大限度地用变换关系解释了各种特殊形式的“把”字句的形成。在我们看来，也许最需要检讨的恰恰是这种“把”字句的“变换观”。因为“变换观”的一个基本假设就是变换前后句子组成成分之间的语义关系始终维持不变。而从“句式语法”（Construction Grammar，参看Goldberg，1995；沈家煊，1999a；张伯江，1999）的观点看，句式的语义不是完全能从组成成分及已有句式的语义自然推导出来的，变换的观点常常会引导我们忽略掉一些句式自身的重要特点。我们先看一个可以跟一般“主动宾”句“自由”变换的例子：

1）他喝了酒→他把酒喝了

2）他用了钱→他把钱用了

右侧的例子明显带有一种“完全”的意义（酒全喝掉了，钱全用尽了），而左侧的例子不仅没有这种寓意，而且倾向于理解成“非完全”的意义。表现在句法上，可以观察到这样的制约：

3）＊他全/都喝了酒：他把酒全/都喝了

他喝了一些酒：＊他把一些酒喝了

4）＊ 他全/都用了钱：他把钱全/都用了

他用了一些钱：＊他把一些钱用了

“变换”前后的词汇语义没变，但句式意义变了。再看跟“受事主语句”变换的情况：

5）杯子打碎了→把杯子打碎了

6）稿纸弄丢了→把稿纸弄丢了

7）衣服溅脏了→把衣服溅脏了

右侧的句子明显暗含着指出事件的“责任者”的意思，也就是说，是一种相对主动的行为，而左侧的句子则有比较明显的“被动”意味。试比较：

8）杯子不幸打碎了→ ＊把杯子不幸打碎了

9）稿纸不巧弄丢了→ ＊把稿纸不巧弄丢了

10）衣服不料溅脏了 → ＊把衣服不料溅脏了

其次，受事主语句里不排斥动作性弱的动词，而这样的动词很难出现在“把”字句里边，如：

11）他的名字我想不起来了→ ＊我把他的名字想不起来了

12）你的情况我们知道了 → ＊我们把你的情况知道了

过去我们习惯认为，在基本的“动—名”语义关系（或者说动词的配价关系）不变的前提下实现变换所得到的都是“同义句”，成分位置的变动，个别虚词的增删，所带来的不过是一些语用意义的变化，如强调的重点不同等。但上述事实已初步表明，句式之间的差异也许不仅仅是语用意义的变化，像以上所揭示的“部分—完全”“无责任者—必有责任者”之间的对立是句式整体上的句法—语义特征的对立，不能说不是句式本身语义的重要内容，而仅仅着眼于可变换的动宾语义关系就会忽视这些重要内容。这就诱使我们寻找“把”字句的更根本性的解释。

“把”字句最大的特点可以说就是它的语序格局了。如何了解这种语序格局的功能？沈家煊（1999a）指出：“一个句式是一个完形（Gestalt）……只有把握句式的整体意义，才能解释许多分小类未能解释的语法现象，才能对许多对应的语法现象做出相应的概括。”我们相信，以往学者们指出的“把”字句的“动词的处置性”、“宾语的有定性”、“谓语动词的非光杆性”、“动作的肯定性”等，并非是互无关联的个别特征。句式语法认为，句式的意义既不是其组成成分意义的简单加合，也不是能从其他结构推导出来的。从这样的认识出发，我们就不能简单地给“把”字句里的主语和宾语贴上“施事”“受事”一类的标签，而应该研究句式赋予了这些成分以什么样的角色。

Dowty(1991)指出，施事、受事等并不是初始概念，跟动词发生种种语义关系的成分中最基本的角色只有两类，即原型施事(Proto-Agent)和原型受事(Proto-Patient)。原型施事包括自主性、感知性、使因性、位移性和自立性五项主要特征；原型受事包括变化性、渐成性、受动性、静态性和附庸性五项主要特征(关于这两组概念的详细解释可参看陈平，1994；程工，1995；徐烈炯和沈阳，1998)。

典型的主语/宾语是较多具备上述原型施事/受事特征的成分，工具、处所、系事等成分之所以做主、宾语常常表现出一定的灵活性，就是因为它们总是兼有部分原型施事特征以及部分原型受事特征、以不同方式组合而成的。因此各种语义角色和语法关系其实都可以用这两组特征进行较为清晰的描写。

在汉语里，动词前面是主语的正常位置，动词后面是宾语的正常位置。我们可以根据原型施、受事理论得出一个假设：凡是处于动词后面的成分，不管它是不是最典型的受事，都会或多或少地具有一些受事的性质；凡是处于动词前面的成分，不管他是不是最典型的施事，都会或多或少地获得一些施事的性质。前一个观点在任鹰(1999)中已经有很全面翔实的论证，后一方面则是我们要通过对汉语“把”字句的分析加以论证的。

就最典型的施受对立——“自主性”与“变化性”、“使因性”与“受动性”的对立而言，“把”字的宾语更多地具备受事特征，这就是过去人们说“把”的作用是“提宾”的依据。但是与此同时我们也观察到，“把”字的宾语却具有两种原型施事的特征——“自立性”和“位移性”，而排斥两种受事特征——“附庸性”和“静态性”。

二、“把”字宾语的自立性特征

我们先看看“把”字宾语表现出的自立性特征。自立性指的是事物先于行为而存在，不能是行为的结果或者随着行为的进程而成为事实的东西。下面的对比显示了“把”字宾语的“自立性”特点：

13) 我把房子拆了：*我把房子盖了

14）他把字儿擦了：＊他把字儿写了

15）他把烟戒了：＊他把烟抽上了

左侧的例子中“把”字的宾语都是先于行为存在的；右侧的“盖房子”、“写字”、“抽上烟”都是一种随着行为而成为现实的过程，这是自立性的典型表现。

以往有不少学者注意到了“他把房子卖了”和“＊他把房子买了”的对立（张国宪，1995；沈家煊，1999b），但也常常受到人们另一角度的质疑，有人会说“房子在买之前也是存在的”，事实中也的确有“把房买了”“把路修起来了”等说法。可见“自立性”的理解问题还是有些值得讨论之处的。

（一）“自立性”与事件图景

我们认为，对“自立”的概念不能作没有限制的理解，拿“买”这种行为来说，在现实世界里，所要买的东西常常是存在于商家的，但对于“买”这个行为来说，说话人买到之前那东西就没有成为现实。理解“自立”与否要放在事件图景里看，即看一个事物脱离事件是否为独立存在。看下面这个例子：

16）把小背心脱了。

→＊把小背心穿了

人身上不是生来就有衣服的，所以对人的身体来讲，要穿的背心不可能脱离“穿”这个行为而独立；相反，穿上的背心能脱离动作“脱”而独立，所以这个例子里的第一句中“背心”是自立的，第二句的“背心”却不是自立的。下面例子也都可以做类似分析：

17）把那排刷扔了，怪碍事的。

→＊把那排刷捡了

18）杜梅笑完把纸一把撕了：“少来这套。”

→＊把纸黏了

19）你给我点钱，我来布置，把沙发套、窗帘都换了……

→＊把沙发套、窗帘都买了

20）我今天可是把心里话都跟你说了，一丁点都不隐瞒，

→＊把心里话从你那儿听了

21）她笑，手拿一只打火机“啪啪”地打着火苗：“你要走，我就把这家点喽。”

→＊把这房灭了

例 21）尤其耐人寻味：单就"点"和"灭"这一对反义动词而论，并不好确定它们论元自立与否，放到不同的事件图景中会得出相反的结果："把这家点了"可以说，"＊把这家灭了"不能说；但"＊把这火点了"不能说，"把这火灭了"却又能说。

跟"自立性"明显相对的是"附庸性"，所以"把"字句排斥结果宾语，例如在孤立的情况下我们一般不说"＊把房子盖了""＊把文章写了""＊把孩子生了"。但需要解释的是为什么可以说：

22）你总不能把房子盖到别人家去吧。（引自宋玉柱，1981）

23）他是一位有才华的作家，能把文章写得引人入胜。（同上）

24）你以后可要把信写清楚，别这样云山雾罩的。（同上）

我们注意到这几个句子都是非现实句（irrealis clause），即在一种假设的情境中针对一个设定的概念所发的议论，所涉及的行为只是一个整体活动（activity）而不是一个具体事件（event），即没有过程意义，不属于话语中的前景部分（foreground，Hopper 和 Thompson，1980）。这种情况下突出的是用补语表示的那些结果性成分，所以例子中"房子""文章"和"信"都不是现实的物质实体（physical entity），而是说话人心中的概念实体（conceptual entity），也就是说，它们构成整体活动的一部分而不是一个具体事件的一部分，一个证据是，它们不能定指化：

22′）＊把那座房子盖到别人家去

23′）＊把那篇文章写得引人入胜

24′）＊把那封信写清楚

因此，这种现象并不能构成"把"字宾语"自立性"的反例，而是表示针对一种"自立概念"的心理处置行为。①

---

① 其实，这里不仅是名词能不能定指化的问题，实质上是能否个体化（individualization）的问题。不管是定指的还是不定指的名词，都是个体化的实体代表，而这些句子里的名词事实上都是通指性（generic）成分。王还（1985）曾举过这样的例子："小林把一件毛背心织得又肥又长""小张把个孩子生到火车上了"，其中的"一件毛衣""（一）个孩子"我们都不能当作不定指成分看待，切合实际的理解应该仅是指"毛衣"这种事物、"孩子"这种事物。关于通指成分可以用前加数量词的成分表达这个特点，陈平（1987）有论述。这里讨论的句子从句类角度说都不是叙事句而是描写句，跟非现实句一样，都不是对事件过程的陈述而只是对状态的描述。

（二）自立性与有定性

如果把“有定”与“无定”一般地理解为“已知”和“未知”的话，那么“自立—已知—有定”三者之间就有一种天然的关联，这也就是早期的“把”字句论述都持“把”字宾语必须“有定”说法的依据。后来这种说法受到一些质疑，不断有人提出“无定”形式的例子（也就是“一＋量词”形式）。在汉语语法论著中“有定”“无定”这样的概念使用中常常是十分模糊的，至少没有很好地区分是说话人自己能识别的，还是说话人认为听话人能识别的等不同情况。一般来说，说话人认为听话人能识别的就用有定形式，认为听话人不能识别的就用无定形式；仅仅说话人自己能识别的情况并不必然要用有定形式，还要考虑篇章中的其他因素。下面我们分析几个“无定宾语”的例子：

25）但他没有直截了当地提出请求，而是在饭后主动积极地去刷碗，扫地，擦桌子，把一切归置完了，像个有事要求主人的丫环把一杯新沏的茶和一把扇递到正腆着肚子剔牙的马林生手里，

26）齐怀远……把一杯早已沏好的茶从茶几那头推到这头，“请喝茶。”

27）同事、街坊没少把一些有“掌”的女同志发给他，

28）他绘声绘色地讲述那天他有票却没能现场看的故事，把一个倒霉、令人沮丧的经过讲成了一场有趣的、唐老鸭式的冒险。

29）“啪——”马锐把一瓶酱豆腐摔碎在地上，褐红的卤汁流了一地……

前两例的“茶”“扇”等都是家庭生活中必有的内容，应该说是事件现场已知的；28）实际上是个描写性的定语，实体内容就是前一句中的“那天他有票却没能现场看的故事”；29）例上文有马锐去“天源酱园”买酱菜刚回来的背景，“一瓶酱豆腐”也是可推知的信息。我们认为这里可以参考（Chafe，1994）把意识分成直接式（immediate）和曲折式（displaced）的观点来分析。在第三人称小说语体中，通常是以故事中的主人公的意识决定所指的可辨性。即：在小说的世界里，主人公已经意识到的成分是可辨的（identifiable），主人公没有意识到的会被当成不可辨的（inidentifiable）来对待。但是由于小说还有读者的阅读需求这一因素的制约作用，作家不可能完全以主人公的意识为转移，因此有时候要把两方

面的因素平衡起来，造成不完全一致的情形。由此来看以上几个句子，在主人公的意识里确属已知成分，但对读者来说是未知的，这正是作家为了满足读者的需求而把它按未知对待了。所以，“把”字句的“有定性”问题准确的表述应该是：在第三人称叙事体中，“把”字句中“把”的宾语一定是小说世界里的主人公所已知的。② 这是“一+量词”形式在“把”字句中自立性的体现。

三、“把”字宾语的位移性特征

典型的受事成分往往是静态的，即作为动作行为的对象而存在的，而对它施加作用的施事成分常常伴随有“位移”特征。不同于典型受事成分的是，“把”字的宾语以自身的位移性为常态。根据缪小放(1991)对老舍十三部作品(660 千字)1 619 例“把”字句和我们对王朔四部小说③(405 千字)里 614 例“把”字句进行的统计，谓语形式为动趋式的“把”字句都是占最大比例的，几乎相当于其他谓语形式数量的总和。以下就是上述统计的结果：

	王朔作品		老舍作品	
类　型	数量	百分比	数量	百分比
动趋类	286	47%	802	50%
动结类	107	17%	291	18%
“—成”“当”类	47	8%	60	4%
给予类	46	7%	94	6%
单动类	45	7%	113	7%
“—得—”类	35	6%	115	7%
动量类	28	5%	55	3%
动宾类	14	2%	59	4%
“—着”类	5	1%	6	0%
总计	613	100%	1 595	99%

② 感谢陶红印先生向笔者提出这个意见。

③ 这四部小说是：《我是你爸爸》、《过把瘾就死》、《永失我爱》、《动物凶猛》，均选自《王朔文集》(华艺出版社，1992)。本文例句也大多出自这四部中说。

统计结果显示，实例中以动趋式为绝对优势出现。从典型范畴理论来说，范畴里最大量出现的实例总是例示（instantiate）了该范畴的原型（prototype），统计数字证明了“位移”意义在“把”字句语义中的基本性。现代认知语言学的研究启示我们，空间关系作为人的一种最基本的认知图式，它是其他关系的认知基础。我们的研究将证实，汉语“把”字句趋向义以外的其他意义都是从“空间位移”意义引申出来的，而不是相反。下面我们从“位移”这个原型语义出发，简单描写其他语义类型的隐喻途径。

（一）跟时间意义有关的

人对于时间关系的认识总是依赖于空间关系的表达方式，这已是一条公认的规律，不仅有大量的语言调查证据，也有生理属性的基础——人天生有感知方位的器官，却没有感知时间的器官，故而时间感知要依赖于空间感知。语言里最普遍的例子如多数介词都有空间义和时间义两套用法，往往都是先有空间意义，后引申出时间意义的。如“从东到西→从早到晚”“往后的道路→往后的日子”等。“把”字句的补语常常是表示各种时间意义的，就类型和频率而言，都整齐地对应于空间表达形式，我们可以断言它们是从空间关系意义投射到时间关系意义的。如：

30）我有这挨人管的义务，我得把这义务尽到年龄，忍到十八。

31）我是为了能把课讲下去。

这些例子里的趋向词“到”“下去”“起来”清楚地表明时间意义的表达方式是借助空间表达方式实现的。再如：

32）你把昨天的家庭作业再做一遍。

33）自个儿擦干身上。再把腿和脚冲一下，搓搓脚脖子。

这是空间计量方式投射为时间计量方式的情形。支持这种看法的句法证据是，动词后也常常可以补上趋向词：

32′）你把昨天的家庭作业再做[上]一遍。

33′）自个儿擦干身上。再把腿和脚冲[上]一下，搓搓脚脖子。

（二）跟信息传递及认知行为有关的

34）他现在还不想把他的决定立即告诉儿子，暂缓几日。

35）我们不是跟你来商量的，而是已经决定了，只是把这个决定通

知你

这是从物质空间向话语空间的隐喻，就是说，人们在表达信息转移过程时，是把空间上物体转移的过程移植过来使用的（张伯江，1999）。这种隐喻途径的证据，一是可以加上“到”字显示出转移终点；二是可以加上“给”字显示出转移方式：

34′）告诉到儿子那儿　　告诉给儿子

35′）通知到你这儿　　通知给你

这就是认知语言学上讲到的“传导隐喻”（conduit metaphor）的具体表现：把信息看作实物，把交际过程看作传递过程。上述两种句法证据显现了这种认知上的位移意义。

谓语为“—成”“当［做］”的是“把”字句里很重要的一类例子，下面是一些实例：

36）刘老师差不多把马林生当作唯一了解她的知心人那样倾诉衷肠了。

37）她也总是把“恬不知耻”念成“刮不知耻”。

我们认为，“把……当作……”反映的是一种认同的心理，即把甲物放在乙物的位置上，如一个人说“把他的书放在儿童读物柜台出售”就等于“把他的书当作儿童读物”。这样说的语义方面的依据是：“把A当作B”或“把A V成B”里存在A和B两个名词，B的实例没有一个是代表全新的实体性信息的，往往是一些无指性的（nonreferential，如“伙伴”“朋友”）或通指性的（generic，如“一桩未竟的事业”）成分。这就说明，这里的“V B”不是动作与“渐成性成分”或“附庸性成分”的关系，而是表示A与B之间的判断关系。所以我们说“把A当作B”或“把A V成B”是来自空间放置表达式“把A放在B的位置上”的隐喻。这种隐喻就是一个“物质空间的定位”投射到“心理空间的定位”的过程。

（三）从位移到变化

“把”字句补语为结果补语和状态补语的情况是否仍与“位移性”有关呢？我们的回答是肯定的：物质运动的过程不仅是“位置移动”的过程，也是一个“状态变化”的过程。有充分的句法证据证明“把”字句中结果补语和状态补语就是趋向补语的语义映射，那就是：其一，结果补语一般不

能和表示位置变化过程的(即表方向的)趋向补语共现:

38) 马林生坐正,把剩下的烟蒂掐灭,
→把剩下的烟蒂掐到烟缸里去
→ * 把剩下的烟蒂掐灭到烟缸里去

39) 我知道他能把鸡呀鱼呀的弄熟,
→把鸡呀鱼呀的弄到锅里去
→ * 把鸡呀鱼呀的弄熟到锅里去

其二,状态补语也不能和描写行为所处方位的趋向补语共现:

40) 母亲在修饰自己的同时也总把他打扮得干干净净。
→ * 把他打扮得干干净净在学校里

41) 儿子也仍在他的床上酣睡,毛巾被把身体的中段裹得严严实实。
→ * 把身体的中段裹得严严实实在床上

很容易理解的一点就是,一个行为不可能同时向不同的方向进行(也可以说是运动的一维性)。如果对同一个动词的相关描述不涉及不同的方向,那么他们就有共现的可能,如可能补语就既可以与趋向补语共现,也可以结果补语、状态补语共现;趋向补语跟状态/结果补语不能共现的现象,也正说明,状态/结果补语事实上也是动词方向性的一种表示。

四、"把"字句主语的使因性特征

我们既然把"把"字句当作一个反映整体认知图式的"句式"看待,那么,"把"字句的主语也应该相应地放到认知图式中理解。"把"字句的语义已经我们认定是一种"位移"意义,位移不外"自动"和"他动"两种情况,前面的分析表明"把"字宾语并不具备"自主性"特征,因而"把"字句必然要归入"他动"图式里。"他动"的图式中最重要的一点就是"移动需要驱动力(driving force)"。这种驱动因素必须是先于行为而存在的、直接接触于受动事物而产生作用的。这就是"把"字句主语成分的必要性。

从外在形式上看,"S 把 N V"和"S V N"的区别仅仅在于 S 后的谓语部分,那么是不是二者中的 S 身份完全相同呢?显而易见,"S V N"是汉语的无标记句式,而"S 把 N V"是一种有标记句式。无标记的"S V N"句式对 Dowty(1991)的原型施事自主性、感知性、使因性、位移性和自立性五项特征没有什么限制；作为一种有标记句式，"S 把 N V"里的 S 在这几个方面有什么特点呢？

我们注意到，"把"字句中经常有一种不具备"自主性"而仅仅具有"使因性"的情况。例如：

42）我告诉自己不要看那轮子，但另一种巨大的力量把我的目光牢牢吸引在那两对后轮上，直到那两对后轮蓦地停止转动……

43）这些缝隙积累积起来，便产生了一个巨大的空间，把我和事实本身远远隔开，自成一家天地。

44）我用力地推开她，猛地翻身坐起，拧亮台灯，下地找着一支烟点上吸，第一口就把我呛得连连咳嗽。

45）他们说你撞了车，把我吓坏了，我还以为……

这三个例子里的 A 都不是有意志的施事成分，但无一例外都是使因。再看以下例子：

46）他竟把这个誓忘记了那么多年，忘记得这么彻底……

一般来说，作为"忘记"这样一个非自主动词的主语，"他"只能算是一个感事(experiencer)而不是严格意义上的施事。而这里作者选用了"把"字句，显然有"追究责任"的意味。再看一个例子：

47）我跟你下棋把手都下臭了。

这个例子分析起来可能会有分歧。句法上最简便的分析是认为"我"是主语，"跟你下棋"是状语，但那样全句语义则不好解释——因为不是"我"主动地"把手下臭"的；另一种看法，可以认为"我跟你下棋"整体作为一个起因成分，对比：

47′）a. 我把手都下臭了。

b. 你把我的手都下臭了。

47′a)句不如 47′b)句接近原句语义，原因在于二者指出的责任者不同：应该对"把手下臭了"这个事实负责任的不是"我"，而是"跟你下棋"这件事。

施事者对有意为之的自主行为当然是要负责任的，但有时他无意成了某事件的起因也逃脱不了责任，这就揭示了一个规律：在原型施事的几个特征里，"自主性"是蕴含"使因性"的。为什么会有这种蕴含关系存在？其实这也不难理解：因为语言本来就是说话人的一种陈述，一句话

(姑以施事居首的一般陈述句为例)一方面它是对施事所做行为的一种描述,另一方面也是说话人的态度的表现。这时句子的视点严格说来就有取自施事者(agent-oriented)和取自说话人(speaker-oriented)两种情况。“荆轲故意靠近秦王”是从施事者的视点说话;“荆轲显然刺不死秦王”则是从叙述者的视点说的话。后者只是说者看法的表示,并不一定与句中施事者的意愿完全一致。我们说汉语“把”字句总有“追究责任”的意味,这种意味究其实质是说话人带来的。可以说,“把”字句是表达说话者追究责任语义的一种适宜句式。汉语里另一种凸显责任者的句式是“是……的”句式,“把”字句都能变换成“是……的”式使责任者得到强调:

42′)是另一种巨大的力量把我的目光牢牢吸引在那两对后轮上的

43′)是那个巨大的空间,把我和事实本身远远隔开的

44′)是第一口烟把我呛得连连咳嗽的

45′)是你撞了车的消息把我吓坏的

46′)是他把这个誓忘记了那么多年的

47′)是跟你下棋把手都下臭的

这样我们就可以说明“S 把 N V”和“S V N”的区别,同时说明“把”字式的特点了。“S V N”里的 S 并不必然是整个事件的动力源,它甚至可以容许施事性很低的成分如“老王烂了一筐苹果”“萧长春死了媳妇”,而“S 把 N V”经我们论证是整个句式的位移图式要求其中的 S 是个驱动力成分,因此,它常常是个强意志性成分,至少也是责任者。

可见“追究责任”的意义是句式(construction)带来的,而不是动词带来的。结构主义传统的语言观总是习惯于描写哪些动词可以进入“把”字句,也就是相信动词的配价能力和语义特征能够自然推导出“把”字句成立与否。在那样的背景下,“忘”“丢”“下”等“非自主动词”都被宣布为不能进入“把”字句。当我们着眼于句式语义的时候,就可以清楚地认识到不同的动词进入“把”字句以后是怎样在整体意义的作用下体现“追究责任者”的语义的,这不仅是“把这个誓忘记了那么多年”一类句子的合理解释,也可以理解更特殊的情况。如对语法书里常常提到的“偏又把凤丫头病了”这样的表示意外情况的例子,我们就有必要辨明这里的“意外”是对谁而言的:是对说话人而言的还是对动作的施行者而言的?首先,实例清楚显示,句子的“意外”义是对说话人而言的;其次,这是一种没有施事

者的情况。这后一点恰恰是这种句子成立的条件：在不存在事实责任者的情况下，说话人以追究责任者的方式来表示自己的意外。

五、句 式 语 义

句式是一个完整的认知图式，其间各个组成成分的次序、远近、多寡都是造成句式整体意义的重要因素。以下我们借助认知心理学的"顺序原则"、"相邻原则"和"数量原则"来说明"把"字句个别特点之间的逻辑联系，同时展示"把握整体"这种方法更广的解释力。

(一) 顺序原则的作用

顺序性首先表现在作为驱动力的主语成分必须出现在整个行为的谓语形式之前；其次表现在被处置的事物也必须存在于行为发生之前。上面我们关于"使因性"和"自立性"的讨论已经比较充分地论述了这两个特点："把"字句所表示的行为首先是针对一个选定的目标的，进而使它产生位移或状态的变化。事物先于行为而存在，反映在句法上，就是出现在表示行为的词语之前。句法的顺序反映了认识的顺序。

可以说，"把"字句中词语的顺序特点是句式语义的基础，也是区别于其他句式的基本的一点——在汉语语法系统中，至少鲜明地区别于"被"字句（不必然要求施事的驱动性和责任性）和一般"主—动—宾"句（不必然要求受事的自立性和可辨性）。

(二) 相邻原则的作用

"把"字句处置意义的来源在谓语部分："把"字有定位的作用，即确定处置的对象；对象后的动词表示处置的方式；动词后的补语表示处置的结果。受动对象夹在副动词"把"和处置动词之间，显然有加强处置作用的效果。这就是本文开头例1) —2)所显示的"把"字句"完全被影响性"意义的来源。

"完全作用"和"部分作用"的对立既是一种语义的对立，也是语法的对立，许多语言事实反映了这个特点，如英语里：

48) a. I loaded the hay onto the truck.（我把干草装在卡车上）

b. I loaded the truck with the hay.（我把卡车装上干草）

49) a. We sprayed paint on the wall.(我们把油漆喷在墙上)

b. We sprayed the wall with paint.(我们把墙上喷上油漆)

一般认为句 48a)和 49a)的含义里有“全部干草”“全部油漆”的意思而句 48b)和 49b)有“整个卡车”“整个墙面”的意思。其实这种“完全”与“局部”的对立在语法中不是偶然的,有些语言里甚至用形态标志标明这样的区别,如芬兰语(引自 Comrie,1981):

50) a. Han otti rahaa(部分格).(他取走一些钱)

b. Han otti rahan(宾格).(他把钱取走)

这是区分表示宾语部分被影响的部分格和宾语完全被影响的宾格情况;而一种属于密克罗尼西亚语的 Trukese 语则是用不同的动词形式来区分行为对宾语的部分影响和完全影响的(引自 Hopper & Thompson,1980):

51) a. wúpwe wún ewe kkónik.(我要喝点儿水)

b. wúpwe wúnúmi ewe kkónik.(我要把水喝了)

跨语言的研究表明,许多语言都有表示“完全—部分”这一对概念的表现方式。不过像上述两种语言这样用形态变化表示的毕竟是少数,更多的是像英语和汉语这样用词序手段来表示的。我们感兴趣的是这种现象背后来自句法象似(iconicity)方面的理据:可以说,动词离宾语距离越近就越容易实现对宾语的影响,也就越容易使宾语完全受影响。这就是 Lakoff 所说的“邻近便是影响力的加强”的原理。这一点可以很好地解释 50),51)两例的英语的情况,更是汉语“把”字句的深刻解释:我们说,受动事物贴在宾语前面出现,一方面是为满足“在行为之前确定目标”的要求,另一方面也是让该事物贴近动词的最佳策略——因为动词后面最有竞争力的首先是“体”等成分,宾语的竞争力并不强。吕叔湘(1944)指出:“……由此可知此三者与动词之吸力,以得为最强,次则结动词,而宾语最弱。然有两事不可不知者:一则宾语有以把字提前之式,此即另辟蹊径以接近动词;次则……”这样,动词前的受动事物就具有比动词后的更高的被影响力。

(三) 数量原则的作用

过去语法论著中经常提到“把”字的谓语不能是简单形式,最早强调这一特点的是吕叔湘先生,他指出“动词的后面紧接着一些成分”这一特点是“把”字句成立的决定条件。其实，也不是所有可以加在动词前后的成分都能成为“把”字句成立的条件，如“＊我在城里把他遇到”“＊我把空竹抖得/不起来”等说法都不成立。这是因为，简单形式的动词只能表达“均质”的、没有动程的意义，复杂形式才有可能表达“异质”的、具有一个过程的意义，但不是必然表达异质的意义。从语义上说，“把”字句要求谓语表示一个“动程”，所以必然要依托于较为复杂的谓语形式。这种“简单形式对应简单意义，复杂形式对应复杂意义”的“多—寡”对立，就是“数量原则”的作用。

（四）句式语义

通过以上分析，我们就得出了句式“A 把 B V C”的整体意义：由 A 作为起因的、针对选定对象 B 的、以 V 的方式进行的、使 B 实现了完全变化 C 的一种行为。

这样的句式整体意义，不是靠动词的支配能力（配价）分析所能得出的，也不是能够靠施事、受事这样的概念说明的，这是语法分析的“综合观”的结果。

“把”字句的方方面面的特点，大至区别于其他句式的句义特点，小至其中每个成分的词语选择，都可以由此得到统一的解释：

——A 的起因特点表明“把”字句有指明责任者的要求，这也是“把”字句区别于受事主语句的根本一点；

——B 居于动词的前面，语义上要求它有自立性，因此排斥结果宾语（由此可以解释为什么“把”字句谓语有一种使用“去除”意义动词、排斥“获得”意义动词的倾向：因为只有先于行为存在的事物才可以做去除性处置，而通过行为才能获得的事物是无法处置的）；形式上则要求选择有定形式，排斥代表未知信息的无定形式；

——B 居于“把”字和主要动词之间，要求动词在意义上必须是能对受动物产生完全影响的，因此王力（1943）所指出的“爱、看见、上、有、在”等动词以及王还（1984）提出的“躲、到、遇到、得到、离开、接近、成为、赞成”等动词与“把”字句的冲突现象，不仅仅是因为它们表示精神行为、感受现象、领有和存在等意义（吕叔湘先生早就指出精神行为等动词也不乏用例），根本的原因还是在于，谓语不是表示在空间意义上（或可解释为由空间位移意义引申出来的)致使事物发生完全的变化；

——产生影响不是一种单纯的状态,而是一个动态的过程,在语言形式上就需要用C来表现出这个过程或结果。

——“把”字后边排斥否定谓语形式,是学者们谈得很多的一个特点。我们认为其中的原因不是“积极”和“消极”的对立(饶长溶,1984),也不完全是“现实(realis)”与“非现实(irrealis)”的对立,重要的是“完全(telic)”与“非完全(atelic)”的对立(Hopper and Thompson, 1980):否定式里的行为必然是一种“非完全的”,而“把”字句则以要求一个“动程”为先决条件。

——“把”字句排斥“过”的问题也是同样的道理:因为助词“过”只关心过去曾经发生过,并不看重动程的完整性,所以用“过”的场合不要求动程的表示。

——有学者指出,“把”字句“始终处于一个明确的因果关系(包括条件关系、目的关系)的意义范畴之中,当人们强调这种因果关系时,便使用‘把字结构’的语句形式。”(张旺熹,1991)这种着眼于篇章中因果关系的观察,实际上反映的是“处置行为总是表示前景信息而很少表示背景信息”的事实。

(五) 余论

总的来说,我们关于“把”字句中A为起因,B为已知,C表变化的语义描述是根据句法象似性(iconicity)的“顺序”原则(Haiman,1985;沈家煊,1993)提出的:起因在前,结果在后;已知在前,变化在后。这样就可以更有理据地解释为什么“把”字句“还原”为“主—动—宾”句常常十分困难,而有时却显得跟“受事主语句”有颇多相近之处(朱德熙,1982)。原因也就在于,从句法象似性角度看,“把”字句跟“主—动—宾”句的差异远远大于跟“受事主语句”的差异。

参考文献

Chafe, W. 1994. *Discourse, Consciousness, and Time: The Flow and Displacement of Conscious Experience in Speaking and Writing*. Chicago: University of Chicago Press.

Cheung, H. N. S. 1973. A comparative study in Chinese grammars: The *ba* construction. *Journal of Chinese Linguistics* 1(3).

Comrie, B. 1981. *Language Universals and Linguistic Typology: Syntax and Morphology*. Chicago: University of Chicago Press.

Dowty, D. R. 1979. *Word Meaning and Montage Grammar*. Dordrecht/Boston: D. Reidel Publishing Company.

Dowty, D. R. 1991. Thematic proto roles and argument selection. *Language* 67(3).

Goldberg, A. E. 1995. *Constructions: A Construction Grammar Approach to Argument Structure*. Chicago, IL: The University of Chicago Press.

Haiman, J. 1985. *Iconicity in Syntax: Proceedings of a Symposium on Iconicity in Syntax*. Amsterdam/Philadelphia: John Benjamins.

Heine, B., Claudi, U. & F. Hünnemeyer. 1991. *Grammaticalization: A Conceptual Framework*. Chicago, IL: University of Chicago Press.

Hopper, P. J. & S. A. Thompson. 1980 . Transitivity in grammar and discourse. *Language* 56(2).

Lakoff, G. 1987. *Women, Fire, and Dangerous Things: What Categories Reveal about the Mind*. Chicago, IL: University of Chicago Press.

Talmy, L. 1975. Semantics and syntax of motion. In J. Kimball(ed.), *Syntax and Semantics* Vol. 4. New York: Academic Press.

陈　平,1987,释汉语中与名词性成分相关的四组概念,《中国语文》(2)。

陈　平,1994,试论汉语中三种句子成分与语义成分的配位原则,《中国语文》(3)。

程　工,1995,评《题元原型角色与论元选择》,《国外语言学》(3)。

崔希亮,1995,“把”字句的若干句法语义问题,《世界汉语教学》(3)。

蒋绍愚,1997,“把”字句略论——兼论功能扩展,《中国语文》(4)。

刘一之,1998,“把”字句的语用、语法限制及语义解释,第十次现代汉语语法学术讨论会,北京大学。

吕叔湘,1944,与动词后得与不有关之词序问题,载吕叔湘编著,《汉语语法论文集(增订本)》。北京:商务印书馆。

吕叔湘,1948,“把”字用法的研究,载吕叔湘编著,《汉语语法论文集(增订本)》。北京:商务印书馆。

吕叔湘,1965,“把”字句、“被”字句动词带宾语,载吕叔湘编著,《汉语语法论文集(增订本)》。北京:商务印书馆。

马希文,1987,与动结式动词有关的某些句式,《中国语文》(6)。

马　真，1985，“把”字句补议，载陆剑明、马真编著，《现代汉语虚词散论》。北京：北京大学出版社。

缪小放，1991，老舍作品中的“把 nvp”，载张志公编著，《语文论集》。北京：外语教学与研究出版社。

屈承熹，1998，汉语功能语法刍议，《世界汉语教学》(4)。

饶长溶，1984，“把”字句否定式，载中国语文杂志社编著，《语法研究和探索》(第 2 卷)。北京：北京大学出版社。

饶长溶，1990，《把字句·被字句》。北京：人民教育出版社。

任　鹰，1999，《几种主要的非受事宾语句及其相关的语法问题》。未出版之博士论文，中国社会科学院研究生院，北京。

沈家煊，1993，句法的象似性问题，《外语教学与研究》(1)。

沈家煊，1995，“有界”与“无界”，《中国语文》(5)。

沈家煊，1999a，《不对称和标记论》。南昌：江西教育出版社。

沈家煊，1999b，“在”字句和“给”字句，《中国语文》(2)。

沈　阳，1997，名词短语的多重移位形式及把字句的构造过程与语义解释，《中国语文》(6)。

宋玉柱，1981，关于“把”字句的两个问题，《语文研究》(2)。

王　还，1984，《“把”字句和“被”字句》。上海：上海教育出版社。

王　还，1985，“把”字句中“把”的宾语，《中国语文》(1)。

王　惠，1993，“把”字句中的“了/着/过”，《汉语学习》(1)。

王　力，1943，《中国现代语法》(新一版)。北京：商务印书馆。

徐烈炯、沈阳，1998，题元理论与汉语配价问题，《当代语言学》(3)。

薛凤生，1994，“把”字句和“被”字句的结构意义——真的表示“处置”和“被动”？载戴浩一、薛凤生编著，《功能主义与汉语语法》。北京：北京语言学院出版社。

詹开第，1984，“把”字句谓语中动作的方向，载中国语文杂志社编著，《语法研究和探索》。北京：北京大学出版社。

张伯江，1999，现代汉语的双及物结构式，《中国语文》(3)。

张国宪，1995，语言单位的有标记与无标记现象，《语言教学与研究》(4)。

张旺熹，1991，“把字结构”的语义及其语用分析，《语言教学与研究》(3)。

朱德熙，1982，《语法讲义》。北京：商务印书馆。

(原载《语言研究》2000 年第 1 期)

“把”字句语义建构的动因研究①

牛保义

一、引　　言

汉语“把”字句长期以来一直是汉语语法研究的热点之一。大量文献对“把”字句里“把”字前的主语、“把”、“把”后的宾语、“把”后的补足成分都做了细致入微的描写。试举几例，沈家煊(2002)将“把”字句的主语分析为责任者；曹逢甫(2005：128－135)将其看作主语或主题；陈昌来(2005)认为，“把”字句的主语多数是体词性词语。大部分学者将“把”看作介词，但桥本万太郎(M. Hashimoto，1969)、余霭芹(A. Hashimoto，1971)和 Sybesma(1992)将“把”看成动词等；“把”后的宾语常常是句子动词的受事，也可以有施事，常常是定指的(王还，1985)、已知的(吕叔湘，1995)；必须是有定的，可以带领主题链(曹逢甫，2005：128－135)；而李英哲(2001：195)则认为“把”后的 NP 多为泛指。“把”后的动词短语是谓语中心，动词前后一般要有一些附加成分(范晓，1998：145)，也有的是光杆动词(范晓，2001)，不表示动作的“有、是、象、在”等一般不能用在“把”字句中(丁声树，1999：96)。

从句法结构形式上说，“把”字句是用一个介词性的动词“把”字将宾语提到动词的前面，以表示一种处置者的处置式(王力，2003：408)；是指由介词“把”构成的“介宾谓语句”的一种(范晓，1998：144)；是在受事主语句前加“把”构成的一种句式(梅祖麟，1990)；是一种“连谓结构”(朱德

---

① “把”字句不像一些语言(如巴斯克语)中的作格句，不具有作格的特征(李英哲，2001：195)。王力(2003：416)认为，处置式是汉语语法走向完善的标志之一。我们认为，“把”字句是汉语语言颇具特色的表达形式之一，所以引起了汉语语言研究学者们的广泛关注。

熙,1998：185);“一种特殊的连动式”(赵元任,2002：422)。此外,薛凤生(1994)将“把”字句的句法结构抽象为“A把B+C”;崔希亮(1995)将“把”字句的结构分为三种,即A把B-VR、A把B-V/A把B-DV、A把B-V-NM;金立鑫(1997)将“把”字句分为结果、情态和动量三类;邵敬敏(2000：231)将“把”字句概括为S=S把O(R)V(R);等等。

从语义上说,“把”字句主要作用在于表示一种有目的的行为,一种处置(王力,2003：408)。“把”字句表达“施事”执行了某个行动,而“受事”在某种意义上受到了这个行动一定程度的影响(屈承熹,2005)。沈家煊(2002)认为,“把”字句表示“主观处置”的语法意义。张伯江(2000)将“把”字句的整体意义概括为：由A作为起因的、针对选定对象B的、以V的方式进行的、使B实现了完全变化C的一种行为。薛凤生(1994)将“把”字句的语义结构抽象为：由于A的关系,B变成了C所描写的状态。叶向阳(2004)和郭锐(2003)都认为,“把”字句表达一种致使情景(causing situation)。徐丹(2004：118)认为,“把”字句是表达已知事物的某种变化、结果或目的。

阅读到的文献给我们的印象是：先前对“把”字句的诸多研究,虽然对句子组成部分的句法结构特征、语义和语用功能谈得很多、很细,但忽视了“把”字自身对句子语义建构的贡献;虽然对整个句子的语义做出了十分详细的描写和刻画,但对整个句子的语义生成机制还有较大的探讨空间。因此,本文试图在认知语法语法配价(grammatical valence)理论框架下,从“把”字的语义贡献入手,探讨“把”字句的语义生成机制。

二、“把”字句的语义结构

我们先从“把”字句的句法结构形式说起,然后再来谈它的语义结构。

(一)“把”字句的句法结构

我们将“把”字句的句法结构形式描写为：NP1把NP2+VP。例如,

(1) a. 我把衣服洗干净了。②

---

② 本文所用例句大都出自语法著作或论文,除部分外,恕不一一注明出处。

b. **写那篇文章**把孩子写累死了。

(2) a. **他不想把**钱还给我。(薛凤生,1994)

b. **应把**清风遗子孙。(方干诗)

(3) a. 老师把**每一份答卷**都重看了一遍。

b. 这些人把**办事认真**说成是死心眼儿。

(4) a. 他把嗓子**喊哑了**。

b. 把眼**一瞪**。

如以上例句中黑体部分所示,"把"字句里的 NP1 可以是名词或代词等体词性成分(1a),也可以是动词短语(1b)等谓词性成分。"把"前可以加否定词"不"等(2a),还可以携带副词"还"或情态动词"应"(2b)等。NP2 既可以是名词性成分(3a),也可以是动词短语(3b)。VP 最为复杂,常见的是动词后加补语(4a),也可以是光杆动词(4b)。

不难看出,"把"字句的结构形式是比较工整的。试比较下列句子:

(5) a. *他想把钱不还给我。

b. 他不想把钱还给我。

(6) a. *我把蓝天看见了。(张伯江,2001)

b. 我把书看完了。

(7) a. *他把房子盖了。

b. 他把房子拆了。

(8) a. *他把饺子吃在五道口。(崔希亮,1995)

b. 把他派在怡红院中。

在例(5—8)中,a 句一般不说;b 句为常说的句子。本文试图通过对"把"字句语义生成机制的探讨,对以上句子的"不说"或"常说"现象做出合理的解释。

(二)"把"字句的语义结构

如引言部分所述,文献对"把"字句的语义有不同的描述。我们认为,离开"把"字的语义很难对"把"字句的语义内容做出全面的描述;离开"把"的语义很难准确理解句子中 V 的确切意义。基于这一认识,本文试将"把"字句的语义结构描写为:

NP1 把 NP2 + VP = [NP1 把 NP2] + [NP2 + VP]即一个"把"字句"NP1

把NP2+VP”所表达的语义可以理解为“NP1把NP2”与“NP2+VP”的加合。具体来讲，[NP1把NP2]表示：NP1支配、管辖或控制NP2或者NP2在NP1的掌控之下；[NP2+VP]表示：NP2接受或执行了VP所表示的动作或处于VP所表述的状态；整个句子表示：NP2在NP1的掌控下，接受/执行了VP所表示的动作或处于VP所表述的状态。例如，(1a)的意思是，“衣服”在“我”的掌控之下，接受或经历了“洗”的动作，处于“干净”的状态。(4b)表示，“眼”为某人所拥有，执行了“瞪”这一动作，处于“睁大”的状态。

这里，我们将“把”字句看作是一种由“NP1把NP2”和“NP2+VP”组成的、表示“NP2在NP1的掌控下，接受或执行了VP所表示的动作或处于VP所表述的状态”语义的联动结构，因为“把”和V表示的动作是同时发生的，在本质上是互为原因的两个动作。这一认识基于两个假设：“把”是一个表示“掌控”意义的动词；“把”后的“NP2+VP”可以看作是一个小句。

(三)“把”是一个表示“掌控”义的及物动词

从我们阅读到的文献来看，将“把”字句中的“把”看作动词的不乏其人。王力(2000,2003)将“把”看做是表示“处置”义的介词性动词，或表示处置标记的助动词。赵元任(2002：251)认为，“把”作为一个前及物动词(pretransitive verb)，常用来表示“向外”的动作方向。丁声树(1999：95)认为，“把”应看作次动词。屈承熹(2005)将“把”看做是副动词(coverb)或介系词。我们认为，以上研究似乎没有给出“把”字的具体意义。我们这里试将“把”看作是一个表示“掌控”意义的动词。这一意义源于“把”的“拿、持、抓”义。

1. 假设“掌控”义“把”源于“拿、抓”义的“把”

《辞海》(上海辞书出版社1979年版)将“把”解释为“执、持”，如“臣左手把其袖，而右手揕其胸”(《国策·燕策王》)。王力(2000,2003)指出，直到唐代，“把”一直用作动词，表示“拿、持”的意思。例如，古汉语“禹亲把天之瑞令以征有苗”(《墨子·非攻下》，转引自王力，2003：409)里，“把天之瑞令”的意思是“拿着代表上天命令的一块玉”。现代汉语里，“把”仍然有用作动词，表示“拿、握、持、抓”等，如“请你把着门。”和“他老把着门，也不许人过去。”（赵元任，2002：422）类似的还有“把舵、把犁、把关”等。

从古到今“把”字一直都可以用作动词，表示用手“拿、持、握、抓”等义。但是，在语言运用的长河中“把”的语义也悄悄地发生了一些变化。据王力先生（2003）考证，大约在公元七到八世纪之间，汉语处置式产生。到了中、晚唐之后，“把”字用于处置式的情况普遍起来，纯粹动作意义的“把”虚化为介词性动词“把”。例如，悠然散吾兴，欲把青天摸（《皮日休诗集》），把你林姑娘暂安置在碧纱橱里（《红楼梦》，转引自王力，2003：412）。不难看出，由于“把”字在处置式中普遍运用，被处置的事物有的是直接用手“拿、抓”的，有的是手长莫及的事物，如“青天”；动词“把”由表示比较实在、具体的“（用手）拿、持、握、抓”义到广泛运用于表示非用手实施的、比较虚泛、抽象的“掌控”义。“把”的“掌控”义是其“拿”、“抓”等义的延伸或虚化，因为“掌控”即（将某人或物）置于掌中予以支配或控制之意。“把青天”和“把你林姑娘”与其说是表示具体用手“拿”或“抓”，倒不如说是表示比较虚泛的“掌控”义，即将“青天”置于某人的支配、掌控之下，可以去“触摸”，将“你林姑娘”置于某人的支配、掌控之下，可以将其安置在某处。前者的“把”可以看作表示心理上的“掌控”义；后者可以看作表示物理上的、身体上的“掌控”义。

尤其重要的是，我们认为，正是由于“把”字表示这样的“掌控”义，整个“把”字句才能够有“处置”的意义，因为客观事实告诉我们，只有把某物或人置于……掌控之下，才能够对其实行具体的处置。否则，如果对某物或人没有支配或控制，怎样对其实行处置呢？我们来看一下梅祖麟（1990）所说的古汉语的处置式：

(9) a. 应把清风遗子孙。（方干诗）
    b. 有人把椿树，唤作白旃檀。（寒山诗）
    c. 把舜子头发悬在中庭树地。（变，舜子变，131）（转引自梅祖麟，1990）

梅祖麟将唐宋时代的处置式分为表示“把 O1 给 O2”（如 9a）、“把 O1 当作 O2”（如 9b）和“把 O1 放到或放在某处”（如 9c）三类。我们认为，这些句子的“处置”意义都与“把”的“掌控”义有关，9a 里只有掌控了“清风”才能够将其给予他人；9b 里只有我们掌控了“椿树”或在心理上认识了“椿树”

(在……认识范围之内)才能够将其当作或视为……;9c 里只有对“舜子头发”拥有掌控或支配权才能够将其放在或置于某处。

至于现代汉语中的“把”字句就更容易理解了。我们说,“他把舵”也就是“将舵置于他的掌控之下”;“我把关”也就是“将某一关隘置于我的掌控之下”;“把”字句“你怎么把个犯人跑了?”里“你把个犯人”也是说“犯人在你的掌控之下(跑了)”。

2. “把”既实又虚

赵元任(2002: 422)认为,“把”字句里“把”是第一位动词,为前及物动词。“把”现在还用作主要动词,如“他老把着门,也不许人过去。”但作前及物动词用时,这个意义差不多全没有了,只剩下结构的形式而已。以上我们对“把”的语义渊源的分析表明,在“把”字句里,“把”的意义并没有完全消失,仍然含有“掌控”意义。就拿赵先生举的反例来说,“把那首诗全忘了。”和“把一身的筋肉放松下来。”(赵元任,2002: 423)前者是指那首诗置于某人的掌控之下,经历了“(被某人)遗忘”的动作,处于“忘记”的状态;后者是指,一身的筋肉置于某人的掌控之下,经历了“放松”这一动作,处于“松弛”的状态。诗不在某人的掌控之下,何言“忘记”呢? 筋肉不在某人的掌控之下,又何言“放松”呢? 显然,“把”字句里的“把”仍然保留着比较具体的动词义。因此,我们主张将“把”看做是表示“掌控”意义的及物动词。这一认识的语言现实基础为: 在“把”字句里,

1) “把”表示“掌控”意义,句子的主语可以是实施“掌控”者,即“施事”;

2) “把”后面可以有宾语成分(丁声树,1999);

3) “把”可以被否定词“不”等修饰,把字句的否定一般都在“把”上,很少有放在“把”字后面的 V 上[③](范晓,1998: 153);

4) “把”字前可以有“要”等情态动词;

---

③ 范晓(1998: 153)发现,有些“把”字句否定词也可以出现在“把”字短语之后,如“他把我不放在心上,我也不把他放在心上”。否定词放在“把”字之前,一般是否定整个句子的述题表述的内容;否定词放在“把”字短语之后,一般只是否定述题中谓语动词所表述的内容(即“动作行为”或“结果情状”)。

5）“把”字可以被副词“还、已经”等修饰。例如，

（10）a．＊他想把钱不还给我。

b．他不想把钱还给我。（薛凤生，1994）

c．他们还/已经把钱还了。

6）“把”可以作“拿”的意思讲，如“大家把他没办法。”“你能把他怎么样?”（北京大学中文系，1982）

我们不但要看到“把”意义的“实”的一面，还必须承认“把”意义的“虚”的一面。表示“掌控”意义的“把”的百科知识要求有一动作性的成分予以补足，因为通常情况下，“掌控”（某人或物）都是有目的的，掌控某人或物是为了对其采取具体的行动或对其实行具体的处置，不可能是毫无目的地把人或物掌控起来。“掌控”某人或物，对其实行具体行动或处置，这些行动或处置的实施都会产生一定的结果、使其处于一定的状态。这一认识的语言现实基础为：

1）“把”后要加动词 V。“把”一般不能单独使用，得和别的动词连用（吕叔湘、朱德熙，2002：81）；

2）“把”字句里的 V 后常跟有补语成分 P，表示 NP2 在 NP1 的掌控下接受或执行了 V 的动作所产生的结果或所处的状态（王力，2003：412）；

3）“把”字后不能带“着、了、过”，一般没有体（aspect）标记（桥本万太郎，1969，余霭芹，1971，王惠，1993）。

以上我们的认识可以归纳为：一方面，在“把”字句里，“把”是个特殊的及物动词，句子中的 NP1 是“把”的主语，NP2 作“把”的宾语。“NP1 把 NP2”是主动宾结构，表示“NP1 掌控或支配 NP2”。另一方面，“把”表示“掌控”义，“NP1 把 NP2”不能单独使用，必须和 VP 连用，V 为表示具体动作的动词，P 为表示结果或状态的形容词等谓词性成分。

（四）假设“把”后的“NP2＋VP”是一个小句

我们对“把”字句语义结构的认识还基于第二个假设：“把”后的“NP2 + VP”是一个小句。这一假设得到了大量文献的佐证。桥本万太郎（1969）和余霭芹（1971）将“把”看作是以小句为宾语的及物动词，也就是说“把”后面的成分可以看作是一个小句。更加明确的是，朱德熙

(1998：188)发现，绝大部分“把”字句去掉“把”字以后剩下的部分仍旧站得住，而这剩下的部分(本文的“NP2 + VP”)正是受事主语句。请看朱先生举的例子：

(11) a. 把衣服都洗干净了～衣服都洗干净了。

b. 把壁炉生上火～壁炉生上火。④

“把”后的 NP2 + VP 和一般的受事主语句相同的是，NP2 和受事主语句的主语一般都是有定的；V 和受事主语句的谓语动词都不能是单纯的。(朱德熙，1998：189)但是，我们发现，二者有明显的差异。首先，一般的受事主语句大都是客观地描述主语的状态或性质特征；“把”字句里的“NP2 + VP”表示 NP2 受到 NP1 的掌控及接受某一动作后处于某一状态。试比较：

(12) a. 他把衣服都洗干净了。

b. 衣服都洗干净了。

b 句客观描述“衣服”的状态；相比之下，a 句多了一层意思——“他对衣服的掌控”，“衣服”处于“干净”的状态是“他”对其掌控并实施“洗”的动作产生的结果。“衣服”处于“干净”状态当然是一种外力致使的结果，a 句凸现了外力致使因素，b 句则隐去了外力致使因素。

第二，因为“把”字句里的“NP2 + VP”的 V 表示 NP2 在 NP1 掌控下接受或执行的动作，所以 V 应当是动作性较强的动词(13a)；一般受事主语句无此种限制(13b)。

(13) a. 我把你的情况告诉了张三。/

* 我把你的情况知道了。(张伯江，2000)

b. 你的情况我告诉了张三。

第三，一般受事主语句常含有“被动”意味(张伯江，2000)；“把”字句里的“NP2 + VP”既有被动，有时又含有主动意味。如

(14) a. 他把双手伸向空中—双手伸向空中。

b. 别把犯人跑了—犯人跑了。

---

④ 但是，也有例外，如“老王把他恨死了”，去掉“把”剩下的“他恨死了”不是受事主语句，而且可以还原为“老王恨死他了”主动宾句。在这种情况下，梅祖麟(1990)认为可以采用祝敏彻(1957)、王力(2003)的“宾语提前说”。

第四,与一般“施动者 + VP”句相比,“把”字句里“NP2(施事) + VP”中的 NP2 不但要执行 V 的动作,又要接受 NP1 的掌控。试比较:

(15) a. 犯人跑了。

b. 警察把犯人跑了。

b 句“犯人跑了”表示“犯人”在警察的掌控下执行了“跑”的动作。语感告诉我们,b 句意思是,警察掌控犯人不力,玩忽职守,导致犯人跑了,所以警察是要受到处分的。

显然,“NP2 + VP”作为一个小句,NP2 可能是受事也可能是施事成分,可能是有定也可能是无定;NP2 在“把”字句的语义结构里既要接受或执行 V 的动作,又要接受 NP1 的掌控。这一分析比之将其笼统地视作受事主语句或主动宾句可能更接近语言现实。

三、“把”字句语义建构的认知基础

诚如本文引言所言,文献对“把”字句语义的探讨十分深入,认为“把”字句表示“处置”义、表示主观处置义、表示致使义;还有认为“把”字句用来强调 VP 描写的变化、结果、目的等(张伯江,2000,沈家煊,2002)。以上对“把”字句语义的探讨似乎都没有对“把”字对“把”字句的语义贡献做出明确具体的分析和深入的探讨。下文试图以 Langacker 认知语法的语法配价(grammatical valence)理论为指导,从“把”字的语义贡献入手,探讨“把”字句的语义生成机制,以期能对“把”字句语义建构的动因做出合理的解释。

(一)“把”字句语义建构的认知分析

在第二节,我们依据“掌控”义“把”源于“拿、抓”义“把”和“NP2 + VP”是一个小句两个假设,具体论证了“把”字句的语义结构:“NP1 + 把 NP2” + “NP2 + VP”。“把”字是一个表示“掌控”意义的及物动词,所以“把”和 NP1 与 NP2 构成一个主动宾结构,表示 NP1 掌控 NP2 或 NP2 在 NP1 的掌控之下。由于“把”表示“掌控”义,“NP1 把 NP2”不能单独使用,必须和 VP 连用。“NP2 + VP”可以看作是一个意义相对完整的小句。但尚有一个问题未解决,“NP1 把 NP2”是怎样和“NP2 + VP”结合在一起，表示“NP2 在 NP1 的掌控下，接受或执行了 VP 所表示的动作或处于 VP 所表述的状态”的呢？我们尝试运用认知语法的配价思想来回答这个问题。

Langacker（1987：277－327；1991a：378－416；1991b；2005）从对应关系、侧面限定、自主/依存联结和组配四个方面详细阐述了认知语法的语法配价思想。其主要意思是，一个语言表达式各组成部分之间的结合或联结是通过组成部分的内部结构之间的对应关系实现的。这样的对应关系表现为一个组成部分凸显的图式性次结构与另一组成部分凸显的语义侧面（semantic profile）之间的阐释关系。两组成部分联结而成的合成结构（composite structure）的语义继承了组成部分的语义凸显，该组成部分被称为侧面限定成分（profile determinant），决定整个合成结构的基本语义格局（参考牛保义，2006，2007）。在这个意义上说，各组成部分的语义凸显之间的对应关系是合成结构语义建构的动因（motivation）。

在 Langacker 语法配价思想的框架内，我们认为，一个“把”字句的语义就是“NP1 把 NP2”和“NP2＋VP”的整合（integration）。这一整合包括两个层面：第一层面是“把”与 NP1 和 NP2 的联结；第二层面是“NP1 把 NP2”和 VP 的联结。我们的观点是，“把”凸显的次结构与 NP1 和 NP2 的语义凸显之间的对应关系是“把”与 NP1 和 NP2 联结的动因；V 凸显的次结构和“把”凸显的次结构之间的对应关系是 VP 与“NP1 把 NP2”联结的动因。

在第一层面，“把”表示“掌控”义，凸显两个图式性的次结构，即射体和界标。NP1 的语义凸显对“把”的次结构“射体”做出了具体的阐释。NP2 的语义凸显对“把”的次结构“界标”做出了具体的阐释。因为 NP1 的语义凸显对应于“把”的射体、NP2 的语义凸显对应于“把”的界标，所以三者联结为合成结构［NP1 把 NP2］。这一合成结构的语义继承了组成部分“把”的语义凸显，将 NP1 和 NP2 分别看作施事和受事论元，表示“NP1 掌控 NP2”这样的主动宾结构。

在第二个层面“NP1 把 NP2”和 VP 结合的过程中，动词 V 也是凸显了两个图式性的次结构，即射体和界标。动词 V 凸显的次结构射体得到了 NP2 语义凸显的具体阐释，动词 V 凸显的次结构界标得到了 P 语义凸显的阐释。NP2 的语义凸显对应于 V 的次结构射体。P 的语义凸显对应于V的次结构界标，所以三者结合为合成结构[NP2VP]。这一合成结构的语义继承了V的语义凸显，将NP2看作受事或施事论元、P看作结果或状态论元，表示“受事/施事+动作+结果/状态”这样的语义结构。

显而易见，“把”的合成结构里的组构成分NP2完全对应于V的合成结构里的组构成分NP2。认知语法认为，一个语言表达式组成部分之间的联结是通过组成部分的内部结构之间的对应关系实现的。这样的对应关系显示了两概念成分之间的重合，允准两成分的整合形成一个连贯的情景(a coherent scene)(Langacker, 1987: 278)。“把”字句里，“把”凸显的次结构射体和界标与NP1和NP2之间的对应关系允准三者联结形成一个连贯的情景[NP1把NP2]；V凸显的次结构射体和“把”凸显的次结构界标之间的对应关系允准[NP1把NP2]和[NP2VP]结合形成一个连贯的情境[NP1把NP2VP]。为清楚起见，我们把以上认识图示如下：

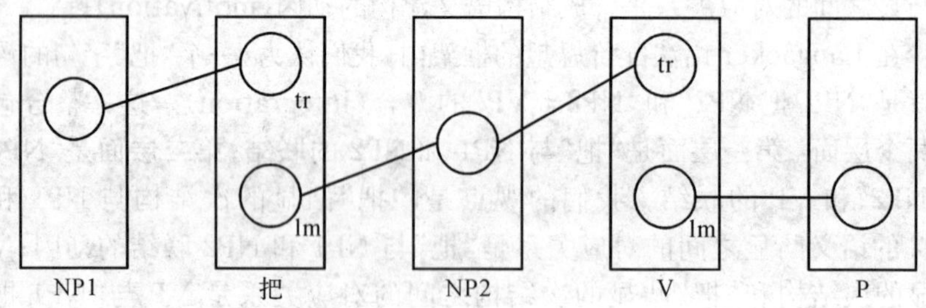

上图内容是一个“把”字句语义结构认知分析的框架，按照认知语法的说法，可以视为“把”字句的构式图式(construction schema)。这样的构式图式可以作为“把”字句生成的模板(template)，也可以作为新出现的“把”字句的评判参照(Langacker, 2005)。

以“我把衣服撕破了”为例。动词“把”表示“掌控”义，凸显的次结构射体被NP1“我”阐释，因为NP1“我”的语义凸显为“一个有实施掌控能力的人”。同时“把”凸显的另一次结构界标被NP2“衣服”阐释，由于“衣服”的语义凸显为“可以被人掌控的物”。这样，“我”的语义凸显与“把”的射体对应；“衣服”的语义凸显与“把”的界标对应，三者联结实现为合成结构[我把衣服]。该合成结构继承了“把”的语义凸显，将“我”和“衣服”分别看作施事和受事论元，表示“我掌控衣服”或“衣服在我的掌控之下”。然后，来看“我把衣服”和“撕”的联结。动词“撕”的语义凸显的次结构射体

（或者说是接受“撕”这一动作者）被NP2“衣服”阐释，“衣服”的语义凸显为“接受‘撕’动作的实体”。动词“撕”凸显的另一次结构界标被“破”阐释，因为“破”的语义凸显为“‘撕’的结果”。由于“衣服”和“破”的语义凸显分别对应于“撕”凸显的次结构射体和界标，三者结合为合成结构[衣服撕破]。这一合成结构的语义继承了“撕”的语义凸显，将“衣服”和“破”分别看作“撕”的受事和结果论元，所以该合成结构表示“衣服撕破”这样一个“受事+动作+结果”意义。

显然，在“我把衣服”和“撕”结合的过程中，动词“把”和“撕”联手建构“把”字句的语义结构。动词“把”凸显的次结构界标对应于NP2“衣服”；同时动词“撕”凸显的次结构射体也对应于NP2“衣服”。这样的对应关系显示了两概念成分之间的语义重合（overlap），允准“我把衣服”和“衣服撕破”两结构整合（integrate）成一个连贯的情景[我把衣服撕破]。这里的“了”作为一个助词，按认知语法配价分析的常规，暂可忽略。不过，把“了”分析为“撕”凸显的另一个界标，表示“撕”动作处于完成的状态，也未尝不可。

我们这里以上图的分析框架作为模版，通过对常规的“把”字句“我把衣服撕破了”的分析，验证了该分析框架的能产性。下面我们以该分析框架为评判标准，对文章开头提到的一些“把”字句的合理性做出解释。

（16）a. *我把蓝天看见了。
　　　b. *他把房子盖了。
　　　c. *我把饺子吃在五道口。（崔希亮，1995）

例（16a）是个不合适的句子，NP2“蓝天”的语义凸显“太空”不能够对“把”凸显的次结构界标做出阐释，因为“把”凸显的次结构界标是“掌控”的对象或客体，“蓝天”按常理是不能置于“我”的掌控之下的。最重要的是，即使NP2“蓝天”有时在心理上可以被“我”掌控，VP“看见了”与“把”无法联手、搭配不拢，不能说“蓝天”在“我”的掌控下接受了“看”的动作处于“看见”的状态，因为看见蓝天与否和“掌控”似无关系，“看见了”也不表示“蓝天”的状态变化等。

与此不同，例（16b）里，NP2“房子”的语义凸显“由砖瓦和木材等材料建造的实体”无法对“把”的界标做出阐释，因为被掌控的客体一般应该是业已存在的实体，只有业已存在的实体才能够对其采取处置。比如，可以说“他把房子拆了”。但有时可以说“他把房子盖了一半”，这里被掌控的是盖好的房子的一部分;也可以指着盖好的房子说“他终于把房子盖起来了”,则不会指着正在盖的房子说“他把房子盖了”。

例(16c)则比较复杂,动词“把”凸显的次结构射体被“我”阐释、界标被“饺子”阐释,因为NP1“我”的语义凸显为“一个有实施掌控能力的人”、NP2“饺子”的语义凸显为“可以被人掌控(如吃、包等)的物”。由于“我”和“饺子”的语义凸显分别与“把”的射体和界标对应,三者的结合实现为合成结构[我把饺子]。这一合成结构继承了“把”的语义凸显,表示“我掌控饺子”。接着是“我把饺子”和“吃在五道口”的结合。动词“吃”的语义凸显的次结构射体被NP2“饺子”阐释,由于“饺子”的语义凸显为“能够接受‘吃’动作的食物”。动词“吃”凸显的另一次结构界标不能够被“在五道口”阐释,因为“在五道口”的语义凸显为“吃”动作实施的场所,而不是“吃”动作产生的结果,也不是表示“吃”的动作给NP2“饺子”带来的状态变化或位置的移动。缺少一个表示结果或状态的界标⑤,所以例(15c)不成立。试比较,

(17) a. 把他派在怡红院中。(王力,2000: 84)

b. 把零钱再打入竹筒去。(吕叔湘,1995: 188)

例(17a)的“在怡红院中”表示V“派”的一个方位界标。这样的界标表示NP2“他”接受了“派”这一动作所发生的存在状态的变化,即在怡红院中。例(17b)的“入竹筒去”为V“打”的一个方位界标,表示NP2“零钱”接受了“打”这一动作所发生的位移变化。

(二)“把”字句的认知特征

以上在认知语法语法配价思想框架内建立的“把”字句的构式图式,对“把”字句的语义建构——“NP2在NP1的掌控下,接受或执行了VP所表示的动作或处于VP所表述的状态”——做出了比较合理的解释。一个“把”字句的语义是通过组成部分的语义凸显之间的对应关系实现的。认知语法认为,意义就是概念化。意义是一种心智现象,应当参照认

⑤ 可见,“把”字句里的V一般情况下必须凸显一个表示结果或状态的界标。杨素英(1998)举有这样的例子,“小张把个孩子生在火车上了。”这里,“在火车上”为V“生”凸显的一个界标,表示“孩子”接受了“生”的动作处于在火车上的状态。

知处理的方式对其做出描写（Langacker，1987：97）。那么，一个“把”字句表达的意义是怎样对相关事态进行认知处理的呢？我们发现，在“把”字句语义概念化的过程中，说话人将“NP1 把 NP2”的语义内容概念化为原因；将“NP2 + VP”的语义内容概念化为结果。这是因为，一般来讲，我们要使人或物接受或实施某项动作，首先应该取得对人或物的掌控或支配权，然后才能令其接受或执行某项动作或令其处于某种状态。我们将这样的认识特征概括为“将欲处之，必先控之”原则，即要想对某人或物进行某种处置，如令其接受或执行某项动作或处于某种状态，必须首先将某人或物置于控制或支配之下。比如，

（18）a. 我把书放在桌子上。

b. 教练把他培养成世界冠军。

在例（18a），我要想把书放在桌子上，首先应当掌控书，然后才能对其实施“放”的动作，使“书”处于在桌子上的状态。例（18b）中“教练”要想使他成为世界冠军，首先应当掌控“他”，然后才能对“他”实施培养训练，使他成为世界冠军。但请看例（19）：

（19）a. 警察把个犯人跑了。

b. 那场球赛把他看累了。

沈家煊（2002）发现，“把”字句往往有动作或事件“出乎意料”、“不如意”的含义。那么，既然是“出乎意料”，不是有意而为之或意料之中的事情，日常生活中，警察把个犯人跑了为什么还要受到处分呢？看了球赛为什么会产生厌倦的情绪呢？我们认为，一方面“犯人跑了”这样的出乎意料的事件是犯人在警察掌控之下（只不过是掌控不力罢了）发生的，所以警察要对其负责，要受到处分；“他看累了”这样的不如意的事件是他在那场球赛的支配下发生的，所以他会对看球赛产生厌倦情绪。另一方面，警察将犯人置于掌控之下当然是为了让其伏法、接受改造，不是为了让其逃之夭夭，看球赛是为了娱乐，也不是为了让人感到劳累，所以“把”字句里这样的“出乎意料”或“不如意”的事情可以看作是一种负面或消极的结果。

四、结　　语

本文的主要思想可以梳理如下：

(i) 我们主张将“把”字句中的“把”看做是表示比较虚泛的“掌控”义的动词。这一主张可以对“把”字句中的 NP2 的有定性做出解释。“把”表示“掌控”义,“把”后的 NP2 一般应该是有定的,因为通常被掌控的对象,不管是人或物,都应该是定指的、业已存在的,不可能是不确定的、不存在的。这一主张还可以对“把”后为什么必须有 V 的支撑做出解释。通常情况下,我们对人或物掌控都是有目的的,是为了对其实行一种处置;不可能是只对人或物掌控,不采取任何行动。

(ii) 我们将“把”字句的语义描写为“NP2 在 NP1 的掌控下,接受或执行了 VP 所表示的动作或处于 VP 所述的状态。”这一认识揭示了“把”字句语义构成的合理内涵。因为 NP2 在 NP1 的掌控之下,所以 NP2 才能够接受或执行 VP 所表示的动作或处于 VP 所述的状态。

(iii) “把”字句的语义建构折射出人们的认识原则“将欲处之,必先控之”。这一认识原则对“把”字句的句法建构和语义功能之间的对应关系做出了比较合理的解释。

(iv) 本研究告诉我们:构式语义(constructional meaning)和其组成部分的语义是相互作用、相互依存。动词进入构式,构式会赋予动词新的意义;动词也会对构式语义的构建作出贡献。

参考文献

Bennett, P. A. 1981. The evolution of passive and disposal sentences. *Journal of Chinese Linguistics* 9(1).

Dowty, D. R. 1991. Thematic proto roles and argument selection. *Language* 67(3).

Goldberg, A. E. 1995. *Constructions: A Construction Grammar Approach to Argument Structure*. Chicago, IL: The University of Chicago Press.

Hashimoto, A. Y. 1971. Mandarin syntactic structures. In *Unicorn* (Vol. 8). Princeton, NJ: Chinese Linguistics Project and Seminar, Green Hall Annex, Princeton University.

Hashimoto, M. J. 1969. Observations on the passive construction. In *Unicorn* (Vol.5). Princeton, NJ: Chinese Linguistics Project and Seminar, Green Hall Annex, Princeton University.

Langacker, R. W. 1987. *Foundations of Cognitive Grammar* Vol. Ⅰ. Stanford, CA: Stanford University Press.

Langacker, R. W. 1990. *Concept, Image and Symbol: The Cognitive Basis of Grammar*. Berlin/New York: Mouton de Gruyter.

Langacker, R. W. 1991. *Foundations of Cognitive Grammar* Vol. Ⅱ. Stanford, CA: Stanford University Press.

Langacker, R. W. 2005. Integration, grammaticalization and constructional meaning. In Fried & Boas (ed.), *Grammatical Constructions: Back to the Roots*. Amsterdam: John Benjamins.

Sybesma, R. 1992. Causatives and accomplishments: The case of Chinese *ba*. Dordrecht: Holland Institute of Generative Linguistics.

北京大学中文系1955/1957级语言班,1982,《现代汉语虚词例释》。北京:商务印书馆。

曹逢甫,2005,《汉语的句子与子句结构》(王静译)。北京:北京语言大学出版社。

陈昌来,2005,"把"字句和"被"字句,载陈昌来编著,《现代汉语句子》。上海:华东师范大学出版社。

崔希亮,1995,"把"字句的若干句法语义问题,《世界汉语教学》(3)。

戴浩一、薛凤生编著,1994,《功能主义与汉语语法》。北京:北京语言学院出版社。

丁声树,1999,《现代汉语语法讲话》。北京:商务印书馆。

范　晓,1998,《汉语的句子的类型》。太原:书海出版社。

范　晓,2001,动词的配价与汉语的把字句,《中国语文》(4)。

郭　锐,2003,"把"字句的语义结构和论元结构,载北京大学汉语语言学研究中心《语言学论丛》编委会编著,《语言学论丛》(第28辑)。北京:北京大学出版社。

金立鑫,1997,"把"字句的句法、语义、语境特征,《中国语文》(6)。

李英哲,2001,《汉语历时共时语法论集》。北京:北京语言文化大学出版社。

吕叔湘,1995,《吕叔湘文集》。北京:商务印书馆。

吕叔湘,1996,《现代汉语八百词》。北京:商务印书馆。

吕叔湘、朱德熙,2002,《汉语修辞讲话》。沈阳:辽宁教育出版社。

梅祖麟,1990,唐宋处置式的来源,《中国语文》(3),191206。

牛保义,2006,自主依存——认知语法的一种分析模型,第二届全国认知语言学论坛,开封。

牛保义编著,2007,《认知语言学理论与实践》。开封:河南大学出版社。

屈承熹,2005,《汉语认知功能语法》。哈尔滨:黑龙江人民出版社。

邵敬敏,2000,《汉语语法的立体研究》。北京:商务印书馆。

沈家煊,2002,如何处置处置式？——论把字句的主观性,《中国语文》(5)。
王　还,1959,《“把”字句和“被”字句》。上海：上海教育出版社。
王　还,1985,“把”字句中“把”的宾语,《中国语文》(1)。
王　惠,1993,“把”字句中的“了、着、过”,《汉语学习》(1)。
王　力,2000,《中国现代语法》。北京：商务印书馆。
王　力,2003,《汉语史稿》。北京：中华书局。
徐　丹,2004,《汉语句法引论》(张组建译)。北京：北京语言大学出版社。
薛凤生,1994,“把”字句和“被”字句的结构意义——真的表示“处置”和“被动”？载戴浩一、薛凤生编著,《功能主义与汉语语法》。北京：北京语言学院出版社。
杨素英,1998,从情状类型看“把”字句,《汉语学习》(23)。
叶向阳,2004,“把”字句的致使性解释,《世界汉语教学》(2)。
张伯江,2000,论“把”字句的句式语义,《语言研究》(1)下。
张伯江,2001,被字句和把字句的对称与不对称,《中国语文》(6)。
赵元任,2002,《赵元任全集》(第1卷)。北京：商务印书馆。
朱德熙,1998,《语法讲义》。北京：商务印书馆。
祝敏彻,1957,论初期处置式,载北京大学中国语言文学系编著,《语言学论丛》(第1卷)。北京：新知识出版社。

(原载《现代外语》2008年第2期)

汉语“把”字句的认知类型学解释

张　黎

一、引　言

“把”字句是汉语中常见的句式，但却是英语、日语、俄语等语言所没有的句式。像“被”字句、“比”字句、“使”“让”“叫”字句所表达的被动义、差比义、致使义在英语等语言中也同汉语一样，被形态化为某种特定的句式(是否等义则是需另加研究的重要问题)，而“把”字句却在这些语言中没有相应的句式表达。这种现象到底意味着什么呢?“把”字句的语法意义到底是什么呢?其语言类型学的价值何在?

关于“把”字句，已有的主要学说有“处置”说、“提前宾语”说、“致使”说、“影响”说、“位移”说、“主观处置”说、“焦点标记”说①等，同时，关于“把”字句也有很多不同的研究方法和思路②。这些不同的学说、不同的研究方法和思路在不同的时期，基于不同的学术理念，从不同的方面对汉语“把”字句的研究提供了丰富的、很有价值的前行性研究。本文在这些前行性研究的基础上，从认知类型学的角度，以“把”字句的语法意义为核心话题，对“把”字句的认知类型学的价值进行讨论。

语言认知类型学是认知类型学的一部分。认知类型学认为，语言是人类的经验结构的符号系统。语言不同，其被预言形式所凝结、所携带的

---

① 关于“处置说”，参见王力(1943)；关于“提前宾语”说，参见吕叔湘(1948)；关于“致使”说，参见叶向阳(2004)；关于“影响”说，参见Tai(1984)、薛凤生(1994)、崔希亮(1995)。关于“位移”说，参见张伯江(2000)、张旺熹(2001)；关于“主观处置”说，参见沈家煊(2002)；关于“焦点标记”说，参见邵敬敏、赵春利(2005)。

② 杨素英(1998)从情状类型的角度讨论了“把”字句，石定栩(1999)从形式语法的角度讨论了“把”字句，郭锐(2003)从事件结构的内部论元的组合角度讨论了“把”字句，施春利(2006)从句法派生角度讨论了“把”字句。

经验结构也有所不同。在语言所表达的经验结构中，认知表达的方式是其重要的组成部分。句式是语言认知表达的基本定式。不同的语言有不同的句式，而不同的句式也反映着因语言不同而形成的认知表达框架的类型学上的不同。汉语的“把”字句，真实汉语认知类型学特征在句式上的表征之一。

二、语 态 特 征

(一) 语态特征指“把”字句的句式整体特征

这可从两方面讨论：一是“把”字句的句式语法意义，一是“把”字句同相关句式的比较。

1. “把”字句的句式语法意义

(i) 从“把”字句的句式语义上看，首先要讨论的是“把”字句的内部语义结构的构成，即“把”字句是由几个命题组成的呢？是一个命题还是两个命题，抑或是更多的命题？而且，“把”字句中的命题是以怎样的方式组合的呢？

以往的研究大多把“把”字句看作一个命题。比如，“提前宾语”说从句法平面上分析“把”字句，对“把”字句的语义结构没有细究，显然是把“把”字句作为一个命题处理的。“处置”说从语义上界定了“把”字句的意义，但并未对“把”字句的语义结构的内部构成进行探究，可以认为也是把“把”字句作为一个命题处理的。“致使”说主张“把”字句的核心语法意义是“致使”，并明确主张“把”字句是由“致使事件和被使事件这两个有致使关系的事件构成”③的。

把“把”字句的语义结构理解为复合命题，比起单命题说，这显然是一个进步。因为这深化了人们对“把”字句的理解。比如，“致使”说认为，“小王把杯子打碎了”是“小王打杯子”且“杯子碎了”的命题复合；而且还认为，“小王打杯子”是因，“杯子碎了”是果，从事件发生的时间上，因先于

③ 参见叶向阳(2004)。

果。这确实深化了对“把”字句的认识。不过，“致使”说并没有解决一下几个重要问题：

(i) 并不是所有的“把”字句都可以用“致使”的概念加以解释。如：

(1) a. 他把钱包丢了。　　b. 她去年把老公死了。

显然，我们不能认为，“他”致使“钱包丢了”，也更难认同“她”致使“老公死了”。也就是说，“把”字句所表达的事象界变并不都是因“致使”产生的，有些事象的变化是自然发生的。这也正是通常被指责的、“致使”说所不能解释的问题。

(ii) “致使”并非“把”字句的本质性句式义。很多以驱动意向图式为基础的句式，诸如兼语句式、使役句式、动结性句式等都可用“致使”解释。

(iii) 更为重要的是，我们认为，“把”字句的语义结构中的命题，并不是两个，而是多个。而且“把”字句中的命题组合呈现出立体交织的不同类型。我们把这种结构图式为：

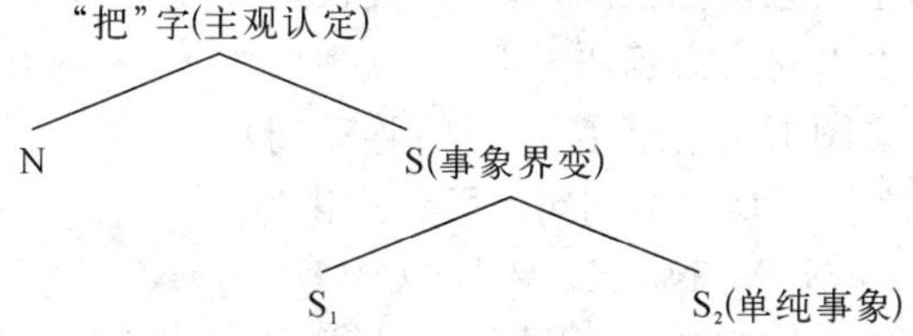

从这个图式我们可以看到，“把”自己的语义结构是一个有层次的复合命题体，其最外层是说话人对 N 和 S 之间的缘由关系的主观认定，其中间层是“事象界变”S，其底层表达的是有界变关系的、表达客观事象的单纯命题 S_1 和 S_2。“把”字句的主观性主要表现在 N 和 S 的关系上，“把”字句的事象界变性表现在 S 内。

2. “把”字句同相关句式的比较

“把”字句的语态特征在同其他相关句式的比较重会显得更加明确。这是“把”字句的外部特征。首先，我们把“把”自己最外层的特征公式化为：

公式 1：N 把 S。

N 和 S 分别代表有“主观认定”关系的事象。其中,N 代表说话人所认定的、对 S 有“缘由”关系的主体,S 指被“主观认定”了的,由两个命题组成的、有变化关系的事象。“把”字句的作用就在于说话人在陈述一个变化了的事象 S 时,同时认定了其同 N 间的缘由关系。“把”字句的这种高层次的“主观认定”义,在同其他相关句式的比较中就会突显出来。试比较:

(2) a. 老师命令学生写作业。

b. 妈妈喊孩子回家。 (兼语句)

(3) a. 她给老师说哭了。

b. 他给小王打了。 (“给”字句)

(4) a. 孩子被妈妈说哭了。

b. 学生被老师批评了。 (“被”字句)

(5) a. 她把孩子说哭了。

b. 他把作业写完了。 (“把”字句)

(6) a. 妈妈让孩子买酱油。

b. 这个消息使他很高兴。 (使役句)

(7) a. 小王去商店买东西。

b. 他去图书馆看书了。 (连动句)

这里所举之例都是典型例句。可公式化为:

公式 2:N_1 V_1 N_2(X) V_2(C/O)

公式 2 是汉语上述句式的共同的初始语符。这些句式都有很多下位类型,每一个句式都是一个系统。但我们认为,这些句式共同构成了汉语表达具有“系联——驱动”关系的复合命题所需要的句式系统。

从认知图式角度看,系联和驱动是两个不同的初始意象图式。系联图式指对两个意象间的关联属性的概念化、意象图式化。判断句、关系句等就是这种图式在语言中的表征。驱动图式指具有动力传递关系的意象图式,语言中的“施事—动作—受事”之类的句式就是其表征。一般来说,系联图式的主观性是高于驱动图式的。因为在系联图式中,反映着说话人对两个意象间的关系的认定。而所谓“系联—驱动”是指两个或两个以上的命题之间通过整合和变形所形成的意象图式,同时在历时平面上也表现为一种虚实交错的语法化过程。这种复合意象图式是汉语复杂的关联事象的认知基础,也是认知中的“系联—驱动”这样的意象图式在汉语句式中的显现④。

在公式 2 中，V_1是句式的节点（node）之一，因其变化会得出不同的句式。这样我们综合公式 1 和公式 2 可得到：

公式 3：N a S。

其中，N 表示系联—驱动源类型，a 表示驱动力类型，S 表示驱动结果的事象类型。

按照从具体到抽象，再由抽象到具体的程序，我们可得出如下流程：

公式 2→公式 3→公式 1，即：$N_1 V_1 N_2 (X) V_2 (C/O)$→NaS→N 把 S

我们认为，上述流程反映了汉语“把”字句同其他相关句式间的逻辑关系及历时演变进程。关于历时的演变进程需做专项研究，而本文着重讨论“把”字句同相关句式间的共时系统内的逻辑关系。

(二) 汉语的“系联—驱动”结构

依据认知语言学理论，从动力类型、动力模式、动力结果等方面来看，汉语的“系联—驱动”结构至少可分为：直接驱动/间接驱动/；客观驱动/主观驱动；正向驱动/逆向驱动；实驱动/虚驱动；驱动行为/驱动结果。我们可用这几组特征描写“把”字句及其相关句式：

	直接驱动	主观驱动	正向驱动	实驱动	驱动结果
连动句	+	−	+	+	−
兼语句	−	−	+	+	±
使役句	−	−	+	−	±
“被”字句	−	+	−	−	+
“把”字句	−	+	+	−	+
“给”字句	−	+	±	−	+

连动句是直接驱动型的“系联—驱动”句式，这是连动句同其他“联动—驱动”句式不同之处。连动句的 N 所发出的动力一贯到底，不需动

④ 关于系联图式，可参考张敏(1998)；关于驱动图式可参考周红(2005)。本文粗略不计驱动图式同路径图式的不同。

力转换，动源体和动作实现体同一。同时，连动句是一种客观的、正向的、实义的、并非必有结果的句式。兼语句是一种非直接的、客观性的、正向的、实义的、非结果驱动的句式。所谓非直接的，是指动源体和动作实现体不同一。比如，“老师命令学生写作业”这个句子中的动源体是“老师”，动作实现体是“学生”。所谓客观的，是说兼语句是在陈述一个事实；所谓正向的，是说兼语句的动力传递方向是一种由前向后的方式；所谓实驱动是说兼语句中的 a 是实义性的；所谓非结果是说兼语句的 S 一般是驱动一个动作过程（如：小王劝小李买东西）。使役句是一种非直接的、客观性的、正向的、虚义的、结果驱动可有可无的句式。使役句是在陈述一个事实，其动力源是正向的，这一点是同兼语式一样的。但使役句是一种虚驱动，所表示的是一种致使关系[5]。而且，使役句既可使役过程（妈妈让孩子写作业），也可使役结果（妈妈让孩子写完作业）。“把”字句和“被”字句也是非直接驱动的，因为“把”字句和“被”字句中的结果实现体和动源体并不同一。“把”字句和“被”字句与其他句式不同之处在于“把”字句和“被”字句强制要求一种结果性的驱动，也就是说，“把”字句和“被”字句一定要有一个结果性的界变。撇开主观性问题不谈，“把”字句和“被”字句的不同在于驱使方向，“把”字句是正向的，“被”字句是逆向的。在现代汉语中，“给”字句有受益“给”字句和把/被义“给”字句。把/被义“给”字句指“小王给小李打伤了”这样的句子。这种句子有处置和被动两种理解，其句式义解释也就有如“把”字句或“被”字句的解释。

如果仅就致使驱动关系而言，我们还可以撇开“给”字句和连动句，用如下简洁的形式概括“把”字句同兼语句、被动句、使役句的关系：

	行为	变化
致使	兼语句/使役句	“被”字句/“把”字句

这种关系可用如下例句说明：

（8）妈妈让孩子写作业。　　（虚义致使行为）

（9）领导叫她上楼。　　（实义致使行为）

（10）她被妈妈说哭了。　　（虚义致使被动变化）

---

⑤ 关于“把”字句致使关系，叶向阳（2004）有详细讨论；关于致使研究，参见周红（2005）、项开喜（2006）。

(11) 妈妈把她说哭了。　　　　（虚义致使主动变化）

我们可借用公式 2 加以说明，在公式 2 中有两个节点，一个是 V_1，一个是 V_2(C/O)。当 V_1 是实义使役动词时，句子为兼语句。当 V_1 是虚义“被”字时，句子为被动句；当 V_1 是主动“把”字时，句子为“把”字句。另一方面，当 V_2 补足成分为 O 时，句子为致使行为句，当 V_2 补足成分为 C 时，句子为致使变化句。

对于这些“系联—驱动”句式说表达的复合意象间的关系，“致使/使役”说，“操控”说等也有一定的解释力。“致使/使役”说可以解释“把”字句、“被”字句以及其他可有动补结构的“系联—驱动”句式中的动补式的语义，也可以解说像“公司派他去中国”之类的兼语句。但是“致使/使役”说难以解释像“王冕七岁时把父亲死了”之类的“把”字句⑥。本文采取“系联—驱动”说，因为“驱动”说可以解释连动句的动力流程；直接驱动和间接驱动的划分又使连动句同其他句式的不同得以澄清；而主观驱动和客观驱动的划分又使“把”字句的主观性得以显现。同时，“系联”说又可解释像“他把钱包丢了”“他有一个哥哥在北京”之类的 $N_1 V_1 N_2 (X) V_2$ (C/O)句。因为我们可以认为，在“他有一个哥哥在北京”这种句中，“有”是存在性系联，“在”是零驱动。显然，“系联—驱动”说有更广泛的解释力，可以在认知层面上揭示汉语不同句式间的相关性，并给予一个统一的解说，同时也能使我们在此基础上对“把”字句的认知特征有一个整体性的认识。

三、事 象 界 变

（一）“把”字句的核心语法意义到底是什么

我们认为，这要分两个问题来谈：一是“把”字句的主观性问题，一是“把”字句的客观核心语法意义。暂且不论“把”字句的主观性问题的话，我们认为，“把”字句的核心语法意义是事象界变。

传统语法对“把”字句的描写中有一条规则，即“把”字句的 V 不应是

⑥ 关于操控关系，彭睿(2006)有详细讨论。

光杆谓语形式⑦。在正常语序和语调下，“把”字句的信息焦点，亦即语义重心在“把”字句的 VC 上。但为什么“把”字句的 V 不能是光杆形式呢？在“把”字句的句式义的概括中，应当而且必须对此作出合理的解释。

我们认为，在“把”字句的公式 1（N 把 S）中，S 一定要是一个有变化的事件，简而言之，即事象界变。我们认为，这是“把”字句的 V 不能是光杆形式的理据所在，也是“把”字句最重要的句式义特征。也就是说，“把”字句是一个表事象界变的句式⑧。

我们可以把这种事象界变按公式 2 抄写为：

公式 4：$S = N_2(X)V_2(C/O)$

公式 4 反映了“把”字句的界变事象 S 的内在结构。期间，每一种以 V_2 为核心的简式组合都可认为是一种界变（张黎，2003a）。所谓界变，既包括质变，也包括量变。但界变不是哲学术语，而是指语句所表达的意象或事象的转换和变换。界变有不同层次和不同类别。“把”字句中的界变是一种事象界变。

（二）关于界变和事象界变

关于界变和事象界变，必须区分如下几种情况：

(i) 界变不同于一般意义上的变化。两者虽然说的都是变化，但是属于不同层次、不同类别的变化。这正如分子、原子、量子是不同水平的物质构成要素一样，作为语义类型，变化是同活动、状态相并列来描写事象类型的语义范畴。不过我们认为，变化同动作、状态时不同层次的范畴。状态同活动是初始事象，变化是复合型事象，包括完结型变化和达成型变化。完结型变化指活动实行了同一界面的全过程，达成型变化指活动或状态实现了不同界面间的转变。这些都是动词语义结构内的类型划分。

---

⑦ 刘承峰（2003）找出了一些可进入“把”字句的光杆动词，其实这些动词的语义结构内都蕴含着“变化”义，在结构形式上大都是双音节动补式复合词，且需要一定的语境，如祈使句条件或“V 了”形式。

⑧ 在关于“把”字句的语法意义的多种解说中，“位移”说更接近我们所说的“事象界变”说，因为位移是事象界变的一种典型的显性形式。特别是高立群试图通过认知心理学的实验方法来验证张旺熹的位移说，这种研究取向是应得到充分肯定的。（参见陈前瑞，2002）

（ii）事象界变不同于意象界变。事象界变指 N_2（X）V_2（C/O）所表示的事件的整体变化，既包括（X）V_2（C/O）变化，也包括 N_2 的变化。这也就是说，“把”字句的事象界变包括两部分，一是（X）V_2（C/O）所表示的动相性界变，一是 N_2 的变化。在“把”字句中，这两种变化缺一不可。对说话人来说，N_2 有两个：一个是变化前的 N_2，一个是变化后的 N_2。如：

（12）小王把碗打碎了。　　变化前：碗没碎　　变化后：碗碎了

（13）雷声把她从梦中惊醒。变化前：她睡着呢　变化后：她醒了

（14）她把钱包丢了。　　　变化前：钱包没丢　变化后：钱包丢了

N_2 的变化前状态是已知的，是作为前提而存在的。N_2 变化后状态是新知的，是作为传达的重点而存在的。“把”字句的 N_2 在承受动作后一定是一个变体，如果 N_2 没有变化，“把”字句不成立。如：

（15）a. ？小王没把书还了。　　b. ？小王没把杯子打碎了。

“把”字句一般没有否定形式的原因就在于“把”字句的否定说的是 N_2 没有变化。

与此相关的问题是，一般认为 N_2 应是有定的。但研究发现，N_2 有时也可以是“一＋量词＋名词”的形式，如：

（16）a. 她把<u>一杯水</u>端到我面前。　b. 他把<u>一本书</u>递给了我。

杉村博文（2002）对这种无定“把”字句进行了细致的描写，证实了无定“把”字句并非个例。其实，有定、无定，有指、无指这样的概念是需进一步梳理的，更何况在语言交际中，由于人有容错、猜探的能力，致使很多语言形式上的无定形式在具体交际中被理解为有定的成分。如：

（17）a. 他把<u>水</u>递给了我。　　b. 妈妈把<u>碗</u>洗了。

这两个“把”字句的 N_2 都是泛指的普通名词，可在交际中，我们却可以把它们理解为有定成分。其实，“把”字句的 N_2 不在于其是否是定指成分，而在于其是否在指称上是被整体化成分。所谓指称整体化，是说“把”字句的 N_2 至少对说话人来说在指称上应是一个界线分明的整体。如：

（18）a. ？小王把三封信烧了。　b. 小王把那三封信烧了。

c. 小王把三封信都烧了。

例（18a）中的“信”在客观上是三个整体，但在指称上是三个个体，这是数量词的计数功能，因此（18a）不能说；而（18b）和（18c）由于“那”和“都”使“三封信”得以指称整体化，因此可以说。我们认为，上文所说的有定的形

式，“一＋量＋名”形式，泛指的普通名词形式之所以可充任“把”字句的N_2，其原因就在于指称的整体化。而我们则进一步认为，“把”字句的N_2之所以要求指称整体化，乃是因为事象界变的要求：因为没有整体化的N_2是不能成为事象界变的变化体的。

还有一个重要的问题是马真(1985)所指出的，即“把”字句的动词为什么不能带动态助词“过”。试比较：

(19) a. 她把苹果吃了。　　b. 他把碗端着。

c. ？她把北京去过。

同是动态动词，“了、着”可进入“把”字句，而“过”不行。这是为什么？我们认为，其原因就在于“把”字句的动词加“了、着”后表达事象界变，而“过”并不表达事象界变。

(iii) 事象界变不同于新情况出现和场景转换。这种不同如下所示：

事象界变　　1→2

新情况出现　　0→1

场景转换　　1→1

这就是说，事象界变是从一已知事象变为一新知事象；新情况出现是无到有，即从未知事象呈现新知事象；场景转换是从一个新知事象转到另一个新知事象。请看例句：

新情况出现：

(20) a. 下雨了　b. 着火了　c. 花红了　d. 天冷了

场景转换：

(21) a. 前面有座山，山里有座庙，庙里有个和尚和老道。(童谣)

b. 下雨了，冒泡了，王八犊子戴草帽了。(童谣)

事象界变：

(22) a. 他把碗打碎了。　b. 他把钱包丢了。

(三) 从不同的角度对“把”字句中的事象界变进行分类

1. 从$N_2(X)V_2(C/O)$的整体语义特征上看，“把”字句的事象界变可分为两种类型：

(i) 致变型：指事象因外力而发生变化。如：

(23) 小王把信写好了。　　(动作有意/结果如意)

(24) 小王把地址写错了。　　　　　(动作有意/结果不如意)

(25) 孩子的哭声把妈妈吵醒了。　　(动作无意/结果不如意)

(26) 远处飘来的歌声把孩子逗乐了。(动作无意/结果如意)

致变型"把"字句的 S_1 是行为句,S_2 是状态/结果句,S_1 和 S_2 之间有致使和被致使关系。有意致变句带有施动者的意图性,而动作结果的如意性(如意或不如意)则是说话人的视点。

(ii) 自变型:指事象自然而然发生的变化。如:

(27) 小王把钱包丢了。

(28) 他去年又把老婆死了。

自变型"把"字句的 S_1 是存有现象句,S_2 一般是与 S_1 相对的现象句,S_1 和 S_2 之间没有致使和被致使关系,而是一种自然变化关系。

2. 从结构类型上看,"把"字句中的(X)V_2(C/O)表事象界变的结构大体包括如下类型:

(i) 动词语义结构内的界变

从形式上说,就是"V 了"型界变,这是最小形式的界变。张黎(2003b)指出,汉语动词除了具有郭锐(1993)所提出的显性过程结构外,还具有隐性的语义结构。

就动词的现实性的过程结构而言,动词内部的隐性予以结构类型不同,其在"把"字句中的句法表现也不同。比如:

(29) a. 他去年把丈夫死了。

　　他昨天把钱包丢了。

b. ?他把那个问题想了。

　　?她把他喜欢了。

c. ?她把她是了。

　　?小王把她有了。

a 类"V 了"中的 V 是状态动词,"V 了"表示动作实现后的结果状态持续。"V 了"的前后,动作的界面状态不一样,发生了界变。而 b(心理动词)和 c(关系动词)的"V 了"形式一般是不单独说的,其原因就在于这类动词的语义结构类型不能使"V 了"呈现出界变。

动词的隐性语义结构对"把"字句的句法表达式有很大影响的。请比较(参见张伯江,2000)例句：

(30) a. 把衣服脱了。　　　b. ？把衣服穿了。

(31) a. 把书还了。　　　b. ？把书借了。

(32) a. 把房子拆了。　　　b. ？把房子盖了。

“穿—脱”“借—还”“盖—拆”之类的对义词共同构成了一个动作过程。“脱”蕴含着“穿”,“还”蕴含着“借”,“拆”蕴含着“盖”。即“脱→穿”“还→借”“拆→盖”,反之则不然。因此从这种对义词的潜在的概念整体结构来说,“穿、借、盖”可谓动作逻辑过程之开始,“脱、还、拆”可谓动作过程的结束。正因为如此,后者加“了”表结果性界变,可以说;而前者加“了”表动作实现,但不是结果性界变,因而不说。

再举一类例子(参见吴葆棠,1987)。比如：

(33) a. 把手烫了。　　　b. 把他骗了。

c. 把庄稼涝了。　　　d. 把衣服湿了。

在这种所谓的“违愿义”“把”字句中,V 的隐性语义结构中有一个同“违愿义”相对的“意愿”义,如“烫了——不愿被烫”“骗了——不愿被骗”“涝了——不愿涝了”“湿了——不愿湿了”。这种“愿——不愿”的对立正是这种“违愿义”“把”字句中 V 的语义结构中的隐性的心态“界变”。

“把”字句的 VC 的最小形式是：

把 N_2V 化：　　把问题简单化　　把水净化

把 N_2V 了：　　把饭吃了　　把茶喝了

为什么“把 N_2V 化”和“把 N_2V 了”是最小形式呢？一个明快的回答是,“V 化”和“V 了”都是最简形式的界变。

(ii) 物相型结果性界变：(VO)了

主要指“把”字句的 V 所及的及物性成分(O)的界变。如：

(34) 小王把这个消息告诉了<u>小李</u>。　　(对象)

(35) 他把面都包了<u>饺子</u>。　　(结果)

(36) 小李把橘子剥了<u>皮</u>。　　(受事)

(37) 他从没把我当个<u>人</u>。　　(系事)

(38) 他把那些米过了<u>秤</u>。　　(工具)

(iii) 动相型结果性界变：(VC)/(XV)

主要指“把”字句 V 后的非及物性成分(C)或 V 前的修饰性成分 X

与V所构成的界变。如：

(39) a. 你把这杯子端着。

b. 你把自行车扶着点。 (V着点儿)

(40) a. 小王把酒喝多了。

b. 田中把房间打扫得干干净净。 (V得/C类)

(41) a. 你把这封信看看。

b. 你把马溜溜。 (VV类)

(42) a. 你把那封信看了一下。

b. 你把衣服试了一下。 (V一下)

(43) a. 他把手一扬。

b. 你把胳膊往上抬。 (XV类)

c. 你把手往上举。

d. 田中把钱往兜儿里揣。

句中加标记的部分是界变所在。调查表明，只要加上类似上述的标记，几乎所有类型的谓词性短语都可出现在“把”字句中。

上述(X)V_2(C/O)型界变的特征是通过添加成分展现V在物理上的变化，或位移、或及物、或性状化、或增减量、或保持状态、或呈现结果。总之，(X)V_2(C/O)型界变同“了”型界变不同，呈现的不是V本身的变化，而是与V相关的外界变化。

四、主观性所在

任何句式都是主观化的定式，只是不同的句式的主观化程度有不同。“把”字句是主观化程度较高的句式。沈家煊(2002)认为“把”字句是一种“主观处置”，并从说话人的情感、视角、认识等方面对“把”字句的主观性进行了细致分析。邵敬敏、赵春利(2005)不同意“主观处置”说，认为“把”字句的主观性主要在于凸显说话人关注的焦点⑨。而我们认为“把”字句

⑨ 我们不能同意“把”字句的主观性在于凸显焦点的观点。因为我们认为“把”字句的语义重心在表界变事象的S上，而S的第一焦点在VC上。比如，在“小王把杯子打碎了”这个句子中，“碎了”才是第一焦点。与“碎了”相比，“杯子”是次焦点兼次话题。

的句法主观性主要表现在如下两方面：

一是对变化事象的解析。从句式义整体看，“把”字句呈现出的是一种陈述义。而从句式的主观化等级来看，陈述句的主观化量度是低于疑问句、感叹句和祈使句的，因为疑问句、感叹句和祈使句是直接表达说话人心态的。因此在一般意义上说，疑问句、感叹句和祈使句的主观性是强于陈述句的。但是，“把”字句不同于描写性陈述句，“把”字句是一种解析性陈述句。描写性陈述句一般按照客观事理、客观时序来描写一个事象，而解析性陈述句虽然是对事象界变的解析，即：N1→事变缘由，“把”→潜性主观认定，N2→变体，(X)V_2(C/O)→结果性界变。在一个句式中，对一个事象的变化作如此清晰明了的解析和交代，这不能不说是汉语“把”字句的主观性所在之一。也可以说，“把”字句有一种潜主观性，即在“把”字句中，已经把对事象界变的解析铸合在句式中。因此，“把”字句虽然是一种陈述句，但其句式的潜结构中已包含着对“系联—事象界变”的主观认定。

二是对事象界变缘由的不同类型的主观认定。我们认为这种主观性的认定表现在对“事象界变”缘由或责任者的主观关系上。在“N”和“S”中，“把”字的作用是表达说话人主观认定事象界变S的缘由在于N。当然，N和S的关系有不同类型。这主要包括：

(一) 施动型

(44) a. 小王把信邮走了。　　　　b. 田中把房间打扫得干干净净。

这是处置说的原型句，也可以叫有意“把”字句。从语义制约关系上看，这种“把”字句的事象界变应是施动者可控的事象。请看例句：

(45) a. ＊他去年把复旦大学考上了。

b. ＊父亲把儿子的信收到了。

这两句之所以不成立是因为“考上大学”和“收到信”不是施动者自主的、可控的事象。

(二) 责任型

(46) a. 小王把题搞混了。　　　　b. 田中把人弄错了。

这种“把”字句可叫不如意“把”字句。即动作是有意的，可结果是不如意的。从说话人来看，这种“把”字句的N是致使事件发生的责任者。

（三）原由型

（47）a. 大雨把他淋感冒了。　　b. 这事儿把小王高兴坏了。

这种“把”字句可叫无意“把”字句。从说话人来看，N是致使事件发生的原因。显然这种“把”字句的N没有施动性。

（四）起由型

（48）a. 这一年她又把丈夫死掉了。

b. 她把眼睛都哭红了。

这种“把”字句也可视为无意“把”字句，从说话人来看，N是致使事件发生的载体。这种“把”字句的N也没有施动性。这类“把”字句的N和事象界变的主体之间一般应有领有或所有关系。

（49）a. 去年她把丈夫死了。　　b. ？去年他把朋友死了。

（50）a. 他把钱包丢了。　　b. ？他把银行丢了。

无论是施动型、责任型，还是原由型、起由型，各类N1可总括为事象界变的缘由。而且无论是有意或无意，还是如意或不如意，其中“意”都是说话人的主观化所在。同时，无论是原由型的，还是起由型的，都是说话人所认定了的事象界变的缘由。即说话人通过“把”字解析了和交代了事象界变。这样，根据N1同其后的戒备事象的认定关系，我们可对“把”字句类型归纳如下：

“把”字句
- 有意“把”字句
  - 如意“把”字句
  - 不如意“把”字句
- 无意“把”字句
  - 原由型“把”字句
  - 起由型“把”字句

“把”字句中N和S间的主观认定关系从如下对比中可以看得更为清楚：

（51）a. 她把歌唱走调了。　　b. 她歌唱走调了。

（52）a. 田中把衣服做大了。　　b. 田中衣服做大了。

（53）a. 她把眼睛哭红了。　　b. 她眼睛哭红了。

显然，a类有确认责任的含义，即说话人确认发生了的事象界变S的责任在N，而b类则只是客观陈述。

五、结　　语

通过以上分析，我们可以得出如下结论："把"字句的语义结构是一个有层次的复合命题，其最外层是说话人对N和S之间的缘由关系的主观认定，其中间层是"事象界变"S，其底层表达的是有界变关系的、表达客观事象的单纯命题S_1和S_2。"把"字句的主观性主要表现在N和S的关系上，"把"字句的事象界变性主要表现在S内。

"把"字句是汉语所特有的句式。在"把"字句中所凝结的语义信息是其他语言的类似句式所没有的。这一事实本身就显示出汉语"把"字句的类型学价值。也就是说，汉语通过"把"字句的解析性陈述了一个事象界变。而这种表达解析性的事象界变的句式在英语、日语、俄语这样的语言中是没有的。

句式是语言的认知表达的定式，句式系统就是认知表达的定式系统。一种语言中的独特句式恰恰反映着该语言所具有的独特的认知类型，这正是语言认知类型学的关注所在，也是汉语意合语法的根本所在，更是汉语"把"字句所显示出的语言类型学的价值所在。

参考文献

Tai, J. H. Y. 1984. Verbs and times in Chinese: Vendler's four categories. In Testen, Mirshra & Drogo (eds.), *Papers from the Parasession on Lexical Semantics*. Chicago, IL: Chicago Linguistic Society.

陈前瑞，2002，对外汉语研究的跨学科探索，《世界汉语教学》(1)。

崔希亮，1995，"把"字句的若干句法语义问题，《世界汉语教学》(3)。

郭　锐，1993，汉语动词的过程结构，《中国语文》(6)。

郭　锐，2003，"把"字句的语义结构和论元结构，载北京大学汉语语言学研究中心《语言学论丛》编委会编著，《语言学论丛》(第28辑)。北京：北京大学出版社。

金立鑫，2002，"把"字句的配价成分及其句法结构，载《现代中国语研究》(第4卷)。京都：朋友书店。

刘承峰，2003，能进入“被/把”字句的光杆动词，《中国语文》(5)。
吕叔湘，1948，“把”字用法的研究，载吕叔湘编著，《汉语语法论文集(增订本)》。北京：商务印书馆。
马　真，1985，“把”字句补议，载陆剑明、马真编著，《现代汉语虚词散论》。北京：北京大学出版社。
彭　睿，2006，操控关系和现代汉语兼语句，第十四次现代汉语语法学术讨论会，上海。
杉村博文，2002，论现代汉语“把”字句“把”的宾语带量词“个”，《世界汉语教学》(1)。
邵敬敏、赵春利，2005，“致使把字句”和“省略被字句”及其语用解释，《汉语学习》(4)。
沈家煊，2002，如何处置处置式？——论把字句的主观性，《中国语文》(5)。
施春利，2006，“把”字句的派生过程及其相关问题，载中国语文杂志社编著，《语法研究与探索》(第13卷)。北京：商务印书馆。
石定栩，1999，“把”字句和“被”字句研究，载徐烈炯编著，《个性与共性——汉语语言学中的争议》。北京：北京语言文化大学出版社。
王　力，1943，《中国现代语法》(新一版)。北京：商务印书馆。
吴葆棠，1987，一种有表失义倾向的“把”字句，载中国社会科学院语言研究所现代汉语教研室编著，《句型和动词》。北京：语文出版社。
项开喜，2006，《汉语使成表达研究》，未出版之博士论文。中国社会科学院研究生院，北京。
薛凤生，1994，“把”字句和“被”字句的结构意义——真的表示“处置”和“被动”？载戴浩一、薛凤生编著，《功能主义与汉语语法》。北京：北京语言学院出版社。
杨素英，1998，从情状类型看“把”字句，《汉语学习》(23)。
叶向阳，2004，“把”字句的致使性解释，《世界汉语教学》(2)。
张伯江，2000，论“把”字句的句式语义，《语言研究》(1)，2840。
张　黎，2003a，“界变”论——关于现代汉语“了”及其相关现象，《汉语学习》(1)。
张　黎，2003b，“有意”和“无意”——汉语境像表达中的意合范畴，《世界汉语教学》(1)。
张　黎，2007，汉语句法的主观结构和主观量度，《汉语学习》(2)。
张　敏，1998，《认知语言学与汉语名词短语》。北京：中国社会科学出版社。
张旺熹，1991，“把字结构”的语义及其语用分析，《语言教学与研究》(3)。
张旺熹，2001，“把”字句的位移图示，《语言教学与研究》(3)。
周　红，2005，《现代汉语致使范畴研究》。上海：复旦大学出版社。

(原载《世界汉语教学》2007年第3期)

第六部分

致使构式研究

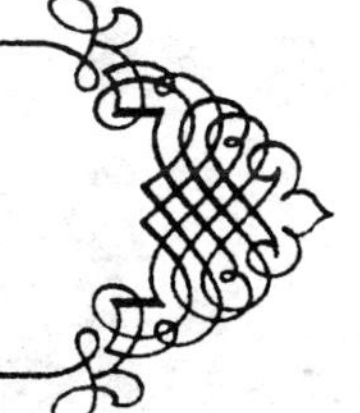

致使概念语义结构的认知研究

程琪龙

一、理论目标的驱动

本文致使概念语义结构的研究是一种认知取向的研究。语言研究的认知取向取决于：语言本身的本质属性和认知研究的目标。人类语言可以视为三个部分：语言系统、语言操作、语言现象。系统的信息承载体是生理的，生理承载体主要是大脑，是大脑神经网络，它是有生命的，能自调节的；现象的信息承载体常见的有文字、语音等，它们是无生命的，相对静止的。系统是个可操作系统，现象是系统操作的输入和输出，操作过程又调整了系统本身。在如此语言观框架中，致使结构也应该是系统、操作和现象。当然，对个人生命而言，现象是无穷尽的，而处理现象的系统却是有限的。因此，研究目标主要是系统及其操作。笔者对致使结构的认知研究，重视可操作系统的研究。

认知科学开宗明义地阐明自己的目标是构拟、解释认知系统及其认知操作过程。认知取向的语言研究，也以研究语言认知系统及其认知操作的过程为己任。本文致使结构的研究就是通过相关的语言现象，探讨并构拟生成和理解这些现象的语言系统。从语言系统的主要属性出发，语言系统既有神经可行性，又有操作可行性（参见 Lamb，1999）。因此，认知理论目标和语言研究的主要目标是一致的。

从失语症和解剖学的事例看，概念和语法的神经机制确实不同。系统的操作过程包括概念和语法之间的信息激活过程。致使结构的操作则是致使小句和相应概念语义结构之间的体现关系的激活过程。从可操作的体现关系出发，概念语义层面必须为问答和事实推理等认知操作提供信息，同时又必须考虑概念语义结构可以体现为相应的词汇语法结构。

虽然我们对语言系统的生理承载体已知一二，但这些知识毕竟还不充分,不足以构拟出整个语言系统。在很长一段时间内,语言学研究还得以语言现象为切入点。首先,语言现象可视为人们不知其内部结构的混沌体。通过对混沌体语言现象的分解,我们得知其内部成分和结构;再将成分组合起来,从而假设一个系统。通过操作和神经等方面的验证,我们才能逐步逼近真正的语言系统。

本文从体现关系出发,按分解、综合、验证的三步骤蓝图,着重讨论概念语义层面构拟的三大问题:1) 概念语义结构的可分解结构关系(见第二小节),2) 概念语义结构的成分类型(见第三小节),3) 从结构到系统的综合策略(见第四小节)。

二、结构的分解

我们的目标是构拟能够操作又有生理意义的系统,一个能够反映人类属性的语言系统。所以结构分解不是理论目标本身,而是综合构拟系统的基础。结构分解涉及三个问题。(1) 探索现象内部具有概括性的结构和结构成分,为构拟概括简洁的系统做准备。(2) 这些概括结构和成分必须可以为事实推理和问答等认知操作提供信息(参见 Jackendoff, 1990)。(3) 结构和成分必须是体现关系中的概念内容,它们和形式表达一起共同组合成具有概括性,简洁性的系统。本文主要讨论前两个问题。讨论在两个方面进行,一个涉及事实推理、问答等所需信息内容的认知操作,一个涉及结构的成分。

(一) 认知信息

认知信息在这里指事实推理和问答等认知操作时,致使结构应提供的相应信息。对语义结构的研究模式很多,Fillmore(1968)侧重谓元,Dowty(1991)用典型论来对谓元进行定义和归类;Chafe(1970)等侧重动词,还有论元结构或题元结构研究。笔者通过结构内各成分之间的相互依从关系来探讨结构之间的关系以及系统和结构之间的操作关系。

致使语义结构的基本概念语义可以从过程的角度出发进行表述。致使过程始于致使者,致使者影响致使对象使其变,变化倾向可以有结果,也可以没有结果。语义结构研究多半基于现象的分析,基于致使小句分解的结果。致使结构可以分解为：致使者、致使方式、致使对象及其变化的倾向。例如：

（1）The bandits burned down all the houses.

土匪烧毁了所有的房子。

例中致使者是“土匪”，致使方式是“烧”，致使对象是“所有的房子”，致使倾向是“所有的房子毁了”。在语义结构中，致使倾向总是指致使对象的倾向。如果我们构拟一个致使语义结构，那么它的核心成分应该是：

致使结构 = 致使者 + 致使方式 + 致使对象 + 致使倾向

这样的结构本身所用的成分确实不多，但它能否提供所有该致使小句可以提供的信息呢？回答应该是否定的。上述汉语的例句“土匪烧毁了所有的房子”，它所含的概念语义至少包括三种关系：

所有的房子毁了。（空间）

土匪烧所有的房子。（动作）

土匪使所有的房子毁了（土匪毁了所有的房子）。（致使）

句内各种认知操作的信息可来自 1）概念语义基本结构，2）语义域，3）致使结果含义。

（二）基本概念语义关系类型

基本概念语义结构的构想始于人对外部事物方位的认识。此构想的缘由有四。一、人有两种海量信息输入，它们分别是视觉信息（盲人除外）和听觉信息。其中听觉信息和语音连通，而视觉信息连通的语言表达（即实体方位关系的表达），它们的形式最繁复精细；二、视觉信息和听觉信息是儿童构建语言系统最早得以处理的输入信息，通过这两个感知通道，儿童将视觉信息和语言系统连通；三、隐语化的研究告诉我们，方位语义和许多非方位语义通过隐语化关系连通，表示方位的词项可以在其他语义域的句子中出现（Lakoff & Johnson，1980）；四、方位域的概念语义结构比其他语义域的结构更容易构拟，因为它的表达形式可以和可观察到的图像以及有意识的视觉表象联系起来。由此推导，方位域的研究可以为概念语义系统构拟的最佳切入点。

概念语义结构研究中，有两个因素需要认真对待。一个是事物本身的存在和变化，另一个是事物存在和变化的缘由。方位域所要表明的是事物存在、变化的方位,以及事物的方位及其变化的缘由。事物方位的变化有时可以是外部的原因,是另外一个事物或人对它施加影响(下文简称施力)。施力有大有小,大的可以大到导致事物方位的改变。在如此视觉经验中,我们设概念语义结构的三大基本类型,表示三种不同的关系。1)表示事物方位的空间关系,2)表示动作者和动作之间(或包括动作对象)的动作关系,3)表示致使者和致使对象之间的致使关系。请看下例:

(2) a. 空间:小车在车库里。

b. 动作:我推了推小车。

c. 致使:我把小车推进车库里。

这三大类型的关系可以公式表述如下:

空间关系:主体+方位

动作关系:动作者+动作+对象

致使关系:致使者+致使方式+致使对象+致使倾向

致使结构是一种复合结构,它可以内含三种关系。以上述的致使小句(2c)为例:

动作关系:动作者"我"+动作"推"+动作对象"小车"

致使关系:致使者"我"+致使方式"推"+致使对象"小车"+致使倾向"小车进了车库"

空间关系:主体"小车"+终位"进了车库"

其中空间关系是致使关系中的致使倾向,并得以实现为结果。致使小句(2c)"我把小车推进了车库"包含(2a—b)两个小句的信息。因此,将上述致使结构分解为三种关系,保证了结构参与事实推理、问答等信息内容认知操作的可行性。

在方位语义域中,这三个基本结构足以涵盖所有的小句结构。但在心理域中,感知者和感知对象之间的关系可以不是动作关系,例如:

(3) I saw a book.

我看见一本书。

其中"看"不是动作,是感知过程;"我"不是动作者,是感知者(或称经历者)。我们又无法将感知关系归入空间关系中,因为它可以像动作关系那样有对象。请比较:

(4) 我想到了我的朋友。

(5) 我买到了一本书。

其中“我的朋友”和“一本书”分别是感知和动作的对象。这就表明了我们需要有一个能概括感知和动作的抽象基本结构。笔者的处理方法是将两者置于过程关系之中,即过程结构既含动作关系,又含感知关系。通过修整后的三大基本结构应该是:空间关系、过程关系、致使关系。其中过程关系和 Halliday 所说的 process(过程)不同,笔者的过程主要包括动作和感知的延及者和延及对象,过程结构的主要成分包括起始者(即延及者)、过程(延及关系)、对象(延及对象),其中对象在结构中可以不激活。起始者可以是动作者或感知者,对象可以是动作对象或感知对象。

致使结构分解处理后的复合结构,除了有认知操作的可行性外,还有一定的概括性。通过分解我们可以看到致使结构分解出来的三种关系,过程关系和空间关系是相应的非致使结构中也有的。因此,这样分解处理节省了贮存空间,有较高的概括性和简洁性。

致使结构中,致使关系和其他两个关系之间的综合连接可以用不同谓元的重合关系来表述。以上述的方位域小句为例:

主体 + 方位 (空间关系)

(6) 致使者+致使方式+致使对象 + 致使倾向 (致使关系)

动作者+动作+动作对象 (过程关系)

其中致使者和动作者重合,致使方式就是动作,致使倾向和空间关系重合,主体、致使对象、动作对象三者重合。根据以上的重合关系,我们可以将致使小句的概念语义结构改写为:

(7) [致使者+动作者]+[致使方式+动作]+ $_{致使倾向}$ {[致使对象+动作对象+主体]+方位}

其中[致使者+动作者]是施事、[致使方式+动作]是谓词、[致使对象+动作对象+主体]是受事。(7)可以改写为:

(8) 施事+使动谓词+受事+方位

如果将(6)和(8)作一比较,(6)接近概念语义,或本身就是概念语义系统的一部分,可参与问答、事实推理的认知操作,而(8)接近句法。

(三) 语义域

空间关系除了可以表达一个主体的方位外,还可以表达它的领属关系、性状等。表达主体各种方位关系的结构属于方位域。以此类推,不同的语义结构关系可以有领属、性状等不同语义域。在致使结构中,语义域的不同主要体现在致使倾向的不同,例如:

(9) 我们将笔放进抽屉里。　　(方位)

(10) 我们把书捐给希望工程。　　(领属)

(11) 他将墙撞倒了。　　(性状)

另外,我们还注意到,信息通过隐语化被视为实体,也可以像实体一样有方位、领属和性状的类别,例如:

(12) 我把你的话都牢牢地保存在记忆里了。　　(信息方位)

(13) 我把这条内部消息送给你作为见面礼。　　(信息领属)

(14) 爷爷将 6 看成了 9。　　(信息性状)

信息方位关系是一种隐语化结果,即人们将信息看作实体。在语法层面,和实体、信息组合的动词可以是相同的。但在领属关系中,信息可以和自己的一套动词组合。请比较:

(15) 她将这么好的主意白白地送了人。(信息隐语)

(16) 她将这么好的词典白白地送了人。(实体)

(17) 他把这件事忘了。(信息)

(18) 他把书扔了。(实体)

信息领属语义域涉及信息从原属到终属的传递。信息传递和物体传递的概念语义结构相同,但它们会有不同的句法体现。例如:

(19) a. 我送他一本书。　　b. 我送一本书给他。

(20) a. 我教他英语。　　b. *我教英语给他。

英语中也有类似的体现关系:

I gave him a book.　　I gave a book to him.

I taught him English.　　*I taught English to him.

实体小句中终属和致使对象的语法位置比较活,信息小句中的终属和信息受事的句法位置受一定的限制。因此,不同语义域的句法体现关系是不同的。信息除了有方位和领属的变化外,还可以有性状的变化。但是实体性状的变化一般认为是真,信息性状的变化是信息在感知者头脑中知识状态的变化。请比较:

(21) 老师将鱼做成了汤。　　(22) 老师将 6 看成了 9。

前句所述的"鱼成了汤"是真;后句所述的"6 成了 9"不是真,而是信息在感知者"老师"头脑中的错位,在真实世界里,6 成不了 9。

隐语化为实体的,除了可以是信息,还可以是情绪,例如:

(23) 他将痛苦全部丢在脑后。　　(情绪方位)

(24) 他将痛苦留给自己,将快乐送给别人。(情绪领属)

(25) 他将痛苦转化为快乐。　　(情绪性状)

应该说,信息和情绪的变化最终是所属人的心理变化,但在语言表达中,信息和情绪也可以作为实体共享相应实体的致使结构。与此同时,情绪感知者也可以作为致使对象,表示其可变的倾向。如:

(26) 这个故事让我想起一段心酸往事。

(27) 嘈杂声将幼狮激怒了。

(28) 贺卡让他满心欢喜。

原因当然是情绪感知者可以作为主体出现在空间关系中,表示主体的情绪倾向。

(四) 致使结果含义

致使结果就是致使倾向有些成为现实,变为致使结果,而有些是否变成结果不得而知。例如:

(29) 我请他走。　　(他或走了,或没有走)

(30) 我将他请走了。(他走了)

在英语中,是否有结果可以用致使动词标记(参见 Jackendoff,1990 & 1993)。例如:

(31) Tom forced John to leave the city.(结果存在)

(32) Tom urged John to leave the city.(结果不知)

含动词 forced 的致使小句,其致使结果"约翰离开该城市"是存在的,但含动词 urged 的小句却没有该结果含义,离不离去由约翰自己决定。因此,我们只要在动词上加不同相应不同的标记,便可以区别两者。但是,决定结果含义存在与否的在汉语中不仅是动词,例如:

(33) 他们逼我去饭店。

(34) 他们请我去饭店。

无论是逼还是请,我都可以拒绝前往。由此可见,汉语致使小句的结果含义不能仅用动词来标记。结果意义的动词标记并非 Jackendoff (1990)所认为的那样是个普遍规律。那么汉语致使结构的结果意义又和什么关联呢？这一问题笔者将在三(五)小节中作进一步讨论。

三、结构成分类型

语义结构由致使者、致使方式和包括致使对象的致使倾向组合而成，那么结构的不同类型和它的各构成成分有关。本小节讨论各成分的常见类型。

(一) 致使者

致使者至少可以有两种，一是实体作致使者(一般体现为名词短语)，一是事件作致使者(一般体现为小句)。各自的选择和谓词有关。实体致使者是一般性无标记的，事件致使者是有标记的，即有一定语义条件的。例如：

(35) 两个亲兵将福王押进府内。　　　(实体)

(36) 吃草根树皮把爷爷的脸都吃肿了。　(事件)

当然，实体在不同的致使结构中可以是不同功能的实体，例如：

(37) 他把信全撕了。　　　　　(动作者 + 致使者)

(38) 一根冰棍就把他给吃病了。　(动作对象 + 致使者)

(39) 这场戏把我的眼睛都看花了。(感知动作对象 + 致使者)

(40) 叫卖声吵得我无法入睡。　　(致使者)

以上所述的只是不同致使者的类型，或者说是和致使者重合的不同谓元。这些重合不同的致使者，和它们组合的谓词也不同，其中(37—38)动作者或动作对象的致使者和动作谓词组合，(39)感知动作对象的致使者和感知动作谓词组合。

(二) 致使对象

致使对象和致使者一样也可以有实体和事件之分。不同的类型也有各自不同的谓词。和致使者一样，和事件重合的对象是有标记类，它有一定的语义条件。例如：

(41) 厨师把肉烧煳了。　　　　　　　　　（实体）

(42) 他们将帮助家长干家务看做是荒废学业。　（事件）

其中事件致使对象必须和感知类谓词组合。视为实体的事件（即作致使对象或致使者的事件），可以称作实体化事件，或称事件实体。

致使对象还有一个特殊的现象是，作为致使对象的实体，并不总是动作的对象，有些动作谓词不延及对象，请比较：

(43) 他们把画挂在客厅里。　　　　（动作对象）

(44) 他们把刀都砍钝了。　　　　（工具）

(45) 他们将腿都跑酸了。　　　　（动作者的局部）

(46) 他们将鞋都跑丢了。　　　　（动作者的所属之物）

在分解模式的框架中，它们的结构是：

他们挂画 + 致使 + 画在客厅里

他们用刀砍 + 致使 + 刀都钝了

他们跑 + 致使 + 腿都酸了

他们跑 + 致使 + 鞋都丢了

其中前两句动作对象或工具和致使倾向的主体重合，后两句致使倾向的主体不和任何成分重合。以下三句的动作对象和致使对象也发生错位：

(47) 他们把箱子塞满了书。　　　　（终位）

(48) 鱼塘被人下了毒。　　　　（终位）

(49) 小李被他们偷走了一本词典。　（原属）

但致使结构的重合方式更复杂：

[他们塞书 + 致使 + 书进箱子] + 致使 + 箱子满

[人下毒 + 致使 + 毒进鱼塘] + 致使 + {鱼塘受害}

[他们偷词典 + 致使 + 词典离开小李] + 致使 + {小李没了词典}

在复合组合中，它们的致使者本身又是一个致使结构。在该类复合组合中，作致使者的致使结构中，动作对象和主体重合（如，书、毒、词典）；在整个致使结构中，致使对象和致使者中的方位重合（如，箱、鱼塘、小李）。类似的结构英语也有，但它只限于终位和原属。例如：

(50) They loaded **the truck** with the coal.　　（终位）

(51) They robbed **the lady** of her diamonds.　（原属）

虽然终位和原属不是动作的直接对象，但是它们却受动作的影响，所以可以做致使对象。由此可见，无论是哪种致使对象，无论它和什么谓元重合，只要它含受影响的意义，就可以成为一个合格的致使对象。

（三）致使方式

所谓致使方式就是指致使者使致使对象处于某倾向的方式。致使方式可以分作两类：纯致使（致使）和动作致使（使动）（参见程琪龙，1994）。例如：

（52）麻将声使我无法入睡。　　　　（致使）

（53）他们把书都抢走了。　　　　　（使动）

所谓动作致使就是动作结构的谓词和致使结构的谓词重合。上例使动谓词是领属致使关系，它和动作谓词“抢”重合体现为动词“抢”。

致使谓词所表示的施力程度由强到弱是个延续体。为了参与解释倾向和谓词之间的关系以及它们不同句式的体现，施力程度可以有强、弱两端。例如：

强：扔、撕、杀、毁

弱：请、哄、叫、逼

在结构中，强者本身就有结果含义。

（四）致使倾向

各种小句的概念语义结构都可以由基本结构组合、重合而成。作为复杂结构的致使结构也不例外，它的复杂性还表现在致使倾向可以由任何一个基本结构来充当，例如：

（54）游击队将*鬼子*打*死*了。　　　　（空间关系倾向）

（55）游击队将*鬼子*打得*嗷嗷直叫*。　（动作关系倾向）

（56）游击队命令*鬼子把枪靠在墙上*。　（致使关系倾向）

首先，三种类型的致使倾向说明了三个问题：1）基本结构的存在意义及其概括性简洁性，2）致使倾向是个述谓结构的事件，3）致使关系倾向证明了语言递归性的存在，从而解释了有限系统处理无限现象的其中一个原因。当然，并非所有的致使动词都可以和这三类倾向组合，其中动作关系作致使致使倾向时，结构有一定的语法体现方面的条件，例如，它语法体现必须是得字结构。[①]

(五) 致使结果

在语言表达中,致使倾向一般是显性的,即它有对应的表达形式。当施力强的动词作谓词时,和完成体组合可以表示致使倾向。例如:

(57) 土匪将房屋烧毁了。　　　　　(显性倾向)

其中"毁"单独表达倾向。但也有隐性的,例如:

(58) 土匪将房屋烧了。　　　　　(隐性倾向)

隐性倾向并非有单独专门形式表达,而由其他成分激活其含义,上例"烧了"含被烧实体受影响的倾向。

致使倾向和致使结果并不等同。倾向是否变成现实结果要涉及很多因素。动词中心论倡导者希望这个问题可以用动词来解决(参见Jackendoff,1990 & 1993)。但汉语致使倾向和结果之间的关系并非如此简单,它们是否含结果语义,这个问题既和语义有关,又和句式有关。换言之,结果含义存在与否和义形之间的体现关系有关。不同的体现关系确切地说明了汉英两语差异所在。

从体现关系的角度出发,结果含义可以和隐性的倾向连通,也可以和显性的倾向连通。隐性倾向没有独立的表达形式,但是,只要致使谓词施力强,结构仍含结果语义,例如:

(59) 小王烧了文件。　　　　　(隐性结果)

显性倾向只要体现为合适的句式,小句可以有结果含义,例如:

(60) 小王将文件烧成了灰。　　　　　(显性结果)

含隐性结果的结构,它的谓词必须是施力程度高的动词,即动词本身就含致使对象受影响的意义。施力程度低的动词很难有隐含结果意义,请比较:

(61) 农夫将毒蛇杀了(蛇死了)。　　农夫碰了毒蛇

(62) 小姐将秀发剪了(秀发没了)。　　小姐拉了秀发

(63) 小狗将骨头全扔了(骨头没了)。　　小狗看了骨头

三组句子里前句的"杀"、"剪"、"扔"的施力程度都比较高,都有相

---

① 致使结构语义和语法之间的体现关系相当复杂,笔者将另行撰文展开讨论。

应的结果;后句的“碰”、“拉”、“看”的施力程度都比较低,没有相应的结果。

虽然许多施力程度低的动词本身无法含结果语义,但当它和表示倾向的表达形式组合为同一个小句结构时,可以激活结果含义。这就是显性结果含义,即由显性形式来表达结果含义。例如:

(64) 农夫碰醒了毒蛇。　　　　　　(毒蛇醒了)

(65) 小姐拉乱了秀发。　　　　　　(秀发乱了)

(66) 小狗看错了骨头。　　　　　　(对小狗而言,骨头错了)

显性结果含义可以有不同的语义域,例如:

(67) 他把鱼扔进水池里。　　　　　(终位)

(68) 他把鱼递给了小民。　　　　　(终属)

(69) 他把鱼做成了汤。　　　　　　(终状)

显性结果含义的表达形式大致可以按致使关系倾向结构表达词项和句式两种因素来分类,其中倾向结构又可以是不同语义域的。致使倾向可以体现为一个结果动词和相应的“了”,例如:

(70) 扔掉了一本书。　　　　　　　(方位)

(71) 送走了一本书。　　　　　　　(领属)

(72) 撕坏了一本书。　　　　　　　(性状)

除了一般句式外,这样的概念语义结构还可体现为把字句式和被字句式:

(73) 把书扔掉了/书被扔掉了。

(74) 把书送走了/书被送走了。

(75) 把书撕坏了/书被撕坏了。

这两种句式都可以含结果语义。致使倾向也可以体现为一个“终向动词”,例如:

(76) 把书扔进书箱里/书被扔进书箱里。

(77) 把书送给了孤儿院/书被送给了孤儿院。

(78) 把书撕成了碎片/书被撕成了碎片。

同样,它们都表示致使倾向的终止,都为小句句尾成分,所不同的只是它们所属的语义域。这样的动词,似乎可以称作“终向动词”。终向动词体现致使倾向结构时,一般只出现在把字句式和被字句式中,如果没有特殊语义条件，不能体现为一般句式(程琪龙、王宗炎，1998)。由于终向动词组表示致使对象变化的终止，另外把字句式和被字句式的结果含义也很强，所以有终向动词组的致使结构含结果语义。一般情况下，把字句式和被字句式都体现结果含义。另外，弱施力谓词的致使结构，它是否含结果语义和体现句式有关，例如：

(79) 请他来\把他请来了\他被请来了。

(80) 逼他走\把他逼走了\他被逼走了。

(81) 逗他乐\把他逗乐了\他被逗乐了。

(82) 吓他哭\把他吓哭了\他被吓哭了。

这类致使结构只有体现为把字句式和被字句式时，才含结果语义。第一列是一般句式，它们就不含结果语义。

四、结构的综合

通过分解得到各种不同的结构，这只是系统构拟的第一步。我们还需要将结构组合连接成系统。韩礼德的系统就是由各种选择连接起来的，但他的系统不是分解系统，而是一个整体性的语法系统，许多选择都是结构类型的选择(Halliday，1994)。笔者的系统是个分解系统，它操作时的输入直接就是词项概念及其功能。处理如此输入的系统，其中一部分是由述谓结构组合起来的，这些组合而成的子系统可以称作述谓结构组合(简称述谓组合)。

述谓结构可以有作为核心的必有成分和作为环境的可有成分(Halliday，1994)。但是，这样的分析有其不足之处。表示相同意义的谓元在一些述谓结构中可能是必有核心成分，但在其他一些述谓结构中却充当不同的可有环境成分。这样的难题可以在述谓组合中作出更好的解答。下文我们以工具语义为例来讨论述谓组合。

(一) 工具语义

在研究中笔者发现，以小句为单位的语义结构在分析中似乎掩盖了一些非常重要的问题。由于分析视角的狭窄，由于分析对象受时空限制，各理论模式最终结果不同，面对如此棘手难题，理论本身难以作出科学判断。涉及致使结构的有对工具格的处理，我们举一组毁坏类谓词和工具格可以同一结构的一组英语小句。

(83) A big stone broke the window.

(84) John broke the window.

(85) John broke the window with a big stone.

如果每一个谓元由其所在结构的功能来定义，那么第一句的 a big stone 或许是施事，而第三句的 a big stone 则是工具。这样的处理方法给句法体现提供了方便，即三句的施事概念语义虽然不同，但都体现为小句首位的名词短语，而工具则体现为句尾的介词短语。但是，从概念语义的角度出发，从问答、事实推理等认知操作的角度出发，a big stone 的工具意义是不变的。

为了解释语义和句法两方面的差异，解释两者间的体现关系，我们需要述谓组合，而述谓结构只是述谓组合的一次激活操作过程。在概念语义系统中，和毁坏类谓词组合的成分有：致使动作者、毁坏类致使动作、致使动作对象、动作工具。述谓组合可以公式简单表述为：

[动作者＋致使者]＋工具＋[致使方式＋动作]＋[致使对象＋动作对象]②

在激活过程中，致使动作者可以不激活(见 86a)，动作工具可以不激活(86b)，但在任何一个述谓结构中，两者至少必具其一。

(86) a. 工具＋致使动作＋致使动作对象

b. 致使动作者＋致使动作＋致使动作对象

c. 致使动作者＋工具＋致使动作＋致使动作对象

如此语义组合并非没有缘由。因为工具是动作的工具，动作是致使的动作，所以工具参与致使过程，它可以说是致使动作者的延伸。在修辞格框架中，它是一个借代(metonymy)，其中工具可以在句子中用来替代动作行为者。在致使结构中，这种替代就使工具的致使语义得以突出，并作为主位体现为句首名词短语。

---

② 两个工具在选择时只出现一次，但公式作为形式的表述无法将该关系简略地表达清楚。

(二) 必有成分和可有成分

根据上述表述，工具语义在述谓结构的平面上，1）中是必有成分，3）中是可有成分。在述谓组合中，工具是必有成分，但它可以不激活，即它可以不作述谓结构的必有成分。在没有考虑组合时，必有和可有是就谓词结构或小句的概念语义结构而言。例如，

(87) John opened the door (with the key).

其中工具 with the key 可有可无，它是可有成分。但是，到了组合，正如我们所论证的，毁坏类组合的工具语义是必有成分，语言允许我们在毁坏东西时使用工具。那么是否所有谓词结构的可有环境成分，都可以是必有成分呢？回答应该是否定的。例如，事件发生的地点、时间几乎是所有组合共有的，从这一连接意义上看，它们是可有成分。

由此可见，必有和可有成分可以在述谓结构和述谓结构组合两个不同的范围中定义。我们的认知研究是可操作系统的研究，致使结构的研究也不例外。系统绝对不是所有述谓结构的简单叠加，而应该是结构的概括性组合。述谓组合和述谓结构之间的关系就不是简单叠加的关系。从系统和操作的角度出发，组合相当于相应述谓结构组的系统，而具体述谓结构则是系统的具体激活操作过程。工具语义就毁坏类子系统而言是个必有成分，但它们在某些操作过程中可以不激活。

五、余　　言

以语言系统及其操作为目标的认知研究中，分解不是理论目标，而是模式构拟方法论中分解、综合、验证三个重要步骤中的其中一个。分解就是将混沌体分解为成分（参见 Saussure，1916），综合则将分解而得的成分综合成系统。但综合绝非分解成分的简单叠加，而是基于分解的总结和假设。因此，构拟的系统需要我们进一步进行验证，它包括生理可行性的验证和操作可行性的验证。

在致使概念语义结构的研究中，致使小句的概念语义结构可以分解为三个不同的关系，相当于三个不同的述谓结构。反而言之，致使结构可以由三个述谓结构按不同的方式重合而成。述谓结构的句法体现只是小

句，而系统又不是述谓结构的简单叠加，所以相同谓词的不同述谓结构综合成述谓组合，或述谓系统，而各述谓结构则是系统的具体激活操作路径。

从模式大框架方面，笔者基本追随 Lamb（1966 & 1999）的神经认知语言学（Neurocognitive Linguistics）理论。但 Lamb 更重视大脑和语言之间的关系，而语言系统内部结构的研究，神经认知语言学的成果数量和力度都有欠缺。笔者突出系统的可操作性，重视体现关系。在内部系统的构拟中，笔者取 Halliday、Jackendoff、Fillmore、Chafe、Lakoff 等人成果的合理部分，同时又在体现模式中作出认知解释和表述。本模式理论意义和解释能力具体表现在：1）它能够解释认知系统和认知操作之间的关系，故有一定的认知意义。2）它能较好地为工具语义和施事语义之间的争执以及其他相关争执提供有认知意义的解释。3）从系统和操作两个视角合理地定义必有成分和可有成分之间的认知关系。4）指出动词中心论的局限性，指出致使结果语义的动词标记不是普遍规律。5）基本概念语义结构在致使结构中显示出相当强的认知操作性、递归性、概括性和表述简洁性。

本研究注重讨论的分解的一些细节，例证了综合的策略。它为最终形式化表述致使结构的述谓系统提供了依据。但要最终构建系统，至少还必须考虑：1）不同谓词，它们述谓结构之间的综合；2）述谓系统的语法体现；3）该系统的操作过程。

参考文献

Chafe, W. 1970. *Meaning and the Structure of Language*. Chicago, IL: University of Chicago Press.

Dowty, D. R. 1991. Thematic proto roles and argument selection. *Language* 67(3).

Fillmore, C. J. 1968. The case for case. In Bach & Harms (eds)., *Universals in Linguistic Theory*. New York: Holt, Rinehart and Winston.

Halliday, M. A. K. 1994. *An Introduction to Functional Grammar* (2nd edition). London: E. Arnold.

Jackendoff, R. 1990. *Semantic Structures*. Cambridge/Mass.: MIT Press.

Jackendoff, R. 1993. The combinatorial structure of thought: The family of causative concepts. In Reuland & Abraham (eds.), *Knowledge and Language* Vol. 2. Dordrecht: Kluwer Academic Publisher.

Lakoff, G. & M. Johnson. 1980. *Metaphors We Live By*. Chicago: University of Chicago Press.

Lamb, S. M. 1999. *Pathways of the Brain: The Neurocognitive Basis of Language*. Amsterdam/ Philadelphia: John Benjamins.

Lamb, S. M. & L. E. Newell. 1966. *Outline of Stratificational Grammar*. Washington: Georgetown University Press.

Saussure, F. d. 1959. *Course in General Linguistics* (trans. W. Baskin). New York: Philosophical Library.

程琪龙、王宗炎，1998，兼语一般句式和把字句式的语义特征，《语文研究》(1)。

（原载《现代外语》2001 年第 2 期）

客体致使句的认知语义分析

周　红

汉语中有一类句子：

1）那碗面吃了他一头汗。　　2）这篇文章写了我一晚上。

3）这部电影看得我热泪盈眶。　4）那个报告把我念得口干舌燥。

这类句子的主语与宾语是受事与施事的关系，分别是动作的客体与主体①，谓语动词后的补语是主体产生的结果。一般来说，谓语动词的主体充当句子的主语，谓语动词的客体充当句子的宾语，而这类句子正好相反。对此进行深入研究的是顾阳、沈阳、何元建，他们用"轻动词"理论论证了这类句子是由谓语动词移位并与隐性使役轻动词"叫/让"合并而成的使役结构，比如：

那 碗 面［吃 了］i　他 ti　一头汗。

前人研究注重的是这类句子的衍生过程，但它有什么样的语义特征、语法类型及语用功能，产生机制又是什么，还没有很好的研究。本文就试图探讨这些问题。

一、语义分析——客体致使

(一) 致使义

我们认为，这类句子表示致使义。致使包括四个基本语义要素和两个事件，四个基本语义要素是致使者（力的来源）、被使者（力作用的对

① 事件一般包含主体、动作和客体三个部分。本文中的"主体"主要指能够发出可控行为或可控心理状态及思维活动的有意志的事物，如"他写了一封信"中的"他"。

象)、致使力(致使者对被使者的作用力)和致使结果(被使者在致使者的作用下产生的变化)。两个事件是致使事件和被使事件,致使事件是致使者通过致使力作用于被使者,被使事件是指被使者在致使者的作用下产生一定的致使结果。致使表达的是致使事件与被使事件之间的关系,是致使者通过致使力作用于被使者,导致被使者产生一定的致使结果。如图 1 所示(括号表示"可有可无"②,箭头表示致使力传递的方向,下同):

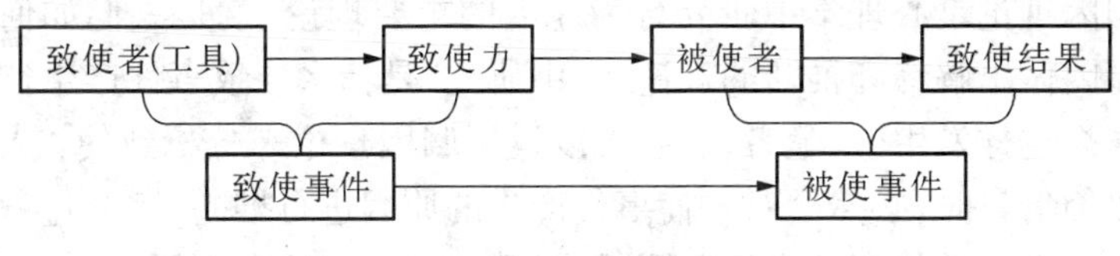

图 1　致使分解图

这类句子的主语是客体致使者,宾语是主体被使者,补语是致使结果。而客体致使者并不能发出谓语动词所表示的动作,客体致使者对主体被使者的作用是通过隐含致使力发生的,这个隐含致使力可通过典型致使动词"使、让"等表现出来。比如:

1′) 那碗面吃了他一头汗。

那碗面[使/让]他吃了一头汗。

2′) 这篇文章写了我一晚上。

这篇文章[使/让]我写了一晚上。

3′) 这部电影看得我热泪盈眶。

这部电影[使/让]我看得热泪盈眶。

4′) 那个报告把我念得口干舌燥。

那个报告[使/让]我念得口干舌燥。

这类句子的主要谓语动词和致使结果语义都指向主体被使者,因此,可变换成致使性重动句③:

---

② 致使包括一个可有要素——工具,有生命的致使者可能借助工具实现对被使者的作用。如"别动!你敢过来,我就一枪打死你!"(《读者》2003.9),其中"枪"是致使者"我"借助的工具。

③ 重动句可以分为致使性重动句和非致使性重动句两类,前者如"他唱歌唱得嗓子都哑了",后者如"他唱歌唱得很棒"。

1″）→他吃那碗面吃了一头汗。

2″）→我写这篇文章写了一晚上。

3″）→我看这部电影看得热泪盈眶。

4″）→我念那个报告念得口干舌燥。

(二) 客体归因方式

归因理论是心理学中研究行为原因的重要理论，就是人们如何对行为的原因做出解释和推断的理论，集中研究“是什么导致事件产生”或“事件为什么这样发生”。笔者认为，可以运用归因理论来分析致使：人类在观察致使情景时，必然会对被使事件产生的原因进行推断，这个过程就是归因。人类对被使事件进行归因时，对致使事件可能有不同方面的关注，形成了三种不同的归因方式：

① 事件归因。是由人类关注整个致使事件而形成的，其中致使力由“使、令、叫、让、致使”等典型致使动词充当。比如：

5）太阳的热力沉沉地罩在我身上，使我昏昏欲睡。（张贤亮《绿化树》）

6）小林画得糟透了，不断修改，致使那张美丽的脸变得有些黑。（朱文《我爱美元》）

② 主体归因。是人类关注动作主体，将动作主体看作被使事件产生的原因或归咎的责任者而形成的。比如：

7）老王把豆芽菜关在会议室，勒令她写至少五页材料纸的检讨。（《2001 中篇小说》）

8）一阵夜风吹了过来，吹乱了玉米的头发，几乎盖在了脸上。（《2001 中篇小说》）

③ 客体归因。是人类关注动作客体及其行为、特征，将其看作被使事件产生的原因或归咎的责任者而形成的。比如：

9）他们在一起玩起了过家家，有滋有味的，看得我头皮直麻。（《2002 中国最佳中篇小说》）

10）这诗听得大家耳朵都起茧了，没意思。（《小说月报》2003.5）

其中，事件归因和主体归因是常见的归因方式，客体归因是比较特殊的归因方式，这是由人类的思维习惯决定的。由客体归因方式形成的致使句称为客体致使句，它的含义是：

一般说来，致使力语义上通常要求主体和客体，主体处于主语位置，客体处于宾语位置，但在一定的条件下，致使力的客体以致使者的身份出现在主语位置或原因分句中，而原本致使力的主体出现在宾语位置或结果补语位置上，这样的致使句称为客体致使句。

二、客体致使句的语法类型及其语义制约

(一) 语法类型

1. 致使结果为名词性成分的客体致使句

这类客体致使句表现为动宾补格式，其意义是客体致使者使主体被使者通过某一动作产生比较明显的状态变化，或者获得某一东西，或者失去某一东西如时间等。比如：

11）那碗面吃了他一头汗。

12）那碗汤喝了他一身汗。

13）那个瓶子抓了他一手油。

14）那张椅子坐了他一屁股水。

15）这顿饭做了他整整一上午。

16）那篇稿子改了他一晚上。

例 11)、例 12)表现一种比较明显的状态变化，即吃面者出了一头汗，喝汤者出了一身汗；例 13)、例 14)表现被使者获得某一东西，即抓瓶者沾了一手油，坐椅者沾了一屁股水；例 15)、例 16)表现被使者花费了一段时间，即做饭者花费了整整一上午时间，改稿者花费了一晚上时间。

2. 致使结果为谓词性成分的客体致使句

这类客体致使句表现为动结句和“把”字动结句。前者表达的是客体致使者由于具有某些特点，作用于主体被使者，使得主体被使者产生变化。比如：

17）那时节的河畔枣又青又涩，吃得你肚子发胀，……（张承志《北方的河》）

18）毒奶粉喝死了好多孩子。

19）这张桌子抬得我胳膊都酸了。

例 17)突显了客体致使者“枣”的特点“又青又涩”，导致主体被使者“你”发生变化“肚子发胀”。例 18)突显了客体致使者“奶粉”的特点“毒”，

导致主体被使者“好多孩子”发生变化“死”。例19)客体致使者“这张桌子”的特点隐含,可能太沉,使得主体被使者“我”发生变化“胳膊都酸了”。

后者由于“把”字的使用更加突显了客体致使者对主体被使者的作用。当结果补语比较简单时,用一般动结结构;当结果补语比较复杂时,用“得”字动结结构。比如:

20）这一点儿酒就把你喝醉了?

21）这些年的大锅饭把人都吃穷了。

22）这话把我听得目瞪口呆。(张欣《梧桐梧桐》)

23）一张报纸把我找得头昏脑涨的。

(二) 语义制约条件

要构成客体致使句,主要谓语动词必须是二价动词,并且论元是主体和客体。我们用公式表示为 V^2(主体,客体)④。比如:

24）那个袋子抓了他两手面。　25）那个瓶子摸了我一手泥。

其中的动词“抓”、“摸”、“唱”是二价动词,其论元都是主体和客体。一价动词(如醒、灭、笑、哭、睡觉、搬家等)不能构成客体致使句,因为一价动词只有“主体”这个论元,没有“客体”论元。三价动词(如给、还、奖励、通知、答应、告诉等)也不能构成客体致使句,因为三价动词虽然具有“客体”这个论元,但客体多是有生命的人。

主要谓语动词的客体通常是无生命物,否则将会产生歧义或不能构成客体致使句。当客体是有生命物时,可能出现歧义:构成客体致使句和主体致使句。试比较:

26）那个孩子摸了我一手泥。(有歧义)

a. 那个孩子摸我,我沾了一手泥。(主体致使句)

b. 我摸那个孩子,我沾了一手泥。(客体致使句)

27）那个孩子抓了我一手油。(有歧义)

a. 那个孩子抓我,我沾了一手油。(主体致使句)

b. 我抓那个孩子,我沾了一手油。(客体致使句)

28）他等得我心急火燎的。(有歧义)

---

④ V^2 表示二价动词,上标数字表示价数,括号表示动词具有的论元。

a. 他等我，他心急火燎的。（主体致使句）

b. 我等他，我心急火燎的。（客体致使句）

29）那个瓶子摸了我一手油。（无歧义）

我摸那个瓶子，我沾了一手油。（客体致使句）

例26）有歧义，可以构成主体致使句和客体致使句，这是因为“摸”这个动作可以由“那个孩子”发出（a句），也可以由“我”发出（b句）。同理，例27）、例28）也是如此。这种情况表示如下：当动词为V^2（主体：人，客体：人），能够构成句子：[人]+V+[人]+[致使结果]时，存在两种意义：一种是“主体致使者+V+客体被使者+致使结果”，其中例28）客体不是被使者，只是主体致使者涉及的对象⑤；一种是“客体致使者+V+主体被使者+致使结果”。相反，例29）“那个瓶子”是无生命物，不可能发出“摸”这一动作，只能是“摸”的客体，因此，例29）没有歧义，是客体致使句。

当客体是有生命物时，有时不能构成客体致使句。试比较：

30）我看得他脸都红了。（有歧义）

a. 我看他，他脸红了。（主体致使句）

b. 我看他，我脸红了。（主体致使句）

c. *他看我，他脸红了。

31）那些美景看得我眼花缭乱。

例30）有歧义，即致使结果“脸红了”可以指向“他”（a句），也可以指向“我”（b句）。但不能构成客体致使句（c句），这是因为“看”的客体是有生命的人，“看”只能是“我”作用于“他”。若要构成客体致使句，动作“看”的客体必须是无生命物，如例31）。

三、客体致使句的产生机制——认知主观化

（一）认知主观性和主观化

随着功能语言学、语用学以及认知语法的兴起，人们越来越重视认知

⑤ 例28）a句表达的是主体致使句，但主体致使者引起自身发生变化，笔者称之为“返身致使”，不同于其它各例。

在语言中的作用，更加强调语言不仅表达客观命题，而且还要表达说话主体的主观性特点。我们这里所说的认知主观性，与目前所谈的主观性稍有不同。后者指的是话语自身多多少少总含有说话人“自我”的表现成分，因此，也就承认了任何话语形式都是说话人主观性的一种表现，比如说话人的视角、情感和认识。如果这样认为的话，势必造成以下结果：

① 由于对“主观性”的认识太主观，而无法揭示主观性对语言形式表达的制约作用。比如：

32）a．这个孩子老爱哭。

b．这本书太难读了，老是读不完。

c．这个人有事儿没事儿，老来找我。

依照上面的理解，以上三例都体现了说话人的情感，a 句表示说话人非常讨厌这个孩子，b 句表示说话人的不耐烦情绪，c 句表示说话人的不满情绪。如果这样理解的话，对主观性的认识过于泛化，把言语理解与表达上的东西也包括了进来，造成人们对于语言和言语的区分模糊，也不能体现主观性对语言形式的制约。

② 由于对语言形式的研究缺乏一个基点而变得无从入手。比如：

33）a．我打倒了他。

b．我把他打倒了。

c．他被我打倒了。

依照上面的理解，以上三句都带有说话人的主观因素，即观察视角的不同，前两句是“我”，后一句是“他”。如果这样理解的话，每个句子都有观察的视角，都带有一定的主观性。但我们认为，语言研究要确立一个基点或者说参照，这样才能有针对性，否则无从下手。比如以上三例在人类的认知中并不是一个层次上的，相比较而言，存在着客观描述与主观描述之分。我们的研究注重于语言形式如何从客观描述到主观描述，考察这一变化中说话人的主观态度和认识对语言形式的制约。

因此，认知主观性是指人类在面对同一情景时所采取的不同认知态度，由此形成不同的语言形式。语言体现了人类的认知主观性，语言的发展或者变异体现了人类认知主观化的结果。我们认为，认知主观性和主观化具有以下特点：① 主观性是认知上的主观性。所谓认知是人类对客观世界及其关系进行处理和组织使之概念化和结构化的过程，认知上的主观性基于人类的共同心智，包括人类的主观态度和认识，不包括言语中说话人个体的心理因素。② 主观性与客观性相比较而言，或者说，对语言形式主观性的研究需要确立一个参照点。人们对客观世界的认识往往基于一定的认知模式，由这个认知模式形成的语言形式，称之为客观语言形式，或者说，这种语言形式是一种客观描述。③ 认知主观性可以用来研究变异语言形式与基本语言形式之间的关系，可以用来解释变异语言形式的产生原因，从而找出人类的认知态度在语言上的具体表现形式。④ 认知主观化是语言为了表现人类的认知主观性而采用相应的结构形式或经历相应的演变过程。因此，可以运用认知主观化来研究语言形式的变异过程。

(二) 认知主观性和主观化的制约

人类在观察同一致使情景时，因其观察的视角和突显的对象不同，对事件的描述就不同，从而形成不同的致使句。客体致使句的产生就体现了人类认知主观化的过程。主观化过程是相对于客观描述而言的。主体致使句是比较常见的配位方式，它是人类对某一致使情景的比较客观的描述。

同样的二价动词可以形成不同的配位方式，客体致使句只是其中的一种配位方式。用公式表示主要谓语动词的配位方式，其中主体(Nominative，简称 N)，领属物(Possession，简称 P)，客体(Accusative，简称 A)，结果(Result，简称 R)，句子(Sentence，简称 S)：

S1：$N + V^2 + A$(我看书)　　S2：$N + V^2 + R + A$(我看完了书)

S3：$N + V^2 + R$(我看累了)　S4：$N + V^2 + R + P$(我看花了眼睛)

S5：$N + V^2 + A + V^2 +$ (得) + (P) + R(我看书看累了)

S6：$A + V^2 + R + N + P$(这本书看花了我的眼睛)

S7：$A + V^2 +$ 得 + N + P + R(这本书看得我眼睛都花了)

S8：A + 把 + N + P + V^2 + (得) + R(这本书把我眼睛都看花了)

其中 S1—S5 是较常见的配位方式，不同的是：S1 没有结果 R，而 S2—S5 产生了结果 R，N 在动词 V 之前，是主体致使句；S6—S8 是不太常见的配位方式，N 在动词之后，A 在动词之前，是客体致使句。

认知主观化对客体致使句的制约主要表现在话题的变动和语序的变

化上。① 话题由“主体”到“客体”，如由“我”变为“这本书”。当客体处于话题主语位置时，有两种情况：主体仍处于动词之前和主体处于动词之后。比如：

34）a．那碗面，我吃了一头汗。　b．那碗面吃了我一头汗。

35）a．那场球，我看得累死了。　b．那场球看得我累死了。

对客体的突显表现为客体作为致使者与主要谓语动词之间的邻近，如b句，相反，a句没有表现出客体的作用，不是客体致使句。

② 语序的变化，即动词的主体和客体的前后位置发生了变化，由主体在动词前、客体在动词后变为客体在动词前、主体在动词后。客体致使句的语序受到了实体隐喻的影响。实体隐喻就是通过人类的认知将一种事物当作另外一种事物看待，因此，无生命物有时会被赋予生命，具有主动作用的能力。如例34）a、例35）a“那碗面”、“那场球”本来是动词“吃”、“看”的客体，通过隐喻，具有引发主体发生变化的能力，因此，客体处于话题主语位置，主体处于动词之后，构成了客体致使句。

四、客体致使句的语用功能

（一）客体施动性和主体受动性

一般来说，动作的主体具有施动性，动作的客体具有受动性。所谓施动性是指能够引发、导致另一事物或人发生变化的性质，所谓受动性是指接受某一事物的作用。施动性与受动性是一对相反的概念：① 当动作主体是作用源时具有施动性，当动作客体是作用对象时具有受动性；② 动作主体一般处于主语位置，动作客体一般处于宾语位置或补语位置，但动作客体处于主语位置时，它也具有施动性。比较：

36）a．我吃坏了肚子。　b．我吃西瓜吃坏了肚子。

c．我吃西瓜吃得肚子都坏了。　d．这个西瓜，我吃坏了肚子。

e．这个西瓜吃坏了我肚子。　f．这个西瓜吃得我肚子都坏了。

g．这个西瓜把我肚子都吃坏了。

a—d句是主体致使句，主体“我”具有施动性；e—g句是客体致使句，客体“这个西瓜”具有施动性，主体“他”具有受动性。

(二) 外在致使力的突显

客体致使句突显的是客体致使者的作用，表现为客体致使者的动作、行为及特征，是一种外在致使力(用黑线标出)，比如：

37) 那副牌在他手中忽长忽短，刷刷地进进出出，看得我眼睛都酸了。(余华《活着》)

38) 我听到一个女人在外间屋大声哽咽，门上响起一阵类似爪子挠抓的刺耳声音，听得我毛骨悚然。(王朔《玩的就是心跳》)

39) 买了一大堆煮地瓜，连须带皮的吃下去，吃得他胃中直冒酸水。(老舍《火葬》)

40) 新鲜的麦子实在香极了，吃得她们忘乎所以的。(《小说月报》2003.3)

V是导致R产生的内在原因，但R还有更大的外在原因，具有"使NV得(A/P)R"的意义，如例37)外在原因"那副牌在他手中忽长忽短，刷刷地进进出出"，导致"我""看得我眼睛都酸了"。与之相应的主体致使句突显的是主体致使者的作用，是一种内在致使力，即作用源由主体发出并作用于主体自身，外在原因没有得到突显，比如：

37′) →那副牌在他手中忽长忽短，刷刷地进进出出，我看得眼睛都酸了。

38′) →我听到一个女人在外间屋大声哽咽，门上响起一阵类似爪子挠抓的刺耳声音，(我)听得毛骨悚然。

39′) →买了一大堆煮地瓜，连须带皮的吃下去，他吃得胃中直冒酸水。

40′) →新鲜的麦子实在香极了，她们吃得忘乎所以的。

由上可见，客体致使句突显了客体这一外在致使源和它的施动性，表达了客体对被使事件的产生负有绝对的责任，而主体被动、消极地接受客体的作用而发生变化，表现了主体不期然的情绪。

(三) 致使关系的认识性

客体致使句表现的是较主观的认识层面上的致使关系，与较客观的事理层面上的致使关系相对立。这并不是说致使事件与被使事件不具有客观现实性(实际上,它们都是现实发生的事件),而是说,说话人对造成这种结果的原因的认定反映了说话人的主观认识,或者说,说话人所认定的致使事件和被使事件之间的致使关系是说话人的主观推断[4]。致使者是现实事件中谓语动词的受事成分,而通常情况下致使者是现实事件中谓语动词的施事成分,或者说,受事致使者与施事致使者形成了鲜明对比。比如:

41) a. 一杯酒就把他喝醉了。　b. 他喝酒喝醉了。

42) a. 这篇论文看得我头晕眼胀的。

　　b. 我看这篇论文看得头晕眼胀的。

a 句是客体致使句,b 句是主体致使句,二者相比,b 句致使关系的客观性程度较高,而 a 句致使关系带有较强的主观认识性。

【附记】本文得到导师刘大为先生的悉心指导,戴耀晶、金立鑫、胡范铸、王永德等先生也提出了宝贵意见,在此深表感谢。

参考文献

沈阳、何元建、顾阳,2001,《生成语法理论与汉语语法研究》。哈尔滨:黑龙江教育出版社。

唐翠菊,2001,现代汉语重动词的分类,《世界汉语教学》(1)。

项开喜,2002,使因动词的"反及物化"及其句法成果,第十二次现代汉语语法学术讨论会,长沙。

周　红,2004,《现代汉语致使范畴研究》。未出版之博士论文。华东师范大学,上海。

(原载《语言研究》2006 年第 3 期)

从类型学参项看普通话中分析型致使结构的句法类型及其语义表现

牛顺心

一、致使范畴及其表达方式

致使范畴是人类语言中一个普遍存在的语义范畴，Comrie 指一个宏观场景由 A 和 B 两个微观事件组成，“A 导致了 B 的出现”或者“A 使 B 产生”，这两个事件之间的关系就是致使关系(Comrie, 1989)。一般的小句结构都是一个单一的事件，而致使结构是由两个事件组成的小句结构，因此也常常是一个复杂的谓语结构。Comrie 认为一个致使结构包括两个成分：主体部分(a matrix)和一个嵌入这个主体的句子(an embedded sentence)(Comrie, 1976)。主体部分做主语(MS)，对应于原因，我们称为使事；被嵌入的句子对应于结果部分，我们称为成事，该句子的主语(ES)对应于结果的主体，谓语部分(EVP)对应于在原因的作用下出现的动作或状态。除了表示原因的 MS 与表示结果的 ES 和 EVP 这三要素之外，还经常会出现专门表示致使意义的成分。它可以是一个词缀，如日语中的-sase；也可以是一个独立成分，如汉语中的“使”和“令”等。本文把专门表示致使意义的成分称为致使标记(CAU)，如果这个致使标记独立成词，我们称之为致使词。

致使范畴的表达方式虽然多样化，但在其多样化的背后，却强烈地体现了人类语言的共性。Comrie 和 Dixon 根据原因和结果的融合程度，把致使结构分为以下三类(Dixon, 2000)：分析型、形态型和词汇型。在形态型和词汇型中表示原因和结果的两个事件都融合在一个谓语表达式中，不同的是形态型中的谓语与相对应的非致使结构之间通过某种形态手段相联系，如英语中的 en-(to enlarge a photo“放大照片”)，而词汇型中的谓语与相对应的非致使结构之间的联系没有规律性，只能把它们视为一个个独立的词汇，如英语中的 kill（杀死）与 dead（死）。分析型指原因和结果两个事件各有独立的词汇形式，而且这两个事件的谓语处于两个独立的小句中，原因的谓语动词 MV 一般做主句的谓语，而结果的谓语 EV 作为主句的补语[如例 1)]或者其它类型的从属从句[如例 2)]。虽然人类语言中致使范畴的表达形式主要是这三类，但这三类形式之间并不是截然分开的，而是一个连续体，在它们之间还存在着各种过渡形式，正是这些过渡形式的存在才使得语言中致使范畴的表达方式丰富化、多样化。

1）他　让　我　喝　水

2）Capi　te　[i-jot　na]　i-to

人名　过去式　[i-睡觉　从句标记]　i 宾语- CAU　（Dixon，2000：36）

"Capi　让我睡觉" Canela-Kraho语（巴西的一种土著语言）

从表层结构看，形态型和词汇型致使结构都类似于一般的动宾结构，而在分析型致使结构中，由于原因和结果各有独立的词汇形式，因此分析型致使结构的谓语往往是一个复杂的谓语，如汉语中的递系式。所以本文把形态型和词汇型合称为综合型，共分为两大类：综合型和分析型（牛顺心，2007a）。

二、普通话中致使结构的句法类型

本文主要从语法形式（也适当地结合语义表现）的角度，把普通话中致使结构的句法类型大致分为两大类和六小类：综合型（包括形态式、使动式和复合式）和分析型（包括使令式、致动式和隔开式）。

（一）综合型

1. 形态式：MS＋Vc＋ES

3）房子空（阴平）了。　　　　你空（去声）间房子给我。

表示状态的"空"与致使的"空"在语音上具有一定的对应关系：声韵相同，声调不同。这种形式是古汉语中表达形式的遗留，在普通话中只留下了个别的词语。

2. 使动式：MS＋Vc＋ES

4）我们要端正态度。

使事的谓语在语音上为零形式，成事具有独立的谓语形式，二者完全融合在一起，这样的格式在形式上跟一般的主谓句没有区别，但意义相距甚远。

3. 复合式（compound causative）：MS＋（MV＋EV）＋ES

5）我晾干了衣服。　　　　　　＊我晾了干衣服。

使事和成事虽然有各自的词汇形式，但二者的谓语动词已经复合为一个较为固定的结构，我们称之为复合式①。（MV + EV）虽然能够扩展，但很有限，而且 MV 与 EV 之间的搭配也要受词义选择的限制，因此，复合式与前两类综合型结构（形态式和使动式）不同，复合式接近于 Comrie 分类中的词汇型（Comrie，1976）。复合式中的 MV 主要是及物动词，也可以是不及物动词，EV 一般是形容词和不及物动词（包括趋向动词）；MV 是开放的，而 EV 则是一个基本封闭的类。

其实复合式致使结构并非汉语所特有，类似的结构在其它语言中也存在。Dixon 指出：伊玛斯语（Yimas）中有一种类似复合式的致使结构，tar-和 tmi-能够与其它动词复合在一起表示致使意义（Dixon，2000：68）。tar 和其后的动词具有共同的时体标记，体现这两个词之间的关系很紧，见例 6）。汉语中的复合式也是如此，MV 与 EV 之间只能插入"不"和"得"，而且汉语中的体标记"了"只能附加在整个 EV 之后，而不能附加在二者之间，如前文中的例 5）。

6）na-ga-tar-kwalca-t　（Dixon，2000：68）　"她叫我起来"
　　她-我-使-起来-体标记

当然，汉语中的复合式与 Yimas 语还有区别，因为 Yimas 语中附加在一般动词之前表示致使的只有两个 tar-和 tmi-，汉语中能够作 MV 的词很多，具有开放性，反而是作 EV 的词语比较有限。由于汉语中 EV 只能是不及物动词和形容词，因此这类格式的局限性也很明显，对于"吃"这

---

① 王力（1980）《汉语史稿》着眼于（MV + EV）的性质和来源称之为使成式，本文称为复合式主要着眼于具有致使意义的结构。

类及物动词我们只能用其它的结构了，见例7)。

7) 我们赶走了他。　　我们赶他吃饭去。　　我们赶得他吃饭去。

(二) 分析型

1. 使令式(permissive causatives)：MS+MVp+ES+EVP

指由具有独立谓语形式的使事和成事组合而成。这里的MVp是指一般的表示命令、要求和允许等意义的使令动词。我们借用邢欣鉴别使令式与其它"递系式"的"扩展法"(邢欣，1995)来区分使令式与其它的兼语，即对于这样的结构MS+MVp+ES+EVP，凡是能扩展为带使令动词"让"和"叫"[②]的结构都是使令式：MS+MVp+ES+EVP→MS+MVp+ES，让/叫+ES+EVP，见例8)(邢欣，1995)。

8) 老板通知我明天去上班。　→　老板通知我，让我明天去上班。

2. 致动式[③](periphrastic causatives)：MS+CAU+ES+EVP

9) 真是不能怪你，太让人寒心了。(王朔《编辑部的故事》)

普通话中专门表示致使意义的CAU主要有使、令、让、叫这四个词，它们的主要功能和作用就是连接原因和结果两个事件，标明二者之间的产生和被产生的关系，我们称之为致使词或致使标记(牛顺心，2007b)

3. 隔开式[④](isolating causative)：MS+MV+得+ES+EVP

指原因和结果两个事件之间被一个助词"得"隔离开[⑤]。普通话中"得"后的补语种类很复杂，既有程度补语，又有状态补语，只有"得"后补语为句子形式的补语才可能具有致使意义，才是我们这里讨论的隔开式，见例10)。并非所有带"得"的句子形式的补语都属于隔开式，例11)就不

---

② 邢欣强调的是扩展为带"使"的结构(邢欣，1995)，我们这里与她的做法不完全一样。

③ 致动曾是使动用法最早的名称，是陈承泽《国文法草创》最先提出的。

④ 郭锐2001年在新加坡肯特岗会议上的论文《致使表达的类型学和汉语的致使表达》中曾经把这一类致使结构称为"间隔式"，给了我很大的启发，我觉得称为"隔开式"更合适。

⑤ 关于"得"的性质以及MV的性质我们另文详细论述，我们这里姑且把"得"前的动词全看作MV。

是表示致使意义的隔开式。宋玉柱指出这类句子的共同特点是语音停顿在“得”之后，而具有致使意义的隔开式的停顿在“得 ES”之后（宋玉柱，1979）。

10）人多挤得咱们站都站不下了？（马星海《东北一家人》）

11）他在“许愿池”边站得脚已酸了，想要的幸福还讲不完。（《参考消息》2002 年 1 月 2 日）

（三）小结

从以上对普通话中致使结构的描写来看，在综合型致使结构中，其中的两类（指形态型和使动型）能产性较低，特别是形态型仅仅是汉语早期致使式的遗留，只有复合式使用频率较高，因其已经复合化，有了词的特点：意义的完整性和结构的定型化，因而构成复合式的两个动词之间具有较强的语义选择性。分析型致使结构是汉语中主要的致使结构，我们下面专门考察这三类分析型致使结构的语义表现。

三、普通话中分析型致使结构的语义表现

Dixon 列举了致使结构的九个语义参项（Dixon，2000）。关于动词的有两个：状态动词和动作动词之分以及动词的及物性；关于使事的有四个：使事直接还是间接发出动作（directness）、意愿性（intention）（使事无意还是有意导致结果的产生）、使事自然（naturally）还是费力（with effort）地导致结果的产生以及使事参与行为动作与否（involvement）；关于成事的参项有三个：成事是否具有控制性（control）、情愿与否（volition）以及受影响的程度（affectedness）（是部分还是完全受影响）。我们主要依据这九个语义参项并结合汉语的具体情况来探讨普通话中这三类分析型致使式的语义表现及其特点。

（一）MS 的对比

1. MS 的生命度

Dixon 虽然没有把使事和成事的生命度作为一个语义参项（Dixon，2000：61－74），但使事和成事的多个语义参项都与生命度直接相关，如

使事的意愿性、成事的控制性以及情愿与否等，所以我们这里把生命度作为一个单独的参项来讨论使事和成事。使令式主要是通过言语、动作等方式来表示使事的命令或要求，所以使令式中 MS 的原型是能够发出命令或要求的生命度比较高的主体（人、动物或组织），如例 12）。也就是说，使令式的使事 MS 经常是一个代词、名词或者名词短语。

12）根据这部纪录片，在朝鲜战争刚开始不久，美军指挥官曾多次命令部下屠杀手无寸铁的难民。 （《参考消息》2002 年 2 月 1 日）

致动式经常表示客观情况造成的某种状态或行为，这里的使事 MS 的原型是一个客观的事件或无生命的事物，如例 13）。正因为致动式的使事原型是一个客观事件，所以经常以小句的形式出现，因而致动式中的使事可以很长，甚至是几个并列的小句，在书面形式中，经常用逗号与后面的成事分开，如例 14）。特别是致使词"使"在普通话中已经具有连词的一定性质，邢福义曾经专门讨论过致使词"使"的性质（邢福义，2001：624 - 656），MS 之前经常出现连词"只要"、"只有"、"因为"等与后面的"使"相呼应[见例 15）]，但"使"之前经常出现副词（"终于"）和能愿动词（"可以"），"使"还经常带宾语"之"，因此，致使词"使"虽然具有一定的连词的性质，但仍然是以动词为主。

13）她的嗓门又高起去，街上的冷静使她的声音显着特别的清亮，使祥子特别的难堪。（老舍《骆驼祥子》）

14）蓝的天，白的雪，天上有光，雪上有光，蓝白之间闪起一片金花，使人痛快得睁不开眼！祥子刚要走，有人敲门。（老舍《骆驼祥子》）

15）因为搞多了搞急了，使得我们今天甚至明天还会有些被动。（邢福义，2001：627）

如果致动式中的 MS 是生命度高的动物或人的话，往往是使事 MS 的动作或状态导致了成事 EVP 这样的结果，在句中却隐含了使事具体的动作或状态，使令式的 MS 隐含的内容则多是 MS 发出命令或要求的方式或 MS 的身份或地位。例 16）是使令式，"叫"表示用言语来指令"我""应该怎样"，是使令词；例 17）是致动式，"叫"表示致使，隐含的内容是"王眉做了某件事"，因此"使我的希望落了空"。

如果我们把例16)和例17)的内容说得更明白更准确,应该如下:

16) 阿眉叫我不要太担心她身体。(王朔《空中小姐》)→阿眉嘱咐我不要太担心她身体。

17) 工眉叫我的希望落了空。(王朔《空中小姐》)→干眉不理我了,叫我的希望落空了。

一部分使令动词可以用在隔开式之中,如动词“逼”,例18)中是使令式,MS只能是生命度高的人。例19)—21)中都是隔开式,与使令式不同的是:在隔开式中,MS可以是生命度高的人,如例19);也可以是事物,如例20);还可以是事件,如例21)。

18) 是不是你丈夫逼你来的,让你翻供?(王朔《编辑部的故事》)

19) 夏顺开十分严肃,控诉女儿:“这可都是你逼得我犯错误。”(王朔《刘慧芳》)

20) 他想好好盘算盘算,可是,一股透心凉的寒气,逼得他没法集中思想。(老舍《四世同堂》)

21) 第六盘我终于取得了优势,逼得贾玲苦苦思索。(王朔《过把瘾就死》)

隔开式中的MV是非使令动词、不及物动词或形容词时,MS可以是人,如例22);或者无生命的事物,如例23);或者事件,如例24)。

22) 我哪有什么病呀,都是他们气的,气得我吃不下饭去!(老舍《归去来兮》)

23) 赵胜天被妻子的侃侃而谈惊得合不拢嘴巴。(池莉《太阳出世》)

24) 医院没有高级药,气得老头要上吊。(马星海《东北一家人》)

隔开式中的MS在某些情况下可以省略,这时就成了一个光杆的不及物动词或者形容词做MV,表示某个动作或状态造成ES处于或产生EVP的动作或状态,如例25)和例26)。虽然致动式的使事也可以是一个事件,而表示事件的既可以是句子形式,也可以是动词短语,但从来不用光杆的动词来表示。由此可见,与使令式、致动式不同,隔开式更强调动作造成EV的产生或出现,但是这个光杆的不及物动词或者形容词的具体内容我们往往可以在上文中找到。

25) 大家都回头看,他也无辜地回头看,集体的视线都落到了坐在最后一排的古德白身上。急得古德白连连申辩:“不是我喊的不是

我喊的。"（王朔《一点正经没有》）

26）妈妈的专制是要讲一片道理的，这群小孩是强暴而完全不讲理。气得他有时非和妈妈讲论一番不可："可以把人家的帽子抢走，扔在地上吗？"（老舍《牛天赐传》）

2. MS 的意愿性

Dixon 在考察各种致使结构的语义时，使事的意愿性是一个很重要的参项（2000：70），指使事是有意造成 EVP 的产生，还是无意为之。Dixon 提到卡姆语（Kammu）中有两种致使机制：前缀 p-和动词前的小品词 tok（Dixon，2000：70）。前缀 p-用来表示使事 MS 故意造成 EV 的产生，小品词 tok 用来表示使事 MS 无意中造成 EV 的产生。

27）Kee	p-haan	traak	"他故意杀死了水牛"
他单数阳性	CAU 死	水牛	
28）Kee	tok haan	muuc	"他不小心弄死了蚂蚁"
他单数阳性	CAU 死	蚂蚁	

有意还是无意只有生命度高的主体如人、动物或组织才有可能具有这样的能力。使令式表示 MS 命令或允许 ES 做某事，因此使令式中的 MS 一般是有意为之。当致动式中的 MS 是无生命的事物时就无所谓有意或者无意之别，如例 29）。但是当致动式中的 MS 是生命度高的主体或者事件时，就要做具体分析。例如 30）中的使事 MS 无所谓有意或无意，例 31）和例 32）中有表示意愿的词语"愿意"、"想"，因此使事 MS 是有意造成 EV 的产生。隔开式的 MS 可以是无生命的，也可以是有生命的，因此隔开式 MS 的意愿性与致动式也一样。

29）她的话终于使周瑾动摇了。（王朔《给我顶住》）

30）在没有外患的时候，坐坐使社会腐烂。（老舍《四世同堂》）

31）我看你一天到晚老不愉快，主愿意使你乐观一点。（老舍《四世同堂》）

32）秀莲帮着爸爸，想使空气融洽点儿。（老舍《鼓书艺人》）

（二）MV 与 CAU 的对比

1. MV 与 CAU 的不同

使令式的 MVp 是具有命令、允许等意义的使令动词，既承担导致

EVP 产生的致使意义，又有具体的词汇意义（即命令、允许的方式），是一个具有一定语义要求的半开放的类，如嘱咐，鼓励、派等。致动式中的致使词 CAU 没有具体的词汇意义，仅仅表示抽象的致使意义，因此这四个主要的致使标记（使、令、让、叫）一般是可以互换的，见例 33）。

33）他昨天没来看我使/令/让/叫我很难过。

隔开式中的 MV 可以是及物动词、不及物动词或形容词，是一个开放的类。隔开式中的 MV 一般与使令式中的 MVp 一样有具体的词汇意义，因此隔开式也能够表明 MS 导致 EV 出现的具体方式。缪锦安在谈到带“得”补语具有致使意义时，就曾经指出：“在表达使动动作方面，复合式（使成式）或兼语式比这一类复杂式补语（即带‘得’的补语）含糊。兼语式并不指出用什么具体动作使动。”（缪锦安，1996：130）隔开式中的 MV 也有一部分词语由于使用频率较高，语义已经变得比较抽象了，这样的动词有“使得”、“弄得”和“搞得”等。这几个词汇意义虚化的动词与“得”一起，已经定型化，其功能相当于“使”等，即一个抽象的致使词，见例 34）和例 35）。

34）他们虽然常会争得面红耳赤、各不相让，但从不伤和气。对巨大事物的关怀使得（=使）人们友爱了。（王朔《我是你爸爸》）

35）我过马路规规矩矩，可有时爱随地吐痰，卫生警察抓住就毫不客气地在众目睽睽下罚款，根本不听我有鼻炎的申辩，搞得（=使）我一见大壳帽就神经紧张。（王朔《浮出海面》）

隔开式中的 MV 多为不及物动词和形容词，见例 36）和例 37），而使令式和致动式的 MV 不可能是这两类词。当隔开式中的 MV 是及物动词时，ES 可以是 MV 的施事［见例 38）］或受事。在使令式中，ES 也是 MV 的受事，此类隔开式与使令式相比，只是多了一个“得”，使令式可以转换为隔开式，如例 39），但需要句尾附加上一个表示“已然”的“了”才更自然，这就凸显出了“得”表示“已然”的意义，而隔开式并非都能转换为使令式，如例 40）。

36）所以罗格要求它帮一把发展中国家，惊得美国奥委会主席桑边·鲍德温目瞪口呆。（《参考消息》2002 年）

37）天热得人受不了，一丝风也没有。（老舍《鼓书艺人》）

38）这首曲子听得我凄然而又悚然。［转引自李临定(1963)］

39）吴建新正眼都不看他，挥手赶他走。（王朔《许爷》）

→挥手赶得他走了

40）待一会儿我还妥详问，你怎样用你的枪你的刀，把敌人赶得望影而逃。（老舍《大地龙蛇》）

→ * 赶敌人望影而逃

2. 使令动词与致使词 CAU 之间的蕴涵关系

即致使词由使令动词功能的扩大和类推而来，因此所有的致使词（不包括复合词，如“使得”等）现在是或曾经是使令动词。致使词“叫”和“让”在普通话中同时存在使令式和致使式，不过，“使”已经基本上丧失了使令式的用法，见例 41）。但是，直到清朝的《红楼梦》中，“使”的使令式用法还很普遍，见例 42），“令”的使令式用法偶尔还见于普通话中，见例 43）。

41） * 领导使我去开会。

42）再还有瑞大爷使人来打听奶奶在家没有，他要来请安说话。（《红楼梦》第十一回）

43）她经常打电话令我去见“一个人”，都是她认为我应当一见的，对我大有用处的人，每个人都是“至关重要”的。（王朔《许爷》）

但是“使”和“令”的使令式用法并没有随着它们发展为致使词而完全消失，它们的命令、要求的意义作为语素保留在一些复合词中，使得这些复合词成为使令动词，见例 44）和例 45）。

44）我被推上警车，车里的一个警察踢了我膝盖一脚，喝令我低头蹲着。（王朔《一半是火焰一半是海水》）

45）我也调查清楚：自从姑母搬到我家来，虽然各过各的日子，她可是以大姑子的名义支使我的母亲给她沏茶灌水，擦桌子扫地，名正言顺，心安理得。（老舍《正红旗下》）

（三）ES 的对比

1. ES 的生命度

使令式中的 ES 一般是生命度较高的主体（人、组织或者动物），因为只有高生命度的主体才可以去接受或执行 MS 的命令。致动式的 ES 既可以是生命度高的主体，如人或动物，如例 46），也可以是生命度低的事物或某种抽象的东西，如例 47）和例 48）。隔开式的成事 ES 也不限于生命度高的人或动物，也可以是无生命的事物，见例 49）和例 50）。

46）原因很简单，也很令人惭愧（现在我有勇气承认了），他的父亲是个司机。（王朔《许爷》）

47）不错，在那年月，某些有房产的汉人宁可叫房子空着，也不肯租给满人和回氏。（老舍《正红旗下》）

48）李缅宁尽量令语气平淡，不使开心流露。（王朔《无人喝彩》）

49）一个闷雷把老张打得闭口无言。（老舍《老张的哲学》）

50）往下看，只看见一把儿一把儿的腿，往上看只见一片脑袋一点一点的动；正像"车海"的波浪把两岸的沙石冲得一动一动的？（老舍《二马》）

2. ES 的意愿性

使令式中的 MS 具有意愿性，因此表示主观意愿的"愿意"、"想"等能附加在 MVp 之前表示 MS 的主观愿望，可是 ES 是在 MS 的允许或命令下发出 EV 这样的动作，因此在使令式中，意愿词不能附加在 EV 之前表示 ES 的主观愿望。使令式中的 ES 也可以具有意愿性，但是 ES 的意愿性只能在后续句中表达，如例 51）。

51）老板让我去出差，可是我不愿意去。

在致动式和隔开式中，成事 ES 在使事 MS 的作用下，可以产生自己的主观愿望，因此意愿词也可以附加在 EV 之前，见 52）和 53）。

52）冤屈，愤恨，与自己的无能，使她们愿意马上哭死。（老舍《四世同堂》）

53）气得宝庆想大声嚷起来。（老舍《鼓书艺人》）

（四）EVP 的对比

1. 动词的分类

我们这里主要依据 Dixon 对动词的语义特点及句法特征的分析（Dixon，2000：63），把动词分为两大类：行为动词（action verb）和状态动词（state and process verb）。行为动词一般表示自主的行为和活动，主语一般都是施事主语，根据行为动词核心论元的数量，又分为及物动词和不及物动词。状态动词表示人、物或事件呈现的状态、性质或变化结果，这种状态和变化一般是非自主的，状态动词一般是不及物的，不带受事宾语。

2. 行为动词与状态动词在 EV 中的对立

使令式中的成事 EV 主要是行为动词，而且是自主动词，因为 EV 是 MS 要求 ES 去做的事情，如果 ES 无法控制，那也就无法完成 MS 的命令和要求。马庆株在谈到鉴别自主动词与非自主动词的框架时（马庆株，1992），就曾经指出，自主动词出现的框架或典型环境就是表示请求、劝告、命令或执行说话人的某种意图，见例 54）。形容词一般不能作使令式中的 EV[见例 54）]，不过，在一定的条件下，形容词也可以出现在使令式之中[见例 55）]，而这两种格式也正是可以单独用为祈使句的格式[见例 56）]。

54）我的几个战友也干了武警，他们劝我也去，我没答应。（王朔《空中小姐》）

55）*我劝她高兴。

a. 我劝/让她高兴点儿。　　b. 劝她先高兴高兴！

56）*高兴！

高兴点儿！　　高兴高兴！

致动式中的 EV 经常是体现人心情或感受的形容词以及非自主动词，如例 57）和例 58）。

57）实在的，她可能不比照片上的那个形象更具纯粹意义上的美感，更令人陶醉和遐想。（王朔《动物凶猛》）

58）这，使她得到不少的温暖，而暂时的与桐芳停了战。（老舍《四世同堂》）

但是自主的行为动词并非不能出现在致动式中，见例 59）和例 60），因此我们不能简单地把使令式与致动式中 EV 的区别归结为自主与非自主之别。可是，观察这两个例句我们会发现，虽然出现在致动式中的 EVP 的核心动词是自主动词，但是整个 EVP 具有非自主性。例 59）中的“不能不”和例 60）中的“一下”都体现了 EVP 的非自主性。

59）可是，姑母居然敢和这位连神佛都敢骂的老太太分庭抗礼，针锋

相对地争辩,实在令人不能不暗伸大指!(老舍《正红旗下》)

60)我把脚从她屁股底下抽出,令她一下坐在地上,随手拎过一张报纸遮住脸看。(王朔《过把瘾就死》)

Dixon 指出行为动词与状态动词的对立是考察致使结构的语义和句法特征的一个重要参项(Dixon, 2000: 63)。在巴哈萨印度尼西亚和马来西亚语言中,能产的致使后缀-kan 只能附加在状态和变化动词上,如 melebar-kan"弄宽"、menggembira-kan"使高兴",而行为动词只能使用"迂回式"(即使令式)。Amberber 也指出,在 Amharic 语中,较短的致使前缀 a-只能附加在状态动词以及状态改变的动词上,如"融化(melt)"或"经受(Stand)",而不能附加在一般行为动词上,如"跳舞(dance)"或"笑(laugh)",而较长的前缀 as-可以附加在任何动词上;在 Mohawk(易洛魁语的一种)也是如此,致使后缀只能附加在状态动词上(Noonan, 2007: 317-321)。

可见,普通话中行为动词与状态动词在使令式与致动式中的分布中出现的对立是受语义的制约,是语言的共性。吕叔湘已经注意到了这两类意义的区别:"'使'和'令',白话里是'叫'(教)等字,这些动词都有使止词有所动作或变化的意思。""有所动作"就是指行为动词出现在使令式中,而发生"变化"即指状态动词出现在致动式中(Maura, 2002: 92)。

隔开式中的 EVP 可以是自主动词也可以是非自主动词,见例 61)和例 62)。

61)老板逗得他辞职了。

62)这种北京特有的干冷,往往冷得人痛快。(老舍《正红旗下》)

3. EVP 的已然与未然

Noonan 指出致使关系是中性的,即成事没有必然的已然未然之分,但是很多语言都具有自己标记已然未然的方式(2007: 86-88)。英语中是用不同的词汇来标记已然未然的,force(迫使)的成事必然是已然的,而 persuade(说服)的成事一定是未然的,press(催逼)的成事则是中性的,无所谓已然或未然。

63)I forced Hugh to resign.(暗示 Hugh 已经辞了职)

64)I persuaded Hugh to resign.(暗示我劝 Hugh 辞职,但他到说话

时尚未辞职）

65）I pressed Hugh to resign.（并没有暗示 Hugh 辞职与否）

有的语言使用不同的致使标记来表示已然未然的区别。Maura 指出，在 Guarani 语（南美的一种土著语言）中，存在两种分析型致使结构，一个 MV 是 heja（“同意”），一个 MV 是 e（“告诉”），这两个词构成的分析性致使结构之间也是已然和未然之别（2002：53）。在例 66）中，“他去”的动作已经完成，而例 67）中并没有表明“他去”是否实现。

66）A-heja　o-ho　“我使得他去了”

我使事-CAU　3 宾格-去

67）Ha-e　chupe　o-ho　hagua　“我让他去”

我使事-CAU　他宾格　他使事-go　目的从句

在 Kabre 语中（见 Noonan，2007：48），用补语标记 nɛ 来表示已然，而用 zi 则无所谓已然与否。

68）màlàbá　àbàlʋ́　nɛ́　isé　“我迫使那个男人跑了”

迫使-1-完成体　男人　补语标记　跑-3-虚拟语气

69）màlàbá　àbàlʋ́　zi　isé　“我逼迫那个男人去跑”

逼迫-1-完成体　男人　补语标记　跑-3-虚拟语气

在汉语中，也存在已然未然之别。我们先来看隔开式，在无标记状态下，汉语用“得”来标记已然的成事，见例 70），一般的使令式表示成事的未然，见例 71）。在有标记状态下，隔开式也可以表示未然的成事，如例 72）。

70）*经理逼得他辞职，可是他不辞职。

71）经理逼他辞职，可是他不辞职。

72）经理想逼得他辞职，可是他不辞职。

使令式中 EVP 在无标记状态下是未然的，而在有标记的状态（如标记动作实现的“了”）下是已然的，见例 73）。联想到使令式与祈使句的语义联系，使令式的未然性就容易理解了。使令式的 EVP 是 MS 发出的命令或要求，因此 EVP 在无标记状态下是还没成为现实的动作，具有未然性，所以可以在使令式的后面接上“可是——”来否定，如例 74），而致动式却不能，因为致动式在无标记状态下表示的是客观情况造成的某种结果或状态，受控度比较高，因而不能用“可是——”来否定已然的动作或状态，见例75）。致动式的 EVP 在无标记的状态下是已然的，在非现实世界的标记“想”以及其它同类的标记下可以是未然的，见例76）。致动式在无标记形式下是已然的，而在有标记的状态下才是未然的。缪锦安已经注意到兼语式与隔开式中 EVP 的区别（缪锦安，1996：130），他举例77)—78)为例，例77)中的 EVP 是未遂的，而例78)中的 EV 已遂。事实上，他所谓的兼语式也是可以表示已然的，如在 EV 后加上“了”即可，见例77)。可见，我们不能笼统地说兼语式与隔开式的区别是已然还是未然。

73）小王呢？老板派他出差去了。

74）老板让他去，可是他不去。

75）那个警官的问话使我知道亚红没有暴露我们。（王朔《一半是火焰一半是海水》）

*那个警官的问话使我知道……可是我不知道……

76）他想使家庭的气氛重新轻松起来，像个正常的家庭像什么也没发生过一样。（王朔《我是你爸爸》）

77）他哄孩子睡。（可是孩子没睡）→他哄孩子睡了。（缪锦安，1996：130）

78）他哄得孩子睡了。（可是孩子没睡）→他哄孩子睡了。（缪锦安，1996：130）

(五) 小结

我们把三类分析型致使结构的对比总结如下页表。Comrie 曾经提出允许式，即使令式（permissive）与纯致使式（true causative）的区别（Comrie，1989：164）。在这两种致使式中，EVP 的实现都至少部分处于使事 MS 的控制之下。在使令式中，使事 MS 具有阻止结果实现的能力：在纯致使式中，MS 具有导致结构实现的能力。从下表看来，致动式与隔开式有着更多的共同性，二者与使令式在下表中的五个方面都形成了鲜明的对比。这些差异体现的正是允许义与纯致使义的区别，因此我们把致动式与隔开式体现的致使义称为纯致使义，以体现这两种结构与使令式的鲜明对立。而根据传统的分析，使令式与致动式被归在一类，都属于兼语式而区别于隔开式，隔开式则属于补语式。致动式与隔开式之间的

分析型致使结构在无标记状态下的对比

	MS	MV	ES	EV	EVP	
使令式	+生命度	劝、鼓励、嘱咐……	+生命度	行为动词	+自主性	-已然性
致动式	±生命度	使、令、叫、让	±生命度	皆可	-自主性	+已然性
隔开式	±生命度	V得	±生命度	皆可	皆可	+已然性

区别首先在于 MS 的区别，致动式的 MS 只能是小句形式或者名词性短语，而隔开式的 MS 则可以省略，仅用 MV 的存在来强调动作造成的结果；其次，二者的区别在 EVP 的不同，致动式中的 EVP 只能是非自主性的而隔开式的 EVP 则没有自主与非自主的区别。

参考文献

Comrie, B. 1976. The syntax of causative construction. In M. Shibatani(ed.), *Syntax and Semantics*(Vol. 6, *The Grammar of Causative Constructions*). New York: Academic Press.

Comrie, B. 1989. *Language Universals and Linguistic Typology: Syntax and Morphology*(2nd edition). Chicago: University of Chicago Press.

Dixon, R. M. W. 2000. A typology of causatives: Form, syntax and meaning. In Dixon & Aikenvald(eds.), *Changing Valency: Case Studies in Transitivity*. Cambridge/New York: Cambridge University Press.

Maura, V. C. 2002. Guarani causative construction. In M. Shibatani(ed.), *The Grammar of Causation and Interpersonal Manipulation*. Amsterdam/Philadelphia: John Benjamins.

Noonan, M. P. 2007. Complementation. In T. Shopen(ed.), *Language Typology and Syntactic Description* (2nd edition). Cambridge/New York: Cambridge University Press.

李临定，1963，带“得”字的补语句，《中国语文》(5)。

马庆株，1992，自主动词和非自主动词，载马庆株编著，《汉语动词和动词性结构》。北京：北京语言学院出版社。

缪锦安，1996，《汉语的语义结构和补语形式》。上海：上海外语教育出版社。

牛顺心，2007a，动词上致使标记的产生及其对分析型致使结构的影响，《语言科学》(3)。
牛顺心,2007b,普通话中致使词的三个语法化阶段,《社会科学家》(3)。
宋玉柱,1979,论带“得”的兼语式,《徐州师范学院学报》(1)。
王　力,1980,《汉语史稿》。北京:中华书局。
邢福义,2001,《汉语复句研究》。北京:商务印书馆。
邢　欣,1995,递系式,载胡裕树、范晓编著,《动词研究》。开封:河南大学出版社。

(原载《语言研究》2008 年第 1 期)

对汉语中“我等得你心急”类“V 得”句的认知识解

杨　子　熊学亮

一、引　　言

“V 得”类动补结构是在汉学界被广为研究的一个课题，几十年来人们从传统句法学、生成语法、三维语法、认知语法等多角度分别对该现象进行了描述与阐发，做出了许多精辟深入的分析、提出了许多独到的令人信服的见解。然而我们发现，有一类特殊的“V 得”句（“我等得你心急”类）却一直少有人问津，朱德熙（1982）简单将其归入“述补结构内带宾语”类型，但并未专门予以解释，其他人的研究也往往对其一带而过，甚至根本不曾提及。在“得”字句研究领域颇有建树的学者张豫峰（2006）为“SV 得 NV”类句型所作的定义“双动核结构，S 为前动核主事、N 为后动核主事”，直接就将这种语言现象排除在外，而且这似乎是个普遍现象，仅个别学者，如丁恒顺（1989）、宛新政（2005）等，注意到了该问题，但前者也仅作了表层描述，而后者更只是为了将该现象界定到自己研究范围之外而简单提及。本文从认知的角度阐述该句式在“N1 + V + 得 + N2 + VP”类致使构式中的特殊性，通过与其它构式语义变体间的对比分析揭示该类特殊句存在的理据，并描述该类句式的语义限制条件，以期更好的认识这种语言现象。

二、“我等得你心急”类“V 得”句问题的提出

Goldberg（1995）提出构式是独立于词汇语义规则之外的语法事实，有独立的语义。话语意义则是构式意义与词汇意义共同作用的结果。我们认为，本文的研究对象“V 得”句中的“N1 + V + 得 + N2 + VP”结构因

符合上述标准故是汉语中的一个独立构式，本节将在描述"N1 + V + 得 + N2 + VP"构式的基础上说明"我等得你心急"子类的特殊性所在，并且把"N1 + V + 得 + N2 + VP"结构中 N2 的兑现范围限制为人称代词。

Goldberg 认为，"设 C 是一个形式和意义的结合体<Fi, Si>，当且仅当 Fi 或 Si 的某些特征不能严格地从其自身的组成成分或其他先前建立的构式中预测出来时，C 独立成为一个构式。"（1995：4）我们此处要分析的结构正是这样一个形义结合体，具体表现为<N1 + V + 得 + N2 + VP, 致使义>，即凡进入该构式的话语均会传达致使义。之所以说该结构为一个独立的致使构式，是因为该结构所传达的致使义不能从句子的组成成分中推得，句中不会出现专门的致使动词（"使"、"让"、"弄"等），致使义也并不体现在主要动词上，而完全由构式自身提供。宏观来讲，该构式传达致使义，但其内部又存在多重变体，下面我们就逐一分析各类具体情况：

"N1 + V + 得 + N2 + VP"致使构式的原型构式义为 X 施为致使 Y 产生某种变化。此时构式中包含两个动核，致使事件与被致使事件，且致使事件的受事正好是被致使事件的承担者或者说经验者，论元构成是[施事 *施为动词* 受事经验者 致使结果]。如：

例 1. 他照样打得他们伤痕累累。

此例中的致使事件为"他打他们"，被致使事件为"他们伤痕累累"，主语位置上的施事为致使事件的发出者，宾语位置上的受事既是致使事件的承受者，同时也是被致使事件的经验者，致使事件的动词作为整个构式的主要动词占据 V1 位置，被致使事件的动核则处在 N2 后作补语成分。这种结构与世界动态事件最具象似性，理解最直观、最简单，故其原型性最高。

对原型性的偏离主要有两个方向：

（1）减少句式与世界动态事件间的象似性；

（2）自双动核向三动核扩展。

前种偏离方式会造成句式理解复杂程度的加大，主要有以下三类：

例 2. 他那副德性真气得我要死。

例 3. 这一声叫得我心里哆嗦起来。

例 4. 这篇论文写得我都想吐。

它们的论元构成分别为[致事 *结果动词* 经验者 准致使结果]

[致体 *施为动词* 经验者 致使结果]

[致体 *施为动词* 施事经验者 致使结果]

例2中"他那副德性"代表整个致使事件"他表现出那样一副德性",是致事论元,被致使事件为"我气得要死",其中处在"得"字后宾语位置上的经验者"我"部分地偏离原型构式中该成分的论元担当,不再是谓语动词的受事论元。表示其性状改变的动词前置到了整句主要动词的位置,仅留下程度补语在整句补语的位置上,由于程度补语不能脱离性状改变动词,单独描述致使结果,故称其为准致使结果论元。不同于例2对象似性的破坏源于被致使事件,例3、例4要归因于致使事件。例3的主语不是致使事件的施事,也不是代表整个事件的致事,而是代表致使事件内施事施为的结果,即致体论元,整个事件的施为者被隐去,施为动词后置成为整句的主要动词,而动词后的宾语"我"只是致使事件引发的被致使事件的主体,是其后致使结果论元所描述的内容的经验者,与该句主要动词即致使事件的施为动词无直接关系,"这一声"并不是"我"叫的,故其论元成分仅为经验者。例4跟例3很相近,唯一不同点是后者致使事件中被隐去的施为者在无其它语境的情况下无法被补足,而前者在不借助其它上下文语境的情况下就可以被补足,且该施事正是被致使事件的主体,即施事施为并自已承担其结果。

再看一例:

例5. 邻家小朋友的新玩具羡慕得瓜瓜直流口水。

例5类致使结构由原型的双动核结构向三动核结构派生,包括一个致使事件串,论元构成为[致事 一级*结果动词* 受事经验者 致使结果]。在主语位置的名词短语"邻家小朋友的新玩具"代表一个隐性动核结构,如"邻家小朋友有了新玩具"等,该动核结构是整个致使结构的致使事件,浓缩为一个名词短语整体作为句子的主语,作"致事"论元,代表整个事件,而非该事件的某一具体语义角色。该事件致使"瓜瓜产生羡慕",即本句的第二个动核结构,"羡慕"是致使事件的直接致使结果,充当整个句子的主要动词,我们称其为"一级结果动词";该级致使结果又进一步致使另一事件发生——"瓜瓜流口水",这是该句的第三个动核结构,也是该致使构式所表达的最终结果。"瓜瓜"作为致使事件导致的二重结果的共同经验者,处在"得"后的宾语位置,补语位置的动词短语由表终极结果的动核结构充当。此处由三个动核构成的致使事件串比原型的双动核结构虽复杂了一些，但与人类现实世界经验的象似性仍然很高。

我们把上述分析的“N1 + V + 得 + N2 + VP”致使构式的各种论元组构情况整体罗列如下：

原型：［施事 *施为动词* 受事经验者 致使结果］

象似性减弱——

源于被致使事件：［致事 *结果动词* 经验者 准致使结果］

源于致使事件：［致体 *施为动词* 经验者 致使结果］

致使事件施事与经验者重合：［致体 *施为动词* 施事经验者 致使结果］

双动核→三动核：［致事 *一级结果动词* 受事经验者 致使结果］

由此可以看出，“N1 + V + 得 + N2 + VP”致使构式中的主要动词非常灵活，致使事件动词、一级被致使事件动词，终极被致使事件动词均能充当，而该构式对论元的限制则相对较强，由“V 得”为界，其前部为致使事件成分，后部为被致使事件成分，且整个构式从左至右论元角色的稳定性依次增强，N1 的具体兑现形式较为多样，但始终是由致使事件中的成分充当，“得”字后论元组成则较其更为固定，无论 N2 与致使事件中的题元有无联系，即无论是否还兼为致使事件中的某题元角色，它都必定承担着被致使事件经验者的角色。此外，VP 的构成则最为确定，始终如一地由被致使事件的动核结构充当。这也在一定程度上印证了上述张豫峰对“SV 得 NV”结构的定义：“S 为前动核主事、N 为后动核主事”。

然而对该结构的上述描述在解释“我等得你心急”类句子时却遇到了问题，该类句型与“N1 + V + 得 + N2 + VP”致使构式的结构完全对应，同时也传达了致使意义，但不符合任何一类对该构式论元构成的解释。比如：“我”是被致使事件的经验者，却占据了 N1 位置，“你”作为致使事件中的受事，“我”等的对象，与被致使事件“我心急”中的题元角色不存在重合或其他关联，却占据了“V 得”后被致使事件经验者的论元位置，由此完全颠覆了我们上文对“N1 + V + 得 + N2 + VP”致使构式的分析。因为根据上文分析，该构式在表达“我因为等你而着急”语义时应该体现为“你等得我心急”(此句的歧义此处暂且不考虑)。整句为双动核结构，致使事件为“我等你”，被致使事件为“我着急”，在组句时按要求出现在“得”字后N2位置的是体现被致使事件经验者的“我”，N1由致使事件中的语义角色承担，由于二事件的施为主体相同，且已经出现在N2位置，不能复现（*我等得我心急），所以N1由致使事件客体“你”承担，整句符合[致体 *施为动词* 施事经验者 致使结果]的论元结构。现有对“N1+V+得+N2+VP”致使构式的分析，无法得出“我等得你心急”这种表述方式，如果按照朱德熙对该类句式的描述（“述补结构内带宾语”），我们最有可能的解释是该类句式也是“N1+V+得+N2+VP”致使构式的另一变体，具有[施事经验者 *施为动词* 受事 致使结果]的论元结构。然而也正是在上述对“N1+V+得+N2+VP”构式原型范畴分析的基础上，我们可以清楚看出这种解释的不合理性，该种解释无法提供这一结构与致使构式的原型及其它变体间的相互联系及促动理据，更无法解释该类句式能产性极低的原因，按上述解释中提供的论元结构得出的句子大多不能成立，如虽然“我等你”致使“我着急”可以表达为“我等得你着急”，但“我喝酒”致使“我头晕”、“我骂小商贩”致使“我口干舌燥”却不能表述为“*我喝得酒头晕”、“?我骂得小商贩口干舌燥”。既然不能用[施事经验者 *施为动词* 受事 致使结果]来描写该句式，我们又该如何描述这种特殊的不符合上述构式描述的句法现象以及其能产性方面的限制呢？这就是我们下面要探讨的问题。

三、对“我等得你心急”类“V得”句的认知分析

我们认为，“我等得你心急”一句的语义为“你让我等致使我心急”，其中“你让我等”本身就是一个致使结构，包含致使与被致使双重事件，只是此处致使事件动核并未出现，仅由其施事“你”代表整个事件，如“你来晚了”、“你迟到了”等，被致使事件为“我等你”，该被致使事件又引发终极被致使事件“我着急”的发生，故该句式实为由隐藏了致使事件动核的三动核结构构成的致使语义串，其论元结构为[终级经验者 *一级结果动词* 施事 致使结果]。根据上文，三动核结构的“N1+V+得+N2+VP”致使构式语义变体本来的论元实现方式为N1体现致使事件语义角色，V由一级结果动词充当，N2为双重被致使事件共同经验者，VP为终极被致使

事件动核，如例5所示。然而"我等得你心急"的特殊之处在于：一级被致使事件的受事题元（"我等你"中的"你"）与致使事件的施事重合（"你迟到"中的"你"），这使得表达该三动核致使串的词汇组成与双动核结构构成的[致体 *施为动词* 施事经验者 致使结果]类致使句词汇组成重合（图中虚线表示假设的情况）：

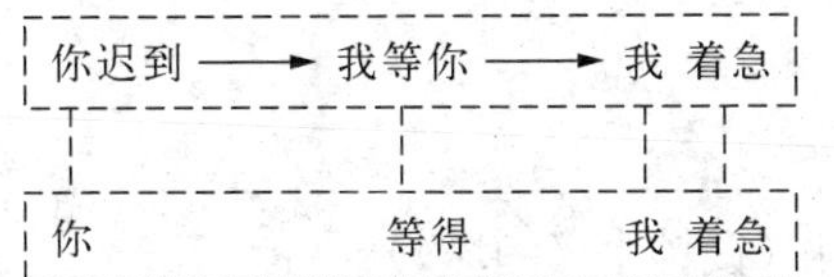

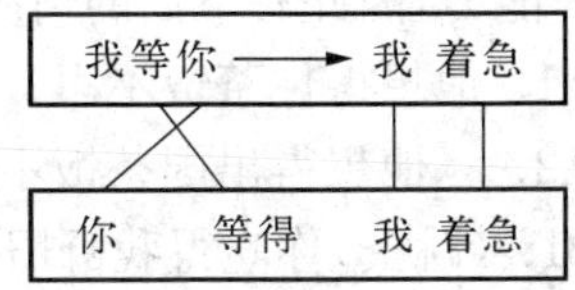

语言中存在一形多义的歧义现象，但这种多义必须是概念层面的意义，如"你等得我着急"在不同语境中可以理解成"我等你，我着急"、"你等我，我着急"、"你等我，你着急"等多种方案，不存在同一表达形式体现同种概念意义上多种不同深层语义的情况，当"你等得我着急"用来表达"我等你，我着急"这一概念意义时，不可能兼而传达上图描述的"你*致使*我等你*致使*我着急"与"我等你*致使*我着急"两重深层语义，因为这种深层语义不同、表层语义及表达均相同的情况会造成语言表达差异性的缺失，导致释话人的解读困惑，无论何种语境下释话人均无法判断该表达形式具体体现哪重深层语义，因此二重深层语义中必须有一种情况由另一种语言表达方式体现，此处左图三动核结构的致使事件语义为避免与右图二动核语义的表层表达形式的重合，便脱离了它常规的论元组构方式，采取异常的施事与经验者论元对换位置的方式来描述：

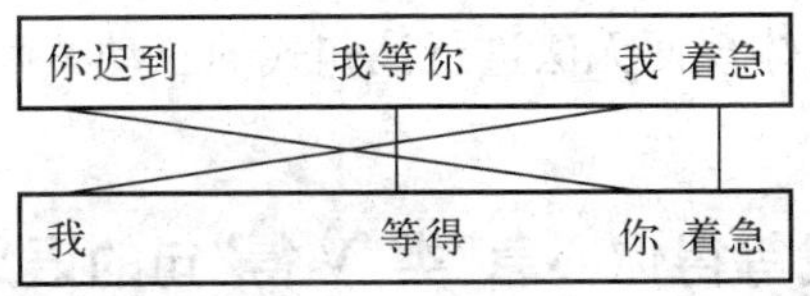

这也正体现了语言经济性原则的要求，即同义表达不存在绝对的同义，其相互间深层语义上必定存在细微差异："你等得我着急"与"我等得你着急"两种语言形式均能表达"我等你，我着急"的意思，但语感不同，前者双动核结构，突显致使事件中的受事，客体归因功能显著但不体现客体施为，后者是三动核结构构成的致使串，突显经历一次被致使施为与一次状

态变化的终极经验者，同时弱隐含致使事件施为者的施为作用。

之所以做出上述分析，强调“我等得你着急”类致使句中 N2 的施为作用，是因为我们发现所有采用该论元组构方式形成的“V 得”致使句，除了对动词及主语的要求外，对 N2 成分的限制更是严格，尽管并非所有具潜在施为能力的词都能进入该异常结构，但能进入该结构的词必定有潜在施为能力，因此有下面的情况：

A1. 他想得你茶饭不思。

A2. *他想得出国茶饭不思。

B1.（跳蚤）你吃得我舒服啊！（钱钟书《围城》）

B2. *你吃得饭舒服啊！

我们尤其需要注意的是 B 组的情况，丁恒顺（1989）在总结该类特殊句子时认为，能进入该类句式的仅有“表寻找、等、盼望等义的”少数单音节动词，然而此处我们发现，该句式在实际使用中对动词词义并无过多限制，“吃”、“打”等表具体实在动作义的动词同样可以进入该构式，因此主要限制恐怕应在于 N2 的潜在施为能力。B1 句的成立主要不在于其动词，而是 N2 的选择，虽然该句中的“我”与 B2 句中的“饭”同是“吃”的受事，但“饭”不具有潜在施为能力，而“我”具有这种能力，因此 B2 句意图传达的语义只能由双动核结构体现，“你吃饭”致使“你舒服”，从而形成“这饭吃得你还舒服吧”等语言表达形式。B1 句由于“我”潜在施为能力的存在，可以进入该特殊的三动核结构，兼当一级被致使事件受事的同时，代表一个隐含致使事件，如“我纵容你吃”、“我未采取任何措施”等，这才致使“你吃我”，进而致使“你舒服”。虽然句式中“我”的施为作用体现得极为微弱，但若无此层体现便无法进行该句式的三动核解释。

四、“我等得你心急”类“V 得”句的语义限制

在分析了“我等得你心急”类致使句的认知理据并给出该种分析的理由后，我们进一步来认识这类特殊“N1 + V + 得 + N2 + VP”致使构式的语义限制状况，它对 V 的限制主要体现在配价与语义两方面。

在配价方面，由于只有致使事件施事与一级被致使事件受事重合的三动核致使结构才可以进入该构式子类，故要求一级被致使事件包含施

事和受事二论元，且因为全句主要动词由该一级被致使事件的动核充当，因此 V 必须为能加受事宾语的二价动词。通常来讲，构式往往不对动词的配价作限制，一旦动词进入构式就会被压制出构式要求的配价方式，如价动词“急”进入含三个论元的使动构式“V NP PP”（急他一身汗）就自动被压制成暂时的三价动词。但本文研究的特殊句式却不遵循这一点，它能将句中涉及的三个事件压制出致使关系，能限制三个事件的合成方式，即可以选择每个事件在构式中体现的题元角色及其组合方式，但对每个独立事件的自身的论元结构却无限制能力，一旦决定 V 由一级被致使事件动核充当，就必须遵循该事件自身对动词配价的要求。

在语义方面，由于本构式中的终极被致使事件经验者与一级被致使事件的施为者重合，在实施 V 所描述的行为后自身经历了 VP 描述的状态变化，故而主要动词 V 的语义有施为结果倾向性的限制，一级被致使事件的施事执行完该行为后产生的施为结果需具有潜在自返性，且自返性越强，越容易进入该构式。所谓“施为结果的自返性”可以解释为，当施事实施了动词所表达的行为后，往往会对自身产生某种影响、引发状态上的变化，而非对受事产生影响。丁恒顺之所以提出进入该结构的动词需具有“等待、盼望、寻找”等义正是因为含有这些语义的动词均是施为结果自返性极高的动词，等待、盼望、寻找者自身会因为实施了这些动作而感到焦急、心烦、茶饭不思等等，但被等、被盼、被寻者则往往不会受多大影响。相反，表示“气”、“害”等义的动词往往是突显行为对受事（被气的人、被害的人）的影响，施为结果的自返性很低，因此不能进入该特殊句式，如：“你气得他吃不下饭”中“吃不下饭”只能分析为修饰经验者“他”，而不能修饰施为者“你”。

该类特殊的“N1 + V + 得 + N2 + VP”致使构式对 N1 与 N2 的限制，在上文的分析中已大致说明，即由于 N1 作为终极被致使事件经验者的同时兼有一级被致使事件施事的作用，N2 在表达一级被致使事件受事的同时承载着隐性致使事件的施事题元，故而该构式要求 N1 与 N2 均为具有潜在施为能力的名词。值得注意的一点是，正是由于 N1 与 N2 二者同时具有施为能力，造成了能进入该类构式变体的句子在某些情况下的歧义性，上文分析过“N1 + V + 得 + N2 + VP”致使构式有多重语义变体，允许多种论元组构方式，施事、受事与经验者等的位置均不固定，辨别一个句子属于哪种变体以及具有哪种论元构成，往往需要考虑句中成分实际所带的语义，而 N1 和 N2 的施为能力，是判断的主要标准之一。当其二者中仅一者具有施为能力时，变体类型较容易判断，如从“这瓶酒喝得我晕头转向”一句中很容易将“酒”作为致使事件受事，得出“我喝酒、我头晕”的解释。然而在本文探讨的特殊类情况下，N1 和 N2 均有潜在施为能力，且主要动词又具有一定程度的施为结果自返性，从而造成构式变体的难确定性，如“你等得我心急”句子的歧义性可以体现成如下所示的三种“N1 + V + 得 + N2 + VP”致使构式语义变体：

a. 你还是先走吧，要不你等得我着急。

b. 我先走了，你等得我着急。

c. 你先走吧，省得你等得我着急。

a 句语义为“你等我、我着急”，体现原型双动核“N1 + V + 得 + N2 + VP”致使构式，论元组构方式为[施事 *施为动词* 受事经验者 致使结果]，致使事件施事“你”为整句中唯一必须具备施为能力的论元，受事兼被致使事件经验者“我”自身带有潜在施为能力，但非构式所必须，主要动词“等”未体现施为结果自返性。b 句语义为“我等你、我着急”，同样为双动核致使结构，体现[致体 *施为动词* 施事经验者 致使结果]，致使事件“我等你”的受事“你”虽具有潜在施为能力，但在该句中不体现施为义，“等”体现了施为结果自返性。

而只有 c 句为本文探讨的特殊类三动核致使结构，“我不得不继续现在的工作”致使“你等我”致使“你着急”，论元组构方式为[终级经验者 *一级结果动词* 施事 致使结果]，两个名词均体现施为义，主要动词体现自返性。由上述分析可见，由于 N1 和 N2 均具有潜在施为力，致使同一表层表达形式体现了 N1 施为、N2 施为及 N1 和 N2 共同施为这三重“N1 + V + 得 + N2 + VP”致使构式的语义变体，歧义的消解必须借助于具体语境。

此外，关于该致使构式的特殊语义变体对 N1 和 N2 的限制还有一点值得一提，根据上文分析，在该特殊的致使构式语义变体中，由于整个致使事件被隐含在 N2 中仅用其施事表述，动核与实际实施的行为都被省去，由具体语境补足，这就要求该事件本身对听话人和说话人双方均有很高的语境可及度，可以被轻易调用，故而作为事件施事的 N2 往往为指称代词，提供的信息量很小，不向听话人提供任何新信息，仅起到指引其对已知语境调用的作用，如上文“你等得我心急”中“我”为何会致使“你等得心急”这一致使事件必定为双方互明的语境信息。因此充当N2的名词提供的信息量越大或是对双方互明性越低，就越难进入致使构式的该重语义变体，如：“我骂得他口干舌燥。”是很符合语感的句子，但“我骂得某人口干舌燥。”与“我骂得在菜场门口卖苹果的小商贩口干舌燥。”两句的可接受性就会降低。

五、余　　论

本文在对“N1+V+得+N2+VP”致使构式进行描述的基础上探讨了“我等得你心急”类特殊句式的认知语义识解，并分析了该种能产性不高的特殊句式的语义限制条件，在文末还需提及的一点是，虽然当具有一定程度施为结果自返性的动词与两个具有潜在施为能力的名词或代词同时进入“N1+V+得+N2+VP”致使构式时可能会产生多种论元组构方式体现为同一表层结构的情况，但这种歧义现象也并非总是发生，有时句子各组成成分的语义会压制构式义，使满足进入某特定构式语义变体的语义限制条件的句子，无法进入该重构式语义变体，如虽然上文讨论的“你等得我心急”一句在不同语境中可体现三种不同的“N1+V+得+N2+VP”致使构式语义变体，但本文标题中“我等得你心急”一句却往往仅会被人理解为特殊的三动核致使构式变体。这是因为，一方面，此处的“等”是具有较高程度的施为结果自返性动词，因此往往需要将致使结果解读为对施事的描述，而对一句话最省力的解读是符合象似性的解读，即由主语体现施为性，因此本句话最可及的解读是由致使结果VP修饰主语N1。另一方面，当句中同时出现自指语词“我”与心理状态描述语时，无论自指语词承担何种论元，往往倾向于将心理状态描写分配给自指语词，因为在现实中人们对自己心理状态的了解往往那个多于对别人的了解。这两种解读倾向在将“我等得你心急”分析成[终级经验者 *一级结果动词* 施事 致使结果]论元组构时，彼此毫无冲突且被同时满足。因此大多数情况下，这种论元体现形式被确定为该句话主要的构式体现方式，虽然它也满足进入[施事 *施为动词* 受事经验者 致使结果]或[致体 *施为动词* 施事经验者 致使结果]论元组构方式的条件，但在缺乏足够语境信息的前提下，通常不会被解读出“我等你、你心急”或“你等我、我心急”的意思。

参考文献

Fauconnier，G. & M. Turner. 1996. Blending as a central process of grammar. In A. E. Goldberg (ed.)，*Conceptual Structure*，*Discourse and Language*. Cambridge/New York：Cambridge University Press.

Goldberg，A. E. 1995. *Constructions: A Construction Grammar Approach to Argument Structure*. Chicago，IL：The University of Chicago Press.

Lakoff，G. 1987. *Women*，*Fire*，*and Dangerous Things: What Categories Reveal about the Mind*. Chicago，IL：University of Chicago Press.

Taylor，J. R. 1989. *Linguistic Categorization: Prototypes in Linguistic Theory*. Oxford/New York：Oxford University Press，Clarendon Press.

丁恒顺，1989，“N1＋V得＋N2＋VP”句式，《中国语文》(3)。

范　晓，2000，论“致使结构”，载中国语文杂志社编著，《语法研究与探索》(第10卷)。北京：商务印书馆。

郭姝慧，2006，倒置致使句的类型及其制约条件，《世界汉语教学》(2)。

刘鑫民，2004，《现代汉语生成研究》。上海：华东师范大学出版社。

沈阳、何元建、顾阳，2001，《生成语法理论与汉语语法研究》。哈尔滨：黑龙江教育出版社。

宛新政，2005，《现代汉语致使句研究》。杭州：浙江大学出版社。

王维贤，2000，现代汉语带“得”的补语句，载中国语文杂志社编著，《语法研究与探索》(第10卷)。北京：商务印书馆。

熊仲儒，2004，《现代汉语中的致使句式》。合肥：安徽大学出版社。

张　辉，2003，语法整合与英汉致使移动的对比研究，《天津外国语学院学报》(1)。

张旺熹，2006，《汉语句法的认知结构研究》。北京：北京大学出版社。

张豫峰，2006，说“SV得NV句”，载复旦大学中文系编著，《语言研究集刊》(第3卷)。上海：上海辞书出版社。

周　红，2005，《现代汉语致使范畴研究》。上海：复旦大学出版社。

朱德熙，1982，《语法讲义》。北京：商务印书馆。

(原载《汉语学习》2008年第4期)

论典型致使结构的英汉表达异同

熊学亮　梁晓波

一、引　　言

致使结构是对现实世界中致使事件的语言表达。就英语来说，有关讨论和研究已涉及相关的语义分解（Goddard，1998）、语义形成（Frawley，1992）、致使语句的转换生成（Lakoff，1965）、致使结构的经验性基础（Clark H. & E. Clark，1977）、致使结构的意象图式基础（Talmy，2000）、致使结构的构式语法基础（Goldberg，1995）、致使结构的心理空间概念合成过程（Fauconnier，1997）等。在汉语中同一现象一般以使动结构、使役结构抑或动补结构的形式出现，也引起了汉语语法界的关注（缪锦安，1990；蒋少愚，2000；李英哲，2001 等）。但就此作英汉比较研究的似乎不多。本文在探讨致使事件和致使结构的特点及彼此间认知关系的基础上，重点论述英汉语言致使结构表达的异同。

二、致使事件和致使结构

从认知语言学的角度考虑，致使结构是对客观世界中典型致使事件的一种临摹或概念化。典型的致使事件指的是日常生活中常见的开门、关窗、摔破碗等一物引起另一物发生某种变化、产生某种可观察的结果的一种动态事件，在语言中用语符来表示就是 N_1（cause）造成了 N_2 发生某种变化（change），从而产生了某种结果（result）。Frawley（1992：145－146）认为，语言编码依赖世界中的动作、状态、致使和运动四大要素，致使是其重要一环。不仅如此，由于致使事件经常与运动事件融合在一起，因而致使概念经常隐含于许多表示不同运动形式的动词之中。一般说来，典型的致使事件应该含有（a）时序先后，即促发事件先于结果事件；

(b) 因果接近,即触发因素应该与结果临近;(c) 背景统一,即促发和结果有着相同的时间和地点等背景特征和(d) 实体统一,即含有动作的执行者(施力者)和动作的接受者(承受者)等典型特征。

此外,致使结构也是及物性结构(Hopper & Thompson,1980: 252)。典型的及物性句式应含有两个名词性词组,其中主体是人,受动客体要发生变化且主客体所指要确定,致使动作或事件还要有运动、目标、即时性、意愿性、肯定性、现实性等特点。Taylor(1995: 206)在此基础上增加了"施动者对受体的动作通常涉及身体接触"和"事件结构本身是真实的而非想象、假定或虚拟的"两大特点。这些特征反映了致使句式结构具有及物性句式结构的基本特点。认知语言学家 Croft (1991: 163)和 Langacker (1991: 283)从典型事件模型的角度,进一步概括了致使事件和结构所涉及的典型事件状态和认知过程,充分揭示了其中的能量转换和受体变化两大特征。只是这些模型并未涉及致使动词的性质。我们认为,致使结构的表达涉及单纯词汇性致使动词、形态类致使动词和致使助动词(Bussmann,1996: 68)三类致使动词,不过词汇性致使动词的致使义与词汇本身结合紧密,而致使助动词的致使词义虚泛且意义产生较晚并且经常依附于其它词汇意义。此外,词汇性致使动词往往表示一个直接性的致使事件或动作,而致使助动词则表示间接的致使事件或动作。再者,词汇性致使动词数量巨大,其使用频率远远高于致使助动词(Comrie,1981: 160)。根据上述情况,我们有理由将单纯词汇形式看作致使动词的原型,将其简写为 Vcause,加入上述两位学者提出的标准模型因素,得到以下致使事件加结构的典型:

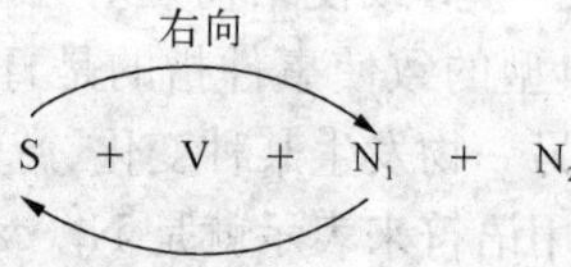

图中将施力者规定为人,更加明确了致使结构的典型施力者应该是人,承受者圆圈中的曲折箭头代表其所发生的变化,两圆圈之间的长箭头代表致使动作,它直接对应致使动词(V + CAUSE)。长箭头贴近 PATIENT 表示致使动作是一个有身体接触的动作。另外,致使标识符 + CAUSE 表示该动作是一个致使动作,其中加号 + 表示此动作是施力者有意向性的行为。在语句层面上，施力者或人（agent/human）被概念化为主语，致使动作被概念化为致使动词（causative verb），而承受者（patient）则被概念化为直接宾语。把这一模型当成致使原型，是因为其中包括了及物性、词汇性致使、致使事件的典型成分、致使句式的能量传递关系等关键因素，故成为致使事件和致使结构的理想化图式原型。这是一种跨语言的致使标准事件观察模式，可用来作为英汉比较的参考基点。

三、英汉语致使结构句式的认知临摹性

认知临摹性指的是语言对客观世界的象似性。我们发现，英汉两种语言的致使结构在很大程度上与致使事件结构有着象似性。CAUSER→CAUSING ACTION→CAUSED RESULT 这一典型的致使事件结构在 Tom broke the plate（汤姆打破了盘子）这一典型的含词汇性致使动词的致使句中，被体现成 CAUSER→CAUSING VERB→CAUSEE 这一典型的致使句结构。而英汉两种语言的致使结构正好是对这整个过程的浓缩。仍以此句为例，此事件的详细过程应该是：Tom let the plate go→The plate fell in the air → The plate hit the ground → The plate broke。而整个"打破"的过程从 Tom 扔掉盘子（let the plate go）后就开始了，以盘子最后的破裂（the plate broke）为终止。这里，整个打破盘子的事件可看作是一个格斯塔（gestalt）整体。所以从时序上来看，"打破"动作应仅次于 Tom 出现，而 plate 则是随后出现的项目。有意思的是，即便是由致使助动词构成的致使句式，也在时序上与致使事件构成对应关系。因为致使助动词（cause、make、let 或"使"、"叫"、"让"等）在语义上都较为虚泛，具有广泛的代表意义，所以它们可用来代表从 Tom 到 the plate broke 的中间致使过程，这样形成的致使句式（Tom caused the plate to be broken）依旧显示出与致使事件在时序上的对应关系。

这方面汉语含单纯致使词汇的致使句和含致使助动词的致使句与英语相一致，这种在时序上的对应关系也许是受英汉语 SVO 语序的影响，从而使得致使句结构很容易与致使事件在时序上形成对应。比如，从语义层面来说，当一物体从一种状态受外力影响而改变成另外一种状态时，

它可能经历 state、change-state、cause-change-state、state 四种状态，其语义符号可简单地表示为：ADJ1（X），COME-ABOUT（X），CAUSE [COME-ABOUT(X)]和 ADJ2(X)(Saeed,1997：71 - 72)。这个序列表现在词汇层面上，就是第一和第四类所对应的是形容词，第二类对应的是表始动词(inchoative verb)，而第三类是致使动词。由于其中致使语义最为复杂，相应词汇形式也通常是最为复杂的。英语致使动词除部分直接从动词转化而来外，通常是在形容词或名词上添加表致使的词缀：-en/ en-(heighten/redden),-ify (beautify),-ize (realize),-ate (liberate)，而汉语词语形式上虽不具有严格的词缀性，但也不乏相应的形式，如“化(绿化)”，“弄(弄坏)”，“做(做大)”，“搞(搞好)”等。在句法上，致使句比普通表状态和表起始性质的语句的结构也复杂些。这可通过下面例子表现出来：

(1) The apple is ripe.（苹果熟了。）

(2) The apple became ripe.（苹果变熟了。）

(3) The climate ripened (caused ... to ripen) the apple.（气候催熟了苹果/导致苹果熟了。）

这种句法上的对应关系应验了 Givón(1990：969)的有关论断，他认为：较大的信息量需要较多的语言符号编码(a larger chunk of information will be given a larger chunk of code)。从历史语言学角度来看，现代汉语致使词汇多为双音节词语，结构为 V1 + V2 或 V + Adj 形式，而古代汉语表致使的语义，则主要是通过相关语素的使动用法来实现，其词语形式是纯粹的单一语素，如：小之(削小、缩小)，洁之(清洁、洁净)，正之(改正、摆正)，死之(杀死、毒死)，广之(拓宽、拓广)，活之(救活、医活)。汉语致使词汇这种由单纯的使动用法发展到双字词的形式，说明了致使现象作为一种复杂事件需用复杂语词来表示的要求。王力(1980：401)曾明确指出：“由致动发展为使成式，是汉语语法的一大进步。因为致动只能表示使事物得到某种结果，而不能表示用哪一种行为以达到此一结果。”虽然王力用的名称有所不同，但实质指的就是我们所说的致使动词。

英汉语致使结构这种对致使现象的临摹，还表现在致使行为的直接性和间接性的区别上。我们知道，致使行为可分为直接的和间接的两种。直接性要求致使的结果与致使的动作在时间和空间上没有太大的间隔，往往致使动作一发生就产生了结果，而且施动者与受动者可能会有身体接触。而间接性致使则要求结果在时空上与致使动作有一定的间隔，其结果并不一定即刻发生，施动者与受动者不一定有身体接触。以"kill/杀死"为例，如果张三对李四使用了暴力，而造成李四的当场死亡，我们可以说 Zhangsan killed Lisi 或"张三杀死了李四"。如果同一行为导致李四一个月或一年以后才死亡，或者张三与李四谈恋爱时给了李四一封绝交信导致李四在一个星期后自杀，在这种情况下，我们就不能说 Zhangsan killed Lisi 或"张三杀死了李四"，而最好说 Zhangsan caused Lisi to die 或"张三导致了李四的死亡"。这种语言结构与现实结构的对应方式，也向我们昭示了语词的长度与概念的距离之间的一种微妙关系，即语词距离越长，所表示的概念距离也越大(Haiman,1985：109)。

英汉语致使结构的这种象似性，还表现在对致使结构中受动角色的临摹上。在直接性的致使行为中，受动者既可以是有生命的物体，也可以是无生命的物体，而在间接性的致使行为中，受动者一般是有生命的物体。这是很自然的客观现实，要想开门关窗，必须亲自动手去与门窗有所接触。如果处在很远的地方却又能打开自己家的普通门窗，这要么不可能，要么就是变魔术，抑或是童话或神话故事，当然全自动或遥控的门窗除外。对致使事件的这种经验必将影响人们对客观世界中致使事件的语言表达。其直接结果是在英汉两种语言中，人们习惯于用紧凑的词汇性致使动词结构，来与有生命者或无生命物充当的受动角色搭配；但表达间接性致使行为时，一般用兼语式致使语句(periphrastic causative construction)，此时在非魔术、非魔法、非童话或非神话的背景下，一般要求受动者是有生命的物体(最好是有意识的人)。当受动者是无生命的物体时，语句就显得不自然甚至不可接受：

(4) * 他使灯灭了。

(5) * 他使剩菜热了。

(6) * 他使腰带紧了。(谭景春,1997：187)

(7) * I caused the books to leave the room. (Haiman,1985：108)

除非受动者被看成具有人的特征，或本身就具有某种固有的动态特征，或被隐喻化为具有生命的物体：

(8) 他使坦克趴窝了。

(9) 他使计划泡汤了。

当受动者是人时的兼语式致使句听起来则较为自然：

(10) 我叫他进屋。

(11) 他的动员报告使大家振奋了精神。(谭景春,1997：187)

(12) John made Bill move.

(13) John got Bill to stand up. (Shibatani,1976：32)

而紧凑型单纯词汇性致使结构则不存在以上的限制：

(14) 他熄灭了灯。

(15) 我热了热剩菜。

(16) 他紧了紧腰带。(谭景春,1997：187)

(17) I broke the window.

(18) I moved the chair.

(19) I closed the door.

以上诸例说明,英汉两种语言的典型致使结构句式在概念化形成过程中,都是对现实事件中的客观致使现象进行临摹,因为它们与客观世界的致使现象在时序、概念的复杂程度、语词的长度以及对受事者角色的要求等诸方面都存在一定程度的象似性。这使我们看到了英汉两种语言在将现实世界中的致使事件映射到语言中时所存在的认知共性。相信在一定的程度上这种共性也存在于其它语言中。

四、英汉语致使结构在句式上的差异

英汉两种语言在这方面的差异,首先在词汇性致使动词的形式上表现出来。英语词汇性致使动词由单一语素动词或单词表现出来,而汉语则是通过两个语素复合而成。对于汉语的这种复合方式,王力(1980：401)在讨论使成式形式时指出:"从形式上说,是外动词带着形容词('修好'、'弄坏'),或者是外动词带着内动词('打死'、'救活'),即从意义上把行为及其结果在一个动词性词组中表示出来。这种行为能使受事者得到某种结果,所以叫做使成式。"如对应于英语的 break,汉语是"打破",即由"打 + 破"复合而成,前面是一个动词,后面是一个形容词(破在古汉语中应该也是一个动词)。对应于 break,汉语还可以有其它表达法,如"砸破”、“摔破”、“碰破”、“弄破”等。汉语的这种复合形式极为灵活，形式上大致等于引起汉语学界广泛兴趣的动补形式。比如在表达一些较为具体的致使行为时，汉语依旧可以通过这种形式衍生出相应的致使动词，如“挤破”、“震破”、“吹破”、“压破”、“喊破”、“擂破”、“咬破”、“笑破”、“击破”、“扎破”、“炸破”等形式。而英语在表达类似具体致使行为时就没有这么灵活。汉语似乎在这种致使词汇合成中没有太大的限制，动词与其它动词或形容词可随意组合，每天我们都能听到有人在我们身边说拉紧、写错、撑死、哭坏、笑痛、喝醉、吃饱等字眼。而且除了两字合成词外，有时前面的动词还可以是更为复杂的三字词或多字合成词。而对英语来说，有的可以有相应的词汇式形式，如“叫醒”/awake、“打开”/open、“关上”/close 等，但更多的是要在主谓宾结构中借助表相应细节动作的动词，然后要么给该谓语动词后面加一个相关的副词，要么在主谓宾结构后加上一个结果补语的形式，这个补语可能是一个介词型的词组，也可能是一个副词，如：

(20) 他们打发走一个敲我门的陌生人。
They sent away a stranger who knocked at my door.

(21) 他的对手打倒了他。
His opponent knocked him out.

(22) 孩子们说没吃蛋糕，可他们嘴边的巧克力无疑泄露了秘密。
The children said they didn't eat the cake, but the chocolate around their mouths gave them away.

(23) 弗兰克打喷嚏打掉了桌上的餐巾。
Frank sneezed the tissue off the table.

显然，英语在这方面的优势是它可以直接将某些不及物动词用到这种“主谓宾 + 补语”的结构中，形成一些少见的特殊用法。而汉语的优势则是可以将不及物动词与其它的形容词或动词复合成致使动词，并直接应用到紧凑型的含单纯词汇性致使动词的致使结构中。（Goldberg, 1995：152；蔡芸，2000：177）

(24) They laughed the poor guy out of the room.
(laugh 常为不及物动词)

(25) The lady walked the dog around the park.（walk 常为不及物

动词）

(26) I sat the guests around the table.（sat 常为不及物动词）

(27) 他笑痛了肚子。（“笑”为不及物动词）

(28) 他哭坏了眼睛。（“哭”为不及物动词）

可见，英语含单纯词汇性致使动词的致使结构（即上面的 SVO 型和 SVOC 型）可对应于汉语含复合式致使动词的 SVO 句式结构，其中英语的 SVOC 结构也可以部分对应于汉语的 SV + 得 + C 结构。当然“得”字句由于更强调结果，因此两者还是有一定差异的。值得指出的是，这种对应并不严格，其中个别英语句子还会对应于汉语的含致使助动词的致使结构句式。如上面例(24)和(26)就可分别翻译成(29)和(30)：

(29) 他们将/把那个可怜的人笑出了屋。

(30) 我让/叫客人围着桌子坐下。

上文已提及，现代汉语致使词汇的复合性质是从古汉语中的单一语素词汇形式发展而来，从这个意义上说，现代英语的致使形式与古汉语的致使词汇形式相近（石毓智、李讷，2001：84）。这种历时的比较也许能让我们更好地看清楚英汉两种语言在致使表达上的差异。

古汉语	现代汉语	现代英语
污	弄脏	taint
杀	弄死	kill
摧	折断	break

（汉语部分见朱德熙，1982：127）

还有，英语在表致使动作时，存在大量的名动活用，即直接将某些名词活用为动词来表示该语义项下的致使义这种转喻关系。这种现象在汉语中不存在。

A. 用致使行为所涉及的主要工具来指称该行为：

(31) Jane blanketed the bed.（= Jane did something to cause it to come about that the bed had one or more blankets on it.）

类似的形式还有 kenneled the dog, nailed the note to the door, sheet the furniture, oilcloth the table, salt the meat, butter the bread, wallpaper the wall 等（Clark & Clark，1979：769－781）。

B. 用致使行为直接涉及的对象或致使行为的目的来指称整个行为：

(32) Edward powdered the aspirin (Edward did something to cause it to come about that the aspirin was powder).

类似的形式还有 skin the rabbit, feather the goose, shell the peanut, peel the apple, scale the fish, bark the tree, milk the cow, gill the fish 等(Clark & Clark,1979：772－774;蔡芸,2000：177)。

C. 用致使行为的常规执行者来指称整个行为：

(33) John butchered the cow (John caused the cow to die in the act that one would normally expect a butcher to do to a cow).

同样的形式还包括 umpire the match, doctor the victim, captain the destroyer, father the child, nurse the patient 等。

此外英语还有形动活用(直接将形容词活用为致使动词)如：empty the bottle, clean the table, smooth the way, narrow the gap。汉语虽然偶尔也有这种用法,比如"明亮你的眼睛",但更多的依旧是采取前面提到的复合式致使动词形式,如"倒空、擦干净、扫清、缩小"等。

五、结　语

以上从认知语言学角度讨论了致使结构的特点,认为它是语言对客观世界致使现象的概念化,是对客观致使现象的认知临摹,这种致使现象的认知基础具有及物性等原型特点。在以标准观察模式为基础、以典型的运动性致使事件为出发点的致使结构原型图式的基础上,我们对英汉两种语言中典型的致使结构进行了对比。我们认为,英汉两种语言作为典型的 SVO 语言,在致使结构典型句式上与客观致使现象有着较高的象似性。同时我们也发现,英汉语在对致使现象具体表达的句式上却存在许多细小而重要的差别。这些差别对进一步研究致使现象的语言表达和对外语教学有一定的参考价值。

必须说明的是,本文讨论的是典型的致使动词表达。其实英汉语都存在致使结构的迂回形式或兼语形式(periphrastic form),如英语中有 have, make, get, cause 等表达方式,而汉语则有"使/叫/让/请"等结构,这些表达式都存在本质上的语际差异,因此有时很难直接英汉对译。另外,汉语中的"使"字句和"把"字句式的致使表达能表示英语中不存在的语义。还有,英汉情感致使表达也显示出非常明显的差异。这些都是与致使相关的重要和有趣的语言现象,由于篇幅所限,加上它们不属于典型的致使结构表达范围,拟另文论述。

参考文献

Bussmann, H. 1996.《语言与语言学词典》。北京:外语教学与研究出版社。

Clark, H. H. & E. V. Clark. 1977. *Psychology and Language*. New York: Harcourt Brace Jovanovich, INC.

Clark, E. V. & H. H. Clark. 1979. When nouns surface as verbs. *Language* 55(4).

Comrie, B. 1981. *Language Universals and Linguistic Typology*. Chicago: The University of Chicago Press.

Croft, W. 1991. *Syntactic Categories and Grammatical Relations: The Cognitive Organization of Information*. Chicago/London: The University of Chicago Press.

Fauconnier, G. 1997. *Mappings in Thought and Language*. Cambridge: Cambridge University Press.

Frawley, W. 1992. *Linguistic Semantics*. Hillsdate, New Jersey: Lawrence Erlbaum Associates.

Givón, T. 1990. *Syntax: A Functional Typological Introduction* Vol. Ⅱ. Amsterdam/Philadelphia: Benjamins.

Goddard, C. 1998. *Semantic Analysis: A Practical Introduction*. Oxford: Oxford University Press.

Goldberg, A. E. 1995. *Constructions: A Construction Grammar Approach to Argument Structure*. Chicago and London: The University of Chicago Press.

Haiman, J. 1985. *Natural Syntax: Iconicity and Erosion*. Cambridge: Cambridge University Press.

Hopper, P. & S. Thomson. 1980. Transitivity in grammar and discourse. *Language* 56.

Lakoff, G. 1970. *Irregularity in Syntax*. New York: Holt, Rinehart & Winston.

Langacker, R. W. 1991. *Foundations of Cognitive Grammar* Vol. Ⅱ. Standford: Standford University Press.

Saeed, J. I. 1997. *Semantics*. Beijing: Foreign Language Teaching and Research Press.

Shibatani, M. 1976. The grammar of causative constructions. A conspectus. In M. Shibatani(ed.), *Syntax and Semantics*. Vol. 6, *The Grammar of Causative Constructions*. New York: Academic Press.

Talmy, L. 2000. *Toward a Cognitive Semantics*. Vol. 1. *Conceptual Structure Systems*. Cambridge, Mass.: A Bradford Book.

Taylor, J. R. 1995. *Linguistic Categorization: Prototypes in Linguistic Theory*. Beijing: Foreign Language Teaching and Research Press.

蔡　芸,2000,使役化构词规则及其对二语习得的影响,《现代外语》(2)。

邓守信,1994,汉语使成式的语义,载戴浩一、薛凤生编,《功能主义与汉语语法》。北京:北京语言学院出版社。

蒋绍愚,2000,汉语动结式产生的时代,载《汉语词汇语法史论文集》。北京:商务印书馆。

李英哲,2001,《汉语历时共时语法论集》。北京:北京语言文化大学出版社。

缪锦安,1990,《汉语的语义结构和补语形式》。上海:上海外语教育出版社。

石毓智、李讷,2001,《汉语语法化的历程——形态句法发展的动因和机制》。北京:北京大学出版社。

谭景春,1997,致使动词及其相关句型,载《语法研究和探索》。北京:商务印书馆。

王　力,1980,《汉语史稿》。北京:中华书局。

朱德熙,1982,《语法讲义》。北京:商务印书馆。

(原载《外语教学与研究》2004 年第 2 期)

Langacker, R. W. 1991. *Foundations of Cognitive Grammar*. Vol. II. Stanford: Stanford University Press.

Saeed, J. I. 1997. *Semantics*. Beijing: Foreign Language Teaching and Research Press.

Shibatani, M. 1976. The grammar of causative constructions: A conspectus. In M. Shibatani (ed.). *Syntax and Semantics*. Vol. 6: *The Grammar of Causative Constructions*. New York: Academic Press.

Talmy, L. 2000. *Toward a Cognitive Semantics*. Vol. 1: *Concept Structuring Systems*. Cambridge, Mass.: A Bradford Book.

Taylor, J. R. 1995/2001. *Linguistic Categorization: Prototypes in Linguistic Theory*. Beijing: Foreign Language Teaching and Research Press.

[illegible]

[illegible]

[illegible]

[illegible]

[illegible]

[illegible]

[illegible]

[illegible]

第七部分

构式与论元结构研究

句式和配价

沈家煊

一、评价“配价”系统的标准

“配价”研究的目的是从谓语动词和相关名词性成分组配上的限制来说明句子的合格性。例如，

（1）她送我一件毛衣。

* 她织我一件毛衣。

（2）他们修筑公路。

* 他们散步公路。

一句合格，一句不合格，用配价来说明：（1）“送”是三价动词，能跟三个名词性成分发生联系，而“织”是个二价动词，只能跟两个名词性成分发生联系。（2）“修筑”是二价动词，而“散步”是一价动词。如果再区分“价类”（施事、受事等），能说明的现象就更多。

评价一个配价系统的优劣，跟评价一部语法的优劣一样，应该依据三条标准：1）总括性——说明的与句子合格性相关的语法现象要尽量广泛；2）简洁性——系统要尽量简单；3）一致性——不能有循环论证和内部矛盾。目前的配价研究在确定配价系统时具体标准提得不少，例如在确定动词的价数时，有的以动词的词义为依据，有的以句法形式为依据，也有的同时以词义和句法形式为依据；以句法形式为依据的，有的以同现的名词性成分用不用介词引导为依据，有的以同现的名词性成分是不是必须出现为依据，也有的将两者同时作为依据。各人提各人的依据，但很少从上述三条基本标准出发来比较系统的优劣。配价研究要深入，似应注意这个问题。

二、以两个句式为例

下面以两个句式为例来说明建立动词配价系统时存在的问题。这两个句式一个是表示“予取”的双宾语句，一个是表示“得失”的领主属宾句。例如：

(3) A. 他扔我一个球。　　B. 他吃我一个桃儿。
　　　他斟我一盅酒。　　　　他抽我一支烟。
　　　他搛我一块火腿。　　　他占我一间房间。
　　　他介绍我一个朋友。　　他浪费我一只信封。

(4) A. 王冕死了父亲。　　B. 他家来了客人。
　　　他烂了五筐苹果。　　　他跑了一身汗。
　　　他飞了一只鸽子。　　　他多了几分勇气。
　　　传达室倒了一面墙。　　他起了一身鸡皮疙瘩。

(3)是表示“予取”的双宾语句，以表“给予”的A居多，表“取夺”的B较少。(4)有人称作“领主属宾句”(郭继懋，1990)，这种句子的主语和宾语之间有“领有—隶属”关系，主语是“领有”一方，宾语是“隶属”一方，而动词与主语没有直接的语义关系；句子的意义以表“丧失”的A居多，表“获得”的B较少。这两个句式在动词的配价分析中引起很多争论。从词义出发主张“扔”和“吃”这样的动词是二价动词的人无法说明为什么它们在双宾语句里能直接跟三个名词性成分发生联系；如果从形式(同现的名词性成分)出发说它们就是三价动词，这又有悖于我们的直觉：从这些动词本身的词义来说不像是三价动词。有人用“兼价”或“变价”来解决，说它们既是二价动词又是三价动词，或说本来是二价动词，但在双宾语句式中是三价动词；拿“扔”来说，“作为二价动词没有给予义，作为三价动词有给予义”(马庆株，1998：284)。这样就得承认有两个“扔”，一个是二价的“扔”，一个是三价的“扔”，至少得承认“扔”有两个义项，一个表示给予，一个不表示给予。这样做的代价比较大，因为这样的动词不是一个两个，为数还不少(参看马庆株，1983)，一一标明有两个义项使系统的简单性受损。更重要的是这仍然违背我们的直觉，任何一部词典都不会在“扔”下另外列出一个表示给予的义项，或在“吃”下另列出一个表示取夺的义项。说“扔”这类词有两个义项还缺乏心理学上的证据，也就是没有心理现实性。①

如果不考虑动词的词义坚持“扔”可以是三价动词，那就有循环论证之嫌：说“扔”是三价动词的唯一根据是它能在双宾语句中跟三个名词性成分发生联系，而要说明为什么“扔”能跟三个名词性成分发生联系，唯一的根据是它是个三价动词。这势必导致“词无定价，离句无价”的后果，这种后果又是大家不愿接受的（参看陆丙甫，1979 等）。对于领主属宾句，“死”和“来”这样的动词遇到类似的问题，不管说它们是一价动词、二价动词，还是有时是一价动词（无得失义）有时是二价动词（有得失义）。

问题还出在“内部矛盾”上。一些反对内部不一致的人自己也没有意识到在用不同的标准对待双宾语句和领主属宾句。例如用谓词的词义来确定配价时，一方面认定“他跑了一身汗”中的“跑”只是一价动词（没有获得义），一方面又把“他占我一间房间”、“他拿我一本书”、“他扣我十块钱”中的“占、拿、扣”说成三价动词（有取夺义），尽管这三个动词在词典中都没有取夺的义项。（见张国宪、周国光，1998；周国光，1995）另外，将“扔”等动词分析为三价动词，有不少人反对也有不少人赞成，但是将“死”等动词分析为二价动词，好像除了朱德熙（1978）几乎都反对。反对的人中有人认为“王冕死了父亲”中的“王冕”不是“死”的配价，而是一价名词“父亲”的配价（袁毓林，1994）；这样处理未尝不可，但这又如何解释“他飞了一只鸽子”，“他死了四棵桃树”，“他烂了五筐苹果”，总不能说“鸽子”、“桃树”、“苹果”也是一价名词。还有人认为“王冕死了父亲”是由深层的“王冕的父亲死了”转换而来（沈阳，1995）；这样处理也未尝不可，但是这种转换说还得说明为什么“他的孩子哭了”和“他的眼睛湿润了”这样的句子不能这么转换，不能说成“他哭了孩子”，“他湿润了眼睛”，尽管“哭”、“湿润”

---

① 一个词如果有两个义项，就是多义词，含多义词的句子在理解过程中会出现“花园小径”效应，例如下面这个英语句子：

The horse raced past the barn fell.

race 一词有歧义，一作“跑”，一作“使……跑”。被试人在听到 raced 时可能先按“跑”理解为谓语动词，到句子快结束时才意识到讲不通，再返回去重新按“使跑”理解为过去分词作修饰语，就像花园里沿一条小径散步，走到尽头发现不通，又原路返回重新找路走一样。这就会降低句子理解的速度，心理实验中反应时间会相对延长。然而实验证明，英语中类似“扔”这样的情形并不产生这种效应（Carlson、Tanenhaus，1988）。

跟“死”一样都是一价动词。

这也说明只研究动词的配价对句子合格性的解释范围有限，也就是缺乏总括性。又例如：

(5) 我写给他一封信。

*我写给他一副春联。(朱德熙，1979文例)

(6) 他来了两个客户。

*他来了两个推销员。

不管将“写”分析成二价还是三价，也不管将“来”分析为一价还是二价，总得说明为什么一句能说，一句不能说。再例如：

(7) 他抢我十块钱。　他抢了十块钱。　他抢我了。*他抢人十块钱。

他偷我十块钱。　他偷了十块钱。*他偷我了。　他偷人十块钱。

“抢”和“偷”不管是分析为三价还是二价，总得说明为什么“他抢我了”能说，“他偷我了”不能说；“他偷人十块钱”能说，“他抢人十块钱”不能说。②目前对动词配价的分析还无法对这类现象作出相应的解释。

三、原因和对策

存在上述问题的原因可以归纳为两点，一是在研究动词的配价时没有考虑到句式自身还有其独立于动词和相关名词性成分的意义，二是没有认识到动词的词义不仅仅是一些“客观的”语义特征，更不是用目前的价数或价类分析就能充分说明的。

从动词出发，设法弄清每个动词的配价情况(价数和价类等)，以此来说明句子的合格性，这种研究路向的基本假设是，整个句子的合格性是由其各组成成分(动词和相关的名词等)决定的，动词是核心成分，句子的合格性因此可以从动词的配价推导出来。这是一种自下而上的研究路向，即通过把握组成成分的差异来把握句子之间的差异。然而，句子都是句式的体现，而句式有其自身独立于组成成分的整体意义，这个整体意义是无法完全从组成成分推导出来的。这就是“整体大于部分之和”。组成成

---

② 有人认为“他偷我了”和“他抢人十块钱”能说，但这些人肯定也认为“他抢我了”和“他偷人十块钱”能说，而认为后两句能说的人不一定认为前两句能说。

分的意义固然对句式整体意义的形成有很大的贡献，但是反过来句式的整体意义也制约着组成成分（包括动词）的意义。[3] 从句式出发来观察动词和相关名词的组配关系，这是自上而下的研究路向。自下而上的研究应该跟自上而下的研究结合起来才能对句子的合格性作出充分的解释。（参看 Goldberg，1995；沈家煊，1999a；张伯江，1999）

语义特征分析法有它的长处，但也有很大的局限。例如"单身汉"一词，用语义特征分析法可以定义为〖未婚〗〖成年〗〖男性〗三个特征，但我们却不会把教皇、同性恋者、隐士、人猿泰山、能娶四个老婆而只娶了三个的穆斯林男子等称作"单身汉"，尽管他们都符合这三个特征。按照 Lakoff（1987），词的定义都要参照一个"理想认知模型"（Idealized Cognitive Model，简称 ICM）。"单身汉"的 ICM 是：男大当婚、女大当嫁的世俗社会，一夫一妻制，有一个公认的适合结婚的年龄。跟这个 ICM 一致的未婚成年男子才是典型的单身汉。这样一些背景知识是不能跟"单身汉"的词义完全分离开来的。名词如此，动词也一样。跟本文讨论的问题有关，拿"死"来说，"死"不仅仅是"失去生命"，还包括诸如"幼年丧父是人生的一大不幸"等背景知识。同样，"吃"也不仅仅是"食物的咀嚼和下咽"，还包括诸如"吃是一种消耗、应该自食其力"这样一些背景知识。

为了更好地说明动词和相关名词性成分组配上的合格性，我们按照 Goldberg（1995）的思路，提出如下的处理办法：将配价看做是句式的属性，[4]另一方面，动词的词义应该用"理想认知模型"来描述。具体说明如下。

四、句式配价

"句式配价"是指抽象的句式配备的、与谓语动词同现的名词性成分

③ 马庆株（1983）曾提出"动词的意义有时要靠格式来限定"。朱德熙（1986）曾提出"高层次的语义关系"这个概念，指整个句子的语法意义。另参看范开泰（1999）。儿童语言的研究证明，儿童习得动词词义极快，那是借助动词出现的句式（有其独立的意义）来推断动词的词义（参看 Landau & Gleitman，1985）。

④ 个别人提到"句式的配价"，可惜没有展开谈，主要还是在谈句式中具体动词的配价。

的数目和类属(指施事、受事、与事、工具等)。为了与传统所说的“(动词)配价”相区别,可以改称为句式的“论元”(Arguments)。按照这个定义,“他扔我一个球”属于三价句式,跟“他送我一本书”一样有三个论元,一个施事,一个受事,一个与事,尽管动词“扔”的词义只涉及两个参与角色;而“(她结婚)你送什么?”属于二价句式,含两个论元,一个施事和一个受事,尽管动词“送”的词义涉及三个参与角色。同样,“王冕死了父亲”属于二价句式,跟“他丢了一枚戒指”一样含两个论元,而“王冕的父亲死了”则属于一价句式,只包含一个论元。“他们抢新郎”属于二价句式,如果意思是抢人当女婿,“新郎”是受事,就属于“施事—动作—受事”二价句式;如果意思是抢新郎的钱财,“新郎”是夺事,就属于“施事—动作—夺事”二价句式。

要着重指出的是,不同的句式有不同的句式意义。例如“王冕死了父亲”和“王冕的父亲死了”这两个句式,前一句强调王冕因父亲去世而损失惨重,而后一句只是表明王冕的父亲去世这一事实。这可以从下面的例句中看出:

(8) 王冕七岁上死了父亲。

?王冕七十岁上死了父亲。

显然这是因为古稀之年父亡不像幼年丧父那样是个重大损失。上面(6)“他来了两个客户”所属的句式,其整体意义有“获得”的成分,而动词“来(人)”的ICM告诉我们,来客户是有所得,来推销员则不是,所以不能说“他来了两个推销员”。

句式的配价或论元主要是由句式的整体意义所决定的,“王冕死了父亲”所属句式的整体意义要求这个句式有两个论元,“王冕的父亲死了”所属句式的整体意义只要求这个句式有一个论元。

五、动词词义的“理想认知模型”

动词词义的“理想认知模型”中包括与动作相关的参与角色(Participant Roles),但不仅仅是参与角色。参与角色和论元的区别在于,句式的论元是比较抽象的,如一般所说的施事、受事、与事等,而动词的参与角色要具体得多,例如“抢”和“偷”的参与角色分别是：

"抢"[抢劫者，被抢者，抢劫物]

"偷"[偷窃者，失窃者，失窃物]

这样具体化是为了说明"抢"和"偷"的 ICM 不一样。一个明显差别是参与角色"凸显"的情形不一样：

"抢"[**抢劫者**　**被抢者**　抢劫物]

"偷"[**偷窃者**　被偷者　**失窃物**]

黑体表示凸显的参与角色，对"抢"而言，抢劫者和被抢者是凸显角色，抢劫物相对是非凸显角色；而对"偷"而言，偷窃者和失窃物是凸显角色，被偷者相对是非凸显角色。这种区别是我们日常经验的一部分：虽然都是受害者，被抢者所受的损害要比被偷者来得大。例如可以说"他偷走我一分钱"，但不大会说"他抢走我一分钱"，因为一分钱不像是重大损失，而"他抢走了我最后一分钱"就可以说了。在偷窃事件中，失窃物是注意的中心：一个人在公共汽车上被偷了钱包，人们首先问他丢了多少钱。但是一个人在马路上遭抢劫，人们首先关心的是人受伤害没有，抢走的钱财倒在其次。

区分句式论元和动词的参与角色，这样处理是否增加了层次因而增加了系统的复杂性？不然。其实一般区分动词的句法价和语义价，或区分动词的直接配价和间接配价就已经有了两个层次；袁毓林(1998)还把动词的价分为四个层次(联、项、位、元)。⑤ 我们的处理相反能使配价系统简化，因为一种语言句式的数量总是有限的，而句式的论元是确定的，论元的数目或类属不同，就成了不同的句式。至于动词的词义要作更详尽的描写，这是必然要走的一步，而且收益不小，能大大提高对句子合格性的解释力(下详)。

---

⑤ 分四个层次好像还不够。例如"元"是最低层次，定义为"一个动词在一个简单的基础句中所能关联的名词性成分的数量"。按这个定义"王冕死了父亲"里的"死"应该是二元动词，因为按袁文对基础句的测试方法，这个句子是基础句。(包孕测试：我听说王冕死了父亲；自指测试：王冕死了父亲的消息；删除测试：不能删略成"王冕死了"和"死了父亲"。)但袁毓林(1994)又坚持"死"是一价动词(不无道理)，这样在"元"底下就还要加一个层次。

六、参与角色、论元、句法成分三者间的匹配

先来看动词的参与角色与句式论元之间的匹配。这种匹配遵循"语义一致原则"：如果参与角色可视为论元的一个实例(instance)，则两者在语义上相一致。以表示给予的双宾语句"她送我一件毛衣"为例：

给予句式的论元	[施事	与事	受事]
	|	|	|
动词"送"的参与角色	[送者	收者	所送物]

送者是施事的一个实例，收者是与事的一个实例，所送物是受事的一个实例。

动词"扔"的参与角色只有两个，即扔者和被扔物，为什么能进入有三个论元的给予句式？因为动词的词义不仅仅是参与角色，而是一个ICM。只存在一个"扔"，这个"扔"的词义是一个ICM，在这个ICM中包括这样一些背衬知识：人们经常扔球给别人接，扔烟给别人抽等，但不经常扔铅笔给别人写、扔收音机给别人听：

(9) 他扔我一只球。

他扔我一支烟。

? 他扔我一支铅笔。

?? 他扔我一台收音机。

以上(5)可以作同样的解释，"写"的ICM包括我们经常写信给人，但不包括经常写春联给人。同样，动词"死"只有一个参与角色，姑且称为"死者"，之所以能进入有两个论元的领主属宾句，是因为如前所说"死"的ICM包括幼年丧父是人生的一大不幸这样的背景知识，也就是包含一个"受损者"角色。这个"受损者"角色虽然不是"死"的参与角色，但是在语义上跟句式的论元"领有者"相匹配(受损者是受损的领有者)。这样，我们可以把"语义一致原则"的定义范围加以扩展：

如果动词的ICM中有一个角色(不一定是参与角色)可视为论元的一个实例(instance)，则两者在语义上相一致。

前面说动词词义的ICM中还包括参与角色的凸显(prominence)情形，这种凸显情形由于"语义一致原则"的作用也传递给了论元结构，仍以

"抢"和"偷"为例：

他抢我十块钱　［**施事**　**夺事**　受事］

他偷我十块钱　［**施事**　夺事　**受事**］

黑体表示凸显论元。要指出的是，如果不把动词的词义看作 ICM，就不可能有这种论元结构的区别。现在来看句式论元和句法成分（主语、宾语等）之间的匹配。这种匹配遵循有认知基础的"象似原则"：句法成分之间的关系对应于或"象似"论元之间的关系。⑥ 具体说明如下。要解释前面(7)出现的合格性差异，可以建立如下的不等式：

凸显论元 ＞ 非凸显论元

这个不等式可以解释为：（一）句式中如果凸显论元可以隐去，那么非凸显论元也可以隐去，反之则不然。（二）句式中如果非凸显论元可以作近宾语，那么凸显论元也可以作近宾语，反之则不然。具体说明如下：

（一）如果凸显论元可以隐去（他抢了十块钱），那么非凸显论元也可以隐去（他偷了十块钱），但反过来非凸显论元可以隐去（他抢我），凸显论元不一定能隐去（* 他偷我）。论元隐去就是不以句法成分的形式出现，这种象似关系在认知上的理据是：看得见的东西比看不见的显著。（二）如果非凸显论元可以作近宾语（他偷我十块钱，他偷人十块钱），那么凸显论元也可以作近宾语（他抢我十块钱），但是反过来凸显论元可以作近宾语，非凸显论元不一定能作近宾语（* 他抢人十块钱）。（泛指的"人"作"抢"的夺事不如受事凸显，参看沈家煊，2000）。论元跟动词的关系越密切就越凸显，相应的句法成分离动词就越近。这种象似关系在认知上的理据是：近的东西比远的东西显著；两样东西挨得越近，关系就越密切。

七、动词进入句式的条件

动词进入句式，一般的条件是动词义须是句式义的一个实例。例如动词"送"的词义是双宾语给予句式给予义的一个实例，即送是一种给予，所以能说"我送她一件毛衣"。但是动词进入句式还不限于此。当动词义

⑥ 沈家煊(2000)指出这种象似是不完全的象似。

和句式义之间有一种"使成"关系时动词也可以进入相应的句式,常见的有两种情形:

(一)动词表示的是使句式义表示的动作得以实现的"手段"。例如"他扔我一个球",实际是"他用扔的手段给予我一个球","他抢我十块钱"是"他用抢的手段夺取我十块钱"。

(二)动词表示的是使句式义表示的动作得以实现的"原因":例如"王冕死了父亲",实际是"王冕由于父亲的死而受损失","他来了两个客户"是"他由于有客户来而有所得"。

这种使成关系如前所说也是建立在ICM之上的,如幼年丧父的ICM,来人谈生意的ICM。这种使成关系是人类认识的基本关系之一。在日常言语中,人们经常用手段转指行动,用原因转指结果,例如:

(10)——你今天迟到了没有?
——路上又堵车了。

(11)——面对歹徒你当时怎么办?
——我操起一把菜刀。

(10)是用原因(堵车)转指结果(迟到),(11)是用手段(操菜刀)转指行动(搏斗)。须知这类转指也是一种基本的认知操作(参看沈家煊,1999b),同样是以ICM为基础的:因堵车而迟到,操菜刀而搏斗,都是ICM。

参考文献

Carlson, G. N. & M. K. Tanenhaus. 1988. Thematic roles and language comprehension. In W. Wilkins (ed.), *Syntax and Semantics* Vol. 21. New York: Academic Press.

Goldberg, A. E. 1995. *Constructions: A Construction Grammar Approach to Argument Structure*. Chicago, IL: The University of Chicago Press.

Lakoff, G. 1987. *Women, Fire, and Dangerous Things: What Categories Reveal about the Mind*. Chicago, IL: University of Chicago Press.

Landau, B. & L. R. Gleitman. 1985. *Language and Experience: Evidence from the Blind Child*. Cambridge/Mass.: Harvard University Press.

范开泰,1999,型式语义琐议,《中国语言学报》(9)。

郭继懋,1990,领主属宾句,《中国语文》(1)。

陆丙甫，1979，读《“的”字结构和判断句》，《中国语文》(4)。
马庆株，1983，现代汉语的双宾语构造，载北京大学汉语语言学研究中心《语言学论丛》编委会编著，《语言学论丛》(第10辑)。北京：商务印书馆。
马庆株，1998，动词的直接配价和间接配价，载袁毓林、郭锐编著，《现代汉语配价语法研究》(第2卷)。北京：北京大学出版社。
沈家煊，1999a，“在”字句和“给”字句，《中国语文》(2)。
沈家煊，1999b，“转指”和“转喻”，《当代语言学》(1)。
沈家煊，2000，说“偷”和“抢”，《语言教学与研究》(1)。
沈　阳，1995，名词短语部分成分位移造成的非价成分：“占位np”与“分裂np”，载沈阳、郑定欧编著，《现代汉语配价语法研究》(第1卷)。北京：北京大学出版社。
袁毓林，1994，一价名词的认知研究，《中国语文》(4)。
袁毓林，1998，《现代汉语动词的配价研究》。南昌：江西教育出版社。
张伯江，1999，现代汉语的双及物结构式，《中国语文》(3)。
张国宪、周国光，1998，索取动词的配价研究，载袁毓林、郭锐编著，《现代汉语配价语法研究》(第2卷)。北京：北京大学出版社。
周国光，1995，确定配价的原则与方法，载沈阳、郑定欧编著，《现代汉语配价语法研究》(第1卷)。北京：北京大学出版社。
朱德熙，1978，“的”字结构和判断句，《中国语文》(12)。
朱德熙，1979，与动词“给”相关的句法问题，《方言》(2)。
朱德熙，1986，变换分析中的平行性原则，《中国语文》(2)。

(原载《中国语文》2000年第4期)

“王冕死了父亲”的生成方式
——兼说汉语“糅合”造句

沈家煊

一、引　　言

为什么要讨论这个句子的生成？因为动词“死”是一个公认的“一元谓词”(不及物动词),只能带一个名词性论元,句子怎么会一前一后出现“王冕”和“父亲”两个论元呢？类似的句子还不少,语义上可以分出两个小类来：

(1) A. 王冕死了父亲。　　B. 他家来了客人。
　　　他烂了五筐苹果。　　他跑了一身汗。
　　　他飞了一只鸽子。　　他长了几分勇气。
　　　传达室倒了一面墙。　他起了一身鸡皮疙瘩。

有人称这些句子为“领主属宾句”(郭继懋,1990),因为主语和宾语之间有“领有—隶属”关系,主语是“领有”一方,宾语是“隶属”一方,而动词与主语没有直接的语义关系;句子的意义以表“丧失”的A类居多,表“获得”的B类较少。

二、生成语法的解释

(一) 生成语法首先关注句首名词“王冕”的来源。Tan(1991),Pan(1998),潘海华(1997)曾经认为,像“王冕”这样的句首名词是以动词论元的身份直接投射到主语位置上的,但是问题是,一元谓词的“死”怎么可以带一个以上的论元呢？

潘海华、韩景泉(2005)对一种可能的解释加以否定。这种可能的解释是存在一条“词汇操作规则”,它允许在动词的论元结构中添加一个题

元角色(在这里是添加一个“受害者角色”),例如英语:

(2) The knife was sharp. → Bill sharpened the knife.

sharp一词附加一个使役词缀-en,这一“词汇操作”导致它增添了施事论元Bill。但是他们马上指出,这一解释肯定是不可取的。增添的论元必须与动词有直接的语义关系,如Bill为动作的施事。而领有名词“王冕”与动词“死”没有直接的语义关系,死的是“父亲”而不是“王冕”。“如果可以把一个与动词无直接语义关系的成分视为动词的论元,这意味着用以界定论元的客观标准将不复存在,其结果也就无所谓动词论元以及论元结构了。”

用“词汇操作规则”添加题元角色,这一做法跟“配价语法”提出的“变价”或“增价”所遇到的问题是一样的,随意给动词增价会导致“词无定价,离句无价”的后果。(详细参看沈家煊,2000)

(二) 生成语法接下来对这类句子的讨论涉及“非宾格动词”的特性,因此先有必要对“非宾格动词”(unaccusative verbs)和“非作格动词”(unergative verbs)做一说明。

(3) 父亲哭了。

父亲死了。

“哭”和“死”虽然都是不及物动词,但是实际的性质很不一样,“哭”是“非作格动词”,“死”是“非宾格动词”(也叫“作格动词”ergative verbs)。两者的句法语义差别表现在:可以说“死了一个人”,不能说“哭了一个人”;“王冕死了父亲”的意思是“父亲死了”,而“王冕哭了父亲”如果可以说的话(最好说“王冕哭他父亲呢”),意思不是“父亲哭”而是“王冕哭”。

按生成语法的分析,“非作格动词”只带一个深层逻辑主语,属于深层无宾语结构;“非宾格动词”只带一个深层逻辑宾语,属于深层无主语结构。(Burzio, 1986; Perlmutter, 1978)

非作格结构:父亲哭了。{$_{IP}$ NP [$_{VP}$ V]}

非宾格结构:父亲死了。{$_{IP}$[$_{VP}$ V NP]}

这就是说,“父亲哭了”的深层结构就是“父亲哭了”,而“父亲死了”的深层结构是“死了父亲”。

为什么把“死”这类动词叫做“非宾格动词”呢?因为根据“Burzio定律”(Burzio's Generalization),不能给主语名词赋予题元角色“施事”的动词也不能给宾语名词指派“宾格”,不能给论元指派宾格是这类动词的先天特性。① “死”虽然带一个深层逻辑宾语“父亲”,但是不能给它指派宾格。

（三）徐杰(1999,2001)和韩景泉(2000)用领有名词的移位来解释句子“王冕死了父亲”的生成。这一句子潜在的基础结构(深层结构)为:

（4）死了王冕的父亲

领有名词“王冕”从动词“死”后的逻辑宾语中移出,提升到主语的位置,于是生成“王冕死了父亲”。

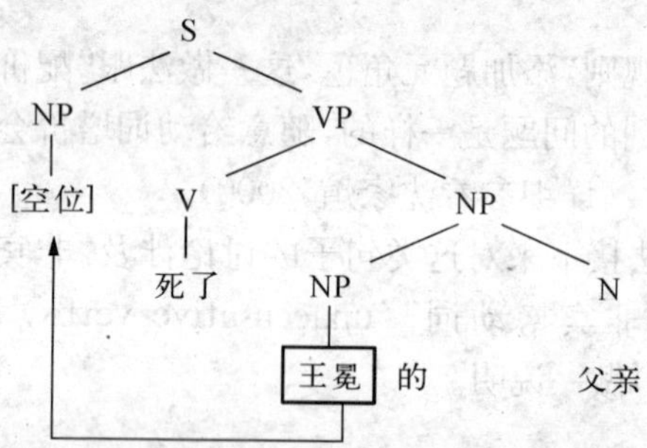

移位一定要有动因(motivation),这是一条原则。“王冕”移位的动因是什么呢? 一说是寻求赋格。按照 GB 理论,所有显性名词短语都必须具有结构格,不然就不能通过“格过滤式”(Case Filter)的筛选。徐杰认为,由于“死”是“非宾格动词”,所以它没有给自己的宾语赋宾格的能力;而“王冕的父亲”是个有定名词短语,这决定了它也不能获得“部分格”(一种非赋予的固有格)。领有名词“王冕”移位一举两得,一是自身可以获得主格,二是保留下来的宾语“父亲”(不再有定)可以获得部分格,这样就满足了赋格的要求。当然,还有一种可能是“王冕的父亲”整体移位到主语空位,生成的是句子“王冕的父亲死了”。

韩景泉的解释略有不同,他赞成“王冕”移位,但是不赞成给“父亲”赋

① 英语的非宾格结构,宾语都不能停留在动词后的宾语位置,必须经过移位出现在主语位置上,例如:

* (It) arrived three students at the office. * (It) sank a boat.
Three students arrived at the office. A boat sank.

部分格。他认为“王冕”移位后获得主格，再通过“语链”将主格传递给逻辑宾语。

（四）针对上述的移位解释，潘海华、韩景泉（2005）和朱行帆（2005）等都指出不少问题，其中最主要的是“王冕”的移位会造成“重复赋格”和“格冲突”。领有名词“王冕”本身有结构格，即“所有格”，这就使它失去了为寻求赋格而移位的动因，而且“王冕”移位后又获得主格，所有格加上主格，既造成“重复赋格”又造成“格冲突”，这在生成语法理论框架内是不允许的。②

温宾利、陈宗利（2001）也看到为赋格而移位的种种问题，转而用“最简方案”的“特征核查”（feature checking）来解释移位的动因。具体说，“王冕”移位是为了通过定指性特征[D]的核查，即汉语句子强烈要求有一个定指的名词短语做主语。但是事实上汉语有些句子并不需要通过这样的特征核查也能成立，例如：

（5）昨天死了一个人。

刚才来了一个人。

这里不定指的逻辑宾语“一个人”并没有为通过定指性特征的核查而移位。

移位还必须遵循一条普遍原则即 Chomsky（1995）提出的“扩展条件”（Extended Condition），这个条件规定移位只适用于“根性句法成分”，包括最大投射的短语 XP 和最小投射的核心词 X^0。例如英语不允许基础结构“did you read whose book”中的 whose 移位，不然会生成不合格的“* whose did you read book”，因为 whose 既不是最小投射的核心词又不是最大投射的短语，只有 whose book 移位才能生成合格的“whose book did you read”。领有名词“王冕”不是最小投射的核心词，它的移位违背“扩展条件”。如果说“王冕的父亲”是限定词短语 DP，其中

② 韩景泉（2000）认为“王冕”从“王冕的父亲”移出时不带着它的领有格移，所以不造成“王冕”的重复赋格。但是“王冕”把它获得的主格通过“语链”传递给移位后留下的语迹 t，那就造成 t 的重复赋格，一是继承“王冕”移位前的所有格，二是接受回传的主格。另外，说“王冕”移位的动因是为整个“深层逻辑宾语”获得格，这一解释违背“最简方案”的“自利原则”（Principle of Greed），即一个成分只有为满足其自身的要求时才可以移位。

限定词 D“王冕的”是核心词，那么移位的应该是“王冕的”而不是“王冕”。即使不考虑“的”的问题允许“王冕”移位，也还是有问题，看以下句子：

(6) 王冕死了一个亲人。

王冕的亲人死了一个。

这两句都合乎语法，第一句可以说是“王冕(的)”从“王冕的一个亲人”中移出，第二句要说是“王冕的亲人”移出就有问题，因为它既不是最小投射也不是最大投射。

(五) 在意识到领有名词“王冕”移位的种种问题后，朱行帆(2005)转而用核心动词“死”的移位来解释句子的生成。“王冕死了父亲”的基础结构为：

(7) {$_{\text{VP}}$王冕 EXPERIENCE [$_{\text{VP}}$父亲死了]}

其中有一个没有语音形式的轻动词 EXPERIENCE(简化为 EXP，意为“经历”)，由它向作标志语的“王冕”指派一个域外题元角色“经历者”，而 VP“父亲死了”是这个轻动词的补足语。这一基础结构体现出“王冕经历了父亲去世这件事”这个意思。句子的生成方式是核心动词“死”向上移位并和 EXP 合并：

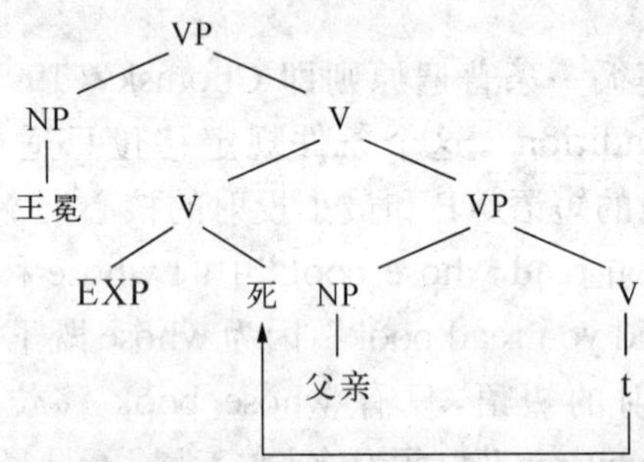

问题是核心动词移位的动因是什么？比较“王冕死了父亲”和“王冕，父亲死了”，假设后者的基础结构和前者的一样是(7)，为什么前者的“死”要移位而后者的“死”就无须移位呢？能否按 Chomsky(1995)的思路，假设前者的 EXP 是一个“强 EXP”(吸引“死”来合并)而后者的 EXP 是个“弱 EXP”(不吸引“死”来合并)呢？这样的假设需要独立的句法证据才行。更重要的是，设定 EXP 这样的轻动词会生成许多不合语法的句子，例如，“王冕经历了父亲生病这件事”并不能说成“王冕病了父亲”，“王冕经历了母亲改嫁这件事”也不能说成“王冕改嫁了母亲”：

(8) *{$_{VP}$王冕 EXP+病了$_i$[$_{VP}$父亲 t_i]}

*{$_{VP}$王冕 EXP+改嫁了$_i$[$_{VP}$母亲 t_i]}

此外还会把合格的句子排除在外，例如“死了一个人”，轻动词（这里应为 OCCUR，意为“发生”）指派的域外题元角色没有指派给任何论元，从而违反了“题元准则”（theta-criterion），即每个题元角色都必须指派给一个论元，而且只能指派给一个论元。这个合格的句子因此会被排除。

（六）终于有人提出一种不涉及任何移位的解释。潘海华、韩景泉（2005）认为，句首名词“王冕”不是主语而是话题，这个话题不是靠移位得来的，而是在原位由基础生成的（base-generated）。即句子的基础结构为(9)：

(9) {$_{CP}$王冕 [$_{TP}$ e ($_{VP}$死了父亲)]}

句首名词“王冕”位于标句词组 CP 的指示语位置，主语位于小句 TP 的指示语位置，这里是一个空位 e，主语空位在汉语里是容许的。基础生成的话题不会改变动词的论元结构，所以不会有“词汇操作规则”增添论元的问题。汉语话题之所以可以基础生成，不像有的语言那样一定要靠移位生成，是因为汉语是“话题突出”（topic-prominent）型语言。像(9)这样的基础结构当然也不会有核心动词“死”的移位问题。

“王冕”的地位算是解决了③，那么“父亲”的地位呢？“非宾格动词”虽然没有给论元赋宾格的能力，但是有赋主格的能力，因此他们认为“父亲”获得的是主格。跟英语不一样，汉语里这个位于动词后的名词短语无须移位到动词前的主语位置就可以获得主格，因为汉语允许句子的主语以空位出现。

（七）我们认为承认句首名词“王冕”是基础生成的而不是移位生成

③ 他们在文中说，话题是话语或语用概念，主语是句法概念。问题是句法的基础结构怎么会直接生成一个话语或语用成分？从话语或语用上讲“王冕”是话题，这没有问题，问题是从句法上讲“王冕”是什么？这个问题我们暂不予追究。

的，这是一个理论上的进步，但是说“父亲”获得的是主格还是会带来问题。如果按照这样的解释，(10)这种形式的句子又是如何生成的呢？

(10) 王冕，父亲死了。

如前所述，非宾格结构为深层无主语句，这是“非宾格动词”和“非作格动词”的本质区别。因此句子(10)中的“父亲”在深层一定是位于动词后的逻辑宾语，它是靠移位出现在动词前空位主语的位置上的：

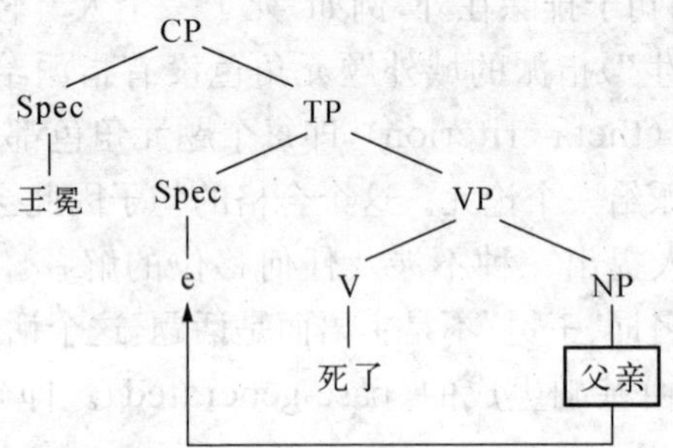

问题就出在这里。按上面他们对句子“王冕死了父亲”的解释，在汉语里这个逻辑宾语“父亲”无须移位就可以获得主格。既然“父亲”在动词后位置已可获得主格，已经满足赋格要求，而汉语又容许主语位置是空位，那么“父亲”就根本不可能移位，因为缺乏移位的动因。能否说“父亲”移位是为了通过定指性特征[D]的核查，即汉语主语位置吸纳定指的名词短语？这和语言事实不符，“王冕，一个亲人死了”和“王冕死了他的养父”这样的句子表明主语位置不一定吸纳定指的名词短语。

要解决这个问题，一个出路是说(10)中的主语“父亲”跟话题“王冕”一样也是基础生成的，不是移位生成的，基础生成的“父亲”获得的是主格。但是这样的解释又跟他们对句子(11)的解释不相一致：

(11) 王冕的父亲死了。

由于动词“死”缺乏给深层逻辑宾语赋以宾格的能力，“王冕的父亲”不得不移位到主语位置获得主格，无论徐杰(1999,2001)还是潘海华、韩景泉(2005)都是这么解释的。我们总不大好说(11)“王冕的父亲”是移位生成而(10)“父亲”就是基础生成的吧？那么出路只剩下说(11)这样的句子也是基础生成的，不是移位生成的，但是这样一来就彻底否定了“死”这类“非宾格动词”深层无主语的属性，也推翻了“Burzio 定律”。

（八）总之，按下葫芦浮起瓢，到目前为止生成语法对“王冕死了父亲”这类句子的解释和修正性解释还都没有达到理论内部的“自洽”。问题的症结何在？

在我们看来，问题的症结在于小看了不同表层结构之间的差异。上面所述的解释主要是两种：一种是“移位说”，徐杰认为是领有名词“王冕”移位，朱行帆认为是核心动词“死”移位；一种是“深层主格说”，潘海华、韩景泉认为没有移位，而“父亲”在深层获得的是主格。徐杰解释的问题在于小看了“王冕死了父亲”和“王冕的父亲死了”之间的差别，他认为差别只在于移位成分，一个是“王冕的父亲”整体移位，一个是其中的“王冕”移位。朱行帆解释的问题在于小看了“王冕经历了父亲的死”和“王冕死了父亲”之间的差别，他认为差别只在于有没有发生核心动词“死”的移位。潘海华、韩景泉解释的问题在于小看了“王冕死了父亲”和“王冕，父亲死了”之间的差别，他认为前者的“父亲”和后者的“父亲”一样获得的都是主语格。

三、我们的解释：“糅合”生成

（一）我们按照“构式语法”的思想（Goldberg，1995）持以下观点：1）“王冕死了父亲”不是由“死了王冕的父亲”通过“王冕”的移位派生而来的，两者属于不同的句式，具有不同的句式意义。2）“王冕死了父亲”不是由“王冕经历了父亲的死”通过“死”的移位派生而来的，两者属于不同的句式，具有不同的句式意义。④ 3）“王冕死了父亲”和“王冕，父亲死了”属于不同的句式，具有不同的句式意义，没有移位派生关系，也不能把两句的“父亲”都定为主语格。在我们看来，前者的“父亲”既然在表层出现在动词之后就是宾语格而不是主语格，至少是带有一部分宾语格的性质，语义上带有受事的性质。这意味着推翻“Burzio 定律”的基础，即不再区分深层结构和表层结构，“非宾格动词”的特性只需从表层着眼。

---

④ 生成语法的主流批评过的“生成语义学”曾经认为英语的动词 kill 的词义可以分解为 CAUSE + BECOME + DEAD，但是事实上两者的意义并不完全等同。同样，“王冕死了父亲”中的“死”和“EXPERIENCE + 死”意义也不完全等同。

“王冕死了父亲”所属的句式，整体意义有“丧失”的成分，“死了父亲”是“王冕”遭受的损失，而“王冕的父亲死了”和“王冕，父亲死了”两个句式只是表明王冕的父亲去世这一事实，“王冕经历了父亲的死”也只是表明王冕有这一经历的事实。这可以从下面的例句中看出：

(12) a. 王冕七岁上死了父亲。

b. ？王冕七十岁上死了父亲。

c. 王冕七十岁上他的父亲死了。

d. 王冕，七十岁上父亲死了。

e. 王冕七十岁上经历了父亲的死。

只有b句意思上别扭，显然这是因为古稀之年父亡不像幼年丧父那样是个重大损失。

(13) a. 他终于来了两个客户。

b. ？他终于来了两个债主。

c. 他的两个债主终于来了。

d. 他，两个债主终于来了。

e. 他终于经历了两个债主的到来。

“他来了两个客户”所属的句式，其整体意义有“获得”的成分，“来了客户”是“他”有所得，“来了债主”不是有所得，所以也只有b句意思上别扭。

在生成语法框架内讨论问题的人也意识到这样的句子有丧失义或获得义，并且注意到两个打问号的句子不成立，不过他们认为这是属于语用上的“不可接受”(unacceptable)，不属于句法上的“不合语法”(ungrammatical)。(徐杰，2001：65)问题是“不可接受”和“不合语法”之间能不能“一刀切”？比如说，“王冕病了父亲”这句话到底是“不可接受”还是“不合语法”，恐怕很难断定，可比较合格的“王冕家病了一个人”。即便假设能“一刀切”，我们认为一种既能解释“不合语法”又能解释“不可接受”的理论要比只能解释“不合语法”的理论好。

(二) 要说“王冕死了父亲”和“他来了两个客户”这类句子的生成方式，我们认为不是词语的“移位”(moving)而是词语的“糅合”(blending)。“糅合”作为一种基本的认知操作，不限于语言，也包括思维和行为。“糅合”能产生“浮现意义”(emergent meaning)，这类句子“因此而丧失/获得”的意义就是糅合所产生的浮现意义。(Fauconnier、Turner，1998，

2001，2003）

口误（slips of the tongue）中有一类“糅合”口误，是指两个竞争待选的词语各取其一部分混合为一个成分说出。例如：

（14）搭［dā］/接［jiē］一下茬！ → jiā一下茬！（搭的韵母-a和接的声母介音ji-糅合）

没想到他落到这个田地/地步 → 没想到他落到这个田步

看不出/想不到你还这么残忍 → 看不到你还这么残忍

更不吃你的一套/不买你的账了 → 更不吃你的账了

这样的糅合好比是将两根绳子各取一股拧成一根。口误能反映言语产生的心理机制，研究口误能从“不正常的”言语表现揭示“正常的”言语心理。（Fromkin，1971；沈家煊，1992）糅合口误的大量存在证明糅合作为一种生成方式具有心理上的现实性（psychological reality）。

“推介”是“推广”和“介绍”的糅合，“建构”是“建立”和“构造”的糅合。“推介”和“建构”已经不是口误，但它们的产生和糅合口误产生的心理机制应该是一样的。英语里也有这种糅合构词法，如 smoke + fog → smog，breakfast + lunch → brunch，只是跟汉语相比数量要少得多。我们要强调的是，在汉语里糅合不仅是造词的重要方式，也是造句的重要方式。

（三）从糅合的角度看，“王冕死了父亲”这句话是“王冕的父亲死了”和“王冕丢了某物”两个小句的糅合：

（15）a. 王冕的某物丢了　　b. 王冕丢了某物

x. 王冕的父亲死了　　y. 　—　　← xb 王冕死了父亲

“死”是公认的不及物动词，而“丢”兼有及物和不及物两种用法。可以说“他把东西丢了”，但是不说“他把人死了”。现在来看如何糅合造句。原来没有“王冕死了父亲”的说法，y项空缺，等到产生出这种创新说法之后，就形成 a∶b∷x∶y 的格局，即a和b的关系对应于x和y的关系。而y项的产生正是x项和b项糅合的产物，b项截取的是它的结构框架，x项截取的是它的词项。我们把这种糅合叫做“类推糅合”：y是在x的基础上按照a和b的关系特别是参照b“类推”出来的。下面就把b项称作“类推源项”。这里“类推源项”里的“某物”是谓词的宾语和受事，类推得出的y项里的“父亲”就也是宾语和受事，至少带有宾语和受事的性质。

这样的造句方式实在跟“类推糅合”的造词机制没有什么本质上的差别，看“山脚”和“电车”二词是如何生成的：

(16) 山脚

a. 身体　b. 脚

x. 山　y. (山的底部)← xb 山脚

(17) 电车

a. 水　b. 水车

x. 电　y. (电驱动的车)← xb 电车

x 和 b 糅合而成的 xb 进入空缺的 y，从而在词汇上形成 a：b：：x：y 的格局。

在(15)中 x 和 b 两项之间有“前因后果”的联系，因此这种糅合也可以叫“因果糅合”：

(18) 王冕的父亲死了(因) ＋ 王冕失去了某物(果) → 王冕死了父亲

换一种说法，“王冕死了父亲”这句话是用“因”来转指“果”，是用“父亲的死”来转指“失去父亲”。

同样，“我来了两个客户”也是“类推糅合”的产物，是“我有两个客户来”和“我得了某物”糅合的产物：

(19) a. 我有所得　b. 我得了某物

x. 我有两个客户来　y. — ← xb 我来了两个客户

“类推源项”b 里的“某物”是谓词的宾语和受事，类推得出的 y 项里的“两个客户”就也是宾语和受事，至少带有宾语和受事的性质。x 和 b 之间也有“前因后果”的联系，因此这种糅合也属于“因果糅合”：

(20) 我有两个客户来(因) ＋ 我得了某物(果) → 我来了两个客户

从转指的角度讲，这是用“两个客户的到来”(因)转指“获得客户”(果)。

因果关系是人类认识的基本关系之一，在日常言语中，人们经常用原因转指结果，例如：

(21) ——你今天迟到了没有？

——路上又堵车了。

可以用堵车(原因)转指迟到(结果)是因为存在“因堵车而迟到”这样的认知定式(也叫“理想认知模型”)，同样“因父亡而受损”和“因来客户而获

益”也是认知定式。这样的转指都是一种基本的认知操作。(沈家煊,1999)

(四)现在要回答的问题是:在上述的糅合过程中,“类推源项”b是如何选定的?b的选定并不是随意的。现把类推糅合的过程按步骤描述如下:

1)说话人想表达“王冕因父亲死去而受损”的意思,父亲死去是“因”,王冕受损是“果”,语言中暂时缺乏一个相应的简单生动的表达式y。

2)语言中有常见的表达式x“王冕的父亲死了”或“王冕,父亲死了”,但是只能表达王冕的父亲死了,不能表达王冕因此而受损。

3)语言中有常见的表达式b“王冕丢了某物”,虽然不能表达王冕的父亲死亡,但是能表达王冕受损。

4)语言中还有与b表达式在意义和形式上都“相关”的常见表达式a“王冕的某物丢了”或“王冕,某物丢了”(某物丢了和丢失某物之间有因果关系,这是意义相关;词项大致相同,这是形式相关),而表达式a和表达式x在意义和形式上都“相似”(都表示抽象的“消失”,这是意义相似;都是无宾语句,这是形式相似)。以a为中介,x和b之间能建立起概念上的重要联系即因果关系。

5)选定表达式b作为“类推源项”。

6)将x和b有选择地糅合成y“王冕死了父亲”,糅合产生的意义(浮现意义)就是说话人想要表达的意思。

这个过程的关键步骤是3)和4):之所以选定b作为类推源项,首先是因为b能表达“受损”。不表达“受损”的,比如“王冕得了某物”显然不能是选择的对象。假如王冕在七十岁的时候父亲死了,没有受损的意思或受损的意思不强烈,也就不会选定b。然而不是凡是有受损义的表达式都能被选定为b,比如“王冕被人抢了”显然也是表达王冕受损,但是不能选定为b。选定b是因为有和b在意义和形式上都“相关”的a,又有和a在意义和形式上都“相似”的x。“王冕被人抢了”虽然和a“王冕的某物丢了”在意义上相关,但是形式上不相关,也就无法通过a跟x建立联系。正因为a和b“相关”,所以说话人容易由b而“联想”到a;正因为x和a“相似”,所以说话人容易从a“类推”到x。总之,y的选定是联想和类推两种思维方式交会的结果,也是认知上的“相关原则”和“相似原则”共同作用的结果。

据此我们可以作出一种倾向性预测：x 和 b 之间越是容易建立某种概念上的重要联系，两者就越容易发生糅合。如果一种语言里“王冕病了父亲”成立，那么“王冕死了父亲”也一定成立，反之则不然。这是因为按照我们的认知定式，“父亲去世”比“父亲生病”更容易跟“丧失”建立因果联系。关于倾向性预测（也叫“弱预测”）可参看沈家煊(2004)。

（五）徐杰(1999,2001)认为，领有名词的移位不仅可以解释“王冕死了父亲”这种领主属宾句，还可以解释“李四被偷了一个钱包”这种“带保留宾语的被动句”，意思是说移位解释具有概括性。糅合同样能解释后面这种句子，同样具有概括性。“李四被偷了一个钱包”是“有人偷了李四一个钱包”（因）和“李四被损害了”（果）两者糅合的产物，正是这一因果糅合使“李四因此而受损害”的意思凸显出来。

不仅如此，糅合的造句机制除了能解释“王冕死了父亲”这种“非宾格动词”在前面多带一个主语的句子，还可以解释“非作格动词”在后面多带一个宾语的句子，因此有更强的概括性。例如下面的动词“跪”：

(22) 合肥发生一起“人跪狗”事件（2004 年 11 月 19 日《法制日报》）

这则报道讲一位出租车司机迫于狗主人的威胁殴打，在瑟瑟寒风中向被撞伤的小狗下跪。当地派出所的处理结果是，逼人下跪的狗主人获得 1 000 元赔偿。在这起“人跪狗”事件发生前不久，黑龙江大庆市也发生一起狗主人威逼人力三轮车夫向小狗下跪磕头事件，但结果是引起社会舆论的强烈不满。同样是“人跪狗”事件，为什么会有两种不同的反应呢?

“人跪狗”属于独立的二论元句式，不是由深层结构“人向狗下跪”通过移位派生而来的，意义也不等于“人向狗下跪”。“人跪狗”强调狗（实际指狗的主人）是得益者，是“人赔偿狗”和“人下跪”两个小句的糅合：

(23) a. 甲向乙赔偿　　b. 甲赔乙

x. 甲向乙下跪　　y. —— ← xb 甲跪乙

这里同样是 x 和 b 糅合而成的 xb 进入 y 的位置，形成 a∶b∷x∶y 的格局。参与糅合的 x 和 b 之间能建立“动作—方式”这种重要联系，糅合后的浮现意义就是“用某种方式赔偿”。从转指的角度讲，“人跪狗”是用动作的方式“下跪”来转指动作“赔偿”，这种转指同样十分常见，例如用“操起菜刀”转指“搏斗”：

（24）——面对歹徒你怎么办？

——我操起一把菜刀。

当赔偿问题成为关注焦点时，宜用“人跪狗”来表达，不宜用“人向狗下跪”来表达。合肥警察这么处理是认为狗获得赔偿的力度还不够，而黑龙江的社会舆论是认为狗获得的赔偿过了头。

四、糅合和历史上新语法格式的产生

新语法格式包括句子格式和短语格式，这里只举两个例子。先看“V了O”格式的来源和完成貌助词“了”的产生。按通常的说法（太田辰夫，1958；王力，1958），是先有“VO了”格式，其中的“了”（liǎo）是完成动词，然后这个“了”趋于虚化并移到V之后，成为完成貌助词。问题是怎么判定动词“了”趋于虚化，如果说VO后的“了”本质上是完成动词（能受副词修饰），它怎么会移到V和O之间变为完成貌助词呢？对此梅祖麟（1981）、曹广顺（1986）和吴福祥（1998）都提出有一个类推的过程。按曹和吴的说法，在唐代，表示完成貌最常用的是“却”字，“却”出现在“V＋却”和“V＋却＋O”两种格式中，它在后一格式中虚化的程度比较高。“V了O”正是仿照“V却O”类推的结果：

（25）a. V却　　b. V却O

x. V了　　y. —　　← xb V了O

我们这里指出的只是，这种类推也是以糅合的方式实现的，是x和b的糅合产生了新的y项“V了O”，移位不是这种“语法化”的实际过程，糅合才是实际过程，移位只是糅合后看上去的一种结果而已。

再看现代汉语“数＋量＋名”格式的来源。在上古汉语里，数量短语“数＋量”相对于名词的位置最常见的是“名＋数＋量”，如现代汉语的“一匹马”“一辆车”在上古汉语是“马一匹”“车一辆”。太田辰夫（1958：150）先将名量词分为“计量”和“计数”两类。计量词包括度量词（“斤、寸”）和临时量词（“箪、瓢、杯”），计数词包括个体量词（“头、只、枚”）和集体量词（“双、群”）。在上古时“数＋计量词”有两个位置，一个在名词前（“一箪食、一车薪”）用来限定数量，一个在名词后（“酒十石、薪一车”）用来陈述数量，而“数＋计数词”只有在名词后一个位置（“车一辆、马一匹”）用来陈述数量。魏晋时开始盛行的用来限定数量的“一辆车”“一匹马”格式是仿照“一箪食”“一车薪”的格式类推而来的：

(26) a. 薪一车　　b. 一车薪
　　 x. 马一匹　　y. 一　　← xb 一匹马

同样，这一类推是以糅合的方式实现的。跟上面的例子一样，看上去是发生了数量短语的移位，实际上移位只是短语糅合的结果。

五、结　　语

关于糅合造句或造语，还有许多问题值得深入研究。糅合的基本手段是什么？我们初步认为不外乎“压缩”和“隐退”两种，在形式上的相应表现是：1）由重读变轻读，2）由长大变短小，3）由自由变黏着。从理解的方面看，创新说法的浮现意义是如何推导出来的？初步的考察发现所涉及的推理类型是“回溯推理”（参看沈家煊，2005）。糅合要受哪些方面的制约？我们想到的有以下一些方面：1）“认知定式”和基本的认知原则。2）人的语言和认知加工能力。3）糅合词语的高频效应。这些问题的探索刚刚开始，限于篇幅，这里都不便铺开来说，随着研究的深入，以后将另文阐述。

参考文献

Burzio, L. 1986. *Italian Syntax: A Government Binding Approach*. Dordrecht: D. Reidel Publishing Company.

Chomsky, N. 1995. *The Minimalist Program*. Cambridge/Mass.: The MIT Press.

Fauconnier, G. & M. Turner. 1998. Conceptual integration networks. *Cognitive Science* 22(2).

Fauconnier, G. & M. Turner. 2001. Compression and global insight. *Cognitive Linguistics* 11.

Fauconnier, G. & M. Turner. 2003. *The Way We Think: Conceptual Blending and the Mind's Hidden Complexities*. New York, NY: Basic Books.

Fromkin, V. A. 1971. The nonanomalous nature of anomalous utterances. *Language* 47(1).

Goldberg, A. E. 1995. *Constructions: A Construction Grammar Approach to Argument Structure*. Chicago, IL: The University of Chicago Press.

Pan, H. 1998. Generalized passivization on complex predicates. The Annual Meeting of the Linguistic Society of America, New York.

Perlmutter, D. 1978. Impersonal passives and the unaccusative hypothesis. The 4th Annual Meeting of the Berkeley Linguistics Society, UC Berkeley.

Tan, F. 1991. *Notion of Subject in Chinese*. Palo Alto, CA: Stanford University.

曹广顺,1986,《祖堂集》中的“底”(地)、“却”(了)、“着”,《中国语文》(3)。

郭继懋,1990,领主属宾句,《中国语文》(1)。

韩景泉,2000,领有名词提升移位和格理论,《现代外语》(3)。

梅祖麟,1981,现代汉语完成貌句式和词尾的来源,《语言研究》(1)。

潘海华,1997,词汇映射理论在汉语句法研究中的应用,《现代汉语》(4)。

潘海华、韩景泉,2005,显性非宾动格结构的句法研究,《语言研究》(3)。

沈家煊,1992,口语类例,《中国语文》(4)。

沈家煊,1999,“转指”和“转喻”,《当代语言学》(1)。

沈家煊,2000,句式和配价,《中国语文》(4)。

沈家煊,2004,语法研究的目标——解释还是预测?第12届国际中国语言学学会会议,天津。

沈家煊,2005,也谈能性述补结构“v得c”和“v不c”的不对称,载沈家煊、吴福祥编著,《语法化与语法研究》(第2卷)。北京:商务印书馆。

太田辰夫,1958,《中国语历史文法》(蒋绍愚、徐昌华译)。北京:北京大学出版社。

王　力,1958,《汉语史稿》。北京:中华书局。

温宾利、陈宗利,2001,领有名词移位:基于mp的分析,《现代外语》(4)。

吴福祥,1998,重谈“动+了+宾”格式的来源和完成体助词“了”的产生,《中国语文》(6)。

徐　杰,1999,两种保留宾语句式及相关句法理论,《当代语言学》(1)。

徐　杰,2001,《普遍语法原则与汉语语法现象》。北京:北京大学出版社。

朱行帆,2005,轻动词和汉语不及物动词带宾语现象,《现代外语》(3)。

(原载《中国语文》2006年第4期)

常规关系与句式结构研究

——以汉语不及物动词带宾语句式为例

徐盛桓

一、前　言

全国第一次认知语言学研讨会(2001 年 10 月,上海)之后,我们对“常规关系”的研究,主要在两个方面展开:

(一) 常规关系与文学作品语句的解读

按照我们的理解,文学作品的阅读可能有三个层次:

(i) 语句说的是什么,这是句面意义的解读。要弄懂一个句子到底说了什么,有时并不都是那么径情直遂的,例如:

“日暮苍山远,天寒白屋贫。柴门闻犬吠,风雪夜归人。”(刘长卿:《逢雪宿芙蓉山主人》)这里的“风雪夜归人”可能是什么人(主人家的人还是又一个求宿者)?

“万木霜天红烂漫,天兵怒气冲霄汉。雾满龙冈千嶂暗。齐声唤,前头捉了张辉瓒。”(毛泽东:《渔家傲·第一次反围剿》)这里的“雾”指的可能是什么?

“……人言头上发,总向愁中白。拍手笑沙鸥,一身都是愁。”(辛弃疾:《菩萨蛮·金陵赏心亭为叶丞相赋》)说沙鸥“一身都是愁”,到底说了什么?

“凉夜金街天似洗。打叠银篝,熏透吴绫被。作剧消愁何计是?鬓丝扶定相思子。”(陈维崧:《蝶恋花·跳索》)(“跳索”即跳绳——本文作者注)为什么“熏被”之后要说“作剧消愁何计是”?句与句之间是如何衔接的?

(ii) 语句蕴含了什么?这是语句寓意的解读。

(iii) 整个作品的意义指向是什么？这是作品主题思想的解读。

由于我们尚未进入第二、第三层次的研究，这里就不作说明了。总之，我们希望运用“常规关系”理论建构一个理论模型，为文学作品的语句解读提供一种比较合理而又较易操作的逻辑思路。

(二) 常规关系与句式结构研究

这方面研究的初步成果，是本文要报告的。

为什么我们对常规关系的研究要在这两方面展开？我们的认识是：这两个方面的研究，是研究如何为句式结构的形成和句义内容的理解提供理据。认知语言学十分关切“世界—知性(ception)—语言”三者之间的关系。世界图景通过人类知性的认识，投影为语言设计的总体参照，成为语言运用的总体理据。语言运用从书面语来说至少涉及语言的语法形式和语义内容两个方面；因此，世界图景既是把握语法形式形成的总体理据，又是理解语义内容表达的总体理据。世界图景可通过常规关系来把握。“常规关系”是世界事物自身的关系，通过认知的投射，既成为社会群体以“关系”的形式来把握世界的认知方式和传播媒介，又为语言的表达形式所利用，成为形成一种句法结构的理据和理解语言表达内容的理据。(徐盛桓，2002a，6－15)本文报告的，是我们运用常规关系理论来建构解释句式结构理据的理论模型的初步研究。作为这方面研究的一个尝试，我们试图对一种比较特殊的句式结构即汉语“不及物动词＋宾语”现象进行分析。本文的研究是我们过去对常规关系研究的继续。关于常规关系研究的最近一项成果参见参考文献(徐盛桓，2002a)。

二、不及物动词带宾语现象

汉语不但及物动词可带宾语，不及物动词也可带宾语。“及物动词带宾语在情理之中，不及物动词可以带宾语却让人难以理解。”(郭继懋，1999)由于不及物动词带宾语这一现象似乎有悖常理，所以我们试图对这一句式结构作出解释。

汉语有些不及物动词可以带宾语，这是汉语学界做过研究的。据郭继懋转述，研究过不及物动词带宾语现象的学者至少有赵元任、朱德熙、刘月华、孟琮等。(郭继懋,1999)为了避免主观臆测,我们先将郭继懋研究汉语不及物动词带宾语现象的一篇专论中(郭继懋,1999)所举出的不及物动词带宾语的例子转录如下,下文的研究才采用我们自己所搜集到的例子。

(1) 我们这一阵子一直忙搬家/他哭他奶奶/小孩就活个妈妈/人就活个年轻/我在这儿就混个自由自在/早晨跑步就跑个空气新鲜/他跑了几个城市/他跑四百米/那时我们睡窑洞/模特走路是走胯/下个月我们飞特技/他走了一趟八卦掌/走八卦掌就走个精气神/在职人员考硕士走师资/他站了一会儿身段,喊了一会儿嗓子/我睡觉不习惯睡左边/刚才上楼我咳嗽那灯,可那灯没亮

这些例子(个别可能有些疑问,如"忙"是否为动词)大体包括了汉语不及物动词带宾语的多种情况。郭继懋在文章中谈及"不及物动词带宾语现象的成因"时认为,这是为了追求"经济",而实现这种"经济"的可能性"以对方了解该不及物动词与有关的名词的题元关系为必要条件"。(郭继懋,1999)郭文还认为,从句法形式来说,不及物动词带宾语通常是"介词+名词(+方位词)+不及物动词"和"动$_1$+着+动$_2$+名"句式结构省略的结果。如:

(2) 在里屋里睡 → 睡里屋
走着练八卦掌 → 走八卦掌

我们觉得这些分析都是对的。我们还希望运用常规关系理论做一些进一步的分析,并形成一个理论模型。下面先介绍一下我们的理论思考。

三、基本假设

语言的各种句式结构是怎样形成的?我们参照一些认知语言学家[如石毓智(2000,2,7~9;2001,6)]的思路,提出这样的假设:句法结构的形成主要有两方面的理据:(一)句式结构各成分所体现的关系同被表达对象事物之间的关系有同构性(下文简称为"句式同对象的同构性");(二)语言系统中句式结构有可类推性。据第(一)种理据所形成的句式结构是本原性、第一性的;在第(一)种理据基础上形成的句式结构可能以

类推的方式“遗传”给其他一些表达形式，形成一些新的句式结构，这种“遗传”就成为这些句式结构形成的理据，这是第(二)种理据，这种理据是非本原性的。本文只研究句式结构同第(一)种理据的关系，不涉及第(二)种情况。

“句式同对象的同构性”是认知语言学的一个基本观点，例如现为人们熟知的“象似性”理论与海曼和克罗夫特分别提到过的“距离动因”说(Croft，1990；Haiman，1983)，都含有这一思想。认为二者有同构性是出于这样的考虑：语言是人类的认知能力同作为认知对象的客观世界相互作用的产物；认知能力和认知对象是寻找语言表达理据的两个最基本的要素，也就是寻找对句式结构的理据作出解释的前提条件(徐盛桓，2002b，373－376)。句法规则是现实对象的规律通过认知的折射在语言中的投影。(石毓智，2000，2001)

语言的出现是为了交流信息的需要。在人类最早期，交流的内容最基本的是表达所见所闻的对象事物。语言前阶段的表达，因为当时无所谓语言，也就无所谓语言规律。表达的手段可能是声音、手势、身段、动作、实物等，用这样一些手段以仿照对象事物的方式进行表达是最为方便的。这样来组织信息的方法和实施表达的过程，通常是最大限度地仿照所感知到的对象事物的形态及其体现出的各种关系，因而这样的表达必然将对象事物自身的关系包含在表达方式之中。这就是现实对象的规律通过人们认知的折射投影为表达规则的雏形。经过长期的多次的反复，在一定的群体中约定俗成固化下来，逐渐地发展为这一群体所接受的语言及其语法规则(石毓智，2001；徐盛桓，2002b)。因此我们说，句式结构所表达的关系同被表达的对象事物之间的关系有同构性，是异质同构。

这个过程很大程度地具有强制性。(石毓智，2001)这种强制性体现在两方面：(一)强制性地仿照对象事物的规则，“因为只有用现实对象本身的规则作为[表达的]规则才最适合于表达现实对象中的各种各样的信息和关系”(石毓智，2001，6)；(二)必定强制性地通过认知的折射，因为只有感知了这一对象事物才能表达这一对象事物，而对对象事物的感知就不再是对象事物的自身。举一个简单的例子：太阳光作为光源，其光其实是一整片的；但汉语、英语都有“光线”、a thread of light之类的说法。这可能是因为先民们在茂密的丛林里、在洞穴里看见的太阳光，透进来的是一条条的光束，光就像一根根的粗线，就把光看成“线”，并逐渐形成了这样的说法。这表明，通过不同途径得到的感知是不同的。对对象事物的表达可能要将对对象事物的感知整合起来，因而这只是对象事物的折射。

事物之间是结成一定的关系的，事物内部也会表现出一定的关系。对对象事物的观察、认识和表达可能有不同的角度和方法，其中一种方法是将对象事物结构化，进而将其结构分解为若干对子(分)要素。每对子(分)要素都是共轭相处的。我们将从对象事物中分解出来的处于不同层次的各对子(分)要素所表现出的共轭关系称为“常规关系”。之所以称为常规关系，是因为它们总是这样惯常性、规约性地联系在一起的。(徐盛桓，1996b)在谈到“句式同对象的同构性”时我们提到“被表达对象事物间的关系”，指的就是这样的“常规关系”。因此，我们也可以说，句式结构所表达的关系同被表达的对象事物之间的常规关系有同构性。

通过常规关系来研究句式结构，出于我们对研究目标的这样一种设定：在当代语言学研究中，普遍性、概括性、解释性是研究的重要理论目标。为达至普遍性、概括性、解释性，不同的认知语言学家提出了多种理论模型，为从认知上解释语言的运用提出了多种认知通道和认知手段，这些研究都达至一定的深度和广度，取得了不同程度的成就。其中，如下的一点对我们似尤有启发：摆在我们面前的最富于挑战性的任务是如何寻找一种简单、自然而又与我们的语感比较贴近的概念、方法，把语言中包含的规律充分地展示出来。(石毓智，2000，1)我们觉得，“常规关系”有可能表现出简单、自然而同我们的语感比较贴近的特点，并且也有可能表现出在认知语言学研究中许多语言学家都提到过的“可触知性”(palpability)。

四、理论要点

根据我们的理论目标，即尽可能达至理论的概括性、普遍性、解释性，又要简单、自然并同我们的语感比较贴近，我们拟建立“句式结构常规关系分析理论模型”，研究常规关系对句式结构形成的影响。我们曾提出，常规关系是含意本体论的一个核心概念。(徐盛桓，1996a，21－27)它被看做是话语中所表达的内容中各种关系的本源，因而是人们语言运用的一般前提,是达至相互理解的普遍基础。我们对这一语用前提是这样表达的：设定话语所涉及的对象和事物之间所形成的关系是常规关系,除非另有说明。(徐盛桓,2002a)将这个语用的一般前提运用于句式结构研究,可分解为如下四点:

(一) 将一种句式结构看作是一个语义结构体；

(二) 根据句式结构的特点,将句式结构的语义内容抽象为常规关系；

(三) 考察常规关系同句式结构的对应性；

(四) 用这样的对应性作为解释句式结构形成理据的基础。

含意本体论认为,语言中含意的运用,是人类语言表意的一种基本方式,可称为“原方式”,是语言运用中不可缺少的。含意可称为语言表达中的“隐性表述”(徐盛桓,1998,84 - 105),对语句字面的显性表述起补足和阐释的作用,共同构成相对完备的话语表达。含意是怎样生成的？含意本体论认为,含意是对话语中所体现的常规关系的解读,常规关系所传输出来的信息即体现为含意。含意同语言一样古老,它既是语言的儿子,又是语言的母亲(徐盛桓,1997,5 - 8)。它是人类在其童年时期生存条件极为艰难困苦的情况下,需要力求以少的付出获取多的收益的行为倾向制约下,在以经济的方式进行交际中逐渐形成的。这是在当时条件下优化思维的具体表现：以少寓多、以简驭繁,能意会的就略而不提,可用已有的某一形式来喻指的就少创造新的形式。这就逐渐形成了运用隐性表述即含意,其中重要的机制就是利用常规关系。从句式结构的研究来说,正是常规关系带来的隐性表达,使得句式结构的线性序列“立体化”起来,织成一个语义网络,将线性的句式结构中各成分的语义内容合目的合规律地连接起来,对缺省的作出补足、对不透明的作出阐释,从而使精简的句式结构担负起繁杂的表情达意的任务。

这里还要简单地说一说我们对句式结构的认识。我们认同构块式语法(construction grammar)对句式结构的看法：一个句式结构不是一堆句子成分的堆砌,而是一个“完形”(gestalt)。在一个句式结构里,各成分意义的相加不一定就能得出这一句式结构的构块意义(constructional meaning)。这是因为,这个句式结构里不但有显性表述所输传的意义,还必定有隐性表述所补足和/或阐释的意义。因此,一个句式结构的构块意义必定大于各成分意义的加和。从结构的形式来说，各成分的组合，不一定都符合逻辑关系，会发生组合关系的嬗变。因此，每一个句式结构都是这一形式与一定构块意义的匹配体(pairing)。作为句式结构的认知研究，是要找出匹配之所以会是如此的理据。我们认为，常规关系的说明有可能在一定程度上担负起这一任务。

基于以上的理论认识，我们试图勾勒出句式结构形成的一种可能的过程：从语言起表达作用的“细胞”，演化成语言表达的基本形态；这些基本形态通过一定的方法结成一定的组织体；组织体又演化为一定的线性排列，这就是句式结构。具体来说就是：语言中的词语细胞同它所表述的对象事物的常规关系相互作用，形成语言表达的两种基本形态：显性形态和隐性形态；这两种形态分别起着对句式的线性结构进行建构和对这个结构进行必要的织补的作用，结成一定的组织体；这个组织体就是一个似断实联的约定俗成的构块式。

五、关于不及物动词的宾语

现在回到“不及物动词带宾语”现象的具体分析上来。

我们将“主语 + 动词 + 宾语”的句式结构表示为 SVN(有时为了简便只表示为“VN”)，V 前后两个成分的语义角色是“施事 + 动词 + 受事”。这里的“动词”先不管它是否及物。

在任何语言中，“受事”是语义角色中两个最基本的“角色”之一。一个典型的“受事”在句式结构中实现为典型的宾语。“受事”最重要的典型特征是它的“受动性”，也是使它充当句法结构里的宾语的内在语义动因。受动性表现为施动者的行为对受事造成了影响，结果是使受事经历一定的变化。(张伯江，2001；张国宪，2001)“影响”有强影响、弱影响、直接影响、间接影响、显性影响、隐性影响等，因此，“影响”是一个梯度变量(scalar variable)，因而“受动性”也是一个梯度变量。这样，“宾语”其实是一个包括了从典型宾语向非典型宾语过渡的模糊变量大家族。试看下面 SVN 的例子(为了简略，多数例子的 S 略去不表)：

(3) i. 吃米饭/打孩子

ii. 吃酒席/吃快餐/吃麦当劳/吃寿宴/吃筷子/[排球运动]打二

传/[篮球运动]打后卫

iii. 睡硬板床/睡客厅/睡旅馆

iv.《哭冰心》/哭鼻子/笑贫[穷的人]不笑娼

v. 跑四百米接力/跑钢材/跑单帮/跑上海/跑二人三足赛/走步点(指彩排时演员在舞台上熟悉走动的位置)/走天桥

vi. 地板上堆了一堆垃圾/前面沉了一条船/王冕七岁时死了父亲/从动物园逃走了两只大猩猩

虽然许多汉语词典并不区分动词的及物和不及物,但作为一种语感的判断,人们一般都会认同:(i)(ii)例中的"吃"和"打"是及物的,而从(iii)起各例的动词是不及物的。"米饭"、"孩子"是"吃"和"打"的直接对象,受到了"吃"和"打"的影响,肯定会发生一定的变化。值得注意的是,一方面,"快餐"、"寿宴"、"筷子"等都是不能"吃"的,"二传"也不是"打"的对象,它们只不过是"吃"和"打"动作展开的场合、方式、工具、处所等;另一方面,恐怕也不能说"吃"和"打"过之后,对这些事物没有一点影响、它们不发生一点变化。因此,语法学家将这些动词称为及物动词,对动词后的这些名词,有些语法学家称之为处所宾语、工具宾语,甚至主事宾语,或统称为"代体宾语"。(郭继懋,1999)关于从第(iii)例起的不及物动词,朱德熙认为"睡硬板床"的"睡"是及物的,只是后二例的"睡"才是不及物的(郭继懋,1999)。"硬板床"的确是承受了"睡"的施动者的身体,因而可以认为是"睡"的对象,"睡"的动作肯定会对"硬板床"发生影响,所以认为这个"睡"是及物动词似乎不无道理。但是,"客厅"不也承受了施动者的身体吗? 只不过"硬板床"的面积范围比较小,而"客厅"是一个三维空间,范围较为空泛罢了。因此,"客厅"、"旅馆"其实也应是受到影响的,有一定的受动性。(iv)(v)各例就不再详细分析了,最后只说一说(vi)。(vi)各例同(iii)(iv)(v)各例不一样的地方在于:(vi)各例的"宾语"都可以充当"当事"或"施事"。如果只是从意义而不是从严格的句法转换来说,(vi)各例都有可能将"宾语"表达为"主语":

(4,vi′) 一堆垃圾堆在地板上/一条船在前面沉了/王冕七岁时父亲死了/两只大猩猩从动物园逃走了

但是像"堆了一堆垃圾"之类的说法,在一定的场合下也不是没有可能让"垃圾"获得一定的受动性的,因为"垃圾"的确是"堆"起来的,所以在

一定程度上可以说“垃圾”是“堆”的宾语。只有在“王冕七岁时死了父亲”之类的 SVN 句子中,“父亲”已获得了当事主格的地位,才很难说是“死”的对象。

综合上述对各例的讨论,我们可以得出如下结论来回应本节开头的说明:“宾语”是一个具有一定程度梯度性的概念,包括了典型宾语和非典型宾语。(i)的“米饭”、“孩子”是典型的宾语,(vi)的“父亲”、“大猩猩”是典型的非宾语。在这里,我们没有区分及物动词和不及物动词。我们是将 SVN 的 N 所表示的事物的“受动性”或受到有关动作的影响,看作是在一个梯度区间里变化的变量。因此,SVN 作为一个句式结构其构块意义是:S 通过动作 V 作用于 N(Goldberg,1995)。但正如上文所说,N 充当的“宾语”是一个梯度变量,是一个其成员具有不同受动性的语法范畴,在具体句子中 N 所受到的“作用”大小是不同的,甚至可能趋于零,或者说获得“零受动性”。这就是为什么汉语语法学家有可能说汉语的不及物动词也可以带宾语的原因。其实,说某动词是及物动词还是不及物,或说某名词是宾语还是其他什么成分,是语法学家在分析时认为是符合分析对象的语法标签。我们将 SVN 看成是一个具有整体构块意义的构块式,并引进了梯度概念,来说明 N 所具有的不同程度的受动性(S 其实也表现出不同程度的“施动性”,篇幅所限,本文不讨论)。反过来说,V 也就是具有不同程度及物性的动词了:动词作为一个大家族,一方面,它是一个由强及物性动词为一端和弱及物性动词为另一端组成的连续统;另一方面,同一动词用在不同的语境也可能表现出不同的及物性。这也许可以为所谓的汉语“不及物”动词带宾语现象作出解释。

六、常规关系与 SVN 的理据

一个构块式及其对应的构块意义的形成,如果是同上面所说的第一种理据有关的,往往可以追溯它的认知理据。就 SVN 构块式来说,要解释其理据,抽象出 V 同 N 的常规关系,也许是一条思路。这正是“句式结构常规关系分析模型”要做的。

我们发现,S 之所以可以以 V 的动作作用于 N,这是因为,一方面 V 作为动词所表达的语义内容,常规地包含了若干表事物的语义成分;而另一方面N作为名词所表达的语义内容，也常规地包含了若干表动作的语义成分。这就是“名动互含”假说。（徐盛桓，2001，15）作为对这一构块式理据的说明，主要依靠前者，也涉及后者。概括说，就是V以N作为参照点，对自身语义内容所包含的表事物的语义成分作出选择，并以此作为语义指向对N产生作用和影响。在这个过程中，还可能涉及N以V为参照点对自身语义内容所包含的表动作的语义成分作出的选择，以进行核查、校正。V和N分别以N和V为参照点对自身语义内容所包含的表事物或表动作的语义成分作出选择的依据是当中所体现的常规关系。这就是我们上文第四节所说的将句式结构分解成一定的常规关系。

事物同动作是不可分离的。没有不以事物作为其载体的赤裸裸的动作；而事物的形成、其特性的展示和功能的显现，也离不开一定的动作。例如，直观地说，“睡”不但离不开“睡”的施动者，也离不开“睡”的动作发生的时间、地点、工具等等，这些就表现为“睡”的语义内容常规地包含表事物的语义成分。因此，“睡”的语义内容可以作这样的表述：施动者在某时间、某地点为某目的/或原因用某种方式（姿势）将身体横躺在某种工具上；而且这一语义内容所涉及的事物也许还可以扩展。同样，“床”的形成固然离不开“制作”的动作，只就“床”的特性的展示和功能的发挥来说，也离不开包括“睡”在内的一些动作。在“（他）睡硬板床”的句子里，“睡”以“床”为参照点，对自身的语义内容所包含的表“工具”这一事物的语义成分作出选择：（他）“睡”以“床”为“工具”，使“床”获得了作为“工具”来使用的受动性。在另一个例子“睡客厅”里，从常规来说，“客厅”当然不是“睡”的工具；而且从常规来说“客厅”也不是为了“睡”而设的。但是从“睡”所包含的表事物语义成分看，“睡”必定发生在一定的空间（处所），“客厅”也是一种“处所”。同时，还可以用“客厅”所包含的表动作的语义成分进行核查：“客厅”作为一种“处所”，可以为各种各样的活动提供空间，“睡”尽管不是在“客厅”里进行的常规性的活动，但也还是可以在这里实施的。这也就使得“睡”对“客厅”的利用成为可能，因而也对其发生了作用、造成了影响。V对自身语义内容所包含的有关事物作出选择，就意味着这个动作将同这样的事物发生联系；动作同事物的联系就是二者的相互作用。就动作对事物的作用而言，就表现为对事物的影响，这就是所谓“及物”。因此，SVN的构块意义总是表现为V作用于N。

对这个直观的过程还可以作出概括和抽象，因为对句式结构的构块意义的理解不同于对一个句子具体语义的理解。一个动词的语义内容所包含的表事物的语义成分可能牵涉到的事物，从理论上说是难于穷尽的，光从“睡”所涉及的作为“工具”和作为“处所”的事物来说，就很难尽列。所以，当我们说“名动互含”，我们倾向于指“类”语义成分。除了所有动词都包含了像时间、空间、目的、原因等的“类”语义成分外，某一类型的动作还可能会包含一些特定的表事物的“类”语义成分。以“跑”为例。“跑”所表示的“奔走”的动作，必定包含像“处所”、“方式”、“目的地”等的语义成分。这样的“类”语义成分通常有较大的概括性。例如：“跑上海”，是以“上海”作为目的地；只要能作为“跑”（“奔走”）的目的地的，就有可能同“跑”匹配，成为它的宾语，如：跑了几个国家/跑南（闯北）/这几年他作为一个记者，跑过联合国、南斯拉夫、阿富汗，最近又跑亚运会去了；再如，“跑钢材”是以钢材为“跑”的目的，其他作为被追求的目的的以物质形式或抽象形式存在的材料，都有可能作“跑”的宾语：跑拨款/跑新闻/跑官。再看“走”，它表示一个两脚前后移动而造成身体前移的动作，所涉及的事物例如有“走”动作发生的“处所”和“走”的“方式”。“处所”的例子有“走天桥”，同样就可以有走钢丝/走老路（“老路”这里已有喻义，本文不再讨论）“走安全线（斑马线）/走人行道/走小道/走楼梯”；“方式”（这里只指“走”时身体脚以外的其他部位表现出的特点）的例子有“走八卦掌”（即以“手演练着八卦掌”的方式走），相仿的就可以有“[模特走天桥是]走胯/[模特儿开始练习时是]走上身（即注意上身保持一定的姿势）/走脚尖儿”等。

上述的例子表明，在 SVN 中，N 同 V 相互作用，N 也会显现出常规性地同 V 匹配的语义角色。这一角色是以隐性的方式体现出来的。下面以郭继懋的例子（有 * 号的除外）做一些说明：

(4) 飞 747 客机——飞（飞行，即驾驶）+以 747 客机为对象

* 乘 747 客机——乘（搭）+以 747 客机为工具

飞特技——飞（行）+用特技的方式

* 玩特技——玩（带有表演的意思）+以某一特技为对象

飞机可潜在地作驾驶的对象或出行的工具等；某一特技可潜在地作某项

活动的方式或学习、表演之类的对象等。同一定的动作结合在一起，就把相匹配的那一项角色体现出来。下面是一些有趣的例子，可以把这一点表现得更清楚：

(4′) 跑第一棒——跑 + 以在第一棒的方式

(跳探戈是)跳干脆劲——跳(舞) + 以显出干脆劲的方式

闯红灯——闯 + 红灯亮的时候

(在这儿吃饭是)吃情调——吃(饭) + 享受情调为目的

* 走江湖——走(动) + 在江湖圈里

* 考硕士——考(试) + 为当上硕士(生)

* 走岔道——走 + 到岔道上去

在这里，V 对 N 的作用和影响，是以 N 这时所担当的语义角色为参照点，以 VN 互动的形式表现出来的。它们之间的互动是一种共轭活动，是受一定常规关系制约的；活动的语义内容凝结在 SVN 构块式里，就成了隐性表述。显性表述和所凝固的隐性表述共同造就了 SVN 的构块式。这就是上文所说的考察常规关系同句式结构的对应关系，并用这样的对应关系作为对句式结构形成的理据作出解释的基础。这个过程可以体现为这样一个示意图：

(5) 句式结构常规关系分析理论模型

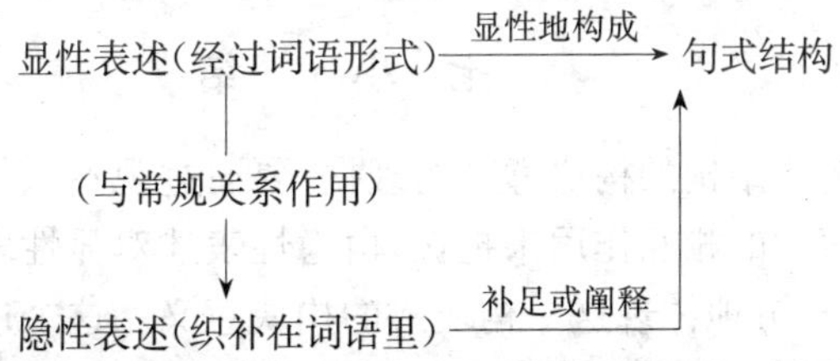

我们试图这样来说明句式结构形成的过程，蕴涵了如下的一些基本设定：

(一) 把握一个句式结构，往往只需要综合少数几个不一定是本质的环节，就有可能在认识上控制外延，把握内涵，达到认识这一句式结构的目的。

(二) 对这个句式结构构块意义的把握，所依靠的往往主要是根据概念结构所进行的推理，而不只是依靠语言本身。

（三）在一个相对固定的语言群体中，一个句式结构作为一种相对恒定的语言表达策略被采纳，它就在这个群体中成为一种“均衡”，而这一均衡不会轻易地被另外某种未经推广的策略“侵扰”。

上面是对一般认为是不及物动词的分析。其实，及物动词所带的“真正”受事宾语也会涉及这样一个由隐性表述作出补足的过程，即以宾语作为“对象”对语义内容作出补足。仍以“（他）打孩子”、“（他）吃米饭”为例：

（6）打孩子——打＋以孩子为对象
吃米饭——吃＋以米饭为对象

试比较：

（6′）打二传——打[排球]＋在排球比赛中二传手的位置
吃筷子——吃＋以筷子为工具
吃寿宴——吃（＋以某食品为对象）＋以寿宴为场所

一般说来，语义角色不同，补足、阐释的方式和内容也会不同。但由于在 SVN 中可以从不同的角度观察 V 同 N 的相互作用，因而 N 的语义角色具有相对性、游移性、复合性（郭继懋，1999），有时对同一个动宾组合进行不同的分析都可能是合理的。正因为这样，朱德熙把某一用法的“睡”看做是及物动词也是合理的。

七、小　　结

一个句式结构的构块意义的理据，要通过观察该句式结构的显性表述同隐性表述的相互作用来把握，由隐性表述对显性表述作出补足或阐释，才能较充分地体现这一构块式的构块意义。这个过程是常规关系在起作用。不同的句式结构涉及的常规关系可能不一样，但基本原理是相通的。

参考文献

Croft, W. 1990. *Typology and Universals*. Cambridge/New York: Cambridge University Press.

Goldberg, A. E. 1995. *Constructions: A Construction Grammar Approach to Argument Structure*. Chicago, IL: The University of Chicago Press.

Haiman, J. 1983. Iconic and economic motivation. *Language* 59(4).

郭继懋,1999,试谈“飞上海”等不及物动词带宾语现象,《中国语文》(5)。

石毓智,2000,《语法的认知语义基础》。南昌:江西教育出版社。

石毓智,2001,《肯定和否定的对称与不对称》。北京:北京语言文化大学出版社。

徐盛桓,1996a,含意本体论研究,《外语教学与研究》(3)。

徐盛桓,1996b,新格赖斯会话含意理论和语用推理,载徐盛桓编著,《会话含意理论的新发展》。开封:河南大学出版社。

徐盛桓,1997,含意本体论论纲,《外语与外语教学》(1)。

徐盛桓,1998,隐性表述论略,载张邵杰、杨忠编著,《语用·认知·交际》。长春:东北师范大学出版社。

徐盛桓,2001,名动转用的语义基础,《外国语》(1)。

徐盛桓,2002a,常规关系与认知化,《外国语》(1)。

徐盛桓,2002b,认知语言学研究的新视点,《外语教学与研究》(5)。

张伯江,2001,被字句和把字句的对称与不对称,《中国语文》(6)。

张国宪,2001,制约夺事成分句位实现的语义因素,《中国语文》(6)。

(原载《外国语》2003年第2期)

Vi + NP 的非范畴化解释

刘正光　刘润清

一、引　　言

关于不及物动词带一个名词短语[①](Vi + NP)(如"跑北京"和"飞上海")的讨论由来已久,但尚未得出令人满意的解释。例如高名凯(1986: 213 - 214)似乎回避了 Vi 为什么能带 NP 的问题:"汉语具有动词功能的词本无及物与不及物之分别。当它存在于具体的命题或句子里头的时候,它既可是及物的,又可是不及物的,完全视实际情况而定。"

朱德熙(1982: 58)提出了准宾语的概念,但对准宾语的特征、性质等都未作描述与说明,只是说及物动词和不及物动词的区别在于所带宾语的不同。不及物动词只能带准宾语,及物动词除了带准宾语之外,还能带真宾语。有的动词带真宾语时和不带真宾语时意义上有差别。但他没有说明不及物动词为什么能带宾语等问题。他举例说:

他笑了——他笑你

他哭了——他哭他父亲

睡会儿——喜欢睡硬板床

他醒过来了——清醒清醒头脑

郭继懋(1999)则提出 1) 动词与名词(短语)的语义事理意义关系为"动 + ('谓' + 名),'动'是不及物动词,'名'是宾语,'谓'是个在句法平面上没有得到表现的语义成分,它的作用是说明'动'和'名'之间的事理关系,是根据'动''名'和语境提示确定下来的";2) 不及物动词带宾语构成

---

① Vi 后面这一 NP 的地位,在国内的研究中一直没有一个统一的称呼。如果称为"宾语",则只能视为非原型意义上的宾语。Givón(1986)称之为隐喻性的受事。本文暂以中性的 NP 称之,以回避术语的讨论。

的句子不是基本句，主要出现于比较随意的口语中；3）主要动机是为了省力。

本文在郭继懋研究的基础上，运用原型范畴化理论探讨：1）Vi + NP 的本质特征，2）合乎语法性判断原则，3）状语提升为宾语后的意义差别，4）经济性的来源。

二、事件概念原型

范畴化是一个把相似事物概括为概念的过程。它是人类思维与认知的十分重要的组成部分，体现出思维的基本方式。“原型”（prototype）构成范畴化的基础。它具有范畴内最典型和最多的共享特征。Langacker（1999）指出，小句结构以及语法关系都可还原为概念原型。一个典型的事件模型的概念原型为：

{V→[... **AG⇒PAT**...]}

其中，V，**AG**，**PAT** 分别表示观察者（viewer）、施事（agent）和受事（patient）。单线箭头表示感知关系，双箭头表示能量传递中的互动关系。外括号规定观察者的最大观察范围，内括号标示注意力焦点，黑体标示施事—受事互动时的具体注意力焦点。

这个事件模型的概念原型至少说明了三个问题。第一，我们通常所说的施事和受事只是典型的主语和宾语；第二，一个典型事件有两个参与者：施事和受事（AG 和 PAT），但实际参与者的身份不一定是施事和受事；第三，事件概念原型具有及物性。

我们以例 1 说明在事件概念原型中“主语”和“宾语”的关系：

1. a. 我用钥匙开了门。（**AG⇒INSTR⇒EXPER**）

   b. 钥匙开了门。[AG⇒**INSTR**（**EXPER**）]

   c. 门开了。（AG⇒INSTR⇒**EXPER**）

原型主语是施事，具有高显性度、意志性和控制力等（如 1a 所示），原型宾语是受事，具有高显性度、无意志性等。由于小句类型和使用范围的变化，原型发生扩展，主语和宾语会拥有更多的作用或身份（role）。1b 中的施事消失了，工具做了主语；1c 中，施事和工具都消失了，体验者（experiencer）做了主语。1a 和 1b 中的宾语都不是受事，而是体验者。

1c 由于没有宾语了，只表示一个主题过程。该例表明，在语言运用中，原型特征的消失是经常发生的事情。同时，原型特征的消失也为其他形式的出现提供了可能。

三、非范畴化与 Vt+O 句式侵蚀到 Vi+NP 句式

郭继懋(1999)认为像"跑北京"与"飞上海"这类 Vi + NP 句式不是基本句式(参见下节)，但理论解释可以进一步深化。在作进一步的理论解释之前，我们先介绍非范畴化，以 2 为例：

2. a. I have been considering all the possible consequences of the action.
   b. Carefully considering/Having carefully considered all the evidence, the panel delivered its verdict.
   c. Considering you are still so young, your achievement is great.
   d. * Having carefully considered you are still so young, your achievement is great.

在 2a 中，consider 具有时态、体态、人称与数等动词所具的典型特征。在 2b 中，consider 的分词形式可带自己的宾语和状语，可以有时态和体的变化，同时要求省略的逻辑主语与句子的主语一致等，但没有人称与数一致的限制。也就是说，consider 还具有动词的部分特征，但也丧失了部分特征。Considering 只是部分非范畴化，故称之为非谓语动词。而在 2c 中，consider 作为动词的全部特征都丧失了。至此，它由动词转换成了连词(有的人认为是介词)。功能和范畴的转换至此可算结束。而 2d 中的 consider 具有连词和动词的双重身份，不可接受。

由此，我们可以将非范畴化定义为，在一定语境下范畴逐渐失去其典型特征的过程。范畴在非范畴化后至重新范畴化之前，处于一种不稳定的中间状态。就是说，在原有范畴和即将产生的新范畴之间会存在模糊的中间范畴。这类中间范畴丧失了原有范畴的某些典型特征，同时也可能获得新范畴的某些特征。表现在句法形态上，非范畴化之后，范畴的某些典型分布特征(句法/语义特征)消失，范畴之间的对立呈中性化

(Hopper & Thompson，1984；Taylor，1989/95：194)。

下面我们再看原型句式(及物性句式)中，原型主语、原型宾语以及动词的原型特征。原型主语是“承担主要责任的、可见的/显性的、具有意志性的以及具有控制力的施事/原因”；原型宾语是“承担主要责任的、可见的/显性的、没有意志性的以及产生变化的具体的受事/结果”；原型意义上的动词应该表示“终止性的(telic)、瞬时的(punctual)、真实的(realis)行为”(Lakoff，1977；Hopper & Thompson，1980；Givón，1986)。动词的语篇功能是报告一个事件的发生。下面我们再以这些原型特征来考察3和4：

3．a．(我)驾驶飞往(向)上海的航班。

b．(我)飞上海。

4．a．(我)为了指标而跑(奔忙)。

b．(我)跑指标。

在3和4中，主语“他”和“我”都不能(至少不能完全)控制将要发生的行为。无论是驾驶飞往上海的航班还是乘飞机去上海，其行为的发生都要依严格的时间表进行。于是，主语的意志性随之减弱。指标跑不跑得来，不能由自己的主观意志决定，最多只能尽力而为。但与“我为指标而奔忙”相比，“跑指标”又体现出更多的主观意志。“跑官(关系，学校，签证等)”也是如此。所以我们很少说“为官而奔忙”等。在3和4中，主语的原型特征只剩“承担主要责任”和“显性的”两个特征。再看宾语。“上海”作为宾语代指航班非常模糊，丧失了“具体”这一原型特征，代指目的地则失去了最重要的特征“承担主要责任”。“指标”作为宾语在例4中的意义是泛指性质的。另外，宾语的一个十分重要的特征“产生变化或者产生结果”在这两个句子中都不能体现出来。产生变化或结果与否将体现行为的完成情况。而行为的完成情况直接影响到受事体现施事行为效果(effectiveness of the agent)以及受事受施事的影响程度(affectedness of the patient)。这两点是确定受事地位的重要标准之一。“飞上海”和“跑北京”不是报告一个事件(不能回答 what happened 这样一个问题)，而是表达一种意愿或想法，属于非真实的行为(irrealis)。非真实行为本身就是非范畴化了的行为(Givón，1984)。我们仔细分析这两个句子的非范畴化(原型特征的消失)过程，目的在于：1) 说明及物句式丧失及物性的过程与名词、动词这样的主要词类的非范畴化过程具有相同的过程与特点；2）用非范畴化理论来解释以上现象在理论上更加简便；3）证明这些句子中 Vi 后的 NP 并不是原型意义上的宾语；4）提供一种分析与理解的思路；5）为下文解释 Vi + NP 受到更多的句法语义限制做铺垫。

例 2—4 表明，由于范畴分布特征的消失，一个范畴中的实体可以进入另一范畴。对于 Vi + NP 而言，非范畴化弱化了及物与不及物之间的区别。也就是说，及物性原型特征的消失，使及物与不及物从及物性连续体的两端接近了连续体的中间状态，使得不及物动词带宾语成为可能。

Taylor(1989/95：210－214)指出，在过去数世纪的发展过程中，英语的一个重要特征是“及物句式不断地侵蚀到不及物句式中”。事实上，这一侵蚀过程体现了认知的范畴化过程。Talmy(2000, Vol. Ⅱ：35)也指出，语言的历时变化中，一些不及物动词扩展为了及物动词。史锡尧(2000)曾以“‘介宾 + 动’向‘动宾’的演变”为题论证了汉语中也存在这种发展趋势。该发展趋势主要体现为以下两种途径：1）介词并入[②]；2）原型句式的隐喻扩展：

5. a. He swam across the Channel.

b. He swam the Channel.[③]

5a 中只有一个参与者，介词短语表示游泳者的路径。5b 中的路径并入到动词中去了。据 *OED* 记载，该用法始于 16 世纪末期，与 swim across 同义。The Channel 被视为直接宾语，可有被动式 The Channel has been swum。4—9 中的 b 句都明确体现了介词并入的过程：

6. a. He regularly flies across the Atlantic.

b. He regularly flies the Atlantic.

7. a. 在台儿庄作战。

b. 血战台儿庄。

8. a. 用棍子打。

---

② 有人认为是介词删除，如句法理论甚至将介词删除作为一条规则。但事实表明，例外现象太多，并不具有规则的特征。因此我们认为，以语义并入称呼更合理。因为并入属于词汇结构层次，具有个体行为的性质。

③ 文中有些例句是笔者自己的，有些则是借用他人，为节省篇幅不一一说明。

b. 打棍子。

9. a. 在钢丝上走。

b. 走钢丝。

10. 钥匙打不开门。

11. 汽车压死人了。

3b—9b和10—11同时也是原型句式的隐喻扩展。原型句式的隐喻扩展指用“施事—行动—受事”组成的事件概念原型图式(及物性事件)来描写本来不是及物性的事件状态。非及物性事件状态指一个施事有意识地做出某种行为而使受事的状态产生变化。在10—11中,从严格意义上讲,开门者应该是人,钥匙只是开门的工具。但是由于钥匙参与了开门的行为,因而被隐喻化地视为一个有意识的施事。汽车也不会主动地去压死人。但在我们的思维过程中,它们被视为了“开门”和“压死”的行动的真正施动者“开门人”和“驾车人”的一部分而主动参与了行动。3b—9b中的“宾语”都不是真正意义上的受事,而只是我们想象中的受事。

另一方面,Croft(1990: 160-164)的类型学研究发现,子句结构的主要类型学原型是及物性。根据标记理论,不及物动词后接“宾语”的句式是一种边缘性的及物动词句式,与原型的及物动词句式比较属于有标记句式。无标记性句式(或语言形式上标记性少些的句式)在现实中得到了更多体现,在概念化过程中也更容易,因而更多地被使用(Comrie,1986: 104)。无标记形式具有形式简化,心理显性度高的优点。Haiman(1985)认为,大多数有标记形式产生的动机是为了获得表达上的经济。表达经济的主要体现形式就是语言表达式的缩短和简化。3—9充分证明了这一观点。类型学的研究成果与原型范畴化的解释是殊道同归。因此,我们认为,人们倾向于使用这种有标记性句式是无标记句式吸引的结果或说是为了向无标记性句式靠拢的观点是站得住脚的。

四、非范畴化与句法限制

郭继懋(1999)区分了基本句(右栏)和非基本句(左栏),并指出了Vi+NP作为非基本句式在句法变化上受到的更多限制,下面是郭的部分语料:

睡窑洞	在窑洞里睡觉
*四脚八叉地睡窑洞呢	在窑洞里四脚八叉地睡觉呢
*睡、练、学窑洞	在窑洞里睡觉、练气功、学外语
睡沙发	在沙发上睡觉
*睡沙发	在沙发旁边睡觉
*睡老槐树	在老槐树下睡觉
笑老王	笑是因为老王/因为老王,笑
*笑岔气了老王	笑岔气了是因为老王/因为老王干了那么一件事,我们笑岔气了
*笑着笑着又哭了老王	笑着笑着又哭了是因为老王/因为老王,笑着笑着又哭了
飞特技	表演特技
?? 飞特别技巧	表演特别技巧
*飞行特技	演特技

对以上句法限制,郭先生从五个方面进行了解释: 1) 要理解非基本句需要先理解基本句,如要理解“睡窑洞”,先理解“在窑洞里睡觉”;2) 基本句是非歧义的,而 Vi + NP 经常由于“谓语”的可变性而存在歧义;3) 基本句对语境依赖最小,而 Vi + NP 对语境有很大的依赖性,离开具体语境通常不能说;4) 典型的不及物动词没有逻辑宾语,所以它们带的宾语不可能与一个逻辑宾语相对应;5) 不及物动词带宾语这种搭配属于“非常规搭配”。这些解释除了 1)还需要心理语言学的实验证明外,其余都是中肯的。但是,基本句和非基本句这一二分法理论并没有充分解释 1) 不及物动词为什么能带 NP,2) 这个 NP 的真正语法地位,3) 状语提升为“宾语”后的语义差别,4) 经济性来源于何处等重要问题。

本文第三节的讨论指出,非范畴化只能使范畴处于中间范畴状态。当不及物动词句式非范畴化后,不及物动词虽然能够获得像及物动词那样后接宾语的地位,但并没有同时获得及物句式的其他典型特征,相反还带有不及物动词原有的某些典型特征。如上述郭的研究所示,不能在动词前随意添加状语,不能在动词和宾语间插入补语等。相反,在英语中不及物动词带宾语表示运动时,往往需要带一个介词短语(PP)或相当于 PP 的副词短语做补语,句子才可接受。Fauconnier(1996,1997)和 Talmy

(2000)有详细深入的研究，如：

12. The audience laughed the poor guy off the stage.

用本文的术语，例 12 是原型句式的隐喻扩展。Fauconnier(1996)认为，这个句子是模仿 NP V NP PP(如 Jack threw the ball into the basket)句式说出来的。换句话说，不及物动词做及物动词使用时受该句式的制约。

郭的例证和例 12 说明，1）由于 Vi + NP 句式只具有“施事—行动—受事”组成的及物性原型句式的部分特征，所以受到更多的句法限制；2）由于非范畴化的作用，Vi + NP 具有双重范畴的特征，即它在享有更多自由的同时也受到更多的限制。如它所缺少的及物句式的特征限制它不能随意地像典型及物动词一样带修饰或补充成分等，而作为不及物动词所受到的限制又仍然起作用，如不能随意带宾语。

五、“逆对关系”理论对意义差别的解释

原型意义上的施事与受事在语义上是逆对(adversative)关系(Taylor，1989/95：216)，即受事构成对施事能力的挑战。状语提升为宾语后，这种语义关系仍然存在。在 5a 中，Channel 只表示游泳的地点。相反，在 5b 中，Channel 中的大风大浪和长距离对游泳者来说是一种技术、毅力和胆量的考验和挑战，需要游泳者去战胜和征服。例 6 的解释类似于例 5。7a 中的台儿庄只是一场战斗的地点，战斗的激烈程度如何不清楚，但 7b 中的台儿庄至少暗示战斗惨烈，伤亡极大。8a 中的“用棍子打”“可以指打人，也可以指打其他动物”，而“打棍子”“是用棍子打人，多用比喻义，指对人的严厉(甚至是粗暴)的批评”(史锡尧，2000：7)。9a 中的“在钢丝上”只表示行为的处所，走多远没有说明。而在 9b 中“钢丝”由处所提升为受事，暗含行为的难度，因而才有比喻意义。Taylor 将 3—11 这类句式称为边缘句式。我们觉得 3—9 比 10—11 是更边缘的句式。在这些句式中“施事—行动—受事”组成的事件概念原型图式的特征比在 10—11 中更少，只有及物性事件的部分特征。

在“跑北京”和“飞上海”中，“北京”和“上海”本来是行为发生的场景[“向(往)北京跑”，“飞往上海”]，现提升为背景。由于这种提升，就产生

语用含义上的差别。如“飞上海”需要技术,或事情紧急等,“飞往上海”只表示乘飞机或驾驶飞机去上海。

逆对关系理论有较强的解释力,以下所列举的说法都可在这个理论下得到较合理的解释。如我们可以说“在上海作战”,“战上海”,“大战上海”,却很少见到有“小战上海”的说法。因为“逆对关系”与“小战”不谐调。同样的道理,我们可以说“张飞大战马超三百回合”,不可以说“张飞小战马超三百回合”,可以说“游击队苦战正规军”,但没听说过“正规军苦战游击队”。“逆对关系”还可以解释史锡尧(2000)提出的关于“斗牛”,“斗鸡”和“斗蛐蛐”的意义差别。史解释说,“斗牛”是由“与牛斗”演变而来的。但“斗鸡”和“斗蛐蛐”则不是“与鸡斗”和“与蛐蛐斗”的意思,而是“鸡与鸡斗”,“蛐蛐与蛐蛐斗”。我们知道“斗牛”中的主语是人,即斗牛士。牛的力量、凶悍和庞大的身躯可以构成对斗牛士的挑战,即逆对关系。但是,鸡和蛐蛐无论哪一方面都不能构成对人的挑战,即不能构成逆对关系。所以,只能理解为“鸡与鸡斗”,“蛐蛐与蛐蛐斗”。

Givón(1984, Vol. Ⅰ:99)虽然是从视点和显性度的角度来解释语义差别问题,但是解释的结果与上面的解释一致。他认为在像 *He rode the horse*(= ride *on* the horse), *She entered the house* (= go *into* the house)句子中,括号中介词短语表达主宾语位置关系的指称视点(主语的空间运动位置)。但是当介词短语提升为宾语后,引进了不同的视点。这个视点主要是赋予宾语中产生的变化更多的认知显性度。所以,riding a horse 不仅仅表示坐在马背上,更重要的是对马的控制与支配等。Entering a house 也不仅仅表示进入某个屋子,而更意味着改变屋子的现状“从没人到被人占用”。他进而指出,地点宾语不但表示视点和显性度的变化,同时也是句式的隐喻扩展。

上面的讨论也说明,认为 Vi + NP 是删除了介词的观点是不合理的。因为我们可以说“跑指标”,“跑北京”;不能说“跑往(向)指标”,很少听说“跑向(往)北京”。

六、Vi+NP 句式的能产性以及生产合格句子的条件

从上文讨论中,我们知道 Vi + NP 句式受到更多的句法限制,因此其

能产性不强是顺理成章的事。前面的讨论指出，Vi + NP 处于及物句式与不及物句式的中间状态。Vi + NP 句式只具有及物句式的部分特征。根据原型理论，范畴成员享有范畴中的特征越多，越处于中心成员的地位，具有更强的组合能力，受到的限制也越少。

Vi + NP 句式的能产性不强体现在两个方面。一是介词的并入不能任意扩大，如 13 和 14，即使例 14 中 swam 扩展的句子也不是完全可接受的句子。原因可能是受事达不到逆对的要求（如 13b 和 14）或者超出了施事的能力（如 15b）。二是不及物动词后接的宾语也受限制，如 17 中的 b，c，d 都是不能接受的形式。

13. a. The child crawled across the floor.

  *b. The child crawled the floor.

14. ? He swam our new swimming pool.

15. a. We drove across the Alps.

  *b. We drove the Alps.

16. a. （我）跑北京。

  b. （我）跑关系。

  c. （我）跑运输。

  d. （我）跑指标。

17. a. （我）飞上海。

  b. *（我）飞关系。

  c. *（我）飞运输。

  d. *（我）飞指标。

我们提出以下两原则作为判断 Vi + NP 句式是否合格的条件：1）句式的隐喻化程度，2）转喻认知模型。原则 1 预测，句式的隐喻化程度与可接受性成反比。原则 2 限制与动词一起出现的宾语的范围。如第二节和第三节的讨论所示，句式的隐喻化主要指主宾语位置的隐喻化。即原型主宾语的身份或作用通过隐喻的机制发生扩展，如主语由施动者扩展到工具、体验者、移动者甚至零身份等。

现在我们以原型主语和宾语的标准来考察 16 和 17。假设在 16 和 17 各句前加上"我"，16 中的各句仍然成立。而在 17 中，a 虽仍然成立，b，c，d 却仍然不成立。可以看出，隐喻化使主语和宾语增加了身份或作用。17 中的主宾语都被隐喻化了。“我”不是“飞”的施动者，也不是话题。“上海”既不是受事也不是次要话题。16 中只有宾语隐喻化了。因为“我”可以充当“跑”的施动者。由此，我们可以推论，主宾语的隐喻化程度与 Vi 后接宾语能力成反比。如果主宾语位置同时被隐喻化，则 Vi 后接宾语的概率比只有主语或宾语隐喻化后接宾语的概率小。

原则 2 从认知与社会心理动机的角度解释在 Vi + NP 中 NP 受限制的情况。在 Lakoff（1987）提出的转喻认知模型中，社会常规(stereotypes)实际上是一种转喻，它是由一个次范畴通过社会的约定代表整个范畴，以便能快速地对人和事做出判断或评价。它在描述概念结构时具有重要的参照作用。在“闯红灯”中，根据社会常规，绿灯是前行的标志，红灯是停止前行的标志。在红灯亮着的时候前行，属于硬闯的违规行为，这种判断是对应于绿灯亮着时才能前行这一规约的。“笑红灯”不能成为合格的句子，因为“笑”和“红灯”在社会常规里互不相关。“吃食堂”是对应于这样一个社会常规：一般情况下，吃饭是在家里进行的。这样它才有可能做出“家里没人做饭而不得已在食堂吃”的解释。“吃旅馆”不可接受，是因为旅馆在社会常规中属于“住”的范畴。因此，我们可以说“住旅馆”，不能说“住食堂”。“跑官”可以说，因为当官有好处。“跑指标”合乎社会常规，因为在计划经济体制下，这是很重要也难以得到的东西。而“跑教师”没有人说，因为教师地位以前一直很低，而现在又必须符合严格的条件，跑不来。

七、语义并入、认知显性度与经济性

为什么说 Vi + NP 体现了语言使用者追求经济性的原则？Fauconnier & Turner(1996)认为，这类句式无论在概念表征和语言产出的过程中都经历了概念合成的思维过程。概念合成的过程和结果之一是将相关的一些事件整合为一个综合(complex)的事件。如“飞上海”整合了这么几个事件：我做了某事，我做事的方式，我原来的位置，我将要去的地方。“跑北京”也经历了同样的概念整合过程。事实上，汉语中的紧缩复句、动补结构都经历了概念合成的过程。这些句式表明在人类思维过程中，有一种潜在的将概念结构合成的倾向或压力（Fauconnier &

Turner,1996)。

另一种解释是这类句式里包含了语义并入。并入指语义上独立的词进入到另一个词的过程(Baker,1988：1)。Givón (1989：116－118)以18和19说明了并入的两种途径：形态并入(18b)和语义并入(19c)。除了名词的并入外,表示工具和方式的状语等一般情况下也可以发生并入,如：

18. a. John fished with a fly-hook.

b. John went fly-fishing.(形态并入)

19. Mary slapped John (implied：with her hand)(语义并入)

20. a. 我飞上海。

b_1 我去上海。坐飞机(去)。

b_2 我坐(乘)飞机去上海。

b_3 我驾驶飞往上海的航班。

20中的b_1—b_3是20a在脱离语境下可能作出的理解。我们认为,Vi＋NP句式中的并入主要属于语义并入。从例20中的b_1和b_2可以清楚地看出,行为的方式和运动的方式都被并入到了谓语动词的意义中去了。20b_3说明,20a还并入了表示方向或目的地的介词。语义并入的语用效果之一就是达到形式的简化。当然形式简化也会付出代价：产生歧义,如20b_1—b_3所示。这也附带地说明了为什么Vi＋NP句式具有歧义性的特征。语义并入虽然说明了表达形式的经济性,但没有从根本上说明经济性的原始动因。

Vi＋NP句式的运用反映了追求认知经济性的过程。及物句式不但是一种句式原型,也是一种语义原型,而且表达的是前景化的信息(Delancey,1987：57)。前景化信息不但具有语篇显性度,同时还具有接近认知原型事件的心理显性度。因此,及物句式在语篇中具有更强的表达能力(Delancey,1987：66)。由此,我们可以得出结论,及物句式侵蚀到不及物句式或者说不及物动词句式向及物句式靠拢的原始动因是追求认知经济性,表达经济性只是追求认知经济性的结果与外化形式。

八、结　　语

范畴化过程中往往包含非范畴化。它就像一个硬币的两个面。范畴化的最终目的是从无序或混沌中建立秩序，将世界(包括语言)分类，其动机是省力。非范畴化则体现了认识的深化和思维的创造性。其目的是以更经济的手段表达更复杂的世界，为不断建立新的秩序做准备。我们讨论的及物性原型句式在非范畴化的作用下，使范畴发生扩展，产生 Vi + NP 的句式，充分证明了这一认知过程。

参考文献

Baker, M. C. 1988. *Incorporation: A Theory of Grammatical Function Changing*. Chicago, IL: University of Chicago Press.

Comrie, B. 1986. Markedness, grammar, people, and the world. In Eckman, Moravcsik & Wirth (eds.), *Markedness*. New York: Plenum Press.

Croft, W. 1990 . *Typology and Universals*. Cambridge /New York: Cambridge University Press.

DeLancey, S. 1987. Transitivity in grammar and cognition. In R. S. Tomlin(ed.), *Discourse Relations and Cognitive Units*. Amsterdam: John Benjamins.

Fauconnier, G. 1997. *Mappings in Thought and Language*. Cambridge/New York: Cambridge University Press.

Fauconnier, G. & M. Turner. 1996. Blending as a central process of grammar. In A. E. Goldberg (ed.), *Conceptual Structure, Discourse and Language*. Cambridge/New York: Cambridge University Press.

Givón, T. 1984. *Syntax: A Functional Typological Introduction*. Amsterdam/Philadelphia: John Benjamins.

Givón, T. 1986. Prototypes: Between Plato and Wittgenstein. In C. G. Craig (ed.), *Noun Classes and Categorization*. Amsterdam/Philadelphia: John Benjamins P.

Givón, T. 1989. *Mind, Code, and Context: Essays in Pragmatics*. Hillsdale, N.J.: L. Erlbaum Associates.

Haiman, J. 1985. *Natural Syntax: Iconicity and Erosion*. Cambridge/New York: Cambridge University Press.

Hopper, P. J. & S. A. Thompson. 1980. Transitivity in grammar and discourse. *Language* 56(2).

Hopper, P. J. & S. A. Thompson. 1984. The discourse basis for lexical categories in universal grammar. *Language* 60(4).

Lakoff, G. 1977. Linguistic gestalts. In *Papers from the 13th Regional Meeting of the Chicago Linguistic Society*, Chicago.

Lakoff, G. 1987. *Women, Fire, and Dangerous Things: What Categories Reveal about the Mind*. Chicago, IL: University of Chicago Press.

Langacker, R. W. 1999. *Grammar and Conceptualization*. Berlin/New York: Mouton de Gruyter.

Talmy, L. 2000. *Toward a Cognitive Semantics* Vol. 1, *Concept Structure Systems*. Cambridge/Mass.: MIT Press.

Taylor, J. R. 1989/1995. *Linguistic Categorization: Prototypes in Linguistic Theory*. Beijing: Foreign Language Teaching and Research Press.

高名凯,1986,《汉语语法论》。北京:商务印书馆。

郭继懋,1999,试谈“飞上海”等不及物动词带宾语现象,《中国语文》(5)。

史锡尧,2000,“介宾+动”向“动宾”的演变,《汉语学习》(1)。

朱德熙,1982,《语法讲义》。北京:商务印书馆。

(原载《外语教学与研究》2003年第4期)

被动句认知解读一二

熊学亮　王志军

一、引　　言

我们发现某些被动句式呈现出若干易被人们忽视的特点。首先，人们通常认为被动表达可以对等地译成另一种语言，然而事实并非如此(Quirk et al.,1985;杜荣,1993)。如下面的(1)和(2)两句话都不能对译成汉语的“被”字句(王还,1994),(3)和(4)也不能对等译成英语被动结构(Hashimoto,1988)。

(1) What he said was understood by others.

(2) The violin was made by my father.

(3) 他被人偷了两万块钱。

(4) 看守被罪犯跑了。

其次，英汉两种语言的被动句虽都以致使因素为认知参照点，但被动概念的图式化或语法化的结果却存有差异。所谓“语态”，指的是该语法概念在动词屈折中的直接反映。英语的屈折程度虽较低，但仍通过 be V-en 的形式来表达被动的意思，汉语则通过“被”等句式来表达被动的意思。汉语在动词上看不出任何语法标记，因此说汉语没有被动语态而只有被动表达也不算过分。也正是“被”字在句中的凸显作用，产生了下例汉语特有的“宏观被动句”。

(5) 他被人偷了皮包。

这种被动句因找不到其中主要动词的义元和论元的互动规律，故无法“逆生成”相应的主动表达，因此不可进行英汉对等翻译。

还有，被动句的可行性和适宜性，有时还要依赖语用因素(张伯江,2001)。如被动句(7)b 在句法上和语义上都没有问题，但是由于语用方面的原因，它们的适宜性就打了折扣。

(6) a. 他骗了我，我得记住这个教训。

b. 我被他骗了，我得记住这个教训。

(7) a. 他骗了我，可我没上当。

? b. 我被他骗了，可我没上当。

(7b)的不妥之处，在于“我”并没有被骗成。而(6b)之所以能接受，是因为句中的“我”被骗成了。语用因素在确定英语静态动词被动句式的可接受性时也起作用。

(8) ? a. President Roosevelt was heard to declare war on Japan.

b. President Roosevelt was heard to curse under his breath.

(9) ? a. Nureyev was seen by thousands to dance at the concert hall.

b. Nureyev was seen by a reporter to leave by the side door.

(8)和(9)的适宜性与中心动词所表达的动作对主语涉及的实体产生的负面影响有关。在(8b)与(9b)例中，动词表达的动作都是其主语表示的主体所不愿意听到或看到的结果(Granger，1983)，因此它们的适宜性比(8a)和(9a)高。又如：

(10) a. 他的纸条被老师看见了。

b. 他被老师看见了纸条。

? c. 他的纸条被房上的猫看见了。

例(10c)之所以不妥，是因为“他的纸条”不会因为被一只猫看见而受到任何负面影响。而(10a)与(10b)之所以能接受，是因为说话者或当事人不愿意被人看到的东西却被人发现了(张伯江，2001)。

下面我们引入一些认知语言学的概念，以进一步揭示英汉被动语句的部分操作规律。

二、被动概念的概念化

被动概念包含某种表达致使性事件的致使结构，如致使结构 The rock broke the window 由“致使因素”(the rock)、“变化”(window breaking)和“状态”(window broken)序列构成。Croft(1993)认为这种致使结构蕴含“变化”和“状态”两种派生结构，可分别用来描写或解释相应的 The window broke 事件和 The window is broken 状态。而我们通常所说的主动态和中动态实际上分别对应于致使性(表示外力促成的事件)和自发性(表示没有外力促成的自发性事件)事件观,被动态则是一种派生的语态。因此,典型的被动句源于从受影响者的角度来描述致使性事件这一事实,它表达的是受事受到外力影响而形成一种结果性状态的过程。

一般认为,被动句是否能够成立,主要由句中动词的性质决定,即能进入被动句的动词一般都应该是动作动词。然而在英语和汉语中,被动句能否成立的条件,不都是动词的性质,也可以是动词所进入的语义结构状态,即被动句动词所进入的语义结构,必须是致使性语义结构,被动句的主语所表达的对象,必须是动词的表达条件和动作的受影响者。此外,不论是动态动词还是静态动词,只要表达的是致使性事件,都能进入被动句(熊学亮,2001)。

(11) ? a. The corner was turned by him.

b. The page was turned by him.

(11a)之所以不妥而(11b)却能接受,是因为(11a)中的主语表达的实体并不受动词所表达的动作的影响,而(11b)中的主语表达的实体,却随着动词表达的动作发生了状态的变化。

三、概念化产生的语际差异

概念化是认知语言学的研究对象,而认知语言学的基本假设以“人类经验→概念化→图式化→语言形式”的演变序列为基础(熊学亮,王志军,2002),探讨语言形式和以经验为基础的概念化之间的双向关系。在分析英汉被动语态的异同及其产生的深层机理时,我们发现,尽管被动概念在这两种语言中的概念化过程,都是以“致使因素→变化→状态”这一典型的事件理想化认知模式为认知基础,然而该概念化过程在图式化(即组合式语法化)成具体的语言模式时,存在本质上的差别。Fischer(1999)指出,语法化的主要手段之一,就是以同构象似性(形式与功能的一一对应)为基础的隐喻转移,即在概念的语法化过程中,往往用和某一新概念意思相近的概念的表达形式,来表达这一新的概念。又根据 Givón(1990)的研究,典型的英语被动句在语法化的过程中,从表结果性状态的形容词性结构派生成如今的 be V-en 形式,证据是英语的形容词性被动句如 The window was broken 等也具备典型性被动句的主要功能,如非施事的升格等,以及从结果性状态的角度来表达致使性事件等主要的功能变化,表达的是主体化的受事和结果性的状态观。但此结构在发展过程中被赋予了新的意义,即由表结果性状态的形容词性结构演变为表被动过程的被动结构。Langacker (1990)则把被动结构中的被动(过去)分词词缀标记 -en 和相应的及物动词所表示的致使性事件,表达成一种无时间关系的被动过程,即从受事者的角度来表达致使性事件,同时通过助动词 be,把这种无时间的被动关系变为一种有时间的被动过程。

而汉语被动句中的"被"字,在古汉语中表"遭受"的意思,随着时间的流逝,逐渐语法化成与致使性事件相配的"被"字句标记。根据宋采娃(1958)的研究,"被"字在 13 世纪就已经语法化了,并且在使用上不受词汇意义的限制。因此,"被"字作为一个独立的被动形式标记,把致使性事件表达为被动形式,此间涉及的动词,则不显示任何形式的变化(Hashimoto,1988)。也正是因为汉语用独立的"被"字来表示被动关系,故涉及的致使性事件既可以是隐含的,也可以是复杂的致使结构(程琪龙,2001)。

首先,"被"字结构表达的可以是隐含性致使事件,其中被动句主语所表达的实体,并非是有关动词所表达的事件的直接受影响者,而只是受到该句子所表达的事件的间接影响。

(12) 她被杀了父亲。

该句的致使结构是[有人杀了她父亲],导致[她受影响]。其中主语"她",并非是动词"杀"的直接对象,故该句属隐含致使结构,而"她被杀了"则是显性致使结构表达。也就是说,"她"携带"间接受事"语义格。再看(13)。

(13) 看守被罪犯跑了。

该句隐含的致使结构是[罪犯跑了]致使[看守受影响],但其中的动词是一个不及物动词。该被动句被判为被动表达,是因为"被"字是一个独立的被动语素,它能把这一隐含的致使性事件"强加"在主语上面,形成一个"宏观"被动结构,即"看守"因为出现在"被"后面的动作或事件的牵连，背上了“间接受事”的语义角色，而使全句成为被动。但“被”字后面的结构仍应被当成主动句处理。

其次，也是由于“被”字是一个独立的被动标记，可用来表达相关的致使性事件，因此具有“分裂”受事主体形成复杂和双重致使结构的功能，具体表现在“被”字后面的补语和“被”字前后的整体和部分的分割。先看带补语的例句。

(14) 酒被喝光了。

该句表达的致使性事件是[某人喝酒]致使[酒光了]，其中[某人喝酒]本身就是一个致使性事件。但这里表达为被动结构的，不是被包含的致使性事件，如“酒被喝了”，而是整个致使事件，所以形成的被动结构中的主语具有 PATIENT(受事)的语义功能，即在质和量上发生了变化。再看整体部分分割的例子。

(15) A. 他被打得鼻青脸肿。

B. 他被打伤了手。

这种句式表达的致使性事件是[有人打他]致使[他鼻青脸肿]或者[手受了伤]，其中包含的[有人打他]，本身就是一个致使性事件。但这里被表达为被动结构的不是所包含的致使性事件，如“他被打了”，而是整个致使性事件。

上述分析显示，汉语的“被”字在被动结构中是一个独立的被动标记，在某种程度上起到了英语 be + (v)-en 的相同作用。然而，由于它不能带表时态的助词(可以称作不完全动词或半动词)，导致了上述这些汉语特有的句式(Hashimoto，1988；Her，1990)。

在英语中，被动句主语所表达的实体，只要受到某一行为的影响即可合法化。而在汉语中，原意“遭受”的“被”字，在语法化过程中却多少留下了原意的蛛丝马迹。结果，被动句主语表达的实体，有时必须在外力的作用下发生异常的状态、位置或情绪的变化，才能合理化。例如，英语被动句 The house was built 能够成立，而我们一般不说“房子被盖好了”，但是可以说“房子被盖歪了”，因为后一句中的主语所表达的实体发生了意想不到的状态变化，即不应该盖歪的房子却盖歪了。同样，我们一般也不说“衣服被穿了；布告被贴了；那本书被他写了；那首歌被他唱了；纸条被屋顶上的猫看见了；这个恶霸被百姓们恨了”等等。但可以说“衣服被脱了；

衣服被穿破了;布告被揭了;布告被贴倒了;那本书被他写得不像书;那首歌被他唱得出神入化;纸条被老师看见了;这个恶霸被百姓们恨得咬牙切齿”等等(杨国文,2002)。

因此,从受影响者的角度来表达致使性事件,是汉语“被”字句产生的理据之一,这一点在上面的语义条件分析中已经得到了证实。

四、“被”字句的非转换性

英语主动语句动词的义元框架(thematic grid)和动词的论元(argument)数量及布局存有彼此的互动规律。如 kill 这个动词的句法特征矩阵中含有[__ NP]次范畴化因素或句法子框架,表示的是 kill 预携两个名词短语(即充当主语的 NP_1 和充当宾语的 NP_2)进入语言使用。由于 kill 的义位网络是 kill V:〈AGENT,PATIENT〉,故在相关的主动句式中自动将这两个义元分配给两个 NP,得到下例结果:

(16) John killed Mary

AGENT PATIENT

此句一旦被动化,主语和宾语的论元位置发生了变化,原来的主语变成了 by 介词短语的宾语,且在形式上可有可无,被降了一级,而 PATIENT 义元也因此成为主语的语义格。

(17) Mary was killed (by John)

PATIENT AGENT

试用这种方式来分析特殊的汉语“被”字句(18)和(19)。

(18) 看守被罪犯跑了。

THEME THEME

(19) 她被杀了父亲。

THEME PATIENT

(18)句中的“罪犯”不可能逆转换(back transformation)成相应主动句中的主语,(19)中的隐性 AGENT 未出现,但“父亲”所携带的 PATIENT 也不可能像英语 break 等动词的被动结构那样,在 AGENT 缺席的情况下可以上升到主语的位置。这种无主动句式对应的情况,进一步说明了汉语某些“被”字句的非被动性和整句的非转换性。

我们发现英语被动句呈“主语—谓语”状，其主语是典型的“受事”语义格，受事内部无进一步分解的可能，即不像汉语“我被打伤了手”等语句那样，其受事可以被分割成整体和部分两部分，并分别出现在“被”字的两边。此外，英语介词 by 的宾语则表达了被降格了的致使因素。相比之下，汉语的“被”字句在很大程度上趋向于“主题—评述”形态，且主语可以是间接“受事”语义格，这种间接受事可以被分裂成部分与整体两块（见上例的解释），故有比英语更多的变体。例如，在类似“看守被罪犯跑了”等不及物动词唱主角的“宏观”被动句式中，主语与动词所表达的事件没有直接关系，但受到该句所表达的事件的影响，成为受害者。“他被人从身上偷走了钱包”等句式，是带保留宾语的被动句。这些都是汉语的专有现象，在英语中根本不可能成立。

英汉被动句之间存在着看问题的视角差异，英语从受事的视角来观察被动的概念和关系，而汉语则采取非施事的视角，即从语用者的角度来考察。产生这种差异的根本原因是被动结构反映说话者的特定视角，它是一个具有一定主观性的结构，说话者有权选择概念化的凸显对象（Cornelis，1996）。由于汉语被动结构的定格还多半从概念化的主体（即语用者的角度）来考虑问题，其整句较弱的致使性和主语较弱的受事性，可能是汉语不含被字的隐性被动句型产生的主要依据。在汉语中，隐性被动句的出现率远高于“被”字句的出现率（杜荣，1993）。

五、结 束 语

本文采纳的“人类经验→概念化→图式化→语言形式”分析方法，是认知语言学的基本假设，也理应是英汉对比研究的一条重要思路和依据。运用认知语言学的相关理论来分析汉语“被”字句的若干特点，可以帮助我们发现英汉两种语言中被动句式的次范畴化在结果与性质方面的不同，如英语被动句可次范畴化成核心被动句（core passive，即真被动句）、准被动句（semi-passive）、状态性被动句（pseudo-passive，即假被动句）、词汇性被动句（lexical passive）等；而汉语的被动句型可以进一步被分析成“被”字句，概念性被动句（即不含“被”字的无标记被动句）等。此外，本文的分析建立在对“被”字的被动标记确认的基础上，这样做可以有助于发现被动表达的认知基础，从而对英汉被动表达的异同及其产生的根本原因进行比较深入的探索，以便找出根本性规律。

参考文献

Cornelis, L. 1996. English and Dutch: The passive difference. In Jaszczolt & Turner(eds.), *Contrastive Semantics and Pragmatics* Vol. 1. Oxford: Elsevier Science Ltd.

Croft, W. 1993 . Voice: Beyond control and affectedness. In Fox & Hopper(eds.), *Voice: Form and Function*. Amsterdam/ Philadelphia: John Benjamins .

Fischer, O. 1999 . On the role played by iconicity in grammaticalization processes. In Nanny & O. Fischer (eds.), *Form Miming Meaning*. Amsterdam/ Philadelphia: John Benjamins.

Givón, T. 1990. *Syntax: A Functional Typological Introduction* Vol. 2. Amsterdam/ Philadelphia: John Benjamins .

Granger, S. 1983. *The Be + Past Participle Construction in Spoken English with Special Emphasis on the Passive*. Amsterdam/New York/Oxford: Elsevier Science Publishers.

Hashimoto, M. J. 1988. The structure and typology of the Chinese passive construction. In M. Shibatani (ed.), *Passive and Voice*. Amsterdam/ Philadelphia: John Benjamins.

Her, O. S. 1990. *Grammatical Functions and Verb Subcategorization in Mandarin Chinese*. Taipei: The Crane Publishing Co. Ltd.

Langacker, R. W. 1990. *Concept, Image and Symbol: The Cognitive Basis of Grammar*. Berlin/New York: Mouton de Gruyter.

Quirk, R., Greenbaum, S., Leech, G. & J. Svartvik. 1985. *A Comprehensive Grammar of the English Language*. London/New York: Longman.

程琪龙，2001，致使概念语义结构的认知研究，《现代外语》(2)。

杜 荣，1993，汉语被动意念的表达和英语被动句的比较，载王还编著，《汉英对比论文集》。北京：北京语言学院出版社。

金允经，1998，关于现代汉语被动句的感情色彩，载范晓、李熙宗、戴耀晶编著，《语言研究的新思路》。上海：上海教育出版社。

李大忠，1996，《外国人学汉语语法偏误分析》。北京：北京语言文化大学出版社。

宋采娃，1958，关于确定汉语被动句主语的标准，载北京大学汉语语言学研究中心《语言学论丛》编委会编著，《语言学论丛》(第 2 辑)。上海：上海新知识出版社。
王　还，1994，英语与汉语的被动句，载王还编著，《门外偶得集》。北京：北京语言学院出版社。
熊学亮，2001，第一人称零主语的 ICM 分析，《现代外语》(1)。
熊学亮、王志军，2002，被动句的原型研究，《外语研究》(1)。
杨国文，2002，汉语“被”字句在不同种类的过程中的使用情况，《当代语言学》(1)。
张伯江，2001，被字句和把字句的对称与不对称，《中国语文》(6)。

(原载《外语教学与研究》2003 年第 3 期)

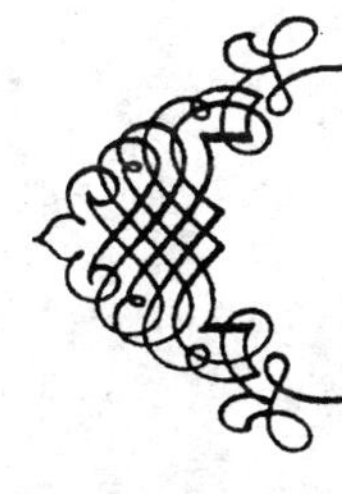

第八部分
动结式结构研究

现代汉语“动补结构”的类型学考察

沈家煊

一、运 动 事 件

先看一个英语例子：

The bottle floated out of the cave.

这个句子表达一个“运动事件”：瓶子漂出岩洞。按照 Talmy (2000)的分析，一个运动事件(motion event)由四个概念要素组成：

凸像(Figure)：指一个运动物体，它相对于另一个物体(背衬)而运动，如 the bottle

背衬(Ground)：指一个参照物体，另一个物体(凸像)相对它而运动，如 the cave

运动(Motion)：指运动本身 MOVE

路径(Path)：指凸像相对背衬运动的路径，如 out of

至于句子中的谓语动词 float，它代表运动(Move)和运动的方式(Manner)。实际上，上面句子代表的是一个宏事件，它由一个主事件和一个副事件复合而成：

宏事件(Macro-event) = 主事件(Motion event) + 副事件(Co-event)

[凸像　　运动　路径　背衬]主事件←联系[运动事件]副事件

[the bottle moved out of the cave]主事件

←方式[the bottle floated]副事件

副事件本身也是一个运动事件，它和主事件之间的联系，除了表示主事件运动的方式外，还经常表示主事件运动的原因，例如：

The napkin blew off the table.

[the napkin moved off the table]主事件←原因[the wind blew]副

事件

物体的静止存在可视为运动的一种特殊形式，例如：

The pencil lay on the table.

[the pencil be located on the table]主事件←方式[the pencil lay]副事件

这里“运动”要素是 BELoc（存在）而不是 MOVE（移动），“路径”（on）是占据空间。

表示原因的副事件如果带有一个施动者，宏事件就是一个施动事件（Agentive Motion event），例如：

I rolled the keg out of the storeroom.

[the keg moved out of the storeroom]主事件←原因[I rolled the keg]副事件

副事件“I rolled the keg”中有一个施动者（Agent）“I”。“施动”（AMOVE）区别于上面的“自动”（MOVE）。

有许多事件可以看做是空间运动事件的引申，例如：

I shook him awake.

I MOVED him into a state of being awake by shaking him.

这里“背衬”要素是一种“状态”（being awake），“路径”（into）要素与“背衬”合并。下面说明概念要素的合并。

二、词汇化：概念要素的合并

在“The bottle floated out of the cave.”这个英语句子里，“运动”和“方式”两个要素合并后显现为一个动词“float”，“路径”单独由 out of 表示。

La botella salióde la cueva flotando.

“The bottle exited from the cave, floating.”

在对应的西班牙语句子里，“运动”和“路径”合并为一个动词“salió”（exited），“方式”单独由 flotando 表示。这代表概念合并（conceptual conflation）的两种类型。

从语义上讲，主事件中的“路径”代表一个宏事件的抽象构架

(frame),具体的凸像、背衬、运动方式等项目可以填充到这个构架中去。这个抽象的构架也叫做**构架事件**(framing event)。从结构上讲,英语的float和西班牙语的salió是谓语动词,是句子的**核心语**(Core),英语的out of和西班牙语的flotando是谓语动词的**附加语**(Satellite)。

根据构架事件是由附加语还是核心语来表达,世界上的语言可以分为两种类型:一种是**附加语构架语言**(Satellite-framed languages),构架事件由附加语表达,例如英语、德语、俄语、Atsugewi语;一种是**核心语构架语言**(Core-framed languages),构架事件由核心语表达,例如西班牙语、法语、日语。①

三、汉语的动补结构

汉语的动补结构最主要的是以下两种:

动趋式:瓶子漂出岩洞。

动结式:妈妈晾干了衣裳。

如果认为动补结构"漂出"的核心语是运动动词"漂",趋向动词"出"是它的附加语(补语),那么汉语跟英语一样属于"附加语构架语言";反之,如果认为核心语是趋向动词"出","漂"是它的附加语(状语),那么汉语跟西班牙语一样属于"核心语构架语言"。

关于汉语动补结构核心语与附加语的确定,主要有以下三种观点:

(1) 动补结构中的动词是核心语,补语是附加语。按这种观点,汉语属于"附加语构架语言"。其实,"动补结构"这个名称已经意味着"动"是核心语,"补"是附加语。这也是大多数人的观点。

(2) 动补结构中的补语是核心语,动词是附加语,起修饰补语的作用,"漂出"实际是个"状中结构"(状语+中心语)。按这种观点,汉语属于"核心语构架语言"。

持这种观点的依据主要是Bloomfield的"向心结构"(endocentric construction)的理论:在一个组合式结构中,如果一个成分的功能相当

---

① Talmy(2000)又将"核心语构架"称为"动词构架"(verb-framed),这对汉语这种缺乏形态的语言不太适用,汉语动补结构中的补语代表构架"路径",但也是动词。

于整个组合的功能，这个结构就是“向心结构”，这个成分就是结构的“核心语”。例如李临定(1984)用“缩减”检测法来加以证明：

我已经吃饱了	我已经饱了	？我已经吃
小孩子吓哭了	小孩子哭了	？小孩子吓
我听懂了你的意思	我懂了你的意思	？我听了你的意思

马希文(1987)用“增扩”检测法来加以证明：

帽子吹掉了	帽子掉了	？帽子吹了
铅笔写折了	铅笔折了	*铅笔写了
头发愁白了	头发白了	*头发愁了

(3) 动补结构有的是动词为核心语，有的是补语为核心语。按这种观点，汉语是“附加语构架”和“核心语构架”混合类型的语言。例如，任鹰(2001)考察主宾语可以交换位置的动补结构：

A	B
老王喝醉了酒	酒喝醉了老王
老师讲烦了课	课讲烦了老师
大家吃腻了剩菜	剩菜吃腻了大家

她认为，A列的补语没有使动意义，对宾语没有支配或致使作用，因此补语是附加语，动词是核心语；B列的补语有使动意义，对宾语有支配或致使作用，因此补语是核心语，动词是附加语。这样分析的前提是认为“醉、烦、腻”这样的形容词在现代汉语里仍然有致使的用法。柯理思(2002)认为汉语动补结构的补语自身也能充当谓语的主要动词，如“漂进”的“进”，跟英语的into不一样，因此汉语是混合类型的语言。

四、“向心结构”理论和核心检测

关于“向心结构”和核心检测，袁毓林(2000)认为马希文只是拿受事作主语的句式来论证补语是核心语，如果改用施事作主语的句式，那么只能证明动词是核心语，如：

大风吹掉了(帽子)	*大风掉了	大风吹了
哥哥写折了(铅笔)	*哥哥折了	哥哥写了
爸爸愁白了(头发)	*爸爸白了	爸爸愁了

有的句子似证明趋向动词是核心语：

走进来一个人　　进来一个人　　＊走一个人

跑出去一个人　　出去一个人　　＊跑一个人

但是换一下动词情况就变了：

扔上来一包烟　　＊上来一包烟　　扔一包烟

寄回去一包书　　＊回去一包书　　寄一包书

宾语可以直接跟在动词之后，这也说明动词不能分析为补语的修饰语，如：

走一个人进来　跑一个人出去　扔一包烟上来　寄一包书回去

动结式可以插入“得”扩展为带状态补语的动补结构，动词也可以带(把字)宾语：

这山路走累了我　这山路走得我累死了　这山路把我走得累死了

枪声吓哭了孩子　那枪声吓得孩子直哭　那枪声把孩子吓得直哭

白米饭吃胖了她　白米饭吃得她胖胖的　白米饭把她吃得胖胖的

范晓(1985)认为，按李临定的办法，只能证明汉语动补结构有的是动词为核心语，有的是补语为核心语，有的是双核心，有的没有核心：

武松打死一只老虎　　武松打一只老虎

？武松死一只老虎(动词是核心)

他跑丢了一只鞋　　？他跑了一只鞋

他丢了一只鞋(补语是核心)

我学会了两门外语　　我学了两门外语

我会了两门外语(双核心)

她哭昏了我的脑袋　　？她哭了我的脑袋

？她昏了我的脑袋(无核心)

总之，按照“向心结构”的理论进行检测，实际上并不能检测出动补结构的结构核心。

五、汉语基本属于“附加语构架语言”

首先，有必要将意义核心(Semantic core)和结构核心(Syntactic core)区分开来。两者可能一致，也可能不一致。一致的如西班牙语，La botella salióde la cueva flotando 一句中,谓语动词 salió 既是意义核心(事件构架),又是结构核心。不一致的如英语,The bottle floated into the cave 一句中,意义核心(事件构架)由 into 来表达,而结构核心是谓语动词 floated。如果将结构核心和意义核心混为一谈,那就根本谈不上语言类型的区别。“核心语构架语言”中的“核心语”是指结构核心。②

在形态发达的语言里,哪个是核心语哪个是附加语可以用形态来判别。汉语由于缺乏形态标记,判别起来就比较困难。其实,核心语和附加语的区分主要在于核心语是开放类,附加语是封闭类(见 Talmy, 2000, Ⅱ: 101)。因此我们应该借助“开放类”和“封闭类”的对立来区分汉语里的核心语和附加语。

补语动词是一个封闭类。首先,趋向动词是一个封闭类,这是公认的。其他动词能作补语的为数不多(朱德熙,1982: 126),主要有:

走、跑、动、倒、翻、病、疯、死、见、懂、完、通、穿、透。

这些动词大多语法语义功能已经弱化,有的可以读轻声。意义实在的动作动词如“打、吃、写”等显然都不能充当补语。

补语读轻声。动趋式的趋向动词都读轻声(林焘,1957;赵元任,1968),例外是“起、进、出、回”在句尾时不轻读:“信被原封退回”,“这话如何说起”(吕叔湘,1980)。但是,这跟英语 He walked in 和 kick the ball in 中的 in 不轻读是一个道理。

有的结果补语动词也读轻声(林焘,1957):

站住、听见、气死、改掉、拿开、想到、买着(zhó)

这种读轻声的补语动词,其语法语义功能已经弱化,在语义指向上只能与前面的动词发生联系。补语“了”和“着”不仅失去调值,连韵母也弱化为一个央元音。因此,典型的动补结构形成一个前重后轻的韵律格式,常作补语的词语音形式弱化后与前项动词结合成一个复合词。

后加的“了”和“过”。袁毓林指出,动结式后头可以带时体助词“了”和“过”,及物的动结式可以带宾语。动结式的动绝大多数是动词,极少数是形容词,动结式的结大多数是形容词,少数是动词。而带时体助词和宾

② Tai(2003)认为补语动词是“center of predication”,因此是“主要动词”,所以汉语主要属于“核心语构架语言”。这也是将意义核心看作结构核心得出的结论。

语正是动词的语法特点。这说明动结式中“动”的语法功能与动结式的语法功能更一致。

我们认为还有一种“A 没 A”检测法，检测结构核心更管用。动补结构能说成“A 没 A B”，但不能说成“A B 没 B”：

帽子吹掉了　帽子吹没吹掉　帽子吹掉没吹掉　＊帽子吹掉没掉

铅笔写折了　铅笔写没写折　铅笔写折没写折　＊铅笔写折没折

头发愁白了　头发愁没愁白　头发愁白没愁白　＊头发愁白没白

孩子吓哭了　孩子吓没吓哭　孩子吓哭没吓哭　＊孩子吓哭没哭

酒喝醉了他　酒喝没喝醉他　酒喝醉没喝醉他　＊酒喝醉没醉他

这说明，尽管在语义上“掉了”的是帽子，“折了”的是铅笔，“白了”的是头发，“哭了”的是孩子，“醉了”的是他，但是在结构上，动补结构后头的“了”实际上是跟动词发生联系的（“V 了”的否定式是“没 V”），也可以看做是跟整个动补结构发生联系，但肯定不是跟补语发生联系。

核心在后项的状中结构都不能有“A 没 A B”的格式：

坐看成败　　　　＊坐没坐看成败

怒斥敌人　　　　＊怒没怒斥敌人

泣诉不幸　　　　＊泣没泣诉不幸

非核心成分有吸引否定词、使自己处于否定辖域内的能力，状语有这种能力（饶长溶，1988），补语也有这种能力。因此从否定词的“语义辖域”也可以看出哪个是结构核心：

我没有快跑。（跑了，但是不快。但是核心仍为“跑”。）

我没有跑累。（跑了，但是不累。但是核心仍为“跑”。）

最后，从动补结构的历史来源看，也应该把动词看作结构核心。首先，要把现代汉语和古代汉语分开，在古代汉语里，动词和形容词都能很自由地表示使动意义，例如“远之”是“使它离得远”的意思，“败之”是“使他失败”的意思。但是这种使动用法已经衰退，现在如说“白了少年头”，那是古代汉语的残留，不是主流。

余健萍（1957）提到动结式有两种来源：

来源$_{甲}$：B →A 而 B →AB　　　如：远之 →推而远之 →推远它

来源$_{乙}$：A →A 而 B →AB　　　如：推之 →推而远之 →推远它

她认为动结式主要是从乙式发展而来的，即由 B 扩展而来，因此补语 B

是核心。

其实,正如袁毓林(2000)指出的,动结式的产生跟动词形容词使动用法的衰落是密切相关的,即"推远"的产生和普遍使用跟"远"的使动用法的衰落密切相关,因此不能将现代动结式"推远"中的"远"按使动意义来理解。从历史上看,动结式应该是从双核心的连动式(serial verb construction)和并动式(coordinate verb construction)通过后核心的弱化演变而来的,而不是从核心在后的状中结构核心前移转变而来的。连动式或并动式"动$_1$+动$_2$"中的动$_2$功能衰退,造成动补结构(参看梅祖麟,1991;志村良治,1995 等):

击杀之(连动式)→万物灭尽/尽灭(并动式)→愁杀人(动结式)

"愁杀人"中的"杀"已经失去"杀害"这种实在意义,表示程度深这种抽象的意义,可以跟"愁、笑、妒、看"等心理动词结合。古汉语连动式或并动式的另一个演变方向是转变为状中结构:"坐(而)言"、"怒(而)飞"等原来也是连动式或并动式,前项动词是不及物动词,意义衰退后演变为后项的修饰性状语。"生拘"和"长跪",前项是形容词,本来就是状中结构。状中结构如前所说都不能说成"A 没 AB"(* 坐没坐言,* 长没长跪)。

综上所述,现代汉语的动补结构,动词是核心语,补语是附加语,现代汉语基本属于"附加语构架语言"。

六、汉语是否为一种很强的"附加语构架语言"

Talmy(2000, Ⅱ:272)不仅认为汉语属于"附加语构架语言",而且认为汉语是一种很强的"附加语构架语言"(a strongly satellite-framed language)。一个理由是汉语经常用补语来表达事件的构架("路径"或"路径+背衬")。英语用单个动词来表达的,汉语多用动补结构来表达:

kick = 踢着　kill = 杀死　open = 开开

cure = 治好　break = 打破　select = 选出

也就是说,英语"运动"和"路径"两个概念要素合并在一起,汉语是分开的。英语和古汉语很相像,古汉语的"污"现在要说成"弄脏","杀"要说成"杀死/弄死"。(现代汉语也有不分的,如"瓻=打碎","坑=害苦"等。)

另一个理由是,英语动词和补语之间的语义关系比较单纯,汉语动词和补语之间的语义关系是多样的，例如除了说“洗干净”（“干净”是“洗”的目的），还可以说“洗脏”（“把衬衣洗脏了”，“脏”跟“洗”的目的相反）和“洗破”（“把衬衣洗破了”，“破”跟“洗”的目的无关）。还有，Talmy 没有提到，英语动词和补语之间的搭配是惯用语性质的（Goldberg，1995：195）：

He ate himself sick.

* He ate himself ill/full/nauseous.

汉语动补结构是高度能产的结构，几乎所有的单音节形容词都可以做补语，以“吃”后面的补语为例（石毓智，2000）：

吃饱、吃腻、吃病、吃胖、吃穷、吃晕、吃累、吃瘦、吃吐、吃烦

我们对此的看法是，如果“强附加语构架语言”的定义就是（1）“路径”概念单独由附加语表达，不与其他概念合并，（2）大量的“路径 + 衬体”概念都能用附加语表达，那倒可以同意 Talmy 的观点，汉语表现出很强的“附加语构架语言”的特征。如果有别的定义，那就又当别论。一个不能不考虑的方面是，“路径”概念在句法上是不是地道的附加语。由于汉语做补语的动词和形容词不是一个很严格的封闭类，补语大多能单独充当谓语动词，还残留古汉语的致动用法，可以说，汉语核心语和附加语的区分不像英语和西班牙语那些有形态变化的语言那么明显，汉语的附加语不是地道的附加语。从这个角度看，汉语又不是一种很典型的“附加语构架语言”。

参考文献

Goldberg, A. E. 1995. *Constructions: A Construction Grammar Approach to Argument Structure*. Chicago, IL: The University of Chicago Press.

Tai, J. H. Y. 2003. Cognitive relativism: Resultative construction in Chinese. *Language and Linguistics* 4(2).

Talmy, L. 2000. *Toward a Cognitive Semantics*. Cambridge/ Mass.: MIT Press.

范　晓，1985，略论 V－R，载中国语文杂志社编著，《语法研究和探索》（第 3 卷）。北京：北京大学出版社。

柯理思，2002，汉语方言里连接趋向成分的形式，《中国语文研究》（1）。

李临定，1984，究竟哪个“补”哪个：“动补格”关系再议，《汉语学习》（2）。

林　焘，1957，现代汉语补语轻音现象反映的语法和语义问题，《北京大学学报》（2）。

吕叔湘,1980,《现代汉语八百词》。北京:商务印书馆。

马希文,1987,与动结式动词有关的某些句式,《中国语文》(6)。

梅祖麟,1991,从汉代的“动杀、动死”来看动补结构的发展:兼论中古时期起词的施受关系的中立化,载北京大学汉语语言学研究中心《语言学论丛》编委会编著,《语言学论丛》。北京:商务印书馆。

饶长溶,1988,“不”偏指前项的现象,在中国语文杂志社编著,《语法研究和探索》(第4辑)。北京:北京大学出版社。

任　鹰,2001,主宾可换位动结式述语结构分析,《中国语文》(6)。

石毓智,2000,现代汉语的动补结构:一个类型学的比较研究,《现代中国语研究》(1)。

余健萍,1957,使成式的起源和发展,载中国语文杂志社编著,《语法论集》(第2辑)。北京:中华书局。

袁毓林,2000,述结式的结构和意义的不平衡性,《现代中国语研究》(1)。

赵元任,1968,《中国话的文法》(《汉语口语语法》)(吕叔湘译)。北京:商务印书馆。

志村良治,1984/1995,《中国中世语法史研究》(江蓝生、白维国译)。北京:中华书局。

朱德熙,1982,《语法讲义》。北京:商务印书馆。

(原载《世界汉语教学》2003年第3期)

动结式"追累"的语法和语义

沈家煊

一、"张三追累了李四了"的语法和语义

"追累"是一个动结式,"张三追累了李四了"这句话的释义,谁追谁,谁累,逻辑上有四种可能,但是实际只有三种成立:

(1) 张三追累了李四了。

a. 张三追李四,李四累了(有使成义)

b. 张三追李四,张三累了(无使成义)

c. *李四追张三,张三累了

d. 李四追张三,李四累了(有使成义)

排除的是(1)c 的释义。(1)a 还有使成义,张三"使得"李四累,(1)d 也有使成义,张三"使得"李四追和累;(1)b 没有使成义。换个角度说,句子(1)表达 a、b、d 三种意思时都合乎语法,而表达 c 这种意思时不合语法。要补充的一点是,按有些人的语感,表达 b 的意思时句子也不太合乎语法,尤其当句末去掉了字时,"张三追累了李四"不能独立成句,须有后继小句才合格,如说成"张三追累了李四,停下来歇一歇"。语法研究必须对动结式的这种语法语义现象尽可能作出解释和预测。

为阐述的方便,下面将"追累"这种动结式中的前动词称作"动词",后动词称作"补词"。

二、GB 理论的解释

李亚非(Li,1995)在"管辖与约束理论"(GB 理论)的框架内解释和预测上述语法语义现象。他先设定两个等级,一个是语义上的题元等级,一个是句法上的论元等级:

题元等级：施事＞受事

论元等级：主语＞宾语

题元等级中施事的级别高于受事，论元等级中主语的级别高于宾语。题元指派给论元的规则简称指派规则或系连规则，其中心思想是两个等级要互相匹配，具体说就是：

题元指派规则：施事→主语

受事→宾语

级别高的题元施事指派给级别高的论元主语，级别低的题元受事指派给级别低的论元宾语。

用(1)来验证这一指派规则可以发现，(1)a 和(1)b 都符合指派规则，而(1)c 不符合，因为施事"李四"指派给了宾语，受事"张三"指派给了主语，所以(1)c 被排除。但是(1)d 跟(1)c 一样也不符合指派规则，(1)d 却是成立的。

为了解释(1)d，李文在题元等级和论元等级之外又设定一个使役等级，由使事（Cause）和役事（Affectee）两个角色组成：

使役等级：使事＞役事

使事的级别高于役事。(1)a 和(1)d 有使成义，"张三"是使事，"李四"是役事；(1)b 没有使成义，"张三"不是使事，"李四"也不是役事。使役角色指派给论元的规则如下：

使役角色指派规则：使事→主语

役事→宾语

级别高的使事指派给级别高的主语，级别低的役事指派给级别低的宾语。按照这一指派规则，(1)d 成立得到了解释，但是(1)c 被排除却得不到解释：既然(1)d 可以是"张三"使"李四"追结果"李四"累，为什么(1)c 就不能是"张三"使"李四"追结果自己累呢？

为了解决这个问题，李文进一步假设使役角色的指派要满足一定的条件：（Li，1995：267－268）

使役角色指派条件：

i. 只有当主语不从补词接受题元时，主语才能接受动结式的使事角色；

ii. 如果宾语至少从补词接受一个题元，宾语就能接受动结式的役事角色。

李文还假设，当使役角色指派规则与题元指派规则两者发生矛盾时以前者为准。两种规则操作的次序因此是：

规则操作次序：使役角色的指派优先于题元角色的指派。

有了使役角色的指派条件和优先指派的规定，(1)c 不成立就得到解释：主语“张三”从补词“累”那儿接受了一个题元客事，根据条件 i，主语不能再接受使事角色；宾语“李四”未从补词“累”那儿接受一个题元，根据条件 ii，宾语不能接受役事角色。(1)c 违背题元指派规则，而使役角色指派规则又不起作用，所以不成立。

(1)d 成立并且有使成义的解释是：(1)d 虽然违背题元指派规则，但是符合优先起作用的使役角色指派规则。具体说，主语“张三”未从补词“累”那儿接受题元（“累”的题元是客事“李四”），所以能接受使事角色；[①] 宾语“李四”从补词那儿接受了一个题元（“累”的题元就是“李四”），所以能接受役事角色。(1)a 成立并且有使成义也得到解释：主语“张三”是“追”的题元施事，同时也是使“李四”累的使事；宾语“李四”是“追”的题元受事，同时也是使人累的役事。题元指派与使役角色指派相一致。(1)b 成立但没有使成义也得到解释：主语“张三”和宾语“李四”分别是动词“追”的施事和受事，符合题元指派规则，所以释义成立；但是(1)b 不符合使役角色指派条件（主语从补词“累”那儿接受了一个题元客事，宾语未从补词“累”那儿接受一个题元），不接受使役角色的指派，所以没有使成义。

三、以上解释的问题

首先，有些动结式好像违背使役角色指派条件，句子的主语却能接受使事角色。这些动结式的补词包括“丢、断、瞎、死、跑、去”等（有“丢失”义）和“起、出、来、满”等（有“得到”义）两类，例如：

(2) a. 我跑丢了一双鞋。　　我浇死了四棵桃树。
　　　我摔断了一条腿。　　我看跑了一个俘虏。
　　　我哭瞎了一只眼睛。　　我除去了一块心病。
　 b. 我跑出了一身汗。　　我请来了两个亲戚。

---

① 注意，“累”有使动用法，如“张三这孩子真累人”，李文显然认为“张三”是“累”的使役角色，即使事，不是题元。

我烫起了一个水泡。　　　人都坐满了会场。

这些句子的主语好像都从补词那儿获得题元,如“我丢了一双鞋、我瞎了一只眼睛、我出了一身汗、我来了两个亲戚”等,因此都违背了使役角色指派条件,但是句子仍然有使成义,主语“我”是使事,如,我因为跑而使一双鞋丢了,因为请而使两个亲戚来了。有人会说,“我跑丢了一双鞋”是“鞋丢了”不是“我丢了”,“我请来了两个亲戚”是“亲戚来了”不是“我来了”,所以主语“我”不能算是动词“丢”和“来”的题元。但是,“我哭瞎了一只眼睛”既是“眼睛瞎了”也是“我瞎了”,“人都坐满了会场”既是“会场都满了”又是“人都满了”。因此使役角色指派条件至少不能完全解决这类问题。

抛开(2)不谈,有些句子虽然符合使役角色指派条件,但是主语却不能接受使事角色:

(3) *教练跑累了李四了。

*艰苦的工作病倒了李四了。

*无休止的排练唱烦了李四了。

这些句子都符合使役角色指派条件,主语未从补词获得题元,而宾语“李四”从补词获得一个题元,按照使役角色指派规则,它们都应该成立而且有使成义。

Li(1995：261)认为(3)各句不成立的原因在于违背了“题元准则”(Chomsky,1981)。

题元准则：每个论元都必须被指派题元。

具体说：

(4) a. 那首歌唱烦了李四了。

b. *无休止的排练唱烦了李四了。

(5) a. 李四唱那首歌。

b. *李四唱无休止的排练。

(5)说明(4)a 的主语“那首歌”从动词“唱”那儿获得了题元,而(4)b 的“无休止的排练”未能从“唱”那儿获得题元,违背了题元准则。对(3)的另外两句可以作同样的解释。

因此,为了解释(4)a 和(4)b 的对立,李文实际贯彻如下的原则：

如果违背题元准则,即使主语(因满足使役角色指派条件)能获得使役角色,句子也不合格。

但是这样的解释遇到以下的句子又有了问题：

(6) 张三的故事笑死我了。

那场饥荒饿死了很多人。

这样的句子看上去都违背题元准则，主语既不是补词的也不是动词的题元，但是都能够接受使役角色的指派，句子合格。于是李文又不得不说，第一句成立是因为动词“笑”有使动用法（如“他的故事最笑人”），所以能给主语“张三的故事”指派题元。至于第二句成立的原因，他说“那场饥荒”是时间状语，可由动结式“饿死”指派题元。抛开第二句不谈，②这儿的逻辑是，凡有使动用法的动词都能给主语使事指派题元。但是这个逻辑却是跟他原先贯彻的原则直接矛盾的，看以下例子：

(7) 张三的故事最笑人。

艰苦的工作最累人。

无休止的排练最烦人。

尽管“累、烦”跟“笑”一样有使动用法，李文却并不认为“累”和“烦”能给使事指派题元。按他对(1)d“张三追累了李四了”的分析，如果主语“张三”是补词“累”的题元的话，(1)d 就不符合使役角色指派条件，句子就应该不合格（见注①）。按他对(4)a“那首歌唱烦了李四了”的分析，如果“烦”能给主语“那首歌”指派题元的话，(4)a 也就违背使役角色指派条件，句子也应该不合格。③ 下面进一步说明使役角色指派条件和题元准则的不

---

② 说“那场饥荒”是时间状语缺乏依据。如果“那场饥荒”可以算时间状语，那么(3)中“无休止的排练”也可以算是时间状语。其实动词“饿”跟“笑”一样有使动用法，如“我饿你三天试试”。

③ 为了证明“笑人”的“笑”是及物的而“烦人”的“烦”是不及物的，Li(1995：263 注 5)用反证法证明如下：

a. 那首歌唱烦了李四了。

b. *武术学伤了李四了。

他说，b 不成立是因为补词一般不能是及物动词，“伤”是及物的（“伤人”），“李四”是“伤”的宾语；而 a 成立，所以“李四”不可能是“烦”的宾语，“烦”是不及物的。然而事实是，“烦”和“伤”都有使成的及物用法（“那首歌烦人/武术伤人”），都能给“李四”指派役事角色。二者的差别其实在于“李四”能从“烦”获得题元，但不能从“伤”获得题元：

a. 李四很烦。　　　　李四烦那首歌。

b. *李四很伤。　　　　*李四伤武术。

另外，有“李四烦那首歌”的说法，因此认为(4)a“那首歌唱烦了李四了”的主语未从补词获得题元的分析也不成立。

合理性。先比较下面两句：

(8) a. *艰苦的工作病倒了李四了。

b. 艰苦的工作累病了李四了。

这两句都满足使役角色指派条件，因为主语“艰苦的工作”没有从补词“倒”和“病”获得题元，宾语“李四”从补词获得了题元。那么为什么(8)b合格而(8)a不合格呢？可能的解释是(8)b符合题元准则，即主语从动词“累”获得了题元，而(8)a违背题元准则，即主语未从动词“病”获得题元，比较：

(9) a. *艰苦的工作很病。

b. 艰苦的工作很累。

但是比较下面两句就会发现这种解释有问题：

(10) a. *这小宝宝病倒了李四了。

b. 这小宝宝累病了李四了。

(10)跟(8)一样b句成立a句不成立，只是主语由无生名词换成了有生名词。但是我们不能说(10)b成立是因为符合题元准则，因为有(11)a而没有对应的(11)b：

(11) a. 艰苦的工作很累。

b. *这小宝宝很累。

(11)b如果按“小宝宝自己累”而不是“小宝宝累人”理解是成立的，但是“小宝宝自己累”的意思显然跟(10)b的意思不一致。这说明词汇的“选择限制”(selectional restriction)在这儿起作用，题元指派对有生名词和无生名词作出了不同的选择。“工作很累人”也可以说成“工作很累”，而“小宝宝很累人”却不能说成“小宝宝很累”。经分析，(10)a和(10)b的对立只能归因于(12)的对立：

(12) a. *这小宝宝很病人。

b. 这小宝宝很累人。

即(10)b动词“累”能给“小宝宝”指派使事，而(10)a动词“病”不能给“小宝宝”指派使事。因此根据(10)a和(10)b的对立，我们不能不得出以下的原则：

如果违背题元准则，只要主语能获得使役角色，句子就合格。

显然，这条原则跟原先贯彻的原则(如果违背题元准则，即使主语能获得使役角色，句子也不合格）是互相矛盾的。我们陷入了这样的困境：如果坚持现在的原则，那么(4)a 和(4)b 的对立得不到解释；如果坚持原先的原则，那么(10)a 和(10)b 的对立得不到解释。

总之，根据(6)和(10)b 这类句子合格的事实和论证的逻辑，我们只能得出没有获得任何题元的主语也能充当使事的结论。事实还说明，词汇的选择限制对句子的合格与否起重要作用，除了前面提到的有生名词和无生名词的区别，还有更严格的选择限制：

(13) a. * 教练跑累了李四了。

b. 训练员跑累了那匹马了。

“李四”和“那匹马”都是有生名词，但是生命度的高低不一样，受役使的程度不一样。对于词汇的选择限制，光用李文提出的那些句法和语义性质的规则、条件和准则是无法解释的。

四、LFG 的解释及问题

何万顺(1997)用“词汇函项语法”(LFG)的理论来解决“追累”问题，他不另设使役等级，只设立一个多项题元等级。题元在题元等级上的高低，论元在论元等级上的高低，都是相对的而不是绝对的。他设定的题元指派规则因此是：

题元指派规则：

级别较高的题元指派给级别较高的论元；级别较低的题元指派给级别较低的论元。

现在来看这样的指派规则如何解释句子(1)的释义。按何文的分析，动词追的两个题元分别是施事和受事，补词累的唯一题元是客事。受事和客事在他的题元等级上不分上下，级别平等。我们用符号“=”表示“级别平等”，用“>”表示“级别高于”，用“↓”表示“指派给”。

(1) 张三追累了李四了。

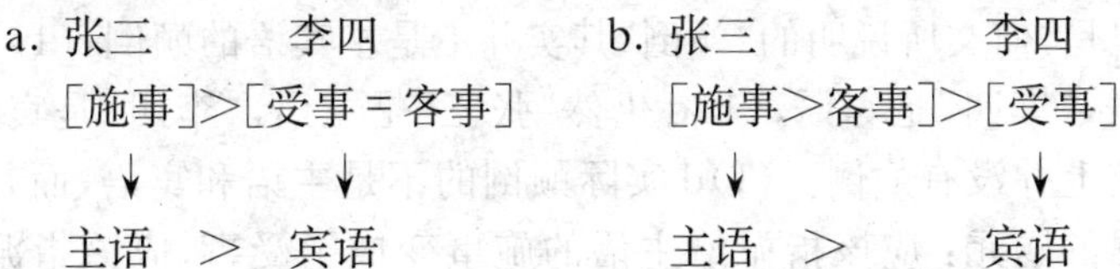

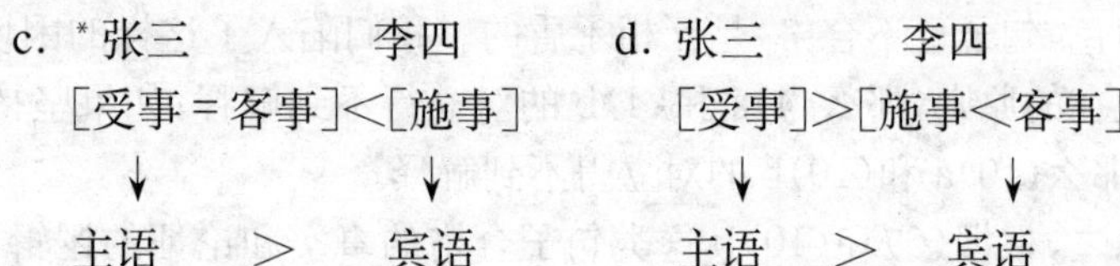

(1)a 中的“李四”和(1)c 中的“张三”都是兼作受事和客事的复合题元，由于受事和客事在题元等级上级别相等，记作[受事＝客事]。(1)b 中的“张三”和(1)d 中的“李四”都是兼作施事和客事的复合题元，(1)b 由于施事的题元级别高于客事，应该是[施事＞客事]，但是在(1)d 中情况特殊，变成了[施事＜客事]。(1)a 成立，因为级别高的施事指派给了主语，级别低的[受事＝客事]指派给了宾语，符合题元指派规则。(1)b 也成立，因为复合题元[施事＞客事]的级别仍然高于[受事]。(1)c 不成立，因为违背了题元指派规则，级别低的复合题元[受事＝客事]指派给了主语，而级别高的题元[施事]指派给了宾语。

问题在于对(1)d 成立的解释。跟(1)b“张三”的题元[施事＞客事]相比较，(1)d“李四”的题元是[施事＜客事]，出现了客事反而比施事级别高或凸显的特殊情形，按何文的理论这种客事属于“次要客事”，其级别不如一般客事的级别高，因此“李四”的级别不如“张三”的级别高(一般客事和受事级别相同)。按这样的分析，(1)d 仍然符合题元指派规则。

然而，有待回答的是，为什么(1)d“李四”的题元是特殊的[施事＜客事]，即客事反而比施事级别高或凸显？何文的解释是，相对(1)b 而言，(1)d 发生了句法上的“主宾语颠倒”操作：(1)b 是[施事]指派给主语，[受事]指派给宾语；而(1)d 是[施事]指派给宾语，[受事]指派给主语。这就是所谓的“主宾语颠倒”，何文认为，它类似于“张三坐在主席台上”和“主席台上坐着张三”之间的颠倒。这一颠倒引起题元内在的句法特征的变化(这里从略)，是这些句法特征的变化造成客事和施事级别的颠倒。

但是，何文所说明的“颠倒”其实并不是主宾语的颠倒，(1)b“张三”是主语，“李四”是宾语，(1)d 仍然“张三”是主语，“李四”是宾语，主宾语事实上并没有颠倒。(1)d 实际颠倒的不是主语和宾语，而是指派给主宾语的题元：应该指派给主语的施事变成了受事，应该指派给宾语的受事变成了施事。这里显然出现了循环论证：所谓的“主宾语颠倒”实际上就是题元等级的颠倒，这等于是说，是题元等级的颠倒最终造成题元等级的颠倒。④

除了循环论证，何文的解释也不能解决上一节提到的由词汇的选择限制造成的对立。

五、“认知语义学”的解释

以上论证说明，动结式“追累”有没有使成的释义，分别从“追”和“累”的语法和语义出发是解释不了的，使成义是动结式这个整体结构式的意义。此外“追”和“累”的词汇选择限制也起重要作用。按照 Talmy(2000)“认知语义学”的理论框架，我们的解释如下：表层句子的底层是概念结构，它建立在人对世界认识的基础上，具有来自语言之外的理据，因此基于概念结构的解释可以避免循环论证和内部矛盾。跟传统的语义结构相比，概念结构一方面更抽象更概括，着眼于整个句式的意义，另一方面又更具体更细致，可以解决词汇选择限制的问题。下面先说明与动结式有关的概念结构的组成。先以动趋式“滚进”为例：

(14) 油桶滚进了仓库。

这个句子表达一个运动事件，运动事件的概念结构由四个概念要素组成：

凸体(Figure)：指一个运动物体(“油桶”)，它相对于另一个物体(衬体)而运动。

衬体(Ground)：指一个参照物体(“仓库”)，另一个物体(凸体)相对它而运动。

运动(Motion)：指凸体的空间移动(用 MOVE 表示)。

路径(Path)：指凸体相对衬体而运动的路径(“进”)。

---

④ 至于(1)d(还有 1a)有使成义，(1)b 没有使成义，何文的解释是：客事具有[受役]的语义特征，这一特征是由动结式指派给客事的。(1)d“李四”的题元是[施事＜客事]，客事比施事凸显，[受役]特征得以显现，所以有使成义；而(1)b“张三”的题元是[施事＞客事]，施事比客事凸显，[受役]特征无法显现，所以没有使成义。然而这样的解释也必须以(1)d 客事比施事凸显这一点得到合理解释为前提。由于上述的循环论证这个前提不成立，对有无使成义的解释也就失去了基础。

至于“滚”，它是运动的方式（Manner）。实际上动趋式表达的是一个复杂事件，它由一个主事件和一个副事件复合而成：

复杂事件 = 主事件 + 副事件

［凸体 运动 路径 衬体］主事件 + ［运动事件］副事件

［油桶 MOVE 进 仓库］主事件 + 方式［油桶滚］副事件

主事件是构架事件，代表运动事件的基本结构。副事件本身也是一个运动事件（这里不细加分析），依附于主事件，其中的方式概念“滚”与运动概念 MOVE 合并，显现为动词“滚”；路径概念“进”显现为趋向补词“进”。副事件和主事件有联系，除了表示主事件运动的方式外，还经常表示主事件运动的原因，例如下句中刮风是衣服移动到阳台下的原因：

(15) 衣服刮下了阳台。

［衣服 MOVE 下 阳台］主事件 + 原因［刮风］副事件

运动事件的概念结构中还可以有一个致使者，称作使事，如下例中的“我”：

(16) 我把油桶滚进了仓库。

［我 AMOVE 油桶 进 仓库］主事件 + 原因［我滚油桶］副事件

不含使事的运动事件是“自动事件”（标为“MOVE”），含有使事的运动事件是“致动事件”（标为“AMOVE”）。

现在来看动结式。像“花瓶打碎了”和“张三打碎了花瓶”这样的句子表达的是较抽象的运动事件，凸体花瓶进入到碎的状态，“碎（状态）”是衬体，显现为“打碎”的补词“碎”，抽象的路径“进”因为不凸显而与衬体合并，没有独立的显现形式，抽象路径“进”用 INTO 表示：

自动事件：［花瓶 MOVE INTO 碎（状态）］主事件 + ［花瓶被打］副事件

致动事件：［我 AMOVE 花瓶 INTO 碎（状态）］主事件 + ［我打花瓶］副事件

注意，自动和致动的区分主要是主观认识上而不是客观物理上的区分。物理上油桶不会自行滚动，滚动是外力或地心引力作用的结果，但是它可以被人“识解”为（be construed as）自动事件。同样，客观上无生命的故事不会施加物理的作用力，但是“张三的故事笑死我了”可以被“识解”为一个致动事件。

凸体和衬体再加上使事，三个运动事件的概念涵盖了传统语义结构分析的一系列语义角色(施事、受事、与事、客事、处所、使事、役事等),所以说概念结构比语义结构的概括性更强,同时也克服了过去设立语义角色时的随意性。另一方面概念结构又比语义结构更加具体,还包含概念成分的凸显状况,概念之间结合的紧密程度等,例如:

(17) a. 跑一跑那匹马。

b. 让那匹马跑一跑。

例(17)中 a 和 b 的语义结构是一样的,"那匹马"都是役事兼施事,但是两句的概念结构不一样,a 的"那匹马"比 b 的"那匹马"受使役的程度高,因此更加凸显。

(18) a. 张三送给李四一朵花。

b. 张三送一朵花给李四。

这两句的语义结构也一样,但概念结构有差别。a 中"送"和"给"两个概念的结合紧密,代表一个复合过程,而 b 中这两个概念的结合松散,代表两个分离的过程。(沈家煊,1999a)

下面把概念结构中的凸体、衬体、使事称作事件角色(Roles),简称角色(R),它们将取代传统语义结构中的题元。事件角色也构成一个凸显度由高到低的等级。现将句法结构和概念结构中存在的等级一并列出如下,其中论元的等级还细分不同主语的凸显等级和不同宾语的凸显等级:

句法结构(由论元组成):

主语>宾语>旁语

"被"字句主语>一般主语(不同主语的凸显等级)

"把"字宾语>一般宾语>拷贝动词宾语(不同宾语的凸显等级)⑤

概念结构(由角色组成):

主事件角色>副事件角色

---

⑤ 主语、宾语、旁语的凸显等级已为大家所熟知,可参看 Keenan & Comrie(1977)。被动句的主语比主动句的主语凸显,证据之一是汉语里主动句的主语比宾语容易省略,而"被"字句的("被"字)宾语比主语容易省略。"把"字引出的宾语不同于其他介词引出的宾语,要比一般宾语凸显,例如"我把汤喝了"是把汤都喝完了的意思,跟"我喝了汤了"不一样,说明"把"字宾语比一般宾语受动作影响的程度高;(可参看沈家煊 2002)拷贝动词宾语最不凸显,因为它像个话题,支配它的动词往往可以省略,如"说话说多了"→"话说多了"。

使事＞凸体＞衬体

概念结构成立的唯一条件如下：

概念结构成立的条件：

主事件和副事件之间必须有足够的概念上的联系。

“足够的概念上的联系”是以人对运动事件的相关“理想认知模型”为衡量标准的。例如：

(19) a. 张三打累了李四了。

b. 张三打哭了李四了。

a句只能理解为“张三”累，不能理解为“李四”累，而b句只能理解为“李四”哭，不能理解为“张三”哭。至于“张三追累了李四了”，既能理解为“张三”累也能理解为“李四”累。这种现象李文和何文都没有能作出解释。现将这两句的概念结构列出如下：

a. [张三 MOVE INTO 累]主事件＋原因[张三打李四]副事件

*[张三 AMOVE 李四 INTO 累]主事件＋原因[张三打李四]副事件

b. [张三 AMOVE 李四 INTO 哭]主事件＋原因[张三打李四]副事件

*[张三 MOVE INTO 哭]主事件＋原因[张三打李四]副事件

这里副事件表示主事件运动的原因。我们关于打人事件的“理想认知模型”告诉我们，打人者会累，被打者一般不会累；被打者会哭，打人者一般不会哭。追人事件的“理想认知模型”告诉我们，追人者和被追者都会累。所以上面不加“＊”号的概念结构成立，因为副事件和主事件之间有足够的因果联系，而加“＊”号的概念结构因为缺乏这样的联系而不成立。第7节将进一步说明概念结构成立的条件是相对的，因此只能对动结式的句法和语义作出充分的解释，无法做到完全的预测。

在概念结构成立的前提下，事件角色指派给论元的规则设定如下：

角色指派规则：

1) 每个论元都必须被指派角色。

2) 一角色不能同时指派给两个不同的论元。

3) 凸显的角色比不凸显的角色优先指派。

4）角色的级别和论元的级别要互相匹配：级别较高的角色指派给级别较高的论元，级别较低的角色指派给级别较低的论元。

现将“张三追累了李四了”这个句子的四种释义分别用概念结构表示如下。（下标字母 A 表示使事，F 表示凸体，G 表示衬体）

（1）张三追累了李四了。

a. [张三$_A$ AMOVE 李四$_F$ INTO 累$_G$]主事件 + [张三$_F$ 追 李四$_G$]副事件

b. [张三$_F$ MOVE INTO 累$_G$]主事件 + [张三$_F$ 追 李四$_G$]副事件

c. *[李四$_A$ AMOVE 张三$_F$ INTO 累$_G$]主事件 + [李四$_F$ 追 张三$_G$]副事件

d. [张三$_A$ AMOVE 李四$_F$ INTO 累$_G$]主事件 + [李四$_F$ 追 张三$_G$]副事件⑥

由于主事件是构架事件，主事件的角色比副事件的角色凸显，根据规则3，主事件的角色要优先指派。（1）a 和（1）d 显然都符合角色指派规则，主事件级别较高的角色“张三”指派给主语，级别较低的角色“李四”指派给宾语，因此都成立。（1）c 违背角色指派规则，主事件级别较高的角色指派给了宾语，而级别较低的角色指派给了主语，所以不成立。（1）b 的主事件中角色 G“累”要显现为补词，能指派给论元的角色只有 F“张三”，它不能同时指派给两个不同的论元（规则 2），而每个论元又必须被指派角色（规则 1），所以主事件只负责将 F“张三”指派给主语，宾语只能由副事件中的角色 G“李四”来指派。不过，根据规则 3 的精神，副事件的角色指派要受额外的限制，具体说（1）b 的成立是有条件的，如第 1 节开头所指出的，句末必须有“了”，没有“了”必须有后继小句。

现在来考察句子（1）的三种句式变体：“把”字句，“被”字句，动词拷贝句。先看“把”字句：

（20）张三把李四追累了。

---

⑥ 注意最后一种释义的概念结构是（1）d（致动事件）而不是（1）d′（自动事件）：
（1）d′. [李四$_F$ MOVE INTO 累$_G$]主事件 + [李四$_F$ 追 张三$_G$]副事件
表达（1）d′的句子应是“李四追累了张三了”。

a. [张三$_A$ AMOVE 李四$_F$ INTO 累$_G$]主事件+[张三$_F$ 追 李四$_G$]副事件

b. *[张三$_F$ MOVE INTO 累$_G$]主事件+[张三$_F$ 追 李四$_G$]副事件

c. *[李四$_A$ AMOVE 张三$_F$ INTO 累$_G$]主事件+[李四$_F$ 追 张三$_G$]副事件

d. [张三$_A$ AMOVE 李四$_F$ INTO 累$_G$]主事件+[李四$_F$ 追 张三$_G$]副事件

变为"把"字句后,(20)b的释义也被排除,这是为什么?(20)b跟(1)b一样宾语要由副事件的G来指派,但是如前所述要受一定的限制,角色G只能有条件地指派给一般宾语。在论元等级上,"把"字宾语的级别即凸显度要比一般宾语高,根据规则4,指派给一般宾语都要受限制的角色如果指派给级别较高的"把"字宾语就更不能接受了。再看"被"字句:

(21) 李四被张三追累了。

a. [张三$_A$ AMOVE 李四$_F$ INTO 累$_G$]主事件+[张三$_F$ 追 李四$_G$]副事件

b. *[张三$_F$ MOVE INTO 累$_G$]主事件+[张三$_F$ 追 李四$_G$]副事件

c. *[李四$_A$ AMOVE 张三$_F$ INTO 累$_G$]主事件+[李四$_F$ 追 张三$_G$]副事件

d. *[张三$_A$ AMOVE 李四$_F$ INTO 累$_G$]主事件+[李四$_F$ 追 张三$_G$]副事件

变为"被"字句后,又有(21)d的释义被排除,这是为什么?先看(21)a为什么成立。"被"字句的概念结构和一般主动宾句的概念结构有差别,"张三"和"李四"两个角色的凸显情况正好相反,拿(1)a和(21)a来比较:(凸显的角色用粗体字表示)

(1) a. [**张三**$_A$ AMOVE 李四$_F$ INTO 累$_G$]主事件+[**张三**$_F$ 追 李四$_G$]副事件

(21) a. [张三$_A$ AMOVE **李四**$_F$ INTO 累$_G$]主事件+[张三$_F$ 追 **李四**$_G$]副事件

(1)a 中“张三”比“李四”凸显，这是一般情形，而(21)a 中是“李四”比“张三”凸显，这是特殊情形。这种凸显颠倒的情形具有认知心理的基础。[⑦] 所以(21)a 仍然符合规则 4，释义成立。(21)b 跟(20)b 一样有一个论元要由副事件的 G 来指派。由于 G“李四”反而比 F“张三”凸显，应指派给主语，但是副事件的角色指派要受一定的限制，这里的限制是，G 只能指派给一般主语，不能指派给“被”字句的主语，因为在论元等级上后者比前者的级别高，所以(21)b 不成立。(21)c 主事件“张三”和“李四”的凸显情形正好跟(21)a 相反，(21)a 成立，(21)c 自然就不成立。那么(21)d 为什么也被排除？(21)d 主事件的“李四”虽然像(21)a 一样比“张三”凸显，但是“李四”在(21)d 的副事件中却不如“张三”凸显(也由于凸显颠倒)，没有达到指派给“被”字句主语这个凸显主语的程度。最后看动词拷贝句：

(22) 张三追李四追累了。

a. *[张三$_{A}$ AMOVE 李四$_{F}$ INTO 累$_{G}$]主事件 + [张三$_{F}$ 追 李四$_{G}$]副事件

b. [张三$_{F}$ MOVE INTO 累$_{G}$]主事件 + [张三$_{F}$ 追 李四$_{G}$]副事件

c. *[李四$_{A}$ AMOVE 张三$_{F}$ INTO 累$_{G}$]主事件 + [李四$_{F}$ 追 张三$_{G}$]副事件

d. *[张三$_{A}$ AMOVE 李四$_{F}$ INTO 累$_{G}$]主事件 + [李四$_{F}$ 追 张三$_{G}$]副事件

这是所谓的动词拷贝句，除(22)c 不成立外，(22)a 和(22)d 也被排除，只有(22)b 成立。(22)a 和(22)d 被排除跟论元等级上拷贝动词宾语的级

---

⑦ 这种凸显状况发生颠倒的情形在认知上并不少见，例如：

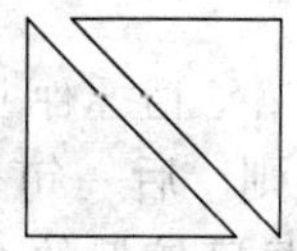

这个图形一般凸显的是两个三角形(凸体)，中间的空白是背景(衬体)，但是改变注意的方式可以把凸体和衬体颠倒过来，凸显方形中间的空道，两个三角隐退为背景。另参看沈家煊(1999b)。

别比把字宾语和一般宾语低有关。主事件“李四”的角色是F，相对G是个比较凸显的角色，应该指派给“把”字宾语或一般宾语，却指派给了凸显度很低的拷贝动词宾语，因此违背了规则4。(22)b成立是因为由副事件给宾语指派角色G，这个级别较低的G指派给拷贝动词的宾语正好合适。

以上用角色指派规则解释的四个句式的释义情况概括如下：

动宾句：张三追累了李四了。(a,b,d)

把字句：张三把李四追累了。(a,d)

被字句：李四被张三追累了。(a)

拷贝句：张三追李四追累了。(b)

六、概念结构的解释力

本文对“追累”的句法语义分析和得出的结论可以推广到汉语一般动结式的语法语义研究，特别是动结式的配价研究，可参看宋文辉(2003)。

(23) a. 酒喝醉了老王了。　　　老王喝醉了酒了。

b. 那瓶酒喝醉了老王了。　*老王喝醉了那瓶酒了。

c. 故事听乐了孩子了。　*孩子听乐了故事了。

小说看哭了妈妈了。　*妈妈看哭了小说了。

(23)a出现的是光杆名词“酒”，主宾语位置可以颠倒；(23)b出现的是名词短语“那瓶酒”，主宾语位置不能颠倒。(23)c虽然也是光杆名词(“故事”和“小说”)，但是主宾语也不能颠倒。(任鹰，2001)解释如下：(23)a前后两句的概念结构不同，一个是致动事件，一个是自动事件。

酒喝醉了老王了。

[酒$_A$ AMOVE 老王$_F$ INTO 醉$_G$]主事件+[老王$_F$ 喝 酒$_G$]副事件

老王喝醉了酒了。

[老王$_F$ MOVE INTO 醉$_G$]主事件+[老王$_F$ 喝 酒$_G$]副事件

前一句显然符合角色指派规则。后一句有一个论元要由副事件的G来指派，副事件的G应该是凸显度较低的G，“酒”作为一个无指的光杆名词符合这个条件，所以也成立。而定指的“那瓶酒”是个较凸显的G角色，不符合这个条件，所以(23)b的后一句不成立。(23)c的后一句为什么也不成立？道理是一样的。(23)c 前后两句的概念结构如下：

故事听乐了孩子。

[故事$_{A}$ AMOVE 孩子$_{F}$ INTO 乐$_{G}$]主事件+[孩子$_{F}$ 听 故事$_{G}$]副事件

*孩子听乐了故事。

[孩子$_{F}$ MOVE INTO 乐$_{G}$]主事件+[孩子$_{F}$ 听 故事$_{G}$]副事件

(23)c 的动词“听”和“看”是心理动词，不同于“喝”这样的动作动词。动作动词是典型的动词，它的受事是典型的受事，而心理动词的受事不是典型的受事，带有施事性，(参看沈家煊，1999c：215)跟动作动词的受事相比是凸显度较低的 G。凸显度较低的 G 不能指派给论元级别较高的一般宾语，只能指派给级别较低的拷贝动词的宾语，如“孩子听故事听乐了”。

概念结构除了包含概念成分的凸显情况，还包含概念成分结合的松紧，因此还能解释以下现象：

(24) a. 张三递给李四一块西瓜。

b. *张三切给李四一块西瓜。

[张三$_{A}$ AMOVE－一块西瓜$_{F}$－TO 李四$_{G}$]主事件+[张三$_{F}$ 递 西瓜$_{G}$]副事件

[张三$_{A}$ AMOVE 一块西瓜$_{F}$ TO 李四$_{G}$]主事件+[张三$_{F}$ 切 西瓜$_{G}$]副事件

关于“给予”的“理想认知模型”告诉我们，动作“递”和动作“给”是同时发生的，而动作“切”和动作“给”是先后发生的。因此(24)a 中 AMOVE 和 TO 两个概念结合紧密(用 AMOVE——TO 表示)，而(24)b 中这两个概念的结合松散。结合紧密的概念在显现形式上也应该结合紧密，结合松散的概念在显现形式上也应该结合松散。(参看沈家煊，1999a)(24)a 的“递给”符合这一原则，(24)b 的“切给”不符合这一原则，必须说成“张三切了块西瓜给李四”才成。

七、解释和预测

最后要说一说解释和预测的区别。

(4) a. 那首歌唱烦了李四了。

b. * 无休止的排练唱烦了李四了。

李文根据题元准则来预测(4)b不合格,因为主语“无休止的排练”没有从动词“唱”那儿获得题元。但是看以下句子:

(25) ? 歌剧团无休止的排练唱烦了李四了。

无休止的练唱唱烦了李四了。

第一句加上限定语“歌剧团”,句子可接受的程度比(4)b大大提高。第二句由“排练”改为“练唱”,主语仍然没有从动词“唱”获得题元(“* 唱无休止的练唱”),但是句子成立。按我们前面的解释,(4)b不成立的原因是违背了概念结构成立的唯一条件,即副事件[李四唱歌]和主事件[无休止的排练 AMOVE 李四 INTO 烦]之间缺乏足够的联系。我们关于唱歌事件的“理想认知模型”告诉我们:那首歌一定是唱的,而排练不一定是唱歌;这样的认识已经“语法化”,即在语法上表现出来,“唱那首歌”合格而“* 唱排练”不合格。排练不一定是唱歌,而练唱一定是唱歌,歌剧团的排练多半离不开唱歌,而这样的认识还没有“语法化”,“* 唱排练”和“* 唱练唱”都不合格。

(13) a. * 教练跑累了李四了。

b. 训练员跑累了那匹马了。

我们关于“驱使跑”事件的“理想认知模型”告诉我们,马经常是人驱使跑的对象,而人不是。这样的认识已经“语法化”,即在语法上表现出来,有“跑一跑那匹马”而没有“* 跑一跑那个人”的说法。(13)a不成立的原因也是因为副事件[李四跑]跟主事件[教练 AMOVE 李四 INTO 累]之间缺乏足够的联系。如果(13)a改说成“训管员跑累了犯人了”,可接受的程度就大大提高,显然是因为犯人经常是驱使跑的对象,而这样的认识还没有“语法化”,不管是教练驱使运动员跑还是训管员驱使犯人跑,一般都不用“* 跑一跑那个人”来表达。

总之,动结式的语法和语义是许许多多因素综合的结果,这些因素包括动词词项的特征,补词词项的特征,主语词项的特征,宾语词项的特征,以及它们之间的互相联系和互相限制。这些特征和联系限制的综合就是关于各种事件的“理想认知模型”,其具体内容光用句法上的论元结构和语义上的题元结构是无法涵盖的。

从概念结构出发虽然可以对动结式的语法和语义作出充分的解释，但是仍然无法作出完全的预测，原因在于，各种事件的概念结构，虽然有的已经“语法化”，但是有的还没有。对语法化的一般倾向我们可以作出预测，越是接近“理想认知模型”的具体事件，其概念结构越容易语法化，但是具体哪些概念结构会语法化，哪些概念结构不会，对此我们无法作出预测。再举前文提到的例子来说明这一点：

(8) a. * 艰苦的工作病倒了李四了。

b. 艰苦的工作累病了李四了。

(10) a. * 这个小宝宝病倒了李四了。

b. 这个小宝宝累病了李四了。

按照李文(8)a 和(8)b 的对立是因为(8)a 违背了题元准则，即“艰苦的工作”是“累”的题元但不是“病”的题元。我们用(10)a 和(10)b 的对立说明原因不在题元准则，因为“小宝宝”虽然不是“累”的题元，(10)b 却合格。从概念结构考察，(8)a 和(10)a 不成立的原因仍然在于主事件和副事件缺乏足够的联系。关于艰苦工作(包括照看婴儿)的“理想认知模型”告诉我们，艰苦的工作使人累的可能性大大高于使人生病的可能性。这种认识在汉语里已经“语法化”，有“这孩子真累人”而没有“* 这孩子真病人”的说法。[8] 在动词“累”和“病”是否具备使动用法这个问题上，我们能预测一种倾向：如果只能在两个动词中选择一个，那一定是选择“累”而不是“病”。但是认识上的区别是否一定在语法上加以区别，我们却无法预测。就上面的例子而言，艰苦的工作一定使人累，而照看婴儿不一定使人累，这种认识上的差别汉语语法并没加以区分，(8)b 和(10)b 都是合格的句子。对倾向性的预测叫做“弱预测”，对许多语法语义现象而言，我们只能做到“弱预测”。(沈家煊，2004)

参考文献

Chomsky, N. 1981. *Lectures on Government and Binding*. Dordrecht, Holland; Cinnaminson, N.J.: Foris Publications.

⑧ 比较英语“使人累”是无标记的 tire，而“使人生病”是有标记的 sicken。

Keenan, E. L. & B. Comrie. 1977. Noun phrase accessibility and universal grammar. *Linguistic Inquiry* 8(1).

Li, Y. 1995. The thematic hierarchy and causativity. *Natural Language & Linguistic Theory* 13(2).

Talmy, L. 2000 . *Toward a Cognitive Semantics*. Cambridge/Mass. : MIT Press.

何万顺,1997,《汉语动宾结构中的互动和变化》。台北：文鹤出版有限公司。

任　鹰,2001,主宾可换位动结式述语结构分析,《中国语文》(6)。

沈家煊,1999a,"在"字句和"给"字句,《中国语文》(2)。

沈家煊,1999b,"转指"和"转喻",《当代语言学》(1)。

沈家煊,2002,如何处置处置式？——论把字句的主观性,《中国语文》(5)。

沈家煊,2004,语法研究的目标——解释还是预测？第12届国际中国语言学学会会议,天津。

宋文辉,2003,《现代汉语动结式配价的认知研究》。未出版的博士论文,中国社会科学院研究生院语言系,北京。

（原载《语言科学》2004年第6期）

动结式在几个句式中的分布[①]

宋文辉

一、以往的研究

本文讨论动结式在核心句、重动句、把字句、被字句和话题句等句式中的分布。本文所说的动结式是狭义的动结式，即补语表示结果的动结式。

关于动结式的分布过去的研究很多，但还有一些问题没有得到圆满解决，仍有进一步讨论的必要。

（一）自动动结式后名词短语出现的条件

郭锐（1995）和袁毓林（2001）对此有所研究。为了便于说明问题，以下采用郭锐（1995）对论元的分类。他按照论元出现在核心句中的句法位置将其分为三类：出现在主语位置的叫主论元；真宾语（朱德熙，1982：56）为宾论元；准宾语（朱德熙，1982：56）为辅论元。

其动结式论元计算规则指出：动词只有主论元参与计算，补语的所有论元都参与计算，补语的主论元和动词的主论元同指就合并，不同指就转化为动结式的宾论元。如：

（1）a. 我走累了。　　　b. ＊我走累了路。

（1）b 动词"走"的辅论元"路"出现，不合法，即自动动结式之后不能带与其动词或者补语有论元关系的名词性成分。但这个规则有例外。如.

（2）他喝醉了酒。

① 本文在作者博士学位论文相关部分的基础上加工而成，这里对导师沈家煊先生的悉心指导表示由衷的谢意。此外王洪君先生也对本文的一些例证和说法提出过有益的意见，对此深表感谢。

不过他认为这并非反例，是补语"醉"插入离合词"喝酒"中形成的，因此宾论元形式受限制，只能是光杆名词，如：

(3) a. 他喝醉了酒。b. *他喝醉了啤酒。

但这还解释不了以下事实：

(4) a. 我喝醉了酒。b. *我喝晕了酒。

同样是离合词"喝酒"，(4)a 补语"醉"可以插入"喝酒"，而(4)b 的"晕"不可以。

袁毓林(2001：409)认为：补语主论元和动词主论元同指合并做动结式主论元时，动词的宾论元就会释放出来，作动结式的宾论元，如(3)a。但(3)b 与(4)b 构成其例外。

这个现象初看似乎和本文主旨无关。不过事实并非如此，揭示出这个现象的认知机制对解释动结式的分布来说意义重大。

(二) 动结式在把字句、被字句和重动句中的分布

黄月圆(1996)指出把字句、被字句和重动句的动词和动结式②互补分布，如：

(5) a. 他吃米饭吃饱了。　　b. *他把米饭吃饱了。

c. *米饭被他吃饱了。

王红旗(2001)不同意上述看法，他认为互补分布并不严格。他将把字句分为两种：甲类，把字宾语为非施事。

(6) 司机把车开走了。

乙类，把字宾语为施事。

(7) 这个班把我教烦了。

甲种把字句动结式补语的语义指向为把字宾语，而乙种把字句补语的语义指向为施事或者辅体(辅论元)。他指出，把字句和重动句的关系是：甲种把字句，不能变换为(8)b 这样的重动句(作者称为甲一种重动句)；而乙种把字句则可以，如(9)b。

(8) a. 他打死了小偷。　　b. *他打小偷打死了。

(9) a. 酒把他喝醉了。　　b. 他喝酒喝醉了。

---

② 她与其他海外研究者一样认为动结式属于动补复合动词。

他认为以前的研究忽视了上述非互补的事实。

上述分析存在一定问题。(9)a 的“喝醉”是使动用法,(9)b 的“喝醉”是自动用法。因此这个变换和(8)的变换条件不同。黄月圆(1994)所讨论的是相同功能的动结式的分布,因此上述例证并不能证明其观点不成立。不过由于她确实指出了其他非互补现象,对此我们不再深究。

王文的主要问题是:第一,语义指向只能描写现象,并不能解释原因;第二,其分析存在例外:

(10) a. 我炒菜炒咸了。　　　　b. 我把菜炒咸了。

“炒咸”这类动结式的补语的语义指向也是受事,但除了可以进入把字句外,也可以进入重动句。王文认为这不是例外,这类补语是对动作行为的评价,而一般的补语表示的是宾语的状态发生变化。但实际上存在补语评价行为,而两个句式不是都能进入的动结式。

(11) a. *他们把菜买贵了。　　b. 他们买菜买贵了。

所以他的解释有随机性。

(三) 重动句和话题句

以往的研究对下列事实有所忽视。

(12) a. 他洗衣服洗累了。　　　b. *衣服他洗累了。

即,某些动结式可以出现在重动句中却不能出现在话题句中,重动句 V1 的宾语,如(12)a 的“衣服”——以下简称“重动宾语”——不能作话题。

二、动结式的概念结构

以上分析说明,仅仅从动结式的动词或者补语的性质出发是很难解释动结式的分布的。我们认为只有从作为动结式整体认知基础的概念结构出发才能真正解释其分布。

下面简要介绍本文所使用的概念结构系统。

本文的概念分析系统主要来自 Talmy(2000)。按照 Talmy(2000),狭义动结式表达的是变化事件。如:

(13) 我走累了。

其概念结构为：

(13′) [我 MOVE INTO 累]主事件+[我走]副事件

下面对(13′)作一简要说明：

变化事件由两个次事件构成，一个是主事件(frame-event)，一个是副事件(co-event)。主事件是构架事件，也就是构成事件基本框架的事件。副事件依附于主事件。变化事件是抽象的隐喻性质的运动事件，其主事件是变化。

主事件包含下列基本的概念成分。

凸体(Figure)：指一个运动物体，它相对于另一个物体(衬体)而运动。如(13′)的“我”。

衬体(Ground)：指一个参照物体，另一个物体(凸体)相对它而运动。如(13′)的“累”。

运动(Motion)：指运动本身，用“MOVE”表示。

路径(Path)：指凸体相对衬体而运动的路径，如(13′)的 INTO，因为这里的运动是隐喻性的而不是真实的空间运动，所以路径不凸显，合并到衬体中显现。

副事件的概念成分凸显程度比较低，因此一般要和主事件的概念成分合并表达，副事件的“走”和主事件的 MOVE 合并在句法上显现为动结式的动词“走”。

(13′)是基本的变化事件：凸体“我”自己走自己累。这是自动事件，不包括其行为的致使者——使事(Agent)。有使事出现的运动事件是使动事件。如：

(14) 我吹灭了蜡烛。

[我 AMOVE 蜡烛 INTO 灭]主事件+[我吹蜡烛]副事件

这里“我”是使事，“蜡烛”是凸体，“灭”是衬体。意思是：我吹蜡烛，因而使得蜡烛进入“灭”的状态。因为是使动事件主事件的“运动”，表达为 AMOVE，A 代表使事(Agent)。副事件中的“吹”与主事件的“AMOVE”合并，显现为动词“吹”。

概念结构的构成有限制条件：主事件和副事件之间一定得有联系，或者说联系的可预测程度要高。

概念成分的表达主要依据凸显原则：凸显的概念成分句法上一定要

显现,并且显现在凸显的句法位置上。(宋文辉,2003:40-42)

凸显原则的应用是建立在一系列凸显等级之上的。与本文有关的凸显等级主要有以下几个方面(宋文辉,2003:36-40)。

概念层面上:

(一)主事件比副事件凸显。

(二)在主事件内部,不同的概念成分的凸显程度也有差别。

使事>凸体>衬体

它体现了使动事件的认知组织的特征。

语义层面上:

(一)凸体的受影响程度与其凸显程度成正比,受影响大的凸体凸显程度高。

(二)概念成分的可预测性与凸显程度成反比,越容易预测的概念成分凸显程度越低。

另外,从形式上看,句法位置的凸显程度也不同。句法位置的凸显可以分两部分来说明。句法成分的凸显等级如下:

无标记的句法位置的凸显等级:主语>直接宾语>间接宾语>状语

有标记的句法位置的凸显等级:话题[位于句首]>被字句主语>把字宾语>重动宾语>自动动结式之后的位置。

三、现象的解释

(一)自动动结式后名词短语的出现条件

先来看例句:

(3) a. 他喝醉了酒。　　　　b. *他喝醉了啤酒。

其概念结构为:

(15) a. [他 MOVE INTO 醉]主事件+[他喝酒]副事件

b. *[他 MOVE INTO 醉]主事件+[他喝啤酒]副事件

(3)a 的概念结构为(15)a,“喝醉”表达自动变化事件,凸体“他”凸显,独立显现,衬体显现为补语,不构成配价,“酒”是副事件的概念成分,凸显程度不高,因此只能用光杆无指名词形式,并且适合出现在自动动结式后这个凸显程度低的位置上。(3)b 的概念结构是(15)b,“啤酒”也是副事件的概念成分,但是“啤酒”比“酒”具体性强,凸显程度高,不适合显现在上述位置,(15)b 不合法。

“酒”这种成分是否可以出现在自动动结式之后还与主事件和副事件联系的可预测程度有关。

主事件和副事件的联系可预测程度越高,则主事件衬体的凸显程度就越低,即补语表达正常的可以预测的结果(宋文辉,2003:84)。这种情况下副事件也不凸显,即造成结果状态的原因也是常见的原因。这样副事件的概念成分自然也不凸显,可以显现在自动动结式补语后,且不影响人对动结式表达的事件类型的理解。如“喝酒”和“醉”之间的联系是最容易预测的,“喝酒”往往会“醉”,或者说“喝酒”是最经常见到的使人“醉”的方式。因此“醉”和“酒”凸显程度不高,“酒”可以出现在自动变化动结式“喝醉”之后,这并不会使人误以为“喝醉”表达使动变化事件。

同理可解释下列事实。

(16) a. 我喝醉了酒。　　　b. *我喝晕了酒。

其概念结构如下:

(16′) a. [我 MOVE INTO 醉]主事件+[我喝酒]副事件

b. *[我 MOVE INTO 晕]主事件+[我喝酒]副事件

(16)a 的概念结构为(16′)a,主事件和副事件之间的联系可预测性很强,“喝酒”是最常见的使人“醉”的方式;(16)b 的概念结构为(16′)b,“喝酒”与“晕”之间的联系可预测程度低,可以使人“晕”的方式很多。下列对立也可以说明这个问题。

(17) a. 这种酒容易喝醉。　　　b. *这种酒容易喝晕。

(17)是“中间句式(middle construction)”,其句式语义是表示主语所代表的事物具有谓语所陈述的性质,性质是比较恒久的属性,因此要求事物和事物的属性之间的联系常规、凸显(Iwata,1999;Goldberg,1995:162)。

这样(17)b“晕”的凸显程度就比(17)a“醉”高,信息强度高,倾向于成为句子的焦点,因为一般情况下焦点倾向于后置处于句尾,因此其后不适合再出现其他名词性成分(宋文辉,2003:82),除非其凸显程度非常低。

这时副事件的凸显程度也相应提高,副事件的概念成分也就更凸显,

“酒”这类成分因为凸显程度提高，不再适合显现在原来位置上，要显现到更凸显的位置上。

如把上述不合法的句子动结式后的名词短语前置到重动宾语位置就合法了。

(18) a. ＊他喝醉了啤酒。 b. 他喝啤酒喝醉了。

(19) a. ＊他喝晕了酒。 b. 他喝酒喝晕了。

这是因为重动宾语位置比自动动结式后的位置凸显程度高。

过去很多学者都曾指出重动句的成因是宾补争动，这有一定正确性。但是为何要使用重动句形式来解决问题则还不清楚。我们的分析则很好地解决了这个问题。

另外，徐枢(1985)等指出(18)a 这种句子不成立是因为缺乏背景知识，这个看法有道理，但是他们却没有说明为什么要用重动句这种形式来引进背景知识。我们认为：当动结式的概念结构中主事件和副事件的联系的可预测性非常低的时候，句子理解起来就比较困难。为了降低这种困难，就需要把副事件也显现出来，从而使得上述联系得以彰显。因为副事件凸显程度低，所以只能出现在次话题这种凸显程度低的位置，这就形成了重动句。

王灿龙(1999：124)指出“我喝酒喝醉了”这个句子有生造的嫌疑，在实际话语中不会出现。这个分析有道理。从概念结构的分析来看，这是因为“酒”是凸显程度比较低的概念成分，适合于显现在凸显程度低的句法位置上，在这里也就是出现在自动动结式后的位置上，显现在重动宾语位置不太适合，因为这个位置对概念成分的凸显程度要求高。他的语篇分析的结果正好说明了我们的分析是正确的。

另外正是因为重动句的 VP1，如(19)b 的“喝酒”是副事件的显现，所以其凸显程度比低。这样重动宾语一般只能是光杆的无指名词。大多数学者都同意这个观点，但是王灿龙(1999：122)对这个看法表示异议。他认为有定的名词也可以进入重动宾语位置。这个观点成立有困难。因为一般所说的重动宾语表示无指应该是无标记的情况，而王文所说的可进入的情况是有标记的情况，其成立有一定限制条件。

最后，正因为进入重动句的动结式概念结构的主事件和副事件的联系可预测程度低，所以很多重动句才会有出乎意料的意思(项开喜，

1997：260)③。

(二) 动结式在把字句和重动句中的分布

把字句和被字句虽然也有一定差别，但是在和重动句的关系上表现比较一致，下面只以把字句为例来分析问题。

我们在第二节指出把字宾语比重动宾语位置凸显。下列事实可以说明：

(20) a. 他吃苹果吃饱了。　　b. ＊他把苹果吃饱了。

"吃饱"的概念结构如下：

(20′) [他 MOVE INTO 饱]主事件＋[他吃苹果]副事件

(20′)说明"吃饱"是自动事件，"苹果"是"吃饱"的副事件的概念成分。这个成分凸显程度比较低，只能进入重动宾语位置，如(20)a，而不能进入把字宾语位置，如(20)b。因为把字宾语位置凸显程度比较高，不适合副事件的概念成分进入。

把字宾语一般是使成事件的凸体出现的位置。

(21) a. 他把苹果吃光了。　　b. ＊他吃苹果吃光了。

"吃光"的概念结构如下：

(21′) [他 AMOVE 苹果 INTO 光]主事件＋[他吃苹果]副事件

(21′)说明"吃光"表达的是使成事件，"苹果"是凸体，凸显程度高，因此出现在把字宾语位置，出现在重动宾语这个凸显程度低的位置上不合适，(21)b不合法。

上述分析可以解释王红旗(2001)语义指向分析的结果。不过与语义指向分析不同的是，语义指向并没有说明名词短语本身的认知上的性质，因此只描写了事实，而没有能够解释这个现象形成的原因。

当然，说重动宾语只适合副事件的概念成分显现而把字宾语位置只适合凸体显现并不准确，因为有凸体显现在重动宾语位置的情况。

(22) a. 我炒菜炒咸了。　　b. 我把菜炒咸了。

"炒咸"的概念结构为：

③ 对表达出乎意料的意思是否重动句的特征，有不同看法。我们认为典型的重动句的确如此。

(22′)［我 AMOVE 菜 INTO 咸］主事件＋［我炒菜］副事件

(22′)说明“炒咸”表达的是使成事件，只是这种使成事件的原因和结果之间的关系不完全是客观存在的，其使成意义是人的主观认知组织的结果。

我们把客观的使成事件称为“客观使成”，把上述主观组织而成的使成事件称为“主观使成”，后者凸体受影响小。二者的对立有一定生理基础。现实的影响，行为、结果状态、对象的空间性都比较强，可视性强，因而会有更大的可能来吸引说话者的注意。而说话者的注意焦点所在就是移情焦点所在，其概念反映物在句法表达上也就占据凸显位置(Tomlin，1999：162)。

另外，下列事实还需要解释。

(23) a. ＊我炒咸了菜。　　　　b. 我炒菜炒咸了。

这是因为“咸”是偏离补语，这种补语后一般不能再带宾语(李小荣，1994)。具体原因请参考宋文辉(2003)第四章有关内容。

因为补语后不能出现宾语，所以宾语必须前置，由于宾语代表的概念成分凸体的凸显程度不高，所以可以显现在重动宾语位置上。下列事实也可以这样解释。

(24) a. 这辆车买贵了。

b. ＊买贵了这辆车。(朱德熙，1982：127)

这里，宾语前置到话题位置。

同样王红旗(2001)所指出的情况就得到了比较好的解释。王红旗认为虽然“炒咸”的补语也指向受事，受事名词短语按规则不应该进入重动宾语，不过这里补语不是陈述动词表示的行为所造成的结果，而是对行为进行评价，所以合法。我们认为这个解释正说明了语义指向分析的不足，因为他必须要引进附加规则才能说明问题。另外，这个附加规则本身就有问题。第一，“炒咸”的“咸”其实也是行为的结果，只不过这种结果表现了说话者的主观判断。第二，这个规则明显具有随意性，并没有真正说明为什么补语表示对行为的评价，受事名词短语就可以进入把字宾语位置。

我们认为上述动结式概念结构中的凸体是因为凸显程度低才可以出现在重动宾语的位置上的。其原因就是动结式所表达的是主观使成事件，凸体受到的影响比较小，凸显程度低。

另外,王红旗(2001)还不能解释下列事实。

(25) a. ∗他把菜买贵了。　　b. 他买菜买贵了。

(25)"买贵"的补语"贵"也指向受事,也可是说含有对行为的评价,但是这个动结式却只能进入重动句不能进入把字句。这更能说明王红旗(2001)的分析没有能揭示出上述非互补分布这个事实的本质。我们从概念结构出发可以解释这个现象的动因。具体讨论请看三(六)。

(三) 把字宾语和话题

话题处于句首,从绝对位置和相对位置来看都应该比把字宾语位置凸显。因为从定指程度上看,一般情况下越靠前定指程度越高,越凸显;从便于记忆的角度看,句首和句尾最凸显。但是却有下列情况。

(26) a. 菜我买贵了。　　∗我把菜买贵了。

b. 菜我买光了。　　我把菜买光了。

(26)a 和(26)b 两个动结式"买贵""买光"的概念结构类型相同,都表达使动变化事件。"我"的事件角色为使事,"菜"的事件角色是凸体,这对两个动结式都一样。不同在于"买贵"表达说话人主观上认为"我"对"菜"的影响;"买光"是凸体"菜"发生了真实的变化。

客观的影响＞主观的影响

所以"买光"对"菜"影响程度大,"菜"凸显程度高,可以进入把字宾语位置,也可以进入话题位置,而"买贵"的凸体"菜"只能进入话题位置。按照概念凸显和句法位置凸显的匹配原则,我们似乎可以得到把字宾语位置比话题位置凸显的结论。但是这就把问题简单化了,因为(26)主要强调的是凸体受影响程度这个因素,而句法位置的凸显程度的决定因素很多,这只是比较重要的一个。另外所有进入把字宾语的成分基本上都可以进入话题位置,这说明话题位置凸显程度并不低,上述现象应该归结为话题位置的限制比较小(徐烈炯、刘丹青,1998：24),因此可以进入的成分范围比较大。

话题比把字宾语位置凸显可以从二者对后续话题的控制程度来解释。认知上越凸显的位置越容易作为回指成分的先行词所在的位置,这样比较容易在先行词和回指成分之间建立起联系(胡建华、潘海华,2002：2)。

(27) a. 小王呀，我把他的书包丢了，他很不高兴。

b. 小王呀，我把他的书包丢了，＊它很旧了。

主语（从话语功能上看是主话题）比把字宾语（这里是次话题[④]）对后继话题的控制能力强，后继话题倾向于与主语同指。

话语语用因素对于整个句子的结构塑造起的是整体框架的作用（刘丹青，1996：241；Lambrecht，1994：2），其作用往往大于语义因素对句子结构的塑造。即凸体受到的影响大则这种语义因素对部分成分的影响大而对整个句子结构的影响小。话题位置的概念成分代表了句子的视角，受注意程度高，因此话题位置比把字宾语位置凸显[⑤]。

至于话题位置限制小则与"距离动因"有关。所谓"距离动因"就是指语言距离体现了概念成分之间的概念距离（Haiman，1983：432），动词与名词性成分语言距离的远近和行为与对象的概念距离的远近对应，行为与对象的概念距离近则对象受到的影响大，反之则小。

话题处于句首，应该说其受到的注意大，凸显程度高。但是由于话题句的主语还是很凸显，对话题和动结式的联系起了阻碍作用，这就增大了二者之间的距离。话题在主语前，距离动结式比把字宾语远，因此受影响程度低。(26)的现象就是如此。

同理，在有话题出现的被字句中，位于句首的话题比被字句主语凸显。

（四）重动句和话题句

在一（三）中，我们曾经指出可以进入重动句的动结式有的可以进入话题句，如(27)；有的则不能进入，如(28)。

(28) a. 他洗衣服洗累了。　　b. ＊衣服他洗累了。

(29) a. 他买东西买贵了。　　b. 东西他买贵了。

这也可以从概念结构分析得到解释。话题位置是一个凸显程度很高的位置，因此只适合凸显程度比较高的概念成分显现。(28)"洗累"表达

---

④ 曹逢甫（Tsao Fengfu，1987）用话题和评述的方式来分析把字句，将把字宾语看成次话题。

⑤ 语义与语用的关系非常复杂，但总体上看汉语还是语用优先的语言（刘丹青，1996）。

的是自动事件,“衣服”是副事件的概念成分凸显程度比较低,因此不能进入话题位置。而(29)“买贵”表达主观使成事件,“东西”是凸体,凸显程度高,因此可以进入话题位置。

(五) 对把字句和被字句差别的补充说明

我们认为被字句主语位置比把字宾语位置凸显,因为可以进入把字句的动结式不一定能进入被字句。如:

(30) a. 我把油条炸熟了。　　?油条被我炸熟了。

b. 我把油条炸焦了。　　油条被我炸焦了。

(30)a“炸熟”和(30)b“炸焦”都表达使动变化事件,但是两者的分布却不同。这是因为“炸熟”是正常结果,可预测程度高,因此其凸体“油条”受影响小,不凸显,不能进入被字句主语位置;而“炸焦”是反常结果,凸体“油条”受影响大,凸显程度高,因此可进入被字句主语的位置。

张伯江(2000)的观点和我们正好相反。他认为把字句表示对对象的直接影响,被字句则表示间接影响。直接影响的影响力强,间接影响的影响力弱。如:

(31) a. *敌人把侦察员发现了。

b. 侦察员被敌人发现了。

他认为“侦察员”被“发现”是受到了间接影响,被发现之后才会受到直接的影响,因此只能进入被字句,不能进入把字句。

他进而用距离动因来解释这个现象。即,被字句主语和动词的距离比把字宾语和动词的距离远。按照距离动因的原理,语言距离大的概念之间的概念距离也大,行为和对象之间的概念距离大则对象受影响小。他认为这还可以解释为什么把字句动词的范围比被字句小。比如“发现”可以进入被字句,而不能进入把字句。

可是这种说法首先就很难解释“看懂”这种表达弱使动事件的动结式只能进入把字句,但是不能进入被字句的情况。如:

(32) a. 他把那本书看懂了。

b. *那本书被他看懂了。

我们认为距离动因并不总是可以发挥作用,其他强势因素的介入可能会导致距离动因受到抑制。视角和移情在这里起着很重要的作用。所谓视角就是说话人观察和组织事件的角度，一般句子的主语代表句子的视角。移情就是对对象的同情或认同（Kumo，1987：202）。把字宾语为移情对象，而被字句主语也是移情对象，并且同时还是观察事件的出发点，体现了事件组织的视角。因此被字句主语位置应该更凸显。

我们的解释是："发现"这种事件从发现者的角度来看对凸体影响力比较低，而从被发现者的角度来看则认为凸体受到的影响程度高。即，发现者并不一定意识到自己的行为对被发现者的影响，而被发现者则把被发现看做是非常大的影响。

把字句移情把字宾语，但又是从显现在主语位置的使事的视角来组织事件，因此使用"发现"这类低及物性动词就会产生凸体受影响力低的理解，受影响力低的凸体凸显程度低，不能进入把字宾语位置，因此"发现"不能进入把字句；而被字句则是从凸体的角度来看问题。这样某些客观上看来比较间接的弱影响行为也可以被说话者看成是对移情对象——凸体的比较大的影响。所以客观上的间接影响，在这里就可能被说话人看成直接影响，因此句子合法。

这就解释了为什么客观上的间接影响这种"弱"影响会出现在被字句中，而"看懂"这种弱使动事件却只能出现在把字句中。

（六）对上述讨论的总结

现将上述分析总结如下：使动事件的凸体所受到的影响力的强弱是一个连续体。

(33) a. 他把杯子打碎了。　　＊他打杯子打碎了
　　b. 他把菜炒咸了。　　他炒菜炒咸了。
　　c. ＊他把菜买贵了　　他买菜买贵了。
　　d.↓ ＊酒我喝醉了。　　我喝酒喝醉了。

顺着箭头自上而下，动结式的使动的程度逐渐下降，(33)a"打碎"是使动性最强的，其凸体只能进入把字宾语位置，(33)b"炒咸"使动性弱于"打碎"，结果既有客观性又有主观性，因此把字句和重动句都可以进入，而(33)c"买贵"使动性更弱，完全是主观性的使成事件，因此只能进入重动句不能进入把字句。至于(33)d"喝醉"表达自动事件，"酒"是副事件的概念成分，则"喝醉"只能进入重动句，不能进入话题句，也不能进入把

字句。

这说明使动事件和自动事件也不是截然对立的，而是一个连续体。我们把自动和使动二分只是为了说明的方便。

此外，上述分析似乎说明概念成分和句法位置不是一一对应的关系。这似乎对我们的概念成分的凸显程度与句法位置的凸显程度匹配这个总体观点有所威胁。实际上威胁并不存在。因为句法位置对概念成分的承受力有一个范围，而概念成分的凸显程度也可以在一定范围内变化，但总体上看概念成分和句法位置内部凸显程度的差别还是存在的。

参考文献

Goldberg, A. E. 1995. *Constructions: A Construction Grammar Approach to Argument Structure*. Chicago, IL: The University of Chicago Press.

Haiman, J. 1983. Iconic and economic motivation. *Language* 59(4).

Iwata, S. 1999. On the status of implicit arguments in middles. *Journal of Linguistics* 35(3).

Kuno, S. 1987. *Functional Syntax: Anaphora, Discourse, and Empathy*. Chicago, IL: University of Chicago Press.

Lambrecht, K. 1994. *Information Structure and Sentence Form*. Cambridge: Cambridge University Press.

Talmy, L. 2000. *Toward a Cognitive Semantics* Vols. 1 & 2. Cambridge/MA: MIT Press.

Tomlin, R. S. 1997. Mapping conceptual representations into linguistic representations: The role of attention in grammar. In Nuyts & Pederson(eds.), *Language and Conceptualization*. Cambridge: Cambridge University Press.

Tsao, F. 1987. A topic comment approach to the *ba* construction. *Journal of Chinese Linguistics* 15(1).

郭　锐，1995，述结式述补结构的配价结构和成分整合，载郑定欧编著，《现代汉语配价语法研究》。北京：北京大学出版社。

胡建华、潘海华，2002，Np 的显著性的计算与汉语反身代词“自己”的指称，《当代语言学》，4(1)。

黄月圆，1996，把/被解构和动词重复结构的互补分布现象，《中国语文》(2)。

李小荣，1994，对述结式带宾语功能的考察，《汉语学习》(5)。

刘丹青，1996，语义优先还是语用优先，载邵敬敏编著，《句法结构中的语义研究》。北京：北京语言文化大学出版社。
宋文辉，2003，《现代汉语动结式配价的认知研究》。未出版之博士论文，中国社会科学院研究生院语言系，北京。
王灿龙，1999，重动句补议，《中国语文》(2)。
王红旗，2001，动结式述补结构在把字句和重动句中的分布，《语言研究》(1)。
项开喜，1997，汉语重动句的功能研究，《中国语文》(4)。
徐烈炯、刘丹青，1998，《话题的结构与功能》。上海：上海教育出版社。
徐　枢，1985，《宾语和补语》。哈尔滨：黑龙江人民出版社。
袁毓林，2001，述结式配价的控制——还原分析，《中国语文》(5)。
张伯江，2000，论“把”字句的句式语义，《语言研究》(1)。
朱德熙，1982，《语法讲义》。北京：商务印书馆。

（原载《语文研究》2004 年第 3 期）

英汉动结式的共性与个性

赵　琪

一、引　　言

汉语动结式是动补结构中的一类，另一类是动趋式。动补结构因为语义特征不明显而以其句法特征命名（动词 + 补语）；动结式（动作 + 结果）和动趋式（动作 + 方位趋向）分别以其独特的语义特征而相互区分。英语动结式的情况与汉语相似，也是由表动作的动词和表结果的补语构成。英语动结式被认为是表示位移的使动结构（caused-motion，相当于汉语的动趋式）的隐喻扩展（状态的改变相当于空间处所的改变），通常与使动结构统称为广义的动结式（相当于汉语的动补结构，只是称呼不同）。这里的研究对象是英、汉的狭义动结式①，语义都是动作加结果，句法是动词加补语，可以构成最小对比对进行比较。当然，进入英、汉动结式补语位置的句法成分不同，英语由形容词或介词短语承担，而汉语的补语由动词②承担，但这个差别与本文的研究无关。

为弥补传统方法的不足，一些语言学家们从构式的角度分析语言现象（Lambrecht，1994；Kay & Fillmore，1999；Goldberg，1995；Goldberg & Jackendoff，2004），认为语言是形式和意义的匹配，语言形式的研究离不开对意义的审视。构式语法对英语动结式作了统一的描写和解释（Goldberg，1995；Goldberg & Jackendoff，2004），英语动结式被认为是描写了动态场景中的因果致使关系的构式，在这个场景中，一个实体在动

---

① 汉语动结式限制为原型动结式，不包括补语虚化的类型、补语语义指向动作本身的类型、补语和动词意义凝固的复合动词类型以及带“得”、“把”或带重复动词的复杂动结式，因为这些类型与本文研究的类型并不同质。

② 汉语的形容词是动词的一个次类。

作的影响下发生了状态的改变，动作是结果的发生方式；构式的句法通过论元连接，由构式的语义映射而来。本文尝试使用构式语法，对英、汉这一同类现象进行比较分析，以期发现它们的共性和个性。

二、英、汉动结式的构式解释

Goldberg(1995)证明很多英语句子就是描述基于人的身体经验的动态场景的构式，而动结式描述的是一组意义之间有细微差异的因果致使关系。按照句法语义差别，英语动结式构式分为以下两种类型[③]：

a. 句法结构：[Subj　V　Obj　Comp]

论元结构：〈AGT　ACT　PAT　RESULT〉[④]

构 式 义：X causes Y to become Z by Ving

(1) He hammered the metal flat.

(2) He cried himself hoarse.

(3) He drank the pub dry.

(4) The joggers ran the pavement thin.

b. 句法结构：[Subj　V　Comp]

论元结构：〈PAT　ACT　RESULT〉

构 式 义：X becomes Y by Ving

(5) The river froze solid.

例(1)可以解释成(1′)，以突出它的构式义：

(1′) He caused the metal to become flat by hammering.

同样，例(5)也可解释成(5′)，以突出它的构式义：

---

③ 本文的英语语料来自参考文献所列的本族语者所著的研究英语动结式的文章里经常使用的语例；汉语语例取自北京大学汉语语言学研究中心的语料库CCL，只有两例(15)、(24)因为是动结式中的有标记构式，没有在语料库中出现，选自沈家煊(1999)。为研究的方便，本文使用的语例是简单核心句。

④ ACT(动作)和RESULT(结果)不是名词性成分，与AGT(施事)和PAT(受事)不是同等意义上的论元，把它们当作论元结构的一部分是为了保证句法语义的完整映射。X Y Z是按英语动结式的句法结构顺序[Subj Obj Comp]排列，Ving表示执行一个动作。

(5′) The river became solid by freezing.

动结构式中一定存在一实体由于某种动作的作用，经历了状态的变化，这一实体即是受事论元（argument），由动结构式提供[⑤]。构式语法尤其对英语动结式中非子语类宾语（unsubcategorized object）和假宾语（fake object）现象有强大的解释力，如例（4）中，run 作为"跑动"的意义是不及物动词，不能指派受事这样的语义角色（semantic role），受事 pavement 由构式提供；例（3）中，drink 既可以及物也可以不及物，但它作及物动词时的子语类宾语应该是 drinkee 受事，即被喝的东西，如 water、coffee 之类，而经历状态变化的 pub 不属此类，受事论元同样只能由动结构式提供。再看由反身代词充当假宾语的情况，如例（2）中 cry 是不及物动词，不提供受事语义角色，发生状态变化的受事 himself 由构式提供，并且因为其与主语 he 共指，构式要求这个受事必须以主语的反身代词形式出现在动结式宾语空位（Goldberg，1995）。

汉语动结式因为其高度的能产性，复杂性远远高于英语动结式。尽管如此，各种形式的动结式仍然可以统一在一个概括的意义之下：一实体因受动词所指代的动作的影响而发生了状态的改变。同英语动结式相似，汉语动结式也是一组描述意义之间有细微差异的因果致使关系的构式，根据句法语义的不同有以下四种情况[⑥]：

a. 句法结构：［Subj　V　Comp　Obj］
论元结构：〈AGT　ACT　RESULT　PAT〉
构 式 义：X causes Z to become Y by Ving
(6) 小王洗净了衣服。
(7) 他哭红了眼睛。
(8) 我踢破了鞋。

---

⑤ 传统语法认为论元由动词指派，我们下面的论述会证明，动词指派没有句法属性的语义角色（semantic role），有句法位置的论元由构式指派。英语动结构式中，动词指派的语义角色如与构式指派的论元相容则融合；在动词不能指派语义角色的情况下，由构式单独提供论元。汉语动结构式中动词的语义角色与构式论元的互动与英语不完全相同，详见下文。

⑥ 这里的 X Y Z 按照汉语动结式的句法结构顺序［Subj Comp Obj］排列；/表示存在另外一种情况，"～"表示否定，"()"表示里面的成分也许出现，"－"表示一体。

b. 句法结构：[Subj V Comp (Obj)]

论元结构：〈AGT-PAT ACT RESULT (THM)〉

构 式 义：X becomes Y by Ving (Z)

(9) 小二走丢了。

(10) 我玩累了。

(11) 他过惯了苦日子。

c. 句法结构：[Subj V Comp]

论元结构：〈PAT ACT RESULT〉

构 式 义：X becomes Y by sb Ving

(12) 菜烧煳了。

(13) 斧头砍钝了。

(14) 眼睛哭红了。

d. 句法结构：[Subj V Comp Obj]

论元结构：〈THM ACT RESULT PAT〉

构 式 义：X causes Z to become Y by
Z/(～Z) Ving X

(15) 黄花鱼吃馋了小花猫。

(16) 军歌唱湿了每个人的双眼。

汉语动结式的多产导致同一形式(句法)与不同意义(语义)的对应，形成更为复杂多变的动结构式。除了论元分布的变化，汉语动结式还比英语动结式突出了一个论元，即对象(THM)，也就是动作直接作用于其上的实体(不凸显这个实体有没有经历状态的改变)，因此对象与受动作的影响发生状态改变的受事分离⑦。和英语的 a 类动结构式相似，汉语 a 类动结构式主语位置是施事论元，由构式在句法宾语位置上提供受事论元。这个构式的受事论元的实现有三种情况：或与动词指派的对象相同，如例(6)中的"衣服"；或因为不及物动词无法指派除施事以外的语义

⑦ 相应地，语义角色中由动词直接作用其上的实体我们称之为对象语义角色，在动作的影响下发生了状态改变的实体我们称之为受事语义角色。大部分语言学家对受事和对象不作区分，交替使用这两个术语来指动作作用其上或在动作影响下发生变化的实体，而这也符合英语动结式的情况。这里对汉语动结式的研究要求对两个语义成分进行区分。

角色，如例(7)中的“哭”，由构式单独提供受事“眼睛”；或者动词虽然可以指派对象，但受事与动词的对象不相同，如例(8)中的“鞋”(“踢”指派的对象应该是“球”、“石头”之类)，也由构式单独提供。a类构式的意思是：X，通过执行V动作，或是通过作用于Z或Z之外的实体的V动作，使Z变成Y。b类动结构式指派的受事论元和施事论元一体(PAT identifies with AGT)，都出现在句法主语位置上，与动词的施事角色相同，如例(9)中的“小二”、例(10)中的“我”和例(11)中的“他”。如果满足一定的限制条件，构式在宾语位置上指派对象论元⑧，如(11)中的“苦日子”。施事与受事一体看似语义矛盾，却完全符合客观世界的规律，即行为发出者的动作完全可能作用于自身，使自身发生状态的改变。b构式的意义是：X通过执行V动作，或通过执行作用于Z的V动作，X变成Y。c类动结构式只有一个论元，由构式在主语位置上指派受事，发起动作引起变化的施事在构式中不出现。受事或与动词对象相同，如例(12)中的“菜”；或由构式单独提供，如例(13)中的“斧头”(动词砍的对象，比如木头，与受事论元不相同)，例(14)中的“眼睛”(不及物动词“哭”只能指派施事)。c构式的意义是：通过某人执行V动作，或执行作用于X或X以外实体的V动作，X变成Y。d类动结构式是汉语动结式中的有标记构式，构式的准入条件有很多限制，能产性远远低于前两类。与前三类构式相比，第三类构式不强调由动词表示的造成某种结果的方式，而是突显了导致变化的原因。构式在主语位置指派对象论元，受事在宾语位置。受事或是与动词的施事语义角色相同，如例(15)中的“小花猫”，或是由构式单独提供，如例(16)中的“每个人的双眼”。整个构式的意义是：通过Z或Z以外的实体执行作用于X的动作V，X使Z变成Y。d构式看似违反我们的直觉，背后却有深刻的认知基础，可以追溯到社会心理学并得到归因理论(attribution theory)⑨的证实。归因理论是关于人们对因果关系进行认定和解释的社会心理学理论，分为把责任归为外在因素的外在归因(external attribution)和把责任归为自身因素的内在归因(internal

⑧ 汉语动结式的分类、论元的实现和各个构式的准入条件，本文作者已另文讨论。

⑨ 具体信息可以到http://en.wikipedia.org查阅Attribution theory或Attribution词条。

attribution)两种方式。d 构式就是把因果致使的原因归为经历动作的对象，而非发出动作的施事，是典型的外在归因。

三、对语义统一原则的不同诠释

根据 Goldberg(1995)和 Goldberg & Jackendoff(2004)，构式论元的实现只有两种情况，一种是论元与动词的语义角色相容而融合(fusion)(即施事论元与施事角色相容，受事论元与受事角色相容)，一种是论元由构式单独提供(sole contribution)。在一个构式里至少有一个论元是通过论元与语义角色融合而实现的，Goldberg 把这个原则称为语义统一原则⑩。比如例(5)中，构式只指派了一个受事论元 the river，它与动词指派的受事角色融合；再如例(4)中，构式指派施事和受事论元，ran 是不及物动词，施事 the joggers 与动词的施事角色融合，受事由构式单独提供。Goldberg 认为，语义统一原则可以有效防止一个小句中语义不相容的论元和角色融合在一起，比如施事和受事。如例(2)中，虽然 he cried 的施事和构式 he became hoarse by crying 的受事共指客观世界中同一个实体 he，但英语句子 he cried hoarse 是不合法的，而语义统一原则规定的语义不相容的语义角色和论元不能融合，有效地防止了不合法句子 he cried hoarse 的出现。合法的句子中受事 himself 由构式单独提供，施事论元 he 与动词的施事角色语义相容而融合。因为动结式是描述一组因果致使关系的构式，其意义是某一实体由于某动作 V 直接或间接的作用而发生状态的改变，受事论元在构式中的存在是必然而且是关键的，所以本文主要考察动结构式中受事论元的实现情况。英语动结式构式中，受事论元的实现只有两种情况：一是与动词指派的受事语义角色相容而融合，另外一种情况是由构式单独提供。

而汉语中的情况违背了语义统一原则，受事论元的实现超出了英语

⑩ Goldberg & Jackendoff(2004)把动结式解释成由相关联的两个次事件——动词次事件(Sv)和构式次事件(Sc)构成，相应地他们把语义统一原则表述为同是动词次事件和构式次事件的施事或同是受事。这个表述与 Goldberg(1995)的表述以及与本文表述的差异只是技术差别，理论实质是相同的。

里出现的两种情况：

1）受事论元和动词的对象角色语义相容[11]，即受事与动作的对象融合。

(17) 他唱红了那首歌。

(18) 那首歌唱红了。

例(17)中的动词“唱”指派对象语义角色“那首歌”，受事论元与动词的对象角色语义相容而融合；同样在例(18)中，虽然句子进入的构式不同，构式指派的受事在主语位置上，受事论元的实现机制与(17)完全相同。

2）受事论元由构式单独提供。

(19) 我跑丢了鞋。

(20) 我砍钝了斧头。

(21) 扫帚打折了。

例(19)中的不及物动词“跑”不能指派施事以外的语义角色，构式指派在宾语位置上的受事“鞋”由构式单独提供；例(20)中的动词“砍”虽然是及物动词，但它的对象语义角色(“木头”、“树”之类)与受事论元“斧头”不同，受事由构式单独提供；例(21)中主动词“打”的对象角色(“人”、“屁股”之类)与受事论元“扫帚”不同，受事由构式单独提供。

3）受事论元和动词的施事语义角色虽不容却一致(unification)。

(22) 他看呆了。

(23) 他听烦了妈妈的话。

(24) 茅台酒喝醉了他。

例(22)中的动词“看”指派施事角色“他”，与构式指派的施事论元语义相容而融合，而构式在同一位置指派的受事只能由构式单独提供，两个论元共享一个句法位置而一体，可以说构式的受事论元与动词的施事角色一致；同理，例(23)中的动词“听”的施事角色“他”与构式指派的施事论元语义相容而融合，并与构式单独提供的受事论元共享一个句法位置而一体，可以说受事论元与动词的施事角色一致，动词的对象角色“妈妈的话”与对象论元语义相容而融合；例(24)中的动词“喝”的施事角色“他”与构式

---

⑪ 虽然汉语动结式对受事和对象作了区分，但对象因为是动作直接作用其上的实体，而受事是在动作影响下发生变化的实体，两者语义最为接近，可以说是语义相容的。

指派的受事论元虽语义不相容，但却一致。需要强调的是，虽然施事、受事从表面上看语义相互矛盾，但却有着相容的语义基础。从认知的角度看，受某一动作最直接影响的通常是动作所作用的对象，因此受事与对象之间的联系最自然也最紧密；但动作影响的辐射范围也包括动作的执行者施事，甚至本来跟动作无直接关系的其他实体，如执行动作所使用的工具和动作发生的处所。物质世界的现象与汉语的语言系统互动，使这一认知可能性在汉语动结式中得到实现，为汉语动结式的高度能产性和复杂性提供了基础。因此汉语动结式中一实体无论和动词是何种语义关系（施事、对象），只要处在动作影响的辐射范围内，就有与构式指派的受事融合或一致的可能；而同样处在动作影响的辐射范围内，通常和动词没有语义关系的实体（即不能由动词指派）[12]，也有可能成为构式的受事论元，由构式单独提供。

也就是说，英语语法要求动结式完全遵循语义统一原则，受事论元的实现或由构式单独提供，或由构式受事论元与动词的受事角色语义相容而融合。汉语动结式构式可以单独提供受事论元，或与动词的对象语义相容而融合，也可以与施事一致。当然，当动结构式受事论元与动词的施事角色一致时，承担这个复杂角色的一定是个有生命有意向性的名词性成分，一般情况下是人。

四、构式单独提供受事论元的限制

英、汉动结构式之所以对语义统一原则有两种不同的诠释，与两种语言的构式对受事论元的不同处理密不可分。英语动结构式中对象与受事不做区分，统称为受事；而在汉语动结构式中对象与受事是分离的，受事是动作影响下发生状态改变的实体，对象是动作直接作用的实体。在指派了两个论元的构式中，如果进入构式的是及物动词，英语动结构式的受事论元就一定是构式提供的受事和动词提供的受事角色的融合，只有在动词是不及物动词时构式才被允许单独提供受事论元。而汉语动结构式

---

⑫ 如执行动作所使用的工具和动作发生的处所，通常由介词指派，汉语里分别是“用”和“在”。

中对象论元和受事论元的分离,使由汉语动结构式单独提供受事论元的限制异常宽泛。如:

(25) Willy watered the plants flat.

(26) * Willy watered the plants the ground wet.

(27) Willy made the ground wet by watering the plants.

(28) Leslie scrubbed her knees sore.

(29) 我刺破了他的肚子。

(30) 他割破了手指。

(31) 我看花了眼睛。

(32) 老王浇湿了地面。

例(25)进入的是指派了两个论元的构式,water 是及物动词,因此构式受事一定和动词受事相容而融合,即 the plants。英语动结式句法结构的要求使动词对象不能与受事分离,所以例(26)是不合法的,若要表达"Willy watered the plants"致使"the ground became wet"这样的事件,不能使用动结式,只能用例(27)这样的复合句表示(Goldberg & Jackendoff,2004:548)。例(28)中受事 her knees 由构式单独提供,即受事是动词 scrub 的非子语类宾语,原因在于 scrub 既可以是及物动词又可以是不及物动词。进入英语动结构式的动词只有是不及物动词的情况下,构式才被允许单独提供受事。而汉语动结构式中对象与受事的分离,使构式受事论元的实现不受此局限,享有更多的选择。几乎所有进入动结式的动词(单音节动作动词),只要世界知识允许(动作与结果的因果关系符合常情),构式的受事论元既可以和动词对象角色融合(动词可以指派对象角色的话),也可以由构式单独提供。如例(29)的受事与对象融合,例(30)、(31)的受事由构式单独提供。例(32)因为受事实现的两种可能性,因而也有两种意义有细微差异的解读[13]:一是"老王因为浇花(或别的什么,比如草)弄湿了地面",受事论元由构式单独提供;另一种是"老王浇地面使地面湿了",受事论元与对象角色融合。

意义是人类基于自身的体验,大脑与客观物质世界互动的结果。一方面,客观世界在语言中处处留下痕迹,使语言形式与客观世界之间存在

---

⑬ 无论哪种解读,(32)进入的构式没有发生变化,都是 a 构式。

大量的象似性；另一方面，语言形式是人类认知能力、语法系统、语义知识等内外因素相互促动的结果，语言形式反映了人类认知世界的方式。这导致了不同语言在描述相同的客观世界时，体现出不同程度的偏差，即与客观世界不同程度的象似。

在客观世界中，动作作用于某个对象之上，动作与对象之间的距离最为接近。英语动结构式的句法结构为[Subj V Obj Comp]，动词与宾语紧邻并置。如果进入构式的动词只有二价，英语动结构式中动词 V 后紧跟其宾语，因此发生状态改变的一定是动词的对象，这也是为什么 Goldberg 分析英语动结构式时对象和受事不作区分的原因。而汉语语法系统和客观世界等因素互动得出的动结式句法结构反映的是有别于英语的认知方式。汉语动结构式的句法结构为[Subj V Comp Obj]，动词 V 后面紧跟的是补语 Comp，即变化结果，动词与宾语不是“亲密无间”的，这对应了汉语动结式的论元结构和语义结构中对象与受事的分离。换句话说，发生状态改变的既可以是动作的对象，也可以是动作的施事，甚至是动作使用的工具、动作发生的处所等处在动作影响辐射范围内的实体。对象作为一个独立的语义成分，可以出现在相对于英语句法结构更自由的位置，有更广泛多样的分布，决定了汉语动结式的复杂、多样、高产。

五、英、汉动结式的时体问题

英、汉动结式的构式义都是“某一实体由于某种动作的作用，经历了状态的变化”，从某种程度上都遵循了顺序象似性原则，即按照事物在客观世界的自然发生顺序组织信息。

英语动结构式两种类型分别是：

a. [Subj　V　Obj　Comp]
　〈AGT　ACT　PAT　RESULT〉

b. [Subj　V　Comp]
　〈PAT　ACT　RESULT〉

汉语动结构式四种类型分别是：

a. [Subj　V　Comp　Obj]

〈AGT　　ACT　　RESULT PAT〉

b.［Subj　　V　　Comp　　（Obj）］

〈AGT-PAT　　ACT　　RESULT　　（THM）〉

c.［Subj　　V　　Comp］

〈PAT　　ACT　　RESULT〉

d.［Subj　　V　　Comp　　Obj］

〈THM　　ACT　　RESULT　　PAT〉

两组构式中均是动词 V 位于补语 Comp 前，即动作先于结果发生，完全符合事物发展的客观顺序。英、汉动结式使用不同的时体标记（取决于不同语言的时体标记系统），英语里动词的过去时和汉语里"了"与动结式的共现，表明英、汉动结式作为构式在时体方面是一致的，即过去时、完成体。换句话说，动作发生在过去，变化结果已实现。

虽然英、汉动结构式都描述了"某个动作导致某种结果"的有界事件，但它们在时体方面仍体现细微差异。根据 Goldberg（1995）和 Goldberg & Jackendoff（2004），英语动结式动词事件和结果事件的发生时间只有一种情况，即动作与动作带来的结果之间没有时间间隔，变化在动作结束的瞬间实现：

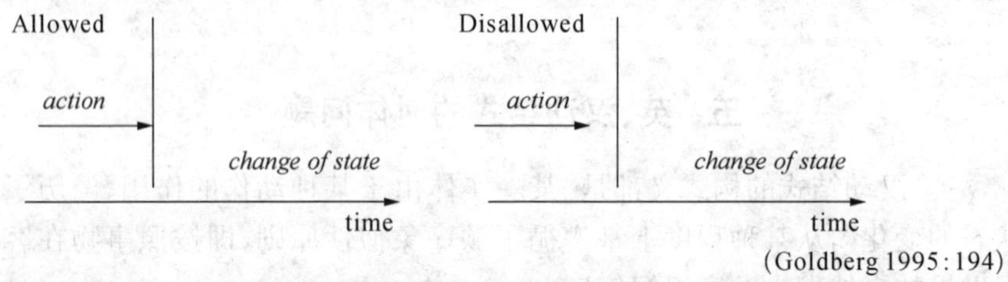

（Goldberg 1995：194）

Goldberg 用下面三个例子来证明自己的观点：

（33）He ate himself sick.

（34）Sam cut himself free.

（35）Chris shot Pat dead.

她解释例（33）中"吃的行为一定延续到发生恶心的状态改变的时间节点"，因而是"施事不停地吃导致他恶心"；例（34）表示"一旦他割断了阻止他获得自由的障碍，他就立即获得了自由"（Goldberg，1995：194）。同样，例(35)“不能用来表示 Chris 枪击了 Pat 而后 Pat 在医院中去世；它只能表示 Pat 因为枪击而当场毙命”(Goldberg，1995：195)。

Rappaport Hovav 和 Levin 对英语动结式描述的动作和结果之间的时间关系有不同的看法：

(36) Sam sang enthusiastically during the class play. He woke up hoarse the next day and said, “Well, I guess I've sung myself hoarse.”

(Rappaport Hovav & Levin，2001：775)

他们认为，例(36)中“变哑”的结果与“唱歌”的行为之间可以存在时间间隔。Goldberg 和 Jackendoff 对以上观点提供了强有力的反驳：例(36)“应被理解为 Sam 第二天才意识到他的嗓子哑了，而他的嗓子变哑的状态在他唱歌结束时就已经开始了”(Goldberg & Jackendoff，2004：546)。要得到存在时间间隔的理解，就要像例(36)一样，添加额外的情境信息，进一步证明了 Goldberg 等人的观点。另外，语言学家们广泛接受的“英语动结式描述有界事件，由结果补语标记动作的终点”的观点(Dowty，1979；Levin & Rappaport，1995；Napoli，1992；Pustejovsky，1991；Washio，1997)，相当于对动作和结果之间没有时间间隔的这个时体限制的不同表述。

而对于汉语动结式来说，动作和结果之间存在时间间隔的可能，则有两种情况。如下例所示：

(37) a. 他喝吐了。

b. 他割断了绳子。

(38) a. 我们吃坏了肚子。

b. 我们唱红了那首歌。

例(37)描述变化在动作结束时已经发生，动作与结果之间没有时间间隔。例(37a)表示“他一直喝”，直到“吐了”，强调的是动作的过量或过度；例(37b)应理解为“他刚刚割完绳子，绳子就一分为二了”，无论割的动作是反复进行的还是瞬时实现的。而例(38a)则不一定表示“我们一直吃直到吃拉肚”(无间隔)，更常见的理解是“我们吃多了”，或“吃了什么不干净的东西”，或是“吃了不对胃口的东西”，导致我们“后来拉肚子了”(有间隔)；相似地，例(38b)可以解释为“我们一直努力唱直到成功”(无间隔)，也可以解释为“我们出色的表演使那首歌在我们表演过后流行起来”(有间隔)。

前文分析过的有两种解读的例(32)更好地体现了汉语动结式的这个时体特征:

(32) 老王浇湿了地面。

如果受事地面与“浇”的对象融合,“地面湿了”的变化就是动作“老王浇地面”完成后立刻发生的;如果受事“地面”由构式单独提供,与“浇”的对象(“花”、“草”等地面以外的实体)不同,两个次事件之间就存在时间间隔的可能。假设老王浇的是一盆花,水浇得多了些,浇完后过了一段时间,水慢慢从花盆底托流到地面。当然,说两个次事件之间存在时间间隔的可能,也就是没有否认另一种可能,即没有间隔。比如老王用很大的喷壶浇花,“浇”的动作完成的瞬间,“地面湿了”。两个次事件的时间间隔的可能是否能够实现,还要依靠认知主体的世界知识。

英、汉动结构式是否允许两个次事件存在时间间隔仍然是各自语法语义系统与客观世界互动的结果。英语动结构式的两种类型中,受事与动作没有任何间隔,或是以宾语(a 构式)或是以主语(b 构式)的形式在句法结构中与动词 V 紧邻并置;而汉语动结构式四种类型中,a、d 构式中受事在句法宾语位置,与表动作的动词之间夹着表变化的补语。宾语与动词在句法结构中的距离远近是受事和动作语义距离的映射,句法距离近,则语义距离近,表明动作对受事的影响是最直接的,因此变化一般在动作结束时实现;句法距离远,则语义距离远,动作对受事的影响也许是间接的,对应两个次事件之间存在时间间隔的可能。

六、结　　语

英、汉动结式是英、汉两种语言中较为常见的句型,有鲜明的句法结构,并对应稳定的语义结构,有明确的构式义,分别构成英语动结构式和汉语动结构式。这两种构式因为是人对同一个客观世界里的同一种事物发展变化的现象的体验与认知,有很多共性:

1) 不同类型的具体构式能够抽象出相同的构式义——某一实体由于某个动作的作用,经历了状态的改变。

2）都是动补结构，拥有相似的句法结构[V Comp]。

3）描述客观世界都遵循一定的象似性原则。

4）时体方面一致，动作发生在过去，变化结果已完成，动作先于变化发生。

但另一方面，英、汉动结构式有各自不同的构式类型，句法形式相似而不相同，不同的构式类型有各自的构式义，描述更为细致的因果关系。这两种构式虽然是人对相同现象的认知，但涉及不同的认知主体、不同的语言系统等因素，自然具备相当多的不同特征：

1）英语动结式描述的因果致使关系单一而明确；汉语动结式描述的因果致使关系多样，存在一定程度的不确定性[14]。

2）英语动结式的动词与宾语紧邻并置[V Obj Comp]；汉语动结式的动词与宾语有距离间隔[V Comp Obj]。

3）英语动结构式严格遵守语义统一原则，构式受事论元只能和动词受事语义角色融合；对象跟受事的分离，使汉语动结构式单独提供受事论元时比英语动结构式享受更大的自由度。汉语动结构式中受事论元原则上可以由任何在动作影响辐射范围内的实体充当。

4）英语动结构式两个次事件没有时间间隔；汉语动结构式允许两个次事件之间存在时间间隔的可能。

英、汉动结构式的差别，最根本是汉语动结构式中对象和受事的分离，而体现在语言形式上就是汉语构式中动词与宾语之间有距离间隔，而在英语中两者紧邻并置。这一差别决定了汉语动结式远高于英语的能产性、多样性和复杂性。

参考文献

Dowty, D. R. 1979. *Word Meaning and Montage Grammar*. Dordrecht/Boston: D. Reidel Publishing Company.

Goldberg, A. E. 1995. *Construction: A Construction Grammar Approach to Argument Structure*. Chicago, IL: The University of Chicago Press.

---

⑭ 如例(32)描述的因果关系。

Goldberg，A. E. & R. Jackendoff. 2004. The English resultative as a family of constructions. *Language* 80(3).

Hovav，M. R. & B. Levin. 2001. An event structure account of English resultatives. *Language* 77(4).

Kay，P. & C. J. Fillmore. 1999. Grammatical constructions and linguistic generalizations：The what's X doing Y? construction. *Language* 75(1).

Lambrecht，K. 1994. *Information Structure and Sentence Form*. Cambridge：Cambridge University Press.

Levin，B. & M. R. Hovav. 1995. *Unaccusativity: At the Syntax Lexical Semantics Interface*. Cambridge/Mass.：MIT Press.

Napoli，D. J. 1992. Secondary resultative predicates in Italian. *Journal of Linguistics* 28(1).

Pustejovsky，J. 1991. The syntax of event structure. *Cognition* 41(13).

Ungerer，F. & H. J. Schmid. 2001. *An Introduction to Cognitive Linguistics*. Beijing：Foreign Language Teaching and Research Press.

Washio，R. 1997. Resultatives，compositionality and language variation. *Journal of East Asian Linguistics* 6(1).

沈家煊，1999，《不对称和标记论》。南昌：江西教育出版社。

（原载《外语教学与研究》2009 年第 4 期）